Gilbert Lely
Leben und Werk des Marquis de Sade

Gilbert Lely

Leben und Werk
des
Marquis de Sade

Albatros

© der französischen Originalausgabe Librairie Gallimard, Paris 1957

Titel der deutschen Ausgabe:
Leben und Werk des Marquis de Sade,
© Karl Rauch Verlag GmbH, Düsseldorf

Die Deutsche Bibliothek – CIP-Einheitsaufnahme
Ein Titeldatensatz für diese Publikation ist bei
Der Deutschen Bibliothek erhältlich.

© 2001 Patmos Verlag GmbH & Co. KG
Albatros Verlag, Düsseldorf
Alle Rechte, einschließlich derjenigen des auszugsweisen
Abdrucks sowie der fotomechanischen und elektronischen
Wiedergabe, vorbehalten.
ISBN 3-491-96025-8

Lesen wir im *Journal d'un bourgeois de Paris,* daß es Ostern 1420, am 7. April, Rosen gab; lesen wir im Rapport des Inspektors Marais, daß ein ziemlich verrufenes Frauenzimmer, la demoiselle Pelletier, im Oktober 1760 das Etablissement »Zu den drei Rebhühnern« in der Rue Saint-Martin bewohnte, daß sie »von bemerkenswert reizendem Äußeren, von zierlicher Gestalt, weißer Haut, braunem Haar« war und für ihre Laszivität bekannt; lesen wir in einer Tageszeitung vom 13. November 1951, daß tags zuvor in einem Wäldchen an der Hauptstraße 358 unweit von Cambrai ein gewisser Vermeersch seine Frau Hélène erdrosselte, wenige Stunden, nachdem er ihr den Ehebruch mit einem Araber verziehen hatte (der Himmel war leicht verhangen, schwacher, wechselnder Wind, Temperatur bei 7 Grad über Null); lesen wir diese winzigen Bruchstücke einer gedachten Universalgeschichte, einer auf Tag und Stunde genauen, lückenlosen Biographie aller Menschen, durch alle Epochen und alle Breiten, so ergreift uns die nämliche metaphysische Lust, die den Helden des *Roi Lune* in dem Augenblick überkommt, da ihm das Mädchen mit den kirschroten Lippen erscheint, *die unbekannte Engländerin aus der Zeit Cromwells,* dem unerschließbaren Reich der Schatten entsprungen.

Wo nun die besondere Gravitation des Faktischen, sei es im Ansatz der zweifelhaftesten menschlichen Belange, bei einem Leser, der nach dem Wort Lautréamonts »nicht um alle Reichtümer der Welt die Romane Balzacs oder Dumas' geschrieben haben möchte«, eine derartige Emotion zu bewirken vermag, wagen wir auf dieser Art Fetischismus des Tatsachenmaterials zu beharren, der unsere Methode ausmacht bei der Beschwörung eines genialen Mannes. Vernarrt in die Stunde, den Ort und den Namen und ganz durchdrungen vom heiligen Respekt vor dem unscheinbarsten Ereignis, *denn es wurde gelebt,* wollen wir nichts Geringeres unternehmen, als die »Suche nach der verlorenen Zeit« im unseligen Lebensbuch des Marquis de Sade.

G. L.

I. DIE AHNEN

Die Familie de Sade stammt aus Avignon, wo ihre Mitglieder seit dem XII. Jahrhundert unter den Namen *Sado, Sadone, Sazo* und *Sauza* in den Akten nachweisbar sind. In seiner *Histoire de la Ville d'Apt* führt Remerville den Namen auf das kleine Dorf Saze zurück, das einige Kilometer von Avignon entfernt im Languedoc liegt.

Ließ das Wappen des Hauses de Sade, das heute noch an der Brücke Saint-Benezet in Avignon zu sehen ist, schon um die Mitte des XIV. Jahrhunderts dort seinen achtzackigen Stern leuchten? Das Datum 1355 dürfte zu früh angesetzt sein, wenn die Sades erst im XV. Jahrhundert mit Jean, dem Sohn von Hugues dem Jüngeren, geadelt worden sind, wie Baron de Roure behauptet, der sich auf notarielle Akten stützt. Immerhin scheint die Familie schon drei Jahrhunderte früher Rang und Namen besessen zu haben, wie die Anwesenheit eines Bernard de Sade beim Verleihungsakt einiger Privilegien durch Hugues, Sire de Beaux, im Juni 1171 in der Abtei von Franquevaux bestätigt. Zur gleichen Zeit lebte ein Hugues de Sade (Ugo de Sanza), Ritter des Tempelordens, der im Februar 1175 an einem Vertragsabschluß über den Zehnten zwischen Tempelrittern und den Mönchen von Saint-Victor in Marseille teilnahm. Immer noch nach Baron de Roure »kann man den Adelsgraden des Hauses de Sade vor dem XV. Jahrhundert nur bedingt trauen«. Aber wenn dieser berühmte Genealoge auch einige Widersprüche und zweifelhafte Punkte aufgedeckt hat, so scheinen uns seine kritischen Anmerkungen doch nicht zu rechtfertigen, daß man den Adelsgraden des XIII. und XIV. Jahrhunderts, die in dem unveröffentlichten *Inventaire* der Titel und Verträge von der Hand des Abbé de Sade, des Onkels des Marquis, niedergelegt wurden, im ganzen mißtraut.

Die *Histoire Héroïque de la noblesse de Provence* erwähnt einen Bertrand de Sade, der 1216 an einer Versammlung in der Stadt Arles teilgenommen hat. Dieser Bertrand könnte der Vater Raimonds de Sade gewesen sein, mit dem ein fortlaufender Stammbaum beginnt, der in einer ununterbrochenen Reihe von Eheverträgen und Testamenten belegt ist. Wir hoffen, daß die Monotonie des Stammbaums, von dem wir nur das Wesentliche wiedergeben, durch die rückwirkende Ausstrahlung, welche die Persönlichkeit des illustren Nachkommen allen Trägern des Namens de Sade verleiht, aufgehoben wird.

Paul de Sade, Enkel Raimonds, war eine der vier Persönlichkeiten von Avignon, die ausersehen waren, am 2. Oktober 1316 den neuen Papst, Johannes den xxii., der mit dem Schiff aus Lyon kam, am Ufer der Rhône zu empfangen. Diese öffentliche Pflicht war damals von großer Bedeutung, und die Familie de Sade wird der Papststadt während mehrerer Generationen hervorragende Beamte stellen.

Auch der Kirche lieferten die de Sades eine beträchtliche Anzahl von Würdenträgern: der erste in dieser langen Liste ist Raimonds dritter Sohn, Jean de Sade, der zu Ende des xiii. Jahrhunderts Kaplan des Papstes war. Pons de Sade, Pauls Urenkel, war Abt von Saint-Eusèbe in Apt, wurde 1445 Bischof von Vaison und wohnte 1448 in dieser Eigenschaft in Martigues der Überführung von Gebeinen bei, von denen man in der Provence behauptete, es seien die der Maria Jacobäa und der heiligen Maria-Salome. 1465 wird Pons zum Abgesandten Avignons ernannt, um Paul ii. zu seiner Erhebung zur Papstwürde zu beglückwünschen.

Paul de Sade hatte acht Kinder, darunter Hugues ii., genannt Hugues der Ältere, der durch Ehevertrag vom 16. Januar 1325 Laure de Noves, die erlesene Blume der Grafschaft, berühmt durch ihre Schönheit und die Liebe Petrarcas, heiratete. Sie war die Tochter des verstorbenen Ritters Audebert de Noves und der Dame Ermessende. Aus ihrer Ehe mit Hugues de Sade entsprossen elf Kinder: Paul, genannt Paulon, Dekan der Stadt Avignon; Audebert, Doktor des Kirchenrechts und Profos der Stiftskirche von Pignans; Hugues, genannt Hugonin, welcher die Linie fortsetzte; Pierre, den Papst Innozenz mit einer Domherrnpfründe in Avignon bedachte; Jacques und Joannet; Philippe; Augière, die den

DIE AHNEN

Knappen Bertrand Milsondi heiratete; Ermessende, Schaffnerin des Klosters Saint-Laurent; Marguerite; und endlich Garsende oder Garsenète, die dreimal heiratete und 1406 noch lebte.

»Laura, berühmt durch ihre Tugend und oft besungen in meinen Gedichten, erschien meinen Blicken zum erstenmal in der Zeit meiner blühenden Jugend, im Jahre des Herrn 1327 am 6. April morgens in der Kirche Sainte-Claire in Avignon.« Das ist der Anfang einer Notiz Petrarcas auf seinem Virgilmanuskript, und es sei hier erlaubt, diesen göttlich einfachen und von einer Aureole provenzalischen Lichts umgebenen Satz ebenso zu bewundern wie seine schönsten Sonette. Hat sich Laura dem Dichter, der sie anbetete, immer verweigert? Die Legende behauptet es, und Petrarca selbst beklagt sich an vielen Stellen seines Werks über die unerbittliche Spröde seiner Geliebten. Aber in den *Canzones* hat man Widersprüche entdeckt: dort erscheint Laura manchmal als Spenderin sinnlicher Freuden. Ist es überhaupt denkbar, daß sie, jung und empfindsam, sich zwanzig Jahre lang gegen die lebhaften Anträge eines Liebhabers wehren konnte, den sie liebte und den die ganze Christenheit bewunderte, dazu noch im glühenden Avignon des XIV. Jahrhunderts, der Stadt der Freuden und Intrigen, wo das Laster sich selbst in den Nonnenklöstern ganz frei gebärdete? Hugues de Sade selbst zweifelte daran. Er sah den Liebeshandel zwischen seiner Frau und dem Verfasser der Sonette nicht ohne Argwohn und bekundete – Petrarcas Dialoge bestätigen uns das – wiederholt eine recht gewalttätige Eifersucht.

Wie dem auch sei, dürfen wir die Bemerkung wagen, daß eine willige Laura unserer Phantasie wahrscheinlicher erscheint als das kalte, idealisierte Bild, das alle Petrarcaforscher um die Wette von ihr entworfen haben?

Laura erlag am 6. April 1348 der Pest, 21 Jahre nach ihrer ersten Begegnung mit Petrarca, im gleichen Monat, am gleichen Tag und zur gleichen Stunde. Sie wurde in der Église des Cordeliers in Avignon bestattet, wo sich die Familiengruft der de Sades befand. Als König Franz I. 1533 durch diese Stadt kam, ließ er Lauras Grab öffnen: man fand in ihrem Sarg ein Bleikästchen mit einer Medaille und einem italienischen Sonett. Dieses Sonett bestätigte, daß hier die sterblichen Reste derjenigen ruhten, die Petrarca besungen hatte. Der König verfaßte selbst ein Epitaph in acht französischen Versen, legte es mit der Medaille und dem Sonett in das Bleikästchen und ließ das Grab wieder schließen.

Nach der Überlieferung von Avignon, die von allen frühen Genealogen übernommen wurde, stammte Laura aus der Familie de Sade: man nahm an, daß Paul ihr Vater und Hugues der Ältere ihr Bruder gewesen sei. Ein Onkel väterlicherseits des Marquis de Sade, Jacques-François-Paul-Aldonce, Abt von Ébreuil, bewies anhand von unwiderlegbaren Dokumenten den wirklichen Verwandtschaftsgrad der schönen Laura mit dem Haus de Sade. Der Abbé hatte das Glück, in den Familienarchiven den Ehevertrag zwischen Laure de Noves und Hugues dem Älteren, dessen Testament sowie das seiner Frau und endlich das Testament Paul de Sades zu entdecken, darin alle seine Kinder erwähnt sind und mit dem bestätigt wird, daß Laura, die man für seine Tochter hielt, in Wirklichkeit seine Schwiegertochter, die Frau seines Sohnes Hugues war. In den *Mémoires pour la vie de François Petrarca* des Abbé de Sade findet man alle Einzelheiten und alle Belege, die keinerlei Zweifel mehr lassen, erstens, daß Laura die Schwiegertochter und nicht die Tochter Pauls de Sade war, und zweitens, daß sie mit der Heldin der Sonette identisch ist.

Sieben Monate nach Lauras Tod heiratete Hugues de Sade zum zweitenmal. Der Ehevertrag vom 19. November 1348 verband ihn mit Verdaine de Trentelivres, die ihm sechs Kinder gebar. Der erste Sohn aus dieser Ehe war Baudet, Stammvater der Lehnsherren von Saumane, die in der ersten Hälfte des XVI. Jahrhunderts mit Joachim de Sade, dem Erbstatthalter von Stadt und Schloß Vaison, ausstarben.

Hugues' dritter Sohn, Paul, wurde durch eine offene Urkunde vom 19. April 1397 zum Ratgeber des Königs von Aragon ernannt, später wurde er Sekretär von Yolande d'Aragon, Königin von Neapel, Gräfin der Provence, und ihr Minister am Hof von Avignon und schließlich, am 24. Mai 1405, Bischof von Marseille. Sein Enkel Jeannon erhielt von König Karl VI. auf Grund seiner militärischen Heldentaten das Kommando über die Festung Saint-André in Villeneuve. Aus einem Rechenschaftsbericht, den er 1349 schrieb, geht hervor, daß Hugues der Ältere ein ansehnliches Vermögen, mehrere Lehensrechte in Avignon auf Brückenzölle, Salz usw. besaß. 1355 stellte er 200 Goldflorin für die Wiederherstellung der

DIE AHNEN 11

ersten drei Bogen der Brücke Saint-Benezet zur Verfügung. Am
14. November 1364 machte er sein Testament und bestimmte die
von ihm errichtete Kapelle Sainte-Croix in der Kirche der Frères-
mineurs zu seiner letzten Ruhestätte.

VON HUGUES DEM JÜNGEREN, LAURAS SOHN,
ZU GASPARD-FRANÇOIS, DEM GROSSVATER DES MARQUIS

Hugues III. de Sade, Hugonin oder Hugues der Jüngere, Stammvater der Lehnsherren von Mazan, war 1373 Ratsherr in Avignon.
Sein zweiter Sohn, Elzéar, Schildknappe und später Mundschenk
Papst Benedikts XIII., erhielt am 11. Januar 1416 von Kaiser Sigis-
mund als Anerkennung für die Dienste, die er und die Seinen dem
Reich geleistet hatten, das Privileg, den kaiserlichen Doppeladler
mit roten Krallen, Schnäbeln und Kronen in seinem Wappen zu
führen.

Der älteste Sohn Hugues' III. war Jean de Sade, Doktor der Rechte,
1406 Oberrichter der Provence, Ratgeber Ludwigs II. von Anjou,
Königs von Jerusalem und Sizilien, Grafen der Provence, der ihm
in Anerkennung seiner Dienste die Ländereien von Eyguières zum
Lehen gab. Als 1415 der Gerichtshof von Aix gegründet wurde, ernannte man Hugues zum ersten Präsidenten. So eröffnete ein Sade
diesen Gerichtshof, dem drei Jahrhunderte später die unbarmherzig-
sten Richter des Marquis angehören sollten.

Girard de Sade, Sohn von Hugues, genannt Seigneur d'Eyguières,
de Saint-Jeurs, de Majastres et de Creyssel, Mit-Lehnsherr von
Mazan, Vénasque und Saint-Didier, übergab der Kirche Notre-
Dame in Eyguières mit Urkunde vom 10. Mai 1444 Reliquien der
heiligen Katharina, unter der Bedingung, daß jedes Jahr am Tag
nach dem Fest dieser Heiligen ein feierlicher Gottesdienst für das
Haus de Sade abgehalten werde. Am Ende seines Lebens wurde er
mit dem Amt eines ersten Ratsherrn der Stadt Avignon betraut.
Etienne de Sade, sein ältester Sohn, hatte drei Kinder, darunter
Guillaume, den Vater von Gabrielle de Sade, die um 1550 mit
Jacques de Beaune de Samblançay, Ritter des Königsordens, Gesandten in der Schweiz, Großkämmerer des Herzogs von Anjou, des
Bruders von Heinrich II., verheiratet wurde. Durch diese Heirat
erhielt Gabrielle de Sade die Titel einer Baronin de Samblançay und

de la Carte und einer Vicomtesse de Tours. Ihr Mann war der Enkel des berühmten Jacques de Samblançay, der unter Karl VIII., Ludwig XII. und Franz I. Schatzmeister gewesen war und am 9. August 1524 als Opfer eines widerrechtlichen Prozesses, den ihm die Königinmutter Louise von Savoyen machte, gehängt wurde.

Wir besitzen persönlich das Originalmanuskript einer Verpflichtung, welche die Tochter Guillaumes de Sade 1599 zugunsten ihrer Bauern unterzeichnet hat. Dieses Dokument trägt zweimal die Unterschrift der Vicomtesse de Tours: *Gabrielle de Sade* und zur Sicherheit die ihrer Tochter *Charlotte de Beaune*. Charlotte de Beaune war der Liebling Katharinas von Medici. In erster Ehe war sie mit Simon de Fizes, Baron de Sauve, Minister und Staatssekretär unter Karl IX. und Heinrich II., verheiratet, der 1599 starb, und in zweiter Ehe, 1584, mit François de la Trémouille, Marquis de Noirmoutiers. Charlotte, berühmt durch ihre Schönheit und ihre Liaison mit Heinrich IV. und später mit dem Herzog de Guise, weist einige gemeinsame Züge mit den ausschweifenden, der Phantasie des Verfassers von *Juliette* entsprungenen Heldinnen auf. Am 15. Mai 1577 bei einem Fest in Chenonceaux verrichteten Gabrielle de Sades Tochter und Madame de Retz ihren Dienst nackt. Das verlangte Katharina von Medici häufig von ihren Ehrendamen, wie uns Brantôme bestätigt, der uns gleichzeitig berichtet, daß die Königin ihnen auch die leichte Folter auferlegte, wie sie der Marquis de Sade am Ostersonntag 1768 die Bettlerin Rose Keller erdulden ließ; und mit dieser Gewohnheit »reizte sie ihre Begierden so sehr«, sagt Brantôme, »daß sie sie nachher oft mit irgendeinem wackeren und kräftig gebauten Kavalier befriedigen ging«.

Der zweite Sohn Girards war Balthazar, Stammvater der Lehnsherrn von Eyguières. Diese Linie erlosch 1846 mit dem Grafen Xavier de Sade, nachdem sie durch Gabrielle-Laure de Sade mit dem Zweig von Mazan vereinigt worden war. Gabrielle-Laure de Sade war mit Donatien-Claude-Armand, dem Sohn von Donatien-Alphonse-François, Marquis de Sade, verheiratet. Das vierte Kind Girards, Pierre, das die Nachfolge des Zweiges von Mazan antrat, heiratete insgeheim und ohne Dispens im Dezember 1493 Baptistine de Forbin, Witwe Raimonds de Glandèves, Seneschall der Provence, von dem sie drei Kinder hatte. Am 23. Dezember 1493 erhielten die Ehegatten die Absolution des Papstes. Baptistine de Forbin ver-

DIE AHNEN 13

machte in ihrem Testament vom 4. Juni 1528 ihrem Sohn Joachim
1 200 Florin und ein Haus mit Garten in Avignon. Als Haupterben
setzte sie ihren Sohn aus erster Ehe, Pierre de Glandèves, ein.

Joachim, Sohn von Pierre de Sade, Doktor der Rechte, Mit-
Lehnsherr von Mazan, Vénasque und Saint-Didier, wurde durch
eine offene Urkunde, die Franz I. ihm am 22. Oktober 1530 in
Amboise überreichte, mit dem Amt eines Ratsherrn am Gerichtshof
der Provence betraut. Dieser Joachim de Sade wurde »der Jüngere«
genannt, um ihn von seinem Vetter und Paten Joachim de Sade,
dem letzten Nachkommen des Zweiges von Saumane, zu unterscheiden. Dieser war mit Madeleine de l'Artissaut verheiratet und
hatte keine Nachkommen. So setzte er Joachim den Jüngeren in
seinem Testament vom 22. Oktober 1530 als Erben seiner Güter
und Ländereien ein. So wurde der Zweig von Mazan um die Lehns-
herrschaft von Saumane und das Amt des Erbherrn von Schloß und
Stadt Vaison bereichert. Joachim de Sade ertrank am 13. September 1538 auf einer Reise nach Aix, als er den Coulon (oder Calavon)
durchquerte, und wurde in Mazan in der Kirche Saint-Nazaire neben seiner Frau, der geborenen Clémence de Gérard, beerdigt, die
dort schon seit neun Jahren ruhte.

Der älteste Sohn Joachims de Sade, François, starb als Kind. Der
jüngere Sohn, Jean, der zweite dieses Namens, geboren am 8. November 1522, führte die Linie fort. Er war Lehnsherr von Saumane,
Mit-Lehnsherr von Mazan, Cabanes und Istres, Erbherr von Schloß
und Stadt Vaison. Er studierte in Paris bei dem berühmten Alciat
die Rechte. Später folgte er seinem Schwiegervater Claude de Ja-
rente in den Ämtern des ersten Präsidenten der Rechnungskammer
und des Reichssiegelbewahrers nach. Im August 1562, beim Überfall
des Baron des Adrets auf die Grafschaft Venaissin, wurde sein
Schloß in Mazan geplündert. Sein ältester Sohn, Balthazar de Sade,
mit dem Titel »Illustre et magnifique Seigneur«, heiratete mit Ehevertrag vom 14. Mai 1600 Diane de Baroncelli-Javon. Er hatte
zwei Söhne, Jean-Baptiste und Richard, und eine Tochter, Catherine, die nach seinem Tod geboren wurde. Richard, Doktor der
Theologie an der Universität Avignon, erhielt 1634 von Louis XIII.
eine Pension von 1 200 Livres und wurde durch eine päpstliche
Bulle vom 6. Oktober 1634 mit der Domherrenpfründe San-Laurenzio-in-Damaso bedacht. Er wurde Kämmerer des Papstes und

Vize-Gouverneur von Tivoli und Ravenna. 1562 durch eine Urkunde des Kardinals Barberini zum Großvikar ernannt, wurde er
durch eine Bulle vom 14. März des folgenden Jahres in die Würde
eines Bischofs von Cavaillon erhoben. 1663 kehrte er in der Eigenschaft eines Abgesandten der Grafschaft Venaissin nach Rom zurück.
Er starb am 27. Juni des gleichen Jahres und wurde in der Kirche
San-Laurenzio-in-Damaso beigesetzt, wo Kardinal Barberini ihm
ein prächtiges Grabmal errichten ließ.

Durch die Heirat von Balthazars ältestem Sohn Jean-Baptiste
mit Diane de Simiane, Dame de la Coste (Vertrag vom 12. April
1627), gelangten die Ländereien und Güter dieses Namens in den
Erbbesitz der Familie de Sade. Jean-Baptiste de Sade war Oberst
der päpstlichen Kavallerie in der Grafschaft Venaissin; dieses Amt
wurde während drei Generationen in der Familie de Sade vom
Vater auf den Sohn übertragen, bis zum Vater von Donatien-
Alphonse-François. Jean-Baptiste starb am 17. September 1687.
Aus seiner Verbindung mit Diane de Simiane wurden zehn Kinder
geboren, vier Söhne und sechs Töchter, von denen fünf ins Kloster
gingen. Der dritte Sohn, Richard, Ritter des Heiligen Johannes von
Jerusalem, zeichnete sich im Krieg von Kreta aus und wurde Kapi-
tän auf einer der päpstlichen Galeeren. 1719 wurde er Probst von
Saint-Gilles. Sein vierter Sohn, am 14. Juli 1633 in Mazan geboren,
zuerst Probst von Bonnieux und Cucuron, folgte am 4. September
1665 seinem Onkel Richard auf den Bischofsstuhl von Cavaillon.
Am 14. März des folgenden Jahres wurde er geweiht. Er starb am
19. Dezember 1707. Ihm verdanken wir einige religiöse Werke,
unter anderem die *Instructions chrétiennes et morales sur divers
passages de l'Écriture Sainte* und eine *Adoration du sacrement de
l'Eucharistie.*

Côme de Sade, der älteste Sohn Jean-Baptistes, heiratete durch
Ehevertrag vom 11. Februar 1669 seine Cousine Elisabeth Louet de
Nogaret de Calvisson, Tochter von Jean-Louis, Marquis de Calvisson und Feldmarschall des Königs, und der Françoise Bermond
de Saint-Bonnet de Caylar de Thoiras. Côme und Elisabeth erhielten die Erlaubnis, die Heirat durch ihren Bruder Jean-Baptiste
de Sade, Bischof von Cavaillon, segnen zu lassen. Aus ihrer Verbindung entsprossen sechs Kinder, darunter Jean-Baptiste, Probst von
Bonnieux und Erzdechant von Cavaillon; Joseph-Marie, Ritter des

DIE AHNEN

Heiligen Johannes von Jerusalem und Galeerenkapitän, der 1700 ertrank; endlich Jean-Louis, Probst von Sainte-Croix in Maulsang und Profos der Kirche von Isle.

Gaspard-François de Sade, der älteste Sohn Cômes, war der erste seines Hauses, der den Titel Marquis trug. Manchmal wird er mit *Marquis de Sade* bezeichnet, aber die meisten Urkunden führen ihn unter dem Namen *Marquis de Mazan;* so sein Ehevertrag, sein Testament und die Bulle des Papstes Innozenz XII. vom 3. April 1693, die ihm das Erbrecht auf sein Amt als Oberst der päpstlichen Kavallerie in der Grafschaft Venaissin zusicherte.

Im Jahre 1700 wurde Gaspard-François zum Abgesandten der Grafschaft Venaissin ernannt, um Papst Clemens XI. zu seiner Ernennung zu beglückwünschen. Am 4. Juni 1701 wurde er zum Landvogt der Stadt Avignon ernannt und in dieser Eigenschaft beauftragt, die Herzöge von Burgund und Berry einzuladen, die Stadt mit ihrer Anwesenheit zu beehren. Durch Vertrag vom 25. September 1699 hatte er Louise-Aldonse d'Astoaud, die Tochter von Jean, Marquis de Murs, Baron de Romanil, Lehnsherr von Séderon, und der Marie Thézan de Vénasque geheiratet. Gaspard-François machte am 16. Oktober 1722 in Anwesenheit des Notars Giraudi aus Avignon sein Testament, dem er am 9. Februar 1734 einen Zusatz anfügte, und starb am 24. November 1739. Aus seiner Ehe wurden fünf Söhne und fünf Töchter geboren. Aus der Verbindung seines ältesten Sohnes Jean-Baptiste-François-Joseph mit Marie-Eléonore de Maillé de Carman, welche mit dem königlichen Geschlecht der Condé verwandt war, wurde am 2. Juni 1740 Donatien-Alphonse-François, Marquis de Sade, geboren, berühmt durch sein Unglück und seine Genialität, der seiner alten Familie den höchsten Adel, den Adel der Sprache und des Denkens, verleihen und seinen Nachkommen die wahre Erhabenheit ihres Namens und Titels übertragen sollte.

II. Von der Geburt bis zur Heirat
Erster Teil (1740–1754)

Vater und Mutter

Jean-Baptiste-Joseph-François, Graf de Sade, Lehnsherr von Saumane und La Coste und Mit-Lehnsherr von Mazan, Oberst der päpstlichen Kavallerie in der Grafschaft Venaissin, wurde 1702 in Avignon geboren. Zuerst Dragonerhauptmann im Regiment Condé wurde er 1730 zum Gesandten am russischen Hof ernannt. Aber der Tod des jungen Zaren Peter II. und die Österreichpolitik der neuen Zarin Anna-Iwanowna machten seine Mission gegenstandslos. Er wurde im Jahre 1733 von Kardinal de Fleury beauftragt, geheime Verhandlungen am Londoner Hof zu führen. Nachdem er die Feldzüge von 1734 und 1735 als Flügeladjutant des Marschalls de Villars mitgemacht hatte, kaufte er dem Marquis de Lassay für hundertfünfunddreißigtausend Livres das Amt eines Statthalters der Provinzen Bresse, Bugey, Valromey und Gex ab, das ihm durch eine offene Urkunde vom 29. Mai 1739 zuerkannt wurde. Am 9. November 1740 überschrieb er der Kirche seine Güter Saumane und Mazan. Nach dem Tode Karls VI. wurde er als bevollmächtigter Gesandter zum Kurfürsten von Köln geschickt, um diesen für die Sache seines Bruders, des Kurfürsten von Bayern, zu gewinnen, der von Frankreich unterstützt und als Karl VII. zum Kaiser gewählt wurde. Dank der Bemühungen des Grafen de Sade schloß der neue Kaiser im Mai 1741 in Nymphenburg ein Bündnis mit Frankreich und Spanien. Bei seiner Rückkehr trat der Graf de Sade sein Amt als Oberst der päpstlichen Kavallerie dem Marquis de Crochans ab und wurde in den folgenden Jahren wiederholt mit diplomatischen Missionen betraut. 1760 trug der Graf de Sade den Titel eines Feldmarschalls der königlichen Armee. Er starb am 24. Januar 1767 in Montreuil, einer Vorstadt von Versailles, nicht weit von seinem Gut Glatigny. Im Schloß von Condé-en-Brie beim Marquis Xavier

VON DER GEBURT BIS ZUR HEIRAT 17

de Sade kann man sein Porträt, von Nattier gemalt, bewundern.
Maurice Heine hat es uns beschrieben:

*... Ein Mann, ungefähr fünfundfünfzig Jahre alt, mit gepuderter
Louis xv.-Perücke mit kleinen Löckchen, in einer Rüstung, die teilweise von einem großen Mantel bedeckt wird; die Nase ist lang und,
soweit man das von vorn beurteilen kann, leicht adlerhaft, der Mund
ausgeprägt, das Oval des Gesichtes von zwei ziemlich tiefen Falten,
die von der Nase zum Mund laufen, leicht entstellt, die Augen
scheinen ziemlich hell zu sein. Im ganzen wirkt er recht eigensinnig
und edel.*

Am 13. November 1733 wurde die Hochzeit des Grafen de Sade
mit Marie-Eléonore de Maillé de Carman, die bei dieser Gelegenheit
zur Gesellschaftsdame der Prinzessin de Condé ernannt wurde, in
der Kapelle des Palastes von Condé gefeiert.

Marie-Eléonore, 1712 geboren, war in der fünften Generation die
leibliche Cousine von Claire-Clémence de Maillé de Brézé, der
Nichte des Kardinals Richelieu, die den großen Condé geheiratet
hatte. So verband sich der Graf de Sade durch seine Heirat mit
einer Nebenlinie des königlichen Hauses von Bourbon und führte
in seine bis dahin ausschließlich provenzalische und ursprünglich
italienische Familie de Sade eine neue Verwandtschaft ein. Erst 1737
wird sein erstes Kind, Caroline-Laure, geboren, das den Prinzen
und die Prinzessin de Condé zu Paten hatte und nur zwei Jahre
leben sollte. Am 2. Juni 1740 gebar die Gräfin de Sade ihr zweites
Kind, Donatien-Alphonse-François, und sechs Jahre später, am
13. August 1746, Marie-Françoise, die am gleichen Tag in der Kirche
von Saint-Sulpice getauft wurde. Wir haben die Mitteilung ihrer
Geburt im *Mercure de France* vom August 1746 gefunden. Marie-
Françoise, deren Name nicht im Stammbaum des Hauses de Sade im
Schloß Condé-en-Brie figuriert, ist wahrscheinlich wenige Tage nach
ihrer Geburt gestorben.

Nach dem Tod der Prinzessin de Condé am 14. Juni 1741, ein
Jahr nach dem Tod des Prinzen, blieb die Gräfin de Sade im Hôtel
de Condé wohnen, obschon ihre Aufgaben als Gesellschaftsdame
gegenstandslos geworden waren. Wahrscheinlich hat sie an der Erziehung des jungen Louis-Joseph de Bourbon mitgewirkt, der Voll-
waise geworden war. Es scheint, daß sie sich um 1745 oft von Paris

entfernt hat, um den Grafen de Sade auf seinen diplomatischen Reisen zu begleiten. Ungefähr 1760 zog sie sich in das Karmeliterinnenkloster in der Rue d'Enfer zurück, wo sie am 14. Januar 1777 starb.

ONKEL UND TANTEN

Gaspard-François, Marquis de Sade, hatte von seiner Frau, Louise-Aldonse d'Astoaud de Murs zehn Kinder:

1. *Jean-Baptiste-Joseph-François,* Vater von Donatien-Alphonse-François.

2. *Richard-Jean-Louis,* geboren 1703, wurde 1715 Ritter des heiligen Johannes von Jerusalem. Er diente im italienischen Krieg von 1732 àls Flügeladjutant des Marschalls von Villars und des Grafen von Broglie. Später wurde er zum Oberhaupt seines Ordens ernannt und wurde dann Vogt und Probst von Toulouse.

3. *Jacques-François-Paul-Aldonse,* genannt Abbé de Sade, wurde am 21. September 1705 im Schloß Mazan geboren. 1733 Generalvikar von Toulouse, 1735 von Narbonne, erhielt er durch eine Urkunde des Königs vom 20. August 1741 vom Erzbischof von Arles eine Pension von zweitausend Livres und wurde von den Provinzialständen des Languedoc mit einer Mission bei Hofe betraut. Im Jahre 1744 wurde ihm die Zisterzienserabtei Ébreuil in der Diözese Limoges übergeben. 1762 kam er wegen Ausschweifungen ein paar Tage ins Gefängnis. Aber am 25. Mai desselben Jahres setzt »ein Befehl des Königs Paul-Aldonse de Sade, 50 Jahre alt, Priester der Diözese Avignon, Abt der Abtei Ébreuil, wieder in Freiheit, der in Paris bei der p. p. Piron, Kupplerin, mit der p. p. Léonore, Prostituierten, entdeckt wurde«. Die amouröse Veranlagung des Abbé de Sade, der lange Zeit in Paris in engen Beziehungen zu Mme. de la Popelinière, der Geliebten des Marschalls von Sachsen, stand, entging seinem Freund Voltaire nicht. Am 25. November 1733 schrieb ihm der Autor der *Henriade:*

»Man sagt, Sie würden Priester und Großvikar, viele Sakramente auf einmal in einer Familie, deshalb also sagten Sie mir, Sie würden der Liebe entsagen.

Ainsi donc vous vous figurez,
alors que vous posséderez

le triste nom de grand vicaire,
qu'aussitôt vous renoncerez
à l'amour, au grand art de plaire?
Ah! tout prêtre que vous serez,
seigneur, seigneur, vous aimerez;
fussiez-vous évêque ou Saint-Père,
vous aimerez et vous plairez:
voilà votre vrai ministère.
Vous aimerez et vous plairez,
et toujours vous réussirez
et dans l'Église et dans Cythère.«

Durch eine Akte vom 7. März 1760 erhielt der Abbé de Sade von seinem älteren Bruder auf Lebenszeit die Nutznießung über Gut und Schloß von Saumane, die eine jährliche Rente von zweitausend-siebenhundert Livres einschloß, zahlbar von 1764 an. Aber schon ab 1745 begegnet man ihm sowohl in Saumane wie in Ébreuil, begleitet von seinem jungen Neffen Donatien-Alphonse-François, für dessen Erziehung er sorgt. Später wird er sich in Vignerme, einem Nebengebäude des Schlosses Saumane, niederlassen. Unter demselben Himmel, der die Liebe Lauras und Petrarcas verklärt hatte, schuf der Abbé sein elegant humanistisches Werk *Mémoires pour la vie de François Pétrarque* (1764–1767), das die düstere Einsamkeit des Gefangenen von Vincennes verzaubern sollte. In der Bibliothèque Nationale wie auch in Privatsammlungen existieren einige unveröffentlichte Briefe des Abbé de Sade, die, genau wie sein *Petrarca*, von der Eleganz seines Stils und der Reinheit seiner Diktion zeugen, die oft nicht frei von Leidenschaft ist. Wir werden im vorliegenden Werk noch auf die Gestalt dieses gebildeten und feinsinnigen »Grandseigneur-Abbé« zurückkommen, der in seinem Ruhestand in Saumane der galanten Chronik der Grafschaft Venaissin unaufhörlich Stoff gab. Der Onkel des Marquis starb am 31. Dezember 1777 in seiner Wohnung in la Vignerme.

4. *Jean-Baptiste-Henri-Victor*, Ritter des Malteserordens, wahrscheinlich vor seinem Vater gestorben, denn er figuriert nicht in dessen Testament.

5. *Antoine-Félix-Toussaint*, in frühestem Kindesalter gestorben.

6. *Gabrielle-Laure*, geboren 1700, Äbtissin von Saint-Laurent in

20   MARQUIS DE SADE

Avignon. In der Bibliothèque Nationale sind mehrere Briefe aufbe-
wahrt, welche diese Nonne und ihr Bruder, der Graf de Sade, aus-
getauscht haben.

7. *Anne-Marie-Lucrèce,* geboren 1702, Nonne in Avignon.
8. *Gabrielle-Eléonore,* Äbtissin von Saint-Benoît in Cavaillon.
9. *Marguerite-Félicité,* Nonne in Saint-Bernard in Cavaillon.
10. *Henriette-Victoire,* heiratet 1733 Ignaz, Marquis de Villeneuve, Lehnsherrn von Martignan und Saint-Maurice. Aus ihrer Ehe
entsprossen drei Kinder: Mme. de Raousset und Julie und Henriette
de Martignan. Für Mme. de Villeneuve-Martignan erbaute der
Architekt J.-B. Franque aus Avignon das wundervolle Palais, das
heute das Musée Calvet beherbergt.

GEBURT IM HÔTEL CONDÉ

Das Hôtel de Condé, das fast das ganze Gebiet umfaßte, das heute
die Rue de Condé, die Rue Vaugirard, die Rue Monsieur-le-Prince
und der Carrefour de l'Odéon einschließen, war von Antoine de
Corbie, dem ersten Gerichtspräsidenten von Paris, auf dem Grundstück außerhalb der Mauern von Philippe-Auguste gebaut worden. Unter Karl IX. gehörte es Albert de Gondi, dem Favoriten
des Königs, der es während zwei oder drei Jahren an Katharina
von Medici abtrat. Philippe-Emmanuel de Gondi, der Vater des
berühmten Kardinal de Retz, ruinierte sich, und sein Palast wurde
beschlagnahmt. Im Jahre 1610 übergab es Maria von Medici Henri
de Bourbon, dem Prinzen de Condé, als Anerkennung dafür, daß er
Charlotte-Marguerite de Montmorency geheiratet hatte, in die König Heinrich IV. verliebt gewesen war. Das Palais wurde von dem
neuen Besitzer restauriert und zum großen Teil umgebaut. Bis unter
Ludwig XVI. blieb es im Besitz der Familie de Condé. Im Jahre 1773
wurde das Grundstück für 4 168 107 Livres verkauft, mit Straßen
durchzogen und in Parzellen aufgeteilt.

»Es war ein weitläufiger Komplex von ziemlich alten Gebäuden,
zwischen deren Flügeln enge Innenhöfe mit störenden Verschachte-
lungen und Zwischenmauern lagen«, schreibt Maurice Heine, »aber
das Hauptgebäude blickte auf einen großen, französisch angelegten
Garten, der durch ein schönes Gitter vom Ehrenhof abgetrennt war
und in drei aufeinanderfolgende Terrassen auslief, die an der Rue

Vaugirard gegenüber dem Palais de Luxembourg lagen.« Fügen
wir noch hinzu, daß dieser Garten so weitläufig war, daß man nur
die Tore zum Besitz der Condé aufzumachen brauchte, als der
Luxembourg geschlossen werden mußte. Die ganze Menschenmenge
fand bequem darin Platz.

In diesem Palais hatte die junge Gräfin de Sade ihre Apparte-
ments, in ihrer Eigenschaft als Ehrendame ihrer Patin, der Prinzessin de Condé, und hier wurde am 2. Juni 1740 Donatien-Alphonse-
François in Abwesenheit seines Vaters geboren, der damals als Gesandter am Hof von Köln weilte. Am nächsten Tag wurde der
Neugeborene, ebenfalls in Abwesenheit von Pate und Patin, seines
Großvaters mütterlicherseits und seiner Großmutter väterlicherseits,
von zwei Dienstboten über das Taufbecken der Kirche von Saint-
Sulpice gehalten:

An demselben Tage, dem 3. Juni, wurde Donatien-Alphonse-Fran-
çois, der gestern geborene Sohn des erhabenen und mächtigen Herrn
Jean-Baptiste-Joseph-François, Graf de Sade, Statthalter der Pro-
vinzen Bresse, Bugey, Valromey und Gex, Lehnsherr von Mazan
und anderen Orten, und der erhabenen und mächtigen Dame Marie-
Eléonore de Maillé de Carman, seiner Gattin, wohnhaft im Hôtel
de Condé, getauft. Der Pate: der hohe und mächtige Herr Donatien
de Maillé, Marquis de Carman, Großvater des Kindes, vertreten
durch Antoine Bequelin, Beamten des Grafen de Sade; die Patin:
Aldonse d'Astoaud de Murs, Großmutter des Kindes, vertreten durch
Silvine Bedié, Frau von Abel Le Gouffe, Hausbeamter; Vater ab-
wesend, nicht unterzeichnet.

[Unterzeichnet:] *Bequelin, Bedié, Bachoud V^re* [Vikar]

Donatien-Alphonse-François: von diesen drei Vornamen entsprach
nur der erste der Wahl der Familie. Die Gräfin de Sade hatte den
Dienstboten, die Paten und Patin vertraten, aufgetragen, das Kind
auf die Vornamen Louis-Aldonse-Donatien taufen zu lassen. Aber
Aldonse, ein alter provenzalischer Vorname, wurde in Paris, entweder von den Dienstboten oder vom Priester, nicht richtig verstanden und in *Alphonse* verwandelt; und *Louis* muß ganz einfach
»unterwegs vergessen« und durch *François,* einen der Vornamen
des Vaters, ersetzt worden sein.

22   MARQUIS DE SADE

Der Marquis de Sade sollte jedoch nicht auf die Vornamen verzichten, die ihm ursprünglich bestimmt waren. Tatsächlich ist festzustellen, daß sich die meisten offiziellen Akten nach seiner Entlassung
aus dem Militärdienst nicht an die Vornamen halten, unter denen
er in seiner Geburtsurkunde eingetragen ist. So wird er, unter vielen
anderen Beispielen, in seinem Ehevertrag Louis-Aldonse-Donatien
genannt; in seinem Verhör vom 10. Juni 1768 (Affäre Rose Keller)
»gibt er an, Louis-Aldonse-Donatien de Sade zu heißen«; sein Brief
vom 19. April 1792 an den Club de la Constitution de La Coste
ist »Louis Sade« unterzeichnet; und in seinen Haftbefehl vom 22.
März 1794 (Register der Kanzlei der Madelonnettes) hat er sich unter
den Vornamen »François-Aldonse-Donatien-Louis« eintragen lassen. Wir werden später sehen, daß diese unterschiedliche Namenge-
bung für den Marquis de Sade unangenehme Folgen nach sich zieht,
als er verlangt, aus der Liste der Emigranten gestrichen zu werden.

KINDHEIT

Wir besitzen nur ein einziges Zeugnis über die ersten Lebensjahre
des Marquis de Sade, als er mit seiner Mutter im Hôtel de Condé
wohnte und Spielgefährte des um vier Jahre älteren Prinzen Louis-
Joseph de Bourbon[1] war. Das folgende autobiographische Zeugnis
findet sich in dem Roman *Aline et Valcour:*

Durch meine Mutter mit allem verbunden, was es an Größtem im
Königreich gab; durch meinen Vater an allem festhaltend, was die
Provinz Languedoc an Vornehmstem hatte; geboren in Paris im
Schoße des Überflusses und des Luxus, glaubte ich, sobald ich den-

[1] Sohn von Louis-Henri, Herzog de Bourbon, Prinz de Condé, und der
Prinzessin Caroline von Hessen-Rheinfels-Rothenburg. Geboren in Paris
am 9. August 1736. Am 3. Mai 1752 Heirat mit Charlotte-Godefride-
Elisabeth de Rohan-Soubise; Witwer am 4. März 1760. Er diente mit
Auszeichnung im Siebenjährigen Krieg und nahm am Sieg in der Schlacht
von Johannisberg (1762) teil. Während der Revolution war er einer der
ersten, die Frankreich verließen, und bildete 1789 am Rhein die Armee
der Emigranten, die unter dem Namen *Condé-Armee* bekannt ist. Bei der
Restauration kehrte er zusammen mit Ludwig XVIII. zurück, der ihn zu
seinem Haushofmeister und Generaloberst der Infanterie ernannte. Ihm
ist die Erbauung des Palais-Bourbon zu verdanken. Er starb 1818 in
Chantilly.

VON DER GEBURT BIS ZUR HEIRAT 23

*ken konnte, die Natur und das Schicksal hätten sich vereint, um mich
mit ihren Gaben zu überschütten; ich glaubte das, weil man so
dumm war, es mir einzureden, und dieses lächerliche Vorurteil machte mich hochmütig, despotisch und jähzornig; mir schien, alles
müsse sich mir fügen, die ganze Welt müsse meinen Launen schmeicheln, und mir allein stehe es zu, solche zu entwickeln und zu befriedigen; ich will Ihnen nur einen Zug aus meiner Kindheit berichten,
um Sie von den gefährlichen Ansichten zu überzeugen, die man so
töricht in mir keimen ließ.*

*Da ich im Palais des illustren Prinzen geboren und aufgewachsen
bin, dessen Familie anzugehören meine Mutter die Ehre hatte und
der ungefähr in meinem Alter war, beeilte man sich, mich ihm nahe-
zubringen, damit ich aufgrund unserer Kinderbekanntschaft in jedem
Augenblick meines Lebens seine Hilfe finden könnte; aber meine
momentane Eitelkeit, die diese Berechnung nicht begriff, ereiferte
sich eines Tages bei unseren kindlichen Spielen, weil er mir etwas
streitig machen wollte und noch mehr, weil er zweifellos glaubte,
sein Rang berechtige ihn zu solchen Ansprüchen. Ich rächte mich mit
zahlreichen Schlägen für seinen Widerstand, ohne daß irgendeine
Überlegung mir Einhalt gebieten konnte, und nur der Kraft und
der Gewalt konnte es gelingen, mich von meinem Gegner zu trennen.*

Am 16. August 1744 schickte der zuständige Rat von Saumane
seine Schöffen und seinen Sekretär nach Avignon, »um Mgr. Marquis de Sade, Sohn von Mgr. dem Grafen und Lehnsherrn dieses
Ortes, bei seiner glücklichen Ankunft in Avignon zu begrüßen und
ihm lange und glückliche Jahre als dessen mutmaßlichem Nachfolger
zu wünschen«. Diese Maßnahme ist für uns eine sichere Zeitangabe,
wann Donatien-Alphonse-François in die Grafschaft Venaissin geschickt wurde. Der Abschnitt in *Aline et Valcour*, der unmittelbar
auf die oben zitierte Passage folgt, erklärt uns, warum sich die
Gräfin de Sade gezwungen sah, sich von ihrem Sohn zu trennen:
»Ungefähr zu jener Zeit wurde mein Vater zu Verhandlungen weg-
geschickt; meine Mutter folgte ihm...« Und der Erzähler fährt
fort: »Ich wurde zu einer Großmutter ins Languedoc geschickt, deren
allzu blinde Zärtlichkeit in mir alle Fehler nährte, die ich eben gestanden habe.« War es die Großmutter väterlicherseits im alten
Hôtel de Sade, dessen gotische Fassade aus dem XV. Jahrhundert

heute noch in Avignon zu sehen ist, deren Obhut man den zukünftigen Autor von *Juliette* anvertraute? Es ist wahrscheinlich, daß die sechs Tanten väterlicherseits von Donatien-Alphonse-François – Mme. de Villeneuve-Martignan, Mutter von drei kleinen Mädchen, die Äbtissin von Saint-Laurent in Avignon, die von Saint-Benoît in Cavaillon und die beiden Nonnen, Anne-Marie-Lucrèce und Marguerite-Félicité – es sich angelegen sein ließen, abwechselnd das »blonde bambino«, den einzigen männlichen Nachkommen ihrer alten Familie, aufzunehmen.

Vermutlich Ende 1745 oder Anfang 1746 löste der Abbé de Sade von Ébreuil seine Mutter oder seine Schwestern in der Erziehung von Donatien-Alphonse-François ab. Der Biograph Petrarcas nahm ihn in seinen Häusern in Saint-Léger d'Ébreuil und in Saumane auf, wo er weniger das Leben eines Abtes als das eines vielseitig und vor allem an antiker Geschichte interessierten Herrn führte.

Unterdessen ist der kleine Marquis zehn Jahre alt geworden. Der Abbé de Sade meint wahrscheinlich, es sei schwierig, für die Unterweisung seines Neffen über die ersten Grundbegriffe hinaus zu sorgen. So beschließt man, das Kind wieder nach Paris zu schicken; es setzt seine Studien im Collège Louis-le-Grand, dem früheren Collège de Clermont, fort, das in der Rue Saint-Jacques liegt und von Jesuiten geleitet wird. Außerdem gibt man ihm einen persönlichen Erzieher: den Abbé Jacques-François Amblet, einen geistlichen Gelehrten aus der Diözese Genf. In einigen autobiographischen Seiten zu Anfang von *Aline et Valcour* drückt sich der Marquis de Sade in folgenden Worten über seinen Lehrer aus: »Ich kehrte nach Paris zurück, um meine Studien unter der Leitung eines energischen, geistreichen Mannes fortzusetzen, der zweifellos sehr geeignet war, meine Jugend zu formen, aber den ich leider nicht lange genug behalten konnte.«

Von Donatien-Alphonse-François' vier Lehrjahren im Collège Louis-le-Grand wissen wir gar nichts. Aus dieser Zeit ist uns keinerlei Korrespondenz der Familie de Sade überliefert. Und überdies sind bei der Ausweisung der Jesuiten, 1762, die Schülerakten vernichtet worden. Vielleicht befindet sich in den Archiven der Gesellschaft Jesu Material über den Marquis: leider sind diese Archive der Öffentlichkeit nicht zugänglich. In Ermangelung von Dokumenten über diesen Lebensabschnitt de Sades, müssen wir uns auf einige kurze

VON DER GEBURT BIS ZUR HEIRAT   25

Angaben über das Collège Louis-le-Grand beschränken. In biographischer Hinsicht können wir nur einen einzigen Punkt berichten: in den Listen der Preise am Ende des Schuljahres, die man in den Archiven des Lycée einsehen kann, ist der junge Marquis de Sade in den Jahren 1750 bis 1754 nicht ein einziges Mal erwähnt.

Im Jahre 1682 muß das Collège de Clermont, das zur königlichen Stiftung erklärt wurde, den Namen bekommen haben, den es heute noch trägt: Collège Louis-le-Grand. Es war 1563 von Guillaume du Prat, dem Bischof von Clermont, gegründet worden, der die Verdienste der ersten geistigen Söhne des Ignatius von Loyola erkannt und ihnen in seinem eigenen Palais in der Rue de la Harpe Asyl gewährt hatte. Beim Tod des Bischofs zogen die Jesuiten und ihre Schüler in die Rue Saint-Jacques, die im Herzen des Schulviertels liegt. Um die Mitte des XVIII. Jahrhunderts hatte das Collège fast dreitausend Schüler: etwa zweitausendfünfhundert Externe und fünfhundert Internatszöglinge. Die meisten Internatsschüler waren auf Schlafsäle oder Stuben verteilt, denen ein *praefectus cubiculi* vorstand, zwanzig gleichaltrige Schüler lebten jeweils zusammen. Andere, wohlhabendere Schüler hatten ihre Privatappartements. Dort wohnten sie mit ihren Dienern, ihren Erziehern, ja sogar ihrem eigenen Studien-Aufseher. Die Zeiteinteilung im Collège Louis-le-Grand war folgende:

Vormittag:		*Nachmittag und Abend:*	
5 h 30	Wecken	1 h 15	Studium u. Unterricht
6 h	Morgenandacht	4 h 30	Vesper und Pause
6 h 15	Studium der Heiligen Schrift	5 h	Studium u. Unterricht
7 h 45	Frühstück und Pause	7 h 15	Abendessen und Pause
8 h 15	Studium u. Unterricht	8 h 45	Abendandacht
10 h 30	Messe	9 h	Schlafen
11 h	Studium		
12 h	Mittagessen und Pause		

Vermutlich trat der junge Marquis de Sade 1750 als Externer in das Collège Louis-le-Grand ein. Jedenfalls glauben wir nicht, daß die aus dem Gleichgewicht geratenen Vermögensverhältnisse seines Vaters ihm erlaubten, ein Privatappartement in der Schule zu bewohnen. Hätte er aber in einem gemeinsamen Schlafsaal gewohnt, wäre es unverständlich, welche Rolle sein persönlicher Erzieher, der Abbé Amblet, gespielt hat. Wir vermuten, daß Donatien-Alphonse-François entweder bei seinem Lehrer in der Rue des Fossés-Monsieur-le-Prince, »gegenüber vom Wagner«, Aufnahme gefunden hat oder im Hôtel de Condé, das nicht weit von der Rue Saint-Jacques entfernt lag, in den Räumen von Madame de Sade, je nachdem ob die Gräfin damals ständig in Paris oder wegen der Verhandlungen ihres Gatten an fremden Höfen häufig abwesend war.

III. Von der Geburt bis zur Heirat
Zweiter Teil (1754–1763)

Militärzeit

Wenn man diesen Lebensabschnitt des Marquis de Sade studieren will, taucht man zwar nicht in ein solches Dunkel, wie es seine Schulzeit umgibt, aber die uns zugänglichen Dokumente erlauben nur gerade, das Bild seiner Versetzungen und einige Einzelheiten aus seinem Privatleben während der Urlaube zu vermitteln. Die Akte de Sade in den Armeearchiven weist nur etwa zehn Schriftstücke von unterschiedlichem Interesse auf, von denen vier nach 1763, dem Jahr, in dem er als Kavalleriehauptmann aus dem Dienst entlassen wurde, liegen. Man muß eine autobiographische Passage aus *Aline et Valcour* hinzuziehen, eine recht unpersönliche Schilderung der Schlacht von 1758 aus der Feder de Sades, einen lebhafteren Brief von ihm aus dem Lager Obertistein und einige spärliche Hinweise, die in seinem Manuskript *Oeuvres diverses* sowie im Briefwechsel mit seinem Vater verstreut sind.

1754

Der Marquis de Sade wird, kaum vierzehnjährig, aus dem Collège Louis-le-Grand herausgenommen. Am 24. Mai hat er vom Genealogen Clairambault einen Adelsbrief ausgestellt bekommen, der ihm erlaubt, als Schüler in die Kavallerie-Vorbereitungsschule aufgenommen zu werden, die M. Bongars um 1740 gegründet und 1751 dem leichten Kavallerieregiment der königlichen Garde angeschlossen hatte, das in Versailles in Garnison lag. Die Kavallerieschule, die nur junge Männer aus dem ältesten Adel aufnahm, machte der Musketierschule Konkurrenz. Wie bei dieser herrschte strenge Disziplin, und die Ausbildung war außerordentlich gründlich. Die Schüler exerzierten sowohl zu Fuß wie zu Pferd und manövrierten sowohl im Bataillon wie in der Schwadron. Der König, der eine Vorliebe für diese Schule hatte, nahm häufig die Parade ab.

1755

Am 14. Dezember, nach einer Lehrzeit von achtzehn Monaten in der Kavallerieschule, wird de Sade zum Unterleutnant ohne Sold im Infanterieregiment des Königs ernannt.

1757

Am 14. Januar wird de Sade zum Kornett (Fahnenträger-Offizier) im Schützenregiment des Grafen de Provence (Brigade Saint-André) ernannt, das von Marquis de Poyanne befehligt wird, und macht den Krieg gegen Preußen mit. Beschreibung der Uniform der Schützen des Grafen de Provence:

Blauer Rock à la française, Ärmelaufschläge, Kragen, Revers und Futter rot, gewöhnliche Taschen mit drei Knöpfen ohne Knopflöcher, drei Knöpfe auf dem Ärmelaufschlag, der mit einer silbernen Tresse verziert ist, sieben Knöpfe am Revers mit Knopflöchern als kleine Tresse und zwei darunter, ebenfalls mit Knopflöchern auf beiden Seiten, Weste und Hose aus Wildleder; weiße Knöpfe, Hut mit weißer Tresse. – Zaumzeug des Pferdes aus weißem Tuch, nach Burgunderart mit einer weißen Tresse eingefaßt.

»Die Schlachten begannen«, schrieb der Marquis de Sade in einer autobiographischen Passage von *Aline et Valcour*, »und ich kann sagen, daß ich meine Sache gut machte. Der ungestüme Charakter, die feurige Seele, die mir die Natur gegeben hatte, verliehen jener wilden Tugend, die man Mut nennt und ganz zu Unrecht als die einzige ansieht, die für unseren Stand notwendig ist, nur noch größere Kraft und stärkeren Tatendrang.«

Am 1. April wird er, immer noch im Rang eines Kornetts, in die Brigade Malvoisin des Schützenregiments versetzt.

1759

Am 21. April wird de Sade als Hauptmann im Kavallerieregiment von Burgund vorgeschlagen und angenommen. Das war eine Folge der Ersatzernennungen für die kriegsgefangenen Hauptleute.

VON DER GEBURT BIS ZUR HEIRAT 29

In der Bibliothèque Nationale befindet sich ein vierseitiges Dokument, das die mit drei Anmerkungen von der Hand des Grafen de Sade versehene Abschrift eines Briefes seines Sohnes sowie eines Briefes des Herrn de Castéra[1], wahrscheinlich eines jungen Offiziers und Kameraden vom Marquis, enthält. Diese Schriftstücke können mit April 1759 datiert werden. Damals befand sich der Marquis de Sade auf der Rückfahrt zur Armee in Deutschland, da der langfristige Urlaub oder sogar Semesterurlaub, welcher der Ernennung zum Hauptmann im Kavallerieregiment von Burgund vorangegangen war, ablief. Bemerkenswert an diesem Brief de Sades ist, daß er uns interessante Einzelheiten über die Anfänge seines Liebeslebens gibt und gleichzeitig der erste heute bekannte Text dieses Autors ist.

[Handschriftliche Anmerkung des Grafen de Sade:]

Abschrift des Briefes, den er [Marquis de Sade] an den Abbé [vermutlich Abbé Amblet] geschrieben hat, der bei mir wohnt. Ich bin darüber sehr böse, denn ich wollte, daß niemand weiß, was er getan hat.

[Abschrift des Briefes des Marquis von fremder Hand:]

Saint-Dizier, den 25. ds.

Die vielen Fehler, die ich während meines Aufenthaltes in Paris begangen habe, lieber Abbé, die Art und Weise, wie ich mich gegen den zärtlichsten Vater der Welt verhalten habe, lassen es diesen bereuen, daß er mich hat kommen lassen. Aber die Gewissensbisse, daß ich ihm mißfallen habe, und die Sorge, daß ich seine Freundschaft für immer verlieren könnte, sind meine gerechte Strafe! Von diesen Freuden, die ich für wirklich hielt, bleibt mir nur der bitterste Schmerz, daß ich den zärtlichsten aller Väter und den besten aller Freunde verärgert habe. Ich stand jeden Morgen auf, um das Vergnügen zu suchen; dieser Gedanke ließ mich alles vergessen. Ich glaubte, glücklich zu sein, sobald ich glaubte, es gefunden zu haben, aber dieses angebliche Glück verflüchtigte sich mit meinem Verlangen, ließ mir nichts als Bedauern zurück. Abends war ich ver-

---

[1] Diese mit Anmerkungen versehenen Briefabschriften hat der Graf de Sade vermutlich an seinen Bruder, den Abbé, in die Provence geschickt.

zweifelt; ich sah, daß ich unrecht hatte, aber ich merkte es erst abends, und am nächsten Morgen erwachte mein Verlangen von neuem, ließ mich von neuem dem Vergnügen entgegeneilen. Ich erinnerte mich nicht mehr an die Überlegungen vom Vorabend. Man schlug mir eine Partie vor, ich sagte zu, ich glaubte, mich amüsiert zu haben, und ich sah, daß ich nichts als Dummheiten gemacht und mich durchaus nicht unterhalten hatte, außer mit mir selbst. (sic) Je mehr ich jetzt über mein Betragen nachdenke, desto merkwürdiger erscheint es mir. Ich sehe, daß mein Vater recht hatte, als er mir sagte, dreiviertel aller Dinge täte ich nur, um anzugeben. Ach! Hätte ich nur getan, was mir wirklich Freude machte, hätte ich mir viel Leid erspart und meinen Vater nicht so oft beleidigt! Wie konnte ich mir einbilden, daß die Mädchen, die ich sah, mir wirklich Freude schenken könnten? Ach! Kann man ein Glück, das man kauft, nie recht genießen, und kann eine Liebe ohne Feinheit nie richtig zärtlich sein? Meine Eigenliebe leidet jetzt unter dem Gedanken, daß ich nur geliebt worden bin, weil ich vielleicht weniger schlecht bezahlte als ein anderer.

Soeben bekomme ich einen Brief meines Vaters. Er verlangt von mir, daß ich ihm ein umfassendes Geständnis ablege. Ich werde es tun, und ich versichere Ihnen, es wird aufrichtig sein; ich will einen so zärtlichen Vater nicht mehr belügen. Er wird mir noch einmal verzeihen, wenn ich ihm meine Fehler eingestehe.

Adieu, lieber Abbé, geben Sie mir bitte Nachricht, ich werde sie allerdings erst spät bekommen; denn ich soll mich nirgendwo mehr aufhalten, und so werde ich Ihre Briefe erst in der Armee erhalten. Seien Sie deshalb nicht erstaunt, lieber Abbé, wenn Sie erst wieder Nachricht von mir bekommen, wenn ich angekommen bin!

[Handschriftliche Anmerkung des Grafen de Sade:]

Abschrift eines Briefes von Herrn de Castéra aus Saint-Dizier:

[Abschrift von fremder Hand:]

Dem lieben Sohn geht es ausgezeichnet, er ist liebenswürdig, gefügig, unterhaltsam, aber [es folgen drei unleserliche Wörter: der obere Teil des Blattes ist abgenutzt], die er während dieses Aufenthaltes erhoffte, den meine kleinen Geschäfte und seine Zustimmung uns hier nehmen ließen. Die Straße gibt ihm die Fülle und die Farbe

Von der Geburt bis zur Heirat 31

zurück, welche die Vergnügungen von Paris ihm ein wenig genommen hatten, wir geben darauf acht; [unleserlich] ist ein Schatz, den in hohen Ehren zu halten ich ihn ermahne. Dann machen uns unsere beiden Pferde Scherereien; seines frißt schlecht, hinkt (irgendein Eisen); er behauptet, es sei aus Bosheit, denn wenn es ausbrechen kann, springt es wie ein Ziegenbock. Meines hat eine Verletzung am Widerrist, aber ich hoffe, wir werden damit fertig werden. Bei jedem Aufenthalt hinterläßt er [Sade] bedauernde Gefühle und nimmt ebensolche mit sich. Sein kleines Herz oder vielmehr sein Körper ist furchtbar leicht entflammbar: wehe den deutschen Mädchen! Ich werde mein möglichstes tun, um zu verhindern, daß er Dummheiten macht. Er hat mir sein Ehrenwort gegeben, in der Armee nicht mehr als einen Louis täglich zu verspielen. Aber das ist ein Geheimnis, das ich Ihnen nicht enthüllen dürfte. Ihre Güte und die schmeichelhaften Auszeichnungen etc.

[Handschriftliche Anmerkung des Grafen de Sade]

Seht doch, ob dieser Schlingel einen Louis täglich zu verlieren hat [zwei unleserliche Wörter]; er hatte mir versprochen, keinen Sou zu verspielen, aber was er sagt oder nicht sagt, ist dasselbe. Aber man soll sich keinen Kummer machen. Dieser Herr de Castéra ist erst zwanzig und hat noch nie eine Dummheit gemacht; er ist so verwundert, wenn man leichtfertig ist, daß man nichts von ihm will.

Ich habe einen Brief von einem Mann aus Sault bekommen, den ich Ihnen beilege. Es ist kein Risiko, die Angelegenheit zu verfolgen, sobald er die Kosten übernimmt. Ich schicke Ihnen Vollmacht dafür. Lassen Sie ihm schreiben, daß ich seinen Brief bekommen habe.

1760

4. *März* – Der Graf de Sade tritt durch offene Urkunden von seinem Amt als Statthalter des Königs in den Provinzen Bresse, Bugey, Valromey und Gex zurück, dieses Amt wird Donatien-Alphonse-François übertragen.

1762

Der Marquis de Sade erhält die Zulassung als Gendarmerie-Fähnrich, muß aber seines geringen Vermögens wegen verzichten.

1763

2. Februar – Der Graf de Sade berichtet seinem Bruder, dem Abbé, daß die Entlassung aus der Kavallerie den Hauptleuten pro Kompanie nur sechshundert Livres Pension gewähre, die man zurückhalte, um die Schulden der Truppe zu zahlen. Das sei der Fall bei seinem Sohn. Er berichtet ihm auch, daß der Marquis[1] keinen Ball und kein Schauspiel verpasse: »Man ist ungehalten darüber.« Er habe ihn nicht besucht, weil er auf einer Landpartie sei. Der Major seines Regiments habe Herrn de Saint Germain »entsetzliche Dinge« darüber erzählt.

10. Februar – Die Unterzeichnung des Vertrags von Paris beendet den Siebenjährigen Krieg.

16. März – Der Marquis de Sade wird als Kavalleriehauptmann entlassen.

Man muß hinzufügen, daß diese Maßnahme am Ende jedes Krieges bei vielen Offizieren und Soldaten vorgenommen wurde. Aber die Entlassenen behielten ihren Offiziersrang und konnten, wenn sie diensttauglich waren, später wieder in ihre ursprüngliche Truppe oder in eine andere Einheit eintreten. So wird der Marquis de Sade 1767 und 1770 wieder Dienst leisten.

FRÄULEIN DE LAURIS

Seit einigen Jahren ist die finanzielle Lage des Grafen de Sade äußerst unbeständig. Seine Güter in der Provence müssen ihm ungeachtet ihrer Anzahl und Ausdehnung viel weniger einbringen als seinen Bauern und seinen Geschäftsleuten. Auch haben ihm offenbar seine diplomatischen Erfolge keine dauerhaften Beweise königlicher

---

[1] Zweifellos im Semesterurlaub, da die Präliminarien zum Friedensvertrag am 3. November des Vorjahres in Fontainebleau unterzeichnet worden waren.

VON DER GEBURT BIS ZUR HEIRAT 33

Anerkennung eingebracht. In seinen Briefen beklagt sich der Graf
de Sade oft über seine Gesundheit; man spürt, daß ihm jenes Mi-
nimum an Energie fehlt, das nötig gewesen wäre, um seine Vermögensverhältnisse wieder in Ordnung zu bringen. Er ist ein Einsamer,
ein Misanthrop, der von seiner Frau getrennt lebt (sie im Kloster
der Karmeliterinnen, er in der ausländischen Mission an der Rue
du Bac): nicht daß die beiden Gatten sich verabscheuten, aber der
Graf duldet außer seinem Dienstpersonal kaum jemanden um sich.
Zu Ende des Jahres 1762 befinden sich seine Geschäfte in einem besonders bedauerlichen Zustand. »Alles hier ist beschlagnahmt«,
schreibt er damals an seinen Bruder, den Abbé; und in einem anderen Brief berichtet er ihm, zweifellos die Lage ein wenig dramati-
sierend, daß er vor Elend sterbe und selbst auf das Notwendigste
verzichten müsse[1].

Aber andere Sorgen, verursacht durch das Betragen seines Sohnes,
gesellen sich täglich zu seinen traurigen Beschäftigungen mit seiner
Gesundheit und seinem Vermögen. Man hat schon in seinem Brief
vom 2. Februar 1763 gesehen, wie er sich über das liederliche Leben des Marquis entrüstet. Der junge Mann hat einen denkbar
schlechten Ruf. Er ist ein verschwenderischer, unmäßiger Spieler; er
verkehrt hinter den Kulissen der Theater und in öffentlichen Häusern. Außerdem macht er sich keinerlei Gedanken über seine Zukunft und versäumt es, dem König seine Aufwartung zu machen.
Ein Ehrenhandel mit Herrn de Soyecourt zwingt ihn, sich Geld zu
borgen. Er leistet sich die schlimmsten Extravaganzen: der Graf de
Sade hat »einen schrecklichen Brief« von Herrn de Ch. bekommen,

---

[1] Die Einnahmen aus den Gütern der Provence betrugen ungefähr 18 000
Livres, die aus dem Amt des Statthalters von Bresse 10 000 Livres.
Man könnte meinen, eine gute Verwaltung dieser Einnahmen hätte dem
Grafen de Sade die finanziellen Sorgen ersparen können, von denen seine
Briefe zeugen. War die Unordnung, in der sich sein Vermögen seit 1750
befand, seiner Ungeschicklichkeit zuzuschreiben oder seiner Verschwen-
dungssucht, wie P. Bourdin im folgenden gelungenen Porträt erklärt?
»Er war ein genauer und ein wenig düsterer Mann, ein bis zur äußersten
Kälte distanzierter großer Herr, bedächtig in seinem Gehaben und in seiner Sprache, hochtrabend, sowohl mit den Seinen wie mit den Dienstboten, sehr eifersüchtig auf seine Rechte, streng bis zur Beschränktheit,
aber äußerst verschwenderisch. Er hat sich bedächtig und dezent, scheinbar
ohne jede Phantasie, ruiniert.«

dem sein Sohn Dinge geschrieben hat, die sich für einen anständigen Mann nicht gehören. Überdrüssig und immer in Furcht vor irgendeinem neuen Streich »dieses Schlingels« erwägt der Graf de Sade manchmal, Paris zu verlassen, um nichts mehr über Donatien-Alphonse-François zu hören. Aber er weiß genau, daß er auch fern von ihm von den Folgen seines Betragens nicht verschont würde. Es gibt nur eine Möglichkeit, diesen Sohn, »der keine einzige gute Eigenschaft hat«, loszuwerden: man muß eine Frau für ihn finden. So wird er seinem Vater nicht mehr zur Last fallen, und außerdem wird ihn die Ehe tugendhaft machen.

Der Marquis war gegen einen solchen Plan nie feindlich eingestellt, aber er hatte schon vor langer Zeit erklärt, er werde nur »nach seinem Herzen« heiraten. Es war schon von Verlobung die Rede gewesen, zuerst mit einem jungen Mädchen aus Hesdin, das der junge Hauptmann vermutlich kennengelernt hatte, als sein Regiment sich in dieser Stadt aufhielt, später dann mit Fräulein de Cambis, ebenfalls aus der Provinz. Dieser Dame aber zieht der Graf de Sade Fräulein Renée-Pélagie de Montreuil vor, Tochter des ehemaligen Obersteuergerichtspräsidenten, deren Mitgift und verwandtschaftliche Beziehungen ihm vorteilhafter erscheinen; gleichwohl macht er sich Sorgen, weil der ausschweifende Gatte sich in Paris aufhalten wird.

Aber alles, was mit Donatien-Alphonse-François' Verlobung mit Fräulein de Montreuil zusammenhängt, sei dem nächsten Abschnitt vorbehalten. Hier wollen wir über eine Tatsache berichten, die unseren Vorgängern unbekannt geblieben ist: die Liebe des Marquis de Sade zu Fräulein de Lauris, deren Hand er noch vierzehn Tage vor seiner Heirat mit Renée-Pélagie zu erringen hoffte. Wir hatten 1948 das Glück, in der unveröffentlichten Korrespondenz der Familie de Sade, die Maurice Heine der Bibliothèque Nationale geschenkt hat und die er aus Zeitmangel nie voll auswerten konnte, die Existenz dieser Verlobten des Marquis zu entdecken. Das Glück ist uns weiterhin treu geblieben, indem es uns kurz darauf neue Quellen in die Hand spielte, die uns erlaubten, Fräulein de Lauris, die junge Schlossherrin von Vacqueyras, besser kennenzulernen. Sie ist eine der verführerischsten Heldinnen im amourösen Leben de Sades.

Laure-Victoire-Adeline de Lauris, am 8. Juni 1741 in Avignon geboren, war die Tochter von Louis-Joseph-François de Castellane

VON DER GEBURT BIS ZUR HEIRAT

de Lauris des Gérards de Vassadel, genannt Marquis de Lauris, Syndikus des Adels der Grafschaft Venaissin, und von Marie-Madeleine-Gabrielle de Rivière de Bruis. Das Haus de Lauris, eines der erlauchtesten der Provence, geht bis ins XIII. Jahrhundert zurück.

Aus einigen Anspielungen in zwei unveröffentlichten Briefen des Grafen de Sade an seinen Bruder, den Abbé, und in zwei ebenfalls unveröffentlichten Briefen desselben an seine Schwester, die Äbtissin von Saint-Laurent, geht hervor: erstens, daß der Marquis de Sade um den Monat März 1763 gleichzeitig mit Fräulein de Montreuil und Fräulein de Lauris verlobt war; zweitens, daß er die letztere vorzog; drittens, daß Graf de Sade nicht ohne Mißfallen sah, wie der Marquis den Regungen seines Herzens folgte und bereit war, auf die reiche Verbindung mit den Montreuils zu verzichten; viertens, daß der Marquis de Sade sich Ende April 1763, das heißt vierzehn Tage vor dem Datum, das für seine Hochzeit mit Fräulein de Montreuil festgesetzt war, noch in Avignon aufhielt, wo er beharrlich auf die Ankunft von Fräulein de Lauris wartete, trotzdem sie mit ihm gebrochen hatte. Das Manuskript von *Oeuvres diverses* enthält einen langen Brief des Marquis an Fräulein de Lauris. Er wirft ein lebhaftes Licht auf ein amouröses Abenteuer, das beinahe mit einer Heirat geendet hätte und uns den jungen Marquis als Opfer einer wahnsinnigen, aber nur allzu berechtigten Eifersucht zeigt. Ihre Maßlosigkeit läßt es vielleicht entschuldbar erscheinen, daß der Marquis in seiner Verzweiflung nicht zögerte, mit Erpressung zu drohen.

An Fräulein de L.

Avignon, den 6. April 1763

Meineidige Undankbare! Was ist aus Deinen Gefühlen geworden, mich Dein Leben lang zu lieben? Wer zwingt Dich zur Untreue? Wer zwingt Dich, von Dir aus die Bande zu lösen, die uns für immer aneinander knüpfen sollten? Hast Du meine Abreise für Flucht gehalten? Glaubtest Du, ich könnte leben und vor Dir fliehen? Gewiß hast Du die Gefühle meines Herzens nach den Deinen beurteilt. Ich erhalte die Einwilligung meiner Eltern; mein Vater fleht mich unter Tränen einzig darum an, daß ich in Avignon heirate.

Ich reise ab, man versichert mir, daß man sich um nichts anderes mehr bemühen wird, als Deinen Vater zu bestimmen, Dich hierherzubringen. Ich erreiche, Gott weiß mit welcher Eile, den Ort, der Zeuge meines Glücks werden soll, eines dauerhaften Glückes, das nichts jemals wird trüben können ... Aber was wird aus mir, großer Gott, kann ich meinen Schmerz überleben? Was wird aus mir, als ich erfahre, daß Du in einem Anfall von Fieberwahn zu Füßen Deines Vaters fällst und ihn bittest, die Heirat zu vergessen, Du wollest nicht gezwungen in eine Familie eintreten ... Nichtiger Grund, von der Falschheit diktiert, Betrügerin, Undankbare! Du fürchtetest, Dich mit jemandem zu verbinden, der Dich anbetete. Die Fesseln einer ewigen Kette fielen Dir zur Last, und Dein Herz, das allein Unbeständigkeit und Leichtfertigkeit zu betören vermögen, war nicht feinfühlend genug, um ihren Zauber zu erkennen. Du fürchtetest Dich, Paris zu verlassen; meine Liebe genügte Dir nicht; es war mir nicht gegeben, Dich damit zu fesseln. Geh, gib niemals nach, Ungeheuer, geboren, um mich unglücklich zu machen! Möge die Untreue des Verräters, der meinen Platz in Deinem Herzen einnimmt, Dir die Liebe eines Tages ebenso verhaßt erscheinen lassen, wie Deine Untreue sie in meinen Augen gemacht hat! ... Aber was sage ich? Ach, liebe Freundin! Ach, göttliche Freundin! Einziger Halt meines Herzens, einzige Wonne meines Lebens, meine Geliebte, wohin führt mich meine Verzweiflung? Verzeih die Ausdrücke eines Unglücklichen, der sich nicht mehr kennt, dem der Tod die einzige Zuflucht ist, nachdem er verlor, was er liebt. Ach! Ich nähere mich dem Augenblick, der mich von dem Tag befreit, den ich hasse; mein einziger Wunsch ist, ihn nahen zu sehen. Wer kann mich an das Leben fesseln, dessen einzige Wonne Du warst? Ich verliere Dich; ich verliere mein Leben, ich sterbe, ich sterbe den grausamsten Tod ... Ich irre ab, liebe Freundin, ich bin nicht mehr bei Sinnen; laß die Tränen fließen, die mich benebeln ... Ich kann meinen Schmerz nicht überleben. — Was tust Du? ... Was wird aus Dir? ... Was bin ich in Deinen Augen? Ein Gegenstand des Abscheus? Der Liebe? Sag? Wie siehst Du mich? Wie wirst Du Dein Verhalten rechtfertigen? Gott, vielleicht ist es das meine in Deinen Augen nicht! Ach! Wenn Du mich noch liebst, wenn Du mich liebst, wie Du mich immer geliebt hast, wie ich Dich liebe, wie ich Dich anbete, wie ich Dich mein Leben lang anbeten werde, dann beklage

VON DER GEBURT BIS ZUR HEIRAT 37

unser Unglück, beklage die schweren Schicksalsschläge, schreib mir,
versuche Dich zu rechtfertigen ... Ach! Es wird Dir nicht schwer-
fallen: die wahre Folter meines Herzens ist, Dich schuldig zu sehen.
Ach, wie wird es erleichtert sein, wenn es seinen Irrtum erkennt!
Ich zweifle keinen Augenblick daran, daß Du Dich für das Kloster
entschieden hast, wenn Du mich liebst. Am letzten Tag, da ich Dich
sah, am Tag unseres Unglücks, hast Du mir gesagt, Du wärest glück-
lich, wenn man Dich dorthin brächte, weißt Du noch? Wenn Du
willst, daß wir uns sehen, weißt Du, daß es die einzige Möglichkeit
ist; denn Du weißt wohl, daß es mir unmöglich sein wird, Dich bei
Dir zu sehen. Als mein Vater mir Deinen Entschluß berichtete, stellte
er mir frei, zu bleiben, solange ich wollte, oder sofort zu ihm zu rei-
sen. Deine Antwort wird darüber entscheiden; laß mich nicht da-
nach schmachten; ich werde die Tage zählen. Gib mir die Möglich-
keit, Dich bei der Ankunft zu sehen. Ich zweifle keinen Augenblick,
daß ich Mittel und Wege finden werde. Was nicht bejahend wirken
wird, werde ich als Absage nehmen; eine Absage, die ein klarer Be-
weis Deiner Untreue sein wird, und Deine Untreue wird mein si-
cherer Tod sein. Aber ich kann nicht glauben, daß Du Dich so ver-
ändert hast. Welchen Grund hättest Du dazu? Diese Reise mag Dich
vielleicht erschreckt haben: aber, ach! Erkenne ihre Beweggründe so
wie sie sind. Man hat mich geblendet, man hat mich glauben ge-
macht, ich laufe dem Glück in die Arme, während man nur suchte,
mich davon zu entfernen ... Verlaß mich nicht, liebe Freundin, ich
flehe Dich an; verlange unverzüglich nach dem Kloster. Sobald ich
Deinen Brief habe, reise ich ab und komme zu Dir. Welch süße Au-
genblicke werden wir wieder zum Leben erwecken! ... Gib acht auf
Deine Gesundheit; ich bemühe mich, die meine wiederherzustellen.
Aber wie auch Dein Gesundheitszustand sei, nichts wird mich hin-
dern, Dir die zärtlichsten Beweise meiner Liebe zu geben. Ich glaube,
daß Du in diesem ganzen Abenteuer Grund hast und weiterhin ha-
ben wirst, mit meiner Diskretion zufrieden zu sein. Aber ich habe
nur meine Pflicht getan; es ist kein Verdienst dabei. Hüte Dich vor
Untreue, ich verdiene sie nicht. Ich gestehe Dir, daß ich wütend
würde, und es würde keinen Greuel geben, zu dem ich mich nicht
verleiten ließe. Die kleine Geschichte der c...[1] *sollte Dich ver-*

[1] Dieser Anfangsbuchstabe könnte für den bildlichen Ausdruck stehen,

anlassen, mich ein wenig zu schonen. Ich will Dir gestehen, daß ich das vor meinem Rivalen nicht verbergen werde, und es wird nicht das einzige sein, was ich ihm anvertraue. Ich schwöre Dir, es gibt keine Greuel, zu denen ich mich nicht hergeben werde ... Aber ich erröte bei dem Gedanken, zu diesen Mitteln zu greifen, um Dich zu halten. Ich will und darf Dir von nichts anderem sprechen als von meiner Liebe. Deine Versprechungen, Deine Schwüre, Deine Briefe, die ich jeden Tag immer wieder lese, müssen genügen, um Dich zu binden: ich berufe mich nur darauf. Ich bitte Dich von ganzem Herzen, de la ... nicht mehr zu sehen; er ist unwürdig, vor Deinen Augen zu erscheinen. Kurzum, liebe Freundin, kann ich auf Deine Beständigkeit zählen? Meine Abwesenheit wird nicht von langer Dauer sein; ich erwarte nur Deinen Brief, um abzureisen ... Möge es ein guter Brief sein, ich bitte Dich darum. Und möge ich Mittel und Wege finden, Dich bei der Ankunft zu sehen. Ich begehre, denke, wünsche nur Dich ... Nein, ich fürchte nicht, aus Deinem Herzen ausgelöscht zu werden; ich habe das nicht verdient. Liebe mich immer, meine liebe Freundin, und erwarten wir alles von der Zeit. Vielleicht wird bald der Augenblick kommen, wo Du Dich nicht mehr so sehr scheust, zu meiner Familie zu gehören. Wenn ich das Oberhaupt sein werde, wird mein Wille über meine Wahl entscheiden, und dann finde ich Dich vielleicht entschlossener. Ich möchte getröstet, beruhigt werden, Beweise Deiner Treue bekommen: alles ängstigt mich. Dein heldenhafter Entschluß hat mir den Todesstoß versetzt. Ich versichere Dir und gebe Dir mein Ehrenwort, daß nichts sicherer ist, als was ich Dir sage: ich warte nur Deine Antwort ab, um zu reisen. Mein Vater verlangt nach mir; glaube nicht, es sei wegen einer Heirat. Ich bin fest entschlossen, keine einzugehen, und ich wollte nie eine eingehen. Ich bediene mich aller notwendigen Mittel, die mir geeignet scheinen, um Dir diesen Brief

der in der volkstümlichen Sprache heute noch die Gonorrhöe bezeichnet. Tatsächlich ist in einem unveröffentlichten Brief des Grafen de Sade an seine Schwester, die Äbtissin von Saint-Laurent, die Rede davon, daß der Marquis »verliebter als je« sei, in Fräulein de Lauris, die ihn »*krank gemacht*« habe. Und es scheint kaum mehr ein Zweifel zu bestehen, wenn man diese Angabe mit den beiden Sätzen vergleicht, die wir eben lasen: »Gib acht auf Deine Gesundheit, ich bemühe mich, die meine wiederherzustellen. *Aber wie auch Dein Gesundheitszustand sei, nichts wird mich hindern, Dir die zärtlichsten Beweise meiner Liebe zu geben.*«

VON DER GEBURT BIS ZUR HEIRAT 39

zukommen zu lassen. Vergiß nicht, der Frau, die ihn Dir über-
gibt, eine eigenhändige Quittung auszustellen, die folgendermaßen
abgefaßt ist: Ich bestätige, von der und der Person einen Brief bekommen zu haben. *Stell sie ihr genau aus, denn sie soll erst be-*
kommen, was man ihr versprochen hat, wenn sie diese Quittung
bringt. Laß mit der Antwort nicht auf Dich warten, wenn Du mich
sehen willst. Ich zähle die Tage. Sieh zu, daß ich die Antwort bald
bekomme und daß ich eine Möglichkeit finde, Dich bei der Ankunft
zu sehen. Liebe mich immer; sei mir treu, wenn Du nicht willst, daß
ich vor Kummer sterbe. Leb wohl, meine schöne Freundin, ich bete
Dich an und liebe Dich tausendmal mehr als mein Leben. Geh, Du
kannst sagen, was Du willst, aber ich schwöre Dir, daß wir ewig nur
einander angehören werden.

Es scheint, daß de Sades Liebe zu Fräulein de Lauris noch lange
nach seiner Heirat mit Renée-Pélagie de Montreuil fortbestanden
hat. Die unglaubliche Demut des Marquis im folgenden, an Herrn
de Lauris gerichteten Brief läßt sich tatsächlich nur durch das Verlangen erklären, seine ehemalige Verlobte um jeden Preis bei einem
Ball, den ihr Vater gab, wiederzusehen.

Brief an Herrn de L., der aus dem bekannten Grunde den Autor
nicht zu seinem Ball eingeladen hat.

Als Landsmann und Verwandter bitte ich Sie um das, worum ich
Sie einst als Freund gebeten hätte. Mein untadeliges Verhalten, seit
ewige Bande mich hindern, diejenigen zu knüpfen, die das Glück
meines Lebens ausgemacht hätten, verdient nicht den Ausschluß aus
der Liste, die Sie gestern Herrn de Vignole überreichten. Ich wollte
Ihnen nicht vor den Leuten lästigfallen: ich begnüge mich, von
Mann zu Mann zu Ihnen zu sprechen. Ich flehe Sie an, lassen Sie
mich nicht den Verdruß erleiden, von dem Fest ausgeschlossen zu
werden, das Sie am Dienstag geben. Meine hohe Denkungsart wird
mir immer Rechte auf Ihre Freundschaft geben, die das Unglück mir
zu rauben scheint, aber die es mir nie wegnehmen kann. Ich erwarte
Ihre Antwort mit Ungeduld, und ich bitte Sie, mir zu glauben; mit
meinen ergebensten Empfehlungen, Ihr etc.

Das Musée Calvet in Avignon besitzt einen handschriftlichen Brief
von Fräulein de Lauris, er ist vom 11. Januar datiert und an Herrn
de Salamon, Staatssekretär der päpstlichen Gesandtschaft in Avi-

gnon, gerichtet, die Schrift ist sehr fein. In diesem unveröffentlichten Brief bittet Fräulein de Lauris ihren Korrespondenten unverzüglich um Audienz in einer Sache, die sie nicht genauer bezeichnet, die ihr aber sehr am Herzen zu liegen scheint.

Ebenfalls im Musée Calvet haben wir einen Brief der Mutter von Fräulein de Lauris gefunden, datiert vom 10. Januar 1775 und an einen Magistratsherrn in Avignon gerichtet. In diesem unveröffentlichten Dokument ist die Rede von einer Gefängnisstrafe, die einem Schöffen von Vacqueyras auferlegt wurde, dessen Geschwätz der Tochter seines Herrn geschadet hatte.

Hören wir in einem Chanson de Sades, des »provenzalischen Troubadours«, von der, die er geliebt hat:

Jusque dans la moindre chose
Je la vois soir et matin.
Si j'aperçois une rose,
Elle a l'éclat de son teint;
Si cette fleur m'intéresse,
C'est qu'elle naît sous ses pas:
Partout je vois ma maîtresse
Et tout me peint ses appas.

La nuit son ombre charmante
Séduit mon cœur enchanté;
Cette illusion touchante
Trompe ainsi ma volupté.
L'amour m'offre son image
En m'éveillant le matin.
Mais, hélas! de mon hommage
Le sacrifice est en vain!

Quelquefois je crois l'entendre,
Mon cœur vole sous ses lois:
Hélas! peut-on se défendre
Du son flatteur de sa voix?
Dieu d'amour en traits de flamme
Grave à tel point ton ardeur,
Que l'on ne trouve en nom âme
Que son portrait et son cœur.

VON DER GEBURT BIS ZUR HEIRAT 41

So glitt diese Verlobte für einen Tag, Laure-Victoire-Adeline de Lauris, buhlerisch durch das Leben des Marquis und ließ lange den berauschenden Duft dessen, was hätte sein können, zurück.

HEIRAT

Es scheint, daß Anfang 1763 und dank der Vermittlung eines Onkels von Fräulein de Montreuil zwischen dem Grafen de Sade und der Familie seiner zukünftigen Schwiegertochter die ersten Besprechungen über die Hochzeit stattgefunden haben. Wie stand es um Rang und Vermögen dieser Familie?

Wir geben Maurice Heine das Wort, dessen eleganter Vergleich zwischen der Familie de Sade und der Familie de Montreuil schwerlich zu übertreffen ist:

Man könnte auf den ersten Blick erstaunt sein über die Wahl, die [der Graf de Sade] für seinen Sohn getroffen hat. [Er], der durch seine Ehe sein Haus mit königlichem Blut verbunden hat, zögert nicht, für seinen Sohn eine Familie von kleinem Juristenadel zu wählen, deren Ursprung man nicht weiter als bis in die ersten Jahre des XVII. Jahrhunderts verfolgen kann. Aber wurde dieses offensichtliche Mißverhältnis der Titel nicht durch das entgegengesetzte Verhältnis der Vermögenslage ausgeglichen? Die zukünftige Gattin war reich, ihre Mitgift war zwar ziemlich bescheiden, aber sie hatte wohlbegründete Aussichten, und vor allem hatten ihre Eltern außergewöhnlich mächtige Einflüsse und Beziehungen am Hof. So konnte der Graf de Sade für seinen Sohn von einem gemäßigten Leben sichere Vorteile erhoffen, sobald er einmal das Alter der Leidenschaften hinter sich haben würde. Bis dahin würde er ohne Aufwand und ohne Ausgaben neben einer tugendhaften, sanften Gattin leben, die von einer Mutter erzogen worden war, die ihre geistigen und charakterlichen Qualitäten bewiesen hatte. Kurzum, es war wohl eine Art Berechnung, eine Familie, die bis dahin fast ausschließlich Offiziere und Geistliche hervorgebracht hatte, mit einer Familie von Parlamentariern und Justizbeamten zu verbinden.

Hierzu ist zu bemerken, daß der Marquis in einigen in Vincennes oder in der Bastille geschriebenen Briefen an seine Frau, von gerechtem Zorn gegen die Präsidentin gepackt, die an seiner langen Gefangenschaft schuld war, nicht zögern wird, hochmütig und in beleidigenden Worten sein Bedauern über eine Heirat auszudrücken, die er dann später als regelrechte Mesalliance ansehen wird. So schreibt er 1783 an die Marquise:

Sagen Sie mir bitte, ist es meine Base Cordier oder mein Vetter Fouloiseau, der nicht will, daß ich Hemden bekomme. Den Gefangenen im Krankenhaus verweigert man die Wäsche, aber nicht mir. Wie sich Ihre Niedrigkeit, die Ihrer Herkunft und Ihrer Eltern in allem zeigt! Liebchen, als ich so sehr vergaß, wer ich war, daß ich bereit war, Dir zu verkaufen, was ich bin, war es vielleicht, um Dir das Hemd auszuziehen, aber nicht, um keines zu haben. Merken Sie sich diesen Satz, Sie und Ihre Sippschaft, damit ich ihn später drukken lassen kann.

Im gleichen Jahr, in dem sein Sohn sich mit Marie-Madeleine de Plissay verheiratete, hatte Jacques-René de Launay dem Marquis de Pont-Saint-Pierre die Baronie Échauffour in der Normandie und das dazugehörige Herrengut Montreuil-Largillé abgekauft. Claude-René nahm den Namen Montreuil an. Am 24. Mai 1743 wurde er zum Steuergerichtspräsidenten in Paris ernannt. Diese Würde bekleidete er bis zum 17. Juli 1754, dann wurde Jacques Charpentier de Boisgibault sein Nachfolger. Zur Zeit der Verlobung seiner Tochter mit dem Marquis de Sade besaß er nur noch den Titel eines Ehrenpräsidenten.

Der 1772 in Paris erschienene *Dictionnaire de la Noblesse* [Adelskalender] gibt keine Auskunft über die Nachkommenschaft des Präsidenten de Montreuil und Marie-Madeleine de Plissay, ebensowenig das berühmte Register von La Chesnaye-Desbois. Wir wissen heute nur von vier Kindern, die aus dieser Verbindung hervorgingen. Aber es scheint, daß sie noch mehr gehabt haben, nach der folgenden Passage aus einem Brief des Marquis de Sade an seine Frau zu schließen: »... Die Präsidentin de Montreuil, die ihrem Gatten sieben oder acht Bastarde geschenkt hat.«

1. *Renée-Pélagie,* die spätere Marquise de Sade, geboren am 3. Dezember 1741 in Paris und getauft am folgenden Tag in der Kirche Saint-Eustache.

2. *Anne-Prospère,* genannt Fräulein de Launay, von der im VI. Kapitel dieses Buches ausführlich die Rede sein wird.

VON DER GEBURT BIS ZUR HEIRAT 43

3. *Françoise-Pélagie,* geboren am 12. Oktober 1760, heiratete gegen Ende Januar 1783 den Marquis de Wavrin. Sie starb am 9. Februar 1837.

4. *Marie-Joseph,* der in der Armee diente.

Claude-René de Montreuil, ein äußerst unbedeutender Mann, der im Leben seines Schwiegersohnes nicht die geringste Rolle spielen wird, steht ganz unter der Botmäßigkeit seiner herrischen Frau. Von dieser hat P. Bourdin ein Bild gezeichnet, das dem Original genau entspräche, »wenn«, wie Maurice Heine erklärt, »es noch durch die schreckliche Bosheit belebt würde, welche diese Schwiegermutter ständig beherrscht«. Von diesem Porträt wollen wir nur die wahrheitsgetreuesten Punkte wiedergeben. Später werden wir Mme. de Montreuil bei der Ausübung einer unmenschlichen Rache wiederbegegnen, von der weder das Flehen der Marquise de Sade noch die verzweifelten Bitten des Gefangenen von Vincennes und der Bastille sie abhalten können.

...Sie ist es, die alles anzettelt, und sie ist es, zu der jeder hinläuft, nicht zuletzt der Marquis [...]

...Sie entscheidet und handelt mit allen Vorurteilen ihrer Kaste, aber sie beherrscht die Motive, die sie bewegen. Sie tut alles, um zu ihrem Ziel zu kommen, und kümmert sich niemals um die Rechte oder Leiden der anderen [...] Sie mißachtet oder verachtet, was nicht mit ihrer Ansicht übereinstimmt, aber die Mittel, derer sie sich bedient, sind ebenso geschmeidig und verschiedenartig, wie ihr Ziel klar und entschieden ist. Sie vermag gleichzeitig zu verführen, einzuschüchtern und zu bestechen, alle Einflüsse geltend zu machen und ihren eigenen zu sparen; sie besitzt alle Mittel der Schikane und geht nie anders an ein Hindernis heran, als im Schutz von guten Annäherungsgräben. Ihr Lieblingswort ist »Sicherheit«, und niemand weiß besser über die Praktiken Bescheid, die einen schützen, ohne den Erfolg zu gefährden. Alles ist ihrem Geist zur richtigen Zeit gegenwärtig, und sie braucht sich nie ein Versagen vorzuwerfen oder einen Verantwortlichen zu suchen. Die Vergangenheit zählt in ihren Augen nicht. Sie kennt kein Bedauern und keine Gewissensbisse ...

...Sie gebraucht einfache, ungekünstelte Ausdrücke, die das Gefühl dafür wecken, was sein soll und sein kann, ohne sich unserer

Aufmerksamkeit anderweitig einzuprägen. Die Eigentümlichkeit ihres Wesens und die ungekünstelte Tugendhaftigkeit ihrer Ansichten belassen alle Dinge in der Ordnung, welche Brauch und Sitte, der zu wahrende Schein, die zu beobachtende Schicklichkeit und die zu verfolgenden Vorteile erfordern.

Die Präsidentin de Montreuil ist begeistert von der Idee dieser Heirat, die ihre Familie einem Haus verbinden würde, das mit königlichem Blut verwandt ist. Der Glanz einer solchen Ehe verschließt ihr die Augen vor dem schlechten Ruf des Schwiegersohns, den man ihr vorhält, und macht sie duldsam gegenüber den Dummheiten der jungen Leute. Übrigens sind gerade wegen dieses schlechten Rufes einige geplante Verbindungen nicht zustande gekommen. Aber der Graf de Sade hat alles getan, um die Montreuils über den wahren Charakter seines Sohnes zu täuschen. In einem Brief an seine Schwester, die Äbtissin von Saint-Laurent, macht er sich selbst Vorwürfe wegen dieses Mangels an Loyalität, denn der Marquis ist nur scheinbar gefügig, er widersetzt sich allem und jedem. Im März und April 1763 geht der Marquis, wahnsinnig verliebt in Fräulein de Lauris, die bedenkenlos seine Geliebte geworden ist, so weit, die Verhandlungen seines Vaters mit Madame de Montreuil zu gefährden. Trotz ihres guten Willens zeigt sich die Präsidentin etwas abgekühlt im Hinblick auf ihren Schwiegersohn, besonders nachdem sie gewisse Nachrichten aus Avignon erhalten hat. In der Tat hat sie soeben erfahren, daß der Marquis de Sade sich in dieser Stadt aufhält, um seine Hochzeit mit Fräulein de Lauris vorzubereiten. Es wird der ganzen diplomatischen Erfahrung des Grafen de Sade bedürfen — der sich entschlossen hatte, jener Heirat zuzustimmen, aber entdeckte, daß ihre Verwirklichung gefährdet war —, um die Präsidentin zu überzeugen, daß er gemeint habe, mit den Montreuils sei alles zu Ende, und daß er deshalb selbst seinen Sohn nach Avignon geschickt habe, um dort eine Wohnung einzurichten, in der er sich niederlassen sollte. Ohne Zweifel hat der Graf de Sade vorausgesehen, daß sein Sohn hartnäckig entschlossen in dieser Stadt bleiben würde, um ohne jede Hoffnung auf die Ankunft von Fräulein de Lauris zu warten. So bittet er seinen Bruder, den Abbé, ihm einen Brief zu schreiben. Dieser berichtet ihm daraufhin, der Marquis sei das Opfer eines Fieberanfalls, und

VON DER GEBURT BIS ZUR HEIRAT

er wolle ihn erst nach Paris zurückschicken, wenn er wieder ganz
gesund sei.

Endlich, im allerletzten Augenblick, ist der so lange erwartete
Bräutigam aus Avignon eingetroffen, und zwar – trotz der hohen
Kosten dieses Transportmittels – mit der Postkutsche. Aber er
brachte einige Dutzend Artischocken aus Saumane oder La Coste
mit und eine Thunfischpastete, die er billig bekommen hatte; durch
diese sehr vorteilhaften Einkäufe war der hohe Fahrpreis ausgeglichen.

Wir haben oben von einem Brief des Grafen de Sade an seine
Schwester, die Äbtissin von Saint-Laurent, gesprochen. Hier ein
Auszug aus diesem Brief, der uns die Stimmung in den Familien
de Sade und de Montreuil, wenige Tage vor der Hochzeit ihrer
Kinder, glänzend widerspiegelt:

*Ich glaube, Madame de Montreuil hat durch die letzte Post aus
Avignon alles erfahren. Das und die andere Geschichte haben ihre
Gefühle für meinen Sohn merklich abgekühlt; aber sie kann nicht
mehr zurück. Ärgerlich ist, daß man keinen Rock mehr wird verwenden können, weil man jetzt feingerippten Taffet nimmt. Was
er auch für eine Miene macht, ich versuche die Dinge durch meine
Fürsorge, meine Höflichkeit, meine Aufmerksamkeit zu fördern.
Die ganze Familie scheint mit mir zufrieden zu sein. Ich esse täglich bei einem von ihnen. Sie sehen niemand anderen, und die
Aufmerksamkeit, die sie für mich haben, ist unvorstellbar. Ich kann
nicht umhin, sie wegen ihres Familienzuwachses zu bedauern, und
mache mir Vorwürfe, daß ich sie über den Charakter des Zukünftigen täusche. Der Abbé bestätigt in seinem letzten Brief, daß es
nichts Unsanfteres gebe als ihn. Früher, wenn ich ihm das sagte,
wollte er es mir nie glauben und versicherte mir stets, er könne
mit ihm machen, was er wolle. Sanft an ihm ist nur sein Ton. Aber
es ist unmöglich, ihn in der geringfügigsten oder auch in der wichtigsten Angelegenheit zu beeinflussen.*

»Was er auch für eine Miene macht«, schreibt der Graf de Sade
und meint seinen Sohn: die Miene eines Bräutigams, der seinen
Kummer nur schlecht verbirgt und den die hoffnungslose Liebe zu
Fräulein de Lauris quält. Und dennoch: die Hochzeit wird endlich
stattfinden. Am 1. Mai erfährt sie in Versailles die offizielle Ein-

willigung des Königs und der Königin, des Dauphins und der Dauphine, der Herzöge de Berry und de Provence, der Prinzessinnen Marie-Adélaide, Sophie-Philippe und Louise-Marie, der Prinzen de Condé und de Conti und des Fräuleins de Sens. Nach diesem glänzenden, aber ermüdenden Tag kehrt der Graf de Sade mit geschwollenen Beinen nach Paris zurück. Am 15. Mai wird in der Rue Neuve-du-Luxembourg, im Palais des Präsidenten de Montreuil, der Vertrag von den zukünftigen Gatten unterzeichnet, am nächsten Tag von den Eltern und einigen Freunden, darunter Fräulein Anne-Prospère de Launay, der Schwester der Braut. Vorher hatte es noch Schwierigkeiten mit den Montreuils gegeben. Schuld daran war der Geiz der Gräfin de Sade, die ihre Diamanten nicht hergeben wollte. »Sie ist eine schreckliche Frau: ihr Sohn gleicht ihr«, schrieb der Graf de Sade seinem Bruder, dem Abbé, am Tag der Hochzeitsfeierlichkeiten. Er hingegen mußte, um den Marquis loszuwerden, Dinge tun, die er aus zärtlicher Liebe zu ihm nie getan hätte. Vor allem sah er sich gezwungen, zehntausend Francs zu borgen, um den jungen Ehemann und seine Leute einzukleiden und ihm eine Karosse mit zwei Pferden zu kaufen. Seine Schwester, die Äbtissin von Saint-Laurent, die er um diese Summe gebeten hatte, antwortete ihm mit einer ganzen Seite voller Zahlen, sprach davon, das Geld zu schicken, und hat es schließlich behalten.

Wir besitzen persönlich eine beglaubigte Abschrift vom Heiratsvertrag des Marquis de Sade. Hier sein Inhalt in Form einer methodischen Gliederung der Klauseln über das, was die zukünftigen Gatten in die Ehe einzubringen hatten:

A. Anteil von Fräulein de Montreuil:

1. Von seiten ihres Vaters: 80 000 Livres nach dem Tode desselben, davon 10 000 bar und eine Rente von 1 500, die nach dem Tode der Großmutter väterlicherseits auf 3 500 erhöht werden muß.

2. Von seiten ihrer Mutter: 50 000 Livres nach dem Tode derselben.

3. Von seiten der Anne-Thérèse de Croëzer, Witwe des Jacques-René Cordier de Launay, ihrer Großmutter väterlicherseits: a) 120 000 Livres, von denen zu Lebzeiten der Erblasserin lediglich eine Rente von 6 000 Livres ausgezahlt wird; b) 25 000 Livres

aus dem Nachlaß der letzteren, aber erst nach dem Tode von Madame de Montreuil.

4. Von seiten der Louise-Catherine Cordier de Launay, Witwe des Henri-Louis, Marquis d'Azy: 25 000 Livres nach dem Tode derselben.

5. Die Eltern der Braut gewähren dem jungen Paar während der ersten fünf Jahre ihrer Ehe Wohnung und Unterhalt mit zwei Dienstboten. Das gilt sowohl für ihr Haus in Paris wie für ihre Güter. Wenn diese Bedingung nicht erfüllt wird, bezahlen die Montreuils ihnen 2 000 Livres jährlich für den Lebensunterhalt.

6. Nach diesen fünf Jahren werden die Eltern der Braut dem Paar 10 000 Livres für die Einrichtung eines eigenen Haushaltes zur Verfügung stellen.

B. *Anteil des Marquis de Sade:*
Der Graf de Sade gibt seinem Sohn:

1. Sein Amt als Statthalter der Provinzen Bresse, Bugey etc., das jährlich 10 000 Livres einbringt. Er hat dieses Amt in Form von Abtretung am 4. März 1760 abgelegt und bezahlt von diesem Datum an die Einkünfte an seinen Sohn. Von diesem Amt ist dem Marquis de Sade vom König ein Abzugsrecht von 60 000 Livres gewährt worden.

2. Das Eigentum seiner Güter und Herrensitze La Coste, Mazan, Saumane und des Hofes von Cabanes, die jährlich 18 bis 20 000 Livres einbringen, und all seiner anderen gegenwärtigen und zukünftigen Besitztümer; der Schenkende behält sich indessen vor, über 30 000 Livres aus den obenerwähnten Gütern zu verfügen.

3. 10 000 Livres von den 34 000 Livres, die ihm der Graf und die Gräfin de Béthune schulden und von denen der Marquis de Sade vom Datum der Hochzeit an die Zinsen einnehmen wird.

Im übrigen setzt der Marquis de Sade seiner Frau eine Rente von viertausend Livres aus, als anberaumtes Wittum, mit Veräußerung des Kapitals zugunsten der zukünftigen Kinder.

»Dieser Vertrag«, schreibt Maurice Heine, »ist außerordentlich interessant, weil er nicht nur Einblick in die Vermögensverhältnisse des jungen Paares gibt, sondern auch in die Absichten ihrer Eltern.« Und der Autor fährt fort: »Der Graf de Sade, Vater eines verschwenderischen und leichtsinnigen Sohnes, war anscheinend besorgt,

48 MARQUIS DE SADE

ihn kein beträchtliches Kapital verwalten zu lassen. Diese Sorge
verband sich auf das Glücklichste mit dem Geiz der Montreuils, die
sehr viel lieber den jungen Leuten eine Rente aussetzten, als sich
von einer regelrechten Mitgift zu trennen.«

Am 17. Mai 1763 fand in der Kirche Saint-Roch die Hochzeit des
Marquis de Sade mit Fräulein de Montreuil statt.

DIE ÄUSSERE ERSCHEINUNG DES MARQUIS DE SADE

Der Marquis de Sade teilt mit einem anderen Grandseigneur seiner Sprache, dem Grafen de Lautréamont, ein Privileg, das in der
Literaturgeschichte der letzten drei oder vier Jahrhunderte nur
ihnen vorbehalten blieb: weder vom Autor von *Juliette* noch vom
Dichter der *Chants de Maldoror* ist bis zum heutigen Tag ein Bild
gefunden worden.

Wir wissen, daß Marie-Dorothée de Rousset, von der vom Jahre
1777 an ausführlich die Rede sein wird, nach einem Bild von Van Loo
(Karl oder einem seiner drei Neffen?) ein Porträt des Marquis angefertigt hat, der damals in Vincennes gefangen war.

Was ist über das Schicksal dieses Bildes zu sagen? Es hat die Marquise de Sade in ihre Wohnungen bei den Karmeliterinnen und in
Sainte-Aure begleitet, und es ist wahrscheinlich, daß trotz der
Trennung, die 1790 zwischen Herrn und Frau de Sade ausgesprochen
wurde, die letztere sich nicht von dem Bild getrennt hat, wie sie
auch bis zu ihrem Tod selbst die vermessensten Briefe ihres Gatten
aufbewahrte. Für die Zeit nach dem 7. Juli 1810, dem Tag, an dem
die Marquise in Échauffour, dem Gut ihrer Familie, starb, hat man
drei verschiedene Vermutungen aufgestellt: a) das Porträt de Sade
ist im Schloß Échauffour verblieben; b) es wurde dem zweiten Sohn
des Marquis, Donatien-Claude-Armand, übergeben (sein ältester
Sohn Louis-Marie wurde am 9. Juni 1809 in Italien getötet); c) es
wurde seiner Tochter, Madeleine-Laure de Sade, übergeben, die am
18. Januar 1844 starb.

Wenn dieses Bild in den Besitz von Donatien-Claude-Armand
übergegangen ist, muß man annehmen, daß dieser pietätlose Sohn
es zerstört hat, wie er auch das unschätzbare Manuskript von *Journées de Florbelle* sofort durch die Polizei verbrennen ließ.

So müssen wir uns vorläufig mit einigen authentischen Bemerkun-

Das imaginäre Porträt des Marquis de Sade von Man Ray, gemalt 1938 nach der Personenbeschreibung in den Steckbriefen der Polizei.

Direktive des Innenministers vom 18. Oktober 1810,
den Marquis de Sade betreffend, der zu dieser Zeit in
Charenton interniert war.

VON DER GEBURT BIS ZUR HEIRAT 49

gen begnügen, die sich im Laufe von fünfzig Jahren mit dem Äußeren des Marquis befaßt haben.

16. Mai 1763 – Die Präsidentin de Montreuil an den Abbé de Sade: »Ihr Neffe erscheint mir so liebenswürdig und begehrenswert, wie man sich einen Neffen nur wünschen kann, durch seine Vernunft, seine Sanftmut und seine gute Erziehung, die er dank Ihrer Fürsorge erhalten hat.«

27. Juni 1772 – »Der Diener kommt gleich darauf zurück, begleitet von einem anderen jungen Mann, den er als seinen Herrn bezeichnet; klein, ziemlich voll, blondes Haar, er trägt einen Degen, einen grauen Frack, gelbseidene Hose und einen Stock mit goldenem Knauf.« Und an anderer Stelle: »Zwei Männer, einer davon groß gewachsen [...], der andere kleiner, mit hübschem, vollem Gesicht, bekleidet mit einem grauen Frack, trägt Degen und Stock...« (Prozeßakten der Affäre von Marseille)

8. Dezember 1793 (18. Frimaire im Jahre II) – »François Sade, 53 Jahre alt, aus Paris gebürtig, Literat, wohnhaft Rue de la Ferme des Mathurins No. 871, fünf Fuß und zwei Zoll hoch, graublonde Haare und Brauen, hohe, kahle Stirn, hellblaue Augen, mittelgroße Nase, kleiner Mund, Kinn rund, Gesicht oval und voll...« (Haftbefehl)

1802 (aus dem Gefängnis Sainte-Pélagie) – »Einer dieser Herren stand sehr früh auf, denn er sollte an einen anderen Ort gebracht werden, wie man ihm mitgeteilt hatte. Zuerst bemerkte ich an ihm nur seine ungeheure Fettleibigkeit, die seine Bewegungen so sehr hemmte, daß sie ihn hinderte, jenen Rest an Grazie und Eleganz zu entfalten, der seinem ganzen Verhalten noch anzusehen war. Dennoch bewahrten die Augen einen eigentümlichen Glanz, der von Zeit zu Zeit aufleuchtete wie ein erlöschender Funke auf einer erloschenen Kohle.« Und an anderer Stelle: »Ich sagte schon, daß ich diesen Gefangenen nur flüchtig gesehen habe. Ich erinnere mich nur, daß er bis zur Unterwürfigkeit höflich war, geschliffene, fast salbungsvolle Manieren hatte und ehrerbietig von allem Verehrungswürdigen sprach.« (Charles Nodier, *Souvenirs, Episodes et Portraits de la Restauration et de l'Empire*)

November 1814 – (Charenton) »Ich begegnete ihm häufig, wenn er allein, mit schweren, schleppenden Schritten, sehr nachlässig gekleidet, durch die Gänge neben seiner Wohnung ging; ich habe nie gesehen, daß er mit jemandem sprach. Wenn ich an ihm vorüberging, grüßte ich, und er beantwortete meinen Gruß mit jener kalten Höflichkeit, die jeden Gedanken, ein Gespräch anzuknüpfen, fernhält. [...] Nichts hätte mich vermuten lassen, daß er der Verfasser von *Justine* und von *Juliette* sei; er machte auf mich nur den Eindruck eines hochmütigen und vergrämten alten Edelmannes.« (Dr. L.-J. Ramon, *Notes sur M. de Sade,* 1867)

Nach dem Haftbefehl zu schließen, muß der Marquis de Sade etwa 1 m 68 groß gewesen sein.

Wir schließen mit einer zeitgenössischen Angabe: der Marquis Xavier de Sade, direkter Nachkomme des Verfassers von *Justine,* hat uns versichert, daß seine Familie im Jahre 1939, bevor die deutschen Truppen das Schloß Condé-en-Brie beschlagnahmten, eine Miniatur besaß, die Donatien-Alphonse-François als jungen Mann, mit hübschem Gesicht, blauen Augen und kleinem Mund darstellte.

IV. VON DER ERSTEN INHAFTIERUNG BIS ZUR AFFÄRE VON ARCUEIL (1763–1768)

Die fünf Jahre zwischen der ersten Inhaftierung de Sades am 29. Oktober 1763 und dem 3. April 1768 (Ostersonntag), an dem er auf der Place des Victoires eine Bettlerin anspricht, bilden das Thema des vorliegenden Kapitels. Im folgenden die wichtigsten Punkte:

Vier Monate nach seiner Hochzeit wird der Marquis de Sade wegen Ausschweifungen, die er in einer »petite maison«[1] begangen hat, ins Gefängnis von Vincennes gesperrt. Wir wissen über diese Ausschweifungen nichts Näheres, aber zweifellos wiesen sie eine gewisse Analogie mit der Behandlung auf, die er später Rose Keller widerfahren ließ. Die Angst, die Donatien-Alphonse-François während seiner vierzehntägigen Haft ausgestanden hat, wird keinerlei Spuren in seinem Gemüt hinterlassen und ihn nicht hindern, sich schon im nächsten Jahr wieder seinen frenetischen Begierden zu überlassen. Am 30. November 1764 sieht sich Inspektor Marais gezwungen, der Kupplerin Brissault zu empfehlen, de Sade keine Mädchen zu liefern, »die mit ihm in ›kleine Häuser‹ gingen«. Man bezweifelt, daß die Brissault dieser Aufforderung gehorcht hat, denn der Marquis zählte zu ihren besten Kunden. Aber ihr Hôtel de la Barrière Blanche war nicht das einzige Paradies des Lüstlings in Paris: Aus dem Harem der Huguet kommt Fräulein Dorville, »ein großes, liebenswürdiges Mädchen«, das im Januar 1766 dem Marquis de Sade seine Gunst für zehn Louis monatlich vermietet. Unterdessen liefert die Königliche Musikakademie – »die Wollust

---

[1] »petites maisons« - »kleine Häuser« wurden die Absteigequartiere genannt, die sich die vornehmen Herren im XVIII. Jahrhundert gewissermaßen als kleine Privatbordelle hielten.

hat keinen großartigeren und häufiger besuchten Tempel« – de Sade
ebenso willige, aber noch berauschendere Opfer: Fräulein de Rivière,
eine Statistin, und die Damen Leclerc und Le Roy, Tänzerinnen...
Soviel wir wissen, haben zwei Frauen der Halbwelt bei dem Marquis de Sade echte Leidenschaft entfesselt: Fräulein Colet oder Colette, eine junge Schauspielerin vom Théâtre Italien, die er bis zur
»Raserei« liebte (wie es die Präsidentin de Montreuil ausdrückte),
und Fräulein de Beauvoisin, berühmt kostspielig, aber bei der Wahl
ihrer Liebhaber vermutlich weniger auf den Profit als auf den
Rausch der Wollust bedacht. Der Marquis wird die Beauvoisin im
Sommer 1765 in sein Schloß La Coste mitnehmen, wo er sie wenn
nicht als seine Frau, so doch zumindest als eine Verwandte derselben
ausgibt. Aber trotz dieser meist nicht gerade salonfähigen Liaisons
hört der Marquis nicht auf, in den adeligen Salons nach weiblichen
Wesen zu suchen, die fähig sind, sein Herz zu rühren: so drückt er
einem Fräulein de C***, dem er in der großen Welt begegnet ist,
schriftlich sein Bedauern aus, die Bekanntschaft nicht früher gemacht
zu haben: er hätte sie zu seiner Frau machen können.

Um für seine verschiedenen Affären freie Hand zu haben, unter-
hält der Marquis mehrere Wohnungen und »kleine Häuser«, sowohl
in Paris wie in Versailles und Arcueil. Der Marquis schläft öfter in
einem seiner fünf oder sechs Schlupfwinkel als im Bett der Marquise
de Sade an der Rue Neuve-du-Luxembourg oder im Schloß Échauffour in der Normandie. Und außerdem versäumt er keine Gelegenheit, lange Reisen zu machen. So traf er sich in der Provence mit der
Beauvoisin; wir sehen ihn am 20. April 1767 dieser Dame nach Lyon
entgegenreisen, während er seine junge Frau, im fünften Monat
schwanger, in Paris zurückläßt. Trotz seiner Zuneigung zu der Marquise – er wäre »verzweifelt, ihr zu mißfallen«, erklärt er –, kann
er sich nicht entschließen, lange an ihrer Seite zu bleiben; er findet,
sie sei »zu kühl und zu fromm« für ihn.

Indessen trägt der zukünftige Verfasser von *120 Journées de
Sodome*, sowohl aus den Geständnissen der Prostituierten wie aus
der Beobachtung seines eigenen Deliriums, die ersten Details für sein
luziferisches Dokument zusammen, während seinem Geist allmählich
die Morgenröte einer tragischen Erkenntnis aufgeht, deren Gesetze
vor ihm kein Philosoph hat darlegen können.

ERSTE INHAFTIERUNG

CHRONIK

2. Juni 1763 – Der Graf de Sade berichtet seinem Bruder, dem Abbé, daß er mit seinem Sohn und den Montreuils in Marly gewesen sei und die Parade des Hofstaates gesehen habe. Die Präsidentin, schreibt er ihm, »ist ganz verrückt mit dem Marquis, der nur Flausen im Kopf hat und dessen Sinn nach Vergnügungen steht, die er nirgends finden kann«. Er beklagt sich, daß sein Sohn, der seit acht Tagen in seiner Nachbarschaft wohne, ihm noch keinen Besuch gemacht habe; er sagt voraus, daß Donatien-Alphonse-François ihn erst aufsuchen werde, um eine Komödie zu bekommen, die er aufführen wolle.

21. September 1763 – In einem Brief, der entweder an den Abbé oder an seinen anderen Bruder, den Großmeister, gerichtet ist, beklagt sich der Graf de Sade, daß der Marquis seit 1760 die Einnahmen aus seinem Amt als Statthalter von Bresse und Bugey beanspruche, ohne die Kosten für seinen Lebensunterhalt in Rechnung zu ziehen. Außerdem habe sein Sohn der Präsidentin de Montreuil »den Kopf verdreht« und bemühe sich, ihn bei dieser Dame schlechtzumachen. Der Graf bittet seinen Briefpartner, an die Präsidentin zu schreiben, um sie zur Vernunft zu bringen.

20. Oktober 1763 – Die Präsidentin de Montreuil berichtet dem Abbé de Sade in Saumane Neuigkeiten von ihrem »kleinen Schwiegersohn«: »Ach! das seltsame Kind!« schreibt sie. »So nenne ich ihn, meinen kleinen Schwiegersohn. Manchmal nehme ich mir auch die Freiheit heraus, ihn zu schelten: wir zerstreiten uns, wir versöhnen uns sofort wieder; es ist nie ernst und dauert nie lange. [...] Leichtsinnig, vielleicht, aber das ändert die Ehe. Wenn ich mich nicht irre, würden Sie diesen Fortschritt schon an ihm bemerken, wenn Sie ihn sähen. Was Ihre Nichte betrifft«, fährt die Präsidentin fort, »so würde sie ihn niemals schelten, so sehr sie auch den Wunsch hat, Ihnen zu gefallen und zu gehorchen. Sie liebt ihn, wie man es nur wünschen kann. Das ist ganz einfach, bis jetzt ist er sehr liebenswürdig, er liebt sie sehr und könnte sie nicht besser behandeln.« Aber ihrer Tochter »ist noch ganz weh ums Herz«, denn der Marquis de Sade sei am Samstag nach Fontainebleau gefahren: dort müsse er Herrn de Choiseul bitten, ihm eine Stelle zu verschaffen, und von da aus werde er sich ins Parlament von Dijon aufnehmen lassen[1]. – Madame de Montreuil hoffe, daß der Abbé sie im nächsten Sommer in Échauffour besuche. Das wäre die größte Freude für sie.

29. Oktober 1763 – Der Marquis hat seit etwa zwei Wochen Échauffour verlassen, mit der Absicht, Herrn de Choiseul in Fontainebleau seine Aufwartung zu machen und sich dann zum Gerichtshof von Dijon zu begeben. Aber der Marquis (hat seine Reise nach Fontainebleau überhaupt stattgefunden?) ist in der Hauptstadt aufgehalten worden. Seit dem Monat Juni ist er Mieter eines »kleinen Hauses«, für das er Möbel auf Kredit gekauft hat. An diesem galanten Zufluchtsort hat er sich mit einigen Mädchen einer jener überspannten Ausschweifungen hingegeben, deren Genüsse ihm die Sklaverei der Familie so lange geraubt hatte.

Aber als diese käuflichen Wesen, die sich für seine Launen hergegeben hatten, von Polizeiinspektoren vernommen wurden, die beauftragt waren, den Marquis während seiner Aufenthalte in Paris zu überwachen, glaubten sie, über ihren Kunden bei Herrn de Sartine belastende Aussagen machen zu müssen. Die Akte wurde dem Minister des Hofstaates, Herrn de Saint-Florentin, vorgelegt, der Seiner Majestät erklärte, solche Exzesse müßten mit äußerster Strenge bestraft werden. Und so wird de Sade am 29. Oktober auf königlichen Befehl verhaftet und ins Gefängnis von Vincennes gebracht.

2. November 1763 – Der junge Gefangene bittet den Gouverneur von Vincennes, seiner Schwiegermutter einen Brief zu übermitteln. Sein sehnlichster Wunsch ist, seine Frau wiederzusehen; um diese Gnade bittet er kniefällig, mit Tränen in den Augen:

Verhelfen Sie mir zu dem Glück, mein Herr, mich mit einem Menschen zu versöhnen, der mir so teuer ist und den ich aus Schwäche so heftig verletzt habe... Ich flehe Sie an, verweigern Sie mir nicht, den Menschen zu sehen, der mir auf der Welt der liebste ist. Wenn sie die Ehre hätte, von Ihnen gekannt zu werden, würden Sie sehen, daß ihr Gespräch mehr als alles andere geeignet ist, einen Unglücklichen auf den rechten Weg zurückzuführen. Seine Verzweiflung, daß er davon abgekommen ist, hat nicht ihresgleichen.

Am selben Tag wendet er sich in gleicher Weise an den Polizeidirektor de Sartine:

---

[1] Diese Aufnahme sollte erst am 26. Juni des folgenden Jahres stattfinden.

ERSTE INHAFTIERUNG

So unglücklich ich bin, hier zu sein, ich beklage mein Schicksal nicht; ich habe Gottes Rache verdient, das fühle ich; meine einzige Beschäftigung ist, über meine Fehler zu weinen und meine Irrtümer zu verabscheuen. Ach! Gott hätte mich vernichten können, ohne mir Zeit zu lassen, sie zu erkennen und zu fühlen; wie dankbar muß ich ihm sein, daß er mir erlaubt, in mich zu gehen. Geben Sie mir die Möglichkeit dazu, ich bitte Sie, Herr, erlauben Sie mir, einen Priester zu sehen. Seine guten Lehren und meine aufrichtige Reue werden mich hoffentlich bald würdig machen, die heiligen Sakramente zu empfangen. Daß ich sie so völlig vernachlässigte, war der erste Grund für meinen Untergang.

13. November 1763 – Der König unterzeichnet den Freilassungsbefehl für den Marquis de Sade. Das Schloß Échauffour, Besitz der Montreuils, wird dem Marquis de Sade als Zwangsaufenthalt angewiesen.

21. Januar 1764 – Madame de Montreuil an den Abbé de Sade:

Ich, Herr Abbé, eine Abneigung fassen gegen alles was Ihren Namen trägt! Ich bin weit entfernt davon, wirklich! Sie allein würden genügen, um dieses Gefühl zu zerstören und ein entgegengesetztes zu schaffen, das nur bestärkt würde, auch wenn ich nicht mehr die Ehre hätte, Sie zu kennen. Ich gestehe, daß ich nicht den Mut hatte, Ihnen die Tatsachen mitzuteilen, die Sie kennen. Ich fand, Sie seien glücklich, fern genug zu sein, um nichts davon wissen zu müssen.

Es wird allein an Ihrem Herrn Neffen liegen, die Vergangenheit gutzumachen durch ein tadelloses Verhalten in der Zukunft.

Seit er wieder bei uns ist, sind wir mit ihm zufrieden. Aber es ist hier nicht der Ort zum Jammern. Und wenn mir auch scheint, daß das alles einige Wirkung und einigen Eindruck auf ihn gemacht hat, so kann mich nur die Erfahrung überzeugen. Herr de Montreuil und ich haben getan, was wir für unseren eigenen Sohn auch getan hätten und was wir für geeignet hielten, um jeden Skandal zu vermeiden, der ihm schaden könnte. Übrigens schmeicheln wir uns, daß dieses Vorgehen auf eine gut veranlagte Seele Eindruck machen müßte. Was meine Tochter betrifft, so können Sie sich vorstellen, wie groß ihr Schmerz war. Sie hat sich als tugendhafte Frau gezeigt, und es ist nicht an mir, das zu rühmen. Ich lasse diejenigen darüber urteilen, denen anzugehören sie die Ehre hat.

56   MARQUIS DE SADE

3. April 1764 – Dem Marquis de Sade wird erlaubt, sich drei Monate lang in Paris aufzuhalten.

17. April 1764 – Ein von Donatien-Alphonse-François geleitetes Privattheater wird im Schloß Evry, beim Onkel von Madame de Sade, mit der Aufführung von *Retour imprévu* (von Regnard) und *l'Avocat Patelin* (von Brueys und Palaprat) eingeweiht. Diese beiden Stücke werden von Marquis de Sade selbst gespielt, von den Herren de Launay, de Lionne und de Ripière und von den Damen de Sade, de Montreuil und de Bourneville.

26. Juni 1764 – Der Marquis de Sade hält im Parlament von Burgund in Dijon seinen Einführungsvortrag als Statthalter des Königs für die Provinzen Bresse, Bugey, Valromey und Gex. Er benutzte seinen Aufenthalt in Dijon, um im Kartäuserkloster (das während der Revolution in Brand gesteckt werden sollte) historische Dokumente einzusehen, welche die Regierung Karls VI. und die Jahre nach seinem Tod betreffen. Diese Dokumente, deren wichtigste das Testament des in Montéreau getöteten Herzogs von Burgund und die Akte über das Verhör von Boisbourdon, den Favoriten Isabellas von Bayern, sind, werden ihm ein halbes Jahrhundert später dazu dienen, die *Histoire secrète* dieser Königin zu schreiben.

15. Juli 1764 – Der Marquis de Sade wird Fräulein Colet oder Colette vom Théâtre Italien vorgestellt und bringt sie nach der Vorstellung nach Hause.

16. Juli 1764 – Der Marquis schickt Fräulein Colet eine Liebeserklärung: Er kenne auf der Welt jetzt kein anderes Glück mehr, als sein Leben mit ihr zu verbringen und ihr Schicksal zu teilen.

11. September 1764 – Der Minister des Hofstaates schickt der Präsidentin de Montreuil den Befehl des Königs, der den ersten widerruft, in welchem seine Majestät angeordnet hatte, daß Herr de Sade sich auf Schloß Échauffour zurückziehen müsse.

7. Dezember 1764 – Bericht des Inspektors Marais:

Herr Graf de Sade[1]*, den ich vor einem Jahr bei seiner Reise nach Fontainebleau auf Befehl des Königs nach Vincennes und später auf die Güter seines Schwiegervaters gebracht habe, wo er Zeit gehabt hat, einige Ersparnisse von seinem Einkommen zurückzulegen, hat diesen Sommer die Erlaubnis erhalten, nach Paris zu kom-*

---

[1] Gemeint ist der Marquis.

ERSTE INHAFTIERUNG 57

men, wo er sich noch aufhält und wo er, um seine Mußezeit zu verbringen, sich das Vergnügen gemacht hat, Fräulein Colette, Schauspielerin bei den Italienern, 25 Louis im Monat zu bezahlen. Sie lebt
mit dem Herrn Marquis de Lignerai zusammen, der gefällig genug
ist, sich mit dem zweiten Platz zu begnügen, wenn sie eine gute
Gelegenheit findet. Er weiß über ihre Beziehungen zum Marquis
de Sade Bescheid, aber dieser beginnt zu merken, daß er von der
Dame zum Narren gehalten wird. Diese Woche hat er sein Temperament bei der Brissault[1] erprobt, die er ausführlich gefragt hat,
ob sie mich nicht kenne; sie hat nein gesagt. Ohne mich näher zu
erklären, habe ich dieser Frau dringend empfohlen, ihm keine Mädchen zu besorgen, die mit ihm in »kleine Häuser« gehen.

21. Dezember 1764 – Inspektor Marais berichtet, daß Herr de
Lignerai gezwungen sei, auf Fräulein Colet zu verzichten und sie
ganz dem Marquis de Sade zu überlassen, »der seinerseits in einer
schwierigen Lage ist, da er nicht reich genug ist, um allein für den
Unterhalt einer Schauspielerin aufzukommen«.

28. Dezember 1764 – Inspektor Marais berichtet, daß der Marquis de Sade die größte Mühe habe, sich von der Colet zu trennen,
aber daß »er diese Woche wieder dreimal mit ihr geschlafen« habe.

29. März 1765 – Die Präsidentin de Montreuil berichtet dem
Abbé de Sade nach Saumane, daß der Marquis sich bereit mache, in
die Provence zu reisen[2], wo er Geschäfte zu regeln habe, wie er behaupte. Sie wisse nicht, ob diese Reise wirklich notwendig sei, aber
sie hoffe, daß sein Onkel einen guten Einfluß auf ihn haben werde.
Sie habe den zweiten Band von *Pétrarque* bekommen, der großen
Erfolg habe, aber sie habe ihn noch nicht gelesen.

26. April 1765 – Bericht des Inspektors Marais:

*Fräulein Beauvoisin macht dem Herrn Douet de la Boulay, der sie
mit Wohltaten überschüttet, allen möglichen blauen Dunst vor.
Herr de Pienne ist immer noch ihr Günstling, und Herr de Sade
wird immer noch mit Kosten für Toiletten und Theater belastet,
was ihn gut und gern zwanzig Louis im Monat kostet.*

---

[1] Die Brissault, genannt die »Präsidentin«, hielt bei der Barrière Blanche
ein Haus mit Mädchen; ihr Mann führte ein anderes an der Rue Tire-
Boudin, das später zur Rue Française verlegt wurde.
[2] Er sollte Paris erst am 9. Mai verlassen.

20. Mai 1765 – Die Präsidentin de Montreuil berichtet dem Abbé de Sade nach Saumane, daß der Marquis am 9. des Monats nach Avignon abgereist sei, um sich um die Einnahmen zu kümmern, die er bekommen sollte. Der Graf de Sade hat sich mit dieser Reise unzufrieden gezeigt. Niemand hat noch Nachricht vom Marquis bekommen. Die Präsidentin wünschte, daß sein Leichtsinn durch die Ratschläge des Abbé etwas gedämpft würde.

Juni-Juli 1765 – Der Marquis de Sade ist mit der Beauvoisin im Schloß La Coste. Gibt er sie wirklich als seine Frau aus (Mme. de Sade war noch nie in die Provence gekommen) oder, was weit weniger kühn wäre, als eine Verwandte von ihr? Die Präsidentin selbst äußert sich nicht genauer darüber, wie ihr Brief vom 8. September beweist. Der Marquis de Sade hingegen erklärt in einem Brief an seine Tante, die Äbtissin von Saint-Benoît, daß er nie erlaubt, geduldet oder zugelassen habe, daß man die Person, die bei ihm sei, für seine Frau halte. Wir können nur sagen, daß das Geschwätz über die Anwesenheit der Beauvoisin im Schloß vermutlich unterwegs um manche Variante bereichert wurde: Er ist sehr weit, der Weg von La Coste zur alten Papststadt, über Ménerbes, Oppède und Cavaillon, mit einem Umweg über Apt und das hochgelegene Dorf Bonnieux ...

Wie dem auch sei, der Theatersaal des Schlosses wurde mit großem Kostenaufwand renoviert. Der ganze Adel aus der Umgebung, vom Herrn Marquis höflich eingeladen, drängte sich zu den Vorstellungen in La Coste. Den Zuschauern wurden Bälle, Essen und Feste geboten. Während acht Tagen war der Abbé de Sade Gast seines Neffen und beehrte die Festlichkeiten mit seiner Anwesenheit. Wenn er, meint die Präsidentin de Montreuil, »die außerordentliche Ungehörigkeit dulden konnte, daß der Marquis ein Mädchen als Verwandte der Marquise oder gar als die Marquise selbst ausgab«, so geschah es zweifellos, um Donatien-Alphonse-François durch seine Gegenwart die Demütigung zu ersparen, daß die Gesellschaft ihn mied. Aber diese Duldsamkeit hat zu sehr bösen Äußerungen über den Abbé Anlaß gegeben. Bei seiner Rückkehr aus La Coste mußte er sich, um die Verantwortung von sich abzuwälzen, vor jedem, der es hören wollte, über die Verleumdungen entrüsten, denen so viele anständige Menschen, und er als erster, zum Opfer gefallen seien. Vielleicht mußte er manchmal sogar leugnen, überhaupt Zeuge der kühnen Komödie gewesen zu sein, die der Marquis zusätzlich zu denen, die in seinem Theater geboten wurden, zum Besten gab.

Indessen glaubte der Abbé de Sade, seiner Schwester in Cavaillon von dem Skandal der Beauvoisin im Schloß La Coste berichten zu müssen. Diese schreibt ihrem Neffen unverzüglich einen Brief voller Vorwürfe, der bei weitem nicht mit der Zerknirschung aufgenommen wurde, die das alte Fräulein erhoffen durfte. In seiner ausgeklügelt unverschämten Antwort wagt der Marquis, die eheliche Treue von Madame de Villeneuve-Martignan anzuzweifeln, der einzigen seiner fünf Tanten, die nicht ins Kloster eingetreten ist, und voller Zorn gegen den Abbé de Sade, der ihn verraten hat, enthüllt er dessen Verfehlungen in gewagtesten Ausdrücken.

Im Oktober des nächsten Jahres glaubt de Sade, die Verantwortung für diesen Brief auf die Beauvoisin abwälzen zu können: Ach, er hatte ihn nur schreiben können »unter dem Zwang dieser Sirene, die ihm den Kopf verdrehte!«. Wie hätte seine arglose Ehrfurcht fähig sein können, so schwarze Ungeheuerlichkeiten gegen seinen geliebten Onkel auszusprechen. Aber trotz der Einwände des Marquis und seiner heftigen Gewissensbisse scheint der Abbé de Sade, dem Madame de Saint-Benoît »böswillig und unbedacht« jenen Brief übersandt hatte, seinem Neffen die schändlichen Ausdrücke nie verziehen zu haben.

8. August 1765 – Im *postscriptum* eines Briefes, den die Präsidentin de Montreuil aus Échauffour an den Abbé de Sade in Saumane richtet, gibt sie ihm sehr ausgeklügelte Anweisungen, die es ihm erlaubten, einen Bruch zwischen dem Marquis und der Beauvoisin herbeizuführen. Andererseits teilt sie ihm auch mit, daß sie nicht ohne Besorgnis der Rückkehr ihres Schwiegersohnes nach Paris entgegensehe; seine Gläubiger würden ihn verfolgen, er würde neue Schulden machen, und selbst wenn er auf die Beauvoisin verzichtete, würde er sich in eine andere Kurtisane vernarren. Beinahe wünschte die Präsidentin, er würde sich in der Provence an irgendeine Frau binden: »Sie sind immer noch weniger gefährlich als die käuflichen Mädchen.«

20. August 1765 – Der Kammerdiener de Sades kommt nach Paris in die Rue Neuve-du-Luxembourg und erklärt, daß sein Herr bald zurück sein werde. Die Präsidentin in Échauffour wird benachrichtigt und hat den Verdacht, daß der Marquis schon in der Hauptstadt ist, aber bei »seinem Fräulein« (der Beauvoisin) wohnt. Wenn sie dessen sicher wäre, würde sie nach Paris fahren und ihn von dieser Frau wegholen, wie sie es vor einem Jahr schon bei einer anderen getan hat.

21. August 1765 – Die Präsidentin de Montreuil hatte richtig geraten: der Marquis de Sade ist tatsächlich am 20. August mit der Beauvoisin in Paris angekommen, zur gleichen Zeit wie sein Kammerdiener.

Anfang September 1765 – Erst zehn Tage nach seiner heimlichen Ankunft in Paris, wo er öfter bei seiner Mätresse als bei sich zu Hause wohnte, gibt der Marquis de Sade seiner Frau und seiner Schwiegermutter Nachricht. Aber er teilt ihnen mit, daß es ihm noch nicht möglich sei, zu ihnen nach Échauffour zu kommen, denn zwei wichtige Geschäfte hielten ihn in Paris zurück. Er beruft sich einerseits auf 4 500 Livres Schulden, die er in der Provence gemacht hat und für deren Begleichung er Geld sucht, andererseits darauf, daß er mit Herrn de Baujon einen Stammbaum ausarbeiten müsse, um ihn dem König vorzulegen. (Dieser letztere Vorwand erscheint der Präsidentin wenig stichhaltig, um nach viermonatiger Abwesenheit seine Gattin nicht zu besuchen.) Immerhin hat er der Marquise – die von dem Skandal in La Coste und seinem zeitweiligen Zusammenleben mit der Beauvoisin nichts weiß – geschrieben, daß er zu ihr in die Normandie käme, sobald er seine Geschäfte erledigt habe.

15. September 1765 – Endlich ist de Sade spät nachts in Échauffour angekommen. Madame de Montreuil hat ihn nur einen Augenblick gesehen, aber vor seiner Frau konnte nichts Wichtiges gesprochen werden. Immerhin hat die Präsidentin durch einen Brief der Gräfin de Sade erfahren, daß ihr Sohn durch sein Verhalten und seine Aufmerksamkeiten die Vergangenheit vergessen lassen wolle und daß er andererseits sehr besorgt sei, seine Frau könnte etwas wissen, denn er wünschte, sie würde eine gute Meinung von ihm behalten.

7. November 1765 – Die Präsidentin de Montreuil berichtet dem Abbé de Sade in Saumane, daß der Beauvoisin ein Unglück zugestoßen und der Marquis ihr zu Hilfe geeilt sei. Er ist nach Paris gefahren, »wo er nicht aus seinem Gefängnis herauskommt« [dem

ERSTE INHAFTIERUNG   61

Haus seiner Geliebten]. Die Montreuils und Madame de Sade werden am 14. wieder in Paris sein; der Marquis soll sie in der Rue Neuve-du-Luxembourg erwarten.

24. November 1765 – Marquis de Sade bezahlt hundertfünfzig Livres für drei Räume in einer kleinen Wohnung in Versailles an der Rue Satory.

3. Januar 1766 – Bericht des Inspektors Marais:

Herr Graf de Sade hat alle Beziehungen zu Fräulein Beauvoisin abgebrochen; sie wird gegenwärtig von Herrn Marquis de St. Contat ausgehalten und hat ein Verhältnis mit dem Herrn Chevalier de Choiseul. Er hat sich mit Fräulein Dorville, einem großen, liebenswürdigen Mädchen verbunden, das erst kürzlich aus dem »Serail« der Huguet davongelaufen ist. Er gibt ihr nur zehn Louis im Monat; er wird unterstützt vom Herrn Chevalier [Name unleserlich], der sie mindestens einmal in der Woche besucht und ihr für jeden Besuch vier Louis gibt. Nichtsdestoweniger besucht er weiterhin das Fräulein Leclerc [1].

Es existiert ein Abschiedsbrief des Marquis de Sade an die Beauvoisin. Hat er ihn geschrieben, als er diese Mätresse wegen des Fräulein Dorville, das »aus dem ›Serail‹ der Huguet entflohen« war, verließ, das heißt Ende Dezember 1765, Anfang Januar 1766? Wie dem auch sei, der Abbruch der Beziehungen zwischen den beiden Liebenden, von Inspektor Marais berichtet, war nicht endgültig, denn anderthalb Jahre später, am 20. April 1767, fährt der Marquis de Sade nach Lyon, um dort die Beauvoisin zu treffen, die wieder absolute Macht über ihn hat.

Ende April 1766 – Auf dem Weg nach Lyon hält sich der Marquis de Sade in Melun auf, um dort vier Tage mit einer Frau zu verbringen, deren Namen wir nicht kennen.

21. Mai 1766 – Der Marquis de Sade trifft aus Lyon kommend in Avignon ein, wo sein Onkel, der Abbé, der seinetwegen aus Saumane gekommen ist, ihn seit dem 15. erwartet.

6. Juli 1766 – Der Marquis de Sade ist in Paris. Er bezahlt sechzig Livres für die Miete eines Einspänners.

26. September 1766 – Beginn eines Berichts von Inspektor Marais:

---

[1] Zu der Zeit Statistin an der Oper.

Der Herr Graf de Sade hat vor zwei Wochen die Beziehung zu Fräulein Le Roy von der Oper [1] abgebrochen, ohne einen Versuch, sie wieder aufzunehmen. Herr de Sénac, Staatspächter, verhandelt mit der Mutter und Tante des Fräuleins, um sie heimlich zu unterhalten; er will aber dieses Verhältnis vor seiner jungen Gattin verbergen...

4. November 1766 – Ein Herr Lestarjette erhält von Marquis de Sade zweihundert Livres für viereinhalb Monate Miete eines möblierten Hauses in Arcueil, Rue de Lardenay.

24. Januar 1767 – In Montreuil bei Versailles stirbt Jean-Baptiste-François-Joseph Graf de Sade im Alter von fünfundsechzig Jahren.

Am 30. Januar berichtet die Präsidentin de Montreuil dem Abbé de Sade einige Einzelheiten über dieses Ereignis. Seit einem Monat hatte sich der Gesundheitszustand des Grafen sichtlich gebessert; sein Sohn und der Graf de Crillon, die ihn beide noch fünf Tage vor seinem Tod gesehen hatten, hatten erklärt, er scheine sich zu fühlen wie immer. Aber am Samstag, dem 24. Januar, starb er plötzlich. Die Art und Weise, wie der Marquis de Sade von diesem Verlust betroffen scheint, rührt Madame de Montreuil und »söhnt sie völlig mit ihm aus«.

16. April 1767 – Der Marquis de Sade wird zum Hauptmann der ersten Kompanie im Kavallerie-Regiment befördert, mit dem Befehl, seine Kompanie ohne Verzug zu versammeln. Die Präsidentin de Montreuil freut sich über diese Einberufung: so werden sie, sagt sie, »wenigstens eine Zeitlang Ruhe haben«.

20. April 1767 – Der Marquis de Sade, der vermutlich den Obersten seines neuen Regiments um einen Aufschub gebeten hat, fährt nach Lyon, um heimlich die Beauvoisin zu treffen. Dieses Fräulein »hat ihren ganzen Einfluß über ihn wiedergewonnen und nutzt das seit dem Tod seines Vaters aus«. Zu dieser Zeit ist Madame de Sade im fünften Monat schwanger.

21. Juni 1767 – Der Marquis de Sade ist in La Coste. Er hat die Behörden des Ortes gebeten, ihn anzuerkennen, ihm die übliche Hul-

---

[1] Im *Almanach des spectacles pour l'année 1767* ist Fräulein Le Roy unter den Ersatztänzerinnen und Statistinnen aufgeführt.

ERSTE INHAFTIERUNG   63

digung zu erweisen und aus Anlaß des Todes seines Vaters einen
Gottesdienst abzuhalten.

27. August 1767 – In der Pfarrgemeinde der Madeleine de la
Ville-l'Évêque wird Louis-Marie, der erste Sohn des Marquis de
Sade, geboren.

16. Oktober 1767 – Bericht des Inspektors Marais:

*Es wird nicht ausbleiben, daß sich die Ungeheuerlichkeiten des
Herrn Grafen de Sade herumsprechen; er tut das Unmögliche, um
Fräulein Rivière von der Oper zu überreden, mit ihm zu leben, und
hat ihr 25 Louis im Monat angeboten, unter der Bedingung, daß sie
die Abende, an denen keine Vorstellung ist, mit ihm in seinem »kleinen Haus« in Arcueil verbringe. Fräulein Rivière hat sich geweigert [1], weil sie die Wohltaten des Herrn Hocquart de Coubron empfängt, aber Herr de Sade verfolgt sie weiterhin, und während er
darauf wartet, sie mitzunehmen, hat er diese Woche die Brissault
heftig angefleht, ihm Mädchen zu schicken, die mit ihm in sein
»kleines Haus« in Arcueil zum Abendessen kämen. Diese Frau hat
es ihm immer abgeschlagen, denn sie weiß ungefähr, zu was er fähig ist, aber er wird sich an andere gewandt haben, die weniger
Skrupel haben oder ihn nicht kennen, und gewiß wird man schon
bald davon hören.*

24. Januar 1768 – In der Kapelle des Hôtel de Condé wird
Louis-Marie de Sade vom Prinzen de Condé und der Prinzessin
de Conti über das Taufbecken gehalten.

Ungefähr am 1. Februar – Wenn man den Gerüchten Glauben
schenken kann, die dem Polizeileutnant Gersant, Kommandanten
der Brigade von Bourg-la-Reine, zu Ohren gekommen sind, hat de
Sade vier Mädchen in sein »kleines Haus« kommen lassen und sie
gepeitscht; daraufhin gab er ihnen zu essen und ließ ihnen durch
seinen Diener einen Louis überreichen, von dem dieser einen Taler
zurückbehielt, »für die Mühe, die er hatte, sie im Faubourg Saint-
Antoine aufzutreiben«. Dieses Ereignis wird nicht vereinzelt blei-

---

[1] Der Bericht Marais' vom 18. März 1768 teilt mit, daß die Annähe-
rungsversuche de Sades bei Fräulein Rivière nicht immer erfolglos blieben.
– Im *Almanach des Spectacles pour l'année 1767* ist Fräulein Rivière
unter den Statistinnen der Oper aufgeführt.

ben: Wie derselbe Offizier berichtet, verursacht der Marquis seit
fünfzehn Monaten »viel Skandal« in Arcueil, »indem er Tag und
Nacht Personen beiderlei Geschlechts mitbringt, mit denen er Ausschweifungen treibt«.

18. März 1768 – Bericht des Inspektors Marais:

Es ist schon einige Zeit her, daß der Herr Graf de Sade Fräulein
Rivière verlassen hat. Sie hat seither ihre Gunst verschiedentlich ver-
schenkt; es wird behauptet, der Prinz de Conti, gerührt vom Schick-
sal dieser jungen Person, lasse ihr Arzneien schicken, in der Ab-
sicht, sie später für sich zu gewinnen. Tatsächlich sieht man Herrn
Guérin, seinen Arzt, täglich bei ihr ein- und ausgehen. Wenn sie nur
gesund wäre, sie ist eine hübsche Frau.

Die Ruine vom Schloß La Coste (Vaucluse), Besitztum der Familie de Sade.

Die Zwingburg von Vincennes. Darunter: Ein ironisches Zeugnis, das der inhaftierte Marquis dem Festungskommandanten de Rougemont ausstellte.

v. Die Affäre von Arcueil (1768)

De Sades Algolagnie

Scheint es nicht, als ob de Sade selbst, so wie er seinen Mätressen vor der Affäre von Arcueil vorkommen mochte, der melancholische »Bacchus« aus den *Memoiren der Fanny Hill* von John Cleland sein könnte, dessen Porträt Maurice Heine geschildert hat? Man könnte sich keine bessere Einführung in die nachfolgenden Betrachtungen vorstellen als diese Zeilen, die mit wunderbarer Genauigkeit einen der Algolagnie unterworfenen Menschen beschreiben:

Er war beherrscht von einer grausamen Lust, einer unwiderstehlichen Manie, nicht nur sich selbst, sondern auch andere erbarmungslos zu peitschen; und so konnte er, wählerisch wie er war, nur wenige finden, die mit ihm bereit waren, sich – und ihre Haut – einer so schrecklichen Prüfung zu unterziehen, obschon er die, welche den Mut und die Gefälligkeit hatten, sich seinen Launen zu unterwerfen, überschwenglich bezahlte. Aber was diese merkwürdige Laune noch einzigartiger machte, war die Jugend dieses Mannes: im allgemeinen werden nur Greise davon befallen, die gezwungen sind, auf diese Hilfsmittel zurückzugreifen, um ihren eingefrorenen Blutkreislauf wieder anzuregen...

...Er setzte sich neben mich, und plötzlich sah ich, wie sein Gesicht einen milden, wohlgelaunten Ausdruck annahm, der um so merkwürdiger war, als die Veränderung ganz unvermittelt vor sich ging. Wie mir später bewußt wurde, als ich seinen Charakter besser kannte, kam dieses Phänomen von einem Widerstreit mit sich selbst, einem Unbehagen, das er empfand, weil er der Sklave einer so sonderbaren Lust war, die von einem Konstitutionsfehler herrührte und ihm keinerlei Genüsse erlaubte, wenn er sich nicht vorher dieser außergewöhnlichen und schmerzhaften Mittel bediente. Das

schmerzliche Bewußtsein dieser Situation hatte mit der Zeit seinen Zügen eine Härte und Strenge eingeprägt, die im Grunde der natürlichen Sanftmut seines Charakters ganz fern lagen.

Bevor wir nun auf die Affäre der Flagellation von Rose Keller und weiterhin auf die Sache mit den Kantharidinbonbons in Marseille zu sprechen kommen, scheint es uns angebracht, zur Erbauung des unerfahrenen Lesers einen grundsätzlichen Abriß derjenigen Pulsionen zu geben, denen der Marquis de Sade im Verlauf jener Ereignisse unterlag.

Zu Beginn einer Abhandlung über den Sadismus ist die Feststellung wichtig, daß diese Psycho-Neurose aufgrund der Ambivalenz der Instinkte, welche von der Psychoanalyse unaufhörlich bestätigt wird, bei einem Menschen immer nur in Begleitung ihres unzertrennlichen Gegenstückes, des Masochismus, auftritt. Eine solche Koexistenz überrascht nur auf den ersten Blick. Im Sadismus, ebenso wie im Masochismus, handelt es sich um eine Relation zwischen Grausamkeit und Liebesgenüssen: aber ob wir unsere Grausamkeit an einer Frau auslassen, die uns erregt, oder ob uns diese Frau die ihre aushalten läßt, das erhoffte Resultat ist in beiden Fällen dasselbe; der einzige Unterschied ist sozusagen rein technischer Natur: das Objekt wird aufgegeben und durch sich selbst ersetzt. Diese Verwandlung von aktiv in passiv oder umgekehrt scheint manchmal ohne jeden Übergang, ohne jede emotionale Störung stattzufinden, und die Verbindung der beiden Gegensätze erscheint darin so eng, daß Freud erklären konnte, eine solche Umkehr »wirkt sich nie auf die Erregung der Instinkte insgesamt aus«, und die anfängliche Pulsion bleibt neben der neuen mehr oder weniger bestehen, »selbst wenn der Prozeß der Transformation [. . .] sehr heftig gewesen ist«.

Ein Jahrhundert bevor Schrenck-Notzing den Begriff Algolagnie (*algos:* Schmerz; *lagneia:* Wollust) geprägt hat, um im Hinblick auf die sexuellen Genüsse die Begriffe des empfangenen und des zugefügten Schmerzes in ein einziges Wort zusammenzufassen, gab es bei de Sade keine einzige wichtige Figur, ob männlich oder weiblich (außer Justine, wie wir sehen werden), die nicht durch ihr Verhalten das Nebeneinanderbestehen von Sadismus und Masochismus bewies. Noirceuil und Saint-Fond, Juliette und die Clairwil su-

DIE AFFÄRE VON ARCUEIL 67

chen in der passiven Flagellation eine innerliche Wollust, ganz
selten einen physiologischen Vorteil. Die verschiedenen Eigentümlichkeiten des Masochismus sind bei diesen grausamen Personen
in tausend Beispielen in Hülle und Fülle vorhanden. Ein Band von
Juliette, den wir aufs Geratewohl aufschlagen, liefert uns gleich
zwei: Saint-Fond verlangt von der Heldin, daß sie ihn erwürge,
während er Palmire sodomiert; bei einer anderen Episode wendet
sich Juliette an Delcour, den Henker von Nantes: »Sie müssen mich
schlagen, Sie müssen mich schänden, Sie müssen mich peitschen . . .«,
und während er ihr diese grausame Behandlung antut, ruft sie aus:
»Delcour [. . .], o göttlicher Zerstörer der menschlichen Rasse! Ich
bete dich an, ich genieße dich, aber bleue deine Hure stärker, präge
ihr die Spuren deiner Hand auf; du siehst doch, daß sie danach
brennt, sie zu tragen.«

Einzig bei der Gestalt der Justine kann man unmöglich feststel-
len, daß sich einer der beiden algolagnischen Zweige mit seinem
Gegenteil paart. Bei ihr scheint sich auf den ersten Blick nur der
Masochismus, ein sozialer Masochismus – die neurotische Anziehung
von allem, was unheilvoll für sie sein kann –, zu zeigen. Aber nach
genauer Prüfung kann man bei dieser Heldin nicht von Masochismus, auch nicht von theoretischem Masochismus sprechen, aus dem
einfachen Grunde, weil Justine – ein Ausnahmefall bei den Hauptpersonen von de Sades Romanen – sozusagen jeder psychologischen
Bedeutung entbehrt, wenn auch nicht in jeder sie betreffenden Einzelheit, so doch zumindest in der Gesamtheit ihrer Reaktionen. Justine ist ein erfundenes Wesen, eine abstrakte Konstruktion, und
scheint vom Autor nur erdacht zu sein, um seine pessimistische These
über die Folgen der Tugend zu demonstrieren. Bemerkenswert ist,
daß Juliette in dem Gegenroman *Prospérités du Vice* nicht mit diesem psychologischen Scheintod gezeichnet ist, der aus ihrer jungen
Schwester einen wahren Automaten macht, den der Marquis mitten
unter lebendige Wesen geworfen hat.

Von allen Psycho-Neurosen ist der Sado-Masochismus, oder die
Algolagnie, bestimmt die verbreitetste. Menschen, die gar keine
Spur davon aufweisen, scheinen äußerst selten zu sein; vielleicht exi-
stieren sie nicht einmal. Aber meistens, wenigstens in Friedenszeiten,
manifestiert sich der Sado-Masochismus so schwach oder unter der
Maske eines von einem Objekt scheinbar so entfernten Symbolismus,

daß er sozusagen für das bloße Auge nicht sichtbar ist. Die Vielfalt seiner Aspekte ist ganz in der großartigen Definition von Dr. Eugen Dühren enthalten, deren erschöpfende Knappheit nicht zu übertreffen ist: »Der Sadismus [der Sado-Masochismus] ist die absichtlich gesuchte oder zufällig dargebotene Verbindung der geschlechtlichen Erregung und des Geschlechtsgenusses mit dem wirklichen oder auch nur symbolischen (ideellen, illusionären) Eintreten furchtbarer und erschreckender Ereignisse, destruktiver Vorgänge und Handlungen, welche Leben, Gesundheit und Eigentum des Menschen und der übrigen lebenden Wesen bedrohen oder vernichten und die Kontinuität toter Gegenstände bedrohen und aufheben, wobei der aus diesen Vorgängen schöpfende Mensch selbst ihr direkter Urheber sein kann oder sie durch andere herbeiführen läßt oder bloßer Zuschauer bei denselben ist oder endlich freiwillig oder unfreiwillig ein Angriffsobjekt dieser Vorgänge ist.«

Wenn man sich auf die Freudsche Lehre stützt (und die klassische Psychiatrie war genötigt, sich deren fundamentale Erkenntnisse anzueignen), kann man voraussetzen, daß es bei Psycho-Neurosen drei Lösungen gibt. Die gefährlichste kann an die Schwelle der Psychose führen. Die häufigste Lösung, die Verdrängung, äußert sich in fixen Ideen oder Angstzuständen. Eine dritte Form, in der die Verdrängung unter allen Umständen stattfindet, besteht in der Sublimierung der asozialen Instinkte und äußert sich zuweilen in literarischen oder Werken der bildenden Kunst. Es scheint, daß für den Sado-Masochismus zwar nicht eine vierte Form, aber so etwas wie ein zusätzliches Maß besteht, das sich im Verhältnis zur Krankhaftigkeit verkleinern würde, wenn es sie nicht sogar völlig ausschlösse: wir sprechen vom normalen Liebesakt. Es steht außer Zweifel, daß während der sexuellen Verbindung das Verhalten von Mann und Frau dem des Sadismus beziehungsweise des Masochismus entspricht. Wenn sich die beiden Pulsionen auch nur in einer ganz skizzenhaften Form zeigen, vielleicht sogar nur unter einem rein psychologischen Aspekt, so äußern sie sich dennoch ganz ohne Zweifel.

Diese Lage der Dinge entspricht übrigens ganz dem Charakter der beiden Geschlechter, und man kann sogar sagen, daß diese Partikel von Sadismus und Masochismus das einzige sind, was dem Liebesakt den Stempel der Vollkommenheit aufdrückt.

DIE AFFÄRE VON ARCUEIL 69

Der erste Gedanke, der sich aufdrängt, ist, der Psycho-Neurose de Sades die dritte Lösung zuzuschreiben: die Verdrängung, Schöpferin literarischer Werke. Aber dieses Festlegen würde, ebenso wie das Festlegen auf die eine oder andere der beiden ersten Lösungen, einen Mechanismus der Verdrängung in sich schließen, die uns mit dem, was wir von de Sade wissen, unvereinbar scheint. *Marquis de Sade war sich seiner Algolagnie völlig bewußt.* Sie hat sich immer in absolut bezeichnenden Akten geäußert, die aber, das kann man nicht oft genug wiederholen, stets weit davon entfernt waren, die Gesundheit oder gar die Existenz seiner »Opfer« ernstlich zu bedrohen. Man müßte folglich für den Marquis einen besonderen sado-masochistischen Maßstab aufstellen, wenn er auch dem der Verdrängung verwandt wäre: aber erstens wäre *die Verdrängung nicht unbewußt,* und zweitens würde sie sich *auf dem Gebiet der Wissenschaft* geltend machen, denn der literarische Beitrag de Sades, der einer der aufsehenerregendsten der Neuzeit ist, wird hier nur der Form wegen, unabhängig von seiner Psycho-Neurose, erwähnt. In unseren Augen ist der Marquis de Sade ein Mann, der vor allem mit einer genialen wissenschaftlichen Imagination begabt ist. Was ist die Imagination in ihrer größten Tragweite? Es ist nicht das Nachschaffen einer Fiktion: es ist die Wiederherstellung der ganzen Realität mittels eines Fragmentes der Realität. Ähnlich wie der Naturwissenschaftler Cuvier, der von einem einfachen fossilen Knochen eine ganze Tierart ableiten konnte, hat der Marquis de Sade von rudimentären Elementen seiner spärlichen Algolagnie (denen man jedoch die Akte hinzufügen muß, deren Zeuge er gewesen sein mag), ohne Unterstützung eines Vorgängers und auf den ersten Anhieb Vollkommenheit erreichend, ein gigantisches Museum der sadomasochistischen Perversion erbaut. Obgleich dieses Werk mit allen Reizen der Poesie und Eloquenz ausgestattet ist, verfügt es über gewissenhafteste und wirksamste wissenschaftliche Disziplin.

Diese Schlußfolgerung, die etwas außerhalb der theoretischen Ziele dieses kurzen Exposés liegt, wird uns wenigstens erlauben, zum ersten Mal die Aufmerksamkeit auf den objektiven Charakter der großen erotischen Romane des Marquis de Sade zu lenken, trotz der algolagnischen Tendenzen, die ihnen zugrunde liegen.

MARQUIS DE SADE

EINFÜHRUNG

Wir haben das vierte Kapitel der Geschichte des Marquis de Sade
den fünf Jahren nach seiner Heirat gewidmet, die den ersten Teil
seines ausschweifenden Lebens bilden. Die Affäre von Arcueil, mit
der sich das vorliegende Kapitel beschäftigt, leitet die zweite Periode
ein, die neun Jahre umfaßt und am 3. April 1768 mit der Flagellation der Rose Keller beginnt, um am 13. Februar 1777 vor der
Tür des Gefängnisses von Vincennes zu enden. Maurice Heine hat
die Glanzzeit im Leben des Marquis beredt geschildert, während
welcher sein wahnsinniger Lebensrausch nur durch einige Monate
Haft in Pierre-Encise und Miolans unterbrochen wird: »Vierzehn
Jahre lang wird er das Opfer einer totalen Entfesselung der Sinne
sein: keine moralische, soziale oder religiöse Konvention wird ihn
hindern; jenseits von Gut und Böse wird er ein unruhiges, glühen-
des, verfolgtes, abwechselnd triumphierendes und erbärmliches Leben kennenlernen; er wird sich gegen die göttlichen und menschlichen Gesetze auflehnen, er wird den Stolz des bösen Engels mit
den Ängsten des Geächteten vereinen.«

Als derselbe Maurice Heine vor fünfzehn Jahren die Prozeßakten
der Affäre von Arcueil entdeckte, hat er das sehr unterschiedlich zu
bewertende Material, mit dem sich bisher die Autoren begnügen
mußten, die sich mit dem Marquis de Sade beschäftigten, in das
Gebiet der Kuriositäten verwiesen.

Wenn die beiden berühmten Briefe der Madame du Deffand und
die Erzählung des Buchhändlers Hardy auch oft wahrheitsgetreue
Züge aufweisen und zumindest von gutem Glauben zeugen, kann
man dasselbe nicht von dem phantastischen, in allen Stücken er-
fundenen Bericht von Rétif de la Bretonne sagen, der zu Lebzeiten
des Marquis verfaßt und ein halbes Jahrhundert später von Jules
Janin und dem Gerichtsarzt Brierre de Boismont mit ungeheuerlichen Einzelheiten ergänzt wurde.

Immerhin sind es die Verleumdungen eines Rétif, die Gehässig-
keit eines Mirabeau, die terroristische Schmähschrift eines Dulaure
sowie die absurden Erfindungen einiger Autoren des XIX. Jahrhunderts sowohl über die Flagellation von Arcueil wie über die Kantharidinbonbons von Marseille, auf denen während hundertfünfzig

DIE AFFÄRE VON ARCUEIL

Jahren der Ruf des Marquis de Sade beruhte, dessen Name bis zum heutigen Tag beim Publikum das Bild eines von erotischem Wahn Besessenen und eines Mannes hervorruft, der lebendige Frauen seziert. Außerdem mußte diese Legende, zum Nachteil der Literatur, der Philosophie und der Wissenschaft, ein ungünstiges Vorurteil gegen sein Werk nach sich ziehen. Die Essayisten wollten es nie objektiv zur Kenntnis nehmen und betrachteten es als ungeheuerliche Rhapsodien, die der Phantasie eines wahnsinnigen Verbrechers entsprungen waren.

Dr. André Javelier hat dem Helden der Affäre von Arcueil die Diagnose eines »kleinen Sadismus mit asozialen, aber gutartigen Reaktionen« gestellt und hinzugefügt, daß »die Folterkammern der modernen Bordelle täglich Zeugen solcher Szenen sind, deren Opfer nicht daran denken, sich zu beklagen«. Diese Diagnose, welche die Tatsachen auf ihr richtiges Maß zurückgeführt und einen Gradunterschied in der Ausübung des Sadismus zum Ausdruck bringt, kann einem mehr beredten als nuancierten Ausspruch de Sades entgegengestellt werden, den der Autor Juliette in den Mund gelegt hat: »Wenn du peitschst, bist du grausam: das Peitschen ist bei einem Lüstling nur der Ausbruch seiner Roheit; um ihr einen Ausweg zu geben, greift er zu diesem Mittel; wenn er es wagte, würde er ganz andere Dinge tun.« Gewiß, manche Flagellanten würden weiter gehen, wenn sie nicht Angst vor den Gesetzen hätten, aber andere werden durch ihren Akt vollkommen befriedigt: gegen jede Vergeltung gefeit, übertreten sie um keinen Preis die Grenze, die ihrer aktiven Algolagnie gesetzt ist[1].

Zu dieser zweiten Kategorie zählen wir den Marquis de Sade, indem wir gleichzeitig daran erinnern, daß sich der größte Teil seiner

[1] In der Tat könnten sie die Grenze (in der Realität oder in der Phantasie) nicht überschreiten, ohne ihre erhöhte Erregbarkeit selbst zu gefährden. Marquis de Sade hat die eifersüchtige Unabhängigkeit der verschiedenen Verlangensweisen im Schoße einer bestimmten Parästhesie folgendermaßen ausgedrückt: »Studiere eine Leidenschaft gut, die dir ohne den geringsten Unterschied einer anderen zu gleichen scheint, und du wirst sehen, daß ein solcher Unterschied besteht; und wie gering er auch sei, daß gerade er allein das Raffinement hat und das Gefühl weckt, das die Art der Ausschweifung, von der hier die Rede ist, auszeichnet und charakterisiert.« (*Les 120 journées de Sodome*)

Perversion, aufgrund der Verdrängung, von der wir schon sprachen, in seinen Werken auslieiß.

Im folgenden Bericht stützen wir uns hauptsächlich auf die Aussage der Rose Keller vor dem Gericht »Chambre de la Tournelle« [1]. Die Episode der Schnitte und Verbrennungen haben wir ausgeschieden, da sie durch die Berichte und Verhöre des Chirurgen Le Comte dementiert wird. Wenn wir hier und dort Einzelheiten aus Zeugenaussagen übernommen haben, so ließen wir die größte Vorsicht walten, besonders bei der offensichtlich zum Teil hysterischen, weitschweifigen Schilderung der Marie-Louise Jouette, der Gattin des Notars und Gerichtsschreibers Lambert von Arcueil. Was die wichtige Frage nach dem Grad der moralischen Verantwortlichkeit des Marquis de Sade in dieser Angelegenheit betrifft – ob er seinem Opfer, bevor er es mitnahm, wirklich mitgeteilt hat, daß es sich um eine Ausschweifung handelte, oder ob diese Frau, wie sie erklärt, ihm nur gefolgt ist, weil er ihr eine ehrliche Arbeit anbot –, so wird sie nie jemand beantworten können. Wir mußten in diesem Bericht, aus dem wir ausnahmsweise jede kritische Diskussion verbannen wollten (das Für und Wider wird im folgenden in unserem gerichtsmedizinischen Kommentar erörtert werden), zwischen den verschiedenen Aussagen wählen, und wir glaubten, im vorliegenden Fall den Standpunkt der Rose Keller festhalten zu müssen. Man wird auch bemerken, daß wir aus einem gewissen Gerechtigkeitssinn, wenn man so sagen darf, sowohl die Rute wie die Peitsche erwähnt haben – diese wurde (zusammen mit einem Stock, den wir ausgeschlossen haben) von Rose Keller angegeben, jene von Herrn de Sade – und unter anderen Berichtigungen den Durchschnitt der Anzahl der »Wiederholungen« annehmen, die er mit drei oder vier und sie mit sieben oder acht angegeben hat.

[1] Unter den Kammern des Gerichts von Paris war die sogenannte *Chambre de la Tournelle* besonders zur Aburteilung von Verbrechen bestimmt. Man nannte sie *Tournelle,* weil die Justizbeamten dort abwechselnd (tour à tour) ihren Sitz einnehmen mußten. Sie bestand aus fünf Präsidenten und zwanzig Beiräten, von denen zehn dem Hauptsenat angehörten. Die anderen wurden aus verschiedenen Untersuchungsgerichten gewählt.

DIE AFFÄRE VON ARCUEIL

DIE FLAGELLATION DER ROSE KELLER

Ostersonntag, den 3. April 1768. Neun Uhr morgens, Place des
Victoires. Herr de Sade, in grauem Rock, mit weißem Muff, Jagd-
messer und Stock, lehnt sich gegen die Statue von Louis XIV. Ganz in
der Nähe erhält Rose Keller von einem Vorübergehenden ein Almosen. Sie hat einen deutschen Akzent und kann sich nur schlecht französisch ausdrücken. Sie ist sechsunddreißig Jahre alt, Witwe eines
Konditorgehilfen. Von Beruf ist sie Baumwollspinnerin, aber seit
einem Monat arbeitslos. Der Marquis gibt ihr ein Zeichen, sie soll
näherkommen, und verspricht ihr einen Taler, wenn sie ihm folge.
Die Bettlerin protestiert: sie sei eine anständige Frau. Er beruhigt
sie: sie verstehe ihn falsch, er brauche sie nur, damit sie sein Zimmer in Ordnung bringe. Tatsächlich bringt Herr de Sade sie in ein
Zimmer in der Nähe der Halle neuve. Aber dort bittet er sie, auf
ihn zu warten: er habe noch einige Gänge zu machen; in einer Stunde
werde er sie in sein Landhaus bringen. Nach dieser Zeit kehrt der
Marquis mit einem Fiaker zurück. Er läßt die Keller einsteigen,
setzt sich neben sie und schließt die Rolläden an den Türen. Während der Fahrt durch die Stadt spricht er kein Wort mit der jungen
Frau, aber bei der Barrière d'Enfer glaubt er sie aufmuntern zu
müssen: sie soll sich keine Sorgen machen, sie werde gut zu essen bekommen und nachsichtig behandelt werden. Dann spricht Herr de
Sade nicht mehr; er schläft oder tut so, als ob er schlafe. Als sie
zur Kreuzung von Arcueil kommen, bleibt der Wagen bei den ersten Häusern des Dorfes endlich stehen. Die beiden Reisenden steigen aus. Es ist ungefähr halb ein Uhr mittags. Ein kurzer Weg bis
zur Rue de Lardenay: der Marquis, gefolgt von Rose Keller, ist vor
seinem Haus angekommen. Er bittet die Bettlerin, einen Augenblick
zu warten, geht durch den Haupteingang und öffnet ihr eine kleine
grüne Tür. Sie gehen über einen kleinen Hof. Rose wird in den ersten Stock, in ein ziemlich großes Zimmer geführt, durch dessen ver-
schlossene Läden spärliches Licht auf zwei Himmelbetten fällt. Herr
de Sade sagt ihr, sie solle dableiben, er gehe Brot und etwas zu trinken für sie holen: hoffentlich werde ihr die Zeit nicht lang. Er läßt
sie zurück und schließt die Tür zweimal ab. (Zweifellos geht er zu
den beiden Mädchen, die sein Lakai Langlois am Morgen mitgebracht hat.) Eine Stunde später kommt der Marquis wieder, eine

brennende Kerze in der Hand. Er sagt zu Rose: »Komm mit, mein Schatz«, führt sie in ein Zimmerchen im Erdgeschoß, das ebenso dunkel ist wie das erste, und befiehlt ihr dort sofort, sich auszuziehen. Sie fragt ihn warum. Er sagt, um sich zu amüsieren. Als die Keller protestiert, sie sei nicht deshalb gekommen, sagt ihr de Sade, wenn sie sich weigere, werde er sie umbringen und nachher in seinem Garten verscharren. Rose bekommt Angst und zieht sich aus. Als er wiederkommt und sie noch im Hemd findet, verlangt er, sie solle es ebenfalls ausziehen. Sie erklärt, lieber wolle sie sterben. Da entblößt er sie selbst, dann wird sie ins Nebenzimmer geschoben. Hier steht ein Kanapee mit rotweißem Kattunbezug. Er wirft die Keller bäuchlings auf das Kanapee, bindet sie an Händen und Füßen mit Hanfstricken und bedeckt ihren Nacken mit einem Kissen und einem Muff aus Luchspelz. Herr de Sade hat sich seiner Jacke und seines Hemdes entledigt; er hat eine ärmellose Weste angezogen und sich ein Taschentuch um den Kopf gebunden. Er ergreift eine Rute und schlägt das Mädchen grausam. Rose Keller schreit. Der Marquis zeigt ihr ein Messer, gelobt, sie zu töten, wenn sie nicht schweige, und sagt ihr noch einmal, er werde sie eigenhändig verscharren. Das Opfer unterdrückt seine Klagen. Herr de Sade peitscht sie fünf oder sechs mal, indem er abwechselnd eine Rute und eine neunschwänzige Katze mit Knoten benutzt. Zwei oder drei Mal hört er auf, um die Wunden mit einer Salbe einzureiben, aber gleich darauf schlägt er von neuem mit unverminderter Heftigkeit zu. Als Rose Keller ihn um Erbarmen anfleht und ihn bittet, sie nicht totzuschlagen, weil sie nicht sterben wolle, ohne gebeichtet zu haben, sagt er ihr, das sei ganz unwichtig, er würde ihr selbst die Beichte abnehmen. Während sie noch versucht, ihn zu erweichen, werden die Schläge erregter und rascher, und plötzlich stößt der Flagellant »sehr hohe, sehr schreckliche« Schreie aus. Das ist der Orgasmus. – Die Folter ist zu Ende. Der Marquis bindet sein Opfer los und öffnet ihr die Tür zu dem kleinen Kabinett, damit sie sich wieder anziehe. Er läßt sie einen Augenblick allein und kommt dann zurück mit einem Handtuch, einem Krug Wasser und einer Schüssel. Rose Keller wäscht sich und trocknet sich ab. Aber da das Tuch nach dieser Toilette Blutflecken hat, verlangt er, sie solle es auswaschen. Dann bringt er ihr Alkohol in einer kleinen Flasche und sagt ihr, sie solle ihre Wunden damit einreiben: in einer Stunde sei nichts mehr davon

DIE AFFÄRE VON ARCUEIL

zu sehen. Die junge Frau tut das, nicht ohne gleich darauf brennende Schmerzen zu empfinden. – Jetzt ist sie völlig angezogen. Der Marquis gibt ihr ein Stück Brot, einen Teller mit gekochtem Rindfleisch und eine Flasche Wein und bringt sie wieder in das Zimmer im ersten Stock, wo sie zu Anfang gewesen ist. Bevor er Rose wieder einschließt, empfiehlt er ihr, sich nicht am Fenster zu zeigen und keinen Lärm zu machen. Im übrigen verspricht er, sie gegen Abend freizulassen. Sie bittet ihn inständig, sie frühzeitig wegzuschicken, denn sie wisse nicht, wo sie sei, und habe kein Geld, und sie wolle nicht auf der Straße schlafen. Herr de Sade antwortet, darüber brauche sie sich keine Gedanken zu machen. Alleingeblieben schiebt sie den Riegel vor, der die Zimmertür von innen verschließt. Sie nimmt die Decken von beiden Betten und knüpft sie aneinander. Dann schneidet sie mit einem Messer den Verschluß eines Ladens auf, den sie daraufhin ohne Mühe öffnet, bindet ihr improvisiertes Seil an einem Fensterkreuz fest und läßt sich in den Garten hinabgleiten, der hinter dem Haus liegt. Dann stürzt sie auf die Mauer zu, klettert an den Rebenranken hoch, fällt zu Boden und reißt sich den linken Arm und die linke Hand auf. Dann gelangt sie in die Rue de la Fontaine. Der Diener des Marquis rennt hinter ihr her: sein Herr wolle sie sprechen. Die Flüchtige weigert sich. Da zieht Langlois einen Geldbeutel heraus und sagt, er wolle sie bezahlen. Aber vergeblich: die Keller stößt ihn beiseite und setzt ihren Weg fort. Die verletzte Hand schmerzt, das Hemd ist zerrissen und hängt zwischen den Beinen herunter. Sie begegnet einer Dorfbewohnerin, Marguerite Sixdeniers, und schildert ihr schluchzend ihr Abenteuer. Zwei andere Frauen kommen dazu: die Frauen Pontier und Bajou. – Aber dieser Herr, er ist der Teufel! Die Zuhörer sind entsetzt. Man stößt Schreie aus, man bemitleidet die Märtyrerin. Man zieht sie in einen Hof und hebt ihr die Röcke hoch, um ihre Wunden festzustellen.

GERICHTSMEDIZINISCHER KOMMENTAR

Vergleichende Tabelle der wichtigsten Erklärungen Rose Kellers und der entsprechenden Antworten des Marquis de Sade an den Gerichtsrat Jacques de Chavanne

Rose Kellers Erklärungen (§ 6, I, XVII, 7)	Antworten des Marquis de Sade (§ 6, I, XXII)
I. *Als der Marquis sie bat, ihn zu begleiten,* »*hat er ihr gesagt, es sei, um sein Zimmer zu machen*«.	I. *Er* »*hat ihr zu verstehen gegeben, daß es sich um eine Ausschweifung handle*«.
II. *Er* »*hat sie bäuchlings auf das Bett geworfen, an Händen und Füßen und um den Leib mit Stricken festgebunden*«.	II. *Er* »*hat ihr gesagt, sie solle sich auf das Bett oder Kanapee legen, aber er hat sie nicht festgebunden*«.
III. »*Er hat ihr immer wieder Rutenhiebe gegeben, er hat ihr auch Stockhiebe gegeben.*«	III. *Er* »*hat sie mit einer neunschwänzigen Katze mit Knoten gepeitscht und hat weder Rute noch Stock verwendet*«.
IV. *Er* »*hat ihr mehrere Schnitte mit einem kleinen Messer zugefügt, rotes und weißes Wachs [...] in ihre Wunden gegossen, daraufhin hat er von neuem begonnen, sie zu peitschen, Schnitte zu machen und Wachs in die Wunden zu gießen*«.	IV. *Er* »*hat weder ein Messer noch spanisches Wachs verwendet, sondern einfach an verschiedenen Stellen kleine Pflaster mit Salbe aufgelegt, welche weißes Wachs enthielten, in der Absicht, ihre Wunden zu heilen*«.
V. »*Alle solche Mißhandlungen hat er sieben oder acht Mal wiederholt.*«	V. *Er* »*gibt zu, sie drei oder vier Mal von neuem gepeitscht zu haben.*«

ANMERKUNGEN

I

Maurice Heine sagt hierzu:

Wem sollen wir tatsächlich glauben: Rose, der stellenlosen Arbeiterin, die behauptete, niemals ein anderes Angebot als zu ehrlicher Arbeit angenommen zu haben, oder dem Marquis, einem gewohnheitsmäßigen Lüstling, der vorgab, er habe sich über die zustimmende Willfährigkeit einer Abenteurerin nicht irren können? Nichts, weder in der Aussage der einen noch des anderen, kann eine dieser gegensätzlichen Darstellungen beweisen. Gewiß, der Marquis, der

DIE AFFÄRE VON ARCUEIL 77

sich durch Gnadenbriefe von der Hand des Königs gedeckt weiß,
kann sich ungestraft entlarven, zynisch seine Ausschweifung prokla-
mieren, während die Witwe Valentin mit dem geringsten solchen
Geständnis den Bettelstab riskiert. Aber nichts weist darauf hin,
daß sie die Richter betrogen hat. Die Vorsichtsmaßnahmen hingegen,
die der Marquis traf, um ihre Anwesenheit vor den beiden Mädchen
zu verbergen, die Langlois mitgebracht und in einem anderen Teil
des Hauses untergebracht hatte, läßt uns annehmen, daß er zwei-
felte, ob die Baumwollspinnerin zur gleichen Welt gehörte. Trotz-
dem ist es nicht ausgeschlossen, daß Rose, durch äußerste Not ge-
trieben, sich mit einem ungewöhnlichen galanten Abenteuer einver-
standen erklärte. Das Problem scheint demnach unlösbar zu sein.

Zwanzig Jahre später wird der Marquis, zu der Zeit Gefangener
in der Bastille, immer noch erklären, er habe es mit einer Hure zu
tun gehabt: einerseits beklagt er sich in seiner Erzählung vom *Pré-*
sident mystifié, ein Opfer der Richter des Hauptsenats gewesen zu
sein, die »von Mitleid ergriffen waren für den flagellierten Hintern
einer *Gassendirne*«, andererseits verfehlt er nicht, in seinem Roman
Aline et Valcour Anspielungen auf die Mädchen von Marseille und
auf Rose Keller zu machen und zum zweiten Male die Bettlerin von
der Place des Victoires als Prostituierte zu bezeichnen.

Nur in Paris und London werden diese verächtlichen Wesen so
unterstützt. In Rom, in Venedig, in Neapel, in Warschau fragt man
sie vor Gericht lediglich, ob sie bezahlt worden seien oder nicht.
Wenn sie nicht bezahlt worden sind, verlangt man, daß sie es wer-
den; das ist gerecht. Wenn sie bezahlt wurden und sich nur über
schlechte Behandlung beklagen, droht man ihnen, sie einzusperren,
wenn sie weiterhin die Richter mit solchen Schweinereien verwirrten.
Wechselt euren Beruf, sagt man ihnen, oder, wenn er euch gefällt,
ertragt auch seine Dornen.

II

Hat der Marquis de Sade Rose Keller »an Händen und Füßen
und um den Leib festgebunden«, bevor er sie auspeitschte? Anne
Blougné, Frau Bajou, erklärt, sie habe »weder an den Füßen noch an
den Beinen noch am Körper des Opfers Spuren von Stricken be-

merkt«. Der Chirurg Le Comte ebenfalls nicht: keine Spuren von
Stricken, »weder an den Händen noch am Leib, den er untersucht
hat«, behauptet er. Dennoch könnten die beiden Zeugenaussagen,
welche die Darstellung des Marquis stützen, die Klage nur bedingt
aufheben, die Rose Keller gegen ihn erhoben hat: die Fesseln könnten ziemlich locker gewesen sein, so daß die Spuren sehr schnell wieder verschwanden. Außerdem, wenn man psycho-sexuelle Argumente anführen will: weshalb sollte sich der Marquis, da wo er angelangt war, des reichen und wesentlich sadistischen Gewinnes berauben, den der Anblick einer jungen, nackten, mit Stricken regungslos gemachten Frau auf einem Flagellationsbett für seine Erregbarkeit darstellte?

III UND IV

Wir wollen zuerst eine allgemeine Betrachtung wiedergeben, in
der sich die Ansichten des Dr. André Javelier und unsere eigene
Meinung begegnen.

Ob der Marquis de Sade Rose Keller zu verstehen gegeben hat,
daß es sich um eine Ausschweifung handelte, oder ob er ihr Vertrauen mißbraucht hat, indem er ihr eine ehrliche Arbeit versprach:
die Tatsache bleibt bestehen, daß diese Frau – vielleicht von Marie-
Louise Jouette, der Frau des Notars und Gerichtsschreibers, unterstützt – sehr bald merkte, welchen Vorteil sie aus ihrem schlimmen
Abenteuer ziehen konnte. In diesem Sinne, aber unserer Meinung
nach etwas übertrieben, schreibt Dr. André Javelier, daß das Opfer
im Verlauf seiner Aussage vor der Chambre de la Tournelle »den
Meistersänger verrate, der fähig sei, die empfindliche Saite vibrieren
zu lassen«. Immerhin fügt er »zur Entlastung« der Rose Keller hinzu, daß ihre Lage ihr nicht erlaubte, sich eine genaue Meinung darüber zu bilden, was an ihr und um sie herum geschah, und er gibt zu,
daß der Bericht der Bettlerin nicht nur »Erfundenes« enthalten
könne, aber eine irrige Auslegung von Tatsachen sei, die sie eher
spürte, als mit den Augen wahrnahm.

So können wir, allein schon wegen der Lage der Rose Keller, die
bäuchlings auf das Bett gebunden war, nicht allen Teilen ihrer Erzählung ganz glauben. Das erklärt zum großen Teil die Abwei-
chungen in den Antworten III und IV.

DIE AFFÄRE VON ARCUEIL

a) *Ruten oder neunschwänzige Katze mit Knoten?* – Vielleicht beides, aber unbestreitbar die Peitsche, wie man am Ende dieses Abschnittes und in Abschnitt c) sehen wird. Die Verwendung beider Gegenstände könnte den Beobachtungen des Chirurgen von Arcueil entsprechen. In seinem Bericht vom 3. April erklärt dieser, er habe »festgestellt, daß das ganze Gesäß und ein Teil der Lenden gepeitscht und aufgeschürft gewesen sei und daß sich am Rückgrat ein Schnitt und eine längliche, starke Quetschung befunden habe [...] das Ganze schiene [ihm] mit einem quetschenden und einem schneidenden Instrument gemacht worden zu sein«. Zwei Ausdrücke dieses Praktikers (»Schnitt« und »Schneidendes Instrument«), die doppelsinnig waren, wurden beim Verhör vom 23. April genauer definiert: er erklärte dem Gerichtsrat Jacques de Chavanne, er habe mit »Schürfung gemeint, daß nur die Epidermis an verschiedenen Stellen abgelöst gewesen sei [...]; die Quetschungen seien so gewesen, wie sie von Ruten herrühren; bei den Schnitten habe er lediglich Spuren abgelöster Epidermis gesehen«. Auf die Schnitte werden wir weiter unten zurückkommen. Hier müssen wir nur zum ersten Male die Glaubwürdigkeit des Marquis unterstreichen, was die neunschwänzige Katze mit Knoten betrifft, indem wir einen der genauen und vom Chirurgen Le Comte bestätigten Aussprüche des Dr. André Javelier zum Vergleich heranziehen. Er bemerkt, daß »ein Knoten in einer Schnur trotz seines geringen Ausmaßes [sehr wohl] ein quetschendes Instrument sein kann«.

b) *Stock* – Vielleicht hat sich de Sade vorübergehend seines Peitschenstieles bedient. Als Antwort auf die Frage, »ob er Verletzungen entdeckt habe, die ihm von Stockschlägen herzurühren schienen«, berichtet der Chirurg Le Comte, »er habe nur zwei Spuren, etwas oberhalb der Lenden und am Rückgrat, entdeckt, ohne Ekchymosen, nur etwas gerötet«.

c) *Schnitte* – Zwischen den Punkten III (Rutenhiebe) und IV (Schnitte) besteht ein Zusammenhang. In der Tat geht es darum, zu wissen, ob der Begriff *Schnitt,* den der Chirurg verwendet, auf eine Verletzung mit dem Messer zutrifft, dessen Schneide Rose Keller zu spüren vermeinte. Das ist nicht der Fall: Während seines Verhörs berichtigt Le Comte, »es mochten etwa ein Dutzend Schürfungen in Form von Schnitten gewesen sein [...] in der Form und Größe eines Sechs-Sous-Stückes, und sie gingen nicht tiefer als die Epidermis«. Kurz, es handelt sich um *Schürfungen,* nicht um Schnitte. Die folgende Erklärung des Dr. André Javelier über diesen Punkt ist bemerkenswert: »Verwirrt von den Schmerzen, hielt Rose die schneidenden Schläge für Schnitte.« Der Schluß, den Maurice Heine zieht, liegt nahe: »Die Erklärung de Sades, er habe sich lediglich einer neunschwänzigen Katze mit Knoten bedient, erklärt die festgestellten Wunden, insbesondere die runden Schürfungen.«

d) *Verbrennungen* – Die Antwort des Chirurgen Le Comte ist endgültig und erlaubt nicht, der Anklage Rose Kellers Glauben zu schenken: »Er hat keine Spur von rotem Wachs gefunden, auch keine Spuren von Verbrennungen, wie sie spanisches Wachs hätte hervorrufen müssen, das man auf die Schürfungen geschüttet hätte; [...] er hat lediglich Spuren von weißem Wachs am Rücken festgestellt, die ihm keine Verbrennungen verursacht zu haben schienen.« Hierüber lassen wir noch einmal Maurice Heine folgern: »Sollte man [dem Marquis de Sade], der den Hang zur Grausamkeit, der jedem Flagellanten eigen ist, in seinen Schriften nicht leugnet, nicht Glauben schenken, wenn er behauptet, er habe aufgehört, seine Partnerin zu schlagen, als er einige ›entzündete Stellen‹ bemerkte, die er dann mit einer geeigneten Wachssalbe behandelt habe?«

v

Dieser Punkt ist ziemlich unbedeutend. Muß man noch anmerken, daß das Opfer natürlicherweise bestrebt war, die Zahl der »Wiederholungen« zu übertreiben, und der Flagellant, sie zu vermindern? Die Wahrheit dürfte in der Mitte liegen.

DARSTELLUNG DER GERICHTLICHEN FOLGEN

Wenn man sich über die Wesenlosigkeit des Verbrechens, dessen der Marquis de Sade angeklagt worden war, klar ist, und wenn man auf der anderen Seite die mächtigen Protektionen erwägt, über die er dank seinem Rang und seiner Verbindungen verfügte, wundert man sich auf den ersten Blick über die Heftigkeit des Skandals, den hohen Rang der eingreifenden Gerichtsbehörde (Chambre de la

DIE AFFÄRE VON ARCUEIL 81

Tournelle criminelle) und endlich über die lange Dauer der außergerichtlichen Haft, die sieben Monate dauerte und auf die ein Aufenthaltsverbot folgte.

Um ein solches Mißverhältnis zwischen den Tatsachen und ihren Folgen zu erklären, müssen in der Hauptsache zwei Dinge berücksichtigt werden: erstens die drängenden Forderungen der öffentlichen Meinung und zweitens die Voreingenommenheit eines Gerichtspräsidenten der Chambre de la Tournelle und die kämpferische Feindseligkeit eines noch wichtigeren Justizbeamten, des ersten Präsidenten von Maupeou, der später Kanzler von Frankreich wurde.

Über den ersten Punkt gibt uns ein unveröffentlichter Brief von Madame de Saint-Germain an den Abbé de Sade, datiert vom 18. April 1768, Aufschluß:

Der Haß der Öffentlichkeit gegen ihn [den Marquis] *übersteigt jede Vorstellung. Urteilen Sie selbst: es wird behauptet, er hätte diese verrückte Flagellation inszeniert, um die Passion lächerlich zu machen* [...] *Er ist ein Opfer des öffentlichen Zornes; die Affäre des Herrn de Fronsac und die so vieler anderer werden jetzt zu der seinen hinzugerechnet: freilich ist es unvorstellbar, was die Leute vom Hof sich seit zehn Jahren an Greueltaten leisten.*

Nichts könnte besser als diese paar Zeilen die folgenden Überlegungen von Maurice Heine glaubhaft machen:

Warum soviel Lärm um eine Tracht Prügel? Weil die öffentliche Meinung, mit der eine geschwächte zentrale Macht mehr und mehr wird rechnen müssen, seit langem im höchsten Grade aufgebracht war, daß die Ausschweifungsdelikte und -verbrechen straflos ausgingen, wenn sie nur von dem Träger eines großen Namens begangen wurden. Die Nachsicht oder zumindest Schwäche, die an höchster Stelle einigen Schuldigen entgegengebracht wurden, besonders einem königlichen Prinzen, dem Grafen de Charolais, der für seine blutrünstigen Launen bekannt war, schrien nach einem Ausgleich, nach dem Opfer eines Sündenbocks.

...Schien der Marquis nicht entschlossen eines der ehrwürdigsten Feste der Christenheit gewählt zu haben, um sich dieser Ausschweifung hinzugeben? Hat er nicht sein Opfer peitschen wollen, um die Geißelung Christi ins Lächerliche zu ziehen, ebenso wie er vorge-

schlagen hatte, ihm die Beichte abzunehmen, um das Sakrament der Buße zu verspotten?

Über den zweiten Punkt drückt sich Maurice Heine, den man in dieser Affäre immer zitieren muß, folgendermaßen aus:

Der Marquis konnte die Lage seines »kleinen Hauses« nicht schlechter wählen [...] Der Buchhändler Hardy bemerkt, »das Ereignis hat im Ort einigen Lärm gemacht, und Herr Pinon [...], damals Präsident der Chambre de la Tournelle, der ebenfalls in Arcueil ein Haus besitzt, wo er sich zu der Zeit gerade aufhielt, hat die größte Ungehaltenheit gezeigt, als er von der Affäre erfuhr«. Und wenn der Präsident Pinon auch nicht an den ersten beiden Sitzungen vom 15. und 16. April 1768 teilnimmt, so präsidiert er persönlich denen vom 19. und 21. April und zeichnet eigenhändig die beiden Haftbefehle des Gerichtshofes vom 19. April und 10. Juni. Bemerken wir außerdem, daß der zweite Haftbefehl vom 10. Juni, der das endgültige Urteil des versammelten Hauptsenats bildet, die Unterschrift des ersten Präsidenten von Maupeou trägt, dessen persönliche Feindschaft gegen den Präsidenten de Montreuil noch beunruhigender wird, als er zur Zeit der Affäre von Marseille das hohe Amt des Kanzlers bekleidet.

Die Folgen der Affäre von Arcueil sind zu außergewöhnlich, als daß wir hier nicht versuchen wollten, sie zu erklären. Einige Tage nach der Flagellation von Rose Keller wird der Marquis de Sade auf Befehl des Königs im Schloß Saumur interniert. Wieder auf Befehl des Königs wird er Ende April in die Festung Pierre-Encise überführt. Aber die Chambre de la Tournelle erläßt am 19. April einen Haftbefehl gegen de Sade, verzeichnet am 7. Mai ein Protokoll wegen Nichterscheinens gegen ihn, läßt ihn am 11. Mai durch den öffentlichen Ausrufer vorladen und übersendet ihm endlich am 1. Juni ein zweites Protokoll wegen Nichterscheinens. Ist es möglich, daß die Richter nicht wußten, wo sich der Angeklagte befand? Das ist unwahrscheinlich und scheint durch den Brief vom Minister des Hofstaates an Madame de Sade vom 23. April absolut dementiert: »Der Gerichtshof wird nicht verfehlen, den Marquis zu belangen, wenn er Leute, die ins Schloß kommen, belästigt.« Wir glauben eher folgendes: von dem Augenblick an, da die Chambre de

DIE AFFÄRE VON ARCUEIL

la Tournelle – sicherlich unter dem Druck des ersten Präsidenten de Maupeou, der besorgt war, eine Affäre, die so geeignet war, den Schwiegersohn seines Feindes zu entehren, könnte ihm entgehen – mit ungewöhnlicher Hast, welche die Familie des Aufgeforderten sehr beunruhigte, einen Haftbefehl gegen den Marquis de Sade erlassen hatte, war sie nur noch gehalten, die geringste Phase des Prozesses festzuhalten, ohne daß sie von einer außergerichtlichen Haft Kenntnis haben mußte.

DAS VERFAHREN IM AMTSBEZIRK ARCUEIL
(Parallel: Inhaftierung in Saumur auf Befehl des Königs)
1768

3. April – Rose Keller, die nach ihrer Flucht (gegen vier Uhr nachmittags) in die Rue de la Fontaine gelangt, begegnet unterwegs drei Frauen aus dem Dorf und erzählt ihnen von ihrem Abenteuer. Die Frauen nehmen sie in einen Hof mit, wo sie ihr die Röcke hochheben, um ihre Verletzungen festzustellen, dann begleiten sie sie zum Fiskalanwalt. Dieser läßt sie ins Schloß des Notars und Gerichtsschreibers Charles Lambert bringen. Dort wird Rose Keller von Madame Lambert (Marie-Louise Jouette) empfangen und beginnt für sie ihre Erzählung noch einmal von vorn. Aber diese Dame ist so beeindruckt[1], daß sie sie nicht zu Ende hören kann und gezwungen ist, sich zurückzuziehen. Inzwischen wurde, in Abwesenheit des Richters von Arcueil, der Polizeibrigadier von Bourg-la-Reine ins Schloß geschickt. Er kommt gegen acht Uhr dort an, nimmt die Aussage des Opfers zu Protokoll und läßt es auf der Stelle vom Chirurgen Pierre-Paul Le Comte untersuchen. Daraufhin bittet Madame Lambert einen Nachbarn, Rose Keller in seinem Haus übernachten zu lassen (sie selbst wird sie erst am übernächsten Tag bei sich aufnehmen): Herr Vermouret läßt das Opfer de Sades auf einer Matratze in seinem Kuhstall schlafen.

Unterdessen, gegen sechs Uhr, hat sich der Marquis von seinem Gärtner verabschiedet und ist nach Paris in die Rue Neuve-du-Luxembourg zurückgefahren.

---

[1] Unserer Ansicht nach aufgrund von unbewußtem Sado-Masochismus: so jedenfalls läßt sich die Haltung der Marie-Louise Jouette im Licht ihrer eigenen Zeugenaussage auslegen.

4. April – Der Richter von Arcueil nimmt die Aussage der Rose Keller auf.

5. April – Rose Keller, die ins Schloß von Arcueil gezogen ist, berichtet der Hausherrin, Marie-Louise Jouette, was diese zwei Tage zuvor nicht die Kraft hatte, sich anzuhören.

In der Rue Neuve-du-Luxembourg stellt der Marquis – wie er behauptet, im Begriff aufs Land zu fahren – seinem Diener Pierre Sébire frei, zu gehen, wohin er wolle.

6. April – Der Richter von Arcueil verhört sechs Zeugen.

7. April – Zu früher Morgenstunde schickt Madame de Sade nach dem Abbé Amblet und Herrn Claude-Antoine Sohier, Anwalt, die sie in die Rue Neuve-du-Luxembourg bittet. Die beiden Herren kommen sogleich, der eine kurz nach dem anderen. Die Marquise empfängt sie in den Gemächern von Madame de Montreuil. Die Präsidentin teilt ihnen mit, man sei im Begriff, in Arcueil einen Prozeß gegen ihren Schwiegersohn anzustrengen, aufgrund der Klage eines Mädchens. Sie bittet die Herren, sich unverzüglich dorthin zu begeben und herauszufinden, ob das Mädchen bereit sei, von ihrer Klage zurückzutreten. In diesem Falle würde man ihr jede gewünschte Entschädigung bezahlen. In Arcueil angekommen, wenden sich Abbé Amblet und der Anwalt an den Notar, der sie in das Zimmer führt, in dem Rose liegt. Diese erklärt den Abgesandten der Präsidentin de Montreuil, sie sei »sehr mißhandelt worden und jetzt ihr Leben lang nicht mehr zu gebrauchen«. Als Herr Sohier sie fragt, ob sie bereit sei, die Klage zurückzuziehen, antwortet sie, das täte sie nur, wenn man ihr tausend Taler dafür gäbe. Der Bevollmächtigte bedeutet ihr, diese Summe sei übertrieben, und selbst wenn es ihr gelänge, ihre Klagen zu beweisen, würde sie ihr vom Gericht bestimmt nicht zugesprochen. Die Keller bleibt unerbittlich, Herr Sohier und der Abbé ziehen sich einen Augenblick zurück, um zu beraten. Als sie wiederkommen, bietet der Bevollmächtigte tausendachthundert Livres; schließlich erklärt sich die Klägerin bereit, sich mit zweitausendvierhundert Livres zu begnügen. Auch diese Summe wird noch als sehr groß empfunden, und Herr Sohier beschließt, mit dem Abbé nach Paris zurückzukehren, um der Präsidentin die letzte Forderung von Rose Keller mitzuteilen. Madame de Montreuil befiehlt ihnen, die Sache um jeden Preis sofort zu erledigen, um die Gerüchte zu ersticken, die sie verbreiten könnte. Als die beiden

DIE AFFÄRE VON ARCUEIL

Männer wieder nach Arcueil kommen und das Zimmer des »Opfers«
betreten, finden sie die Keller aufrecht sitzend und mit einigen
Frauen im Gespräch. Da macht der Anwalt folgende Bemerkung:
»Sehen Sie, Sie sind gar nicht so krank, wie Sie sagten; hoffen wir,
daß Sie bald wieder gesund sind.« Endlich wird die Verzichtlei-
stungsakte durch Herrn Lambert aufgesetzt. Rose Keller unter-
schreibt sie. Man übergibt ihr wie verabredet zweitausendvierhundert Livres[1], außerdem sieben Louisdor für ihre Verbände und Medikamente.

8. April – Der Minister des Hofstaats teilt dem Kommandanten
von Schloß Saumur mit, daß er unverzüglich den Marquis de Sade
aufzunehmen haben werde. Seine Majestät verlange, daß der Gefangene »eingeschlossen« gehalten werde, und er hafte mit seiner
Person, daß der Marquis unter keinem Vorwand die Schloßmauern
verlasse. Am gleichen Tag übergibt der Minister dem Polizeidirektor,
Herrn de Sartine, die Befehle des Königs, daß der Marquis de Sade
verhaftet und nach Saumur verbracht werde.

9. April – Abbé Amblet begibt sich auf Bitten Madame de Sades
in das »kleine Haus« in Arcueil, um einige Rechnungen zu bezahlen
und etwas Silber, einige Stiche und den Schlüssel zu einem in Paris
stehenden Schrank zu holen[2].

12. April – Marquis de Sade, der erreicht hat, daß man ihn nicht
mit einer Polizeieskorte nach Saumur bringt, ist in Begleitung des
Abbé Amblet zu seinem Internierungsort unterwegs. Von Joigny
aus schreibt er an seinen Onkel, den Abbé de Sade, in Saumane: »Im
Namen des Unglücks, das mich verfolgt und niederdrückt, geruhen
Sie, mir das Unrecht zu verzeihen, das ich Ihnen angetan habe, und
bewahren Sie, lieber Onkel, bei alledem eher ein friedliches Gefühl
als das Gefühl der Rache, das ich von Ihnen verdient hätte. Wenn

---

[1] ca. 10 000 NF. Zuerst hatte die Klägerin mehr als das Doppelte
verlangt! – Mehrere Sade-Biographen haben berichtet, daß Rose Keller
dank dieser leichtverdienten Mitgift einen Monat später einen Gatten
gefunden habe. Da wir nicht wissen, aus welcher Quelle die Autoren diese
Nachricht haben, können wir sie hier nur um der Kuriosität willen
weitergeben.
[2] So wird der Abbé im Verlauf seiner Zeugenaussage vom 26. den Vorgang schildern. Aber man darf annehmen, daß er sich lediglich in das
kleine Haus begab, um alle belastenden Briefe oder Dokumente zu entfernen.

die Geschichte in der Gegend Aufsehen erregt, so können Sie sagen, sie sei unwahr, ich sei bei meinem Regiment.« Außerdem empfiehlt der Marquis seine Geschäfte der Obhut seines Onkels, vor allem seinen Prozeß mit Herrn de Gadagne.

DER PROZESS VOR DER CHAMBRE DE LA TOURNELLE
(Parallel: Inhaftierung in Pierre-Encise, auf Befehl des Königs)
1768

15. April – Anläßlich der Strafgerichtsversammlung des Gerichtshofs von Paris (Präsident: de Gourgue) glaubt eines der Mitglieder, seinen Kollegen von »einem abscheulichen Verbrechen, das sich in Arcueil zugetragen hat«, berichten zu müssen. Nach eingehender Beratung beschließt das Gericht, den Staatsanwalt unverzüglich nach Arcueil zu schicken, damit er sich über die Vorfälle sowie über den Stand des begonnenen Prozesses unterrichte und dem Gericht am nächsten Morgen um halb neun Uhr Bericht erstatte.

16. April – Zur vereinbarten Stunde berichtet der Staatsanwalt der Gerichtsversammlung (unter demselben Präsidenten): er habe eigens an seinen Amtsvertreter im Châtelet, an den Richter und den Gerichtsdiener in Arcueil und an den Polizeibrigadier von Bourgla-Reine geschrieben, die ihm sogleich geantwortet hätten, ein Prozeß sei anberaumt, und die Ergebnisse würden ihm unverzüglich zugestellt; der Amtsvertreter hingegen sei über die Affäre nicht im Bilde gewesen. Nachdem die vier Antworten verlesen worden sind, beschließt das Gericht, sie sollten den erwarteten Berichten angefügt und das Ganze am 19. April mit den Folgerungen des Staatsanwalts vorgelegt werden, »um es nach Form Rechtens festzustellen«.

18. April – Brief von Madame de Saint-Germain, einer Freundin der Familie, an den Abbé de Sade in Saumane. Die Dame hat den Brief des Abbé Ostern bekommen, an dem »für das Haus de Sade auf ewig unheilvollen Tag«. Ob er etwas von der Affäre seines Neffen wisse? Die Gräfin de Sade und die Präsidentin de Montreuil hätten sie gebeten, ihm darüber zu schreiben: »Aber wie beginnen? Wie Ihnen alle diese Greuel im einzelnen schildern, die sich der Unglückliche hat zuschulden kommen lassen? Wenn man ihm glauben soll, hat er sich nur einer wahnsinnigen Laune schuldig gemacht, für die er teuer bezahlt hat.« Während der traurigen Reise nach

DIE AFFÄRE VON ARCUEIL

Saumur habe ihr Abbé Amblet geschrieben und sie gebeten »ihr Kind nicht zu verlassen«: Madame de Saint-Germain habe den Marquis immer in Schutz genommen und tue es noch, so gut sie könne, aber was solle sie denen antworten, die den Prozeßbericht und die Zeugenaussagen gelesen hätten, von denen mehrere Abschriften in Paris verteilt worden seien? »Der Haß der Öffentlichkeit [...] übersteigt jede Vorstellung [...]: es wird behauptet, er hätte diese verrückte Flagellation inszeniert, um die Passion lächerlich zu machen [...]. Seit zwei Wochen spricht man nur noch von dieser dummen Geschichte.« Man habe die Sache schon beigelegt geglaubt, »da sich die zivile Partei beruhigt hatte und er durch den Verlust der Standarte, die ihm sonst jetzt zustände, genügend bestraft war, als ein übelwollender Ratsherr die ganze Sache anzeige«: daraufhin sei der Staatsanwalt gezwungen gewesen, die Angelegenheit zur Kenntnis zu nehmen. Der Marquis sei »ein Opfer des öffentlichen Zornes; die Affäre des Herrn de Fronsac und die so vieler anderer werden jetzt zu der seinen hinzugerechnet«.

19. April – Präsident de Montreuil schreibt an den Abbé de Sade und bittet ihn, nach Paris zu kommen und in dieser heiklen Angelegenheit zugunsten seines Neffen zu sprechen.

Überdies schreibt der Herzog de Montpezat an die Marquise de Villeneuve-Martignan in Avignon, die Affäre ihres Neffen sei ernster geworden, weil der Gerichtshof die Prozeßakten von Arcueil angefordert habe. Die Marquise de Villeneuve-Martignan solle dem Abbé de Sade mitteilen, er könne nicht schnell genug dem Wunsch seiner Familie nachgeben und nach Paris kommen.

Am gleichen Tag liest der Staatsanwalt der Gerichtsversammlung (Präsident: Pinon) die Berichte vor, die er erhalten hat, sowie seine Folgerungen. Nach kurzer Beratung ordnet das Gericht an: der Prozeß werde vor Gericht weitergeführt; der Marquis und andere, die der Staatsanwalt bezeichnen werde, sollten verhört werden; der Angeklagte »sei zu verhaften und festzunehmen und im Gefängnis der Conciergerie gefangenzuhalten« sowie seine Güter zu beschlagnahmen und gerichtlich zu registrieren; Rose Keller sei »durch die Gerichtsmediziner zu untersuchen«.

20. April – »Gerichtliche Nachforschung nach Herrn de Sade.« Griveau, Gerichtsdiener am Gerichtshof, begibt sich zur Wohnung des Marquis im Palais des Präsidenten de Montreuil, Rue Neuve-du-

MARQUIS DE SADE

Luxembourg. In Abwesenheit des Angeklagten, der seit etwa zwölf Tagen verreist ist, hinterläßt er beim Pförtner eine Abschrift des Haftbefehls vom 19. April und eine Aufforderung, sich innerhalb von zwei Wochen zu stellen. Was hingegen die Beschlagnahme und Registrierung der Möbel betrifft, so kann der Gerichtsdiener sie nicht durchführen; die Möbel in der Wohnung de Sades gehören zum Besitz seines Schwiegervaters.

Am gleichen Tag begeben sich Paul-Estienne-Charles Mayneaud und Jacques de Chavanne, Gerichtsräte am Gerichtshof, nach Arcueil, um ein Protokoll von der Wohnung des Marquis und von eventuellen Beweisstücken, die sich dort finden könnten, aufzunehmen.

21. April – Um sieben Uhr morgens »Fortsetzung der Beweisaufnahme gegen den Grafen de Sade«. Vor dem Gerichtsrat de Chavanne Zeugenaussage der Rose Keller und folgender Personen: Anne Croizet, Frau Pontier; Marie-Louise Jouette, Gattin Lambert; Anne Blougné, Frau Bajou; Marguerite Duc, Frau Sixdeniers; Jean-François Vallée, Fiskalanwalt des Amtsbezirks Arcueil; Claude-Antoine Sohier, Anwalt; Charles Lambert, Notar und Gerichtsschreiber; Pierre Bourgeois, Gärtner auf Schloß Arcueil (Besitz der Eheleute Lambert); Pierre-Martin Lambert, Gärtner des Marquis de Sade; Charles-François Fleurot, Kutscher; Jacques-François Amblet, Geistlicher der Diözese Genf und »ehemaliger Erzieher des Herrn Marquis de Sade«; Pierre Sébire, Diener des Angeklagten im Hause des Präsidenten de Montreuil. Abbé Amblet erklärt, er kenne den Marquis »seit seiner Kindheit, da er mit seiner Erziehung beauftragt gewesen sei; sein heftiges Temperament, das ihn zu den Genüssen hintreibe, sei ihm bekannt, aber er habe an ihm immer ein gutes Herz erkannt, das von den Greueln, die man ihm in der Anklage vorwerfe, weit entfernt sei, in der Schule sei er bei seinen Kameraden sehr beliebt gewesen, ebenso in den verschiedenen Korps, bei denen er gedient habe; er habe ihn Taten der Güte und Menschlichkeit ausüben sehen, unter anderem gegen einen Tischler namens Moulin, der im vergangenen Jahr nach einer langen Krankheit gestorben sei, während der ihn der Marquis unterstützt habe. Der Tischler habe mehrere Kinder hinterlassen, für deren eines der Marquis nun sorge und eine Rente zahle, und so könne er nicht an all die Schlechtigkeiten glauben, die man ihm vorwerfe.«

DIE AFFÄRE VON ARCUEIL

23. April – Der Gerichtsrat de Chavanne verhört Pierre-Paul Le Comte, Chirurgen von Arcueil, anstelle des Angeklagten.

Am gleichen Tag informiert der Minister des Hofstaats Herrn de Bory, Kommandanten der Festung Pierre-Encise bei Lyon, daß er unverzüglich einen neuen Gefangenen bekomme, den Marquis de Sade. »Es ist der Wille des Königs, daß er sein Zimmer nicht verlasse und keinerlei Verbindung mit anderen Gefangenen habe.« Wenn er das Bedürfnis nach frischer Luft habe, müsse er begleitet werden. »Wenn er hingegen einen Chirurgen von Lyon sehen wolle, da er von einer Fistel geplagt und ihm Medikamente verschrieben seien, möge Herr de Bory ihm gern die Wege dazu ebnen, ebenso, um den Diener zu empfangen, den man ihm schicke und der gewohnt sei, ihn morgens und abends zu verbinden.«

In einem anderen vom 23. April datierten Brief teilt der Minister des Hofstaates der Marquise de Sade mit Bezug auf die Gefangenschaft ihres Mannes in Pierre-Encise mit, »daß es unmöglich sei, ihm die [von ihr gewünschte] Freiheit innerhalb des Schlosses zu gewähren, besonders nach dem, was sich im Gerichtshof ereignet hätte. Dieser würde sofort Einspruch erheben, wenn man bemerkte, daß er Umgang mit Leuten habe, die ins Schloß kämen.«

26. April – Die Präsidentin de Montreuil berichtet dem Abbé de Sade, daß sich die Affäre seines Neffen »als ein Akt der Torheit oder der Ausschweifung herausgestellt habe, der nicht zu entschuldigen, aber frei von allen Greueln sei, mit denen man ihn behängt habe«. Unglücklicherweise sei der Haftbefehl, den der Gerichtshof »auf die ersten Gerüchte hin eiligst gegen ihn erlassen hat, deshalb nicht weniger wirksam, bis er durch ein Gerichtsurteil aufgehoben werde«. Weiterhin teilt sie dem Abbé mit, der Herzog de Montpezat habe die Güte gehabt, ihrem Neffen das lebhafteste Interesse zu bezeugen; die ganze Familie sei diesem Edelmann sehr dankbar.

In einer Anmerkung von der Hand des Abbé de Sade, auf der dritten (leeren) Seite dieses Briefes, den er an einen unbekannten Empfänger weiterleitet, ist vor allem folgendes zu lesen:

Sie sehen, daß ich recht hatte, als ich sagte, mein Neffe sei solcher Ungeheuerlichkeiten nicht fähig, deren ihn die öffentliche Meinung bezichtigte, und daß man ihm nur sehr viel Unbesonnenheit und Unvorsichtigkeit vorwerfen könne. Der Gerichtshof hat es etwas

*eilig gehabt, seinen Haftbefehl zu erlassen. Jetzt muß er sich recht-
fertigen, was immer sehr unangenehm und teuer ist. Ein Gutes ist
an diesem Unglück: es wird ihm eine Lehre für die Zukunft sein.*

Etwa am 30. April – Versehen mit Befehlen von Herrn de Saint-
Florentin, Minister des Hofstaates, kommt Inspektor Marais nach
Saumur, um den Marquis abzuholen und nach Pierre-Encise zu bringen. Er findet, daß er sich im Schloß frei bewegen kann und am
Tisch des Kommandanten ißt. Herr de Sade glaubt, er sei verloren,
als er von seiner Überführung nach Pierre-Encise erfährt. Während
der Reise protestiert er, er habe das Mädchen nur gepeitscht; er
scheint es zu bereuen, aber Inspektor Marais meint, er sei im Grund
seines Herzens »immer noch derselbe«.

3. Mai – Der Minister des Hofstaates berichtet der Gräfin de
Sade, daß es seiner Meinung nach nicht im Interesse des Gefangenen sei, dem König ihre Klagen darüber vorzulegen, wie ihr Sohn
in der Festung behandelt werde. Seine Majestät könnte entscheiden, daß der Marquis dem Gerichtshof ausgeliefert würde, was nicht
von Vorteil wäre.

7. Mai – Protokoll beim Staatsanwalt gegen den Marquis de
Sade, der in den vierzehn Tagen, die auf die Vorladung folgten,
nicht erschienen ist.

Um den 10. Mai – Inspektor Marais trifft mit seinem Gefangenen
in Pierre-Encise ein.

11. Mai – Louis-François und Claude-Louis Ambezac, Trom-
petenausrufer Seiner Majestät, haben ihre Instrumente beim Haus
des Präsidenten de Montreuil ebenso wie am Pranger der Halles,
an der großen Treppe des Palastes und an allen anderen üblichen
Orten ertönen lassen: Philippe Rouveau, Gerichtsdiener und einziger vereidigter Ausrufer des Königs, fordert mit lauter, verständlicher Stimme »den Herrn de Sade, abwesend und flüchtig, statt
zu ihm zu den versammelten Personen sprechend, auf [. . .], von
heute ab binnen acht Tagen vor unseren Herren des Gerichtshofs
in der Chambre de la Tournelle persönlich zu erscheinen, um sich
in den Gefängnissen der Conciergerie im Palais von Paris inhaf-
tieren zu lassen, um vor Gericht zu erscheinen, gehört und verhört
zu werden [. . .]«, und erklärt ihm, wenn er der Aufforderung

DIE AFFÄRE VON ARCUEIL   91

nicht Folge leiste, werde ihm in seiner Abwesenheit der Prozeß
wegen Nichterscheinens gemacht.

24. Mai – Die Gräfin de Sade schreibt einen Brief an Herrn de
Sartine, um gegen einen Artikel in der *Gazette de Hollande* zu pro-
testieren, in welchem die unglückliche Affäre ihres Sohnes »in den
schwärzesten Farben geschildert wird«.

1. Juni – Neuerliches Protokoll wegen Nichterscheinens gegen
den Marquis de Sade.

3. Juni – Überreichung von zwei Befehlen Seiner Majestät an den
Polizeidirektor: 1. Der Marquis de Sade, Gefangener in Pierre-
Encise, wird in die Conciergerie des Palais überführt, um die Begnadigungsbriefe, die er vom König erhalten hat, vom Parlament
gerichtlich bestätigen zu lassen. 2. Nach dieser gerichtlichen Bestätigung wird er wieder in die Festung zurückgebracht.

8. Juni – Der Marquis de Sade wird nachts, in Begleitung des
Inspektors Marais von Pierre-Encise kommend, in der Conciergerie eingesperrt.

10. Juni – Zehn Uhr morgens. Der Marquis wird durch den Gerichtsrat Jacques de Chavanne verhört. Er gibt im Prinzip die Tatsachen zu, deren man ihn beschuldigt, erklärt aber, Rose Keller habe
eingewilligt, ihm zu folgen, und habe gewußt, daß es sich um eine
Ausschweifung handle. Als ihn der Justizbeamte am Ende des Verhörs fragt, ob er Begnadigungsbriefe erhalten habe, antwortet de
Sade mit Ja, und er habe die Absicht, sich ihrer zu bedienen.

VERFAHREN DES GERICHTSHOFS
VERSAMMLUNG DES HAUPTSENATS
1768

10. Juni – Die Chambre de la Tournelle gibt die Affäre von
Arcueil an den Hauptsenat [1] weiter.

Am gleichen Tag verkündet der Gerichtshof vor versammeltem
Hauptsenat durch ein endgültiges Urteil die gerichtliche Bestätigung
der Gnadenbriefe, die der Marquis de Sade vorgelegt habe, »um
durch Gnade in den Genuß von Wirkung und Inhalt derselben zu

---

[1] Dieser ist allein berechtigt, fallweise die königlichen Begnadigungsbriefe
einzusehen.

kommen«, und verurteilt ihn, »hundert Livres zum Besten der
Armen zu zahlen, die für das Brot der Gefangenen in der Conciergerie des Palais verwendet werden«.

ERNEUTE INHAFTIERUNG IN PIERRE-ENCISE
AUF BEFEHL DES KÖNIGS
1768

11. oder 12. Juni – Der Marquis wird nach Pierre-Encise zurückgebracht.

13. Juni – Brief der Präsidentin de Montreuil an den Abbé de
Sade in Saumane. Sie berichtet ihm, daß der Hauptsenat ohne jede
Schwierigkeit die Begnadigungsbriefe bestätigt habe, die der Herrscher gewährte, und daß die Justizbeamten in dem Verfahren »mit
unendlicher Rücksicht« davon Gebrauch gemacht hätten. Ihr Schwiegersohn sei sofort nach Pierre-Encise zurückgekehrt, für die Zeit,
die der König für richtig halte, ihn dort festzuhalten. Wenn sie
dem Abbé nicht früher geschrieben habe, so deshalb, weil sie die
letzten zwei Tage mit Dankbesuchen beschäftigt gewesen sei. »Eine
unehrenhafte · Angelegenheit, die man nur verurteilen konnte«,
schließt die Präsidentin, »konnte nicht ehrbarer enden.«

17. Juni – Der Minister des Hofstaates bestätigt Herrn de Bory
die Befehle, die er ihm bereits aushändigte, als der Marquis de Sade
zum ersten Male nach Pierre-Encise gebracht wurde. Wenn der König es für richtig befinde, einige Milderungen in der Behandlung zu
erlauben, würde dies Herrn de Bory mitgeteilt.

21. Juni – Der Gerichtsrat de Chavanne verhört Jacques-André
Langlois, der in Paris erwartet wurde, um »entlastet« zu werden.
Der Diener de Sades bestreitet jede Mitschuld in der Affäre von
Arcueil; er gibt lediglich zu, dem Marquis Licht gebracht zu haben,
während dieser sich mit Rose Keller einschloß, und dieses Licht noch
habe ihm der Marquis im Vorraum abgenommen.

13. Juli – Der Minister des Hofstaates berichtet Herrn de Bory,
die Marquise de Sade wünsche, daß ihr Gatte um seiner Gesundheit
willen an die frische Luft komme; er ermächtigt ihn, dem Marquis
unter Wahrung aller Vorsichtsmaßnahmen Spaziergänge zu erlauben.

Anfang August – Madame de Sade, von ihrem Gatten gebeten,
nach Lyon zu kommen, trifft dort ein. Vor ihrer Abreise war sie ge-

DIE AFFÄRE VON ARCUEIL   93

zwungen gewesen, ihre letzten Diamanten zu verkaufen, um die
Reisekosten aufzubringen.

24. August – Der Minister des Hofstaates an die Marquise de
Sade in Lyon: »Ich schreibe Herrn de Bory, daß er Sie, Madame,
[...] Ihren Gatten noch ein oder zweimal besuchen lassen darf während Ihres Aufenthaltes in Lyon, den ich mir nicht so lange vorgestellt habe[1]. Ich rate Ihnen, in Ihren beiden Gesprächen mit ihm so
viele Aufklärungen wie möglich zu erhalten, um seine Angelegenheit in Ordnung zu bringen, denn ich kann Ihnen nicht verschweigen,
daß der König nicht die Absicht hat, ihm so bald die Freiheit wiederzugeben, und daß Sie nicht erwarten dürfen, ihn auf seine Güter
mitnehmen zu können.«

5. November – Der Minister des Hofstaates ermächtigt Herrn de
Bory, Madame de Sade freizustellen, ihren Mann zu sehen, so oft
sie will, vorausgesetzt, daß sie weiterhin darauf achtet, sich so wenig
wie möglich in Lyon zu zeigen.

16. November – Der Minister des Hofstaates schickt Herrn de
Bory zwei vom König unterzeichnete Befehle. Der eine ordnet an,
daß der Marquis de Sade in Freiheit gesetzt werde, der zweite
schreibt diesem ausdrücklich vor, sich auf sein Gut La Coste zurückzuziehen. Gleichzeitig bittet der Minister den Kommandanten von
Pierre-Encise, Herrn de Sade darauf aufmerksam zu machen, daß
er diesen Anordnungen genau Folge zu leisten habe, ohne sich in
Lyon oder in irgendeiner anderen größeren Stadt auf seiner Reise
aufzuhalten.

Am gleichen Tag berichtet der Minister der Gräfin de Sade über
den Inhalt der königlichen Befehle und teilt ihr mit, daß es vom
Verhalten ihres Sohnes abhängen werde, wie viel oder wie wenig
Freiheit man ihm in der Folge zugestehe, und daß er nicht genug auf

---

[1] Wenn man sich auf den Brief stützt, den der Minister des Hofstaates
am gleichen 24. August an den Kommandanten von Pierre-Encise geschickt
hat, erscheint es wahrscheinlich, daß dieser Offizier Madame de Sade in
seiner »Herzensgüte« erlaubt hat, die Anzahl ihrer Besuche beim Marquis
(drei oder vier), die man ihr bewilligt hatte, erheblich zu überschreiten.
Ohne Zweifel wurde die Marquise durch die Milde Herrn de Borys sowie
dadurch, daß sie täglich hoffte, ihren Mann nach La Coste mitnehmen zu
können, bestimmt, sich so lange in Lyon aufzuhalten, was dem Minister
verdächtig vorkam. Wir werden sehen, daß sie die Stadt nicht vor der
Freilassung Sades verläßt.

sein Tun achtgeben könne, um die Vergangenheit wiedergutzumachen.

19. November – Brief der Präsidentin de Montreuil an den Abbé
de Sade in Saumane: Der König hat dem Marquis die Freiheit zu-
rückgegeben und erlaubt ihm, auf seine Güter zurückzukehren, wohin Madame de Sade, die im Augenblick in Lyon ist, ihn begleiten
wird. »Sie hat alles getan, um ihr Werk zu vollbringen, indem sie
ihm alle Zeichen der Anhänglichkeit gab, die nur möglich sind.«
Madame de Montreuil zweifelt nicht, daß der Marquis genügend
ernsthaft nachgedacht habe, um von nun an seiner Frau keinen
Kummer und seiner Familie keine Sorgen mehr zu machen. Dennoch
bittet sie den Abbé, der in der Nähe des Paares sein wird, auf ihn
achtzugeben. Herr und Frau de Sade würden in Kürze in der Provence eintreffen: der Gesundheitszustand des Marquis sei schlecht,
und er werde sich so schnell wie möglich bei sich zu Hause ausruhen
wollen. Aber der Befehl des Königs sei gerade erst abgegangen, und
die Präsidentin glaube nicht, daß ihre Tochter und ihr Schwiegersohn Lyon vor dem 25. oder 28. würden verlassen können. »Ihr
Großneffe [Louis-Marie] befindet sich wohl«, fügt sie im *postscrip-*
tum hinzu, »er ist sehr hübsch, und ich lasse ihm all die Fürsorge
angedeihen, die mir die Freundschaft für seinen Vater und seine
Mutter eingibt.«

VI. Von der Entlassung aus Pierre-Encise bis zur Affäre von Marseille (1768–1772)

Chronik

Wir haben gesehen, wie der Marquis de Sade auf einen Befehl des Königs vom 16. November 1768 in Freiheit gesetzt wurde. Unmittelbar nach seiner Freilassung begibt sich der Marquis zu seiner Frau, die einen Monat, nachdem ihr Mann wieder nach Pierre-Encise gebracht wurde, nach Lyon gezogen war, um ihm, den sie trotz seines lasterhaften Lebens weiterhin liebt, so nah wie möglich zu sein. Der Brief der Präsidentin de Montreuil vom 19. November berichtet uns, da der Marquis die Anweisung erhalten habe, sich auf seine Güter zurückzuziehen, sei das Schloß von La Coste als Wohnung für das junge Ehepaar hergerichtet worden. Sie freut sich, daß ihre Tochter bald den Abbé kennenlernen wird, und teilt diesem die bevorstehende Ankunft der beiden mit.

Aber aus den Urkunden über jene Periode scheint hervorzugehen, daß Madame de Sade diesen von ihrer Mutter gutgeheißenen Plan nicht befolgte. Wahrscheinlich, weil sie im vierten Monat schwanger war und der Pflege ihrer Mutter bedurfte; und auch, um die Möglichkeit zu haben, die katastrophale finanzielle Lage ihres Mannes in Paris zu verteidigen, muß sie sich, nicht ohne Tränen, entschlossen haben, sich von dem Marquis zu trennen. So haben sich Herr und Frau de Sade wohl nach einigen gemeinsam verlebten Tagen in Lyon voneinander verabschiedet: er reiste in die Provence, sie nach der Hauptstadt.

Wie lebte der Marquis im Schloß La Coste bis Ende April 1769, als er nach Paris zurückkehrte? Anstatt durch ein tugendsames Betragen die skandalöse Affäre des vergangenen Jahres vergessen zu machen, denkt er an nichts anderes als Bälle zu geben und Theaterstücke aufzuführen. Und mit was für Schauspielerinnen, würde die Präsidentin ausrufen. Er treibt es so weit, daß sie froh ist, ihre

Tochter in Paris zu wissen, denn sie würde ständig »in Todesangst
schweben, wenn sie sie mit diesem Kerl in dem einsamen Haus eingeschlossen wüßte«.

Dennoch, auf eine Bittschrift der Marquise de Sade an den Minister Saint-Florentin hin, in welcher sie darauf hinweist, daß der
schlechte Gesundheitszustand ihres Gatten die Rückkehr in die Nähe
von Paris erfordere, wo er besser die nötige Pflege bekommen könne,
hat Seine Majestät dieser Übersiedlung zugestimmt, unter der ausdrücklichen Bedingung, daß Herr de Sade in einem Landhaus in der
Nähe von Paris Wohnung nehme, wenig Leute sehe und sich ausschließlich seiner Genesung widme.

Mai 1769 – Der Marquis de Sade ist wieder in Paris.

27. Juni 1769 – In Paris wird im Kirchsprengel der Madeleine
de la Ville-l'Évêque Donatien-Claude-Armand, Ritter de Sade,
zweiter Sohn des Marquis, geboren. Am nächsten Tag wird er in der
Kirche Sainte-Marie-Madeleine getauft. Seine Paten sind der Präsident de Montreuil und die Gräfin de Sade.

29. Juni 1769 – In einem Brief, in dem sie ihm die Geburt seines
Großneffen mitteilt, berichtet Madame de Montreuil dem Abbé de
Sade, daß der Marquis seit seiner Rückkehr völlig frei sei; sie hofft,
daß er das nicht ausnutzen werde. Im Augenblick erfülle er »die
Aufgaben eines guten Gatten« durch seine häufigen Besuche bei Madame de Sade und scheine Freude daran zu haben, sich mit seinem
ältesten Sohn abzugeben, der bei der Taufe seines kleinen Bruders
zugegen gewesen sei.

25. September–23. Oktober 1769 – Der Marquis de Sade reist
durch die Niederlande. Am 25. September ist er in Brüssel, am 28.
in Anvers, am 2. Oktober in Rotterdam, am 7. in Den Haag, am
16. in Amsterdam und am 23. wieder in Brüssel.

24. März 1770 – Brief des Ministers des Hofstaates an die Präsidentin de Montreuil:

*Madame, ich wollte erst herausfinden, wie der König über Herrn
de Sade denkt, ehe ich ihm vorschlage, daß er ihm wieder erlaube,
bei Hof zu erscheinen; mir schien der schlechte Eindruck, den der
König verschiedentlich von ihm hatte, noch zu frisch. Das hat mich
bestimmt, nicht weiter zu gehen, denn ich glaubte, ihm einen schlechten Dienst zu erweisen. Und wenn er abgewiesen würde, was man*

ENTLASSUNG AUS PIERRE-ENCISE 97

annehmen muß, würde ihm das in seinem Regiment sehr schaden.
Ich glaube, man muß alles von der Zeit erwarten.

24. Juli 1770 – Der Marquis de Sade teilt Fage, dem Notar in
Apt und Hauptverwalter seiner Güter in der Provence mit, daß er
zur Armee gehe und gibt ihm seine Adresse: Hauptmann im Regiment von Burgund, in Fontenay-le-Comte, Poitou.

Anfang August 1770 – Der Marquis trifft in Fontenay-le-Comte,
im Kreis Poitou, ein, um seinen Dienst als Hauptmann im Kavallerieregiment von Burgund wiederaufzunehmen. Aber der vorge-
setzte Offizier, der das Regiment in Abwesenheit des Grafen von
Saignes befehligt, verweigert dem Marquis de Sade unter einem
fadenscheinigen Vorwand, die Aufgaben seiner Charge zu erfüllen.
Schlimmer noch: zweifellos auf den entrüsteten Protest seines Untergebenen hin, befiehlt er ihm, sich sogleich in Stubenarrest zu begeben.
Außerdem verbietet er dem Logismeister und dem Fourier der
Kompanie, ihm den geringsten Gehorsam zu leisten oder auch nur
von ihm Notiz zu nehmen. Der Marquis schickt Herrn de Saignes
sofort einen wütenden Brief, um ihn von den unwürdigen Maßnahmen in Kenntnis zu setzen, die man gegen ihn ergriffen hat. Nachdem der Oberstleutnant diesen Brief erhalten hat, teilt er am 23.
August von Compiègne aus dem stellvertretenden Offizier in Poitou
mit, er habe Mühe zu glauben, daß die sonderbaren Ereignisse, von
denen man ihm berichte, sich wirklich so zugetragen hätten, und
verlangt dringend einen Rapport. Er wundert sich, daß der Offizier
noch keinen solchen vorgelegt habe.

Leider wissen wir beim augenblicklichen Stand unserer Forschungen nicht, was für Folgen die Schmach nach sich zog, die man de Sade
bei seiner Ankunft im Regiment von Burgund angetan hat. Wir verlieren seine Spur bis zum 13. März des folgenden Jahres. An diesem
Tag richtet er eine Bittschrift an den Kriegsminister, die aller Wahrscheinlichkeit nach in Paris abgefaßt ist.

13. März 1771 – Der Marquis de Sade bittet den Kriegsminister
um eine Bestallung als Kavallerie-Regimentsoberst ohne Besoldung.

19. März 1771 – Der Minister antwortet zustimmend auf die Bittschrift des Marquis.

17. April 1771 – In Paris wird Madeleine-Laure, Tochter des
Marquis de Sade, geboren.

27. Mai 1771 – Der Marquis de Sade, der seit kurzem in der Provence ist, gibt der Gemeinde von Saumane, deren Lehnsherr er ist, Befehl, ihm die Huldigung zu leisten.

1. Juni 1771 – Wieder in Paris, wird dem Marquis erlaubt, die Summe von zehntausend Livres als Preis für die Abtretung seiner Charge als Regimentsoberst an den Grafen d'Osmot entgegenzunehmen.

9. September 1771 – Der Marquis de Sade ist vor zehn Tagen aus dem Schuldgefängnis Fort-lÉvêque entlassen worden. Das ist ihm aufgrund einer Zahlung von 3 000 Livres gelungen. Aber um die Rückzahlung des Restes zu sichern, läßt man ihn einen Wechsel unterzeichnen, der am 15. Oktober fällig wird. Wie es scheint, hat sich der Marquis nach diesem Ereignis mit seiner Frau und seinen Kindern unverzüglich nach La Coste begeben.

7. November 1771 – Fräulein Anne-Prospère de Launay, Stiftsdame, ist in La Coste, wohin sie sich vermutlich kurz nach der Ankunft ihrer Schwester, ihres Schwagers und deren Kinder begeben hat.

15. Januar 1772 – Der Marquis de Sade lädt Herrn Girard aus Lourmarin zur Aufführung eines Theaterstückes ein, dessen Autor er ist und das am 20 Januar in seinem Theater in La Coste gespielt werden soll.

25. Februar 1772 – Der Marquis de Sade engagiert den Schauspieler Bourdais und seine Frau, um von Ostern bis zum 1. November in seinem Schloß zu spielen.

29. Mai 1772 – Die Präsidentin de Montreuil an den Abbé de Sade: Sie hoffe, durch seine Vermittlung Nachrichten von ihren Kindern zu bekommen, von denen sie nichts wisse, nicht einmal, wo sie sich aufhielten, da die Theateraufführungen und Vergnügungen sie »sehr unstet« machten. Der Marquis sei zwar Herr seiner Person, aber er habe nicht das Recht, seine Frau und seine Schwägerin zu kompromittieren. Es sei eine »unwürdige« Angelegenheit, die wieder in Ordnung zu bringen die Präsidentin sich anbiete. Diese Feste dienten nur dazu, ein schon sehr verringertes Vermögen zu vergeuden. Herr de Sade dränge sie, seine Angelegenheiten zu ordnen, aber sie sei es müde, die Dumme zu sein; man opfere sich für ehrbare Dinge, nicht für extravagante Launen.

ENTLASSUNG AUS PIERRE-ENCISE

BESCHREIBUNG DES SCHLOSSES LA COSTE

Das Dorf La Coste liegt 4 Kilometer von Bonnieux, 11 Kilometer von Apt und 47 von Avignon entfernt in 326 Meter Höhe auf einem der Ausläufer des Lubéron.

La Coste war eines der ersten Dörfer, deren sich 1533 die Waadtländer bemächtigten. 1545, kurz nach dem Massaker von Cabrières und Mérindol, die der verbrecherische Meynier d'Oppède, der erste Präsident am Gerichtshof von Aix, angerichtet hatte, wollten die katholischen Truppen dort eine Garnison einrichten. Sie näherten sich diesem befestigten Dorf, in das sich alle Waadtländer aus der Umgebung geflüchtet hatten. Der Herr des Ortes – es muß Balthazar de Simiane gewesen sein, der 1552 sein Testament machte – trat als Vermittler auf. Es wurde die Bedingung gestellt, die Mauer an vier Stellen zu zerstören und einige Personen hinzurichten. Schon glaubten die Bewohner, die Kapitulation sei angenommen, und gaben ihre Waffen im Schloß ab, als die Katholiken, die sahen, daß die Mauern unbewacht waren, den Ort mit Gewalt nahmen. Alle Männer mußten über die Klinge springen, die Frauen und Mädchen wurden in einem Obstgarten der Willkür der Soldaten ausgeliefert.

1601 heiratete François de Simiane, Herr von La Coste, Anne de Simiane-Châteauneuf, die ihm vier Söhne (Joachim, dann Gaspard, Abbé von Anchin, und zwei andere, die Malteserritter wurden) und eine Tochter namens Diana schenkte. Letztere unterzeichnete am 12. April 1627 den Ehevertrag mit Jean-Baptiste de Sade. Joachim de Simiane-La Coste verband sich mit Gabrielle de Brancas, von der er nur eine Tochter, Isabelle, hatte, die später Joseph-Dominique de Berton de Crillon, Feldmarschall des Königs, heiratete. Dieses Ehepaar starb ohne Nachkommen, und daher fielen Schloß und Güter von La Coste an Jean-Baptiste-François-Joseph, den Vater des Marquis.

Schloß und Güter von La Coste [schreibt P. Bourdin] *wurden direkt vom König vergeben, dem der Schloßherr »auf beiden Knien« den Vasalleneid leistete. Der Lehnsherr besaß höhere, mittlere und niedere Gerichtsbarkeit, die Rechte auf Brückenzoll und Triftgeld, das Fischerei- und Jagdrecht, das Recht über die Zwangsöfen und auf die Zinsen der Kalköfen, die dort gebaut wurden, sowie über die Ölmühle im Dorf, wo die Einwohner ihre Oliven und Nüsse pressen mußten.*

Halten wir fest, daß La Coste und die dazugehörigen Güter 1772 für 5750 Livres verpachtet waren, wie aus der gerichtlichen Untersuchung vom 11. Juli desselben Jahres hervorgeht, welche Beschlagnahme und Registrierung der Güter und Einnahmen des Marquis de Sade nach der Affäre von Marseille anordnet.

Um von Bonnieux mit dem Wagen zum Schloß des Marquis de Sade zu gelangen, muß man die Straße nehmen, die am Lubéron entlang in Richtung Ménerbes führt, dann nach ungefähr einem Kilometer rechts einbiegen, auf die direkte Straße nach La Coste. Aber der abkürzende Fußweg durch das Tal von Calavon ist noch schöner: der enge gallo-romanische Pfad, zuerst zwischen kleine, halb zerfallene Mauern gezwängt, führt mehr als eine Stunde durch Felder, Olivenhaine und Weinberge. La Coste, das die ganze herrliche Landschaft überragt, wird allmählich größer und deutlicher, wie ein Schatz, den man lange begehrt hat und jetzt bald erlangen wird...

Das bewohnte Dorf steigt auf steilen Hängen bis zum Osttor der alten Stadtmauer an. Jetzt führt der Weg durch das verlassene Oberdorf, an Häuserruinen entlang, die am Fuß der Residenz des Marquis gespenstisch Wache stehen. Rechts windet sich eine alte Treppe zwischen gähnenden Verliesen hoch. Und plötzlich steht die Ostfassade vor uns, als wolle sie jeden Augenblick einstürzen und den Götzendiener unter ihren vom Mistral bestürmten Steinmassen begraben... Das Vorratsgewölbe öffnet sich wie eine Grotte; Überreste von Säulen, Riesenphallen, liegen herum. Etwas weiter hinten, an der gleichen Fassade, in welcher der Länge nach ein tiefer Riss klafft, gelangt man über einen Steinhaufen in einen geräumigen, gewölbten Saal im ersten Stock.

Über dem nordöstlichen Turm öffnet sich, auf der Höhe des ersten Stockes, eine Fenstertür, die außen eine Einfassung aus dem XVI. Jahrhundert hat, auf eine viereckige Terrasse. Zwischen diesem niedergerissenen Turm und dem, was von der Nordfassade übriggeblieben ist, gelangt man durch eine riesige Bresche, zwischen Hügeln bewachsener Trümmer hindurch, in den ehemaligen Park des Marquis de Sade: »Mein armer Park«, schrieb er gegen Ende 1813,

»erkennt man darin noch etwas von mir?« Heute sind nur noch ein
paar Buchsbäumchen übrig; einige magere wilde Pfirsich- und Man-
delbäume ragen aus dem Lavendel heraus. Von den Ruinen bis zum
Weg nach Saint-Hilaire sind in Richtung Ménerbes noch Spuren
einer Mittelallee zu sehen. Es scheint, daß sich am Ende dieser Allee
einst das Gittertor des Schlosses befunden hat. Das breite Plateau
von La Coste, das am Fuß der Westfassade beginnt, erstreckt sich
noch weit über die früheren Grenzen des Parkes hinaus; rechts tiefe
Steinbrüche, die seit etwa einem halben Jahrhundert nicht mehr
ausgewertet werden.

Von der ganzen Westfassade des Hauses sind nur noch halbzer-
fallene Mauerstücke übrig; allein der Südostturm erhebt sich in seiner ganzen Höhe. Im Erdgeschoß dieses Turmes liegt das »Gesell-
schaftszimmer«, ein fast quadratischer Raum, der sich in der Nähe
eines zauberhaften Brunnens aus dem XVI. Jahrhundert auf den
Park öffnet. Zwei sichtbare, gipsübertünchte Balken teilen die Decke
in drei Kassetten ein, die mit Louis XV.-Stuckverzierungen versehen
sind, der Boden ist mit roten, hexagonalen Fliesen belegt; das Ost-
fenster ist teilweise blind; die Wände zeigen Spuren ockergelben
Putzes; rechts vom Eingang lassen sich die Überreste eines Kamins
erkennen. Außerhalb des Parkes, also auf dem eigentlichen Plateau
von La Coste, hat man einen herrlichen Blick über eine der schönsten
mediterranen Landschaften: die Calavon-Ebene, reich an herben
Schönheiten der Flora, und den geliebten Lubéron, dessen Hänge
mit Thymian, Myrthe und Lavendel bewachsen sind.

Das Schicksal des Schlosses La Coste wird im Verlauf unseres Berichtes aufgerollt: von seinem Verfall, der auf die Abwesenheit von
Herrn und Frau de Sade folgte – die ihren Besitz Ende Januar
1777 verließen und nie mehr wiedersehen sollten –, bis zum Verkauf am 13. Oktober 1796, durch den der alte Besitz der Simiane
an den Volksvertreter J.-S. Rovère überging, nachdem er die schänd-
liche revolutionäre Zerstörung des 17. und 21. September 1792
durchgemacht hatte.

FRÄULEIN ANNE-PROSPÈRE DE LAUNAY

Es gibt nur wenige Dokumente über Fräulein Anne-Prospère de
Launay, eine der drei großen Jugendleidenschaften de Sades, der zu-

vor, wie man weiß, Fräulein de Lauris und dann Fräulein Colet vom Théâtre Italien geliebt hatte. Leider ist keinerlei Korrespondenz zwischen der Stiftsdame und ihrem Schwager erhalten; zweifellos wurden alle ihre Briefe von der Präsidentin de Montreuil systematisch vernichtet, der wenig daran lag, auch nur das geringste Zeugnis einer für ihre Familie schändlichen Verbindung bestehen zu lassen.

In der Tat hätten seine angeblichen Verbrechen in Marseille ihm niemals dreizehn Jahre Gefängnis in Vincennes und in der Bastille eingetragen, wenn die Präsidentin nicht dafür gesorgt hätte, daß er im Februar 1777 zum zweitenmal verhaftet und aufgrund eines Haftbefehls im Gefängnis festgehalten wurde, obgleich das Urteil von 1772 aufgehoben worden war. Ohne andere Gründe sowohl von seiten der Präsidentin wie von seiten der Minister ganz ausschließen zu wollen, steht fest, daß lebenslängliche Gefangenschaft ihres Schwiegersohns Madame de Montreuil die einzige Hoffnung bot, ihre Tochter anständig zu verheiraten.

Wir kennen das Geburtsjahr dieses Fräuleins nicht, und es besteht keine Hoffnung, es jemals zu erfahren. Die Geburtenregister von Saint-Sulpice, zu dessen Kirchensprengel das Haus ihrer Eltern gehörte, wurden unter der Kommune, beim Brand der Préfecture de la Seine, vernichtet. Wir wissen nur, daß Anne-Prospère um einige Jahre jünger war als ihre Schwester Renée-Pélagie. So kann man ihre Geburt zwischen 1743 und 1745 annehmen. Das erste Dokument, das die Stiftsdame nennt, ist der Ehevertrag des Marquis de Sade: ihr Name figuriert unter den Personen, die am 16. Mai 1763 ihre Unterschrift dazu gaben.

De Sades unglückliche Liebe zu Fräulein de Lauris zur Zeit seiner Heirat würde genügen, um die unsinnige Erfindung aller Sade-Biographen von Lacroix bis Desbordes zu entkräften, die einer vom anderen abschrieben, ohne jemals die Angaben des Vorgängers zu prüfen. Man kennt die romanhafte Darstellung, wonach der Marquis de Sade sich schon bei seinem ersten Besuch in der Rue Neuve-du-Luxembourg in Fräulein de Launay verliebt und die Präsidentin um ihre Hand gebeten haben soll – vergeblich, denn die Präsidentin war besorgt, zuerst ihre ältere Tochter zu verheiraten. Im vorliegenden Werk können wir zu viele authentische Dokumente anziehen, als daß wir dem lächerlichen Bericht den geringsten Platz einräumen

ENTLASSUNG AUS PIERRE-ENCISE 103

könnten, den Paul Lacroix (der Bibliophile Jacob) angeblich von
einem gewissen Herrn Lefebure hat, einem Zeitgenossen des Marquis, und dessen Zuständigkeit Maurice Heine schon bezweifelte.
Doch weiter.

Im November 1771 wohnt Anne-Prospère de Launay im Schloß
La Coste. Es scheint, daß sie seit kurzem bei ihrer Schwester und
ihrem Schwager weilt. Am 7. des Monats schreibt sie dem Abbé de
Sade einen Brief, in dem sie sich dafür bedankt, daß er ihr ein kleines korsisches Pferd geschickt hat.

Am folgenden 1. Dezember stellt Fräulein de Launay eine Liste
der Spitzen und der Wäsche ihres Schwagers auf. Am 4. Februar
1772 empfängt sie wegen einer Erkältung Dr. Terris, den Arzt aus
Bonnieux. Am 11., 13., 15. und 21. März sowie am 14. Mai besucht
der Arzt die Stiftsdame wieder, diesmal wegen einer Infektion, an
die er sich nicht genauer erinnert.

Vermutlich zwischen dem Jahresende 1771 und Juni 1772 machte
Herr Silvestre, Schuster in Ménerbes, eine Aufstellung, in der er ein
Paar rosa Seidenschuhe erwähnt, die er für Fräulein de Launay an-
gefertigt hat, sowie eine kleine Schuld von dreizehn Sous, die das
Fräulein auf einem Spaziergang bei ihm gemacht habe.

Bevor man die spärlichen datierten und erwiesenen Tatsachen im
Leben des Fräulein de Launay weiter aufzählt, muß man sich fragen,
wann das Fräulein die Geliebte ihres Schwagers wurde.

Man darf annehmen, daß der Skandal erst allgemein bekannt
wurde, als die beiden Liebenden zusammen nach Italien flohen.
Aber vielleicht war Madame de Sade schon seit einiger Zeit im Bilde?
Die Präsidentin hingegen scheint vor dieser Flucht nicht die geringste Ahnung gehabt zu haben, denn in ihrem Brief vom 27. Mai 1772
beklagt sie sich nur über die »Unwürdigkeit« der geselligen Theateraufführungen, an denen der Marquis Madame de Sade und Fräulein de Launay in La Coste und Umgebung teilnehmen läßt.

Wie Madame de Sade selbst zugibt, bestand zwischen dem Marquis und Fräulein de Launay schon eine sentimentale Bindung –
wenn nicht sexuelle Beziehungen –, bevor letztere Ende Oktober
1771 nach Schloß La Coste kam, denn in ihrer Bittschrift vom Jahre
1774 erklärt die Marquise, Fräulein de Launay, ihre Schwester, sei
zu ihr gekommen, »unter dem Vorwand [sic!], daß sie ihr Gesellschaft leisten wolle und [in La Coste] eine heiterere Luft einatme«.

Sie fügt hinzu, der Eifer ihres Gatten habe »nicht den Verdacht aufkommen lassen, daß eine so unheilvolle Leidenschaft bald Ursache einer Kette von Unglück und Mißgeschick werden sollte«. Im selben Bittbrief erklärt Madame de Sade, daß sie sich an ihre Schwester gewandt habe, als sie von der Eröffnung des Prozesses in Marseille erfuhr, um ihre »Ungewißheit zu zerstreuen« und ihren »Verdacht zu beruhigen«, aber »die Verwirrung«, die sie »in ihren Zügen gelesen habe«, und ihre ausweichenden Antworten haben die Aufregung nur noch verstärkt.

Enthüllt sich in diesem anderen Satz aus der Bittschrift Madame de Sades die Eifersucht des Fräuleins de Launay, deren Liebhaber sie mit den Mädchen von Marseille betrogen hatte? »Selbst das Fräulein de Launay feuert ihren Groll an« [den Groll Madame de Montreuils]. Wie dem auch sei, um den 3. Juli 1772, acht Tage bevor der Marquis de Sade verhaftet werden soll, hat Fräulein de Launay ihren Schwager auf die Flucht begleitet. Die beiden Liebenden reisen durch ganz Italien und halten sich in allen bedeutenden Städten auf, vor allem in Genua und Venedig. Der Marquis gibt das Stiftsfräulein als seine Frau aus und erlaubt sich mit ihr, wie der Graf de la Tour es ausdrückt, »alle mit diesem Titel verbundenen Vertraulichkeiten«.

Bei dieser Episode, der Flucht des Marquis de Sade mit seiner Schwägerin nach Italien, nach der Affäre von Marseille, müssen wir Maurice Heine zitieren, der sie ausgezeichnet schildert und gleichzeitig Kommentare dazu gibt, die nicht übergangen werden dürfen.

Es ist beschlossen, daß der Marquis sich nach Italien begeben wird, während die Marquise ostentativ in La Coste bleibt, um die Nachforschungen nach dieser Seite zu ziehen, aber — sei es um die Marquise zu beruhigen, sei es um dieser Flucht den Anschein einer friedlichen Reise zu geben — Fräulein de Launay erklärt sich bereit, ihren Schwager bis zur Grenze zu begleiten. Sie läßt es übrigens nicht dabei bewenden und glaubt, ihre Mission als Schutzengel über alle Vorsicht hinaus erfüllen zu müssen. Die Stiftsdame kompromittiert sich in dieser wenig erbaulichen Gesellschaft so sehr, daß sich unter den Leuten die Legende von einer Entführung verbreitet.

Diese romanhafte Legende ist durch nichts gerechtfertigt. Allein die Zeitungsschreiber sind dafür verantwortlich. Den Romanschrei-

bern zur Beute gefallen, bot sie ihnen bequemen Stoff. In diesen
stürmischen, unwahrscheinlichen Berichten findet man die gleiche
Verve wie in den Beschreibungen der Orgie von Marseille, die jeder
Realität entgegenstehen.

Es ist absurd, wenn man annimmt, der Marquis habe diese Affäre mit Vorbedacht angezettelt, um eine kleine, widerspenstige
Pensionatstochter zu verführen. Donatien hatte das nicht nötig, um
von Anne-Prospère geliebt zu werden. Steht er nicht ohnedies im
Ruf eines großen Wüstlings vor dem unerfahrenen, aber neugie-
rigen Mädchen, das vielleicht sinnlich, aber auf jeden Fall erregt
war von der Intimität, die das Leben unter dem gleichen Dach zwischen ihr und dem Mann einer Schwester schaffte, auf die sie vielleicht eifersüchtig war? Das junge Mädchen ist zweifellos das typi-
sche Produkt einer halb weltlichen, halb religiösen Erziehung, wie
sie damals üblich war, aber welche Kraft haben im XVIII. Jahrhundert die strengen Prinzipien, die dem Ganzen zugrunde liegen?
Auf diesem Gebiet wie auf anderen ist nur noch eine mehr oder weniger kunstvoll verputzte Fassade da, bereit, unter den Stößen der
Revolution zu bersten.

Mit diesen wenigen Hinweisen muß man sich begnügen, bis eines
Tages die Miniatur wiedergefunden wird, die in dem Inventar der
Hinterlassenschaft von Donatien-Alphonse-François erwähnt ist und
»Fräulein Delaunay, Tante des Herrn Grafen de Sade Sohn« dar-
stellte:

Julie ist in dem glücklichen Alter, in dem man entdeckt, daß das
Herz zum Lieben geschaffen ist. Ihre bezaubernden Augen verraten
es durch den Ausdruck zartester Sinnlichkeit; eine interessante Blässe
ist das Bild des Verlangens, und wenn die Liebe zuweilen ihren Teint
belebt, so sieht man wenigstens, daß es nur von diesem subtilen
Feuer kommt [...]

Ihr Mund ist klein und angenehm; der zarte Zephyrhauch ist
nicht so rein wie ihr Atem; ihr Lächeln ist das Bild einer Rose, die
ein Sonnenstrahl entfaltet.

Julie ist groß; ihr Wuchs ist geschmeidig und elegant, ihre Haltung edel, ihr Gang leicht und anmutig, wie alles, was sie tut. Aber
welche Grazie! Und wie selten ist sie! Es ist jene natürliche und
rührende Grazie, welche die Herzen verführt, diese Grazie, welche

*die Kunst nicht erreicht. Kunst? Großer Gott! Was sollte sie da, wo
sich die Natur erschöpft hat? [...]*

*Dem reizenden Naturell, das ihrem Alter eigentümlich ist, fügt
Julie die ganze Anmut und Feinheit der liebenswürdigen und gebildeten Frau hinzu. Sie tut noch mehr: sie ist nicht mit einer ange-
nehmen Anlage zufrieden, sie wollte sie schmücken. Frühzeitig gewöhnte sie sich daran, ihre Vernunft sprechen zu lassen. Und da sie
philosophisch alle Vorurteile der Erziehung und der Kindheit ab-
schüttelte, lernte sie in einem Alter wissen und urteilen, in dem andere noch kaum denken können.*

*Welche Entdeckungen machte Julie mit solch feinem Wahrneh-
mungssinn. Sie sah wohl, daß man ihre Vernunft benebelte, ihren
Geist verdunkelte, indem man versuchte, ihr die zartesten Regungen der Seele sowie die zartesten Neigungen der Natur als Verbrechen hinzustellen. Was geschah? Da Julie merkte, daß man ihr
Herz hinters Licht führen wollte, ließ sie es sprechen, und es rächte
sie bald für die Schmach. [...] Nachdem der Schleier gefallen war,
erschienen Julie alle Dinge neu, und alle Fähigkeiten ihrer Seele
gewannen eine neue Kraft. Alles, selbst ihr Gesicht, gewann. Julie
wurde noch hübscher. Welche Kälte breitete sich über ihre früheren
Freuden! Und welche Wärme über ihre neuen Gedanken! Nicht
mehr die gleichen Dinge bewegten sie. Den geliebten Vogel, den
man früher von ganzem Herzen geliebt hatte, liebte man jetzt nur
noch wie einen Vogel. Man entdeckte die Leere in dem zärtlichen
Gefühl, das man für seine Freundin gehabt hatte. [...] Mit einem
Wort, man sah, daß etwas fehlte. Hat man es gefunden, Julie? Darf
ich mir schmeicheln? ... Pardon; ich wage hier, die Geschichte Deiner Seele zu erzählen, die ich doch nur zeichnen wollte. Ach! Ich
fürchte, Du wirst etwas Eigenliebe entdecken wo ich nur die Wahrheit hätte sagen sollen! Verzeih, angebetete Julie! Ich wagte von
meiner Liebe zu sprechen, wo ich nur von Dir hätte sprechen sollen.*

Dies Porträt wurde vermutlich in der Morgendämmerung der
Liebe zwischen de Sade und Fräulein de Launay geschrieben. Jetzt,
nachdem sie drei Monate zusammen in Venedig und anderen italienischen Städten verbracht haben, wo der Marquis und seine Schwägerin sich rückhaltlos der Glut ihrer Leidenschaft hingeben konnten,
wird für das ehebrecherische Paar bald die Stunde der Trennung

ENTLASSUNG AUS PIERRE-ENCISE 107

schlagen. Am 2. Oktober 1772 ist Fräulein de Launay wieder in La Coste. Aber unbeschadet ihres Aufenthaltes im Schloß lehren uns kürzlich entdeckte Dokumente, daß sie kurz darauf wieder mit ihrem Schwager zusammentraf, vermutlich in Nizza. Am 27. Oktober kam sie in seiner Begleitung nach Chambéry, wo sie nur einige Tage blieb.

Der Marquis hatte also geglaubt, im Herzogtum Savoyen Asyl zu finden, doch seine Schwiegermutter ist anderer Meinung. Der Skandal mit Fräulein de Launay hat zuviel Staub aufgewirbelt: Zeitungen und Gerüchte haben ihn publiziert und weitergetragen. Am 9. Dezember 1772 wird der Marquis de Sade in Chambéry verhaftet und in die Festung Miolans gebracht, auf Befehl Seiner Majestät des Königs von Sardinien, der auf Wunsch der Präsidentin de Montreuil handelte.

Die Angst, es könnten schriftliche Beweise des Ehebruchs ihrer jüngeren Tochter ans Licht kommen, gab der Präsidentin dauernd die minuziösesten Vorsichtsmaßnahmen ein. Als sie von seiner Flucht am 30. April 1773 hört, ist ihre erste Sorge, sich in den Besitz der Briefe zu bringen, die der Flüchtling eventuell in der Festung Miolans zurückgelassen hat.

In seinem Brief an den Grafen de la Tour im März 1773 teilt der Gefangene von Miolans diesem mit, daß er bereit sei, alle Beziehungen zu Fräulein de Launay abzubrechen und die Briefe zurückzugeben, die er von ihr erhalten habe:

Wenn diejenigen, die mich hier einsperren lassen, als einzigen Grund den Wunsch angeben, eine unschickliche und ärgerliche Beziehung abzubrechen, so gehen sie zu weit mit ihrer Rachsucht, denn ich habe ganz entschieden erklärt, daß ich verzichte, ich höre nicht auf, das Tag für Tag zu erklären, und tue es noch einmal in den ausdrücklichsten Worten in dem Brief, den ich für Paris beilege. Was muß ich tun, mein Herr, damit man mir glaubt? Ich wage, Sie um einen Rat zu bitten. Ich breche alle Beziehungen ab, ich gebe alle Briefe zurück, ich schwöre, mich Paris nicht auf hundert Meilen zu nähern, solange man das von mir verlangt, von jeglichen Gesuchen, Bittschriften, beleidigenden Äußerungen abzusehen, die für eine Heirat hinderlich oder schädlich sein könnten, wegen welcher man mich fürchtet und die ich vielleicht mehr wünsche als jene. Man

glaubt mir immer noch nicht: was muß ich tun? Meine Lage ist un-
bestreitbar sehr hart, aber leider bin ich der einzige, der es fühlt.

War schon die Rede von einer Heirat mit jenem Herrn de Beaumont, den Madame de Sade in ihrem Brief an Gaufridy vom 29.
Juli 1774 erwähnt: »Beaumont und seine Familie wollen die Heirat nur unter der Bedingung, daß er [de Sade] für immer eingesperrt wird, und sie verlangen ein Ehrenwort vom Minister«?
Es scheint, Madame de Sade hat in ihrer unermüdlichen Güte den
beiden ihr teuren Menschen den Verrat leicht verziehen, denn in
demselben Brief spricht sie beinahe heiter vom Ehebruch ihres Gatten und ihrer Schwester:

Den Teil der Anklage, der meine Schwester betrifft, haben sie
[die Justizbeamten] *nicht verstanden, er* [ihr Anwalt] *mußte es*
ihnen erklären. Er war um so erstaunter, als diese Herren intelligent
sind. Er hat sofort gesehen, worum es sich handelte und warum
man diesen Abschnitt verschleiern mußte.

Am 14. Juli 1774 schreibt Fräulein de Launay, jetzt wieder in
La Coste (wir wissen nicht, seit wann), an den Abbé de Sade und
teilt ihm mit, daß sie in Begleitung der Marquise sofort nach Paris
abreise. Vielleicht hatte die Präsidentin ihre Tochter dringend dorthin gerufen, nachdem sie mit der Familie de Beaumont wegen der
Heirat verhandelt hatte. (Wir wollen gleich festhalten, daß diese
geplante Verbindung nie zustande kam.)
Am 17. November beklagt sich Fräulein de Launay beim Abbé
de Sade, daß sie keine Nachricht von ihm bekomme. Herr und Frau
de Sade sind zu der Zeit in La Coste.
Wir besitzen die obere Hälfte eines nicht datierten Briefes, den
dieses köstliche Geschöpf geschrieben hat. In diesem Brief enthüllt
sich die zarte Seele, die den Marquis bezauberte, sowohl in der er-
lesenen Schrift wie in der melancholischen Anmut der Sätze. Anne-
Prospère de Launay beneidet den Abbé um seine Einsamkeit. »Es
gibt nichts Schlimmeres als die Angehörigen«, sagte sie; und sicherlich verschonte die Präsidentin de Montreuil ihre Tochter nicht mit
bitteren Vorwürfen und schlechter Behandlung. Das junge Stiftsfräulein zieht sich so oft wie möglich in ihr Zimmer zurück, und allein das Studium, fügt sie hinzu, könne die »Pein ihres Lebens«

ENTLASSUNG AUS PIERRE-ENCISE 109

lindern. Soll man aus den Bruchstücken dieses Briefes lesen, daß der Schmerz um ihre verlorene Liebe immer noch im Herzen Fräulein de Launays spukte und daß der »Wechsel«, von dem sie spricht und der ihrer Ansicht nach in aller Interesse liegt, in der Befreiung des Gefangenen von Vincennes bestand?

Man wird sehen, daß von der Ankunft Fräulein de Launays in der Provence, Mitte Oktober 1771, an, eine echte Freundschaft zwischen dem Abbé und seiner bezaubernden Nichte entstand, eine Freundschaft, die von seiten des Stiftsfräuleins mit einiger Koketterie und von seiten des Onkels mit kaum verhehltem Verlangen gewürzt wurde. Es ist tatsächlich schwer vorstellbar, daß dieser mondäne, ganz von der gefühlvollen Galanterie Petrarcas erfüllte Geistliche, dessen amouröses Naturell bekannt ist, den geistigen und körperlichen Reizen Fräulein de Launays gegenüber gleichgültig geblieben wäre und seiner Nichte nicht eine erotische Hoffnung entgegenbrächte, ermuntert durch Neckereien und Erklärungen wie diese: »Ach, mein lieber Onkel, wie ich Sie liebe! Seit ich Sie kenne, sind Sie mir nicht aus dem Sinn gewichen.« Wir haben einen in diesem Sinne sehr bedeutsamen Brief des Abbé an seine Nichte entdeckt. Leider ist er nicht datiert, und die wenigen Angaben, die wir über das Stiftsfräulein besitzen, erlauben uns nicht, ihn zeitlich festzulegen. Aus ihm geht hervor, daß Fräulein de Launay, damals in einem Kloster in Clermont oder Umgebung, ihren Onkel bittet, ihr keine Briefe mehr zu schreiben, die in ihrer provenzalischen Überspanntheit allzu kompromittierend seien und von denen ihr Ruf, ihre Ehre und vielleicht ihr Leben abhängen könnten. Aus der Antwort des Abbé de Sade, die wir in Auszügen als Beispiel seiner lebendigen und eleganten Diktion widergeben, sticht besonders ein Satz hervor, der den Leser wie der Ton einer vertrauten Stimme treffen wird: »So kann man nicht den Regungen der Seele befehlen: ihre Heftigkeit hängt von der Blutzirkulation ab, deren wir nicht Herr sind...« Glaubt man nicht tatsächlich, den Autor der *Justine* zu hören? »Wenn die Anatomielehre vervollkommnet sein wird, wird man durch sie leicht die Verbindung zwischen der Beschaffenheit des Menschen und den Gelüsten, die ihn anwandeln, beweisen können.« Man wird nicht bezweifeln, daß die fünf Jugendjahre, die de Sade bei seinem Onkel verbrachte, dazu beitrugen, die Liebe zur Wollust zu bilden, deren Keim die Natur in sein Herz legte.

Nein, liebe Nichte, Ihr Onkel wird Ihnen nie etwas verweigern, was in seiner Macht steht; und wie könnte er Ihnen eine Gnade versagen, von der Ihr Ruf, Ihre Ehre und *vielleicht Ihr Leben abhängt?* [...]

Ich habe für Sie die zärtlichste, aber gleichzeitig reinste Freundschaft, die völlig frei ist von dem, was Sie Droge nennen. *Das ist das Wesentliche; Sie müssen zufrieden sein. Es geht bei uns nur um die Form. Die Leidenschaften nehmen den Kopf zum Vorbild, in dem sie sich befinden: die Freundschaft ist mehr oder weniger lebhaft, je nach dem Charakter der Person, die sie empfindet, und dem Charme derer, die sie eingibt. Ich kenne nichts Liebenswürdigeres als Sie, und ich bin in einem heißen Klima aufgewachsen; aus diesen beiden Dingen kann nur eine sehr lebhafte Freundschaft entstehen: so ist sie, die ich für Sie empfinde. Wollen Sie, daß ich sie Ihnen zum Opfer bringe und durch ein ruhigeres Gefühl ersetze: ich bin bereit, alles zu tun, was Sie von mir verlangen; es geht nur darum, zu wissen, was ich kann.* [...]

Ich möchte mein Leben mit Ihnen verbringen: ich werde Sie nicht sehen. Ich brenne, nach Clermont zu eilen: ich werde nicht kommen. Wenn ich den Regungen meines Herzens folgte, würde ich Ihnen täglich schreiben, meine Briefe wären voller Zärtlichkeit und Glut: um Ihnen zu gefallen, werde ich Ihnen dann und wann eine kühle Epistel schreiben, in der ich mich bemühe, den Stil der Auvergne zu treffen. Ich glaube mir schmeicheln zu können, daß Ihre Ehre und Ihr Leben im Schutze dieser Maske in Sicherheit sind.

Wenn Sie etwas anderes von mir wünschen, das in meiner Macht steht, brauchen Sie es nur zu sagen, aber wenn Sie wollen, daß ich mein Wort halte, dann hüten Sie sich, die Grenzen zu überschreiten, die Sie selbst aufgestellt haben. Ach, mein lieber Onkel, wie ich Sie liebe! Seit ich Sie kenne, sind Sie mir nicht aus dem Sinn gewichen: *Liebe Nichte, ist das der Stil der Freundschaft in der Auvergne? Ich muß Ihnen sagen, daß ich diese Erklärung als Einfall in meine Provinz betrachte. Wenn Sie so weitermachen, werde ich nicht mehr Herr über mich sein: ich werde alle meine Feuer versammeln, ich werde all Ihren Schnee schmelzen und einen Sturzbach daraus machen, der Sie überschwemmt.* [...]

ENTLASSUNG AUS PIERRE-ENCISE

In seinem Brief vom 17. Februar 1779, der den pathetischen Bericht über die nächtliche Erscheinung seiner Ahnfrau Laura enthält, erkundigt sich der Marquis de Sade, noch im Banne dieses Traumes, bei Madame de Sade nach einem Heiratsplan oder nach einer gelösten Verlobung, wovon sie ihm gesprochen hatte und die ihm sehr zu Herzen ging. Der Gefangene von Vincennes gefällt sich darin, nicht ohne spöttische Bitterkeit eine Zweideutigkeit in einem Satz hervorzuheben, den seine Frau ihm geschrieben hat:

Milli[1] *de Launay, sagst Du, ist nicht verheiratet,* und ich werde nicht zu ihrer Hochzeit gehen. *So wird sie also heiraten, da du dich anschickst, nicht zu ihrer Hochzeit zu gehen? Demzufolge hat Marais mich nicht so sehr angelogen, wie du behauptest.*

Zweifellos hat der Marquis de Sade in dieser Zeit die Marquise mehrmals nach Fräulein de Launay gefragt. Er hat dringende Fragen gestellt, die Madame de Sade peinlich sind; sie zögert, ihrem Mann Auskünfte zu geben, aus denen er vielleicht gefährliche Schlüsse ziehen könnte, geeignet, jede Hoffnung auf Freilassung zunichte zu machen. Aber wie könnte de Sade die schöne junge Frau vergessen haben, die einst Quelle seiner Freuden war und jetzt unschuldiges Werkzeug seiner schmerzlichen Gefangenschaft ist? Nach einem sehr verständlichen Schweigen kann die Marquise nicht länger taub gegen die Anrufe des Gefangenen sein: sie entschließt sich endlich, ihm zu antworten, ohne ihm jedoch die Adresse von Fräulein de Launay zu verraten:

Das Schweigen, mein Freund, das ich in bezug auf meine Schwester wahrte, war sehr vernünftig. Denn wenn ich es breche, um Dir gefällig zu sein, so dient das nur dazu, daß Du falsche Konsequenzen ziehst. Ich spreche Dir zum letzten Mal von ihr.
Du verlangst, daß ich Deine Fragen beantworte, und schwörst, keinen Ton mehr darüber zu verlieren und Dich zu beruhigen!
Ich schreibe Dir also, um Dich zu beruhigen.
Aus welchem Grund hat man sie von meiner Mutter weggebracht? Aus keinem, der Dich angeht oder sie entehrt.
Ist sie mein Feind? – Nein.

1 *Milli,* das heißt *Mademoiselle.* Diese anmutige Abkürzung ist bei de Sade häufig: *Milli Rousset, Milli Printemps* etc.

Wo wohnt sie? – Ich kann weder die Straße noch das Viertel nennen. Wie dem auch sei, es kann Dir nur schaden. Es ist sinnlos, Dir darauf zu antworten.

Ach, Anne-Prospère de Launay sollte am 13. Mai 1781 nachmittags sterben, in der ersten Stunde nach Mittag, nach dreitägiger Krankheit dahingerafft, sei es von Pocken, sei es von einer Bauchfellentzündung, die gleichzeitig auftrat. In der Tat, Fräulein de Rousset, die Gaufridy die traurige Nachricht schreibt, erwähnt, daß eine »Entzündung des Leibes« zu den Pocken gekommen sei. Mit diesem Ausdruck ist zweifellos eine Bauchfellentzündung gemeint, denn es wäre verwunderlich, daß »Entzündung des Leibes«, wie Fräulein de Rousset genau angibt, selbst im XVIII. Jahrhundert mit der Darmreizung verwechselt wurde, die oft bei Pocken auftrat. Wenn unsere Vermutung stimmt, wäre Fräulein de Launay am ersten Anfall von Bauchfellentzündung gestorben, die eine heftigere Wirkung hat als die Pocken. So ist es unnötig zu bedauern, daß die Familie de Launay in einer Zeit, da die Pockenimpfung in Frankreich schon ziemlich viele Anhänger hatte, nicht dem Beispiel des Herzogs von Orléans gefolgt ist, der von 1748 an ohne Zögern seine Kinder durch den berühmten Tronchin impfen ließ. Hier der Brief von Fräulein de Rousset:

Madame de Sade bittet mich, Ihnen die Krankheit und den Tod von Fräulein de Launay, ihrer Schwester, mitzuteilen, von dem sie eben erst erfahren hat. Ein so überraschender Tod vermag wohl den Aufruhr herbeizuführen, den sie empfindet. Sie weint und klagt. Die Natur hat ihre Rechte, und ich lasse sie ihren Lauf nehmen. Donnerstag abend, am 10. des Monats, traten die Pocken auf; zu dieser Krankheit gesellte sich eine Entzündung des Leibes. Der Tod hat sie am 13. um ein Uhr nachmittags von ihrer lieben Familie weggeholt. Man sagt, Madame de Montreuil sei untröstlich. Morgen wird sie sich in das Trauerhaus begeben, um ihre Tränen mit denen ihrer Familie zu vereinen. Sie wird heute nachmittag dem Herrn Kommandanten und den Damen, ihren Tanten, schreiben.

Den reizenden Geist Anne-Prospère de Launays vermögen Krankheit und Tod nicht zu unterwerfen. Auch wollen wir nicht mit diesem traurigen Bericht schließen, sondern mit einigen Sätzen,

ENTLASSUNG AUS PIERRE-ENCISE

die der Marquis de Sade der schönsten Liebe seines Lebens gewidmet hat und die in ihrer unzusammenhängenden Diktion von Seufzern der Lust unterbrochen zu sein scheinen:

Liebe, erlaubst Du, daß ich einen Augenblick den Schleier lüfte, der den Augen der Sterblichen den Zauber verhüllt, dessen Anblick Du mir zu schenken geruhtest? Erlaubst Du mir, Deinen Tempel und was ihn umgibt, zu malen? Nein, niemals hatte eine Frau wollüstigere Einzelheiten, niemals ... Aber Du errötest, meine Julie; deine Feinfühligkeit stößt sich an der Vermessenheit meines Pinsels. Liebe, Liebe, Du hast mich irregeführt; bleib für immer in meinem Herzen, göttlicher Zauber, der es ganz erfüllt, für Dich allein hat ihn die Liebe geschaffen; ihn unter die Leute zu tragen, wäre eine Beleidigung, und wenn ich mehr davon erzählt hätte, würde Dich meine Eifersucht rächen.

VII. Die Affäre von Marseille (1772)

Der 27. Juni

Gegen Mitte Juni 1772 hat sich der Marquis de Sade von seiner
Frau, seinen Kindern und seiner Schwägerin verabschiedet und ist
mit seinem Lakaien d'Armand, genannt Latour, von La Coste weg-
gefahren, um Geld abzuholen, das in Marseille für ihn bereitliegt.
Dort angekommen, ist er im Hôtel des Treize-Cantons abgestiegen.
Man weiß nicht, was er bis zum 25. Juni getan hat, außer, daß er
sich mehrmals in die Rue Saint-Ferréol-le-Vieux zu einem neunzehnjährigen Mädchen, Jeanne Nicou, aus Lyon begab. Er hatte sie
zuerst bitten lassen, ins Treize-Cantons zu kommen, aber sie hatte
sich geweigert.

Am Donnerstag, den 25. Juni spricht der Lakai Latour auf der
Straße die achtzehnjährige Marianne Laverne an und sagt ihr, sein
Herr sei nur nach Marseille gekommen, um sich mit Mädchen zu vergnügen, und er wolle »ganz junge« haben. Er teilt ihr mit, eine Begegnung am gleichen Abend sei nicht möglich, weil sein Herr mit
Schauspielern soupieren müsse, aber er werde den Interessenten am
nächsten Tag gegen dreiundzwanzig Uhr zu ihr bringen. Aber am
nächsten Tag ist Marianne aufs Meer gefahren. Hat sie vergessen,
daß sie erwartet wurde? Als die beiden Männer in ihre Wohnung
in der Rue d'Aubagne, Haus Nicolas, kommen, wird ihnen gesagt,
das Mädchen sei nicht da. Am nächsten Morgen um acht Uhr geht
Latour wieder zu Marianne; endlich ist sie zurück. Er trifft eine
neue Verabredung mit ihr, aber sie müsse anderswo stattfinden:
dieses Haus sei nach der Meinung seines Herrn zu sehr im Blickfeld.
Marianne solle also um zehn Uhr zu Mariette Borelly an der Ecke
der Rue des Capucins kommen. (Wir fügen hinzu, daß Latour am
Vorabend mit Mariannette Laugier und Rose Coste, zwei anderen
Insassinnen des Hauses Nicolas, die gleiche Verabredung getroffen

hat. Jeanne Nicou hingegen hat sich geweigert, der Aufforderung des Lakaien Folge zu leisten.)

Zur vereinbarten Zeit betritt der Marquis de Sade – mittelgroß, blond, »hübsche Figur, volles Gesicht«, bekleidet mit einem grauen, blaugefütterten Frack, Weste und Hose aus gelber Seide, eine Feder am Hut, Degen an der Seite und in der Hand einen Stock mit goldenem Knauf, begleitet von seinem Lakaien, eine Wohnung im dritten Stock eines Hauses, das heute die Nummer 15 an der Rue d'Aubagne trägt. Latour ist größer als sein Herr; er hat lang herabhängendes Haar, sein Gesicht ist pockennarbig; er trägt ein blaugelb gestreiftes Matrosenhemd.

Vier Mädchen warten auf Herrn de Sade: Mariette Borelly, die Hausherrin, aus Valensole, dreiundzwanzig Jahre alt; Marianne Laverne, Lyonerin, achtzehn Jahre; Mariannette Laugier aus Aix-en-Provence, zwanzig Jahre; und Rose Coste, ebenfalls zwanzig Jahre alt, gebürtig aus Mérasset im Rouergue.

Als er ins Zimmer kommt, in dem die Damen ihn erwarten, zieht der Marquis eine Handvoll Taler aus seiner Tasche: wer errät, wie viele es sind, kommt als erste dran. Marianne gewinnt. Herr de Sade schickt alle außer dem Lakaien und diesem Mädchen weg und schließt die Tür ab. Er läßt sowohl Latour wie Marianne sich auf das Bett legen. Mit einer Hand peitscht er das Mädchen, mit der anderen »erregt« er seinen Diener und nennt ihn *Herr Marquis*. Dann wird Latour gebeten, hinauszugehen. Herr de Sade bietet dem Mädchen eine mit Gold eingefaßte Kristallbonbonniere an. Sie enthält Anisbonbons, deren Zuckerguß mit Kantharidin vermischt ist. Er sagt, sie solle davon essen, das mache ihr Winde. Sie ißt sieben oder acht Bonbons. Er fordert sie auf, noch mehr zu nehmen. Aber jetzt will sie nicht mehr. Da verlangt er von Marianne, sie solle sich entweder von ihm oder von seinem Diener sodomieren lassen. Sie weigert sich, oder jedenfalls wird sie es dem zuständigen Polizeidirektor so berichten.

Hier sei uns eine Anmerkung erlaubt. Von den sechs Mädchen aus Marseille, die gegen de Sade ausgesagt haben, erklärten fünf, er habe ihnen vorgeschlagen, »sie von hinten zu genießen«, aber sie hätten sich strikt geweigert. Diese Weigerungen, die mit Sicherheit die Großzügigkeit ihres Kunden gedämpft hätten, kommen uns bei Mädchen dieser Art unwahrscheinlich vor. Dennoch überraschen ihre

MARQUIS DE SADE

Zeugenaussagen nicht, denn ein Geständnis der Sodomie[1], sei sie aktiv oder passiv, wurde im XVIII. Jahrhundert mit dem Tode bestraft. Wir beziehen uns auf den Quartband des Advokaten Muyart aus Vouglans: »Das Gesetz *cum vir 31* im Kodex *de adult.* verlangt, daß diejenigen, die dieses Verbrechen begehen, mit Verbrennen bei lebendigem Leibe bestraft werden. Diese Strafe, die von unserer Rechtsprechung angenommen wurde, wird sowohl auf Männer wie auf Frauen angewandt.« Wir nehmen deshalb im vorliegenden Bericht an, daß alle Mädchen, die um das genannte Vergnügen gebeten wurden, zugestimmt hatten, obgleich sie später eine andere Aussage machten. Wenn das eine Vermutung ist, so erreicht sie unserer Meinung nach jenen Wahrscheinlichkeitsgrad, der an Gewißheit grenzt. Außerdem war der Marquis de Sade nicht der Mann, sich ständig um seine bevorzugte Wollust bringen zu lassen, er suchte »ganz junge« (den Ausdruck gebraucht er öfter) Mädchen — wahrscheinlich wegen ihres geschmeidigen Gewebes, das für diese Praktik so geeignet war.

Aber zurück zu unserem Bericht. Herr de Sade zieht aus seiner Tasche eine Pergamentpeitsche mit Widerhaken, »die blutbefleckt war«, und er bittet Marianne, ihn damit zu schlagen. Sie kann ihm nur drei Schläge geben, mehr bringt sie nicht über sich. Als er sie bittet fortzufahren und sie sich weigert, ersucht er sie, einen Birkenbesen kaufen zu lassen. Marianne geht einen Augenblick hinaus, um der Bedienten, Jeanne-Françoise Lemaire, die sich in der Küche aufhält, diesen Einkauf aufzutragen. Die Frau kommt nach fünf Minuten mit dem Besen zurück, der einen Sou gekostet hat. Sie gibt ihn Marianne, die sofort wieder ins Zimmer geht. Dieser Besen erschreckt sie weniger als die Peitsche mit den Widerhaken, und so erklärt sie sich bereit, ihren Kunden damit zu traktieren, der sie auffordert, kräftig zuzuschlagen. Plötzlich bittet sie, hinausgehen zu dürfen, sie hat Magenschmerzen. Sie stöhnt in der Küche; die Bediente gibt ihr ein Glas Wasser.

Jetzt ist Mariette an der Reihe. Sie kommt mit dem Lakaien. Der Marquis verlangt, daß sie sich auszieht und über das Fußende des Bettes beugt, dann schlägt er sie mit dem Besen. Nachdem er ihr

---

[1] Der Begriff Sodomie bezeichnet hier nicht die Unzucht mit Tieren, sondern die Päderastie.

ein paar kräftige Hiebe versetzt hat, will er, daß sie ihn schlage.
Während Mariette ihn peitscht, ritzt der Marquis mit seinem Messer jeden erhaltenen Schlag in den Kaminsims ein. (Die Polizei hat
später untereinandergeschriebene Zahlen lesen können: 215, 179,
225, 240, aber sie müssen auch die Schläge einbeziehen, die er selbst
ausgeteilt hat.) Dann wirft er das Mädchen auf das Bett und vergnügt sich mit ihm. Gleichzeitig erregt er seinen Lakaien und läßt
sich von ihm »à la façon de Barbarie« umarmen.

Auf Mariette folgt Rose Coste. Sie wird gebeten, sich auszuziehen und neben Latour aufs Bett zu legen. Dieser streichelt sie
und vergnügt sich auf normale Art an ihr. Dann wird Rose von
Herrn de Sade gepeitscht, der gleichzeitig den Lakaien erregt, wie
er es schon während der Ausschweifung mit Marianne Laverne getan hat. Nach dieser Geißelung verlangt der Marquis, das Opfer
solle sich für einen Louis für das Spiel der Venus inversa mit seinem Diener zur Verfügung stellen.

Nach Rose Coste Mariannette. Herr de Sade streichelt sie, dann
macht er sich bereit, sie zu peitschen, denn er hat noch fünfundzwanzig Schläge auszuteilen, wie er sagt. Mariannette sieht auf dem
Bett die blutige Peitsche liegen, bekommt Angst und will davon-
laufen. Der Marquis hält sie zurück und holt Marianne, der es von
den Kantharidinbonbons schlecht geworden ist und die die Bediente hat bitten müssen, ihr Kaffee zu holen. Die Tür wird wieder
abgeschlossen. Mit Herrn de Sade sind jetzt im Zimmer: Marianne,
Mariannette und Latour, der seinen Herrn *Lafleur* nennt. Der Marquis bietet den Mädchen die Bonbons an. Marianne Laverne lehnt
ab: sie hat schon zu viele davon gegessen. Mariannette hingegen
nimmt einige, aber sie wirft sie sofort weg, ohne davon gekostet zu
haben. (Die Polizei wird drei oder vier auf dem Fußboden finden.)
Marianne wird auf das Bett geworfen und schnell umgedreht. Herr
de Sade nähert einen Augenblick seine Nase dem Gesäß des Mädchens, in der Hoffnung, die karminative Wirkung des Anis einzu-
atmen; dann macht er sich bereit, sie zu peitschen, und befiehlt Mariannette, sich neben das Bett ihrer Kameradin zu stellen und zuzu-
sehen, was er tue. Dann entkleidet sich der Flagellant und sodomiert
sein Opfer. Vor dem Polizeidirektor werden die beiden Mädchen
aussagen, daß es der junge Latour mit seinem Herrn in gleicher
Weise getrieben habe. Mariannette wird sogar erklären, sie habe

bei diesem Anblick ein solches Entsetzen empfunden, daß sie zum Fenster gegangen sei, um nichts zu sehen, denn sie habe ja das Zimmer nicht verlassen können. Inzwischen ist die kleine Laverne sodomiert worden. Das andere Mädchen weint. Herr de Sade droht ihnen. Schließlich läßt er sie gehen, gibt jeder sechs Livres und verspricht ihnen weitere zehn, wenn sie abends mit ihm aufs Meer fahren.

So ging dieser Kythera geweihte Morgen zu Ende. – Gegen Abend kommt der Lakai in die Rue d'Aubagne. Er will die beiden Mädchen für den Ausflug aufs Meer abholen. Aber sie wollen ihm nicht folgen. Kurz vor einundzwanzig Uhr spricht Latour, der für den Marquis auf die Jagd geht – de Sade wird am nächsten Morgen Marseille verlassen und hat die Absicht, seine letzten freien Stunden auszunutzen –, an der Rue Saint-Ferréol-le-Vieux eine Prostituierte an. Sie steht vor ihrer Tür. Der Lakai bittet sie, einen Augenblick mit ihm hinaufzugehen, er habe ihr etwas mitzuteilen. Dieses Mädchen ist Marguerite Coste, fünfundzwanzig Jahre alt, aus Montpellier gebürtig. Er trifft im Namen seines Herrn eine Verabredung mit ihr. Sie möge sich darauf vorbereiten, diesen Edelmann unverzüglich zu empfangen. Und Latour läßt Marguerite ein Taschentuch als Pfand. Inzwischen hat Herr de Sade, der mit seinem Schneider zu tun gehabt hatte, den Besuch des Schauspielers Des Rosières erhalten. Er hat ihn zum Abendessen eingeladen. Aber die Mahlzeit wird schnell beendet und der Freund hinauskomplimentiert, nachdem Latour dem Marquis etwas ins Ohr geflüstert hat.

Soeben sind die beiden Männer bei Marguerite Coste angekommen. Der Lakai bringt seinen Herrn nur hin; kurz darauf verschwindet er. Herr de Sade legt seinen Stock und seinen Degen ab. Er setzt sich aufs Bett. Marguerite nimmt einen Stuhl. Sofort wird ihr die Kristallbonbonniere gereicht. Sie lutscht einige Bonbons. Der Marquis bietet ihr weitere an. Als sie keine mehr will, drängt er sie und sagt, er offeriere sie allen Mädchen. Er bringt es fertig, daß sie ziemlich viele ißt, und fragt dann, ob sie nichts im Magen oder im Bauch spüre. Daraufhin schlägt er ihr vor, »sie von hinten und auf mehrere noch entsetzlichere Arten zu genießen«. Wenn man ihr glauben kann, weigert sich Marguerite und erlaubt ihm nur, sich ihr auf die natürliche Art zu nähern. Endlich verläßt Herr de Sade die Dame. Er hat sechs Livres auf den Tisch gelegt.

Als der Marquis am nächsten Morgen, einem Sonntag, beim ersten Hahnenschrei in einem zweirädrigen, mit drei Pferden bespannten Wagen nach Aix unterwegs ist, ahnt er nicht, daß das letzte Mädchen, mit dem er sich vergnügt hat, Hauptdarstellerin in einem Prozeß sein wird, den man ihm gegen jedes Recht und jede Vernunft eröffnen wird und dessen Urteil ein beispielloses Mißverhältnis zwischen dem vorgegebenen Verbrechen und dem Strafmaß aufweist.

Was der Marquis am Morgen des 27. Juni begangen hat, ist vom Standpunkt der psycho-sexuellen Krankhaftigkeit aus so klar, so entschieden und gleichzeitig von einer solchen Vielfalt, daß man den Ablauf seiner Ausschweifung geradezu didaktisch nennen könnte. Ja, wenn Herr de Sade die Absicht gehabt hätte, uns – in Erwartung der transzendenten Schule von *120 Journées de Sodome* – eine Elementarlektion in experimenteller Psycho-Pathologie zu geben, er wäre nicht anders verfahren.

Sado-Masochismus – Während sich am Ostersonntag 1768 im Verhalten des Marquis nur der Sadismus geäußert hatte, begegnen wir am 27. Juni 1772 sowohl diesem Trieb wie seinem unzertrennlichen Gegenstück, dem Masochismus. Wenn Herr de Sade Marianne Laverne und Mariette Borelly peitscht, so zögert er nicht, die Damen zu bitten, ihn ihrerseits zu peitschen. (Wenn Rose Coste nach einigen erhaltenen Schlägen nicht gebeten wurde, ebenfalls die neunschwänzige Katze zu ergreifen, so mag es daran liegen, daß der Marquis de Sade aus ihrem Äußeren schloß, sie sei für eine sadistische Rolle nicht geeignet.) Und zweitens zeigte sich, daß der Marquis die Mädchen, wenn sie es auch leugneten, sodomierte, nachdem er sie gepeitscht hatte. Und Sodomie, die dem Akt eine gewalttätigere Farbe gibt als bei normalen Beziehungen, offenbart hier deutlich den Sadismus[1]. (Erinnern wir daran, daß in *Justine* die Benediktiner von Sainte-Marie-des-Bois die Mädchen, die sie ihren Familien geraubt haben, zuerst immer auf diese Weise besitzen.) Tyrannisch gefordert, wird die Willfährigkeit für die Frau, die sich dem Akt unterwirft, zu einer Erniedrigung.

[1] Ebenso und umgekehrt wäre für eine sado-masochistische Frau in einer Zeit, da bei ihr die zweite Tendenz überwiegt, der Rausch sehr stark, wenn ihr Geliebter auf die Flagellation die Sodomie folgen ließe.

Fäkalismus – Der Fäkalismus (der in *120 Journées de Sodome* soviel Raum einnimmt: zuviel Raum, möchten wir sagen, weil er in keinem Verhältnis zur Häufigkeit dieser Parästhesie steht, die hier auf die Spitze getrieben wird), der im allgemeinen als Äußerung des Sadismus betrachtet wird, tritt in Mariettes Zimmer nur in einer seiner rudimentärsten Formen auf. Er verdient hier nur folgende Bemerkung, die Maurice Heine schon formuliert hat: Indem de Sade den Damen seine Pastillen mit »zweifacher Wirkung«, Kantharidin und Anis, eingab, spekulierte er zum Teil auf die carminative Wirkung dieser Pflanze.

Voveurtum-Exhibitionismus – Dieses gegensätzliche Paar tritt beim Marquis de Sade mit der gleichen Augenscheinlichkeit auf wie der Sado-Masochismus. Wenn er von den Mädchen verlangt, daß sie sich von seinem Lakaien sodomieren lassen, geschieht es, weil er Zeuge des Aktes sein möchte. Man weiß auch, daß Latour sich vor den Augen seines Herrn mit Rose Coste auf normale Weise vergnügt hat. Was den Exhibitionismus betrifft, so zeigt er sich bei de Sade nicht nur dadurch, daß der Lakai fast ständig anwesend ist, sondern auch durch die Tatsache, daß Marianne und Mariannette und später letztere und Rose Coste gleichzeitig ins Zimmer gerufen werden. Erinnern wir uns außerdem, daß der Marquis, als er Marianne peitschen will, von Mariannette verlangt, sie solle sich neben das Bett ihrer Freundin stellen und der Züchtigung zusehen.

Das sind summarisch die wichtigsten Aspekte der Ausschweifung von Marseille. Aber man darf nicht den Willen zum Umsturz vergessen, der sich offensichtlich in allen Taten des Marquis zeigt. Schon Maurice Heine hat bei unserem Helden diesen »Drang, jeglichen moralischen Konformismus abzulegen und ihm zu trotzen« bemerkt.

Noch eine Bemerkung. Manche Leser haben sich vielleicht gewundert, daß das Problem der Inversion in der soeben skizzierten Übersicht schweigend übergangen wurde. Ihnen sei gesagt, daß es nur scheinbar nicht beachtet wird. Wir wollen uns rechtfertigen:

Inversion, ebenso wie der Bisexualismus können nicht pathologischen Zuständen des Liebesinstinktes zugeschrieben werden. Sie sind gewissermaßen eine seiner konstitutionellen Ausdrucksformen. Tatsächlich könnte man methodologisch einen *normalen* Invertierten (wenn man so sagen darf) nicht auf der gleichen Ebene beurtei-

DIE AFFÄRE VON MARSEILLE

len wie zum Beispiel einen nekrophilen oder fetischistischen Invertierten, ebensowenig wie ein Individuum mit bisexuellen Neigungen, das keine sonstigen besonderen Eigenarten hat, mit einem zweiten Individuum dieser Art, das aber sado-masochistische oder ex-
hibitionistische Züge aufweist. Deshalb haben wir den Gesichtspunkt der Homosexualität absichtlich aus unserem psychopatholo-
gischen Schema weggelassen. Wir werden zu gegebener Zeit untersuchen, welchen Grad sie beim Marquis de Sade erreicht, oder ob
seine Akte, die uns hermaphroditischer Natur scheinen, nicht eher
auf das Konto der Ungewißheit und als Teil eines Ganzen gebucht
werden müssen, eines Ganzen, in dem die Inversion eng mit Blasphemie und Mystifikation vermischt ist, so daß es schwerfällt, sie
auseinanderzuhalten.

DARSTELLUNG DER GERICHTLICHEN FOLGEN
1772

30. Juni – Herr de Mende, Staatsanwalt im Gerichtssprengel von
Marseille, erfährt, daß Marguerite Coste seit einigen Tagen von
inneren Schmerzen und Erbrechen von schwarzem blutigem Auswurf
gepeinigt ist, nachdem sie süße Pastillen, die ihr ein Fremder eingab,
in großer Menge genossen hat. Er verlangt, die Kranke solle verhört werden. Der Polizeidirektor Chomel nimmt die Klage der
Marguerite Coste entgegen; ein Arzt wird beauftragt, sie zu untersuchen, und ein Apotheker soll analysieren, was sie in Anwesenheit
des Justizbeamten erbrochen hat.

1. Juli – Mariette Borelly sagt vor dem Polizeidirektor und vor
dem Staatsanwalt aus. Zeugenaussagen der drei anderen Mädchen
aus der Rue d'Aubagne und der sieben Zeugen vor dem Polizeidirektor. Marianne klagt über Verdauungsbeschwerden, die sie den
Anisbonbons zuschreibt, welche ihr der Marquis angeboten hat, und
entrüstet sich, ebenso wie ihre Freundinnen, über das Verhalten
ihres Kunden, den sie der homosexuellen Sodomie bezichtigt.

4. Juli – Medizinische Gutachten über Marguerite Coste und Marianne Laverne. Der Polizeidirektor unterbreitet dem Staatsanwalt
die zehn Zeugenaussagen, bei deren Aufnahme dieser Magistratsherr
nicht anwesend war. Der Staatsanwalt erläßt einen Haftbefehl gegen de Sade und seinen Diener.

Um diese Zeit flieht der Marquis, der offiziell von den Maßnahmen, die gegen seine Freiheit getroffen werden, benachrichtigt
wurde, in Begleitung von Latour und Fräulein Anne-Prospère de
Launay, seiner Schwägerin, aus La Coste.

5. Juli – Zwei Apotheker haben den Auswurf der Marguerite
Coste sowie die Anisbonbons, die am 1. Juli bei Mariette Borelly
gefunden wurden, analysiert und keinerlei Arsenik oder Queck-
silbersublimat festgestellt.

11. Juli – Der Gerichtsdiener der königlichen Gerichtsbarkeit der
Stadt Apt begibt sich in Begleitung eines Brigadiers und dreier
Reiter der Polizei nach Schloß La Coste, um den Haftbefehl vom
4. Juli auszuführen. Man sagt ihnen, de Sade und Latour seien seit
acht Tagen abwesend. Erster, zweiter und dritter Akt des Gerichtsverfahrens gegen die nicht erschienenen Angeklagten: Verfolgung
der Person, Beschlagnahme und Registrierung der lehnsherrlichen
Güter und Einnahmen des Marquis, Anweisung an die Angeklagten,
innerhalb von vierzehn Tagen vor Gericht zu erscheinen.

Um diese Zeit begibt sich Madame de Sade nach Marseille, um
beim Magistrat für ihren Mann zu bitten. Sie »stellt fest, daß alle
Gemüter von einer völlig überspannten Voreingenommenheit ergriffen sind«.

3. August – Vierter Akt des Gerichtsverfahrens: die Angeklagten
werden vor dem Schloß La Coste und auf allen Plätzen und Straßen des Dorfes öffentlich ausgerufen und aufgefordert, innerhalb
von acht Tagen vor Gericht zu erscheinen.

8. und 17. August – Marguerite Coste und Marianne Laverne
verzichten vor Herrn de Carmis, Notar in Marseille, auf ihre Klage.

24. August – Fünfter Akt des Verfahrens: Verfügung zur Vor-
lage an den Staatsanwalt.

26. August – Sechster Akt: Urteil des königlichen Staatsanwalts,
der einen außerordentlichen Prozeß gegen die abwesenden und nicht
vor Gericht erschienenen Angeklagten anordnet: zwecks Prüfung der
Richtigkeit der Zeugenaussagen, soll eine Konfrontierung erfolgen.

27. August – Siebter Akt: Protokoll der Zeugenkonfrontierung.

29. August – Der Präsident de Montreuil ist bei seiner Tochter
in La Coste.

2. September – Achter Akt des Verfahrens: endgültige Beschlüsse
des Staatsanwalts.

DIE AFFÄRE VON MARSEILLE

3. September – Folge des achten Aktes: Meinungsäußerung der Chambre du Conseil. Neunter Akt: endgültiges Urteil des Staatsanwalts, das »Herrn Marquis de Sade und Latour, seinen Diener, beide Angeklagten abwesend und nicht vor Gericht erschienen, des Verbrechens der Vergiftung und Sodomie bezichtigt«. Der Marquis de Sade und Latour werden verurteilt, vor dem Portal der Kathedrale öffentliche Abbitte zu leisten, bevor sie zur Place Saint-Louis geführt werden, »wo dem besagten Herrn de Sade auf einem Schafott [...] der Kopf abgeschlagen und Latour an einem Galgen [...] gehängt und erwürgt werden soll [...]; daraufhin werden die Körper des Herrn de Sade und des Latour verbrannt und ihre Asche in alle Winde verstreut«.

11. September – Folge des neunten Aktes: Urteil vor den Schranken des Gerichtshofes der Provence in Aix, der während der Ferien Beschlußrecht hat (Präsident: de Mazenod), der den Urteilsspruch des Staatsanwalts von Marseille bestätigt und rechtskräftig macht.

12. September – Herr de Sade und Latour werden *in effigie* auf der Place de Prêcheurs in Aix hingerichtet und verbrannt. Zehnter und letzter Akt des Gerichtsverfahrens: Protokoll der Urteilsvollstreckung *in effigie*.

2. Oktober. – Fräulein Anne-Prospère de Launay kehrt zu Madame de Sade nach La Coste zurück, nachdem sie mit dem Marquis durch ganz Italien gereist ist.

Mitte Oktober – Fräulein de Launay verläßt La Coste von neuem, um ihren Schwager zu treffen.

GERICHTSMEDIZINISCHER KOMMENTAR

Von den vier Mädchen aus der Rue d'Aubagne hat einzig Marianne Laverne von den Kantharidinbonbons des Marquis de Sade gegessen. Sogleich treten erste Vergiftungssymptome auf: Als Marianne das Zimmer der Ausschweifung verläßt, wird sie von Übelkeit befallen. Sie geht in die Küche, wo Jeanne-Françoise Lemaire ihr ein Glas Wasser gibt; dann, da sie sich immer schlechter fühlt, bittet sie die Dienerin, ihr eine Tasse Kaffee zu holen. – Marguerite Coste, die Prostituierte des Abends hingegen, verzehrt den ganzen Inhalt der Bonbonniere ihres Besuchers. »Kaum war er fort, spürte sie ein Brennen im Magen und erbrach eine große Menge Zeug von

verschiedener, meist schwärzlicher Färbung.« Aber hier lassen wir
Dr. André Javelier das Wort, der viel berufener ist als wir, die
Aussagen der beiden kranken Mädchen und die ärztlichen Befunde
klinisch zu interpretieren:

Bei [Marguerite Coste] *trat die Vergiftung sehr heftig – eine
Viertelstunde nach dem Einnehmen – mit starken Magenkrämpfen
und reichlichem, schwärzlichem Auswurf auf. Bei Marianne zeigte
sich vorerst – bevor Mariette dazukam – lediglich eine Lipothymie* [1]
*und erst abends nach einem Magenbluten die Magenvergiftung. Bis
auf die Intensität ist der Vorgang bei beiden Fällen derselbe: Erbrechen von dunklem, blutigem, »stinkendem«* [Aussage der Marguerite Coste] *Auswurf, den die Experten mit Fleischgekrätze vergleichen. Heftige Magenkrämpfe, verbunden mit Sodbrennen, be-
legte Zunge, allgemeines Schwächegefühl. Daß das Gift sich vor
allem in der Harnleiter lokalisierte, läßt Schlüsse auf seine Natur
zu: Schmerzen in der Lendengegend von einer durch Kantharidin
erzeugten Nierenentzündung (ärztlicher Befund über Marguerite
Coste) und Harnzwang verbunden mit Blasenschmerzen (ärztlicher
Befund über Marianne Laverne). Das Mädchen Coste wurde von
dem Übel heftiger befallen, was logisch ist, da sie eine ganze Schachtel Bonbons verzehrt hatte, während Marianne nur sieben oder acht
Stück zu sich nahm. Das klinische Bild ergab folglich eine heftige
toxische Gastritis, hervorgerufen durch Ätzmittel sowie Anzeichen
von Harnreizung.*

Aber man darf nicht vergessen, daß im Prozeß von Marseille nicht
ein einziges Mal von Kantharidin die Rede ist. Das Gutachten der
Apotheker erwähnt diese Substanz nicht. Sie taucht lediglich als Vermutung in einem Brief von Herrn de Montyon an den Herzog von
Lavrillière vom 22. Juli 1772 auf und sehr viel später, zu der Zeit,
als eine Kassation des Urteils erwogen wurde, in der Privatkor-
respondenz des Marquis mit seiner Familie. Und auch hier, in seinem Brief vom 21. April 1777, erwähnt de Sade das Wort nur, um
sich zu verteidigen, er habe kein Kantharidin verwendet: er führt
die Magenverstimmung der Mädchen auf übertriebene Tafelfreuden

1 Plötzliche und vorübergehende Lähmung. Atmung und Blutzirkulation
funktionieren weiter, im Gegensatz zur sogenannten Synkope, bei der auch
diese Funktionen aussetzen.

DIE AFFÄRE VON MARSEILLE

zurück. In seiner Erzählung *le Président mystifié* wird er erneut auf diese Theorie zurückkommen und ausrufen: »Es ist eine folgenreiche Krankheit, in Marseille oder in Aix, so ein kleiner Aufruhr im Unterleib; und seit wir gesehen haben, wie eine Gruppe von Schelmen, Kollegen dieses Kerls da, ein paar Huren, welche die Kolik hatten, als vergiftet bezeichnete, wundern wir uns nicht mehr, daß eine Kolik für einen provenzalischen Justizbeamten eine ernste Angelegenheit ist!« Aber wenn man auch versteht, daß der Marquis leugnet, so bleibt doch die Tatsache bestehen, daß die deutlichen Symptome, die sich bei Marianne Laverne und Marguerite Coste zeigten, uns heute nicht erlauben, darauf zu bestehen, daß sich in den Süßigkeiten des Marquis de Sade kein Kantharidin befunden hätte. Aber die Parteilichkeit der Richter ist augenscheinlich, wenn man bedenkt, daß sie einerseits von der aphrodisiakischen Zusammensetzung der Bonbons nichts wußten, anderseits die Analyse des Auswurfes keine der Substanzen festgestellt hat, die zur damaligen Zeit im Falle von Vergiftung zu erwarten waren: korrisives Sublimat oder roter oder gelber Arsenikschwefel.

Muß man in dieser Affäre für das Fehlen verbrecherischer Absichten plädieren? »Kein Motiv, kein Interesse, Unbekannten Gift einzugeben, deren Beruf weder Liebe noch Eifersucht hervorrufen kann, vor allem nicht bei einem Mann aus einer gänzlich anderen Lebenssphäre«, wird die Präsidentin de Montreuil klug bemerken. Kurz, wenn die Mädchen unter der toxischen Wirkung des Kantharidin zu leiden hatten, so war dieser Beginn einer Vergiftung unbeabsichtigt und kann höchstens einer Ungeschicklichkeit in der Dosierung zugeschrieben werden. »Das Rezept mit zweifacher Wirkung des Herrn de Sade«, erklärt uns Maurice Heine, »zeigt die Gefahr bei der Mischung einer sehr aufreizenden Substanz [Kantharidin] mit einer schmerzstillenden [Anis]. Das Bedürfnis, diese in großen Dosen einzunehmen, vertrug sich schlecht mit der Notwendigkeit, jene nur mit Vorsicht zu genießen: die Wirkung mußte die Erwartung des Erfinders enttäuschen und deren Ernst seine scherzhaften Vorbereitungen vereiteln.« Andererseits muß man wissen, daß Kantharidinpräparate, die seit dem XVI. Jahrhundert in Frankreich gebraucht wurden, sich dank dem Marschall Richelieu[1] seit fünfzig Jahren

---

[1] Armand de La Porte, Duc de Richelieu, Maréchal de France (1696–1788), ein Großneffe des Kardinal Richelieu.

einer wachsenden Beliebtheit erfreuten. Wie konnte es der Marquis
de Sade als verbrecherisch empfinden, wenn er einigen Marseiller
Mädchen Aphrodisiaka eingab, von denen einer der Sieger von
Fontenoy in aller Öffentlichkeit ausgiebigen Gebrauch machte und
die sogar seinen Namen trugen?

JURISTISCHER KOMMENTAR VON MAURICE HEINE

*Die Lektüre der Akten über die Affäre von Marseille weckt haupt-
sächlich den Eindruck eines offensichtlichen Mißverhältnisses zwischen den Tatsachen und den juristischen Sanktionen einerseits und
den Konsequenzen in der öffentlichen Meinung andererseits.*

*Können wir für den ersten dieser Kontraste eine andere Begrün-
dung finden als ein barbarisches Gesetz, das damals noch in Kraft
war und also in einem solchen Fall legitim angewendet wurde? Mit
anderen Worten, können wir unsere gemilderten Begriffe von Verbrechen und Strafen mit dem tragikomischen Autodafé von 1772
vergleichen, ohne einen Anachronismus zu begehen?*

*Die Texte erlauben es uns. Zeitgenössische Rechtsgelehrte bekun-
den ein Unbehagen, das sie ehrt. Der erste Magistrat der Provence
gibt schon vier Jahre später »die Übertriebenheit der Verurteilung«
zu und räumt ein, »man glaube gemeinhin, solche Verbrechen müßten entweder in Dunkel gehüllt oder, wenn sie ans Tageslicht kämen, mit Strafen vergolten werden, die der Natur der Sache entsprächen: durch Verlust der Vorrechte, welche die Gesellschaft der
Reinheit der Sitten zuerkennt«. Besser könnte man nicht zu verstehen geben, daß das mosaische Recht nicht mehr zeitgemäß ist.*

*Ohne Zweifel waren die Richter von Marseille nur so rigoros, weil
die Angeklagten nicht vor Gericht erschienen waren. Aber, werden
deren Verteidiger erwidern, »ist Abwesenheit allein schon ein Beweis
für das Verbrechen? Oder ist sie selbst ein Verbrechen? Dieser unheilvolle Irrtum ist schuld an so vielen Urteilen, welche die Gerechtigkeit haben aufseufzen lassen.« Und um sich auf einige Nichtig-
keitsgründe im Prozeß zu berufen: »Man hat sich in dieser Angelegenheit von den Grundbegriffen der juristischen Ordnung und der
besonders vom Gerichtshof der Provence erlassenen Reglementierung
entfernt.« Kurz, das Gericht hat »Erkundigungen angeordnet, ohne
daß überhaupt eine Klage vorlag: man hat das Gebäude eines Krimi-*

nalprozesses errichtet, ohne das nötige Fundament gelegt zu haben«. Noch schlimmer, ungeachtet der Verordnung vom 18. April 1766 wurde zugelassen, daß die Zeugen »über andere Tatsachen, als die in der Klage enthaltenen« aussagten, Tatsachen, welche die Richter aufbrachten: sie waren nicht befugt, auf eine Klage wegen Vergiftung hin, einen Prozeß wegen Sodomie einzuleiten. Das waren die Hauptargumente, die von juristischer Seite gegen das Urteil von Marseille vorgebracht wurden.

Die Folgen hingegen sind schwerwiegender: »Das Urteil wurde acht Tage später an den Magistrat in Aix geschickt, der damals den Gerichtshof vertrat, und von der Ferienabteilung mit einer so merkwürdigen Übereilung bestätigt, daß man nicht umhin kann, zu glauben, das Urteil sei herausgefordert worden.« In der Tat übten die Magistratsherren, deren Unterschrift am 11. September 1772 das Urteil rechtskräftig machte, im allgemeinen ihre Funktionen in Aix aus und traten im Gerichtshof nur als Kreaturen des Kanzlers Maupeou auf, der zugunsten des Absolutismus die Gerichtsbarkeit beurlaubt hatte. Ist es ein Zufall, daß sich hier der Einfluß dessen wiederfindet, der vier Jahre zuvor in seiner Eigenschaft als erster Präsident des Parlaments von Paris die Gerichtsverhandlungen des Hauptsenats gegen den Lüstling von Arcueil leitete und den Urteilsspruch unterzeichnete? Von Maupeou, verschworener Feind von Malesherbes und des Obersteuergerichts, dem der Präsident de Montreuil präsidiert, den man so leicht in der Person seines Schwiegersohns treffen kann? Wir glauben es um so mehr, als keiner der von der Familie unternommenen Schritte, nicht einmal die Verzichtleistung der beiden geschädigten Mädchen, die sie am 8. und 17. August 1772 vor Herrn de Carmis, Notar in Marseille, ablegten, den geringsten Einfluß auf den Ablauf des Prozesses haben werden. Hingegen wird die äußerste Ungnade des Kanzlers, der den Gerichtshof wieder in seine Funktionen und Vorrechte einsetzte, die Aufgabe der Rechtsberater erleichtern, die in Übereinstimmung mit der Präsidentin de Montreuil eine Revision des Urteils herbeiführen wollen.

VIII. Gefangenschaft in der Festung Miolans
(1772–1773)

Wie stehen die Dinge, bevor der Marquis de Sade verhaftet und in der Festung Miolans gefangengesetzt wird? Maurice Heine hat uns die folgende lebendige Schilderung übermittelt, welche die beste Einführung zur nachfolgenden Chronik darstellt:

Madame de Montreuil [...] würde ihrem Schwiegersohn eher die angebliche Schuld in der Affäre von Marseille, über die sie besser Bescheid weiß als irgendwer sonst, verzeihen als sein Verhalten mit ihrer jüngeren Tochter, die schließlich ganz leise zugeben mußte, was die Skandalchronik laut verkündete. Mit ihrem Schwiegersohn hat nicht nur der Ehebruch in ihre Familie Einzug gehalten, sondern auch Verführung und Inzest. Und das alles öffentlich und publiziert, von Zeitungsschreibern kolportiert: die Ehre der Familie ist endgültig und unwiderruflich beschmutzt. Dabei hatte die Präsidentin gehofft, ihr durch diese Verbindung mit dem Hochadel neuen Glanz zu verleihen. Und was ist das Resultat? Der Marquis selbst der bürgerlichen Ehrenrechte verlustig, seine Güter beschlagnahmt, ebenso die Einnahmen aus seinem Amt, das ihm jeden Augenblick entzogen werden kann. Seine Frau und die drei Kinder sind vollkommen auf die Montreuils angewiesen, und was noch schlimmer ist, diese armen Kinder tragen einen Namen, der in der Meinung der Leute sofort Laster und Verbrechen heraufbeschwört. Das ist die Bilanz der Lage. Madame de Montreuil ist vielleicht nicht die Frau, eine unfruchtbare Rache anzustreben, aber sie wird vor nichts zurückschrecken, um zugleich ihren Groll und die moralischen und materiellen Interessen derer zu befriedigen, für die sie zu sorgen hat. Das Verbringen des Flüchtigen in sicheren Gewahrsam scheint ihr diese beiden Bedingungen vorteilhaft zu erfüllen. So wird sie unermüdlich dieses Ziel verfolgen, für dessen Verwirklichung sie ihren ganzen Einfluß geltend machen wird. Die Geschwätzigkeit des Marquis hat ihr seinen Zufluchtsort verraten, so intrigiert sie unverzüglich bei Hofe und erwirkt vom Minister eine diplomatische Intervention beim Minister von Sardinien in Paris, dem Grafen de la Marmora. Dieser setzt sich wegen des unerwünschten Gastes, den Seine Majestät von Sardinien in seinem Land Savoyen beherbergt, mit dem Hof von Turin in Verbindung. Man stellt Seiner Majestät vor, die Familie habe das größte Interesse, daß der Verurteilte in sicheren Gewahrsam verbracht werde. Wenn er auch unschuldig sei, bestehe doch ständig die Gefahr, daß er ärgerliche Unvorsichtigkeiten begehe, falls er in Freiheit belassen würde, oder daß er in dem Augenblick verschwinde, wo er sich nachträglich dem Gericht stellen sollte. Jedenfalls sei es um der Ruhe willen äußerst wichtig, daß er daran gehindert werde, entsetzliche Gerüchte und abscheuliche Schriften gegen seine Verwandten und gegen seine Richter zu verbreiten.

Die Verhaftung
1772

27. Oktober – Der Marquis de Sade, der sein Gepäck in Nizza gelassen hat, kommt unter dem Namen »Graf de Mazan« inkognito nach Chambéry. Er ist in Begleitung einer Frau, die er gelegentlich als seine Frau, gelegentlich als seine Schwägerin ausgibt, sowie seiner beiden Diener, d'Armand, genannt Latour, seinem Helfer in der Affäre von Marseille, und Carteron, genannt La Jeunesse. Er steigt im Gasthof »Pomme d'or« ab, einige Tage später mietet er für sechs Monate ein außerhalb der Stadt gelegenes Landhaus. Der Marquis läßt sich nirgendwo sehen und macht keinerlei Bekanntschaften, ausgenommen die eines Franzosen, der im »Pomme d'or« wohnt. Es ist Herr de Vaulx, mit dem er sich anfreundet und der später, in den Zwistigkeiten mit seiner Schwiegerfamilie, für ihn eintreten wird.

Anfang November – Fräulein de Launay verläßt Chambéry in Begleitung des Dieners Latour, angeblich um wieder nach Italien zu fahren, in Wirklichkeit aber, um sich zu ihrer Schwester nach La Coste oder in ein Kloster zu begeben.

17. November – Der Herzog d'Aiguillon bittet auf Wunsch der Präsidentin de Montreuil den Grafen Ferrero de la Marmora, Gesandten des Königs von Sardinien in Paris, seinen Hof um einen

Befehl des Königs zu ersuchen, »den Grafen de Mazan, einen französischen Edelmann, der sich in Chambéry aufhält, verhaften und in einer Zitadelle in Savoyen gefangensetzen zu lassen«.

20. *November* – Von diesem Tag bis zum 30. des Monats wird der Marquis de Sade vom Chirurgen Thonin behandelt. Zu gleicher Zeit wird Latour zurückbeordert, um den Lakaien Carteron am Krankenbett seines Herrn abzulösen: dieser soll im Auftrag des Marquis nach Paris reisen.

28. *November* – Graf Lascaris, Außenminister des Königs von Sardinien, teilt dem Grafen Ferrero de la Marmora mit, es sei »Seiner Majestät ein Vergnügen, dem Wunsch des Herrn Herzogs D'Aiguillon zu entsprechen und den Herrn Grafen de Sade in Savoyen verhaften und im Schloß Miolans[1] einsperren zu lassen«.

[1] »Die Festung Miolans, die Bastille der Herzöge von Savoyen, 25 Kilometer von Chambéry gelegen, erhebt ihre Türme aus dem XII. Jahrhundert über Saint-Pierre-d'Albigny. Dieses Adlernest, hoch oben auf einem steilen Felsvorsprung, überragt das Tal der Isère um 250 Meter. Der Herzog von Savoyen, Charles III., hatte es am 9. Dezember 1523 in Besitz genommen. Während des Krieges mit Franz I. verloren, fiel die Festung 1559 an den Herzog von Savoyen, Emmanuel-Philibert, zurück. Um 1564 wurde sie in ein Gefängnis umgewandelt und mit drei Mauern und einem Doppelgraben umgeben. Man unterscheidet das eigentliche Fort, welches den Zwinger und die Tour Saint-Pierre umfaßt, und das Bas-Fort. Der viereckige Zwinger ist sechsstöckig. Seine Räume beherbergen Gefängnisse und die Wohnung des Kommandanten. Unten liegt die *Hölle*, ein ›mörderisches Gefängnis in einem fürchterlichen Zustand‹. Im ersten Stock liegt das sogenannte *Purgatorium*, darüber die *Schatzkammer* mit zwei Zellen, deren eine ein Fenster nach Süden und einen Kamin hat. Darüber liegt die Wohnung des Kommandanten. Dann kommen wieder zwei Zellen: die *Kleine Hoffnung* im Norden und die *Große Hoffnung* im Süden. Letztere, von der aus man einen herrlichen Blick auf das Tal der Isère und die Alpen hat, wurde dem Marquis de Sade zugewiesen. Der obere Stock, zu dem 107 Stufen führen, wird *Paradies* genannt. Die Tour Saint-Pierre ist ein dreistöckiger, viereckiger Turm mit Schießscharten und Pechnasen und kann drei Gefangene aufnehmen. Die Festung besitzt zwölf Dunkelzellen, eine Kapelle, eine Zisterne, einen Waffensaal, eine Küche mit riesigem Kamin, der einen Ofen enthält, eine Badestube, ein Kohlenlager und einen Gemüsegarten. Verliese gibt es keine. Im Bas-Fort befinden sich Kirche, Kantine, Pulvermagazin, ein Vorratsmagazin, Gebäude für die Garnison, Gärten des Personals und schließlich eine ›Kammer, in welcher der Gefangene nicht eingeschlossen ist‹ und von wo aus er in der Kantine essen gehen kann.« (P. Sérieux)

GEFANGENSCHAFT IN MIOLANS

5. Dezember – Graf Lascaris teilt dem Grafen Ferrero de la Marmora mit, er habe soeben dem Grafen de la Tour, Gouverneur des Herzogtums Savoyen, geschrieben, damit dieser sich der Person des Marquis de Sade bemächtige und ihn in die Festung Miolans bringen lasse.

8. Dezember – Um neun Uhr abends dringt der Major de Chavanne mit zwei Adjutanten beim Marquis de Sade ein, nachdem er das einsame Haus von einer Truppe hat umstellen lassen. Er findet den Marquis allein mit seinem Diener Latour und teilt ihm den Beschluß des Königs von Sardinien mit. Nachdem er die beiden Pistolen und den Degen des Marquis beschlagnahmt und die Kleider durchsucht hat, in denen er »weder Briefe noch Papiere von einer gewissen Bedeutung« findet, zieht sich der Major zurück und läßt den Schwiegersohn von Madame de Montreuil »ebenso erstaunt wie entsetzt« in der Obhut der beiden Adjutanten, die ihn die ganze Nacht nicht aus den Augen lassen.

9. Dezember – Am nächsten Morgen um sieben Uhr besteigt Adjutant Bouchet mit dem Marquis eine Postkutsche und bringt ihn mit einer Eskorte von vier Reitern in die Festung Miolans. Dorthin begibt sich kurz darauf auch Latour als freiwilliger Gefangener. – Am Vorabend hat der Gouverneur des Herzogtums Savoyen den Kommandanten der Festung, Herrn de Launay, von der unmittelbar bevorstehenden Ankunft des neuen Insassen benachrichtigt und ihm genaue Instruktionen erteilt. Herr de Launay solle alle Vorsichtsmaßnahmen ergreifen, die er für nötig halte, damit der Gefangene keine Möglichkeit habe, zu entfliehen. Der Marquis solle in Haft gehalten werden und lediglich die Freiheit haben, innerhalb der letzten Mauer des Zwingers, unter Aufsicht eines dienstunfähigen Offiziers, spazierenzugehen. Er solle keinerlei Besuch von Unbekannten erhalten, und überdies werde ihm jeglicher Briefwechsel untersagt. Latour solle die Möglichkeit haben, im Zimmer des Marquis zu schlafen, aber er dürfe den Zwinger nicht verlassen, »damit er nicht etwa die Flucht seines Herrn begünstigen könne«. Herr de Sade werde selbst mit dem Kantinenmeister vereinbaren, was für Mahlzeiten er wünsche, und er werde ebenfalls gehalten, selbst für ein Bett und sonstige erforderliche Möbel zu sorgen. Indessen bittet der Graf de la Tour den Kommandanten der Festung, durch besondere »Artigkeit« die Schärfe der Haft des Marquis zu mildern.

MARQUIS DE SADE

GEFANGENSCHAFT

1772

10. Dezember – Der Marquis de Sade fleht den Grafen de la Tour
an, für ihn eine Freiheit zu erbitten, die zu verlieren er nicht verdient habe. Er hoffe, daß der Gouverneur ihm inzwischen erlaube,
zu schreiben und Briefe zu empfangen und seinem Diener Latour
freien Ausgang gewähre, damit dieser draußen die kleinen Besorgungen machen könne, derer man täglich bedürfe. Und der Gefangene unterzeichnet mit seiner Gradbezeichnung »Regimentsoberst
der Kavallerie«.

16. Dezember – Ritter de Mouroux, Innenminister in Turin, teilt
dem Gouverneur von Savoyen, der ihm die Wünsche des Marquis
de Sade übermittelt hat, mit, daß dieser von jetzt ab Briefe empfangen und absenden dürfe, unter dem Vorbehalt, daß die einen wie
die anderen vom Herrn Kommandanten de Launay geöffnet würden, damit er beurteile, ob man sie unbedenklich ihm übergeben oder
abschicken könne. Was den Diener betreffe, so könne man ihm bei
gewissen Gelegenheiten erlauben, das Schloß zu verlassen, aber unter Wahrung aller üblichen Vorsichtsmaßnahmen.

18. Dezember – Ein Familienrat versammelt sich in Avignon vor
dem Notar und »erklärt, der Meinung zu sein«, daß während der
Abwesenheit des Marquis und bis zu seiner Rückkehr die Erziehung
seiner minderjährigen Kinder und die Verwaltung ihres Besitzes der
Marquise de Sade anvertraut und daß sie zu diesem Zweck zu deren
Vormund *ab hoc* ernannt werden solle, damit sie alle ihre Interessen vertreten könne.

19. Dezember – Carteron, der um den 15. Dezember aus Paris
zurückgekommen ist und sich sogleich zum Grafen de la Tour begeben hat, um ihn um die Erlaubnis zu bitten, den Gefangenen zu
besuchen, wird diese Gunst gewährt. Der Gouverneur stellt dem
Diener einen Erlaubnisschein aus und benutzt die Gelegenheit, ihn
ein wenig auszuhorchen. Carteron berichtet ihm einiges von der
Italienreise des Marquis de Sade und verrät ihm den Grund seiner
Reise: er hat wichtige Briefe seines Herrn nach Paris gebracht, die
an »Freunde gerichtet waren und an Madame de Sade, seine Gattin,
die sich mit ihren Kindern dort aufhält«.

20. Dezember – Nachdem Carteron am Nachmittag des 19. dem

GEFANGENSCHAFT IN MIOLANS 133

Marquis über die Aufträge, die er ihm erteilt hatte, Bericht erstattet hat, bricht Carteron über die Alpenstraße nach Nizza auf, um die »Koffer und Kleider« zu holen, die sein Herr dort zurückgelassen hat.

21. Dezember – Graf Ferrero de la Marmora übermittelt dem Grafen de la Tour ein Gesuch der Präsidentin de Montreuil. Hier die wichtigsten Punkte daraus: a) Die Familie des Marquis de Sade bittet den Gouverneur des Herzogtums Savoyen, »Anweisungen zu geben, damit dieser Edelmann [...] mit einiger Rücksicht behandelt werde und damit ihm die größtmögliche Bequemlichkeit gewährt werde, die ein Mann seines Standes verlangen könne, ohne daß ihm [...] dadurch die Flucht erleichtert werde, falls er eine solche im Sinn hätte«; b) »Man bittet, daß die Effekten, die er eventuell bei sich hat, ihm sowohl zu seinem Nutzen wie zu seiner Beschäftigung, die für einen lebhaften Geist nötig ist, gelassen werden, ausgenommen seine Papiere, Manuskripte, Briefe, welchen Charakters auch immer; seine Familie bittet, ihr dieselben mit einer kleinen Schachtel oder einem Kästchen, das, wie sie glaubt, rot und mit Kupferbeschlägen verziert ist und ebenfalls Papiere enthält, zu schikken; falls er es in die Festung mitgenommen habe, bittet man, zu versuchen, es zu bekommen, ohne daß er es merkt und irgendwelche darin enthaltenen Papiere vorher entfernen kann.«

28. Dezember – Der Kommandant de Launay erstattet dem Gouverneur von Savoyen Bericht über die Vorsichtsmaßnahmen, die man in bezug auf den Marquis de Sade getroffen hat: »Wenn er im Vorwerk herumgeht, weist die Schildwache den wachhabenden Sergeanten an, ihn nicht aus den Augen zu lassen, bis er sich zurückzieht, und wenn er im Zwinger spazierengeht, läßt ihn die Schildwache nicht aus den Augen, und die Eisentür wird immer verschlossen gehalten [...], und das Zimmer, das die ganze Nacht verriegelt bleibt.« Am gleichen Tag beklagt sich der Marquis de Sade beim Grafen de la Tour über das Vorgehen des Herrn de Launay: der Kommandant habe nicht erlaubt, daß der Diener Latour die Festung verlasse, um dem Gouverneur von Savoyen persönlich einen wichtigen Brief seines Herrn zu übergeben. Der Kommandant, schreibt der Marquis de Sade, »hat auf dieser Weigerung beharrt in einem Ton und mit Manieren, denen zu beugen mir meine Herkunft und mein militärischer Rang nicht erlauben«. Diesem Brief ist eine Bittschrift beigefügt, in welcher de Sade den Gouverneur um ein Zeugnis bittet, das bestätigt, daß er sich von seiner Ankunft in Chambéry am 27. Oktober bis zu seiner Verhaftung am 8. Dezember »in dieser Stadt in jeder Hinsicht einwandfrei benommen« habe. Er sagt, dieses Zeugnis sei für seine Familie bestimmt.

Um den 30. Dezember – In der Antwort auf das Gesuch der Präsidentin de Montreuil spricht der Gouverneur von Savoyen, nachdem er über den Gesundheitszustand des Marquis und die Maßnahmen, denen er unterworfen wird, Bericht erstattet hat, von seinen Ausgaben in Miolans sowie von den Mitteln, sie zu decken. Außerdem teilt der Graf de la Tour mit, daß, sobald Carteron mit den Koffern seines Herrn aus Nizza zurück sei, diese genau durchsucht und alle wichtigen Papiere daraus entfernt würden. Alles werde versiegelt und beschlagnahmt und stehe den Herren Verwandten des [Marquis] de Sade zur Verfügung, denen er unverzüglich Mitteilung machen werde. Der Graf de la Tour schließt seine Antwort mit dem Hinweis, der Gefangene habe als Kleidung nur einen »schlechten Überrock«, aber er nehme an, daß die Koffer, die der Lakai in Nizza hole, »mit Röcken und anderen Kleidungsstücken angefüllt sind«, und so würden »seine Herren Verwandten nicht gezwungen sein, ihm neue machen zu lassen«.

31. Dezember – Der Marquis de Sade teilt dem Gouverneur von Savoyen mit, daß er ihm einige Schriften zukommen lassen werde, welche die Inkonsequenz seiner Familie – die gegen jede Wahrscheinlichkeit leugnet, daß sie ihn hat einsperren lassen – ihn zu seiner Rechtfertigung hat abfassen lassen. Diese Schriften seien für seine Freunde und für die Leute, die ihn schützen, bestimmt, und er bittet den Grafen de la Tour, sie zu verbreiten und zu unterstützen. Außerdem bittet er ihn, beim Grafen Ferrero de la Marmora zu intervenieren, damit der Gesandte von Madame de Sade verlange, daß sie ihm hundert Louis schicke.

1773

1. Januar – In einem Brief an den Gouverneur von Savoyen vertraut der Kommandant de Launay diesem sein Urteil über den Marquis de Sade an und gibt gleichzeitig der Besorgnis Ausdruck, welche die Verantwortung für diesen Gefangenen ihm einflößt: »Ich kann

GEFANGENSCHAFT IN MIOLANS 135

Eurer Exzellenz versichern, daß dieser Herr äußerst gefährlich ist, da er ebenso launenhaft wie heftig und unbeständig ist. Er würde mich wohl opfern, wenn er mit Geld jemanden dazu bringen könnte, ihm zur Flucht zu verhelfen. Er hat mir schon Andeutungen in diesem Sinne gemacht. Deshalb wäre es sehr angebracht, daß die Verwandten verlangten, er solle irgendwo in Frankreich untergebracht werden. Denn auf einen solchen Hitzkopf ist kein Verlaß, und ich kann nicht [. . .] die Verantwortung für einen Gefangenen übernehmen, der den ganzen Tag in der Festung spazierengehen kann, die nicht sonderlich gut gesichert ist, und ich halte ihn sogar einer Verzweiflungstat für fähig. Ich bitte Sie, dem Minister davon Mitteilung zu machen, damit ich gedeckt bin...« Außerdem fügt der Kommandant hinzu: »Die Briefe dieses Herrn sind so schlecht geschrieben, daß ich sie nur zur Hälfte entziffern kann, und ich habe kein so gutes Gedächtnis, daß ich darüber Rechenschaft ablegen kann; und da ich nicht weiß, aus welchen Gründen er hier ist, bin ich nicht in der Lage, auch nur einen Brief zurückzuhalten.«

2. Januar – Der Gouverneur von Savoyen weist den Grafen Ferrero de la Marmora an, er könne die Besorgnis der Familie des Herrn de Sade zerstreuen, er habe kluge Maßnahmen getroffen, um diesem jede Hoffnung auf Flucht zu nehmen. Er teilt ihm auch mit, obschon der Marquis de Sade sich während der zwei Monate in Chambéry einwandfrei und als Ehrenmann benommen habe, werde er ihm keinerlei Zeugnis ausstellen, da er nicht wisse, welchen Gebrauch er davon mache.

8. Januar – Der Kommandant de Launay berichtet dem Gouverneur von Savoyen, daß die »große Heftigkeit« des Marquis de Sade und der Zustand »äußerster Niedergeschlagenheit«, in dem er sich befinde, seine Gesundheit etwas angegriffen hätten. Er bittet den Gouverneur, einen Arzt in die Festung zu schicken, »um Zwischenfällen vorzubeugen, in Anbetracht dessen, daß dieser Herr seit einigen Tagen an Kopf- und Brustschmerzen leidet, die Schlaflosigkeit verursachen«.

10. Januar – Nachdem Madame de Montreuil dem Grafen Ferrero de la Marmora »für seine Güte« gedankt hat, bittet sie den Gesandten, darauf zu achten, daß die Rechtfertigungsschriften, die der Graf de Mazan angekündigt habe und die sowohl dem Ministerium des Hofes von Turin wie den Ministern von Frankreich

und anderen hervorragenden Persönlichkeiten, zu denen gezählt
zu werden er die Ehre habe, unterbreitet werden sollten, nicht durch-
gelassen würden, ohne daß seine Exzellenz der Graf de la Tour
sie gesehen habe.« Wenn sie lediglich die Güte und das Vertrauen
derer anrufen, an die er sich beim König von Frankreich wendet,
und versuchen, seine letzte Affäre zu rechtfertigen, so bestehen
keine Bedenken, sie durchgehen zu lassen; aber wenn sie falsche und
beleidigende Behauptungen gegen die Familie seiner Frau enthalten, von der er nur Gutes erfahren hat, so wäre es hart, durch diese
unvorsichtigen Schriften wieder zum Gespött der Leute zu werden,
und noch schrecklicher wäre es, wenn er in Genf eine Schrift drukken ließe, wie er seiner Schwiegermutter androht.« Die Präsidentin
kann sich als Übermittler dieser Schriften nur Herrn de Vaulx denken oder den Diener Latour, »ein sehr übles Subjekt, das man klu-
gerweise nicht aus den Augen lassen« und den man nicht aus dem
Schloß gehen lassen sollte, ohne ihn genau zu durchsuchen, da er die
Papiere verstecken würde, wo er nur könnte.« Nichts ist für die
Familie so wichtig wie dieser Punkt, aus den Gründen, die ich Eurer Exzellenz mitgeteilt habe«, schreibt die Präsidentin und spielt
damit vermutlich auf die vertrauliche Mitteilung an, die sie dem
Gesandten von der Liebe ihres Schwiegersohnes zu Fräulein de
Launay gemacht hatte. Weiter verlangt Madame de Montreuil, daß
der Marquis de Sade von nun an die Möglichkeit haben solle, dem
Gouverneur von Savoyen zu schreiben, ohne daß seine Briefe von
Herrn de Launay geöffnet würden, außerdem erbittet sie vom Grafen Ferrero de la Marmora Auskunft über »den Zwischenfall« vom
20. November, wegen welchem sich der Marquis an den Chirurgen
Thonin hatte wenden müssen. Es scheint, daß der Schwiegersohn
von dieser Sache nichts hatte durchsickern lassen wollen: hingegen
»ist es für die Familie sehr wichtig, zu wissen, was sie davon halten
soll ...«

11. Januar – Graf Ferrero de la Marmora berichtet dem Gouverneur von Savoyen, er habe die Forderung nach hundert Louis,
die der Marquis an Madame de Sade gestellt habe, schweigend übergangen, weil er sich gedacht habe, daß die Verwandten dieser Forderung nicht nachkommen würden, da sie mit Recht überzeugt wären, daß der Gefangene das Geld nur zu einem schlechten Zweck
verwenden werde. Er erinnert den Grafen de la Tour daran, daß

es auf Wunsch der Familie angebracht sei, das Los des unglücklichen Edelmannes, den man nur in seinem eigenen Interesse seiner
Freiheit beraube, zu mildern, falls er nicht durch schlechtes Betragen eine strengere Behandlung verdiene.

13. Januar – Herr de la Tour benachrichtigt den Ritter de Mouroux von der Krankheit des Marquis de Sade: sobald der Gouverneur davon Kenntnis gehabt habe, habe er einen der besten Ärzte
der Stadt zur Festung Miolans geschickt und ihn beauftragt, so
lange bei dem Kranken zu bleiben, wie er es für notwendig halte.
Da aber der schlechte Gesundheitszustand des Herrn de Sade bald
einem leichteren Durchfall gewichen sei, habe sich der Arzt wieder
nach Chambéry begeben. Der Graf de la Tour schließt seinen Brief
mit dem Hinweis, er habe Herrn de Launay von neuem anempfohlen, sich in keiner Hinsicht von den festgelegten Maßnahmen zu
entfernen, damit die Sicherheit des Herrn de Sade in Übereinstimmung gebracht werde mit den Erleichterungen und Annehmlichkeiten, die man ihm zugestehen müsse.

14. Januar – Herr de Launay berichtet dem Gouverneur von Savoyen von einem gewaltsamen Ausbruch, dessen sich der Marquis
de Sade ihm gegenüber schuldig gemacht habe: »Meine Absicht,
diesem Herrn gefällig zu sein«, schreibt der Kommandant, »ließ
mich zu ihm eilen, um ihm sofort Ihre günstigen Absichten, ihm
sofort Erleichterungen zu gewähren, zu übermitteln. Da überfiel er
mich in Gegenwart [des Leutnants] Duclos und des [Tapeziers]
Ansard, die sich gerade im Zimmer befanden, mit den gräßlichsten
Beschimpfungen und beschuldigte mich, veranlaßt zu haben, daß
die Tür des Zwingers ihm verschlossen sei, und die Anordnungen
sähen vor, daß er im Vorwerk spazierengehen dürfe. Ich zog mich
sogleich zurück, um eine größere Szene zu vermeiden...« Herr de
Launay glaubt das Hauptmotiv des Hasses, den der Gefangene gegen ihn bekundet, erklären zu können: er habe sich nicht bestechen
lassen, blieb ungerührt gegenüber einem Geschenk von Wein, Kaffee und Schokolade, das der Marquis ihm hatte in die Küche schikken lassen und das dem Herrn sofort zurückgesandt worden sei.
Aber der Kommandant habe allen Grund, zu befürchten, daß solche
Verführungskünste bei anderen, weniger rechtschaffenen Personen
Erfolg haben könnten: auch bitte er den Gouverneur um die Erlaubnis, Herrn de Sade hinter Schloß und Riegel zu halten. In die-

sem Sinne habe er schon den Offizieren jeglichen Verkehr mit dem Marquis verboten.

14. oder 15. Januar – Der Gefangene beklagt sich seinerseits beim Gouverneur von Savoyen und erzählt ihm von der »heftigen Krise«, die er mit Herrn de Launay gehabt habe. »Ich bin nicht gewohnt«, erklärt der Marquis de Sade, »daß man *foutre* und *bougre* zu mir spricht, und diese wenig schickliche Ausdrucksweise des Herrn de Launay hat mich veranlaßt, ihm etwas heftig zu antworten.« Außerdem bittet er, dem Kommando des Herrn Majors de la Balme unterstellt zu werden, »eines redlichen und höflichen Mannes«, denn »es besteht eine ständige Gefahr, wenn man einen Ehrenmann, der eine gute Erziehung genossen hat, den Befehlen Herrn de Launays unterstellt«.

15. Januar – Die Präsidentin de Montreuil unterbreitet dem Grafen Ferrero de la Marmora ein kurzes Schreiben, in dem sie ihm Gegenstände aufzählt, die sich in den aus Nizza erwarteten Koffern befinden müssen und entfernt und »gut plombiert« nach Paris geschickt werden sollen: an erster Stelle »alle handgeschriebenen Papiere, Briefe und anderes« sowie »schlechte Bücher gegen die Sitten«; zweitens das Geschirr, weil der Gefangene es in seiner Lage mißbrauchen könnte; drittens schließlich die Kleider und Wäsche, die er nicht benötigt und die Madame de Sade übergeben werden sollen.

21. Januar – Die Marquise schreibt Herrn de Launay einen Brief, in dem sie ihm vorwirft, er habe nicht nur die befohlenen Erleichterungen nicht gewährt, sondern es an der Rücksicht und Aufmerksamkeit fehlen lassen, die ihm anempfohlen seien und die man ihrem Gatten aufgrund seiner verschiedenen Titel schulde. Madame de Sade schließt, indem sie Herrn de Launay darauf hinweist, daß sie und ihre Familie dem Gesandten von Sardinien von den Vorfällen Bericht erstatten würden.

24. Januar – Der Kommandant teilt dem Gouverneur von Savoyen mit, daß der Marquis de Sade »in letzter Zeit sehr viel ruhiger geworden ist«. Er versucht, den Gefangenen »zwischen Angst und Dankbarkeit« zu halten, verschafft ihm alle möglichen Annehmlichkeiten und begleitet ihn jedesmal, wenn er im Vorwerk spazierengehen will.

27. Januar – Herr de Sade bezahlt beim Kantinenmeister Bailly

GEFANGENSCHAFT IN MIOLANS

eine Summe von zweihundertvier Livres und drei Sous; soviel betragen seine Ausgaben in der Festung vom 24. Dezember 1772 bis zu diesem Tag. In der Aufstellung des Kantinenmeisters figurieren auch Kosten für Mahlzeiten, die der Gefangene dem Leutnant Duclos (neunmal eingeladen) und seinem Mitgefangenen, dem Baron de l'Allée de Songy (viermal), angeboten hat; außerdem sind Summen aufgeführt, die einem »Boten« oder »Beauftragten« übergeben wurden, ohne jeden Zweifel dem jungen Joseph Violon aus Émieux, der drei Monate später eine Hauptrolle bei der Flucht des Marquis de Sade und des Barons de l'Allée spielen sollte. Joseph Violon geht jede Woche im »Pomme d'or« bei Herrn Vaulx die Briefe abholen, die dieser für den Marquis empfangen hat, und bringt ihm dann die Antworten.

4. Februar – In Beantwortung des Briefes, den Madame de Sade ihm am 21. Januar geschrieben hat, versucht der Kommandant, »in keiner Weise betroffen« von den Ausdrücken dieser Dame, ihr die Ungerechtigkeit ihrer Anschuldigungen darzustellen: Herr de Launay habe trotz der Grobheiten des Marquis gegen ihn niemals von seiner Autorität Gebrauch gemacht, um ihn zu bestrafen; im Gegenteil, er habe ihm alle nur möglichen Erleichterungen gewährt. Aber der Kommandant werde von dem Brief der Madame de Sade Gebrauch machen, um am Hof von Turin sein Verhalten gegenüber einem Gefangenen zu rechtfertigen, den er immer als einen Mann »von hohem Stand« angesehen habe, »der nicht verdiente, an einem so rauhen Ort wie diesem hier gefangengehalten zu werden«.

5. Februar – Herr de Launay macht dem Gouverneur von Savoyen Mitteilungen über den Marquis de Sade: »Ich habe diesen Herrn ausgeforscht und insgeheim beobachten lassen; ich finde nichts Rechtschaffenes an ihm und glaube, daß alle seine Umtriebe nur darauf hinzielen, seine Flucht zu ermöglichen. Abgesehen von den Vorschlägen, die er mir machte, hat er sein ganzes piemontesisches Geld in französisches umtauschen lassen und [...] erkundigt sich, ob es eine Brücke über die Isère gebe.« Der Kommandant fügt hinzu, er könne nicht die Verantwortung für einen Gefangenen übernehmen, »der sich in der Festung frei bewegen kann und trotz aller Vorsichtsmaßnahmen ohne weiteres über die Mauern klettern könnte«. Er bittet den Gouverneur, dem Grafen de la Marmora davon Mitteilung zu machen, »damit dieser geruhe, [die] Familie [des Mar-

quis de Sade] zu bitten, daß sie ihn unverzüglich von hier weghole«.
»Das würde«, schließt Herr de Launay, »die Verpflichtung erhöhen, die ich Ihnen gegenüber mein Leben lang empfinde.«

7. Februar – Graf de la Tour übergibt dem Ritter de Mouroux den Brief, den Madame de Sade dem Kommandanten geschrieben hat, welcher ohne Zweifel ein Recht habe, sich über dessen Inhalt zu beklagen. Außerdem berichtet ihm der Gouverneur, was für Nachrichten er am 5. erhalten habe, nämlich, daß der Marquis de Sade sich beständig damit beschäftige, Mittel und Wege zu ersinnen, die seine Flucht ermöglichten. Außerdem sei er »von eitler und hochmütiger Gemütsart und durchaus nicht geneigt, die geringste Abhängigkeit zu ertragen«. »Deshalb«, schließt Graf de la Tour, »ist der Wunsch Herrn de Launays verständlich, man möge ihn von ihm befreien.«

8. Februar – Der Marquis de Sade teilt dem Grafen de la Tour mit, daß sich eine für Turin bestimmte Bittschrift in den Händen von Herrn de Vaulx befinde. Er bittet Seine Exzellenz, sie von diesem Edelmann zu verlangen, damit er sie lesen und beurteilen könne, denn dem Gouverneur von Savoyen sei fälschlicherweise berichtet worden, diese Bittschrift sei sowohl für den französischen Hof wie für die Marquise de Sade beleidigend. Er bittet den Gouverneur gleichzeitig, Herrn de Vaulx ein Paket zu übergeben, das einen Brief für seine Frau und einen zweiten für seine Schwiegermutter enthalte.

13. Februar – Der Gouverneur von Savoyen berichtet dem Ritter de Mouroux, er habe zwar Herrn de Launay erinnert, daß es notwendig sei, die Umtriebe des Marquis de Sade genauestens zu überwachen, ebenso die Verbindungen, die er nach draußen haben könnte, aber er habe dem Kommandanten nicht erlaubt, dem Gefangenen die Erleichterung zu entziehen, innerhalb der Mauer spazierenzugehen, »aus Furcht, sein Kopf könnte sich noch mehr erhitzen, wenn man ihn ganz eingeschlossen hält«. Am gleichen Tag schickt der Marquis de Sade einen Bauern mit einem Brief zum Grafen de la Tour. In diesem Brief bittet er den Gouverneur, dem Boten die Summe von zwölf Louisdor auszuhändigen, nämlich den Preis einer Uhr, die er soeben erworben habe und sogleich zu bezahlen wünsche.

14. Februar – Graf de la Tour teilt Herrn de Launay mit, der

Marquis habe ihn soeben um zwölf Louisdor gebeten. Diese Forderung, welcher der Gouverneur nicht nachkommen zu müssen glaube, da er im übrigen auch gar keine Summe zur Verfügung des Marquis besitze, habe mehrere Überlegungen in ihm angeregt, die er dem Kommandanten nicht vorenthalten wolle. Er habe den Boten ausgefragt und erfahren, der Brief des Marquis sei ihm von Leutnant Duclos übergeben worden: mit diesem Verhalten habe der Offizier gegen den ihm erteilten Befehl verstoßen, ohne Wissen von Herrn de Launay keinerlei Verbindungen des Gefangenen mit der Außenwelt zu begünstigen. »Ich habe stark den Verdacht«, schreibt der Gouverneur von Savoyen, »daß [der Leutnant Duclos] Herrn de Sade Dienste geleistet hat in der Hoffnung, Vorteile daraus zu ziehen, und ihn veranlaßte, den Kauf einer Uhr vorzuschieben, um ihm zwölf Louis abzunehmen, um so mehr, als er eine Uhr hatte, als er verhaftet wurde [...] Ich schließe daraus, [...] daß Herr Duclos seine Dienste verkauft und man befürchten muß, daß er ihm vielleicht zur Flucht verhilft, wenn er die Möglichkeit dazu hat. Nutzen Sie diese Entdeckung, Herr de Launay, um diesen Offizier ebenso zu überwachen wie Ihren Gefangenen.« Und zum Schluß empfiehlt der Gouverneur Herrn de Launay, dem Leutnant zwar nicht jeglichen Besuch beim Marquis de Sade zu verbieten, aber unter verschiedenen Vorwänden seine Besuche einzuschränken.

Am gleichen Tag bittet Herr de Sade den Grafen de la Tour, dem König von Sardinien eine von ihm verfaßte Bittschrift zu übermitteln und sie bei diesem Herrscher zu unterstützen. In dieser Bittschrift stellt der Marquis de Sade Seiner Majestät von Sardinien die Machenschaften der Präsidentin de Montreuil dar: »[Meine] Schwiegermutter [...] strebt nur meinen völligen Ruin an, sie benutzt mein Unglück, um die ganze Strenge des Gesetzes gegen mich anzurufen, [...] und mich so zu einer ewigen Abwesenheit zu zwingen. Sie beargwöhnte meinen Wunsch, vor meinen Richtern zu erscheinen, den ich allein in der so berechtigten Absicht hegte, mich wegen der Ereignisse [der Affäre von Marseille] zu rechtfertigen, deren Bedeutung durch meine Abwesenheit und ihre Verleumdungen so übertrieben worden waren.« Der Marquis de Sade wage zu hoffen, daß »der gerechteste, feinfühligste der Könige« sich weigern werde, weiterhin »der Verfolgung und Ungerechtigkeit Waffen und dem Geiz und der Habsucht Schutz« zu gewähren. »Sire«, fährt der Bittsteller fort, »wenn diese ungerechte Frau, die mich vernichten will, nicht meine Klagen fürchtete, weshalb würde sie dann eine verdiente Strafe zu umgehen suchen, weshalb ließe sie mich nicht in meiner Heimat einsperren?« Und er beschwört den Herrscher, er möge geruhen, sich über die wahren Tatsachen zu informieren: Sobald Seine Majestät »die Lügen erkannt haben, mit denen man Sie täuschen wollte«, werde sie nicht zögern, ihm eine Freiheit zurückzugeben, die er »nur erhofft, um das Joch dieser Frau abzuschütteln [und] sich von den Greueln reinzuwaschen, mit denen sie ihn bedeckt [. . .] und die sie täglich erneuert, um [ihn] für immer zu begraben«.

19. Februar – Herr de Launay berichtet dem Gouverneur von Savoyen, daß ein Bauer aus Miolans (ist es derselbe, der ihm damals den Brief überbracht hatte? Der Kommandant hat trotz seiner Nachforschungen im Dorf den Boten nicht ermitteln können) um den 8. des Monats eine Botschaft bei sich trug, die ihm Leutnant Duclos übergeben hatte und die »für einen Herrn, der im Pomme d'or wohnt« [Herrn de Vaulx] bestimmt war. »Der Marquis de Sade hingegen scheint recht ruhig«, schreibt Herr de Launay, »und geht oft in der Festung spazieren; so wie er bewacht wird, besonders tagsüber, scheint keine Gefahr zu bestehen, daß er fliehen könnte, nicht einmal nachts, außer wenn er fremde Hilfe bekäme. Der Wächter schläft vor der Tür seines Zimmers [. . .], aber ich kann nicht die Verantwortung dafür übernehmen, daß er durch die Fenster entflieht, was ziemlich leicht wäre, trotzdem ich den Schildwachen täglich in Erinnerung rufe, auf dieser Seite besonders wachsam zu sein.« »Aber was mich am meisten beunruhigt«, fährt der Kommandant fort, »ist, daß Herr Duclos sich mit ihm verbunden hat [und] daß sie jeden Abend zusammen essen [. . .]. Übrigens ist es immer gefährlich, einen Geist wie Herrn de Sade, der in keiner Weise seiner Herkunft entspricht, in einem Gefängnis zu halten, wo sich Staatsgefangene befinden.«

Am gleichen Tag teilt der Gesandte des Königs von Sardinien in Paris dem Grafen de la Tour mit, die Anordnungen der Familie de Montreuil in bezug auf die Gefangenschaft des Herrn de Sade seien deutlich genug, daß der Kommandant de Launay, ohne jede Schwierigkeit und ohne Vorwürfe zu riskieren, ihm Erleichterungen und Schonungen entziehen könne, wenn er glaubte, sie gefährdeten

GEFANGENSCHAFT IN MIOLANS 143

seine Sicherheit, oder wenn sich der Marquis durch seine Launen und sein Ungestüm ihrer unwürdig zeige.

20. Februar – Der König von Sardinien, Karl-Emmanuel III., stirbt in Turin. Sein Sohn, Victor-Amadeus III., folgt ihm auf den Thron.

26. Februar – Herr de Launay berichtet dem Gouverneur von Savoyen, der Marquis de Sade empfange und schicke trotz seiner Vorsichtsmaßnahmen weiterhin heimlich Briefe. Er möchte noch einmal erklären, daß es schwierig sei, unter diesen Umständen die Verantwortung für seinen Gefangenen zu übernehmen.

Am gleichen Tag teilt Graf Ferrero de la Marmora dem Gouverneur mit, Madame de Sade habe Paris mit der Postkutsche verlassen, angeblich um in die Provence zurückzukehren. Man habe Grund zu befürchten, daß sie auf dem Weg nach Savoyen sei und versuchen werde, ihren Mann zu sehen. Da es aber von größter Wichtigkeit sei, der Marquise dieses Recht nicht einzuräumen, sei der Gesandte ersucht worden, den Grafen de la Tour zu bitten, er möge verhindern, daß der Dame der Zutritt zu dem Gefangenen gewährt werde, denn es könnten sich daraus ärgerliche Folgen ergeben.

27. Februar – Der Marquis de Sade gesteht dem Grafen de la Tour, der Müßiggang im Gefängnis habe ihn zu einem Pharaospiel mit Herrn de l'Allée de Songy veranlaßt, und er habe dabei zwölf Louis verloren. Da der Baron böse Äußerungen gegen ihn getan und ihn bedroht habe, damit er »auf der Stelle« bezahlt werde, müsse der Marquis dem Gouverneur von Savoyen gestehen, daß dies der wahre Grund sei, weshalb er Seine Exzellenz, unter dem Vorwand, eine Uhr zu kaufen, gebeten habe, ihm zwölf Louis zu übersenden. Überdies beklagt sich der Marquis de Sade beim Gouverneur von Savoyen über eben diesen Herrn de l'Allée, der seinen Diener d' Armand, genannt Latour, »einen jungen Mann aus guter Familie, der eines Tages zu Vermögen kommen könnte«, beim Spiel »übers Ohr gehauen« habe: in zwei Tagen habe der Baron diesem Diener hundert französische Louisdor abgewonnen[1]. Der Marquis be-

---

[1] Der Edelmann François de Songy, Baron de l'Allée, aus Annecy gebürtig, wurde am 22. Februar 1772 in Miolans gefangengesetzt. Am 4. Dezember 1770 war er gegen acht Uhr abends mit vier Männern in das königliche Gefängnis von Bonneville eingedrungen, um einen seiner Freun-

deutet dem Gouverneur, ein solches Glück im Spiel sei verdächtig:
das Schicksal scheine ihm zu hartnäckig auf der Seite des Barons
gestanden zu haben, als daß man nicht annehmen müsse, daß dieser es zu meistern vermocht hätte. Herr de Sade beruft sich in dieser Sache auf die Verantwortlichkeit des Kommandanten, der seiner
Ansicht nach schuldig sei, weil er dieses Glücksspiel nicht verboten
habe, während es »fast sicher ist«, daß er »sehr wohl davon wußte«.
Was den Marquis betreffe, so opfere er gern die zwölf Louis, die
er verloren habe, aber er bitte den Gouverneur, daß der Baron de
l'Allée veranlaßt werde, den Schuldschein über hundert Louis, den
er dem jungen Diener abverlangt habe, zurückzugeben: wenn letzterer auch eines Tages auf ein kleines Vermögen hoffen dürfe, so
würde er doch niemals in der Lage sein, eine solche Summe zu begleichen, ohne seine Familie zu ruinieren. Ferner beschwört der Ge-
de, Benoît Bizelon, der dort wegen Schulden eingesperrt war, zu befreien.
Unter dem Vorwand, ihm einen Besuch zu machen und nachdem er im
Gefängnis bis halb elf Uhr mit allen gegessen und getrunken hatte, ließ
er den Gefangenen Kleider und Perücke eines seiner vier Begleiter anziehen: dank dieser Verkleidung gelang es Bizelon, den Türhüter zu
täuschen und seine Freiheit wiederzuerlangen. Der Baron de l'Allée de
Songy war außerdem angeklagt, unter folgenden Umständen versucht zu
haben, einen Soldaten zu töten: In der Nacht vom 25. auf den 26. Dezember, einige Tage nach der Affäre von Bonneville, hatte er vor dem
Wachtposten von Chêne Lärm geschlagen: als der Soldat Pierre Cône
heraustrat, um ihn wegen dieses Aufruhrs zur Rede zu stellen, zog der
Baron einen Degen unter dem langen Mantel hervor, in den er sich gehüllt
hatte, und versetzte ihm einen Hieb unter die rechte Brust; Rock und
Schultergehänge wurden durchbohrt, aber glücklicherweise stieß die Degen-
spitze auf ein Stück Kupfer, das dem Unglücklichen das Leben rettete.
Nach dieser Tat floh der Baron nach Genf.
Nachdem er mit dem Marquis de Sade in der Nacht vom 30. April
zum 1. Mai 1773 aus der Festung Miolans entflohen war, begab sich der
Baron de l'Allée de Songy nach Paris, wo er im August 1774 verhaftet
wurde. Man sperrte ihn von neuem in Miolans ein. Erst am 17. März 1778
konnte er die Festung verlassen, dank einem Billet des Königs Victor-
Amadeus III., das seine Mutter, Louise de Carpinet, Witwe de l'Allée de
Songy, mit ihrer Bittschrift bewirkt hatte. Kurz darauf schloß er einen
Ehevertrag, aber neue Verfehlungen – ein Viehdiebstahl – brachten ihn
1786 zum dritten Mal nach Miolans. – Folgende Bemerkung ist einer
Polizeinotiz entnommen: »Sehr gefährlicher Mann, wenn er getrunken
hat, stiftet öffentliche Unruhe, lebensgefährlich; alle Welt geht ihm aus
dem Weg . . .«

GEFANGENSCHAFT IN MIOLANS

fangene Seine Exzellenz, keinerlei Besorgnis wegen eines Fluchtplans zu hegen, dessen man ihn beschuldige: Herr de Sade sei nicht in der Lage, das Ehrenwort zu brechen, das er bei seiner Ankunft in Miolans unterzeichnet habe. Dann bittet er sich vom Grafen de la Tour die Gnade aus, diesen Brief vertraulich behandelt zu wissen, denn die Enthüllung seines Inhaltes könnte ihn »neuen Geschichten mit Herrn de Launay oder der Heftigkeit des Herrn Barons« aussetzen.

1. März – Graf Ferrero de la Marmora berichtet dem Gouverneur von Savoyen von einer Unterhaltung, die er mit dem Herzog d'Aiguillon über die Gefangenschaft des Marquis de Sade geführt habe. Der französische Minister habe ihn wissen lassen, daß er den Brief der Madame de Sade an den Kommandanten de Launay auf das höchste mißbillige, dieser verdiene einen solchen »Ausfall« gewiß nicht. Er dürfe aber »die Heftigkeit einer schlechtunterrichteten und von dem Einfluß, welchen ihr Mann, den sie liebt, leider immer noch auf ihr Gemüt hat, überforderten Frau« nicht übelnehmen. Aber vor allem sei wichtig, daß »Herr de Mazan weiterhin in Haft bleibt: [...] alles andere sind sekundäre Angelegenheiten, sie müssen danach geregelt werden«. Es sei unerläßlich, daß Herr de Launay sich in keiner Weise beeinflussen lasse: er solle nicht zögern, wenn nötig den Diener des Marquis wegzuschicken und letzterem jegliche Erleichterung zu entziehen, wenn er sich nicht Mühe gebe, sie zu verdienen, oder wenn zu befürchten stünde, daß er sie mißbrauchen könne. Es sei sogar sehr wünschenswert und würde den Absichten der Familie entsprechen, daß ihm jeglicher Verkehr mit der Außenwelt sowie jeder Briefwechsel verboten würde: es würde genügen, wenn der Graf de la Tour die Mühe auf sich nähme, der sardinischen Gesandtschaft hin und wieder Nachrichten über den Gefangenen zukommen zu lassen. Außerdem teilt Graf Ferrero de la Marmora seinem Briefpartner mit, er wolle noch am selben Tage bei den Verwandten des Herrn de Sade vorsprechen, damit unverzüglich ein Vertreter in Chambéry ernannt werde, der die Aufgabe habe, die für den Unterhalt des Gefangenen nötigen Summen zu beschaffen: »Die Drohung, daß er sonst freigelassen wird«, fügt der Gesandte hinzu, »wird sie gewiß veranlassen, nicht zu säumen.«

6. März – Die Marquise de Sade, die Paris am 25. oder 26. Februar verlassen hat, trifft abends mit der Postkutsche, von Lyon kommend, in Chambéry ein. Sie trägt Männerkleidung; ein Vertrauensmann, Herr Albaret, begleitet sie. Die beiden Reisenden steigen als Brüder Dumont, »unterwegs nach Piemont«, im Gasthof ab.

7. März – Madame de Sade und Albaret erklären, sie wollten ihren Weg nach Piemont fortsetzen, und verlassen Chambéry gegen Mittag in derselben Postkutsche, die sie hergebracht hatte. Aber sie steigen in Montmélian aus, »indem sie Unpäßlichkeit vorschützen«. (Dort bleiben sie bis Sonntag, den 14. März.) Sobald sie in diesem Dorf angekommen ist, wo sie nur einen schlechten Gasthof vorfindet, schickt Madame de Sade ihren Vertrauensmann nach Miolans. Albaret spricht eine Stunde vor Einbruch der Nacht beim Kommandanten der Festung vor und übergibt ihm einen in Barraux datierten Brief der Marquise, »in dem sie ihn inständig bat, dem Überbringer zu erlauben, ihren Herrn Gemahl zu sehen und sich eine Viertelstunde lang mit ihm unter vier Augen zu unterhalten, damit er ihr Nachricht von ihm überbringen könne«. Herr de Launay, der vom Grafen de la Tour Anfang des Monats von der vermutlichen Ankunft der Marquise unterrichtet worden war und Befehl erhalten hatte, ihr jeglichen Zugang zum Marquis zu verwehren[1], glaubt dieses Verbot auch auf eine von ihr gesandte Person ausdehnen zu müssen. Albaret kommt nach Montmélian zurück, ohne den Gefangenen gesehen zu haben.

8. März – Frühmorgens erfährt der Gouverneur durch einen Eilboten des Kommandanten de Launay von dem verdächtigen Besuch, den dieser am Vorabend erhalten hat. Nachmittags meldet sich derselbe Besucher unter dem Namen Dumont beim Grafen de la Tour

---

[1] Es ist sehr wohl möglich, daß die Marquise, als sie sich in Männerkleidung und ihre Reise mit Geheimnis umgebend nach Savoyen begab, den Plan hatte, dem Gefangenen zur Flucht aus Miolans zu verhelfen. Vielleicht hatte Madame de Montreuil sogar diesen Verdacht, als sie dem Grafen Ferrero de la Marmora die »unheilvollen Folgen« vor Augen hielt, die eine Unterredung zwischen der Marquise de Sade und ihrem Gatten haben könnte. Indessen erbringt kein Text einen endgültigen Beweis dafür, und deshalb können wir nicht mit Bestimmtheit behaupten, daß dies Madame de Sades Absicht war. Und der Graf de la Tour hat Warnungen betreffs dieser »unheilvollen Folgen«, vor denen sich in acht zu nehmen der König von Sardinien ihm ohne weitere Erklärung riet, als Mutmaßungen betrachtet, »deren wahres Motiv zu erraten nicht leicht ist«.

GEFANGENSCHAFT IN MIOLANS 147

und übergibt ihm einen Brief von Madame de Sade, der wieder in
Barraux und vom 5. März datiert ist. In diesem Brief berichtet die
Marquise dem Gouverneur, sie sei von Paris zu ihren Gütern in der
Provence unterwegs und habe die Straße über Grenoble gewählt,
um ihren Gatten zu sehen. Aber eine heftige Erkältung halte sie
in Barraux fest. Auch schmeichle sie sich, daß der Gouverneur einem
Freunde gestatten würde, Herrn de Sade in Miolans zu besuchen,
um ihn wegen geschäftlicher Dinge zu sprechen. Graf de la Tour
antwortete dem Boten, das sei nicht möglich in Anbetracht der ge-
genteiligen Anweisungen, die er vom König, seinem Herrn, in dieser Sache erhalten habe, und er bestätigt der Marquise de Sade
diese Weigerung schriftlich, indem er ihr höflich sein Bedauern ausdrückt. Hingegen bietet er der Dame an, dem Gefangenen einen
Brief zu übergeben, den sie ihm schreiben möge; er werde auch die
Antwort überbringen. Außerdem könne sie über seinen Zustand
ganz beruhigt sein, er befinde sich ausgezeichnet und genieße immer
noch die gleichen Rücksichten und Erleichterungen wie zuvor.

Am gleichen Tag richtet Madame de Sade eine Bittschrift an die
Staatskanzlei in Turin, um vom Minister die Erlaubnis zu erhalten, die ihr der Graf de la Tour verweigert hat. Sie beklagt sich
gleichzeitig darüber, daß man ihrem Mann ständig die Tröstung
verweigere, seine in Chambéry gewonnenen Freunde zu empfangen.

Ebenfalls an diesem Tag teilt Graf Ferrero de la Marmora dem
Grafen de la Tour mit, in Chambéry werde unverzüglich ein Vertreter ernannt, der die Aufgabe habe, die monatlichen Ausgaben des
Marquis de Sade zu begleichen. Er weist den Gouverneur von Savoyen
erneut darauf hin, er solle dafür sorgen, daß keinerlei Schreiben dieses Gefangenen aus der Festung herauskämen, »denn er
überschwemmt uns mit Rhapsodien und Bittschriften, in denen die
Tatsachen ebenso kunstvoll wie falsch dargestellt sind«.

9. März – Albaret spricht zum zweiten Mal beim Grafen de la
Tour vor. Er überbringt einen Brief von Madame de Sade an ihren
Mann mit losem Siegel, den der Gouverneur unverzüglich in die
Festung bringen läßt. Aber zugleich beharrt der Bote Madame de
Sades weiterhin darauf, ihm eine Unterredung mit dem Gefangenen
zu gestatten. Der Graf de la Tour weigert sich wie am Tag zuvor.
Albaret teilt ihm für alle Fälle mit, Madame de Sade, die sich im-
mer noch sehr unpäßlich und außerstande fühle, ihre Reise in die

Provence fortzusetzen, und überdies immer noch hoffe, ihn zu erweichen, habe ihre Abreise auf Sonntag verschoben. Daraufhin bittet der Gouverneur den Boten, der Dame sein Bedauern über ihre Unpäßlichkeit auszudrücken und ihr gleichzeitig zu erklären, daß er niemals von den Gesetzen abweichen würde, die ihm auferlegt worden seien, und ihr deshalb rate, das schlechte Quartier, das sie bewohne, zu verlassen.

Am gleichen Tag begibt sich Leutnant Duclos nach Montmélian, wo die Marquise de Sade sich aufhält.

12. März – Herr de Launay hat durch den Grafen de la Tour von dem Streit, der Ende Februar zwischen dem Baron de l'Allée und dem Marquis de Sade stattgefunden hatte, sowie von der Denunziation des letzteren, der er zum Opfer gefallen war, erfahren. Er protestiert beim Gouverneur, er habe nicht gewußt, daß die Herren sich dem Spiel ergäben. »Eure Exzellenz wird an diesem Zug«, schreibt der Kommandant, »und an all den anderen, von denen ich die Ehre habe, Ihnen Bericht zu erstatten, ersehen, daß der Marquis de Sade ein sehr leichtfertiger Geist ist, vor dem man sich immer wird hüten müssen, vor allem, wenn er sich mit Herrn Duclos verbündet. Wenn er Vertrauen zu mir gehabt und meine kleinen Ratschläge befolgt hätte, so hätten wir übereinstimmend und mit einigen Reuekundgebungen auf seine Familie einwirken können. Zwar hätten wir vielleicht nicht gleich seine Angelegenheiten in Ordnung bringen können, aber wir hätten zumindest erwirkt, daß der König geruht hätte, ihm ein Asyl anzuweisen. Aber im Gegenteil, er hat sich immer gegen mich aufgelehnt...« Außerdem berichtet Herr de Launay dem Gouverneur von einem Gerücht, das Herr de Sade gern verbreite: der junge Mann, den er als Diener bei sich habe, sei nichts weniger als ein unehelicher Sohn des Herzogs von Bayern. Und der Kommandant schließt seinen Brief, indem er dem Gouverneur seine Befürchtungen in bezug auf den Marquis de Sade anvertraut. Es sei fast unmöglich, die Verantwortung für ihn zu übernehmen, besonders, wenn Leutnant Duclos, »der sich immer allen seinen Vorgesetzten widersetzt hat«, in Miolans verbleibe. Und er fügt hinzu, wenn der Gouverneur keine Möglichkeit sehe, diesen Offizier zu versetzen, sei er gezwungen, sich selbst seiner Funktionen zu entheben und um seine Pensionierung zu bitten.

14. März – Madame de Sade gibt die Hoffnung auf eine Unterredung mit ihrem Gatten auf und selbst die, daß Albaret zu ihm vordringen könne. So verläßt sie, des Kampfes müde, Montmélian in einer Postkutsche und begibt sich auf die Straße nach Lyon, ohne in Chambéry haltzumachen.

Um den 15. März – Herr de Vaulx wird aus Chambéry ausgewiesen, weil er den Verkauf von Briefen und Schriften des Marquis de Sade begünstigt habe.

17. März – Der Gouverneur von Savoyen verrät dem Ritter de Mouroux die Affäre der Kantharidinbonbons von Marseille und deren gerichtliche Folgen sowie die Liebe zwischen Fräulein de Launay und dem Marquis de Sade, den er als »scharfen Geist, ohne Religion, ohne Sitten und bereit, bis zum Äußersten zu gehen« darstellt. Er berichtet seinem Briefpartner auch von den Besorgnissen des Kommandanten de Launay: nicht nur fürchte dieser Offizier, daß es dem Marquis gelingen werde, einige von der Garnison zu überreden, ihm zur Flucht zu verhelfen, sondern daß er vielleicht auch in einem Anfall von Verzweiflung seine Freiheit, innerhalb der Schloßmauern spazieren zu dürfen, dazu benutze, sich von der Mauer zu stürzen.

18. März – In La Coste angekommen, schreibt die Marquise de Sade an den Grafen de la Tour, die letzten Umstände hätten sie derart geschwächt, daß es ihr unmöglich gewesen sei, selbst vom Gouverneur die Wohltaten zu erbitten, mit denen er, wie sie hoffe, die Gefangenschaft des Marquis de Sade zu erleichtern suche. Dieser habe weder gegen seinen König noch gegen sein Vaterland gefehlt und verdiene nicht, mit einer solchen Strenge behandelt zu werden.

Am gleichen Tag richtet die Marquise eine Bittschrift an den König von Sardinien und beschwört ihn, ihrem Mann die Freiheit zurückzugeben. »Mein Mann«, schreibt sie an den Herrscher, »gehört nicht zu den Schurken, die man aus der Welt verstoßen muß; eine zu lebhafte Phantasie, Sire, hat ihn zu einer Art Vergehen getrieben; die Anklage hat es zu einem Verbrechen erhoben; das Gericht hat seinen Donner grollen lassen: und weshalb? Wegen einer jugendlichen Aufwallung, die weder das Leben noch die Ehre noch den Ruf der Bürger gefährdet hat . . .«

Am gleichen Tag liefert ein Maultiertreiber einen der Koffer des Marquis, die Carteron aus Nizza holte, in der Festung ab. Herr de Sade läßt den Koffer auf sein Zimmer bringen und prüft den Inhalt.

Um den 18. März – Leutnant Duclos wird aufgrund seiner Willfährigkeit gegenüber dem Marquis de Sade aus der Festung entfernt.

19. März – Herr de Launay berichtet dem Gouverneur von Savoyen, der Marquis habe erwartet, am 7. entlassen zu werden, und seine Koffer gepackt. Aber »da er sich in seinen Hoffnungen getäuscht sah, scheint er ganz bestürzt und sogar ruhiger; nach dem Essen hat er für seinen Spaziergang einen Garten im Vorwerk ausgesucht, aus dem es sehr schwierig wäre zu entfliehen«. Der Kommandant fügt hinzu: »Ich lasse ihm gegenüber die größte Höflichkeit walten, obschon er nie zu mir kommt, und wenn er mir sein Vertrauen schenken wollte, würde ich versuchen, ohne gegen die mir erteilten Befehle zu verstoßen, ihm alle nur möglichen Tröstungen zu gewähren, und ich würde ihn zu einer Reuekundgebung gegen seine Familie und den Minister von Frankreich veranlassen. Er spricht nie ein Wort mit jemandem, ebensowenig wie sein Diener ...« Außerdem berichtet Herr de Launay dem Grafen de la Tour, auf die Vorstellung, die er auf seine Anweisung hin dem Baron de l'Allée gemacht habe, habe dieser geantwortet, er habe nicht die Absicht, vom Diener des Herrn de Sade etwas zu verlangen, und er wolle sogar den Schuldschein schicken oder bei seiner Freilassung Seiner Exzellenz übergeben, er habe ihn nur unterzeichnen lassen für den Fall, daß der junge Mann zu Vermögen kommen sollte.

Am gleichen Tag richtet der Marquis de Sade einen Brief an den Gouverneur von Savoyen, in dem er den »Reuekundgebungen«, zu denen ihm Herr de Launay im Hinblick auf seine Freilassung wiederholt geraten hat, Rechnung zu tragen scheint.

Am gleichen Tag gab es einen Streit in der Festung zwischen dem Marquis de Sade und dem Baron de l'Allée de Songy. In seinem Bericht an den Gouverneur von Savoyen schildert Kommandant de Launay den Zwischenfall mit folgenden Worten: »Herr de l'Allée kam von einem Imbiß mit Herrn Pignier (sie hatten nur zwei Flaschen Weißwein getrunken, die ich ihnen geschickt hatte) und ging zur Kapelle, wo Herr de Sade und Herr de Battines spielten. Er sagte zu letzterem, er solle nicht mit Herren spielen, die Klage erhöben, wenn sie verlören. Diese Bemerkung sei durchaus nicht am Platz, erwiderte Herr de Sade, und Herr de l'Allée antwortete, das könne er selbst bezeugen. Herr de Sade kam wütend in mein Zim-

GEFANGENSCHAFT IN MIOLANS

mer und sagte: ›Mein Herr, ich beklage mich bei Ihnen über Herrn de l'Allée, der mich beleidigt hat, und wenn Sie mir nicht Gerechtigkeit widerfahren lassen, werde ich mich beim Herrn Grafen de la Tour beklagen.‹ Ich ging sofort hinaus, um Herrn de l'Allée zu holen, und sagte freundschaftlich zu ihm, er solle sich in sein Zimmer zurückziehen. Ich glaubte, das hätte er auch getan, um keine zweite Szene herauszufordern; als ich wieder in mein Zimmer kam, fand ich ihn dort vor. Er sagte mir, er dürfe nicht wegen der Klage des Herrn de Sade gestraft werden. Ich versuchte, ihn zu überzeugen, daß dem nicht so sei, sondern daß ich Befehle Eurer Exzellenz habe, ihm keine Erleichterungen mehr zu gewähren. Das steigerte nur noch seinen Zorn. Er sagte mir, er werde sich umbringen, da er von aller Welt verlassen sei. Er verließ mein Zimmer, um sich zurückzuziehen, und kam noch aufgebrachter und mit einem Messer in der Hand wieder. Er ging zum Fenster und warf sein Messer hinaus. Ich erschrak, als ich Blut an seinem Hemd sah; wir zwangen ihn, sich auf ein Bett zu legen, und ich schickte sofort nach dem Chirurgen, der tatsächlich in der Magengegend mehrere Messerstiche feststellte, deren größter kein Viertelzoll tief ging. Ich ließ ihn zur Ader lassen und in sein Zimmer bringen; noch am folgenden Tag bestand er darauf, daß er lieber sterben als leben wolle.«

22. März – In den beiden Kostenaufstellungen des Kantinenmeisters Bailly, die der Marquis de Sade an den Gouverneur von Savoyen weiterleitet und welche die Zeit zwischen dem 28. Februar und 21. März umfassen, sind mehr als dreißig mit Leutnant Duclos und drei mit dem Baron de l'Allée eingenommene Mahlzeiten aufgeführt, während letzterer sechsmal in Gesellschaft des Dieners Latour gevespert oder getrunken hat.

26. März – Graf Ferrero de la Marmora übermittelt dem Grafen de la Tour den Dank des Herzogs d'Aiguillon und der Familie de Montreuil, die dem Gouverneur sehr verpflichtet seien, daß er alle Versuche der Marquise de Sade, ihren Mann in Miolans zu sehen, zu verhindern gewußt habe, ebenso wegen des »bestimmten und höflichen Verhaltens, das er der Dame gegenüber an den Tag gelegt hat«. Er bittet den Gouverneur von Savoyen, darüber zu wachen, daß der Marquis de Sade »die Öffentlichkeit nicht mit seinen greulichen Schriften und Bittgesuchen überschwemmt, da diese sein Unrecht in den Augen vernünftiger Leute nur noch verschlimmern« und »Herrn de Vaulx, der sich unaufgefordert zu seinem Verteidiger macht und vermutlich die Verbreitung seiner Schriften und Briefe gefördert hat, so lange im Zaum zu halten, bis Sie es für gut finden, ihn zu verhaften«.

Dem Brief des Gesandten von Sardinien ist eine Mitteilung der Präsidentin de Montreuil an den Kommandanten de Launay beigefügt. Die Präsidentin hat erfahren, daß Leutnant Duclos infolge seiner Gefälligkeiten gegenüber dem Marquis de Sade in Ungnade gefallen ist, und sie beeilt sich, zugunsten dieses Offiziers zu sprechen: »Ich wäre sehr bekümmert«, schreibt sie an den Kommandanten, »wenn ein Offizier wegen mir oder meiner Familie seine Stelle verlieren würde; wenn Sie ihm nichts anderes vorzuwerfen haben, so bitte ich Sie, ihn doch zu behalten. Ich bin überzeugt, wenn Herr Duclos von der Unrechtmäßigkeit der Sache, für die er sich entflammt hat, und vom Mißbrauch, den man mit seinem Vertrauen getrieben hat, besser unterrichtet ist, wird er sich von nun an in den Grenzen halten, die ihm Ihre Befehle vorschreiben.« Überdies bittet Madame de Montreuil den alten Offizier, er möge das Unrecht vergessen, das der Marquis ihm angetan habe, und dem von Natur aus heftigen Charakter des Herrn de Sade Rechnung tragen sowie der Abscheulichkeit seiner gegenwärtigen Lage, die in der Tat schrecklich sei und wegen der man ihn bemitleiden müsse, bis man sie ohne Schaden erleichtern oder ändern könne.

Am gleichen Tag berichtet Kommandant de Launay dem Gouverneur von Savoyen, daß Herr de Sade beginne, menschlicher zu werden, und er mit ihm übereingekommen sei, das zu häufige Schreiben sowie die mangelnde Unterwürfigkeit seinen Verwandten gegenüber habe seine Freilassung verzögert. Herr de l'Allée de Songy hingegen beklage ständig seine Überspanntheiten, die ihm gewiß zwei Jahre Gefängnis einbringen würden; aber Herr de Launay hoffe, diese Strafe werde ihn bessern. Der Baron habe von seinem Vater eine sehr schlechte Erziehung mitbekommen, er habe sich seiner »in jungen Jahren als Raufbold bedient« und dem »noch den Wein hinzugefügt, um das Werk zu krönen, das er nur mit Mühe wieder gutmachen können«. Was Herrn de Battines betreffe, so betrage er sich sehr gut, er mache sich nichts daraus, zu dem Marquis zu gehen. Der Kommandant habe ihm aufgetragen, diesen mit Herrn de l'Allée zu versöhnen, was wohl in einigen Tagen geschehen sein werde.

GEFANGENSCHAFT IN MIOLANS

1. April – Der Marquis de Sade äußert sich dem Grafen de la Tour gegenüber verwundert darüber, daß sein Unglück verlängert wird, trotz der formellen Beschwichtigungen in dem Brief an seine Verwandten, den er dem Gouverneur zur Übermittlung geschickt hatte. Er bittet den Gouverneur von Savoyen, sich beim Herrn Grafen de la Marmora sowie bei Herrn de Mouroux für ihn zu verwenden, damit ihm unverzüglich die Freiheit geschenkt werde, da sein Gesundheitszustand sich in der Festung täglich verschlechtere und er nicht länger da bleiben könne, ohne wirklich eine Krankheit zu riskieren, die sein schrecklicher Kummer noch verschlimmern würde. Außerdem bittet der Marquis den Grafen de la Tour inständig, ihm Nachricht von Herrn de Vaulx zu geben, um den er sich große Sorgen mache.

Am gleichen Tag schreibt der Kommandant de Launay an den Gouverneur von Savoyen, daß der Marquis de Sade ihm »täglich mehr Vertrauen zeigt, obschon er wegen seiner Gefangenschaft sehr besorgt und traurig ist«.

14. April – »Der Marquis de Sade«, schreibt Graf de la Tour an den Ritter de Mouroux, »hat sich herausgenommen, mir zu drohen, er werde bei Hof gegen mich klagen, und er fügt hinzu, ich hätte die Befehle übertreten, die mir bei seiner Verhaftung gegeben worden seien, indem ich ihn in die Festung Miolans habe bringen lassen.« »Ich strafe solche falschen Beschuldigungen mit Verachtung«, erklärt der Gouverneur von Savoyen, »aber ich gestehe Eurer Exzellenz offen, daß ich sehr wünschte, es würde Seiner Majestät gefallen, mich von einem solchen Geist zu befreien.«

15. April – Der Marquis de Sade teilt dem Grafen de la Tour seine Versöhnung mit dem Baron mit und bittet ihn dringend, nicht ohne Einwilligung des Kommandanten de Launay, um die Gnade, Herrn de l'Allée zu erlauben, daß er mit ihm speise, da ihm »am Herzen liegt, ihm zu beweisen, daß die Versöhnung aufrichtig ist«.

16. April – Herr de Launay macht sich beim Gouverneur von Savoyen zum Verteidiger der häuslichen Ausgaben des Marquis de Sade: Als der Kommandant den Preis für Nahrung und Unterhalt des Marquis und seines Dieners festgesetzt habe, habe er die Kosten für Kleidung und Boten sowie viele Almosen und großzügige Gaben, die der Marquis in der Festung verteile, nicht eingerechnet. Außerdem berichtet er dem Grafen de la Tour, er genieße endlich etwas mehr Vertrauen bei seinem Gefangenen; dieser sei »in viel ruhigerer Verfassung, seit man ihm« auf Kosten des Kommandanten »nicht mehr die Ohren vollschwätzt«, das heißt, seitdem Leutnant Duclos nicht mehr da sei. Herr de Launay teilt dem Gouverneur noch mit, daß der Marquis de Sade und der Baron de l'Allée sich »sehr großmütig« versöhnt hätten. Er habe ihnen sogar erlaubt, einige Stunden gemeinsam in der Festung spazierenzugehen; hingegen habe er verboten, daß sie wieder um Geld spielten, sei es unter sich, sei es mit dem Diener Latour.

17. April – Der Gouverneur von Savoyen macht dem Ritter de Mouroux Mitteilung, daß der Kommandant ihm soeben »freudigen Herzens berichtet habe, daß der Marquis de Sade [...], nachdem er seine Christenpflicht in dieser Osterzeit erfüllt habe, in Stimmung und Verhalten völlig verändert sei. Nicht nur habe er ihn um Verzeihung gebeten für alles, was er ganz ungerechterweise gegen ihn gesagt und geschrieben habe, er habe ihn auch inständig gebeten, ihm zu erlauben, in seiner Gegenwart eine Art öffentlicher Abbitte vor einigen Offizieren und Unteroffizieren der Garnison zu leisten, die verschiedentlich unter seinen heftigen Aufwallungen zu leiden gehabt hätten.« »Diese glückliche Veränderung«, meint der Graf de la Tour, »scheint mir eine deutliche Wirkung der Gnade des Sakramentes.«

DIE FLUCHT

1773

Zwischen dem 15. und 20. (?) April – Nachdem der Marquis de Sade die Erlaubnis erhalten hat, seine Mahlzeiten in Gesellschaft des Barons de l'Allée de Songy einzunehmen, hält er Herrn de Launay vor, die Speisen, die man ihm aufs Zimmer bringe, seien meistens schon kalt. Auch bittet er den Offizier um die Vergünstigung, in der Kantine essen zu dürfen. Der Kommandant nimmt dieses Ansuchen Herrn de Sades mit Wohlwollen auf und weist den beiden Gefangenen ein neben der Kantine gelegenes Zimmer als Speiseraum an, das seit dem Weggang des Leutnant Duclos freigeworden ist. Dieses Zimmer gehörte zu einer erst kürzlich erbauten Wohnung, die folgendermaßen eingeteilt war: zwei ineinandergehende Zimmer, das erste zur Verfügung der Herren de Sade und de l'Allée, das zweite,

GEFANGENSCHAFT IN MIOLANS 155

fast immer verschlossen, diente der Kantinenwirtin als Vorratskammer; schließlich ein kleines Kabinett, in einer Ecke dieses zweiten Zimmers, das als Abort diente. Hatte der Marquis de Sade schon anläßlich seiner Besuche beim Leutnant Duclos die Eigentümlichkeiten dieses Schlupfwinkels entdeckt, und verbarg sein Ansuchen bei Herrn de Launay einen Hintergedanken? Oder bemerkte er die sich bietende Möglichkeit erst zu der Zeit, als ihm die Mahlzeiten in der Kantine serviert wurden? Das ist nie aufgeklärt worden. Wie dem auch sei, was die Aufmerksamkeit des Gefangenen in dem kleinen Kabinett des zweiten Zimmers anzog, war folgendes: das Fenster — als einziges größeres und nach außen gehendes Fenster der Festung — hatte keine Gitter; außerdem schien es groß genug, daß ein ziemlich beleibter Mann durchkommen konnte; und schließlich lag dieses Fenster nach hinten zur Bergseite und war nicht höher als etwa dreizehn Fuß.

29. April – Der Bote Joseph Violon, dem seit einiger Zeit das Betreten der Festung Miolans verboten ist, streicht auf der Gartenseite um das Bas-Fort herum, und es gelingt ihm, eine geheime Unterredung mit dem Marquis de Sade zu führen.

30. April – Eben dieser Joseph Violon, der weiß, daß er die ganze Nacht wach bleiben muß, geht in eine Kneipe in Saint-Pierre d'Albigny und schläft dort bis vier Uhr nachmittags.

Um neunzehn Uhr kommen die Herren de Sade und de l'Allée in die Kantine zum Abendessen. Latour, der ihnen die Schüsseln auftischt, scheint den Augenblick abgewartet zu haben, wo die Kantinenwirtin und ihre Leute bei Tisch sitzen und nichts mehr in der Vorratskammer zu tun haben, um den Schlüssel dieses Raumes an sich zu nehmen. Dann begibt sich der Diener in die Zelle seines Herrn; er zündet die Kerzen an und legt zwei Mitteilungen an den Kommandanten de Launay auf den Tisch.

Um zwanzig Uhr dreißig klettern die drei Gefangenen durch das Abortfenster. Joseph Violon, der seit einiger Zeit am Fuß der Mauer Wache steht, hilft ihnen, auf die Erde zu gelangen, sei es, indem er ihnen die Arme entgegenstreckt, sei es mit Hilfe einer kleinen Leiter. Unter der Führung des jungen Savoyarden verschwinden die Flüchtlinge schnell in der Nacht auf die französische Grenze zu.

Gegen einundzwanzig Uhr bemerkt der Wächter Jacquet, der sein Abendessen beendet hat und seinen Dienst wieder antritt, durch

das Schlüsselloch Licht im Zimmer des Marquis de Sade, das neben
dem seinen liegt. Er schließt daraus, daß der Marquis dort mit dem
Baron de l'Allée beim Dame-Spiel sitzt. Jacquet möchte ihnen eine
zusätzliche Mußezeit gönnen. Er wirft sich angezogen auf sein Bett
und wartet, um sie später zu trennen und den Baron in seine Zelle
zu führen. Indessen wird er von Müdigkeit befallen und schläft ein.

1. Mai – Der Wächter erwacht gegen drei Uhr morgens und bemerkt, daß das Licht im Zimmer des Marquis immer noch brennt.
Er hält das für verdächtig und meldet es dem Kommandanten. Dieser steht sofort auf, um sich an Ort und Stelle zu begeben. Da er das
Zimmer verschlossen findet, läßt er die Tür eindrücken: keine Gefangenen sind zu sehen, sondern nur zwei verlöschende Kerzen und
zwei an ihn gerichtete Briefe, einer von Marquis de Sade, der andere
von Baron de l'Allée. »Wenn etwas meine Freude trübt, die Ketten zu zerreißen, so ist es, wo ich auch bin, die Sorge, daß man Sie
für meine Flucht verantwortlich machen könnte«, schreibt der Marquis de Sade zuerst. »Nach all Ihrer Anständigkeit und Höflichkeit
quält mich dieser Gedanken wirklich...« Weiter unten rät der Marquis dem Kommandanten, er solle nicht versuchen, ihn verfolgen zu
lassen: »Fünfzehn wohl ausgerüstete, gut bewaffnete Männer«, erklärt er, »erwarten mich vor dem Schloß, und [...] alle sind entschlossen, eher ihr Leben zu opfern, als mich gefangennehmen zu
lassen [1]. Ich habe eine Frau und Kinder, die meinen Tod bis zu
Ihrem letzten Seufzer verfolgen würden«, schließt der Marquis seinen Brief und dankt dem Kommandanten für seine Wohltaten: »Ich
werde mein Leben lang dafür dankbar sein; ich hoffe nur auf Gelegenheiten, es Ihnen zu beweisen. Es wird der Tag kommen, wenigstens hoffe ich das, wo mir erlaubt sein wird, mich ganz dem Gefühl
der Dankbarkeit zu überlassen, das Sie mir eingeflößt haben...«

[1] Der Marquis glaubte mit dieser Drohung jeden Verfolgungsversuch zu
vereiteln, aber sie entspricht in keiner Weise den Tatsachen. Das bezeugt
ein Brief des Grafen de la Tour vom 5. Mai, in dem er dem Ritter de
Mouroux berichtet, »Herr de Sade wurde mit Herrn de l'Allée am Samstag bei Tagesanbruch im Dorf Barraux gesehen, wo sie zu Fuß angekommen waren«. Es kann keine Rede von Reitern sein, deren fünfzehn »wohl
ausgerüstet« und »gut bewaffnet« nicht unbemerkt geblieben wären.
»Wenn man sieht, wie mißtrauisch die sardische Polizei war«, schreibt
Georges Daumas, »wie soll man glauben, daß die Marquise in aller Ruhe
mehrere Tage lang das Feld an der Spitze einer Truppe handfester Männer

GEFANGENSCHAFT IN MIOLANS

Der Gefangene hat auch eine Aufstellung seiner Sachen gemacht. Er bittet, sie der Marquise de Sade nach La Coste zu schicken und erinnert besonders an die sechs geographischen Karten, die seine Zelle schmücken, an seinen »blauen, ganz neuen Überrock«, der zurückblieb, sowie an »zwei kleine Hühnerhunde, der eine ganz schwarz, der andere schwarz mit weißen Flecken, an denen [er] sehr hängt«.

Indessen erreichen die Flüchtlinge mit ihrem Führer, nachdem sie die ganze Nacht gegangen sind, bei Sonnenaufgang das Dorf Chapareillant. Dort nimmt sich Herr de Sade die Zeit, eine Nachricht für den Gouverneur von Savoyen zu schreiben: »Das Grauenhafte [seiner] Lage hat ihn die Erinnerungen an die Güte des Gouverneurs vergessen lassen; die Heftigkeit [seines] Blutes wehrt sich gegen solche Strafen; [er] kann [sich] nicht damit abfinden und möchte lieber den Tod als den Verlust [seiner] Freiheit ertragen.«

Am frühen Morgen kommt eine vom Kommandanten de Launay gesandte Abteilung an die französische Grenze: aber schon seit langem – wie die kleine Truppe erfährt – befinden sich die vier Flüchtlinge auf der Straße nach Grenoble.

NACH DER FLUCHT
1773

5. Mai – Der Gouverneur von Savoyen teilt dem Ritter de Mouroux ein Ereignis mit, das ihn heftig bedrückt: die Flucht der Herren de Sade und de l'Allée. Er fügt seinem Brief einen genauen Bericht des Kommandanten de Launay bei, den er am Vorabend erhalten hat, und bittet um Nachsicht und Protektion seines Briefpartners zugunsten dieses alten Offiziers, dessen Ergebenheit, Rechtschaffenheit und Diensteifer bekannt seien.

hätte behaupten können?« Und er fügt hinzu: »Was soll man nach der Lektüre der Bittschrift Joseph Violons an den König von Sardinien, 1778, von der romanhaften Version halten, die durch den Brief de Sades an den Kommandanten de Launay verbreitet und unablässig wiederholt worden ist? Nach dieser Version hätte eine kleine Gruppe von fünfzehn zu allem bereiten Männern, von Madame de Sade angeworben und bewaffnet – noch besser: von ihr kommandiert, überbieten sich die Biographen –, die Flucht des Marquis aus der Festung Miolans ermöglicht. Ergibt sich aus der Bittschrift von Joseph Violon nicht zur Genüge, welch wesentliche Rolle der junge Mann 1773 bei dieser Flucht gespielt hat?«

8. *Mai* – Ritter de Mouroux läßt den Grafen de la Tour wissen, der König habe »mit großem Mißfallen von der Flucht des Marquis de Sade erfahren, und wenn Seine Majestät den Kommandanten de Launay auch schätzt, so hat er immerhin einige Nachlässigkeit von seiner Seite bemerkt und verlangt über diese Tatsache und alles, was damit zu tun hat, genaueste Auskunft«.

Am gleichen Tag richtet der Marquis d'Aigblanche, seit dem 22. April Minister des Äußeren, eine Botschaft voller Vorwürfe an den Gouverneur von Savoyen, der es nicht für nötig befunden habe, ihm von der Flucht des Herrn de Sade Mitteilung zu machen. »Wenn Seine Majestät nicht die Güte gehabt hätte, mir dieses Ereignis selbst mitzuteilen«, fügt er hinzu, »wüßte ich heute noch nichts davon.«

10. Mai – Die Marquise de Sade kündigt dem Grafen de la Tour eine Vertrauensperson an, die die Sachen ihres Mannes abholen werde.

12. Mai – Der Ritter Chiaravina, Beauftragter des Kriegsministeriums in Turin, übermittelt dem Gouverneur von Savoyen die Beschlüsse, die Seine Majestät soeben aufgrund der Berichte über die Flucht des Marquis de Sade und des Barons de l'Allée gefaßt hat: der Wächter Jacquet wird eingesperrt und von jeder Verbindung mit der Außenwelt abgeschnitten; der Kommandant de Launay soll sich bis auf weiteres nach Chambéry in Arrest begeben; schließlich soll während der Abwesenheit dieses Offiziers Major de la Balme das Kommando über die Festung Miolans übernehmen.[1]

14. Mai – Der Gesandte von Sardinien in Paris teilt dem Grafen de la Tour mit, er habe die Präsidentin de Montreuil von der Flucht Herrn de Sades benachrichtigt, und deutet ihm an, mit welch lebhaftem Kummer sie diese Nachricht aufgenommen habe.

20. Mai – Die Schwiegermutter des Marquis de Sade teilt dem Gouverneur von Savoyen mit, wie sehr es sie bekümmere, daß die Güte seiner Exzellenz gegenüber der Familie des Marquis de Sade »nicht alle Zeit den Effekt gehabt hat, wie sie es sich gewünscht hätte«. Die Familie und sie selbst seien dem Grafen de la Tour deshalb nicht wenig verbunden für die Art, wie er guten Willen gezeigt habe und bäten ihn, dafür ihren Dank entgegenzunehmen.

---

[1] Der junge Joseph Violon, der Beihilfe zur Flucht der beiden Gefangenen schuldig, wird erst zwei Jahre später, am 2. März 1775, verhaftet und am 24. Juli zu ewiger Verbannung aus dem Königreich Sardinien verurteilt werden.

GEFANGENSCHAFT IN MIOLANS

26. Mai – Graf de la Tour berichtet dem Ritter de Mouroux, Kommandant de Launay habe seinen Arrest in Chambéry sofort angetreten, nachdem er den Befehl erhalten habe. Das Schicksal dieses braven Offiziers scheine ihm bemitleidenswert. »Die Flucht der Gefangenen, die unter seiner Obhut standen, sollte nicht [...] ihm zur Last gelegt werden«, plädiert der Gouverneur von Savoyen, »sondern den Aufsehern, die er zu ihrer Bewachung eingesetzt hat. Ich wage zu hoffen, daß Eure Exzellenz, überzeugt von seiner Unschuld, ihm weiterhin seine wertvolle Protektion beim König angedeihen lassen wird.«

12. Juni – Auf die Vorhaltungen des Grafen de la Tour zugunsten Herrn de Launays teilt Ritter Chiaravina dem Gouverneur mit, der König »erinnert sich, daß [dieser Offizier] gut gedient hat und bei mancher Gelegenheit, und er wird das berücksichtigen; aber was die Verantwortung in dieser Sache betrifft, so will er, daß die Gerechtigkeit ihren Lauf nehme«, um so mehr, als Herr de Launay möglicherweise noch an der Verspätung schuld sei, mit welcher der Graf de la Tour dem Innenministerium Mitteilung gemacht habe, das erst am fünften Tag von der Flucht in Kenntnis gesetzt worden sei.

21. Juli – Der Gouverneur von Savoyen berichtet dem Ritter Chiaravina, er werde seit langem von der Präsidentin de Montreuil gebeten, »ihr alle Briefe auszuhändigen, die sie und ihre Tochter [dem Gefangenen] geschrieben hatten und die, da sie sich in den in Miolans verbliebenen Koffern befanden, vom Kriegsgerichtsrat beschlagnahmt wurden, um zu untersuchen, ob sie Hinweise auf die Flucht enthielten«. »Sie gesteht mir«, fährt der Gouverneur fort, »daß sie ein sehr dringendes Interesse hat, ihren Inhalt nicht bekanntwerden zu lassen, denn ihre jüngere Tochter wird darin erwähnt, die der Marquis de Sade, ihr Schwager, verführt hat...«[1]

---

[1] Was geschah mit diesen Koffern und den Briefen? Am 22. Mai 1773 hatte Madame de Sade dem Grafen de la Tour geschrieben, er solle ihr die Koffer ihres Gatten nicht schicken, sondern sie sicher aufbewahren. Zwei Monate später kommt die Marquise in die Festung Miolans, um sie in Empfang zu nehmen, und ist sehr ungehalten, als man ihr die Aushändigung verweigert. Erst am 17. Februar 1774 ist die Präsidentin de Montreuil in der Lage, dem Gouverneur von Savoyen zu danken, daß er beim Hof von Turin Anweisungen verlangt habe, was mit den Koffern des Marquis geschehen solle. Was die Briefe betrifft, so fleht sie Seine Exzellenz an, sie ihr auszuhändigen, sobald das Verfahren beendet sei.

IX. AUSSCHWEIFUNGEN IN LA COSTE (1773–1777)

DER UNGREIFBARE

30. April bis 16. Dezember 1773 – Von den acht Monaten, die zwischen dem 1. Mai 1773, als der Flüchtling nach Grenoble kam, und den ersten Januartagen 1774 liegen, wissen wir nur, daß er sich zu Madame de Sade nach La Coste[1] zurückzog (um sich wahrscheinlich beim geringsten Alarmzeichen in der Umgebung zu verbergen) und daß beide keine Bittschrift ausließen, einerseits, um den Zorn von Madame de Montreuil zu beschwichtigen und dessen Auswirkung vorzubeugen, andererseits, ohne die Freiheit des Marquis zu gefährden, um eine Aufhebung des Kontumazurteils zu erwirken, das ihn aller bürgerlichen Ehrenrechte beraubte. Aber nach den Worten der Bittschrift von Madame de Sade zu schließen, beobachtet die Präsidentin alle Schritte zur Rechtfertigung und Freiheit ihres Schwiegersohns mit Abscheu. Überdies gelingt es ihr, zwei Befehle des Königs an Herrn de Sartine zu veranlassen. Sie stammen vom 16. Dezember 1773, und der eine ordnet an, alle Papiere des Marquis zu durchsuchen und zu beschlagnahmen, der andere, er sei zu verhaften und in die Festung Pierre-Encise zu verbringen. Wir werden sehen, daß nur der erste Befehl ausgeführt werden wird.

6. Januar 1774 – Mit den Befehlen des Königs vom 16. Dezember versehen, dringt Inspektor Goupil von der Pariser Polizei, begleitet von vier Gendarmen und einer Reitereskorte der Polizei von Marseille, nachts ins Schloß La Coste ein, trifft aber lediglich Madame de Sade an. Er durchsucht das ganze Schloß, plündert das Arbeitszimmer des Marquis, wo er alle Papiere verbrennt oder beschlagnahmt, und zieht fluchend wieder ab.

[1] Es scheint unbezweifelbar, daß der Marquis nicht so unvorsichtig war, sich sofort auf seine Güter zu begeben; aber wo er einige Zeit Unterschlupf gefunden hat, wissen wir nicht.

AUSSCHWEIFUNGEN IN LA COSTE 161

Herr de Sade, rechtzeitig gewarnt, sollte während mehrerer Wochen nicht mehr in La Coste auftauchen. Es scheint, daß er bei Freunden Unterschlupf gefunden und mehrmals seinen Aufenthaltsort gewechselt hat, um den Nachforschungen zu entgehen.

Das »Verzeichnis der Kosten, Gebühren und Ausgaben«, das Inspektor Goupil aufgestellt hat und das die ungeheure Summe von 8 235 Livres, 12 Sous ausweist (etwa 40 000,– NF), gibt uns zahlreiche Hinweise auf die Vorbereitungen für die Aktion am 6. Januar. Alle Einzelheiten des kunstvollen polizeilichen Anschlags sind aufgeführt: sogar der Kauf von zwei kompletten Bauerntrachten ist verzeichnet, »wie mit Madame de Montreuil vereinbart«. Und wenn man einen Augenblick zweifeln könnte, daß dieses kleine heroisch-komische Drama das Werk der Präsidentin war, so liefert das Memorandum Goupils den Beweis: die Dame hatte zehn Besprechungen mit dem Inspektor, vor und nach dem Anschlag. Aber aus diesem Dokument wird einem vor allem die außerordentliche Heimtücke des Abbé de Sade sowie des Notars Fage in Erinnerung bleiben, die nicht zögern, dem »schwarzen Mann« aus Paris ihre Dienste anzubieten.

Etwa einen Monat nach diesen Ereignissen beschließen der Marquis und seine Frau, Herrn François-Elzéar Fage, Notar in Apt, die Verwaltung ihrer Güter abzunehmen. Ein Nachfolger wird gewählt: Herr Gaspard-François-Xavier Gaufridy, ebenfalls Notar und Anwalt in Apt. Am 18. Mai wird Madame de Sade, Vermögensverwalterin eines Gatten, der seiner bürgerlichen Ehrenrechte verlustig ist, Ripert, dem Verwalter von Mazan, bestätigen, daß sie Fage ihr Vertrauen entzogen hat, und ihm mitteilen, daß Gaufridy über alle ihre Angelegenheiten unterrichtet ist. Da dieser Gaufridy im Verlauf des vorliegenden Werkes sehr oft erwähnt wird – er hat während des letzten Viertels des XVIII. Jahrhunderts das Vermögen des Marquis de Sade in der Provence verwaltet –, wollen wir hier das Porträt wiedergeben, das Paul Bourdin von ihm zeichnet:

[Gaufridy] *war für Herrn de Sade kein Unbekannter. [Sein] Vater hatte lange Zeit die Geschäfte des verstorbenen Grafen geführt. Der Verwalter stand im gleichen Alter wie der Marquis; sie hatten als Kinder in La Coste zusammen gespielt und sich seit dieser Zeit immer wieder gesehen. [...] Gaufridy hat Herrn de Sade wäh-*

rend sechsundzwanzig Jahren die Geschäfte geführt; die lokalen Verwalter von Mazan, Saumane und Arles standen unter seiner Aufsicht. Man nennt ihn »M. l'avocat«, obschon er keinen Anspruch auf diesen Titel hat, so schlecht ist die Bezeichnung »procureur« angesehen. Er genoß bald das Vertrauen der ganzen Familie: jeder glaubte, eine Vorzugsstellung bei ihm zu haben und wandte sich an ihn, sobald seine Interessen auf dem Spiel standen. Er lieferte den frommen Tanten Wildbret und frisches Gemüse; er beriet den Abbé de Sade bei seinen Prozessen; er traf Entscheidungen für die Schloßherren und versorgte das Schloß mit Lebensmitteln. Er war feinsinnig und wie es scheint heiter, obwohl er in seiner Rede etwas schwerfällig und pompös war. Er war ein angesehener Mann von tadellosem Ruf, ein guter Praktiker und kluger Ratgeber. Seine Klugheit reichte fast an Verschmitztheit, seine Geschmeidigkeit an Zweideutigkeit, seine Zurückhaltung an Willfährigkeit, seine Nachlässigkeit an äußerste Trägheit. Die Lässigkeit wuchs mit den Jahren. Nach Herrn de Sades Freilassung und während der vier oder fünf Jahre vor dem Bruch zwischen ihnen, denkt Gaufridy an nichts anderes, als seine Ruhe gegenüber dem Marquis zu verteidigen. [...] Ohne ein Wort zu sagen, duldet er die Vorwürfe und bald auch Beleidigungen seines launischen Klienten; er antwortet nicht mehr auf seine Briefe, er liest sie nicht einmal mehr; er zittert um seine Sicherheit, ohne den Mut zu haben, mit diesem unbequemen Klienten zu brechen; aber sein berufliches Gewissen bleibt empfindlich, und er tritt nur aus seiner Apathie hervor, wenn man ihn verdächtigt, gegen die Gebote seines Standes gefehlt zu haben [...].

Übrigens ist Gaufridy so redlich, wie man es in seiner Stellung und in seinem Beruf sein soll. Er legt für jedes Depot eine Akte an und stellt keine Verbindung zwischen den verschiedenen Akten her. So teilt man sich auf und verliert schließlich sogar die Neugier für die Geständnisse, die in verschiedenen Winkeln des Gedächtnisses schlummern. Auf diese Weise hat er für die Präsidentin gearbeitet und ist, wenn nicht ihr Spion, so zumindest ihr bester Agent gewesen. Übrigens will Gaufridy niemanden verraten; er dient den Zwecken der Präsidentin, aber für das Gute. Er ist voller Mitleid und Anhänglichkeit für die Marquise de Sade, und wenn er gemeinsam mit ihrer Mutter ihre Absichten zu durchkreuzen sucht, so tut er es nur, um sie ihrer Verblendung zu entreißen. [...] Im übrigen

sieht er seine Entschuldigung in der Meinung, die er sich vom mora-
lischen Wert der Personen, denen er dient, und von der Legitimität
der verschiedenen Ziele, die sie verfolgen, gemacht hat. Im äußer-
sten Fall zieht ihn seine Trägheit aus der Sache, und die Zeit kommt
ihm zu Hilfe.

März 1774 – Im Namen von Madame de Sade hat Gaufridy eine
Eingabe gegen die Präsidentin de Montreuil verfaßt. Der Marquis,
seit einiger Zeit wieder in La Coste, aber auf dem Sprung, wieder
wegzufahren, drängt, daß diese Eingabe an Chapot, Anwalt im
Châtelet, geschickt werde.

Am 25. März übermittelt der Minister, Herzog de la Vrillière,
Herrn Sénac de Meilhan, Gouverneur der Provence, die Befehle des
Königs in bezug auf die Gefangensetzung des Marquis de Sade in
Pierre-Encise. Diese Befehle waren bei der von Inspektor Goupil
geleiteten Polizeiaktion wirkungslos geblieben.

April-Mai 1774 – Anfang April ist de Sade nicht mehr in La
Coste, das bezeugt die Antwort des Gouverneurs der Provence vom
12. April an den Minister, Herzog de la Vrillière. Es scheint, daß
der Marquis sich nach Bordeaux begeben und dann einige Zeit in
Grenoble aufgehalten hat.

Inzwischen fehlt es in La Coste an Geld: »Der verstorbene Graf
hat viele Schulden hinterlassen und seine Güter sind schwer belastet.«
Madame de Sade, die von ihren Gläubigern verfolgt wird, prozes-
siert in Avignon und Aix. Im übrigen korrespondiert sie mit dem
Abbé de Sade und versucht ihn für seinen Neffen zu interessieren.
Aber der Abbé ist der Ansicht, daß dieser sich gefangennehmen lassen sollte, und dazu wird sich die Marquise nie entschließen können,
selbst wenn ihre Belange davon abhängen, daß er eingesperrt wird.

Juni 1774 – Der Marquis ist wieder auf seinen Gütern. Er drängt
Madame de Sade, nach Paris abzureisen. Zwei notwendige Schritte
erfordern die Anwesenheit seiner Frau in der Hauptstadt. In der
Tat hat die Eingabe ans Châtelet keinerlei Wirkung gehabt: nach
vier Monaten weiß man noch nicht, ob Madame de Montreuil vor-
geladen worden ist. Und vor allem ist nichts unternommen worden
in bezug auf die Kassation des Urteils vom Parlament in Aix. Der
Marquis hat eine Verteidigungsschrift verfaßt und sieht deren Veröffentlichung als sehr wesentlich an, besonders bei seiner Schwieger-

164   MARQUIS DE SADE

familie: die Trägheit der Präsidentin in dieser Sache ruft beim Marquis Verwunderung und Ungehaltenheit hervor. »Sie müssen zugeben«, schreibt er an Gaufridy, »daß Madame de Montreuils Manie,
nie etwas zu Ende zu bringen, merkwürdig ist. Was hat sie eigentlich
davon? Will sie die Schande dieser unglücklichen Affäre, die Schande
ihrer Tochter und ihrer Enkelkinder verewigen, das Vermögen in
schreckliche Unordnung bringen und mich das unglücklichste und
traurigste Leben führen lassen?« Madame de Sade soll während ihres
Aufenthaltes in Paris einer so katastrophalen Lage ein Ende bereiten: »Ich flehe Sie an«, schreibt der Marquis weiter, »reden Sie
Madame gut zu, geben Sie ihr Ratschläge, damit sie das Unmögliche
tut, um alles in den vier Monaten, die ich ihr dafür gebe, zu erledigen. Sie soll es in Gottes Namen fertigbringen, daß ich nicht mehr
dieses Vagabundenleben führen muß! Ich bin nicht zum Abenteurer
gemacht, und die Notwendigkeit, diese Rolle zu spielen, ist eine der
schlimmsten Qualen meiner Lage.«
    Juli 1774 – Am 14. Juli ist Madame de Sade von La Coste nach
Paris aufgebrochen. Ihre Schwester begleitet sie (wir wissen nicht,
wie lange Fräulein de Launay schon im Schloß weilte und wie zu
dieser Zeit ihre Beziehungen zu ihrem Schwager waren). Es scheint,
daß die Marquise ungefähr am 26. Juli in Paris angekommen ist.
Noch ganz erregt von den Ermahnungen ihres Mannes, hat sie sich
sofort ans Werk gemacht, und vom 29. an kann sie Berichte über
ihre ersten Schritte in die Provence schicken, welche dem Vorgehen
gegen Madame de Montreuil gewidmet waren. »Ich vermute«,
schreibt sie an Gaufridy, »daß der königliche Staatsanwalt in dieser
Sache sehr wohl den Vermittler spielen könnte, obschon er allen
Leuten erzählt, ich sei verrückt.« Dieses Kompliment wird sie noch
oft zu hören bekommen.
    Die Marquise hat sich nicht bei ihrer Mutter sehen lassen, aber
jemand hat ihr verraten, die Präsidentin »liebt Herrn de Sade
wahnsinnig« und sie sei viel wütender auf ihre Tochter als auf ihren
Schwiegersohn. Darauf hat Madame de Sade geantwortet: »Um so
besser.« Sie teilt Gaufridy mit, daß sie im Hotel de Bourgogne, Rue
Taranne, Faubourg Saint-Germain abgestiegen sei[1], bittet ihn

----

[1] Später wird die Marquise zur Gräfin de Sade ins Karmeliterinnenkloster an der Rue d'Enfer ziehen.

AUSSCHWEIFUNGEN IN LA COSTE 165

aber, ihr nur »an die Adresse Carlier, Schneider, Rue Saint-Nicaise«
zu schreiben, denn die Hotels seien nicht sicher, »alle geben der Polizei Auskunft«.

August 1774 – Die Marquise glaubt hoffen zu dürfen, daß ihre
Angelegenheiten bald eine glückliche Wendung nehmen werden,
wenn die Höflichkeit und das Interesse, die ihr die Justizbeamten
erweisen, aufrichtig sind. Ihr scheint, die beste Möglichkeit, die Kassation des Urteils von Aix zu erreichen, sei, ganz einfach die Tatsache der Sodomie abzustreiten. Die Präsidentin de Montreuil »ist
wie eine Löwin«, aber Madame de Sade meint, die Klage im Châtelet mache ihr angst und könnte sie vielleicht zwingen, ihren Einfluß zugunsten der »großen Sache« geltend zu machen. Außerdem
bittet die Marquise ihren Notar, er möge den Abbé de Sade veranlassen, daß er in seinen Bittschriften nicht mehr »lang und breit«
erkläre, sein Neffe sei der bürgerlichen Ehrenrechte beraubt: »Man
empört sich darüber sowohl in Aix wie in Paris.«

September 1774 – Am 3. September berichtet Madame de Sade
Gaufridy, sie habe ein feierliches Versprechen erhalten, daß das Kas-
sationsgesuch in sechs Wochen dem alten Gerichtshof vorgelegt werden solle, der angeblich wieder zusammentreten werde[1]. Was den
Verhaftungsbefehl des verstorbenen Königs angehe, so wolle der
Minister dessen Aufhebung erst nach der Kassation des Urteils be-
antragen. Im übrigen bewirke der »gegenwärtige Umsturz«, das
heißt die Ungnade Maupeous, daß niemand von etwas anderem als
von Staatsgeschäften hören wolle. Die Anklage beim Châtelet ist
immer noch in Händen des königlichen Staatsanwalts, »ein geist-
voller Mann, der einen ständig aus dem Konzept bringt und voller
Sophismen steckt«. Die Marquise hofft, Herr de Sade habe ihre Ratschläge befolgt und sei nach La Coste zurückgekehrt, anstatt sich bei
Fremden aufzuhalten und viel Geld auszugeben.

November-Dezember 1774 – Madame de Sade kehrt gegen Mitte
November nach La Coste zurück. Die Briefe besagen nichts darüber,
ob der Marquis zusammen mit seiner Frau, schon vor ihr oder erst
später wieder nach La Coste gekommen ist. Sicher ist jedenfalls, daß
sie sich in Lyon getroffen haben, wo sie ein junges Dienstmädchen

---

[1] Die alten Gerichte, die Maupeou aufgelöst hatte, sollten am 12. November wieder einberufen werden.

namens Nanon, fünf fünfzehnjährige Mädchen und einen kaum älteren Sekretär in Dienst genommen haben. Man hat den Eltern des jungen Mannes nicht gesagt, daß sein zukünftiger Herr der Held der Affäre von Marseille ist. Als sie sich später deswegen an Gaufridy wenden, wird er ihnen auf Anordnung der Marquise mitteilen, sie brauchten wegen des Namens de Sade nicht zu erschrecken, es gebe mehrere Zweige dieser Familie, zum Beispiel den von Eyguières, den von Saumane und den von Tarascon. Zu der Zeit befinden sich Herr und Frau de Sade, die doch ohne Zögern sieben neue Dienstboten aufgenommen haben, in einer beängstigenden finanziellen Lage. Die Einnahmen aus dem Amt des Marquis sind beschlagnahmt, und man hat große Ausgaben gehabt, um die Mauern des Schlosses instand zu setzen. Vergeblich versucht Madame de Sade ihre Mutter zu veranlassen, daß sie einen Wechsel von achtzehnhundert Livres bezahlt, damit sie ihr Silber auslösen kann, das sie angeblich bei einem Juden in Mazan versetzt hat.

Indessen leben der Marquis und seine Frau sehr zurückgezogen in ihrem Schloß. Sie wollen in diesem Winter nur ganz wenige Menschen sehen. Die Hauptmahlzeit wird um drei Uhr eingenommen. Herr de Sade verbringt den Abend in seinem Kabinett, während »Madame sich bis zum Schlafengehen mit ihren Frauen in einem Nebengemach beschäftigt; so ist das Schloß bei Einbruch der Nacht gänzlich verschlossen, alle Lichter sind gelöscht«. Aber die Winterabende sind süß, wenn man sie in den Armen von fünf jungen Mädchen verbringt, während der Mistral um die Mauern tobt... Will der Marquis den Zorn eines keuschen Gottes besänftigen, wenn er am Ende des Jahres Schaustellern verbietet, in La Coste ein Stück namens *Mari cocu, battu et content* aufzuführen und befiehlt, man solle ihre Anschläge als »skandalös und frevelhaft gegen die Kirche« entfernen?

Die Affäre der kleinen Mädchen
Die Reise nach Italien

Dezember 1774–Januar 1775 – Der Skandal der »kleinen Mädchen«, der sich im Dezember 1774 und Januar 1775 im Schloß von La Coste abspielte, ist eine der am wenigsten bekannten Episoden im Leben de Sades. Das wenige, was wir darüber wissen, findet sich

AUSSCHWEIFUNGEN IN LA COSTE 167

in der Sammlung von Paul Bourdin, in der *Chronique sadiste* von Maurice Heine, in einem unveröffentlichten Brief von Madame de Sade und in der *grande lettre* des Marquis. Die Unterlagen zum Kriminalprozeß, der in Lyon stattgefunden hat, befinden sich nicht in den Archiven dieser Stadt. Auf der anderen Seite sind die Akten der Personen, die aufgrund von Haftbefehlen festgenommen wurden (1720–1790) beim Brand der Polizeipräfektur im Jahre 1871 vernichtet worden. Ist es de Sades Akte, von der Fräulein de Rousset in ihrem Brief an Gaufridy vom 21. Oktober 1780 spricht? Und kann das Gewicht der Tatsachen die Meinung Paul Bourdins rechtfertigen, wonach man »nicht in den allzu bekannten Affären von Arcueil und Marseille, sondern in den häuslichen Verirrungen des Marquis de Sade den Grund für eine Gefangenschaft suchen muß, die fast vierzehn Jahre dauern wird und in dem Augenblick beginnt, da man die juristische Absolution der früheren Skandale zu erlangen sucht«? Diese Theorie scheint uns nicht vertretbar. Wenn man überlegt, welch ungeheuren Skandal die Vergehen von Arcueil und Marseille und die schrecklichen Erzählungen, die dadurch in Umlauf gesetzt wurden, verursachten, so kann man schwerlich glauben, daß wirkliche Untaten in der Legende des Marquis keinen Nachhall gefunden hätten.

Was man weiß oder annehmen kann, beschränkt sich auf ganz wenige Einzelheiten:

Der Marquis hat in Vienne und Lyon fünf junge Mädchen, vielleicht ohne Wissen ihrer Eltern, eingestellt. Um seine Verantwortung zu mindern, wird er später erklären, Nanon, »eine berufsmäßige Kupplerin« in Lyon, habe sie ausgesucht und ihm verschafft. Nanon und ein kleiner Sekretär sind ebenfalls eingestellt worden. Der Marquis bringt alle diese Leute nach La Coste. Wie er selbst zugibt, »bedient« er sich der fünf Mädchen. »Es ist ein geifernder Hexensabbat, bei dem die Dienerschaft mitwirkt«, schreibt Paul Bourdin, »Gothon[1] ist wahrscheinlich auf dem Besen geritten, ohne selbst mitzutanzen, aber Nanon hat dabei eine Rolle gespielt, die sie sehr belastet; die kleinen Näherinnen der Marquise haben ihre Haut zum Knopflochspiel zur Verfügung gestellt, und der junge Sekretär muß die Flötenpartie gespielt haben.« Wir müssen festhalten, daß dieses »Knopf-

---

[1] Stubenmädchen des Marquis.

lochspiel« eine Vermutung ist, die sich auf die falsche Beschuldigung stützt, Herr de Sade habe seinem Opfer von Arcueil Schnittwunden zugefügt, und es kann auf jeden Fall durch das ersetzt werden, das den Marquis ständig entzückte, das des Stockes und der Peitsche. Im übrigen kann man unserer Ansicht nach nicht ganz zurückweisen, daß Madame de Sade, an deren völliger Ergebenheit für ihren Gatten kein Zweifel bestehen kann, selbst auch an den Orgien teilgenommen hat. »Welche Greuel diese Person über mich erzählen kann!« wird sie dem Abbé de Sade von dem kleinen Mädchen schreiben, das nach Saumane geflüchtet ist. Und wir werden sehen, daß die Marquise von den »Kindern« als »erstes Opfer einer Raserei, die man nur als Wahnsinn betrachten kann«, bezeichnet wird.

Indessen haben die Eltern, nämlich ein Herr Behr, eine Frau Desgranges oder Lagrange und eine Frau Abadie, Strafanzeige erstattet. Ein Gerichtsverfahren wird in Lyon eröffnet. Madame de Sade ist hingefahren und hat vergeblich versucht, diese neue Affäre zu vertuschen. »Eines der Mädchen, das am meisten Schaden erlitten hat, wird insgeheim nach Saumane zum Abbé de Sade gebracht, dem das sehr unangenehm ist und der auf das Geschwätz des Opfers hin glatt seinen Neffen anklagt.« Ein anderes Mädchen, Marie Tussin, aus dem Weiler Villeneuve-de-Marc, wird in einem Kloster in Carderousse untergebracht, wo sie einige Monate später wegläuft.

21. Januar 1775 – Der Marquis bereitet eine »Richtigstellung« der Behauptungen des Mädchens, das bei dem Abbé ist, und auch der persönlichen Anschuldigungen seines Onkels vor.

11. Februar 1775 – Die Präsidentin de Montreuil, an die Madame de Sade in der Affäre der Mädchen um Rat geschrieben hatte, richtet den ersten aus einer langen Reihe von Briefen an Gaufridy. – Diese Affäre könnte sehr schlimm ausgehen. Madame de Montreuil glaube nicht, daß die Zeugnisse, welche die Marquise erhalten hatte, [die Mädchen] seien »in gutem Zustand«, genügen würden. Man müsse die Mädchen unbedingt »zu ihren Eltern zurückbringen, von denen man gute, gültige Entlastungszeugnisse erlangen muß, so daß man nie wieder mit dieser Sache belästigt werden kann. Man muß sie ihnen sogar in Gegenwart des Staatsanwalts zurückbringen, an den diese Eltern eine Klage wegen Entführung ohne ihr Wissen oder durch Überredung gerichtet haben, ja sogar vor den Priestern, die an die Marquise geschrieben haben, um sie zurückzu-

fordern; von ihnen eine Verzichterklärung auf die begonnene gerichtliche Verfolgung erwirken, in Anbetracht dessen, daß man ihnen
zurückgebe, was sie forderten, und was man nie gegen ihren Willen
habe zurückhalten wollen. Wir haben demgemäß von hier aus an
den Herrn Staatsanwalt von Lyon geschrieben, daß die Marquise
niemals die Absicht hatte, diese aus Nächstenliebe aufgenommenen
Kinder gegen den Willen ihrer Eltern zu behalten, sondern daß sie
lediglich wünsche, sie ihnen sicher und völlig entlastet zurückzugeben.« Aber es müsse unverzüglich gehandelt werden. Gaufridy solle
sich persönlich darum kümmern, daß die Mädchen mit allen oben
erwähnten Garantien schnell zurückgebracht würden. Die Präsidentin habe gestern abend Nachricht aus Lyon bekommen. Die Geschichte errege dort großes Aufsehen. Madame de Sade habe sich in
den Antworten, die sie dem königlichen Staatsanwalt und den Priestern gegeben habe, kompromittiert. »Sie hat Ausflüchte gesucht,
von einem Kloster gesprochen, gesagt, man gebe sie erst zurück,
wenn man ihr die Gehälter zurückzahle... dann zugegeben, daß sie
bei ihr seien. Das alles hat die Sache verschärft, verdächtiger gemacht
und einen sehr schlechten Eindruck hinterlassen.«

15. Februar 1775 – Die Marquise fleht den Abbé an, das Mädchen, das bei ihm untergebracht ist, nicht von einem Arzt untersuchen zu lassen.

März 1775 – Die Dokumente erwähnen nicht, ob Gaufridy selbst
nach Lyon und Vienne gefahren ist, um dort die neuen Entlastungszeugnisse zu holen, von denen er Madame de Montreuil eine Abschrift schickt. Jedenfalls hat er die Mädchen nicht dorthin gebracht.
Frau Lagrange ist nach La Coste gekommen, um ihr Kind abzuholen.
Gaufridy nimmt sie zu sich nach Hause; »man versucht, auf sie ein-
zuwirken; man versucht, ihr mit Aufmerksamkeiten und kleinen
Geschenken zu schmeicheln«. Es scheint, daß das Gerichtsverfahren
unterdrückt werden kann, dank der Intervention der allmächtigen
Madame de Montreuil, die sich direkt mit dem Staatsanwalt in Lyon
in Verbindung gesetzt hat. Das kleine Mädchen in Saumane macht
der Präsidentin am meisten Sorge, »wegen des Geschwätzes«. »Ein
Kloster, bis man sie ohne Gefahr nach Hause bringen kann« (heißt
das, von den erotischen Mißhandlungen des Marquis de Sade geheilt?), scheint ihr das beste, sowie gute Behandlung, »wenn sie nicht
plappert«. Man müsse sie davon überzeugen, daß es zuallererst in

ihrem Interesse liege, wenn sie nichts sage, weil alles, was sie sage, nachteilig für sie wäre und sie später ins Unrecht setzen würde.

14. März 1775 – Die Präsidentin de Montreuil ist wütend auf den Abbé de Sade, der »immer seine stoische Ruhe bewahrt« und nicht nach Aix gereist sei [1], obwohl sie ihn feierlich darum gebeten habe.

28. März 1775 – Der Abbé de Sade bittet Gaufridy, sein möglichstes zu tun, um ihn von dem Mädchen zu befreien, das er »aus übertriebener Gefälligkeit für Leute, die es nicht verdienen« und mit denen er nichts zu tun haben wolle, bei sich habe.

Ende März 1775 – Der Marquis hat erreicht, daß der Abbé das Mädchen noch eine Zeitlang behält.

8. April 1775 – Brief von Madame de Montreuil an Gaufridy. – Sie habe die Papiere von den Leuten aus Lyon erhalten, die der Anwalt ihr geschickt hatte: sie seien gut abgefaßt und würden ihr im Verlauf dieser Affäre als Schutzwall nützlich sein. Sie habe angesichts dieser Papiere mit Rechtsgelehrten gesprochen und glaube, man könne von jetzt ab ruhig sein. Zwar habe Behr ein zweites Mal geklagt, aber das genüge ja noch nicht, er müsse auch Beweise erbringen. Man behaupte zwar, diese Beweise fänden sich am Leib und an den Armen und entsprächen genau den Aussagen der Kinder. Gaufridy müsse ja wissen, was davon zu halten sei, aber seien es nicht vielleicht aufgrund der alten Geschichten zusammengestellte Märchen, mit denen man sich das Schweigen bezahlen lassen wolle? Die Kinder beklagten sich keineswegs über Madame de Sade, im Gegenteil. Aber sie klagten heftig den anderen an. Könne eine Mutter ruhig sein, ihre Tochter mit ihm unter einem Dach zu wissen? Jeder Brief, den Madame de Montreuil öffne, mache sie erbeben: »Wenn alles, was man sagt, wahr ist, was kann dann nicht in jedem Augenblick passieren?« Aber die Marquise würde nie eine Klage laut werden lassen, was immer ihr Mann ihr auch antue: »Sie würde sich lieber in Stücke zerhacken lassen, als etwas zugeben, von dem sie glaubt, es könnte ihm schaden.«

In ihrem Brief vom 29. April an Gaufridy betrachtet Madame de Montreuil die Affäre mit den Mädchen aus Lyon und Vienne als erledigt. – Wir müssen noch erwähnen, daß sich vor oder nach den

---

[1] Wegen des Kassationsgesuchs für das Urteil von 1772

eben beschriebenen Ereignissen noch drei andere Mädchen einige Wochen in La Coste aufhielten: die Tänzerin Du Plan, Rosette und Adélaïde, zu denen sich außerdem noch mehrere Küchenmädchen und eine Nichte von Nanon gesellen.

Mit der Tänzerin Du Plan verbindet sich ein psycho-sexuelles Geständnis, das in den Bereich der Nekrophilie oder vielmehr des nekrophilen Fetischismus gehört, der genau zu den bekannten Neigungen de Sades paßt. Der Marquis rechtfertigt sich dort gegen eine Mordanklage, welche sich auf menschliche Gebeine stützt, die man in seinem Garten gefunden hat.

Das Mädchen namens Du Plan hatte sie mitgebracht; sie ist quicklebendig, man kann sie befragen; wir haben uns den guten oder schlechten Scherz (ich überlasse das Ihnen) erlaubt, ein Kabinett damit zu dekorieren; dazu wurden sie gebraucht und später in den Garten gebracht, nachdem der Scherz oder vielmehr die Plattheit vorüber war. Wenn man sie zählt und mit der eigenhändigen Aufstellung der Du Plan vergleicht, wie viele und welcher Sorte sie seinerzeit aus Marseille mitgebracht hat, wird man schon sehen, ob man einen mehr gefunden hat.

Dieser »Scherz« von La Coste hat den Marquis vermutlich zu der Szene in dem mit Skeletten verzierten Garten der Durand in seinem Roman *Juliette* inspiriert; dort führen Juliette und Lady Clairwil zu makabrer Wollust Schenkelknochen in ihre Vulva ein.

29. April 1775 – Brief von Madame de Montreuil an Gaufridy. Sie berichtet ihrem Briefpartner, welche Schwierigkeiten die Kassation des Urteils von Aix bereite. Zwar scheint ihr der gute Wille der Magistratsherren dieser Stadt festzustehen, aber sie sieht wohl, daß die Herren gern Anordnungen vom Hof bekämen. In Paris begegnet die Präsidentin einem ähnlichen Wohlwollen beim neuen Siegelbewahrer, Hue de Miromesnil, »aber ein noch kaum etablierter höherer Justizbeamter fürchtet, sich zu kompromittieren, wenn er sein Vorgehen nicht durch die Gesetze gedeckt sieht«. Anderseits hielten es die Minister und er selbst auch nicht für günstig, sich direkt an die Autorität des Königs zu wenden, da es sich nicht gehöre, »die Einbildungskraft eines jungen Prinzen durch die Schilderung von Einzelheiten dieses Prozesses zu beschmutzen, der ihn im übrigen gegen den aufbringen würde, den er betrifft«.

11. Mai 1775 – Anne Sablonnière, genannt Nanon, vierundzwanzig Jahre alt, Tochter eines Landarbeiters aus Thiers in der Auvergne und Kammerzofe im Schloß, schenkt in Courthézon einem Mädchen, Anne-Elisabeth, das Leben. Der Taufschein schreibt die Vaterschaft ihrem Gatten, Barthélemy Fayère, zu, »aber manche sagen, es sei das Werk des Schloßherrn«.

18. Mai 1775 – Der Abbé de Sade verlangt, man solle seinen Neffen gefangennehmen und einsperren, denn er sei verrückt.

Um den 15. Juni 1775 – Gaufridy übergibt Madame de Sade ein geheimes Billett der Präsidentin, das sich auf Nanon bezieht. Er hat Befehl erhalten, das anläßlich eines Spazierganges zu tun, denn in einem Zimmer im Schloß könnte er glauben, er sei mit der Marquise allein, während Herr de Sade ihnen vielleicht hinter einem Vorhang versteckt zuhören würde: Madame de Montreuil habe einst beobachtet, »daß er diese Gewohnheit habe«.

Um diese Zeit verläßt ein Mädchen aus Montpellier, Rosette, das bisher im Schloß versteckt gelebt hatte, den Marquis de Sade.

20. Juni 1775 – Nach einem Streit mit der Marquise hat »Nanon das Schloß wie eine Verrückte verlassen«, indem sie »eine Million Unverschämtheiten« ausstieß. Sofort zeigt Madame de Sade sie wegen eines angeblichen Silberdiebstahls an, aber in Wirklichkeit will sie nur Zeit gewinnen und es Nanon unmöglich machen, Schaden anzurichten, bevor ein von der Präsidentin angekündigter Haftbefehl eintrifft. In der Tat wird Nanon von ihrer Herrschaft als gefährliches Geschöpf angesehen, das für den Skandal mit den Mädchen verantwortlich ist, und sie fürchten, sie könnte nach Lyon gehen, die Anklagen wieder erheben und ihnen erneut Nachdruck verleihen.

22. Juni 1775 – Alexandre de Nerclos, Prior des Klosters von Jumiège, bei dem Nanon Zuflucht gesucht und der das Mädchen gegen drei Dienstboten des Marquis verteidigt hat, die sie abholen wollten, schreibt an den Abbé de Sade, daß man dessen Neffen bis ans Ende seiner Tage einsperren müßte. »Es ist klar, daß die Marquise nicht mehr taugt als ihr Mann, denn man weiß ja, daß keiner im Haus zur Beichte gegangen ist und daß sie ihren jungen Dienstboten erlaubt, ein Verhältnis mit einer verheirateten Lutheranerin zu haben.«

Ende Juni 1775 – Madame de Sade begibt sich mit dem jungen

Sekretär des Marquis nach Aix, um ihn seiner Mutter zurückzubringen. Diese war, ohne sich anzumelden, aus Lyon gekommen und hatte beim Magistrat »einen Teufelslärm geschlagen«, um ihren Sohn wiederzubekommen, als ob man ihn ihr jemals vorenthalten hätte. Herr de Sade legt dieses Vorgehen als Manöver des Staatsanwalts in Lyon aus, der darauf aus war, seine Akte mit allen möglichen »neuen Verleumdungen« aufzublähen.

5. Juli 1775 – Der Minister des Hofstaates teilt Madame de Montreuil mit, er habe die nötigen Befehle abgeschickt, damit Nanon ins Zuchthaus von Arles eingesperrt werde, wie es die Präsidentin selbst gewünscht habe.

26. Juli 1775 – Herr de Sade, der sich umzingelt wußte, hat in Begleitung seines Lakaien Carteron die Flucht ergriffen. Er gab Anweisungen, daß man ihm Briefe über Gaufridy und den Advokaten Reinaud in Aix zukommen lassen solle. – Die Präsidentin teilt Gaufridy mit, sie sei unschuldig an den Maßnahmen, die gegen ihren Schwiegersohn angeordnet worden seien: die ständigen Rückfälle in die gleichen Tatbestände seien die einzige Ursache für sie. Im übrigen könnten diese Anordnungen nicht die Wirkung der Maßnahmen verzögern, die sie veranlaßt habe, um »die Herren von Aix zu bestimmen«. Madame de Montreuil glaubt nicht, daß diese Geschichte im Augenblick noch andere Folgen haben würde: der Marquis werde »auf der Flucht oder versteckt sein, wie er es schon getan hat, und wenn er sich ruhig verhält und seine Frau aufhört, sich zu kompromittieren und ihm Gefälligkeiten zu erweisen, die seiner und ihrer unwürdig sind, wird man in einiger Zeit die ganze Sache vergessen haben«. »Seine unglücklichen Söhne, die ich hier bei mir habe«, fährt die Präsidentin fort, »brechen mir das Herz, aber ich kann nicht das Unmögliche tun, da Vater und Mutter durch ihr Verhalten immer wieder mein Werk zerstören, wenn es nahezu vollendet ist.«

30. Juli 1775 – Während Nanon seit dem 5. Juli im Zuchthaus von Arles sitzt, stirbt ihr Töchterchen Anne-Elisabeth im Alter von zehn Monaten in La Coste bei ihrer Amme, die keine Milch mehr hat, da sie im sechsten Monat schwanger ist.

August 1775 – Herr de Sade, der unter dem Namen Graf de Mazan inkognito in Italien herumreist, hält sich in Florenz auf. In diesem Land »spricht keine Menschenseele französisch«, und der

Marquis sei »weit davon entfernt, italienisch zu sprechen«. Aber er arbeitet »wie ein Teufel«. Ritter de Donis, Vater der in Mazan wohnenden Madame de Valette, behauptet, es werde ihm ohne eine italienische Mätresse nie gelingen.

29. September 1775 – Herr de Sade ist in Rom eingetroffen.

6. Oktober 1775 – Lions, Steuereinnehmer des Malteserordens in Arles und Verwalter des Gutshofs von Cabanes, einer Besitzung des Marquis, ist beauftragt worden, Nanon Sablonnière zu besuchen. Er hat sich ins Zuchthaus begeben, wo die Gefangene ihm tausend Abscheulichkeiten an den Kopf geworfen hat. Wenn man sie nicht freilasse, werde sie sich das Leben nehmen, damit die Öffentlichkeit alles erfahre und die Nonnen bestraft würden, die ihr nicht erlaubten, ihren Eltern zu schreiben.

17. Oktober 1775 – Madame de Sade dankt dem Abbé, daß er das Mädchen, das er in seiner Obhut hatte, dem Krankenhaus von l'Isle-sur-la-Sorgue anvertraut hat. Sie wird die Kosten übernehmen, aber sie verlangt, daß man das Mädchen mit niemandem reden läßt.

Oktober 1775 – Auszug aus einem Brief de Sades an Gaufridy, in dem er die Präsidentin für seine ganze abscheuliche Lage verantwortlich macht:

In Wirklichkeit will Madame de Montreuil meinen und meiner Kinder Untergang, und es ist ein Unglück für mich, daß ich niemanden finde, der energisch genug ist, sie das fühlen zu lassen. Ich habe in dieser Hinsicht auf Sie gezählt, aber mit einem Zauber (den sie vom Teufel hat, dem sie zweifellos ihre Seele vermachte) [...] reißt diese Unglücksperson alles an sich, was sie berührt. Sobald ihre magischen Schriftzeichen jemanden geblendet haben, werde ich verlassen und vor die Hunde geworfen. [...] Ich höre Sie sagen: Herr de Sade, Ihr neuerliches Unrecht hat Ihr Unglück verstärkt. – Aber hören Sie auch meine Antwort: Herr, mein Unglück, mein Verruf, meine Lage verstärken mein Unrecht, und solange ich nicht rehabilitiert bin, kann in der ganzen Provinz keine Katze geschlagen werden, ohne daß man sagen wird: Das ist der Marquis de Sade.

Anfang November 1775 – Die Amme, bei der am 30. Juli Nanons Töchterchen aus Mangel an Nahrung gestorben ist, hat ein Kind zur Welt gebracht. Madame de Sade berichtet Gaufridy, der

Priester und ihre Schwester hätten versucht, sie durch tausend Fragen zu dem Geständnis zu bringen, sie und die, welche ihr das Kind anvertrauten, hätten gewußt, daß sie schwanger war. Aber die Frau habe geantwortet, sie hätte es nicht gewußt und geglaubt, der Milchmangel komme von der »Überanstrengung mit den Seidenraupen«[1].

10. November 1775 – Der Abbé de Sade teilt Gaufridy mit, das Mädchen sei völlig geheilt und er werde es aus dem Krankenhaus de l'Isle-sur-la-Sorgue wegholen und Ripert, dem Pächter des Marquis in Mazan, anvertrauen, wo es besser untergebracht sei als in Saumane und weniger Gelegenheit habe, mit Fremden zu sprechen. Es sei nicht ratsam, daß sich Madame de Sade nach Aix begebe, um in der »großen Affäre« zu bitten: »Die Dame wird einen üblen Eindruck machen in einer Stadt, wo man weiß, daß sie an den letzten Ausschweifungen ihres Mannes beteiligt war.«

Dennoch fährt die Marquise ein paar Tage später nach Aix. Sie ist in Begleitung von La Jeunesse, der Mitte August aus Italien zurückgekommen ist, »mit einer Dogge, die ebenso schwarz ist wie er«.

13. Dezember – Brief des Abbé de Sade an Gaufridy. Er sei, wie er schon im vorigen Jahr gesagt habe, der Meinung, sein Neffe müsse sich als Gefangener stellen und selbst um die Kassation des Urteils von 1772 bitten. Die Herren de Castillon und Siméon seien wie er der Ansicht, der Prozeß enthalte lauter Nichtigkeiten, und das Urteil sei ungerecht, aber der Widerstand gegen dieses Urteil sei ungesetzlich.

Ende Januar – Februar 1776 – Der Marquis ist in Neapel, wo der französische Geschäftsträger, Herr Béranger, ihn für einen Herrn Teissier hält, den Kassierer des Salzspeichers in Lyon, der mit achtzigtausend Livres geflohen ist. Der Marquis, der unter dem Namen eines Grafen de Mazan reist, zögert, seine wahre Identität zu entdecken. Aber da er sich als Oberst ausgegeben hat und ein Herr de la Bourdonnaye, selbst französischer Offizier, bestätigt hat, daß es keinen Oberst namens Mazan gebe, sieht sich der Marquis gezwungen, zuzugeben, daß er de Sade heißt. Und um seine Erklärung zu beweisen, muß er sogar in die Provence schreiben, um Bestätigungsbriefe zu erhalten. Inzwischen ist er dem entehrenden Verdacht des

---

[1] Die Seidenraupen: eine Industrie in La Coste.

Herrn Béranger ausgesetzt, der ihn durch die Polizei des Königs von Neapel überwachen läßt. Ein Brief an die Marquise, der ein Porträt von ihm enthält, erreicht seinen Bestimmungsort nie. Er hat den Geschäftsträger im Verdacht, den Brief beschlagnahmt und nach Lyon geschickt zu haben, um zu erfahren, »ob das Teissier sei oder nicht«. Um jeden Zweifel zu beseitigen, muß sich Herr de Sade schließlich einverstanden erklären, in der Uniform eines Obersten dem Gericht vorgeführt zu werden. Aber er »stirbt vor Angst«, er werde dort wegen seines schlechten Rufes Schimpf erleiden, und bittet seine Frau und Gaufridy um Anweisungen, wie er sich verhalten müsse, wenn man ihn erkenne und tadle. – Über dieses Erscheinen vor Gericht ist nichts bekannt, nicht einmal, ob es überhaupt stattgefunden hat.

15. März 1776 – Die Marquise erfährt, daß eines der kleinen Mädchen das Kloster in Caderousse verlassen hat. Zwei junge Männer, von denen einer sich als ihr Pate ausgab, haben sie abgeholt, um sie nach Lyon mitzunehmen.

4. Mai 1776 – Herr de Sade bricht von Neapel nach Frankreich auf. Zwei riesige Kisten mit Antiquitäten hat er vorausschicken lassen.

1.–18. Juni 1776 – Herr de Sade ist am 1. Juni in Rom, am 13. in Bologna und am 18. in Turin.

Ende Juni 1776 – Er ist in Grenoble angekommen, wo ihn Briefe mit Ermahnungen von Reinaud erwarten, der fürchtet, er »flattere zu viel umher«. Von hier aus bittet de Sade Gaufridy, ihm einen Martial zu besorgen und schickt La Jeunesse mit Anordnungen nach La Coste, damit dort seine Rückkehr für Mitte Juli vorbereitet werde.

Indessen kommen immer wieder Briefe und Pakete aus Rom und aus der Toskana. Der Marquis führt lange Zeit einen Briefwechsel mit Florenz, wo er Verbindungen angeknüpft und Mitarbeiter gewonnen hat, wie zum Beispiel Doktor Mesny, den Leibarzt des Großherzogs. Nach seiner Inhaftierung in Vincennes sind diese Briefe aus Italien die einzigen, die der Gefangene direkt erhalten darf. Herr de Sade arbeitet an einem Werk, das er trotz des vielen Materials, das er zusammengetragen hatte, nie zu einem guten Ende bringen sollte; es handelt sich um die *Descriptions critiques et philo-*

sophiques de Rome, Florence etc. Wenn Dr. Mesny ihm Dokumente
für das geplante Werk verschafft hat (wir haben Beweise dafür in
den Archiven des Schlosses Condé-en-Brie gefunden), so hat noch ein
anderer Italiener, der »kleine Doktor aus Rom«, dem Marquis seine
Mitarbeit zur Verfügung gestellt. Es handelt sich um Giuseppe Iberti,
den Herr de Sade im IV. Band seiner *Histoire de Juliette* rühmt und
der in der »grande lettre« vom 20. Februar 1781 erwähnt ist. Wir
haben ein sehr merkwürdiges Schreiben dieses Herrn an den »Herrn
Grafen de Mazan« entdeckt. Dieses Manuskript verrät uns, daß der
französische Edelmann Giuseppe Iberti nicht nur um nüchterne Beschreibungen etwa des Vatikans gebeten hat: Immer begierig, seine
psycho-sexuellen Kenntnisse zu bereichern, hatte er den »kleinen
Doktor« beauftragt, ihm außergewöhnliche Arten von Wollust mitzuteilen, sei es, daß er sie bei alten Autoren fände, sei es, daß das
zeitgenössische Rom ihm Material verschaffe. Aber unglücklicherweise sollte ein kompromittierender Brief Herrn de Sades in die
Hände der Inquisition fallen. Die Häscher des Inquisitionsgerichts
drangen in dem Augenblick in das Zimmer des »kleinen Doktors« ein,
als er die Skandalanekdoten zusammenstellte, um die sein Freund
ihn gebeten hatte. Giuseppe Iberti mußte die Ehre, in der *Histoire
de Juliette* glanzvoll aufzutreten, mit vier Monaten Haft in den
Kerkern der Inquisition bezahlen: »Du bist der einzige, dessen Namen ich in diesen Memoiren nicht verhüllen wollte. Die Rolle des
Philosophen, die ich Dich darin spielen lasse, paßt zu gut zu Dir,
als daß Du mir nicht verzeihen würdest, daß ich Dich vor der ganzen Welt nenne.«

Anfang Juli 1776 – Herr de Sade ist in Grenoble, wo er Schulden
macht und einen gewissen Reillanne als Sekretär anstellt.

26. Juli 1776 – In der Umgebung von La Coste, wohin Herr de
Sade zurückgekehrt ist, geht das Gerücht um, der Marquis sei fromm
geworden. Madame de Sade bestätigt diese Neuigkeit gern und erzählt jedem, der es hören will, er habe den Papst gesehen.

Das Mädchen, das man Ripert anvertraut hatte, ist aus Mazan
entflohen; bevor sie wieder in Vienne eintraf, hatte sie eine Aussage
beim Richter von Orange gemacht, nachdem sie dort acht Tage lang
Klatsch verbreitet hatte.

Um den 15. Oktober 1776 – Herr de Sade verläßt La Coste und begibt sich nach Montpellier, wo er bis Allerheiligen bleiben wird.

Zwischen dem 15. und Ende Oktober 1776 – In dieser Stadt begegnet er Rosette wieder, die im Juni 1775 das Schloß verlassen hatte. Rosette gibt nicht nur den Wünschen ihres früheren Herrn nach, sondern bringt ihn mit einem Mädchen namens Adélaïde zusammen, der sie versichert, wenn sie in La Coste arbeiten wolle und ihr die Einsamkeit nichts ausmache, brauche sie sich lediglich den Absichten des Herrn de Sade zur Verfügung zu stellen. Der Handel wird abgeschlossen.

Gegen Ende Oktober 1776 – Der Franziskanerpater Durand, vom Marquis beauftragt, eine Köchin für La Coste zu suchen, hat sich an die Schwestern Besson gewandt, die für diese Stelle die »sehr hübsche« zweiundzwanzigjährige Catherine Trillet oder Treillet, Tochter eines Webers, vorschlagen. Alle drei stellen sich im Hotel Chapeau-rouge vor, wo der Marquis wohnt. Catherine verdient in Montpellier vierzig Taler, sie verlangt von Herrn de Sade fünfzig. Die verspricht er ihr auch, ja sogar mehr, falls er mit ihrem Dienst zufrieden sei. Der Franziskanerpater verbürgt sich bei Catherines Vater für die Ehrbarkeit des Hauses: er versichert ihm, es sei ein wahres Kloster, was die Sitten betreffe. Der Weber willigt in die Anstellung seiner Tochter ein, und Pater Durand bringt Catherine in einem Wagen des Spediteurs Baillet nach La Coste. Wieder in Montpellier, berichten die beiden Männer Vater Trillet, das junge Mädchen sei bei seiner Ankunft im Schloß etwas traurig gewesen, aber Madame de Sade habe es bald getröstet.

4. November 1776 – Der Marquis ist soeben nach La Coste zurückgekehrt.

Anfang November 1776 – Seit einiger Zeit fehlt es in La Coste an Geld. Die Marquise wird bald nicht mehr für den Unterhalt des Schlosses aufkommen können. Sie hat kein Holz, und die Fenster in ihrem Zimmer haben keine Scheiben. Da sie nicht die richtigen Kleider für diese Jahreszeit besitzt, hat sie sich erkältet und muß das Bett hüten. Die Gläubiger schlagen Lärm. Herr de Sade ist in einer verzweifelten Lage. Die vierzigtausend Livres Einnahmen aus seinem Amt als Statthalter von Bresse sind beschlagnahmt. Aber die finanziellen Schwierigkeiten vermögen dem Marquis nicht den Geschmack an schönen Dingen zu verderben. In Montpellier hat er einiges für Einrahmungen und Bucheinbände ausgegeben.

19. November 1776 – Von der Marquise angefleht, die ihr ihre drückenden Sorgen ausgemalt hat, schickt Madame de Montreuil Gaufridy zwölfhundert Livres mit dem Auftrag, sie nur in dem Maße zur Verfügung zu stellen, wie sie für den Unterhalt des Schlosses gebraucht werden.

27 November 1776 – Madame de Sade ist ungehalten über das Vorgehen ihrer Mutter, weil sie ihr die zwölfhundert Livres nicht direkt geschickt hat. Sie bittet Gaufridy, so wenig wie möglich zurückzuhalten, denn es fehlten ihr tausend Taler, um über den Winter zu kommen. Überdies macht sie sich Sorgen, das aus Mazan entflohene Mädchen könne irgendwelche Ränke schmieden. Es steht fest, daß Ripert und Jean, dessen Nachfolger, ihr geraten hätten, in Orange auszusagen. Was hat sie wohl seither in Vienne unternommen? Gaufridy müsse unverzüglich deswegen an Madame de Montreuil schreiben.

Mitte Dezember 1776 – Über das merkwürdige Ereignis, das Mitte Dezember zwischen Dämmerung und Morgengrauen im Schloß La Coste vor sich ging, gibt es zwei Versionen: die Version einer unveröffentlichten Schrift von Trillet und die des Marquis de Sade, so wie sie aus seiner Antwort auf diese Schrift hervorgeht.

Unsere erste Schilderung fußt auf den Erklärungen Trillets: Der Marquis de Sade hat Pater Durand schriftlich beauftragt, vier Dienstboten einzustellen und ihm nach La Coste zu bringen. In Begleitung des Paters kommen eines Abends in einem Wagen des Herr Bataillet vier Personen an: ein Sekretär namens Rolland; ein aus Paris gebürtiger Perückenmacher, Bruder eines Dieners des Grafen de Périgord; ein Zimmermädchen namens Cavanis; eine aus dem Ausland stammende Küchenhilfe. Nach dem Abendessen sperrt Herr de Sade jeden der vier in ein besonderes Zimmer. Während der Nacht geht er zu ihnen und verlangt, daß sie sich seinen Begierden hingäben, dabei versucht er ihre Schamhaftigkeit mit Geld zu überwinden. Außer dem Küchenmädchen, das im Schloß bleiben will, drehen die Dienstboten mit Pater Durand dem Schloß am nächsten Morgen um vier Uhr entsetzt den Rücken, sie entfernen sich in demselben Wagen, der sie hergebracht hatte. In Montpellier berichten sie Trillet, was geschehen sei. Dieser ist besorgt um seine Tochter, die seit Allerheiligen in La Coste ist, und macht Pater Durand heftige Vorwürfe. Der Pater sagt ihm, er habe wohl von den früheren Verfehlungen des Marquis gewußt, seit einiger Zeit halte er ihn aber für geheilt. Er will ihm ausreden, Catherine zurückzuholen, doch da der Mann darauf besteht, erklärt er sich bereit, ihm den Gefallen zu tun und an den Marquis de Sade zu schreiben. Trillet gibt den Brief dem Prior des Franziskanerklosters zu lesen, der ihn dem Zweck nicht angemessen findet, Pater Durand auffordert, einen anderen zu schreiben, und ihn dann aus seinem Kloster jagt.

Der Marquis de Sade wird auf das Schreiben Trillets mit kategorischem Leugnen antworten. Es stimme nicht, wird er betonen, daß er Pater Durand geschrieben habe, er solle ihm Dienstboten mitbringen; Trillet, der nicht lesen könne, könne unmöglich von einem solchen Brief Kenntnis haben. Alle seine Behauptungen könne er nur mit Lügen aufrechterhalten. »Angenommen, ich hätte diese Leute (die der Abschaum der Natur waren)«, wird der Marquis erklären, »angenommen, sage ich, ich hätte sie für würdig befunden, Begierden zu befriedigen, so wäre es wahrscheinlich, daß ich sie behalten hätte, da sie zu mir kamen und sich mir zum Bleiben anboten; und wenn ich mich entschlossen hätte, sie zu behalten, so hätte ich mich nicht in dieser Nacht an ihrer Tugend zu vergreifen brauchen. Dazu hätte ich genug Zeit gefunden während ihres Aufenthaltes hier. Wenn [...] ich mich also noch am selben Abend entschlossen habe, sie zurückzuschicken, da ich sie nicht brauchen konnte und nicht um sie gebeten hatte, so ist es mehr als wahrscheinlich, daß ich mich nicht der Gefahr aussetzte, Leute zu beleidigen, von denen ich wußte, daß sie am nächsten Morgen abreisten, und die ich dadurch in die Lage gebracht hätte, sich über mich zu beklagen. Konnte ich nicht voraussehen, daß die Leute über diese vergebliche Fahrt verärgert sein würden? Würde ich diese schlechte Laune durch Belästigungen während der Nacht verschlimmern wollen? Ich hätte mehr als verrückt sein müssen, um einen solchen Fehler zu begehen. [...] Und was das Geld anbelangt, so weiß niemand besser als Herr Gaufridy, daß ich zu der Zeit keinen Sou besaß. Alles das sind Verleumdungen und mutwillig erfundene falsche Beschuldigungen.«

Das Fehlen jeglichen Beweises auf beiden Seiten erlaubt kaum, über diese widersprüchlichen Erklärungen eine Entscheidung zu treffen. Trotzdem wollen wir versuchen, mit allem Vorbehalt Für und Wider abzuwägen.

Die Erklärungen de Sades würden nur wenig Zweifel aufkommen lassen, wenn es sich um etwas weniger Gewagtes als ihn auf der Suche nach seinem Vergnügen handelte. Es scheint kaum glaubhaft, daß sich Pater Durand den Unannehmlichkeiten ausgesetzt hätte, vier Dienstboten einzustellen und sie mit großem Kostenaufwand von Montpellier nach La Coste zu befördern, wenn er nicht tatsächlich vom Marquis darum gebeten worden wäre. Immerhin ist es auch möglich, daß der Franziskaner sich auf einen ziemlich unbestimmten Vorschlag des Marquis anläßlich seines Aufenthalts in Montpellier oder auf einen alten, nicht nochmals bestätigten Brief gestützt hat. Wenn der Marquis die Absicht hatte, die Dienstboten zu behalten, so würde uns seine laszive Ungeduld nicht überraschen; sie scheint uns genau dem zu entsprechen, was wir von seinem Charakter wissen. Ebensowenig überrascht uns seine nächtliche Unvorsichtigkeit, falls er ihnen wirklich gleich bei der Ankunft gesagt hat, sie sollten am nächsten Morgen zurückfahren: wir haben bei vielen Gelegenheiten beobachten können, daß Herr de Sade in der Raserei seiner Begierden nie die unheilvollen Folgen bedacht hat, die ihre Befriedigung für ihn haben könnten. Außerdem ist es nicht unmöglich, daß ihn erst die Weigerung der Dienstboten, sich seinen Launen zur Verfügung zu stellen, zu dem Entschluß brachte, sie wegzuschicken, denn er leugnet auch nicht, daß das Küchenmädchen (wahrscheinlich die einzige, die ihn nicht abgewiesen hat) in La Coste geblieben ist, obschon er behauptet, keinerlei Bedarf für ihre Dienste zu haben. Einzig das Argument seiner Zahlungsunfähigkeit scheint stichhaltig zu sein. Aber auch da noch ist es möglich, daß die Geldbörse, mit der er die Dienstboten zu bestechen hoffte, leer war. Was hingegen die Häßlichkeit der Leute betrifft, so übertreibt der Marquis wahrscheinlich mit Absicht. Aber wenn sie auch unbestritten »der Abschaum der Natur« gewesen wären, so hätte sie das vermutlich vor seiner Begierde doch nicht bewahrt, die immer eifrig nach neuen Objekten der Wollust strebte[1].

---

[1] Im Gegenteil, diese Häßlichkeit hätte für den Marquis gerade eine Anziehungskraft sein können, wenn er überhaupt jemals die merkwürdige Neigung seiner Helden in *120 Journées de Sodome* geteilt hat: »...Die

In den letzten Dezembertagen 1776 – Ein anonymes Billett hat Gaufridy mitgeteilt, ein Polizeibeamter und zehn Reiter hätten Befehl erhalten, sich am 2. Januar zum Jahrmarkt der Saint-Clair in Apt zu begeben und Herrn de Sade dort zu verhaften. Der Marquis wird rechtzeitig gewarnt und sinnt auf Flucht. Er bittet seinen Notar um fünfzig Taler. Wenn er La Coste überhaupt verlassen hat, so scheint er nicht weit geflohen zu sein, denn am 17. Januar treffen wir ihn wieder in seinem Schloß, der mörderischen Wut Trillets ausgeliefert.

14. Januar 1777 – Marie-Éléonore de Maillé de Carman, Gräfin de Sade, stirbt im Karmeliterinnenkloster an der Rue d'Enfer in Paris im Alter von fünfundsechzig Jahren. (Der Marquis und seine Frau werden das erst drei Wochen später bei ihrer Ankunft in Paris erfahren.)

15. Januar 1777 – Die Gräfin de Sade wird im Kirchsprengel Saint-Jacques-du-Haut-Pas beigesetzt.

17. Januar 1777 – An diesem Freitag kommt Herr Trillet ins Schloß, um seine Tochter Catherine zu holen (die hier Justine genannt wird). Bei einem Streit mit Herrn de Sade gibt er aus nächster Nähe einen Pistolenschuß auf seinen Gegner ab, der aber fehlgeht. Dann flieht er und schlägt Lärm im Dorf. Gegen fünf Uhr schickt Catherine nach ihrem Vater; sie will ihn beruhigen und zur Vernunft bringen. Trillet kommt mit vier Dorfbewohnern zurück, aber er ist immer noch wütend und gibt in einem Hof, wo er glaubte, Herrn de Sade gehört zu haben, einen zweiten Schuß ab. Die Leute, die mit ihm gekommen sind, fliehen, statt ihn zu unterstützen. Der Weber versteckt sich in einer Kneipe, wohin sich der Gerichtsdiener Jouve und andere angesehene Persönlichkeiten begeben, aber sie

Schönheit ist das Einfache, die Häßlichkeit das Außergewöhnliche, und jede glühende Einbildungskraft wird zweifellos in der Wollust das Außergewöhnliche immer dem Einfachen vorziehen. Schönheit, Frische überraschen immer nur in einem einfachen Sinne; Häßlichkeit, Erniedrigung versetzen einen viel heftigeren Schlag, die Erschütterung ist sehr viel stärker, also muß die Erregung lebhafter sein: nach alledem braucht man sich nicht mehr zu wundern, daß eine Menge Leute eine alte, häßliche, ja sogar übelriechende Frau einem frischen, hübschen Mädchen vorziehen; nicht mehr zu wundern, sage ich, als über einen Mann, der lieber auf karger, holpriger Erde in den Bergen spazierengeht als auf den monotonen Wegen der Ebene.«

AUSSCHWEIFUNGEN IN LA COSTE   183

nehmen den Schuldigen nicht fest und setzen das Leben ihres Herrn
zum dritten Mal der Gefahr aus.

18. Januar 1777 – Viguier, Gerichtsstatthalter in La Coste, erfährt
von dem Mordversuch und beginnt mit dem Zeugenverhör.

20. Januar 1777 – Trillet verläßt La Coste beim Morgengrauen,
nachdem er die Herren Paulet und Vidal seiner »aufrichtigsten,
freundschaftlichsten und anhänglichsten Gefühle« für den Marquis
de Sade versichert hat.

Nach dem 20. Januar 1777 – Herr de Sade hat Gaufridy gebeten,
sich unverzüglich nach Aix zum Advokaten Mouret zu begeben und
sich dort zu erkundigen, ob Trillet ihn angezeigt habe, damit man
in diesem Fall dem Oberstaatsanwalt Herrn de Castillon die wahren Tatsachen darlegen und ihn um Rat und Hilfe bitten könne.
Aber Gaufridy glaubt, die Anweisungen seines Klienten nicht ausführen zu müssen. Der Marquis ist darüber sehr besorgt und macht
ihm heftige Vorwürfe.

Leider waren die Besorgnisse Herrn de Sades nur zu begründet.
Trillet ist ihm zuvorgekommen und hat in Aix gegen ihn geklagt.
In einem Memorandum enthüllt er dem Oberstaatsanwalt die häus-
lichen Zwischenfälle vom vergangenen Monat und die Weigerung
Herrn de Sades, ihm Catherine zurückzugeben. Seine Mordversuche
gegen den Marquis erwähnt er mit keinem Wort.

In einem Brief an Gaufridy beantwortet der Marquis den ersten
Teil von Trillets Schreiben Punkt für Punkt. Er bezichtigt ihn, gelogen zu haben. Was die beiden Pistolenschüsse angehe, die der
Weber zu erwähnen vergessen habe, so werde das Protokoll des Ge-
richtsstatthalters darüber Auskunft geben; im übrigen habe Catherine ausgesagt, »sie sei zufrieden und könne sich nicht beklagen«.
Herr de Sade meint, man müsse Trillet verhaften: »Sonst«, erklärt
er Gaufridy, »beweist man mir, daß man hier nur mein Verderben
will.«

Einige Tage später wirft Herr de Sade Gaufridy in einem Brief
erneut vor, daß er Trillet nicht zuvorgekommen sei und dem Oberstaatsanwalt nicht von dem mißlungenen Attentat vom 17. Januar
berichtet habe, vor allem da dieser nach den früheren Skandalen
glauben könnte, die Klagen des Webers beruhten auf Tatsachen.
Was wäre schon dabei, wenn Herr de Castillon denken könnte, Catherine sei trotz ihrer Häßlichkeit »für alles andere als für die Kü-

che« in La Coste? »Mit ihr geschlafen zu haben« wäre keine Anklage, vor der man sich zu fürchten brauche, da das Mädchen groß-
jährig sei und der Vater es noch am Leben angetroffen habe. Außerdem drückt Herr de Sade seine Ungehaltenheit darüber aus, daß
man ihm in dieser Sache sehr schlecht gedient habe. Alle Einwohner von La Coste seien »Lumpen, die man rädern sollte«: »Man
müßte einen nach dem anderen verbrennen«, der Marquis »würde
ohne mit der Wimper zu zucken das Holz dafür liefern«. Herr
Gaufridy hingegen müsse wohl zugeben, daß er, genau wie die öffentliche Meinung, gewohnt sei, Herrn de Sade unrecht zu geben,
»weil [er] unglücklich [ist]«, und nicht geglaubt habe, daß dieser
»unschuldig genug sei, um offen Partei [für ihn] zu ergreifen«.

30. Januar 1777 – Der Advokat Mouret aus Aix teilt Gaufridy,
der sich endlich entschloß, die Anordnungen Herrn de Sades zu befolgen, die Ansicht des Oberstaatsanwalts in der Affäre Trillet mit.
Er sei der Meinung, das Verhalten des Marquis sei in jeder Hinsicht
abscheulich, und Catherine müsse unverzüglich zu ihrem Vater zurückgeschickt werden, da angesichts »der allgemeinen Erregung« und
nach so vielen schlechtvertuschten Affären die Folgen der letzten sehr
schwerwiegend sein könnten.

ABREISE NACH PARIS UND VERHAFTUNG

Januar 1777 – Die Präsidentin, die von ihrer Tochter »zehn große
Seiten Drohungen und Schmähungen« erhalten hat, die vermutlich
vom Marquis diktiert seien und »die man sich nicht vorstellen kann,
wenn man sie nicht gelesen hat«, ist außer sich über soviel »Ungerechtigkeit und Infamie« und teilt dem Notar Gaufridy mit, sie
wolle sich von jetzt an nicht mehr um die Angelegenheiten der de
Sades kümmern. Das wird sofort unangenehme Folgen für die de
Sades haben, denn die Präsidentin hatte sich anerboten, eine Bittschrift »gegen ein Verfahren, das man unangreifbar macht, indem
man sich nicht stellt« an Seine Majestät zu richten. Aber sie werde
gar nichts unternehmen: von jetzt an lasse sie Herrn de Sade seinen
Kopf und seine Ehre selber verteidigen.

Beschließen die Ehegatten ihre Abreise nach Paris Ende Januar,
weil sie das Wohlwollen der Präsidentin zurückgewinnen wollen
oder weil diese ihnen schlechte Nachrichten über den Gesundheits-

zustand der Gräfin de Sade geschickt hat? Es ist unbestreitbar, daß Madame de Montreuil bei der Verhaftung vom 13. Februar die Hand im Spiel hatte, aber wir besitzen keinerlei Beweise, daß sie ihren Schwiegersohn in eine »Falle« gelockt hat. Reinaud, der zu der Zeit noch nichts von dem Tod der Gräfin zu wissen schien, vertritt in seinem Brief vom 8. Februar die Meinung, die Nachricht von ihrer Krankheit sei eine Lüge, mit der man den Marquis in die Hauptstadt locken wollte. Auf jeden Fall steht fest, daß de Sades Ankunft in Paris für die Absichten der Präsidentin ungemein günstig war. Das beweisen schon einige Bemerkungen in dem erwähnten Brief an Gaufridy: »Wenn man mich angreift, wie man mir droht, werde ich zu antworten wissen. Ich fürchte mich vor nichts auf der Welt, gleichgültig, wen die sich daraus ergebenden Enthüllungen und *Beweise* belasten.«

Jedermann in der provenzalischen Umgebung des Marquis schien es sicher, daß seine Freiheit an den Ufern der Seine bedroht war. Selbst die Dienerin Gothon wird später beschwören, er habe sein Unglück selber gewollt, als er gegen alle guten Ratschläge nach Paris gefahren sei.

1. Februar 1777 – Herr de Sade ist auf der Durchreise in Tain, er ist mit La Jeunesse unterwegs, während die Marquise von Catherine Trillet (Justine) begleitet wird, die sie angefleht hat, sie mitzunehmen, da sie trotz der Verweise ihres Vaters nicht nach Montpellier zurückkehren wollte.

8. Februar 1777 – Müde, auf schlechten Straßen und gezwungen, jeden Augenblick ihren Wagen flicken zu lassen, kommen die Gatten gegen Abend endlich nach Paris und erfahren, daß die Gräfin de Sade schon vor drei Wochen gestorben ist. Herr de Sade »hatte auf der ganzen Reise gehofft, und der Schlag traf ihn schwer«. Er ist beim Abbé Amblet, Rue des Fossés-Monsieur-le-Prince, abgestiegen, gegenüber dem Stellmacher; sein früherer Erzieher hat ihn sehr gut aufgenommen und »läßt ihm jede erdenkliche Fürsorge« angedeihen.

Zwischen dem 8. und 13. Februar 1777 – Trotzdem er in Trauer ist, schreibt der Marquis in merkwürdiger Weise an einen Pariser Abbé, der früher an seinen Ausschweifungen teilgenommen hat. Der Tod der Gräfin zwinge ihn, den äußeren Schein zu wahren, aber er brenne darauf, den Freund wiederzusehen, ihm seine »Heldentaten« zu erzählen, von den seinen zu hören und gemeinsam einige neue zu begehen. Er bittet ihn um ein Treffen, um auf Mädchenjagd zu gehen.

10. Februar 1777 – Madame de Sade hält es für zweckmäßig, ihrer Mutter die Anwesenheit des Marquis in der Hauptstadt mitzuteilen. Bis dahin hat sie es nicht getan, weil Madame de Montreuil vor der Fastenzeit sehr viele Leute sah, die ihr schlechte Ratschläge hätten geben können.

13. Februar 1777 – Aufgrund eines Haftbefehls [1] wird der Marquis von Inspektor Marais im Hotel de Danemark, Rue Jacob, verhaftet und ins Gefängnis von Vincennes gebracht, wo er gegen halb zehn Uhr abends ins Gefangenenregister eingetragen wird.

---

[1] Es handelt sich um eine *lettre de cachet,* hier mit Haftbefehl wiedergegeben. *Lettres de cachet* waren geheime königliche Verfügungen, so u. a. über die willkürliche Verhaftung von Personen.

X. Sechzehn Monate in Vincennes; Flucht aus Valence (1777–1778)

Sechzehn Monate in Vincennes

15. Februar 1777 – Der Marquis de Sade wird morgens in die Zelle Nr. 11 [1] eingewiesen.

23. Februar 1777 – Eben von einer Grippe genesen, erfährt der Abbé de Sade durch den Präsidenten de Montreuil eine Neuigkeit, die ihn für zwanzig Jahre gesund macht [2]: die Verhaftung seines Neffen. Er berichtet sie an Gaufridy weiter: »Der Mann ist verhaftet und in eine Festung in der Nähe von Paris gesperrt worden. Jetzt bin ich beruhigt, und ich glaube, jedermann wird zufrieden sein.«

25. Februar 1777 – Betäubt von dem Schlag, der sie getroffen hat, berichtet Madame de Sade Gaufridy, die Präsidentin de Montreuil behaupte »ohne Zorn, ohne Erregung«, sie habe ihren Schwiegersohn nicht verhaften lassen und sei zu keinem Verrat fähig. Der Siegelbewahrer hingegen meine, die veränderte Lage der Dinge sei für die große Sache günstig: »Sobald es mir möglich ist, sie zu bearbeiten, werde ich das tun«, habe er gesagt. Die Marquise wisse nicht, in welche Festung man ihren Mann gebracht habe. Sie vermute, in die Bastille, aber die Zugbrücken seien immer hochgezogen, und die Wachen hinderten einen, stehenzubleiben und hinaufzusehen. Nachricht von de Sade bekomme sie nur durch den Minister: es gehe ihm gut, werde ihr gesagt, er habe »alles, was er verlangen kann«.

Ende Februar 1777 – Herr de Sade schreibt zum erstenmal einen Brief an die Marquise: »Ich fühle, daß ich außerstande sein werde, einen so grausamen Zustand noch lange auszuhalten. Die Verzweif-

---

[1] Die Zelle Nr. 11 hatte »Aussicht«, sie lag höher als die Gefängnismauer.

[2] Nach einem Ausspruch von Madame de Sade.

lung übermannt mich. Es gibt Augenblicke, da ich mich nicht mehr
kenne. Mein Blut ist zu stürmisch, um einer so schrecklichen Folter
standzuhalten. Ich will meinen Zorn an mir selbst auslassen, und
wenn ich in vier Tagen nicht draußen bin, so schlage ich mir den
Kopf an den Wänden ein, das steht fest.« Er fleht Madame de Sade
an, sich dem Minister, wenn nötig sogar dem König zu Füßen zu
werfen, um ihren Mann zu befreien. »Wenn man mich derartig beleidigt, so dient man nur den grausamen Absichten Deiner Mutter.«
Die Marquise solle sich nicht durch den Vorwand täuschen lassen,
mit dem Madame de Montreuil ihre Rache vertuschen wolle, nämlich, diese Verhaftung erleichtere die Kassation des Urteils von 1772.
Außerdem ist der Gefangene besorgt, die Präsidentin könne sich der
Brieftasche, die im Hotel de Danemark zurückgeblieben ist, bemächtigt und darin Dinge gefunden haben, »die ihr verdächtig vorka-
men«, vor allem ein von seiner Hand geschriebenes Gutachten, das
ihm ein Herr Saint-Pol, den er in Italien kennengelernt hatte, diktiert habe. Er erklärt sich bereit, jede gewünschte Auskunft über
diese Dokumente zu geben: Madame de Montreuil möge unterdessen keine nachteiligen Schlüsse daraus ziehen.

4. März 1777 – »Es könnte nicht besser und sicherer gehen: es war
auch Zeit!« Das ist das Gefühl, das Madame de Montreuil bei der
Verhaftung ihres Schwiegersohnes hat: das teilt sie Gaufridy ohne
Umschweife mit. Der Anwalt solle ihr insgeheim weiterhin über
alles Bericht erstatten, was Madame de Sade ihm schreibe und was
er in La Coste erfahren könne. Er brauche sich keine Sorgen zu
machen: die Marquise werde nichts davon erfahren; außerdem würden Gaufridys Briefe sofort verbrannt werden, nachdem sie sie gelesen habe. Und er solle sich immer vor Augen halten: er schreibe
»an einen Arzt, der heilen will«. Die Präsidentin beklagt sich, daß
die Mäßigung und das Feingefühl, das sie ihrer Tochter gegenüber
an den Tag lege, dieser letzteren überhaupt keine Bereitwilligkeit
und kein Vertrauen einflößten. Immerhin scheine Madame de Sade
seit einigen Tagen etwas weniger »niedergedrückt«, wenn auch ihr
Flehen bei den Ministern wenig Erfolg habe: sie erlaubten ihr nicht,
ihren Mann zu besuchen, ja sie sagten ihr nicht einmal, wo er sich
befinde. »Das alles ist ganz in Ordnung«, schließt die Präsidentin
de Montreuil.

6. März 1777 – Der Marquis de Sade an seine Frau: »Oh! Liebe

VINCENNES UND VALENCE 189

Freundin, wann wird meine schreckliche Lage ein Ende haben? Wann, großer Gott, wird man mich aus dem Grabe befreien, in das man mich lebendig gesperrt hat? Nichts kommt dem Schrecken meines Loses gleich, nichts kann ausmalen, wie ich leide, kann die Angst schildern, die mich quält, und den Kummer, der mich zerfleischt. Ich habe hier nur meine Tränen und meine Schreie; aber niemand hört sie ... Wo ist die Zeit, da meine liebe Freundin sie mit mir teilte? Heute habe ich niemanden mehr: es scheint, als wäre die ganze Natur für mich tot!«

13. März 1777 – In einem Brief an die Präsidentin de Montreuil wirft de Sade ihr vor, sie habe »in einem Augenblick die heiligsten Gefühle verraten: die Gefühle der Menschlichkeit, indem [sie] einen Sohn am Sarge seiner Mutter verhaften ließ«. Er fleht sie an, ihn befreien zu lassen, damit er nicht der Verzweiflung anheimfalle, und ihm Zeit zu geben, seine Fehler gutzumachen.

18. April 1777 – Der Marquis de Sade an seine Frau: »Ich bin in einem Turm hinter neunzehn eisernen Türen eingesperrt, Licht erhalte ich durch zwei kleine Fenster, von denen jedes mit zwanzig Stäben vergittert ist.« In fünfundsechzig Tagen habe er nur fünfmal eine Stunde lang spazierengehen können, »in einer Art Friedhof von ungefähr fünf Fuß im Quadrat, mit Mauern umgeben, die mehr als fünfzig Fuß hoch sind«. – »Wie soll man die Tugend nicht lieben, wenn sie einem in so göttlichen Farben dargeboten wird?«

29. April 1777 – Herr de Sade schreibt der Marquise, er habe die Bittschrift an den König betreffs der Kassation des Urteils von Aix bekommen und unterzeichnet. Aber das Lesen dieser Bittschrift habe ihn nur »noch wütender« gemacht: man hätte ihm nicht zeigen sollen, daß man ihn für »so unschuldig« halte, und wenn, warum gebe man ihm dann nicht die Freiheit zurück? Der Marquis wundert sich, daß eine Regierung »so kindisch der Rache einer Megäre dient«.

Vor kurzem ist Justine nach Montpellier abgereist, wo sie am 1. oder 2. Mai eintreffen wird. Die Präsidentin hat sie heimlich ausgefragt und ihr Vertrauen gewonnen: so hat die Köchin ihr von einer »Kameradin« erzählt, die sich heimlich im Schloß aufgehalten hatte. Für den Fall, daß eines Tages die Affäre mit den Mädchen von Lyon und Vienne wieder aufgegriffen würde, wäre es gut, wenn Gaufridy einige »Beweisstücke, die da zu belassen gefährlich wäre«, aus einem bestimmten Zimmer in La Coste entfernen würde.

9. Mai 1777 – In einem Brief an Gaufridy beklagt sich die Marquise über die Gleichgültigkeit ihrer Mutter gegenüber dem traurigen Schicksal des Marquis de Sade. Die Langsamkeit der Präsidentin bringt sie zur Verzweiflung, und diese sei zufrieden, wenn sie »ihre Dulcinea« betrachten könne (zweifellos ist damit Fräulein de Launay gemeint).

10. Mai 177 – Herr de Sade läßt seine Frau und seine Schwiegermutter wissen, daß er auf keinen Fall seine Unterschrift unter die Vollmachten setze, die man ihm zugeschickt hat. Wie konnten sie glauben, er sei dumm genug, Madame de Montreuil die Verwaltung seiner Geschäfte zu übertragen, solange er in diesem schrecklichen Gefängnis schmachte, in das sie ihn gebracht habe? Er ist empört über dieses Ansinnen, das ihn nur noch verzweifelter mache, da es ihm klar gezeigt habe, daß seine Gefangenschaft noch lange nicht zu Ende sei.

2. Juni 1777 – Madame de Sade berichtet Gaufridy über ihre Kinder. Der kleine Chevalier gliche seinem Großonkel: »Das wird einmal ein kluger Offizier, der gerecht handeln wird«; der ältere sei »schmächtig«, aber »von einer Lebhaftigkeit und einem Ungestüm, die nicht ihresgleichen haben«. Das kleine Mädchen hingegen, das im Kloster sei, gebe vor, froh zu sein, seine Mutter zu sehen, aber im Grunde habe es die Nonnen viel lieber: das werde man ändern müssen.

3. Juni 1777 – Die Präsidentin teilt Gaufridy mit, es sei ihr gelungen, »durch verschiedene Begründungen, welche die wahre nicht verraten«, die Freilassung Nanons hinauszuzögern. Diese Maßnahme scheint mit den kompromittierenden Entdeckungen in dem Geheimzimmer von La Coste zusammenzuhängen; Madame de Montreuil wünscht, daß jede Spur vernichtet sei, bevor die Gefangene von Arles freigelassen wird: sie könnte schwatzen. »Die Ungewißheit über die Spuren« setzt die Präsidentin in »grausame Ungewißheit«. Gaufridy müsse ihr genau berichten: handelt es sich um »Schriften« oder »Apparate, deren man sich schon einmal bedient hat«? (Die Präsidentin spielt hier auf eine Art Sessel an, der bei vielen Lüstlingen jener Zeit in Gebrauch war: wenn sich das Opfer hineinsetzte, wurde es nach hinten gekippt, während die Beine von Eisenklammern ergriffen und auseinandergespreizt wurden.)

4. Juni 1777 – Madame de Sade hat inzwischen erfahren, daß ihr

VINCENNES UND VALENCE

Mann in Vincennes ist, aber man erlaubt ihr immer noch nicht, ihn
zu sehen, und wenn sie Nachrichten von ihm bekommt, sind es ge-
öffnete Briefe, von der Zensur geprüft. Wenn sie etwas schreibt,
»was etwas bedeuten könnte«, schickt man ihr den Brief zurück. Sie
schreibt Gaufridy, wenn Herr de Sade nach Aix reiste, um sich dem
Gericht zu stellen, müßte man seine Flucht »anzetteln«: »Es ist
besser, den Schlüssel zur Freiheit in der Hand zu haben, als darum
zu bitten.«

5. Juli 1777 – Madame de Montreuil hat die neuen Angaben, die
der Anwalt ihr über die kompromittierenden Gegenstände in La
Coste gemacht hat, nicht verstanden und verlangt weitere Erklärungen. Was ist zum Beispiel mit den »alten Möbeln, deren Schnitz-
werk sehr erlesen war«? Und mit dem Papier, das zum Fenster hin-
ausgeflattert war? Weiß Nanon davon? Dieser Punkt sei sehr wichtig, um zu wissen, wie man sich dem Mädchen gegenüber verhalten
müsse[1].

11. August 1777 – Madame de Sade teilt Gaufridy mit, ihr Gatte
leide grausam an Hämorrhoiden; er solle das dem Abbé berichten:
»Das wird ihn noch mehr verjüngen.« Die Marquise bittet immer
noch vergeblich darum, den Gefangenen sehen zu dürfen: »Der
König will es nicht«, antwortet ihr der Minister. Die Präsidentin de
Montreuil erklärt, das gehe sie nichts an. »Ich muß eine Engelsge-
duld haben mit denen allen«; wenn Herr de Sade »nicht von all
diesen Ungeheuern abhängig wäre, hätte ich mich schon längst gerächt«.

1. September 1777 – Herr de Sade beschreibt der Marquise seine
schreckliche Lage. Bevor er das erlebt habe, hätte er es sich niemals
vorstellen können; wilde Tiere und nicht Menschen sollte man in
solche »Käfige« sperren.

---

[1] Wie wird die Sache mit Nanon enden? Der Vater der widerrechtlich
eingesperrten Anne Sablonnière hat Klage eingereicht. Nanon ist es gelungen, durch einen Missionar, dem sie gebeichtet hat, einen Onkel, Priester in einem Dorf in der Auvergne, von ihrer Lage zu unterrichten. Die
Sache wird heikel. Madame de Montreuil tut, als gewähre sie freiwillig,
was sie nicht mehr verweigern kann. Auf Befehl Herrn Lavilles wird
Nanon in den ersten Februartagen 1778 freigelassen, aber es wird ihr
verboten, sich Lyon oder Vienne auf drei Meilen zu nähern. Sie bekommt
dreihundertzwanzig Livres als Entschädigung für ihr Gehalt bei Herrn
de Sade und verspricht, nicht mehr von der Vergangenheit zu reden.

192 MARQUIS DE SADE

23.–24. September 1777 – Die Marquise de Sade und die Präsidentin de Montreuil schreiben beide an den Minister, Herrn de Vergennes, wegen der Annullierung des Urteils von 1772, übereinstimmend mit der Bittschrift, die dem König am 26. des Monats überreicht werden soll.

16. Oktober 1777 – Der Gefangene in Vincennes erhält Besuch von Polizeileutnant Le Noir. Am 20. wird Herr de Sade seiner Frau schreiben, wie enttäuscht er darüber war. Seit sechs Monaten habe man ihm diesen Besuch angekündigt, als ob er ihm alle möglichen Tröstungen bringen würde: aber seine Besorgnis sei nur noch gewachsen. Herr Le Noir, weit entfernt, ihn auch nur durch die geringste Hoffnung auf Freilassung zu besänftigen, habe ihn in der niederdrückendsten Ungewißheit zurückgelassen. Zwar habe er ihn zu überzeugen versucht, Madame de Montreuil unternehme alles, was nur möglich sei, um seine Sache zu Ende zu bringen, aber Herr de Sade werde es erst glauben, wenn man ihm die Freiheit wiedergegeben habe.

31. Dezember 1777 – Jacques-François-Paul-Aldonse Abbé de Sade, Abt von Ébreuil in der Diözese Limoges, Verfasser der eleganten und gelehrten *Mémoires pour la vie de François Pétrarque* in drei Quartbänden, stirbt im Alter von zweiundsiebzig Jahren, zwei Monaten und zehn Tagen in seiner Wohnung in la Vignerme. »Der Nachlaß des Abbé ist ziemlich verworren«, schreibt P. Bourdin, der uns über dieses Thema das Wesentliche aus den Dokumenten Gaufridys wiedergibt:

Der Onkel des Marquis hinterläßt zahlreiche Schulden, und bei ihm befindet sich eine spanische Dame in Begleitung ihrer Tochter, mit der man wird rechnen müssen. Er hat ihr, vielleicht im Auftrag eines gefälligen Gatten, sein Gut la Vignerme für zehntausend Livres verkauft. [...] Madame de Montreuil wird all ihre Diplomatie aufwenden, um seinen Komtur zur Annahme der Erbschaft »unter Rechtswohltat des Inventariums« zu bewegen, aber die Sammlungen und Möbel für Herrn de Sade zu beanspruchen, vor allem die Bibliothek, die Münzensammlung und die naturgeschichtliche Sammlung, an denen dem Marquis sehr liegt. [...] Die Äbtissin von Saint-Benoît hält eine Lobrede auf den Abbé, ihren Bruder, und findet, ungeachtet der Geschichte mit der Spanierin, in den tröstlichen Be-

VINCENNES UND VALENCE 193

gleitumständen seines Todes eine fromme Beschwichtigung ihres
Schmerzes. Eine andere Schwester des verstorbenen Abbé, Madame
de Villeneuve, tut das Beste, um sein Gedächtnis in Ehren zu halten:
sie bemächtigt sich seines Geschirrs, um das dann auch mehr als zwan-
zig Jahre gestritten werden wird.

5. Januar 1778 – Der Marquis schickt der Präsidentin de Montreuil erschütternde Briefe, um sie anzuflehen, dem Schrecken seiner
Gefangenschaft ein Ende zu machen.

10. Januar 1778 – Schon im Juli 1777 hatte Madame de Montreuil der Marquise ihre Absicht mitgeteilt, sich auf den angeblichen
Wahnsinn des Marquis zu berufen, um ihn von dem Erscheinen vor
dem Gerichtshof in Aix zu dispensieren, aber bei diesem Ansinnen
hatte der Gefangene laut aufgeschrien. Jetzt, Anfang 1778, kommt
die Präsidentin auf diesen Plan zurück, der ihrer Meinung nach große Vorteile bietet: »Ein Abwesender kann nicht reizen«, bemerkt
sie zu Gaufridy, »außerdem begründet Geisteskrankheit die Ausschweifungen, die nur so zu erklären sind, und zerstreut zusammen
mit dem Mangel an schlagkräftigen Beweisen jeden Gedanken an
das Verbrechen des zweiten Anklagepunktes.« Damit meint Madame de Montreuil die Anklage wegen homosexueller Sodomie; La
Tour habe ihr beim großen Gott geschworen, es sei nicht wahr, und
ihr die Sache sehr glaubwürdig erklärt. Aber La Tour werde sich
nicht stellen können, denn er sei »auf den Inseln oder wer weiß wo«.
So solle Gaufridy im gegebenen Augenblick die entscheidenden Maßnahmen gegenüber den Mädchen treffen. Die Präsidentin erinnert
ihn, daß Marguerite Coste zunächst zurückgetreten war und dann
bei der Zeugenvernehmung niederträchtigerweise ihre Klage wegen
Sodomie erneut erhob; die Klage der anderen hingegen, »die un-
würdigerweise über den zweiten Anklagepunkt ausgesagt hat und
selbst mitschuldig war, wie sie zugab«, sei anfechtbar wegen der
Schadenersatzforderung, von der sie ihre Verzichtleistung abhängig
gemacht habe. Mariannette Laugier habe selbst zugegeben, daß sie
nichts gesehen haben könne, weil sie ans Fenster getreten sei.
    Kurze Zeit später teilte Madame de Montreuil dem Anwalt Si-
méon mit, das Vorschieben von Wahnsinn sei »ganz nach dem Geschmack des Ministers«, und bat ihn, bei dem ersten Präsidenten und
dem Staatsanwalt von Aix in dieser Richtung zu sondieren.

28. Februar 1778 – Madame de Montreuil teilt Gaufridy mit, sie habe alle Vorkehrungen für die große Sache getroffen, in Übereinstimmung mit den beiden »chefs« des Parlaments von Aix, den Herren de La Tour und de Castillon.

...März 1778 – Madame de Montreuil teilt Dr. Mesny, dem literarischen Mitarbeiter ihres Schwiegersohnes in Florenz, mit, daß es von jetzt ab unnötig sei, Herrn de Sade Dokumente für sein Werk über die Städte Italiens zu schicken, da er nicht in der Lage sei, Gebrauch davon zu machen.

14. April 1778 – Madame de Montreuil gibt Gaufridy Anweisungen in bezug auf die Mädchen von Marseille, die man ausforschen und hinsichtlich der Revision der großen Affäre beeinflussen müsse. Es wäre gut, sich der Polizei zu versichern, die einen Druck auf die Mädchen ausüben könnte, damit man im gegebenen Augenblick günstige Aussagen von ihnen bekomme.

2. Mai 1778 – Jean-Baptiste-Joseph-David, Graf de Sade d'Eyguières, erhält vom König das Amt eines Statthalters der Provinzen Bresse, Bugey, Valromey und Gex, das vor ihm der Marquis de Sade innegehabt hatte, dem man es 1773 entzog. So wird der Name de Sade weiterhin im *Almanach royal* figurieren.

23. Mai 1778 – Vor die Wahl gestellt, die Theorie der Geisteskrankheit zu vertreten oder persönlich vor dem Gerichtshof der Provence zu erscheinen, entscheidet sich der Gefangene, der sich immer empört dagegen gewehrt hat, für geisteskrank gehalten zu werden, für das letztere.

27. Mai 1778 – Seine Majestät gewährt dem Marquis, vor Gericht zu erscheinen. Das in Marly datierte Schreiben ermöglicht es dem Marquis, gegen das Urteil des Gerichtshofs der Provence Berufung einzulegen, obschon die gesetzliche Frist von fünf Jahren verstrichen ist. Es stützt sich darauf, daß keine Beweise für die »angeblichen Verbrechen der Vergiftung und Päderastie« vorlagen und daß der Prozeß »mit lauter absoluten, ja sogar grundlegenden Nichtigkeiten durchsetzt war«.

14. Juni 1778 – In Begleitung von Inspektor Marais verläßt der Marquis Vincennes und bricht nach Aix auf.

20. *Juni 1778* – An diesem Samstag kommt der Marquis de Sade mit Inspektor Marais abends nach Aix-en-Provence. Da er nicht sofort eingesperrt werden kann, verbringt er die Nacht im Gasthof Saint-Jacques.

21. *Juni 1778* – »Um der Justiz zu gehorchen und sein Nichterscheinen vor Gericht zu büßen«, hat sich der Marquis de Sade am Sonntag nachmittag in die königlichen Gefängnisse der Stadt Aix begeben.

Wenn man Marais glauben soll, wird der Marquis während seiner ganzen Gefangenschaft nicht aufhören, diesen Polizisten »mit tausend Forderungen für seine Person« zu belästigen, »obschon er so gut behandelt wird, wie ein Mann von Stand im Gefängnis behandelt werden kann«, und er möchte »den Gefangenen Geschenke machen, um sein gutes Herz zu beweisen«. Fügen wir noch hinzu, daß der Marquis de Sade beim Koch des Gefängnisses bis zu zweiundsiebzig Livres ausgeben und nicht versäumen wird, einer jungen Gefangenen, seiner »Dulcinée au miroir«, ziemlich heftig den Hof zu machen.

22. *Juni 1778* – Die Herren des Gerichtshofes von Aix bestätigen gerichtlich, daß der Erlaubnis, vor Gericht zu erscheinen, die der Marquis von Seiner Majestät erhalten hat, nach Form und Inhalt stattgegeben werden soll.

Wie man sehen wird, wird der neue Prozeß – diesmal reine Formsache, da alles im voraus zwischen Gericht und Verteidiger geregelt worden ist – mit einer ungewöhnlichen Schnelligkeit durchgeführt werden. Innerhalb von drei Wochen werden die Anklagepunkte zunichte gemacht, und am 14. Juli wird das Todesurteil von 1772 in eine einfache Verwarnung umgewandelt. Aber man darf nicht vergessen, daß in der Zwischenzeit eine sehr vorteilhafte Änderung in der Rechtsordnung stattgefunden hat: die Wiedereinberufung der von Maupeou abgesetzten alten Gerichtshöfe am 12. November 1774; das heißt, die Richter, die den Marquis, als der Kanzler an der Macht war, überstürzt und voreingenommen verurteilt hatten, wurden durch erprobte Justizbeamte ersetzt.

Indessen hat die Präsidentin ihrer Tochter nichts von der Reise Herrn de Sades mitgeteilt, um jede unerwünschte Einmischung von ihrer Seite zu vermeiden. Und am 22. Juni schreibt die Marquise besorgt an ihren Mann, den sie immer noch in Vincennes glaubt und von dem sie keinerlei Nachricht hat. Sie fürchtet, der Gefangene sei krank, das allein könnte sein Schweigen erklären, denn sie könne sich keinen Grund für eine Verstimmung denken; er wisse doch, daß sie »auf der Stelle ihr Blut opfern würde«, um der Gefangenschaft des Mannes, den sie anbete, ein Ende zu bereiten.

27. Juni 1778 – Die Dienerin Gothon[1], die im Schloß zurückgeblieben ist und »sehr traurig war und oft weinte«, wenn sie an die Lage ihres Herrn dachte, empfindet »eine unaussprechliche Freude, als [sie] erfuhr, daß er in der Nähe war«. Sie schickt ihm Blumen, Obst und Süßigkeiten und einen rührenden Brief.

30. Juni 1778 – Gegen acht Uhr morgens wird Herr de Sade in einer Sänfte mit heruntergezogenen Vorhängen vom Gefängnis ins Jakobinerkloster gebracht, wo der Gerichtshof seine Sitzungen abhält. Der Gefangene kniet vor seinen Richtern nieder, aber der Präsident de La Tour gibt ihm ein Zeichen, sich zu erheben. Dann folgen die Plädoyers von Herrn Joseph-Jérôme Siméon, seinem Anwalt, und Herrn d'Eymar de Montmeyan, dem Oberstaatsanwalt, der sehr nachdrücklich zu seinen Gunsten spricht. Nach kurzer Beratung erklärt der Gerichtshof den Prozeß von Marseille für nichtig, da das vorausgesetzte Verbrechen der Vergiftung absolut nicht vorliege, und beraumt der Form halber eine neuerliche Untersuchung der Tatbestände Ausschweifung und Päderastie sowie eine Vernehmung der Zeugen an. Eine Menge von zweihundert Menschen drängt sich vor dem Tor des Jakobinerklosters, um den Marquis de Sade zu sehen, wenn die Sänfte gebracht wird; aber die heruntergelassenen Vorhänge enttäuschen die Neugier der Zuschauer.

---

1 Weiter vorn ist von dieser Magd die Rede gewesen, und wir werden im folgenden Kapitel noch einmal auf sie zurückkommen. An dieser Stelle sei nur gesagt, daß Gothon Duffé, Protestantin von schweizerischer Abkunft und Kallipyga des Dorfes, mindestens seit sechs Jahren bei de Sade in Dienst stand, als dieser in seinem Brief vom 17. April 1782 an Mlle. de Rousset mit Vergnügen schreibt, daß der Präsident de Montreuil seit seinem Aufenthalt in La Coste im August 1772 »nicht einen einzigen freien Augenblick der Betrachtung dieses gefeierten Sterns« vorenthielt, das heißt »des schönsten Hintern, der seit hundert Jahren den Schweizer Bergen entsproß«.

Indessen ist Gaufridy unmittelbar nach der Gerichtssitzung vom ersten Präsidenten und vom Oberstaatsanwalt empfangen worden. Beide haben ihm geraten, noch am gleichen Tag nach Marseille zu fahren und die Mädchen zu holen, die als Zeugen aufgerufen werden sollen, um zu entkräften, was in ihren Zeugenaussagen auf Päderastie schließen lassen könnte.

2. Juli 1778 – Aussage der Mariette Borelly gemäß ihren Erklärungen vom 1. Juli 1772, Hauptzeugin der Anklage wegen Päderastie, vor Herrn du Bourguet, Justizrat.

7. Juli 1778 – Der Marquis de Sade wird von Herrn du Bourguet verhört.

8. Juli 1778 – Ein außerordentlicher Prozeß wird angeordnet. Obgleich Madame de Montreuil keinerlei Besorgnis wegen des eigentlichen Ausgangs des Prozesses hegt, wendet sie sich an die wichtigsten Magistratsherren von Aix und bittet sie inständig, den endgültigen Wortlaut des Urteils so abzufassen, daß keinerlei Makel an dem Angeklagten und infolgedessen an der Ehre seiner Angehörigen haften bleibe.

10. Juli 1778 – Neue Vernehmung der Zeugen und Gegenüberstellung mit dem Angeklagten.

14. Juli 1778 – Vor der Kammer des Gerichtshofs wird der Marquis de Sade öffentlich verhört; kurz darauf vernimmt er das endgültige Urteil: der Gerichtshof hält lediglich an der Anklage wegen unmäßiger Ausschweifung fest und befiehlt, daß »Louis-Aldonse-Donatien de Sade von Amts wegen in Anwesenheit des Oberstaatsanwalts verwarnt werde, damit er in Zukunft auf ein schicklicheres Benehmen achte«, und verbietet ihm, »während drei Jahren die Stadt Marseille aufzusuchen oder dort zu wohnen«, und »verurteilt ihn zu einem Almosen von fünfzig Livres, das für das Gefängnishilfswerk und zur Deckung der Gerichtskosten verwendet wird«. Nach Bezahlung dieses Almosens »stehen ihm die Gefängnistore offen, und er wird aus dem Gefangenenregister gestrichen«. Die oben erwähnte Verwarnung wird ihm sofort erteilt.

15. Juli 1778 – Im Sinne des Gesetzes ist der Marquis de Sade seit dem Vortage frei, aber der Willkür des Königs nach immer noch Gefangener. Der Haftbefehl, der am 13. Februar 1777 vollstreckt wurde, behält seine volle Wirkung. Zu seiner Verblüffung und Verzweiflung wird der Marquis de Sade um drei Uhr morgens aus sei-

198 MARQUIS DE SADE

ner Zelle geholt und von Inspektor Louis Marais aufgefordert, sich
mit ihm auf den Weg nach Vincennes zu machen[1]. Die Kutsche, in
der sich außerdem noch Antoine-Thomas, Marais' Bruder, und zwei
untergeordnete Aufseher befinden, rollt auf die Straße nach Avignon. Man durchfährt Saint-Canat, Lambesc und Pont Royal. Nach
etwa zwölf Meilen, auf der Höhe von Plan d'Orgon, verlassen die
Pferde die direkte Straße, biegen links ein in Richtung auf die Rhône:
so wird die Papststadt umgangen, wo der Gefangene überall bekannt
ist. In Tarascon wird wieder die nördliche Richtung eingeschlagen:
Comps, Remoulins, der Wald von Rochefort, die Lichtung von
Valliguières. Im Dorf wird haltgemacht; man will übernachten. Die
Einteilung des Gasthofs oder sonst ein unvorhergesehenes Hindernis
stellt sich der Flucht entgegen, an die de Sade während der Fahrt
gedacht hat.

DIE FLUCHT AUS VALENCE

16.–17. Juli 1778 – Der Gefangene und seine vier Wächter haben
Valliguières im Morgengrauen des 16. Juli verlassen und setzen
ihren Weg nach Norden fort. Die Kutsche überquert bei Pont-Saint-
Esprit die Rhône und fährt auf La Palud zu. In Pierrelate, Donzère,
Montélimar, Livron werden die Pferde gewechselt. Gegen halb zehn
Uhr abends rollt der Wagen am Stadtrand von Valence in den Post-
gasthof ein, genannt Logis du Louvre. Herr de Sade wird in sein
Zimmer geführt. Er stützt die Ellbogen auf das Fensterbrett und
blickt auf die Straße hinunter. In dieser Haltung verharrt er, bis
Marais ihm vorschlägt, sich zu Tisch zu setzen. Der Marquis kommt
dieser Aufforderung nicht nach: er habe keinen Appetit, sagt er, und
möchte nichts essen. Die Brüder Marais setzen sich zu Tisch – man
hat im Zimmer des Marquis gedeckt – und beginnen ihre Mahlzeit,
während Herr de Sade im Zimmer auf und ab geht. Es ist ungefähr
zehn Uhr abends. Plötzlich wendet sich der Marquis an Antoine-

---

1 Wenn die Kassation des Urteils von 1772 im voraus vereinbart war, so
gilt dasselbe für de Sades Rückkehr nach Vincennes. Im Protokoll über
die Flucht des Marquis beruft sich Marais auf einen Befehl des Königs
vom 5. Juli, der ihm am 14. ausgehändigt wurde, das heißt am selben
Tag, an dem der Gefangene in Aix aus dem Gefangenenregister gestrichen
wurde.

Thomas, er verspüre »ein dringendes Bedürfnis«. Der Bruder des Inspektors steht auf und begleitet ihn zu einem kleinen Raum, der sich zum Flur hin öffnet. Mit einer Kerze in der Hand geht der Marquis hinein. Antoine-Thomas hat sich bei der Treppe, dem einzigen Ausgang aus dem Flur, aufgestellt. Nach fünf Minuten kommt der Marquis heraus und schleicht sich zur Treppe. Der Wächter, der das Treppengeländer beobachtet, bemerkt ihn zuerst nicht. Als er den Marquis endlich wahrnimmt, tut dieser, als strauchle er, und fällt hin. Antoine-Thomas will ihm zu Hilfe kommen und fällt mit ihm: da steht der Marquis de Sade »mit größter Behendigkeit« auf, schlüpft »unter dem Arm« durch, der ihn stützen wollte, und läuft, vier Stufen auf einmal nehmend, die Treppe hinunter, die direkt in den Hof führt. Bis zum Tor sind es nur noch drei Schritte. Der genarrte Wächter nimmt sofort die Verfolgung auf, eine Sekunde später auch der Inspektor und die beiden Gefangenenaufseher, die der Lärm aufgescheucht hat. Man glaubt, der Flüchtling habe das Tor nicht passieren können. So werden sofort Stall, Schuppen, Keller, Heuboden, alle »Ecken und Winkel« durchsucht; selbst auf dem Dach und in den umliegenden Gärten wird nachgesehen. Herr de Sade bleibt unauffindbar. Louis Marais verlangt vom Postmeister, er solle sofort die Polizei holen: der Mann antwortet, das könne er nicht, zu dieser späten Stunde seien die Stadttore geschlossen. So werden in einem Wagen Antoine-Thomas mit einem der beiden Aufseher auf die Straße von Valence nach Montélimar, in einem zweiten Wagen der andere auf die Straße von Valence nach Tain auf die Suche geschickt.

Am nächsten Morgen, am 17. Juli, sobald die Stadttore geöffnet sind, begibt sich der Inspektor zu Wachtmeister Thyais, berichtet ihm von seinem Mißgeschick und gibt ihm eine genaue Beschreibung des Flüchtlings. Sogleich läßt Thyais mit Hilfe von zwölf Männern alle nur möglichen Nachforschungen anstellen, sowohl in der Stadt wie in den Vorstädten und in der Umgebung; außerdem schickt er Reiter auf alle Straßen, die zu Rhôneübergängen führen. Trotz dieses großen Aufwandes und der nächtlichen Suche von Marais' Helfern wird Herr de Sade nicht nur nicht gefaßt, sondern es gelingt nicht einmal, seine Spur zu entdecken. Indessen hat der Inspektor den Beisitzer des Polizeigerichtes vom Dauphiné in den Gasthof gerufen. Der Justizbeamte betritt das Zimmer, in dem der Mar-

200 MARQUIS DE SADE

quis sich eine Stunde aufgehalten hat. Das Protokoll der Erklärungen Marais' wird in ganz einfältigem Stil abgefaßt. Ein Verzeichnis der Habseligkeiten des Marquis wird aufgenommen; dann wird der Koffer mit einem Tuch bedeckt, auf das der Beisitzer viermal das Siegel seiner Gerichtsbarkeit drückt.

Die Ereignisse, die unmittelbar auf seine Flucht aus dem Gasthof du Louvre folgten, hat der Marquis de Sade in seinen autobiographischen Aufzeichnungen mit dem Titel *Histoire de ma détention* festgehalten: »Ich verbarg mich in einer Hütte, wie sie die Bauern neben ihren Dreschtennen errichten, etwa eine Viertelmeile von der Stadt entfernt. Zuerst führten mich zwei Bauern in Richtung Montélimar. Nach einer Meile änderten wir unseren Entschluß und gingen wieder der Rhône entlang, um ein Schiff zu nehmen, aber wir fanden keines. Endlich, bei Tagesanbruch, setzte einer von uns nach dem Vivarais[1] über, wo wir ein anderes kleines Schiff fanden[2], das mich für einen Louis nach Avignon brachte.«

Gegen achtzehn Uhr wird er vor der Papststadt abgesetzt und begibt sich zu den Eheleuten Quinaut. Er ißt mit ihnen zu Abend, läßt sich einen Wagen bereitstellen und bricht noch am selben Abend nach seinem Schloß auf.

NEUNUNDDREISSIG TAGE IN FREIHEIT; VERHAFTUNG

18. Juli 1778 – Gegen neun Uhr morgens kommt der Marquis de Sade nach La Coste, wo er »bis zum Mittwoch, den 19. August Ruhe hat«. Fräulein Marie-Dorothée de Rousset führt ihm das Haus[3].

---

[1] Die rechte Rhôneseite.

[2] Ein anderes Schiff als jenes, das einen von ihnen vom linken ans rechte Ufer brachte.

[3] Von Fräulein de Rousset wird im nächsten Kapitel ausführlich die Rede sein. Sie ist am 6. Januar 1744 in Saint-Saturnin-d'Apt geboren, wo ihr Vater Notar war. Sie scheint Donatien-Alphonse-François seit der Zeit gekannt zu haben, da er als Kind bei seinem Onkel, dem Abbé, in Saumane lebte. Später wird Madame de Sade Fräulein de Rousset nach Paris rufen, wo sie ihr unermüdlich bei ihren Bemühungen um Freilassung des Gefangenen behilflich sein wird. Im Juni 1781 kehrt sie in die Provence zurück. Sie läßt sich in La Coste nieder und kümmert sich um den Besitz ihrer Freunde. Sie stirbt am 25. Januar 1784 und wird an demselben Ort beigesetzt, der Zeuge ihrer treuen Ergebenheit war.

Noch bevor er frühstückt und sich die nötige Ruhe gönnt, teilt er Gaufridy seine Rückkehr mit: »Ich komme erschöpft hier an, sterbe vor Hunger und Müdigkeit; Gothon habe ich einen schönen Schrekken eingejagt. Ich werde Ihnen alles erzählen, es ist ein ganzer Roman. Bitte kommen Sie so schnell wie möglich zu mir. Ich bitte Sie, mir mit der nächsten Post Zitronen und alle Schlüssel hierher zu schicken.«

Am Tag seiner Ankunft geschrieben, aber um mindestens vierundzwanzig Stunden vordatiert, ist es ein langer Brief de Sades an Gaufridy, eine wohlüberlegte, wie ihr Verfasser gesteht »eigens entworfene« Epistel, die, wie Paul Bourdin treffend bemerkt, in ihrem »eingeredeten Optimismus« ganz den Anschein »eines Plädoyers, eines zurechtgemachten Berichtes und eines Winkelzugs« hat, um die Feinde auf ein Gelände zu führen, auf das sie nicht vorbereitet waren. Mit diesem diplomatischen Dokument – von dem er Abschriften an seine Familie, an seine Freunde und selbstverständlich an Madame der Montreuil schicken läßt – sowie mit anderen Briefen, die ebenfalls sein Vertrauen und seine Dankbarkeit ausdrücken, hofft der Marquis de Sade die Präsidentin und den Minister zu entwaffnen und ihre Großzügigkeit zu erzwingen.

18. Juli–19. August 1778 – Herr de Sade stürzt sich in seinem Freiheitsrausch mit freudiger Gier auf alles, was ihn umgibt: »Ich haben alle Leute gesehen. Wir sind sehr aufmerksam zum Herrn Pfarrer; ich glaube, er ist verliebt in mich.« »Melden Sie mir, was gesprochen wird«, schreibt er an seinen Anwalt-Notar in Apt: »Ich glaube, meine Ankunft hat noch nie soviel von sich reden gemacht.«

Bei P. Bourdin findet man zahlreiche Briefe von Fräulein de Rousset, die das Lob rechtfertigen, das de Sade seiner Freundin gezollt hat: »Ja, mein kleines Reh, wie ein zweiter Don Quijote will ich Lanzen brechen, um an allen vier Enden der Welt zu lernen, daß mein kleines Reh von allen weiblichen Rehen, die atmen, *am besten schreibt* [von uns hervorgehoben] und am liebenswürdigsten ist.« Eine ganze Anzahl unveröffentlichter Briefe Fräulein de Roussets befinden sich in den Archiven der Bastille; wenn man sie eines Tages in einem Buch zusammenfassen könnte, würde kein Zweifel mehr an ihrem literarischen Rang bestehen. Außer dem Talent des Schreibens besaß Fräulein de Rousset das des Zeichnens. Sie hatte ein Porträt des Marquis angefertigt, das leider verlorengegangen ist. Lediglich das des jungen Lefèvre ist erhalten, von dem in Kapitel XI die Rede sein wird.

Und: »Ich sage Ihnen nichts, weil ich zuviel zu sagen habe. Wir müssen unbedingt ein paar Tage zusammen verbringen.« Wenn sich ihm eine Frage stellt, kommen ihm gleich fünfzig in den Sinn, und er weiß nicht mehr, wo er anfangen soll. Der Marquis brennt darauf, nach Saumane zu fahren, um bei der Erbschaft des Abbé seine Interessen zu vertreten. Er will dort »als Herr auftreten«: er »kann kaum mehr stillhalten«. Ob es Gaufridy möglich sei, ihn bald dorthin zu begleiten? Die Liebschaften in seinem Dorf interessieren ihn sehr. Er findet die Affäre seines Bauern Chauvin »recht schmutzig«; dieser hat die Tochter des Wächters Sambuc verführt: Herr de Sade wird darüber viel zu erzählen haben. Außerdem gibt es ein »einmaliges Abenteuer« zwischen Reinaud und dem Marquis, in bezug auf die schöne Gefangene, die dieser in Aix kennengelernt hat: »Ein Brief von mir, durch ihn an meine Dulcinea geschickt, der Brief im Gefängnis abgefangen und Reinaud öffentlich ›Götterbote‹ genannt. Es ist zum Totlachen.« Kurz darauf wird der Schloßherr von La Coste Reinaud bitten, der »armen Gefangenen« ein Geschenk von sieben Livres und zehn Sous zu schicken.

Ein langer unveröffentlichter Brief de Sades an die Marquise bezeugt die unermüdliche Dienstfertigkeit von Fräulein de Rousset: sie rühre sich nicht vom Schloß weg und leiste dem Marquis »alle Dienste, die ihr ihre Freundschaft nur eingeben kann«. Sie bediene ihn sogar, wie es Gothon gemacht hätte, da er keine Dienstboten habe. »Sie hat sich völlig für mich aufgeopfert«, wird der Marquis erklären.

Inzwischen, wenige Tage vor dem 25. Juli, erfährt in Paris die Marquise de Sade aus dem Mund der Präsidentin von dem Ereignis, das diese ihr seit fünf Wochen verschwiegen hat: das Erscheinen des Marquis vor dem Gerichtshof der Provence. Als Madame de Montreuil ihr gleichzeitig mitteilt, wie das Urteil ausgefallen ist und daß der Marquis weiterhin in Haft bleiben soll, hat ihre Tochter eine fürchterliche Szene mit ihr. Die Präsidentin erklärt ihr ihre Absichten »mit einem Hochmut und einem empörenden Despotismus, die [sie] außer sich bringen«; immerhin läßt die Präsidentin durchblicken, daß »Herr de Sade freigelassen werden wird, aber nicht sofort«.

Einen Augenblick erwägt die unglückliche Gattin, die von der Flucht vom 17. Juli noch nichts weiß (es ist noch zu früh, als daß

VINCENNES UND VALENCE 203

Madame de Montreuil selbst schon davon unterrichtet sein könnte), ihrem Mann entgegenzueilen. Als sie endlich erfährt, daß ihr »guter kleiner Freund, den [sie] tausendmal anbetet« wieder in La Coste ist, und davon spricht, sofort zu ihm zu reisen, »spuckt« die Präsidentin »Gift und Galle und droht ihr ernstlich, sie einsperren zu lassen«: »Sie ist wie ein Löwin.« Die Präsidentin erklärt, sie dulde nicht, daß die Marquise sich erneut Gefahren aussetze und »wieder erniedrigt und kompromittiert wird wie damals«: »Wenn sie ihrem Mann behilflich sein will, gut; aber sie soll in Paris bleiben.« Am meisten reizt die Präsidentin in den heftigen Auseinandersetzungen mit ihrer Tochter, daß deren Ideen und Äußerungen aus ihr selbst kommen und nicht von Herrn de Sade, »von dem [sie] dachte, sie ahme ihn nach wie ein Papagei«.

Die Marquise weiß ganz genau, daß Madame de Montreuil keinen Augenblick zögern würde, sich an die Behörden zu wenden, wenn sie ihr Verbot überschritte und nach La Coste aufbräche. So beschließt sie, sich mit Geduld zu wappnen, und in Erwartung einer besseren Stimmung nimmt sie sich vor, die Justizbeamten und Minister zu belagern, um eine Aufhebung des Haftbefehls durchzusetzen.

In La Coste scheint sich der Marquis von seinem eigenen Spiel blenden zu lassen und »steigert sich«, sagt Paul Bourdin, »wie ein Kind in die Überzeugung hinein, daß alles, was geschehen ist, Madame de Montreuils Plänen entsprach und daß man ihn nicht hindern will, seine Freiheit zu genießen«. Er weigert sich, einen anonymen Brief aus Paris zu beachten, der ihm rät, ernstlich auf der Hut zu sein. »Ach was! Dummheiten, Plattheiten, wie gewöhnlich! Ich wußte es ja«, schreibt er am 8. August an Gaufridy, »diese ganze Geheimnistuerei ist wieder ein Streich, auf mein Wort, und man hat nicht mehr Lust, mich gefangenzunehmen, als ich Lust habe, mich zu ersäufen.«

Am 13. August schickt Madame de Montreuil einen Brief ihrer Tochter ungeöffnet zurück. Sie schreibt ihr indessen und leugnet empört, daß sie vor achtzehn Monaten den Marquis hat verhaften lassen. Wieder droht sie, ihre Tochter einsperren zu lassen, wenn sie Lust haben sollte, zu Herrn de Sade zu fahren. Überdies weigert sie sich, von jetzt ab die Briefe ihres Schwiegersohns zu öffnen: es gehöre sich nicht, daß die Präsidentin mit ihm in Verbindung stehe, nachdem er sich den Befehlen des Königs entzogen habe und sie in Verdacht komme, ihn zu begünstigen.

19. August 1778 (Mittwoch) – Während Herr de Sade mit dem Pfarrer Testanière und »Milli« Rousset friedlich im Park spazierengeht, taucht plötzlich der Wächter Sambuc auf, ein wenig erhitzt vom Wein, und beschwört den Marquis mit verwirrter, entsetzter Miene, sich aus dem Staub zu machen, weil die Kneipe sich mit verdächtigen Gestalten zu füllen beginne. Fräulein de Rousset eilt ins Dorf hinunter, um der Sache nachzugehen, und kommt eine Stunde später beruhigt wieder: es sei nichts zu befürchten; die Leute seien Seidenhändler. Den Marquis vermag das aber nicht zu beruhigen, und er beschließt, sich in Oppède bei dem Domherrn Vidal zu verstecken. Noch in derselben Nacht macht er sich auf den Weg. Er bittet Fräulein de Rousset, ihm täglich zwei Boten zu schicken, die ihn über die Lage auf dem laufenden halten sollen.

21.–22. August 1778 (Freitag/Samstag) – Da die Nachrichten immer beunruhigender werden, sucht Herr de Sade, der sich in Oppède nicht mehr sicher glaubt, in der Nacht vom 21. zum 22. Zuflucht in einer verlassenen Scheune, die ungefähr eine Meile vom Dorf entfernt an der Straße liegt.

23. August 1778 (Sonntag) – In seiner Scheune wird der Marquis von heftiger Erregung gepackt[1]. Erschreckt läuft die Person, die Vidal dem Marquis de Sade zur Begleitung mitgegeben hat, ins Dorf, um den Domherrn zu holen. Der Marquis hat uns das Zwiegespräch zwischen dem Priester und dem Flüchtling überliefert: »Aber was haben Sie denn?« – »Nichts, ich will hier fort.« – »Fehlt Ihnen hier etwas?« – »Nein, aber ich will fort.« – »Und wohin wollen Sie gehen?« – »Nach Hause.« – »Sie sind verrückt! Dahin begleite ich Sie bestimmt nicht.« – »Das verlange ich auch gar nicht, ich kann ganz gut allein hinkommen.« – »Überlegen Sie sich das gut, ich beschwöre Sie.« – »Ich habe alles überlegt: ich will nach Hause.« – »Aber Sie sind blind für die Gefahr, von der man Ihnen schreibt!« – »Ach was! Das sind alles Märchen! Es besteht keine Gefahr, gehen wir.« – »Warten wir wenigstens noch vier Tage.« (Wie sich später herausstellte genau die Zeit, die man sich noch hätte gedulden müs-

---

[1] »Jeder, der sich ein wenig auskannte, mußte in dieser schrecklichen Lage das Grab meiner unglücklichen Freiheit sehen«, erklärte de Sade.

sen!) – »Ich will nicht, sage ich Ihnen, ich will fort.« Der Domherr
willigt schließlich widerstrebend ein, ihn zu begleiten. Sie kommen
nach La Coste, wo man dem Marquis ein wenig Ruhe gönnen will
und deshalb vermeidet, ihn allzusehr spüren zu lassen, wie unvorsichtig seine Rückkehr ist.

24. August 1778 (Montag) – Im Schloß, wo auch der Domherr
von Oppède geblieben ist, drängt man Herrn de Sade vergeblich,
sich wieder in sein Versteck zu begeben.

25. August 1778 (Dienstag) – Gaufridy hat eine Botschaft von
der Präsidentin erhalten und leitet sie auf deren Wunsch an seinen
Klienten weiter. Daraus erfährt der Marquis, daß sein Amt als
Statthalter von Bresse am 2. Mai dem Grafen de Sade d'Eyguières
übertragen worden ist. Diese Eröffnung »betäubt« ihn, aber andererseits beruhigt sie ihn auch über seine augenblickliche Sicherheit. Er
kann sich nicht vorstellen, daß man ihm »eine so schreckliche Nachricht« mitteile, kurz bevor man ihm seine Freiheit rauben wolle.
Und ein Satz aus einem Brief Madame de Sades an Gaufridy, der
dem ihrer Mutter beigefügt war, beruhigt den Marquis noch mehr:
»Das Theater mit der Entmündigung ist nun vorbei; man spricht
nicht mehr davon, im Gegenteil, man sagt, es sei ganz natürlich,
daß Herr de Sade nach einer so langen Abwesenheit sich um die Angelegenheiten auf seinen Gütern kümmere.« So legt sich der Schloßherr, der am gleichen Tag zwei nicht weniger beschwichtigende Briefe
von seiner Frau erhalten hat, nach dem Abendessen »einerseits sehr
niedergedrückt« wegen des Verlustes seines Amtes, »andererseits ganz
beruhigt«, da seine Freiheit nicht mehr auf dem Spiele steht, zu
Bett. (Später wird er seiner Frau vorwerfen, sie habe ihn an jenem
Tag in eine gefährliche Sicherheit »getaucht«. Aber auch hier müsse
man die Ränke Madame de Montreuils erkennen. Sie sei bemüht gewesen, die Besorgnis des Marquis einzuschläfern, damit er nicht die
Flucht ergriffe, und habe ihre Tochter über ihre wahren Absichten
getäuscht, indem sie eine scheinbare Milde zur Schau getragen habe.)

26. August 1778 (Mittwoch) – Um vier Uhr morgens stürzt Gothon »unbekleidet und sehr aufgeregt« in das Zimmer ihres Herrn
und ruft »Retten Sie sich!« Er flieht im Hemd und schließt sich in
einer Abstellkammer ein. Schrecklicher Lärm ertönt auf der Treppe:
Sind es Einbrecher, die ihn umbringen wollen? Bald wird die Tür
der Kammer eingedrückt. Herr de Sade wird von zehn Männern auf

206 MARQUIS DE SADE

einmal gepackt, die einen richten ihre Degenspitzen auf seinen Leib, die anderen ihre Pistolen auf sein Gesicht es sind vier Polizeioffiziere aus Paris und eine sechsköpfige Polizeibrigade aus Salon. Inspektor Marais, der Anführer der dunklen Meute, überschüttet den Marquis mit »einer Sintflut von Dummheiten, Beleidigungen und gräßlichen Beschuldigungen«. Er wagt es, ihn zu duzen und ihm die Faust unter die Nase zu halten. »Komm her, Freundchen! Jetzt wirst du eingesperrt für den Rest deines Lebens... Was hast du in dem dunklen Zimmer da oben getrieben... Diese... diese Sachen. Leichen[1] hat man gefunden!« Der Domherr, der Priester, Fräulein de Rousset und der Ratsherr von La Coste sind Zeugen der maßlosen Wutausbrüche des Inspektors und empören sich über die unwürdige Szene, die sie später zu Protokoll geben. Sogar der Brigadier Simiot ist ungehalten und droht, sich mit seinen Männern zurückzuziehen. Indessen wird der Marquis de Sade gefesselt und aus seinem Haus geschleppt. »Von da bis Valence hört man nicht auf mit Beschimpfungen und schlechter Behandlung.« In Cavaillon sieht die ganze Stadt zu, wie der Gefangene vorübergeführt wird; in der Papststadt, wo er viele Verwandte hat, sind dreihundert Personen Zeuge seines traurigen Schicksals. »Welch ein Eindruck, großer Gott! Welch ein Eindruck!« wird Herr de Sade vierzehn Tage später ausrufen; »nach den Glückwünschen meiner ganzen Familie, nach ihren Bitten, sie zu besuchen, damit sie mich umarmten und mir gratulierten, nachdem ich überall verkündet hatte, alles sei zu Ende, nach alledem, sage ich, aus seinem Haus gezerrt zu werden, mit einer Wut, einer Erbitterung, einer Grausamkeit, einer Unverschämtheit, die man nicht gegen den letzten Schuft aus der Hefe des Volkes anwenden würde, gebunden und gefesselt durch seine ganze Provinz und durch dieselben Orte geschleppt zu werden, wo man soeben seine Unschuld und das Urteil, das sie bestätigt, verkündet hatte!«

1. September 1778 – Nach Vincennes unterwegs, schickt Herr de Sade von Lyon aus genaue Anweisungen an Gaufridy. (Er hat auch Gothon einen langen Brief geschrieben, für was alles sie in La Coste Sorge tragen müsse.) Der Marquis hofft, Gaufridy sei einige Tage in La Coste gewesen, um etwas Ordnung zu schaffen und sich mit

[1] Es handelt sich um die Gebeine, welche die Tänzerin Du Plan aus Marseille nach La Coste gebracht hatte.

VINCENNES UND VALENCE

Fräulein de Rousset über die Dinge zu verständigen, die er ihr bei seinem Aufbruch nur noch in Hast auftragen konnte. »Sie ist eine sehr teure und sehr achtbare Freundin«, schreibt de Sade, »man kann jemandem nicht mehr verpflichtet sein als ich ihr. Ihre rechtschaffene, feinfühlende Seele ist dazu geschaffen, einen den Zauber eines freundschaftlichen Gefühles köstlich spüren zu lassen. Ich werde ihr mein ganzes Leben lang verbunden sein.« Der Marquis bittet Gaufridy, unverzüglich an Madame de Montreuil zu schreiben, daß seine Anwesenheit in La Coste wegen der Regelung von Geschäften unerläßlich sei und daß man deshalb seine Freilassung beschleunigen müsse. Die Kassation des Urteils von 1772 habe den Vollmachten der Marquise ein Ende gesetzt, und Herr de Sade habe die Absicht, sein Vermögen mit Unterstützung von Gaufridy selbst zu verwalten.

5. September 1778 – Fräulein de Rousset, noch ganz benommen von der dramatischen Verhaftung des Marquis – sie ist »richtig krank davon« –, fleht Gaufridy an, bei der Präsidentin de Montreuil die Sache Herrn de Sades zu vertreten: »Denken Sie an den Unglücklichen, der seufzt«, schreibt sie ihm, »und verzeihen Sie ihm seine Fehler; er ist Ihr Freund, er liebt Sie aufrichtig; Sie vermögen viel, um seine Qual abzukürzen. Tun Sie es, ich beschwöre Sie...«

XI. FÜNFEINHALB JAHRE IN VINCENNES (1778–1784)

VOM 7. SEPTEMBER 1778 BIS ZUM 13. JULI 1781

7. September 1778 – Nach dreizehntägiger Reise – mit der Postkutsche bis Lyon, wo zwei Tage haltgemacht wurde, dann weiter
mit der Eilpost – kommt der Marquis de Sade in Begleitung von Inspektor Marais gegen halb neun Uhr abends im Gefängnis von Vincennes an[1]. Sein Gepäck enthält »einen grünen Überrock, eine weiße
Weste, eine Hose aus Serge, schwarze Strümpfe, zwei Nachtmützen,
ein Paar Pantoffeln, zwei Hemden, zwei Taschentücher, zwei Ser-
vietten«, er hat »weder Gold noch Silber noch Schmuck«. Hinter
ihm wird die Tür der Zelle Nr. 6 verriegelt.

[1] Eine Beschreibung des Gefängnisses von Vincennes von Mirabeau:
»Jedermann kennt den Bau des Gefängnisses von Vincennes, der von Philippe de Valois begonnen und von Karl V. beendet wurde und so solide
errichtet ist, daß er noch nicht die geringste Alterserscheinung aufweist.
Er ist von etwa vierzig Fuß tiefen und zwanzig Schritt breiten Gräben
umgeben, die mit behauenen Steinen versehen sind.
Dann kommt eine Mauer mit einem einzigen Eingang aus drei Toren,
an dem zwei Schildwachen stehen. Das Tor, das zum Schloß führt, kann
weder nur von innen noch allein von draußen geöffnet werden. Ein Tür-
schließer und der wachthabende Sergeant müssen es gemeinsam öffnen.
Von hier gelangt man zu den Türmen. Wieder wird der einzige Eingang
durch drei Türen verschlossen. Es wäre Artillerie nötig, um sie gewaltsam zu öffnen. Alle Räume, die zwischen den vier Türmen liegen, in
denen sich die Zellen der Gefangenen befinden, haben fast ebenso dicke
Türen. Drei weitere Türen führen endlich in die Zellen selbst. Die, welche
der Gefangene berühren kann, ist mit Eisen beschlagen. Jede Tür ist mit
zwei Schlössern und drei Riegeln versehen und öffnet sich umgekehrt wie
die darauffolgende. Auf diese Weise verriegelt die zweite die erste und
die dritte die zweite Tür. So ist dieses Gefängnis verschlossen, dessen
Mauern sechzehn Fuß dick und dessen Gewölbe mehr als dreißig Fuß
hoch sind. Die dunklen Räume wären in ewige Nacht getaucht, ohne die

Am gleichen Tag schreibt Madame de Sade, die soeben mit Bestürzung von der Gefangennahme ihres Mannes erfahren hat, an Fräulein de Rousset, die sie in Paris erwartet.

Mein Gott, welch ein Schlag für mich! In welchen Abgrund des Schmerzes bin ich von neuem gestürzt! Wie soll man da herausfinden? Wem kann man vertrauen? Was glauben? Es ist mir ganz unmöglich, mir über alles, was man gesagt und getan hat, ein Urteil zu bilden. Die Widersprüche, die falschen Behauptungen, der Anschein von Aufrichtigkeit in gewissen Punkten, die eigentlich nicht gespielt sein kann, das alles beschäftigt mich, ohne daß ich einen Ausweg finde. Wenn Sie meiner Mutter die Einzelheiten geschrieben haben, so haben Sie gut daran getan, wenn Sie aber auf dem Wege hierher sind, so ist es noch besser. Seit dem Vorfall sehe ich sie nicht mehr und habe ihr schriftlich ewigen Haß und Rache gelobt, wenn sie mir nicht binnen drei Tagen ermöglicht, meinen Mann dort zu sehen, wo sie ihn hat hinbringen lassen. Durch einen Dritten, der mich aufgesucht hat, schwört sie mir bei allen Heiligen, daß sie nicht wisse, was ich sagen wolle [...] Ich bin es müde, seit achtzehn Monaten von allen Leuten zum Narren gehalten zu werden. Die Minister sind wahre Mauern. [...] Ich bedarf sehr Ihres Rates und Ihrer Erleuchtung, um einen Ausweg aus dem furchtbaren Chaos zu finden, in dem ich mich befinde. Wenn mir erlaubt wird, ihm zu schreiben, teile ich ihm mit, daß Sie hierherkommen; das wird ihn beruhigen. Adieu, Mademoiselle. Meine Dankbarkeit ist so groß wie alles, was Sie für uns tun; besser kann ich Ihnen ihr Ausmaß nicht ausdrücken.

trüben Fensterscheiben, die hin und wieder einen Lichtstrahl durchlassen. Von innen wird man durch Eisengitter von diesen kleinen Luken abgehalten. Kreuzweise liegende Eisenstäbe, an die man unmöglich herankommen kann, fangen Licht und Luft von draußen ab. Oft liegt zwischen diesen beiden Gittern noch eine Reihe von Eisenstäben.
Nachts wird die Wache eingezogen, die Zugbrücke hochgezogen, werden die Tore zu den Türmen verschlossen und verriegelt. Zwei Schildwachen werden so aufgestellt, daß sie alle vier Seiten beobachten können; ein Posten geht jede halbe Stunde unter den Fenstern vorbei und macht morgens und abends, bevor die Tore geöffnet oder geschlossen werden, einen Rundgang durch die Gräben, wohin selbst die Schließer nicht ohne einen besonderen Befehl gelangen können.«

MARQUIS DE SADE

15. September 1778 – In einem Brief an Gaufridy erklärt Madame
de Montreuil, ihre Tochter klage sie fälschlich an, sie habe in Übereinstimmung mit dem Komtur die Verhaftung ihres Schwiegersohns
veranlaßt, und gibt gleichzeitig diese Maßnahme zu, indem sie be-
dauert, daß ihr Briefpartner die »Überreste der kleinen Blätter«
Herrn de Sades sowie die »beiden Bände« vernichtet habe. Sie fügt
hinzu, diese Dokumente hätten die Marquise von der Gefahr überzeugen können, vor der die Verhaftung des Marquis sie schütze. Im
übrigen teilt die Präsidentin Gaufridy mit, sie habe durch Fräulein
de Rousset erfahren, wie Inspektor Marais sich in La Coste benommen habe, und sich sofort deswegen beschwert.

4. Oktober 1778 – Herr de Sade, verzweifelt, daß er sich nach dem
vierwöchigen Freiheitsrausch wieder im Gefängnis befindet, fährt
fort, alles falsch auszudeuten, was seine Frau ihm schreibt. Er bezeichnet ihr Vorgehen als »abscheulich« und erklärt, er werde sie
verfluchen »wie die letzte aller Kreaturen‹, wenn sie sich weiterhin
über die Dauer seiner Gefangenschaft ausschweige. Diese recht verständliche, da der gequälten Phantasie eines Gefangenen entsprun-
gene, aber nichtsdestoweniger grausame Ungerechtigkeit hatte sich
schon in den ersten sechs Monaten der Gefangenschaft gezeigt und
wird sich mit unterschiedlicher Heftigkeit bis 1789 immer wieder
kundtun, in Vincennes wie in der Bastille[1]. Im übrigen teilt der
Marquis seiner Frau seine sehr berechtigten Klagen mit: es würden
ihm weder Spaziergänge noch Schreibpapier gewährt, und seine neue
Zelle sei bei weitem schlechter als Nr. 11: ›Nicht nur werde ich den
ganzen Winter kein Feuer machen können, sondern ich werde
außerdem noch von Ratten und Mäusen aufgefressen, die mich
nachts keinen Augenblick schlafen lassen. [...] Wenn ich bitte, man

---

[1] Eines Tages wird ihm die Marquise das in bewegten Worten vorwerfen: »Ich fürchte, Du verwechselst mich mit denen, die Dir Unrecht tun.
Ich bewahre Deine Briefe sorgfältig auf, um sie Dir zu zeigen, wenn Du
herauskommst, und Dir zu beweisen, wie falsch Du unsere Bemühungen
deutest und wie merkwürdig Deine Gesinnung ist. Ich sehe, wie Du Dich
auf dem Absatz umdrehst, aber ich werde Dich festhalten, Dich in meinem
Zimmer einschließen, und Du wirst nicht herauskommen, ehe Du alles
gelesen, alles verglichen und mir gesagt hast: Ich will Dir Gerechtigkeit
widerfahren lassen, kleine Frau.‹ Und dann wirst Du nicht sagen können,
daß ich unrecht habe! ...«

FÜNFEINHALB JAHRE IN VINCENNES   211

möge mir gnädigst eine Katze ins Zimmer geben [...], die sie vertilge, so antwortet man mir, *Tiere sind verboten*. Daraufhin antworte ich: ›Aber, ihr Einfaltspinsel, wenn Tiere verboten sind, so müßten Ratten und Mäuse es auch sein.‹«

...*Oktober 1778* – Die beiden Söhne des Marquis brechen in Begleitung von Madame Langevin, ihrer Gouvernante, nach Vallery (bei Sens) auf, wo die Montreuils eine Besitzung haben. Die Knaben werden ihr Studium unter der Fuchtel des Dorfpfarrers und der Aufsicht ihrer Großmutter beginnen. Herr de Sade ist sehr froh, daß die Langevin seine Kinder begleitet und auf die Kleine aufpaßt[1].

3. November 1778 – Madame de Montreuil fürchtet, daß die Anwesenheit Fräulein de Roussets ihr nur noch weitere Schwierigkeiten verursache, und spricht das Gaufridy gegenüber aus: »Sie wird in ihrem Eifer und mit allem, was ihr der Marquis im Augenblick der Trennung vermutlich für Madame de Sade aufgetragen hat, ihr nur noch mehr den Kopf verdrehen, anstatt sie zu beruhigen.«

6. November 1778 – Fräulein de Rousset kommt in Paris an und wohnt bei der Marquise im Karmeliterinnenkloster an der Rue d'Enfer.

27. November 1778 – Fräulein de Rousset berichtet Gaufridy von ihrem ersten Zusammentreffen mit der Präsidentin de Montreuil:

Ich bin sehr zufrieden mit meinem Besuch bei der Präsidentin; sie hat mich mit der größtmöglichen Zuvorkommenheit, Offenheit und Unbefangenheit empfangen. [...] Zuerst teilte sie mir mit, Marais sei bestraft, die Kosten für seine Reise nicht ersetzt worden. [...] Stellen Sie sich zwei Katzen vor [...], die in einen Kampf eintreten wollen. Nachdem die Schlacht einmal eröffnet war, ohne daß es den Anschein hatte, als kämpften wir, schlugen wir uns bis zu dem Augenblick, da ich zum Sturmangriff übergehen wollte. Und in der

---

[1] Die Kleine: Madeleine-Laure, am 17. April 1771 in Paris geboren. Sie war in Pflege gegeben worden, und ihr Vater kannte sie nicht: »Ich weiß nicht, ob sie lieben werde, aber sie rührt mich nicht wie die beiden anderen.« Um den 15. Januar 1779 wird er an Fräulein de Rousset schreiben: »Mit einem Wort, meine Tochter ist häßlich: Sie sagen mir das ganz aufrichtig, sie ist häßlich, das sehe ich. Nun ja, sei's drum! Wenn sie Geist hat und Tugend, so wird ihr das mehr nützen als eine schöne Gestalt.«

Verwirrung der Ansichten und der Hitze des Gefechts sah ich sehr genau, daß Herr de Sade geliebt wurde und daß das Herz darunter litt, ihn dort zu wissen, wo er ist. [...] *Nachdem sie die Verpflichtungen aufgezählt hatte, die Herr de Sade ihr gegenüber habe – womit sie recht hat, denn sie sind in der Tat sehr groß –, kamen die Verfehlungen. »Das ist richtig«, sagte ich, »aber da, wo er ist, wird er sie nicht wiedergutmachen.« – »Oh! Wenn Sie wüßten, was er mir früher alles versprochen hat! Hier, in diesem Zimmer, was hat er mir da nicht alles gelobt!« – »Das glaube ich, und er hatte auch die Absicht, seine Versprechen in die Tat umzusetzen. Der Mensch ist schwach, Madame, das wissen Sie; die Jahre und sein Unglück haben ihn sehr verändert.« – »Ich wünschte es! Aber, sagen Sie mir, Fräu-*lein, würden Sie die Verantwortung für ihn übernehmen?« *Ach! Zum Glück war ich auf diese Frage vorbereitet. Weder zu lebhaft noch zu zögernd antwortete ich bescheiden. »Ja, Madame.« »Immer-*hin ist seine Familie gegen ihn, keiner hat bis jetzt den geringsten Schritt unternommen, um seine Freilassung zu erwirken.« *Hören Sie das, Herr Rechtsanwalt? ... Ich sagte ihr, ich hätte Madame de Ville-neuve und Madame de Saint-Laurent gesehen, alle wünschten seine Freilassung und ich glaubte, auch der Herr Komtur und die Tanten von Cavaillon dächten so.* [...]

Madame de Montreuil ist eine bezaubernde Frau, sie kann gut erzählen, ist noch sehr frisch, eher klein als groß, von angenehmer Gestalt; ihr Lachen und ihr Blick sind verführerisch, sie hat den Geist eines Kobolds, die Klugheit und Arglosigkeit eines Engels, aber gleichzeitig ist sie schlau wie ein Fuchs, doch liebenswürdig und einnehmend in ihrer Art. Wie den Herrn Marquis so hat sie auch mich erobert. Jetzt sind Sie dran. Madame de Sade besuchte ihre Mutter ein paar Tage nach mir. Sie sprachen sehr unbefangen über alles; sie sagte zu ihrer Tochter: »Ich habe dieses Fräulein gesehen, sie ist sehr geistvoll.«

30. November 1778 – Fräulein de Rousset schreibt Herrn de Sade über die Ergebnisse ihrer ersten Bemühungen und legt einen Optimismus an den Tag, den ihr der Marquis später als Täuschung zum Vorwurf macht, nachdem die Hoffnung auf Freiheit, die er aus dem Brief dieser liebenswürdigen Dame geschöpft hat, grausam enttäuscht worden ist: »Ich habe die Hohepriesterin gesehen, ich werde

sie wieder sehen; ich bin nicht unzufrieden, aber die Sache gewaltsam vorantreiben, hieße unfehlbar, sie zum Scheitern bringen: die
Gemüter sind noch zu voreingenommen. Mit Sanftheit und Ver-
nunftgründen werden wir sie überzeugen, und unsere Gefangenschaft
wird allenfalls nicht länger dauern als bis zum Frühling.«

7. Dezember 1778 – Nach dreimonatiger Haft wird dem Gefangenen erlaubt, Papier und Feder zum Schreiben zu bekommen und
zweimal in der Woche an die frische Luft zu gehen[1].

1. Januar 1779 – Fräulein de Rousset schickt Gaufridy ein Kompliment in Versen, das sie am 13. Dezember von Herrn de Sade bekommen hat. Sie beschränkt sich darauf, ihm das zu schicken, denn,
wie sie sagt, »es wäre zu umständlich, alle Briefe des Herrn Marquis
abzuschreiben, und Sie würden darin zuviel Tollheit neben schwär-
zester Niedergeschlagenheit finden«. Sie fährt fort: »Wir zanken
uns, wir schelten uns, ich halte Moralpredigten, und er nennt mich
nur noch die *Heilige Rousset.*«

26. Januar 1779 – Fräulein de Rousset an Gaufridy: »Die Lage
Herrn de Sades ist furchtbar; Sie werden nicht daran zweifeln, denn
Sie kennen seinen Charakter und sein Temperament. Nach kurzen
Augenblicken der Fröhlichkeit, die er uns hin und wieder zeigt, müs-
sen wir Gewitter erdulden, in denen der Hagel unsere Herzen durch-

---

[1] Folgendes ist bei Mirabeau über den Spaziergang der Gefangenen in
Vincennes zu lesen: »Die Begünstigtsten (und das ist eine ganz kleine
Minderheit) gehen eine Stunde am Tag in einem Garten spazieren, der
dreißig Schritte lang ist. Sie werden ständig von ihrem Wärter begleitet.
[...] Der Gefangene und sein Wächter gehen nebeneinander her, und wenn
der erstere spricht, darf ihm der letztere nicht antworten. Die Stunde ist
um, und man geht in die Zelle zurück. Sie können sich vorstellen, wie an-
strengend diese Spaziergänge für einen Wärter sind und daß es wegen
dieser Verordnung unmöglich ist, die Zahl der Spaziergänge zu erhöhen,
um so mehr, als es Herr de Rougemont für richtig befunden hat, eine
dieser Stellen seinem Kammerdiener zu übertragen, der wider seinen
Willen den Hausdienst weiter verrichten muß und deshalb seine Aufgabe
nur zur Hälfte erfüllen kann; seine beiden Kameraden sind dadurch erst
recht überlastet. Aber um besser zu verstehen, wie unnötig diese Qual
des gemeinsamen Spaziergangs ist, muß man wissen, daß die Wärter den
Garten auf allen Seiten überblicken können, daß die Mauer fünfzig Fuß
hoch ist, daß dahinter die Mauern liegen, von denen ich sprach, und daß
der Gefangene, wenn nicht ein Engel ihm Flügel leiht, weder das eine
noch das andere Hindernis überwinden kann.«

löchert.« Das Fräulein fürchtet, Madame de Montreuil plane, Herrn de Sade lange »drin« zu lassen, und sie schreibt über diesen Punkt:

Ihre ganze Familie ist erstaunlich. Ein Onkel mütterlicherseits von Madame schrieb ihr zum Neujahrstag: »Es ist nicht recht, daß Sie Ihrer Familie böse sind; Sie müßte man tadeln, weil Sie so hartnäckig nach Ihrem Mann verlangen. Sie sollten daran denken, daß Sie Schwestern und Brüder haben, die verheiratet werden müssen etc.« Wenn erst diese ganze Horde heiraten muß, bevor ihm seine Freiheit geschenkt wird – ich muß Ihnen sagen, das wäre zu grausam... Wir möchten den Vogel gern aus seinem Käfig befreit sehen. Er tötet uns mit seinen Gedanken...

...Januar 1779 – Der Gouverneur der Burg von Vincennes, Herr de Rougemont, besucht zum ersten Mal den Marquis de Sade in seiner Zelle.

In den Briefen des Marquis wird Herr de Rougemont immer mit Abscheu erwähnt. Herr de Sade nennt ihn »den Lumpen in Hose und Wams«, der »seine Gefangenen verhungern läßt, um ein paar Taler herauszuschlagen«. Dem Gouverneur von Vincennes, das heißt, einem dieser »Automaten, die so dumm, so schwerfällig sind, daß sie eine Weigerung nur mit dem lächerlichen Satz: *Das ist nicht üblich, ich habe noch nie gesehen, daß das so gemacht wurde* begründen können«, hat der Gefangene die folgende beißende Replik bestimmt:

Aber, dummer Tölpel, der du bist, wenn außergewöhnliche Dinge dich in Erstaunen setzen, dann tue selbst keine, denn wenn du nicht verwundert werden willst, so darfst du die anderen nicht verwundern.

Was nicht üblich ist und was ich noch nie gesehen habe, ist zum Beispiel, *daß man mit achtundsechzig Jahren ein knallgrünes Gewand trägt und sich sechs Reihen Locken drehen läßt.*

Was nicht üblich ist und was ich noch nie gesehen habe, ist zum Beispiel, *daß man seine Frau prostituiert, um Gefangene zu bekommen, und Kinder wie eigene aufzieht, die zu zeugen man nie fähig gewesen ist.*

Was nicht üblich ist und was ich noch nie gesehen habe, ist zum Beispiel, *daß man einen dreckigen, ekelhaften Gefangenenwärter zu seinem Bettgenossen macht und diesem Wärter ein solches Vertrauen*

FÜNFEINHALB JAHRE IN VINCENNES 215

schenkt, daß man ihn sowohl zu seiner Mätresse wie zu seinem Leser wie zu seinem Schriftsteller wie zu seinem engsten Vertrauten macht. Rougemont, alter Freund, wenn man die Seltsamkeit so weit treibt, muß man sich nicht über die kleinen Eigenheiten der anderen wundern oder sich damit abfinden, für ein... Vieh gehalten zu werden. Aber das regt dich nicht auf, wie? In diesem Punkt hast du längst deine Entscheidung getroffen; und diese wackere Entschlossenheit ist die einzige Tugend, die ich an dir kenne.

Mirabeau hat Herrn de Rougemont ebensowenig geschont wie der Marquis. Im zweiten Teil seines Buches *Des Lettres de cachet et des Prisons d'état* ist nicht eine Seite, auf welcher der Gouverneur von Vincennes nicht gebrandmarkt wird.

8. Februar 1779 – Herr de Sade an die Marquise:

Jetzt kommt bei Ihnen also die Krise der tauben Ohren für die verlangten Gefälligkeiten. Das ist sehr liebenswürdig, sehr geistreich, sehr zuvorkommend. Es hat nur einen Fehler, es ist zu eintönig. Dieses reizende Zeichen kehrt zu oft wieder. So ist es nicht mehr natürlich, wie Sie es gern erscheinen lassen möchten. [...] Und noch etwas, meine Herren Zeichengeber, wissen Sie nicht, daß die Lüge sich noch nie mit der Natur hat verbinden können, und daß man um so lächerlicher und linkischer wird, je mehr man ersterer den Anschein der letzteren geben möchte? Aber das wissen Sie sicherlich nicht, und es gibt wahrscheinlich vieles andere, das Sie ebensowenig wissen.

Denn ein Zeichengeber muß von Natur aus sehr ungebildet, sehr unwissend, sehr verdrießlich, sehr einfältig, sehr schwerfällig, sehr kleinlich, sehr dumm und sehr geistlos sein.

Dieser Text erfordert eine Erläuterung.

In vielen Briefen, die der Marquis in Vincennes und in der Bastille geschrieben hat, findet man mehr oder weniger verständliche Zahlenkombinationen, die er als *Zeichen* bezeichnet. Was bedeutet diese ungewöhnliche Arithmetik? Durch einen Verhaftungsbefehl gefangengesetzt, das heißt, einzig der Willkür seiner Gegner ausgeliefert, befand sich de Sade in einer tragischen Unwissenheit über die Dauer seiner Gefangenschaft: so erfand er ein System, das sich auf Berechnungen stützt, die uns lächerlich vorkommen, ihm aber geeignet schienen, den so wahnsinnig ersehrten Tag der Befreiung zu offenbaren. In unserem *Aide-mémoire de la Vie de Sade* haben wir von einer »Zahlenpsychose« gesprochen: in Wahrheit bedeuten die merkwürdigen arithmetischen Operationen des Marquis eher eine Art Verteidigungsreaktion seiner Psyche, einen unbewußten Kampf gegen die Verzweiflung, in der seine Vernunft wahrscheinlich ohne diesen Ausweg zugrunde gegangen wäre. (Betrachten nicht gewisse Psychoanalytiker in ähnlicher Weise den Verfolgungswahn, der auf einen Schuldwahn folgt, als kleineres Übel, weil die Psyche stärker gewappnet ist gegen die Feindseligkeit der Außenwelt als gegen die Angriffe, die vom Ich kommen?) »Die Unmöglichkeit, die Willkür zu berechnen, führt de Sade dazu, seine Berechnungen auf den unwahrscheinlichsten Ausgangspunkten aufzubauen«, schreibt Maurice Heine; »alles scheint ihm ein Wink des Schicksals zu sein oder vielleicht eine heimliche Mitteilung, die der Zensur entgangen ist. Er klammert sich verzweifelt an die Anzahl der Linien in einem Brief, daran, wie oft dieses oder jenes Wort vorkommt, ja sogar an Anklänge, die an Zahlen erinnern.« Aber diese Berechnungen dienen nicht nur dazu, den Tag seiner Freilassung zu ermitteln, er will darin auch Angaben über sein Leben im Gefängnis finden: Wann wird die Streichung seiner Spaziergänge aufgehoben? Wann wird Madame de Sade ihn besuchen kommen? etc.

Im allgemeinen liefern ihm die Briefe seiner Frau die Grundlagen zu seinen Berechnungen, und oft, wenn ihm die Schlüsse, die er daraus zieht, unheilvoll oder widersprüchlich erscheinen, beschuldigt er die Präsidentin[1] oder ihre »Helfershelfer«, besonders Albaret, der Marquise *Zeichen* eingegeben zu haben, die ihn demoralisieren oder in Ungewißheit stürzen sollen. Ebenso betrachtet er gewisse Gesten oder Aussprüche eines Wächters oder einer zum Gefängnis gehören-

---

[1] »Deine Mutter muß entweder *betrunken* oder *zum Einsperren verrückt* sein, daß sie das Leben ihrer Tochter aufs Spiel setzt und ein 19 plus 4 oder 16 plus 9 bildet und daß sie das alles nicht satt hat nach zwölf Jahren. Oh, wie hat sie sich an Zahlen den Magen verdorben, diese abscheuliche Frau! Ich bin überzeugt, wenn sie vor dem Ausbruch gestorben wäre und man ihre Leiche geöffnet hätte, wären Millionen von Zahlen aus ihrem Leib geflossen. Es ist unglaublich, welchen Abscheu vor Zahlen und vor Verwicklungen mir das eingibt!«

den Person als ein *Zeichen,* das im Hôtel de Montreuil glaubwürdig ausgeheckt worden ist[1].
Nacht vom 16. auf den 17. Februar 1779 – Gegen Mitternacht,
kurz nachdem de Sade mit der *Vie de Pétrarque* in der Hand eingeschlafen ist, erscheint ihm seine Ahnfrau Laura im Traum und richtet geheimnisvolle, erhabene Worte an ihn. Gleich am nächsten Tag
berichtet er das seiner Frau und gibt seiner Bewunderung für den
Dichter der Sonette und seine provenzalische Liebe Ausdruck, die
der Abbé de Sade geschildert hat.

*Mein ganzer Trost hier ist Petrarca. Ich lese ihn mit einer Freude,
einem Eifer, die nicht ihresgleichen haben. Aber ich mache es wie
Madame de Sévigné mit den Briefen ihrer Tochter:* ich lese langsam,
aus Furcht, es gelesen zu haben. *Wie gut ist dieses Buch geschrieben!
…Laura verdreht mir den Kopf; ich bin wie ein Kind; den ganzen
Tag lese ich über sie und nachts träume ich von ihr. Hör zu, was ich
gestern von ihr geträumt habe, während die ganze Welt sich amü-
sierte.*

*Es war fast Mitternacht. Ich war eben eingeschlafen, das Buch in
der Hand. Plötzlich erschien sie mir … Ich sah sie! Der Schrecken
des Grabes hatte ihrem Zauber nichts anhaben können, und ihre
Augen hatten noch das gleiche Feuer wie zu der Zeit, da Petrarca
sie besang. Ein schwarzer Schleier umhüllte sie ganz, ihr blondes
Haar floß locker darüber. Es schien, als ob die Liebe, um sie noch
schöner zu machen, die unheilvolle Umgebung, in der sie mir erschien, besänftigen wollte. »Warum seufzt du auf Erden?« sagte sie.
»Komm zu mir. Kein Leid, kein Kummer, keine Qualen sind mehr
in dem unendlichen Raum, in dem ich wohne. Habe den Mut, mir
zu folgen.« Bei diesen Worten habe ich mich ihr zu Füßen gestürzt
und gesagt: »O meine Mutter!…« Und das Schluchzen hat meine
Stimme erstickt. Sie hat mir ihre Hand entgegengestreckt, die ich mit
meinen Tränen bedeckte; auch sie weinte. »Es gefiel mir, meine*

---

[1] »Am 28. März lieh er [Herr de Rougemont] sich sechs Kerzen von mir;
am 6. April noch einmal sechs, von denen ich aber nur vier gab. [...] Am
Donnerstag, dem 6. Januar, auf den Tag genau neun Monate nach dem
Ausleihen der Kerzen, brachte man mir fünfundzwanzig wieder anstatt
der zehn, die ich geborgt hatte. Das scheint offenbar zu bedeuten, daß ich
noch neun Monate Gefängnis vor mir habe, im ganzen also fünfundzwanzig.«

*Blicke in die Zukunft zu richten«, sagte sie dann, »als ich auf dieser
Welt wohnte, die du haßt; ich zählte meine Nachkommen bis zu
dir und sah dich nicht so unglücklich.« Da schlang ich, überwältigt
von Verzweiflung und Zärtlichkeit, meine Arme um ihren Hals, um
sie zurückzuhalten oder um ihr zu folgen und um sie mit meinen
Tränen zu benetzen, aber das Phantom verschwand. Es bleibt nichts
als mein Schmerz.*

> *O voi che travagliate, ecco il cammino
> Venite am me se'l passo altri no serra*
> PÉTR., SON. LIX.

14. März 1779 – Herr de Sade verfaßt eine Erklärung, die er in
Ermanglung eines Notars vom Gouverneur des Gefängnisses beglaubigen läßt und in der er besagt, daß er keinerlei Geschäfte er-
wägen oder beschließen will, solange er im Gefängnis ist. Durch dieses Hindernis, das er der Verwaltung seiner Besitztümer in den
Weg legt, »bindet er allen Hände und Füße«, wie sich Fräulein de
Rousset ausdrückt.

22. März 1779 – Der Marquis de Sade ist entzückt über sein Porträt, das die »Heilige« nach dem Bild von Van Loo gezeichnet hat:

*Dieses Porträt, das die Heilige gemalt hat, ist einmalig. Es ist
unglaublich, wie man so etwas ohne Entwurf machen kann. Sie
kann mit ihren fünf Fingern machen, was sie will. Nur etwas, von
dem ich in La Coste wollte, daß sie es mit eben diesen Fingern tat,
hat sie nie tun wollen... Nun, meine Damen, seht Ihr jetzt? Ihr
sollt eine Zote vernehmen, und das ist die einfachste Sache von der
Welt. Ich würde sie sogar der Heiligen Jungfrau erzählen, wenn sie
mich darum bäte, so einfach und anständig ist sie. Wenn Ihr eine
Erklärung verlangt, werde ich sie Euch geben... Sag ihr unterdessen,
daß ich mehr als sie glaubt geschmeichelt war über ihre Beschäftigung mit mir und daß ich dieses Porträt mein Leben lang behalten
werde. Und sag ihr weiter, daß man nicht wegfahren darf, wenn
man jemanden so sehr liebt, daß man Freude daran hat, sein Porträt zu zeichnen.*

29. März 1779 – Der Gefangene erhält zum zweiten Mal den Besuch Herrn de Rougemonts. Seine Spaziergänge werden von zwei
auf drei in der Woche erhöht.

22. April 1779 – Der Domherr Vidal aus Oppède schreibt Herrn de Sade, um ihm Neuigkeiten von La Coste mitzuteilen. Der Obstgarten des Schlosses sei wundervoll. Apfel- und Birnbäume wüchsen um die Wette. Die blühenden Kirschbäume verlangten nach der Anwesenheit ihres Herrn. Der Verfasser dieser Georgika hingegen versichert den Marquis seiner unerschütterlichen Anhänglichkeit und seufzt fern von diesem Freund, der ihm so teuer sei.

19. Mai 1779 – Man gestattet dem Marquis vier Spaziergänge in der Woche.

...Mai 1779 – Herr de Sade berichtet der Marquise, die Geschichte von Madame de la Vallière habe ihn zum Weinen gebracht »wie ein Kind«; er möchte im Karmeliterinnenkloster sein und das Porträt dieser schönen Heldin sehen. Aber wenn der Gefangene in die Mätresse Ludwigs XIV. verliebt ist, so ist er es nicht weniger in seine Frau. Sie möge nur kommen: sie würden sich *messen*. Herr de Rougemont werde »die Kerze halten«. Oh ja, sie solle kommen! Aber Herr de Sade »*mißt* zuerst«: daß Madame das gleich wisse.

...Mai 1779 – »An diesem Sonntag abend, beim Empfang des Ihren...« Brief von de Sade an Fräulein de Rousset. So werde sie wegfahren? Sie habe ihm doch versprochen, auf ihn zu warten. Er schmeichle sich nicht, sie zurückhalten zu können, aber er erkläre ihr, daß er sie nie im Leben wiedersehen wolle, wenn sie Paris vor seiner Freilassung verlasse. Nach zwei Seiten voller Vorwürfe, die sich noch auf zwei andere Punkte beziehen, wird der Ton des Gefangenen plötzlich zärtlich: in einigen außerordentlich feinfühligen Zeilen erinnert er an ihre zarten Gespräche im August 1778 auf einer Bank (»Sie wissen doch, jene Bank...«) im Park von La Coste, an die Offenheit und Arglosigkeit, mit der er sein Herz dieser Freundin öffnete, die voll liebenswürdiger Fürsorge war. »Gehen Sie im August nach La Coste, ich verbanne Sie dorthin [...]; Sie werden in den kleinen grünen Salon treten und sagen: Hier stand mein Tisch, hier schrieb ich alle seine Briefe [...]; er saß in diesem Sessel [...] und da sagte er: Schreiben Sie. [...] Sie werden glauben, mich zu sehen, und es wird nur Ihr Schatten sein: Sie werden glauben, mich zu hören, und es wird nur die Stimme Ihres Herzens sein...«

...Mai 1779 – Herr de Sade schreibt an Fräulein de Rousset, um ihr verschiedene Vorwürfe aufzuzählen. Einer davon ist, daß sie ihn habe täuschen wollen, indem sie ihm die falsche Hoffnung einflößte,

er würde diesen Frühling freigelassen. Dabei habe er ihr doch schon in La Coste gesagt, »die größte Qual auf der Welt ist die eines Unglücklichen, dem man eine Hoffnung gemacht hat und der sich darin getäuscht sieht«, und: »Wenn man tiefer nach den Gründen aller Selbstmorde forschen würde, hätten neunundzwanzig von dreißig keine andere Ursache als diese.« Zum Glück habe Fräulein de Rousset nicht bis zum letzten Augenblick gewartet, um dieses »Trugbild vom Frühling« zu zerstören, und Herr de Sade sei ihr dafür dankbar. Aber was er »nicht liebe«, sei »die lächerliche Art und Weise«, in der sie das getan habe: »*Wenn Sie braver gewesen wären ... wenn Sie nicht geschrieben hätten* etc.« Man maßregle ihn also »wie einen kleinen Jungen, der die Rute bekommt, wenn er seine Lektion nicht richtig aufgesagt hat? Welch ein albernes Verfahren.«

29. Mai 1779 – Fräulein de Rousset, die vom Marquis beschimpft wird und, wie sie glaubt, von diesem merkwürdigen Freund bei den Ministern denunziert worden ist, ihm heimliche Hinweise gegeben zu haben[1], ist versucht, alles stehen und liegen zu lassen. Im übrigen ist man so voreingenommen gegen den Marquis de Sade, daß »man nicht von ihm sprechen kann, ohne daß man Gefahr läuft, gesteinigt zu werden«. »Die Geschichten von zwölf Jahren, die im Grunde fast nichts sind, aber die die Bosheit der Menschen aufbauscht, sind noch so frisch im Gedächtnis, als wären sie gestern geschehen.«

...Mai 1779 – Nachdem der Briefwechsel zwischen dem Marquis und Fräulein de Rousset alle Stadien der Verärgerung durchgemacht hat, geht er zu Verbitterung über und erweist sich in Zukunft als unmöglich. Die beiden Freunde beschließen gleichzeitig, auf ihn zu verzichten. »Hören Sie, mein Herr, wir wollen uns nicht mehr schreiben. Es hat keinen Sinn, daß wir einander harte Worte sagen. Das macht nur das Herz schwer. Ich will niemanden hassen.« Der Marquis seinerseits bittet sie ebenfalls, ihm keine Briefe mehr zu schicken: »Nach einer so schönen Bitte« werde Fräulein de Rousset »soviel Herz« haben, ihm gern zu gehorchen.

15. Juli 1779 – Die Spaziergänge des Marquis werden auf fünf in der Woche erhöht, nämlich am Montag, Mittwoch, Donnerstag, Samstag und Sonntag.

---

[1] Es scheint sich hier um eine unvorsichtige Äußerung de Sades zu handeln, denn eine ausdrückliche Denunzierung wäre unter den gegebenen Umständen eine kaum vorstellbare Verirrung gewesen.

FÜNFEINHALB JAHRE IN VINCENNES 221

22. August 1779 – Der Gefangene bittet darum, sich tagsüber in einer Zelle »mit Aussicht« aufhalten zu dürfen, das heißt einer Zelle, die höher lag als die Gefängnismauer, damit er sich »ein wenig an den Lustbarkeiten von Vincennes zerstreuen« könne, so wie er sie vor zwei Jahren am Fenster von Nr. 11 »wunderbar« habe genießen können.

23. und 29. September 1779 – Carteron, genannt La Jeunesse, genannt Ritter Quiros, schreibt dem Marquis de Sade zwei sehr schöne Briefe, deren poetischer Humor von seinem liebenswürdigen Charakter und seiner naiven Begabung zeugen. (Seit dem Februar 1777 wohnt dieser Harlekin im Karmeliterinnenkloster, wo Madame de Sade von seinen Diensten Gebrauch macht. Der Liebhaber von Gothon gibt sich recht häufig Ausschweifungen hin; manchmal kommt er drei oder vier Tage nicht nach Hause: außerdem muß die Köchin auch die Zimmer machen. Aber dieses Durcheinander hindert ihn nicht, Fräulein de Rousset, die Blut hustet, Medikamente zu bringen, eine herzliche und humorvolle Korrespondenz mit seinem Herrn zu führen, der in »einem hundsschlechten Käfig« sitze, und mit zierlicher Schrift die Komödien abzuschreiben, die Herr de Sade in seiner Zelle verfaßt, um seine Mußezeit auszufüllen.)

Die beiden Briefe La Jeunesses, die teilweise vom Ausbruch des Vesuvs handeln, von dem die Zeitungen voll waren, bestätigen uns das algolagnische Interesse, das der Marquis diesem Phänomen entgegenbrachte. Man weiß, daß de Sade in *la Nouvelle Justine* den Mönch Jérôme vor den Flammen des Ätna ausrufen läßt: »Höllenschlund, wenn ich wie du alle Städte in meiner Umgebung verschlingen könnte, wie viele Tränen würde ich fließen lassen!« Man weiß auch, daß Juliette und Lady Clairwil, nachdem sie die Borghese in den Krater des Vesuv gestürzt haben, untereinander Zärtlichkeiten austauschen, welche die Eigenart des eben begangenen Verbrechens noch köstlicher machen.

4. Oktober 1779 – Herr de Sade antwortet humorvoll auf verschiedene Punkte in den beiden Briefen seines Dieners. In diesem Text, der genügt hätte, ihn als Vorläufer einer transzendenten Form der Mystifikation unsterblich zu machen, offenbart sich der Autor als seinem Jahrhundert weit voraus, sowohl durch seine Gedankengänge wie durch den ungewöhnlichen Charakter seiner Sprache.

11. Dezember 1779 – Fräulein de Rousset hat Blut gehustet und wurde am Arm zur Ader gelassen. Sie hält sich an Kräutertee und an die schlechten Tränke, die La Jeunesse ihr eingibt.

1. Januar 1780 – Der liebenswürdige Diener La Jeunesse schickt seinem gefangenen Herrn Neujahrswünsche.

Anfang Januar 1780 – Wundervolle Antwort des Marquis de Sade auf die Wünsche des »Ritters Don Quiros«:

Mit Eifer, Herr Quiros, ergreife ich die Gelegenheit dieses Jahres-wechsels, um Ihnen und allem, was Sie interessiert, viel Glück zu wünschen. Endlich werden meine Qualen und mein Unglück kürzer, Herr Quiros, und dank der Güte und Protektion der Frau Präsidentin de Montreuil hoffe ich, Herr Quiros, Ihnen diese Wünsche übermorgen in fünf Jahren persönlich auszusprechen. Es lebe der Glaube, Herr Quiros! Wenn mein Unglücksstern mein Los an eine andere Familie gefesselt hätte, so säße ich für mein ganzes Leben, denn Sie wissen, Herr Quiros, in Frankreich läßt man es nicht un-gestraft an Respekt für eine Hure fehlen. Man kann Böses über die Regierung, über den König, über die Religion sagen: das alles macht nichts. Aber eine Hure, Herr Quiros, Kreuzdonnerwetter, eine Hure zu beleidigen, muß man sich hüten, denn augenblicklich kommen die Sartine, die Maupeou, die Montreuil und andere Helfershelfer der Bordelle soldatisch den Huren zu Hilfe und sperren unerschrocken einen Edelmann wegen einer Hure zwölf oder fünfzehn Jahre lang ein. Auch gibt es nichts Schöneres als die französische Polizei. Wenn Sie eine Schwester, eine Tochter, eine Nichte haben, Herr Quiros, dann raten Sie ihr, Hure zu werden; sie kann keinen schöneren Be-ruf finden. Tatsächlich, wie könnte es einem Mädchen besser gehen, als in einem Stand, wo es neben dem Luxus, der Wollust, dem stän-digen Rausch der Ausschweifung ebensoviel Unterstützung, ebenso-viel Vertrauen und ebensoviel Protektion genießt wie die anstän-digste Bürgerin? Das heißt, die guten Sitten ermuntern, mein Freund; das heißt, den anständigen Mädchen Abscheu vor dem Lumpenvolk einflößen. Gott! Wie verständig das ist! Oh, Herr Quiros, wie klug ist man in unserem Jahrhundert! Ich gebe Ihnen mein Ehrenwort, Herr Quiros, wenn der Himmel mich nicht in die Lage versetzt hätte, meine Tochter ernähren zu können, würde ich sie auf der Stelle Hure werden lassen, das schwöre ich Ihnen, bei allem, was mir heilig ist.

FÜNFEINHALB JAHRE IN VINCENNES

Ich hoffe, Herr Quiros, Sie erlauben mir, Ihnen als Neujahrsgeschenk ein kleines neues Werk zu überreichen, das die Küchenjungen *Ihrer gnädigen Frau Herrin ausgesucht haben und das ihres Geschmacks würdig ist. Ich glaubte, die Lektüre dieses kleinen Werkes könnte Sie interessieren, und ich überlasse es Ihnen. Es ist anonym, Sie wissen ja, daß große Autoren sich gern verhüllen. Aber da wir Laien gern die Masken erraten, glaube ich, daß ich diese hier gut beurteilt habe, und wenn sie nicht vom Lastträger an der Straßenecke stammt, dann sicherlich von Albaret. Dieses würdige Kind kann keinen anderen Vater haben als den einen oder anderen dieser beiden großen Männer: Markthalle oder Gerichtshof, einen Mittelweg gibt es nicht. Die äußerste Ähnlichkeit dieser beiden Stile ist der Grund meines Irrtums: es ist so leicht, dem einen zuzuschreiben, was dem anderen zukommt, daß man sich wunderbar täuschen kann. Es ist wie mit den Bildern von Caravaccio und Guido [1], diese beiden Meister ragen so gleichartig ins Sublime hinein, daß man zuweilen ihre Pinsel verwechseln kann. Kreuzteufel! Herr Quiros, es ist eine Freude, mit Ihnen über Kunst zu sprechen, Alban, Solimène, Dominiquin, Bramante, Guerchin, Michelangelo, Bernini, Tizian, Paul Veronese, Lanfranc, Espagnolet, Luc Giardino, die Kalabrier usw., alle diese Leute sind Ihnen so bekannt wie Sartine die Huren und Albaret die Anwälte. Aber wenn ich hier von dem allen spreche, weiß man nicht, was ich sagen will. Einzig der Herr* Leutnant Charles *ist ein sehr gebildeter Mann, der einem, wann immer man es hören will, erzählt, daß das Gefängnis* im zwölften Jahrhundert mit Kanonen beschossen *worden ist. Aber man hat nicht das Glück, so oft mit ihm zu sprechen, wie man gern möchte ... er ist wie Molé* [2], *er spielt nur an besonderen Tagen.*

---

[1] Der Marquis interessierte sich lebhaft für Malerei und Bildhauerei. Die Episode in *Juliette,* in der die Heldin »die herrliche Galerie des Großherzogs« in Florenz besucht und ihrer Bewunderung für die »Meisterwerke von Paul Veronese und Guido Reni« und für »die berühmte *Venus* von Tizian, dieses erhabene Bild« sowie für die Statue der *Venus von Medici* Ausdruck gibt, erinnert an die Italienreise des Verfassers.
[2] François-René Molé (1734–1802) war Schauspieler am Théâtre-Français und wurde in Liebhaberrollen sehr bewundert. Der Marquis könnte ihn zu der Zeit schon persönlich gekannt haben (und vielleicht sein Schüler gewesen sein).

Ich habe das beiliegende Buch mit einigen Anmerkungen versehen, die den Text erläutern sollen und Ihnen, wie ich hoffe, nicht mißfallen werde, Herr Quiros. Ich schmeichle mir, daß Sie dieses kleine Geschenk Ihr Leben lang aufbewahren werden. Ich habe ein kleines, ein wenig altes und ein wenig schlüpfriges Lied hinzugefügt, das Sie und Ihre Freunde erheitern wird, Herr Quiros, wenn Sie in Vincennes, in La Rapée oder in der Redoute ein Kalbsragout oder einen Hasen essen.

Übrigens, Herr Quiros, tun Sie mir die Liebe und sagen Sie mir, ob Sie nach der Mode gekleidet sind, ob Sie Läuferschuhe haben, Eisenringe und eine Windmühle auf dem Kopf. Ich habe große Lust, Sie in dieser Weise kostümiert zu sehen, Sie müßten sehr interessant wirken. Neulich wollte ich meinen Kopf mit einer solchen Windmühle bedecken. Es war die von Herrn Leutnant Charles, der an diesem Tag spielte (es war ein schöner Tag); nun Herr Quiros, Sie werden nicht glauben, wie sehr ich einem Hahnrei glich, kaum daß mein Haupt mit diesem Filz bedeckt war. – Na so etwas! Woran lag diese Ähnlichkeit, Herr Quiros (denn sie war da)? Lag sie am Hut? Lag sie an meiner Stirne? Lag sie an Herrn Leutnant Charles? Diese Frage müssen Sie beantworten.

Ich wäre Ihnen aufrichtig verpflichtet, Herr Quiros, wenn Sie mir als Dank für meine Aufmerksamkeit ein kleines Papiermodell der Schelmenkopfbedeckung *Ihres Freundes Albaret schicken würden. Ich habe Launen wie eine schwangere Frau und möchte ein Muster dieses Diadems sehen. Verschaffen Sie sich die Adresse seines Hutmachers; das erste was ich tue, wenn ich frei bin, ist, mir dort einen Hut machen zu lassen.*

Und die Vergnügungen, wie steht's damit, Herr Quiros?

> *Qui, de Bacchus ou de l'Amour,*
> *Remporte aujourd'hui la victoire?*
> *Qui!... de les fêter tour à tour*
> *Voulez-vous obtenir la gloire?*

Ich glaube, Sie sind dazu fähig, und die Weine von Meursault, von Chablis, der Hermitage, der Côte-roti, von Lanerte, von der Romané, von Tokay, Paphos, Xérès, Montepulciano, Falerno und von Brie kitzeln lüstern Ihre Organe an den keuschen Seiten der Damen Pamphale, Aurora, Adelaïde, Rosette, Zelmire, Flore, Fatime, Pouponne, Hyacinthe, Angélique, Augustine und Fatmé. Wun-

FÜNFEINHALB JAHRE IN VINCENNES

derbar, Herr Quiros! glauben Sie mir, so muß man leben; und wenn
der Schöpfer der Natur Reben auf der einen Seite und ... auf der
andern geschaffen hat, so können Sie sicher sein, daß es zu dem
Zweck geschah, daß wir uns daran freuen. Was mich betrifft, Herr
Quiros, so habe ich auch meine kleinen Freuden, und wenn sie auch
nicht so lebhaft sind wie die Ihren, so sind sie doch nicht weniger
köstlich. Ich gehe auf und ab; um mich zu erheitern (und das ist eine
große Gnade), habe ich einen Mann, der ohne Übertreibung regel-
mäßig zehn Prisen Tabak schnupft, sechsmal niest, sich zwölfmal
schneuzt und mindestens vierzehnmal spuckt, und das alles in einer
halben Stunde. Finden Sie nicht, das sei sehr sauber und sehr erhei-
ternd, besonders, wenn ich im Wind stehe? ... Und freilich kommt,
um mich zu zerstreuen, alle vierzehn Tage ein großer invalider Soldat und bringt mir den Befehl, weiterzumachen, und jedes Jahr spielt
der Herr Leutnant Charles den Unverschämten. − Sie können mir
glauben, Herr Quiros, daß diese Wollust die Ihre wohl aufwiegt:
Ihre läßt Sie im Laster versumpfen, meine führt mich zur Tugend.
− Fragen Sie, fragen Sie die Frau Präsidentin de Montreuil, ob es
auf der Welt ein besseres Mittel gebe als Schloß und Riegel, um
einen zur Tugend zu führen. Ich weiß wohl, daß es Kerle gibt − wie
Sie, Herr Quiros (ich bitte um Entschuldigung) −, die sagen und behaupten, daß man es mit dem Gefängnis einmal versuchen könne,
aber daß es sehr gefährlich sei, noch einmal damit zu beginnen, wenn
es fehlschlage. Aber diese Behauptung ist eine Tölpelei, Herr Quiros.
So muß man überlegen: Das Gefängnis ist das einzige Heilmittel,
das wir in Frankreich kennen; demnach kann das Gefängnis nur gut
sein; und da das Gefängnis gut ist, muß man es in jedem Fall anwenden. − Aber es hat nichts genutzt, weder beim ersten noch beim
zweiten noch beim dritten Mal ... − Nun, wird man Ihnen antworten, das ist ein Grund, es zum vierten Mal zu versuchen; nicht das
Gefängnis ist im Unrecht, da wir soeben zwar nicht bewiesen, aber
festgestellt haben, daß das Gefängnis gut sei: also liegt es am Gefangenen; so muß man ihn wieder einsperren. Aderlaß ist gut gegen
Fieber; wir kennen in Frankreich nichts Besseres; folglich ist Aderlaß
das Beste. Aber, Herr Quiros, wer zum Beispiel zarte Nerven oder
wenig Blut hat, kommt mit dem Aderlaß nicht zurecht: man müßte
versuchen, ein anderes Mittel zu finden. − Keineswegs! wird der
Arzt antworten, der Aderlaß ist ausgezeichnet für das Fieber, wir

haben das festgestellt. Herr Quiros hat Fieber: also muß man ihn zur Ader lassen. Sehen Sie, das heißt man nachdrücklich folgern... Daraufhin sagen sehr viel klügere Leute als Sie, Herr Quiros, der Sie ein Tölpel sind (ich entschuldige mich bei Ihnen): Heiden! Gottlose! Ungläubige! Wie könnt Ihr die Krankheiten des Körpers mit den Krankheiten der Seele verwechseln? Fühlt Ihr nicht, daß keinerlei Zusammenhang zwischen Seele und Körper besteht? Der Beweis dafür sind Sie, Hurenbock, Trunkenbold, denn Ihre Seele ist beim Teufel, während Ihr Körper sich in einem Keller von Saint-Eustache befindet! Es besteht also ein großes Unterschied zwischen Leib und Seele: folglich kann man den einen durchaus nicht auf die gleiche Weise behandeln wie die andere. Übrigens, ich als Arzt verdiene, wenn ich Sie zur Ader lasse; ich bekomme soundsoviel pro Schnitt; also müssen Sie zur Ader gelassen werden. Und ich, Sartine, verdiene wenn ich Sie ins Gefängnis bringe: ich bekomme soundsoviel für jeden Gefangenen; also müssen Sie eingesperrt werden. – Was haben Sie auf diese Logik zu antworten, Herr Quiros? Glauben Sie mir nur und schweigen Sie und mischen Sie sich hier nicht mit Ihren abgedroschenen Einwänden ein: das Gefängnis ist die schönste Einrichtung der Monarchie... Wenn ich meinen Schwiegersohn nicht im Gefängnis gehalten hätte, wird Ihnen die Präsidentin de Montreuil sagen, hätte ich dann die 5 und die 3 und die 8 verheiraten können? Hätte ich die 23 und die 9 untergebracht [1]? Die Dinge so einrichten, daß beim ersten Besuch meiner Tochter bei ihrem Gatten und bei ihrem letzten und wenn sie ihn abholen wird, mehr als vierundzwanzig Zahlen übereinstimmen? He! du Tölpel, wird die Präsidentin fortfahren, hätte ich das alles tun können, wenn ich das Glück meines Schwiegersohnes, seine Heilung oder seine Rückkehr zur Tugend gewollt hätte? Und sind die Zahlenverbindungen nicht besser als alle dummen Ratschläge, die Sie mir da geben? Glück, Tugend, Heilungen, das sieht man alle Tage. Aber Zahlenverbindungen, Beziehungen, Ähnlichkeiten, das können nur mein Favorit Albaret und ich hervorbringen. – Nach dieser tiefgründigen Überlegung, Herr Quiros, sinken Ihnen die Arme herab, Ihr großer Mund lächelt bis zu den Ohren, Ihre rechte Braue verzieht sich zur linken hin, Ihre Nase bläht sich, Schweiß tritt auf Ihre Stirn, Ihre

[1] Siehe Seite 215 f.

FÜNFEINHALB JAHRE IN VINCENNES 227

Knie biegen sich einwärts, und in Ihrer Begeisterung rufen sie aus:
Ach! ich habe es ja immer gesagt, dieses Weibsbild hat mehr Verstand als ich, und mein Vetter Albaret desgleichen! *– Los, Herr*
Quiros, husten Sie, schneuzen Sie sich, spucken Sie, furzen Sie und
setzen Sie mich in Erstaunen: Margot hat Biribi gemacht.

21. April 1780 – Herr Le Noir[1] hat dem Gefangenen einen Besuch gemacht, und dieser erklärt sich sehr zufrieden mit dem, was
der Polizeileutnant ihm berichtet hat. Es ist ihm ausdrücklich versprochen worden, daß die Marquise ihm bald Besuche machen dürfe.

25. April 1780 – Vermutlich auf Anordnung Herrn Le Noirs hin
wird de Sade mitgeteilt, daß ihm von nun an täglich ein Spaziergang erlaubt werde.

...Mai 1780 – Der Marquis fürchtet, daß die Präsidentin dank
der Dienstleistungen Gaufridys im Besitz gewisser verfänglicher
Manuskripte sein könnte, die er in seinem Kabinett in La Coste eingeschlossen hatte. Er erklärt herausfordernd, er werde sie aus dem
Gedächtnis noch einmal neu schreiben.

26. Juni 1780 – Der Gefängniswärter hat gegen de Sade »eine
ausgesprochene Unverschämtheit begangen, um [ihn] zu ärgern«.
Daraus entsteht eine heftige Szene, die einen solchen Aufruhr in dem
Gefangenen heraufbeschwört, daß er ohnmächtig wird und eine
ganze Weile bewußtlos ist, dann hustet er Blut bis zum nächsten
Morgen. Auf diesen Streit hin (der Wärter hat dem Kommandanten
de Rougemont erklärt, Herr de Sade habe ihn geschlagen, dabei hat
dieser nur eine entsprechende Gebärde gemacht) werden dem Marquis die Spaziergänge gestrichen und man wird ihm »keinerlei
Dienste« erweisen. Am 28., wenige Stunden vor einem neuerlichen
Zwischenfall mit Herrn de Valage, teilt er der Marquise mit, was
vorgefallen ist, und bittet sie, sie solle sich beim Minister über die unwürdige Behandlung beklagen, die er im Gefängnis erdulden müsse.

28. Juni 1780 – Herr de Valage, Ritter de Saint-Louis und Hauptmann der Gefängniswache, kommt in die Zelle de Sades, um ihm

---

[1] J.-Ch. Le Noir (1732–1807), Polizeidirektor, Kriminalrichter von Paris
(von Juni 1774 bis 3. Mai 1775, dann vom 14. Juni 1776 bis zum 11.
August 1785), schuf das Pfandhaus, verbesserte die Krankenhäuser und
ließ die Folter abschaffen. Von 1790 bis 1802 lebte er außerhalb Frankreichs.

mitzuteilen, daß auf Befehl des Ministers sein täglicher Spaziergang gestrichen werde. Es gibt keine »Beschimpfung, Abscheulichkeit und Schweinerei«, die der Gefangene daraufhin nicht gegen den alten Soldaten und Herrn de Rougemont ausstößt. Er redet Herrn de Valage mit Armleuchter an und droht ihm, »ihn zum Frühstück zu verzehren«, sobald er aus dem Gefängnis käme. Außerdem ruft er aus vollem Hals nach den anderen Gefangenen, damit sie Zeugen der schrecklichen Behandlung seien, der er unterworfen werde, indem man ihm Licht und Luft raube, und er bittet sie um Unterstützung in ihrer aller Interesse. Und nachdem er wiederholt ausgerufen hat, es sei »der Marquis de Sade, Kavallerieregimentsoberst, den man in dieser Weise behandelt«, bricht er in eine völlig überspannte Tirade gegen seine Schwiegermutter und gegen die Minister aus. Dann hat der Gefangene jemanden im Garten gehört. Er stürzt zum Fenster und sieht Herrn de Mirabeau (dieser hatte an eine Tür geklopft, um frisches Wasser zu verlangen). Er ruft ihm zu, er sei schuld, daß man ihm den Spaziergang entziehe; er wirft ihm »Bettgenosse des Kommandanten« an den Kopf und rät ihm, »den Hintern seines Schutzherrn zu küssen«: »Aber so antworte doch, du ausgemachter Dreckskerl, sag mir deinen Namen, wenn du es wagst, damit ich dir die Ohren abschneide, sobald ich hier herauskomme!« Darauf Herr de Mirabeau: »Mein Name ist der eines Ehrenmannes, der noch nie Frauen zerstückelt und vergiftet hat, und ich bin gern bereit, ihn Ihnen mit meiner Klinge auf den Rücken zu schreiben, falls Sie nicht aufs Rad geflochten werde, ehe ich die Möglichkeit dazu habe. Sie flößen mir nur eine Angst ein: daß ich auf dem Richtplatz um Sie trauern muß[1].«

Am 30. Juli schickt der Kommandant de Rougemont einen Rapport an den Polizeidirektor – Herr de Mirabeau ist feige genug gewesen, seine Klage hinzuzufügen – und erinnert Herrn Le Noir, indem er ihn um Befehle bittet, daß es nicht das erste Mal sei, daß Herr de Sade die anderen Gefangenen aufwiegeln wollte: als der Marquis einmal an der Tür des Herrn Whitte vorbeigegangen sei, habe er ganz laut gerufen: »Seien Sie vorsichtig, Kamerad, mit dem, was Sie essen: man will Sie vergiften!« Außerdem teilt Herr de Rougemont seinem Vorgesetzten mit, er werde sich nicht gegen die Angriffe des

---

[1] Mirabeau und de Sade waren entfernte Vettern.

FÜNFEINHALB JAHRE IN VINCENNES 229

Gefangenen verteidigen, »jede Rechtfertigung ist unter der Würde
eines Offiziers, den der König mit seinem Vertrauen zu beehren
geruht hat«.

7. Juli 1780[1] – Fräulein de Rousset hat sich so sehr eingesetzt, daß
man den Gefangenen entweder freilassen oder triftige Gründe für
seine Gefangenhaltung angeben müßte. Fast alle Minister haben
Bittschriften und Empfehlungsbriefe erhalten; Prinzessinnen haben
die Sache bei Herrn de Maurepas unterstützt. Aber wenn die Minister eine allzu genaue Untersuchung einleiten, »sind wir verloren«,
schreibt Fräulein de Rousset an Gaufridy. In der Tat, der Gefangene
führt sich sehr schlecht auf und überschüttet seine Damen mit Scheuß-
lichkeiten. So wird die »Heilige mit *Hure* bezeichnet«. Es erfordere
viel Mut, um weiterhin für ihn zu bitten.

24. Juli 1780 – In Versailles werden die Gründe für die Verhaftung des Marquis untersucht und beurteilt. »Der erste Minister hat
einem anderen, untergebenen Minister befohlen, ihm alle Unterlagen vorzulegen. Er wird erst antworten, wenn er sie gelesen hat:
er hat wörtlich äußerst verbindliche Dinge sagen lassen.« Seine Antwort wird viele Punkte erhellen, von denen Madame de Sade und
Fräulein de Rousset nichts wissen.

27. Juli 1780 – Herr de Sade schickt seiner Frau Bücher zurück,
nachdem er sie gelesen hat. Unter ihnen ist der Abbé Prévost sowie
d'Alembert: »Welch ein Mann! Welche Feder! Solche Leute möchte
ich als Richter haben und nicht die einfältige Sippschaft, die sich
herausnimmt, über mich zu bestimmen! Vor solchen Tribunalen
könnte ich mich mühelos reinwaschen...« Der Gefangene bittet die
Marquise inständig, dafür zu sorgen, daß ihm die Spaziergänge
wieder erlaubt würden. Er leidet entsetzlich unter dem Mangel an
frischer Luft: »Es ist niederträchtig, jemanden einer Wohltat zu berauben, die allen Tieren gewährt wird. Überdies fielen seine Haare
in Strähnen herunter, seitdem man sie nicht mehr pflege; aber er
beklage sich nicht darüber, denn er sei in diesen »charmanten vier-
ziger Jahren, in denen [er] immer geschworen [habe], der Eitelkeit
dieser Welt zu entsagen«, und die Zeit sei für ihn gekommen, wo

---

[1] Um diese Zeit bereitet Madame de Sade ihren Umzug aus dem Karmeliterinnenkloster vor, um dann an der Rue de la Marche, im Quartier
du Marais, zu wohnen.

er unmerklich beginnen müsse, »ein wenig den Anstrich des Sarges« anzunehmen.

17. September 1780 – Im Lauf des Vormittags wird dem Gefangenen mitgeteilt, daß ihm seine Spaziergänge wieder erlaubt würden, »doch geschieht es nicht«.

Sofort greift der Marquis zur Feder und berichtet Madame de Sade dieses Ereignis:

Heute morgen kam der sogenannte Herr Major und sagte mir, der König erlaube mir meine Spaziergänge wieder. »Ich bin Ihnen sehr verbunden, mein Herr, und danke Ihnen sowie dem König.« »Aber mein Herr, das ist nicht alles, Sie haben kein Recht…« »Was soll das heißen«, habe ich ihn unterbrochen. »Eine kleine Moralpredigt? Ich bitte Sie, mir das gnädigst zu ersparen; ich weiß über Moral alles, was man wissen muß.« »Das heißt, mein Herr…« »Mein Herr«, sagte ich daraufhin, »solange der Herr, von dem Sie mir sprechen (der Gefängniswärter), anständig ist, wird er mich friedlich finden; sobald er das nicht mehr ist, wird er jemanden antreffen, der bereit ist, ihn zu korrigieren, da er nicht dazu da ist, von irgendwem Unverschämtheiten zu erdulden, vor allem nicht von einem solchen Schelm von Gefängniswärter…« Draufhin ist man aufgebrochen, und da ich, wie man behauptet, die Morallektion des Herrn Invaliden nicht zu Ende anhören wollte… kein Spaziergang. So danke ich Dir nicht, liebe Freundin, sondern bewahre meine ganze Dankbarkeit für den Zeitpunkt auf, da mir die Gunst ohne Bedingung, das heißt ohne Moralpredigt, gewährt wird.

21. Oktober 1780 – Vermutlich dank einem Schreiber, der kühn genug war, ihr einen Teil oder die ganze Akte des Marquis de Sade zu verschaffen oder abzuschreiben, hat Fräulein de Rousset die wahren Gründe für die Verhaftung des Marquis erfahren oder was sie für die wahren Gründe hält. Sie teilt Gaufridy die Neuigkeit mit:

Die Lage ist immer die gleiche und wird es, glaube ich, noch lange bleiben. Nach langem Hinauszögern und vielen unbestimmten Versprechungen wollte ich die Begründung für die Verhaftung sehen und ermöglichte auch Madame de Sade Einblick. Das war keine leichte Sache; die Person, die kühn genug war, den Streich zu unternehmen, hat die Galeere oder lebenslängliches Gefängnis riskiert.

FÜNFEINHALB JAHRE IN VINCENNES 231

Durch diesen Streich haben wir erfahren, daß die teure Präsidentin nicht so schuldig ist, wie wir gedacht haben. Er hat noch stärkere verdiente Feinde. Um etwas erhoffen zu können, ist der Tod des einen und das Vergessen der anderen notwendig.

23. Oktober 1780 – In einem anderen Brief an Gaufridy kommt Fräulein de Rousset auf die Gründe für die Verhaftung des Marquis zurück:

Es gibt schwerwiegende, sehr schwerwiegende Gründe, die mich eine lange Gefangenschaft befürchten lassen. Ob berechtigt oder nicht, sie sind jedenfalls die Schlachtrosse des Ministers, mit denen er alle anständigen Menschen zum Schweigen bringt. Herr und Frau de Maurepas, zwei Prinzessinnen und ein paar andere Personen haben gesagt, nachdem sie die Begründung gesehen und gelesen haben: »Er ist am richtigen Ort, dort wo er ist; seine Frau ist verrückt oder mitschuldig, wenn sie es wagt, seine Freilassung zu verlangen. Wir wollen sie nicht sehen...« Die verschiedenen Polizeioffiziere, die im Schloß waren, haben fürchterliche Aussagen gemacht. Solchen Leuten wird geglaubt. Das ganze Leben Herrn de Sades ist in einem Folianten verzeichnet (verschweigen wir, von wem); der Mann gehörte gehängt! Einige Einzelheiten, von denen ich glaubte, daß nur wenige Leute sie wüßten, sind an den Tag gebracht; und noch viele andere Dinge, großer Gott!, die tiefstes Stillschweigen verlangen, lassen mich an eine lange Gefangenschaft glauben.

15. November 1780 – Fräulein de Rousset beschreibt Gaufridy das ziemlich traurige Leben, das sie bei Madame de Sade führt. Trotz der anstrengenden Reise werde sie sehr froh sein, im nächsten Frühling in die Provence zurückzukehren. Dann werde sie »diese abscheuliche Lage« nicht mehr vor Augen haben und um zehn Jahre jünger werden.

13. Dezember 1780 – Herr de Mirabeau verläßt Vincennes und unterzeichnet sein Entlassungsprotokoll auf der Rückseite der Registrierung des Marquis de Sade.

14. Dezember 1780 – »Heute, Donnerstag, den 14. Dezember 1780, am 1400. Tag, in der 200. Woche und im 46. Monat [ihrer] Trennung, nachdem [er von ihr] achtundsechzigmal Verpflegung für vierzehn Tage erhalten [hat] und hundert Briefe und dieser hier [von ihm] der 114. ist«, – richtet Herr de Sade einen langen Brief an seine Frau, in dem sich die eheliche Freundschaft mit zärtlichster Hingabe äußert.

24. Dezember 1780 – Herr de Sade macht einen Entwurf zu seiner Komödie *l'Inconstant*.

30. Dezember 1780 – Kaum eine Woche nach den Worten herzlicher Dankbarkeit und verhältnismäßig ruhiger Betrachtungen spürt der Marquis de Sade in seinem Herzen wieder Wut und Verzweiflung aufsteigen. Er wirft Madame de Sade ihre »abscheulichen Lügen« vor, das heißt die vergebliche Hoffnung auf Befreiung, mit der sie ihn immer wieder genährt habe: »Sie werden sich vergeblich darauf berufen, daß man Sie getäuscht habe«, schreibt er ihr, »entweder hätten Sie nichts sagen sollen oder nur dann, wenn Sie Ihrer Sache sicher waren. Mit einem Wort, Sie sind eine einfältige Person, die sich an der Nase herumführen läßt; und die Sie zum Narren halten, sind Ungeheuer, die den Galgen verdient haben, an dem sie hängen sollen, bis sie von den Raben gefressen werden.« Und der Marquis schließt mit den dunklen Verwünschungen: »Könnte man Sie und Ihre erbärmliche Familie und deren niedrige Lakaien alle zusammen in einen Sack stecken und auf den Grund des Wassers versenken. Und das soll man mir dann ganz schnell berichten, ich schwöre beim Himmel, das wird der glücklichste Augenblick meines ganzen Lebens sein. Das, Madame, sind meine Wünsche, in die ich Ihre H... de Rousset von Kopf bis Fuß einschließe.«

20. Februar 1781 – In seiner »grande lettre« an die Marquise zählt de Sade die falschen Beschuldigungen auf, die ihn zu einem Verbrecher machen sollen, widerlegt sie bis in die kleinste Einzelheit und schließt mit einer Verteidigungsrede, aus der wir folgende Sätze zitieren: »Ja, ich bin ein Wüstling, ich gebe es zu: ich habe mir alles ausgedacht, was es in dieser Hinsicht nur auszudenken gibt, aber ich habe bestimmt nicht alles getan, was ich mir ausgedacht habe, und werde es sicherlich nie tun. Ich bin ein Wüstling, aber ich bin *kein Verbrecher* und *kein Mörder*.«

9. März 1781 – Nachdem dem Gefangenen sechsunddreißig Wochen lang die Spaziergänge entzogen waren, werden sie ihm wieder erlaubt.

10. März 1781 – Madame de Montreuil an Gaufridy. – Madame de Sade habe ihrer Mutter einen Brief des Anwalts übermittelt, in

FÜNFEINHALB JAHRE IN VINCENNES 233

dem dieser betone, wie notwendig die Anwesenheit des Marquis auf seinen Gütern sei. Die Präsidentin habe ihr erklärt, daß diese Forderung sie nicht interessiere, und alles, was sie tun könne, sei, Madame de Sade machen zu lassen, ohne ihr Hindernisse in den Weg zu legen. Aber wie könne letztere die Freilassung ihres Mannes erwirken? Und vor allem, wie könne sie sie wünschen? Und die Präsidentin wirft Gaufridy vor, daß er gewagt habe, »ohne zu erbeben« diese Freilassung zu befürworten, nachdem er besser als irgend jemand sonst *wisse, was* Herr de Sade getan habe und noch zu tun imstande sei.

31. März 1781 – Dank der Protektion der Marquise de Sorans, Gesellschaftsdame von Madame[1], hat die Marquise de Sade beim König erwirkt, daß ihr Mann in die Festung von Montélimar gebracht werden soll, damit er seinen Geschäften näher ist. Die Präsidentin de Montreuil ist sehr pikiert, als sie von dem Erfolg eines Schrittes hört, den man ohne ihr Dazutun unternommen hat.

1. April 1781 – Ein Brief von Madame de Sade überbringt dem Gefangenen die Nachricht von seiner bevorstehenden Übersiedlung nach Montélimar. Nicht nur zeigt der Marquis keinerlei Freude darüber, sondern er hält das Ganze für einen Aprilscherz der Präsidentin. Er tut sogar so, als gäbe es gar keine Festung in dieser Stadt.

Aber Madame de Sade habe sich zweifellos verhört. Es könne sich nur um den Turm von Crest handeln, der in der Nähe von Montélimar liege. Aber dieser Turm von Crest sei »ein entschieden noch schrecklicherer Kerker als Vincennes, einer der ungesundesten, die es gibt«, dorthin würden nur Gefangene gebracht, »deren man sich möglichst schnell entledigen will«: »Es ist ein abscheuliches Loch, in das kaum Tageslicht dringt, inmitten von Sümpfen gelegen.« Wenn das der Aufenthaltsort sei, den man dem Marquis de Sade bestimme und für den er sich »demütig« bei der Marquise de Sorans bedanken solle, so werde man ihm erlauben, nichts dergleichen zu tun, um so mehr, als der Stil, den man ihm für diesen Brief empfehle, dem eines Bedienten entspreche, den die Dame entlassen habe und der gnädig wieder aufgenommen werden wolle. »Glauben Sie mir«, schreibt der Gefangene an Madame de Sade, »wir haben genug Schauspiele im Dauphiné und in der Provence gegeben. In Valence

---

[1] Elisabeth von Frankreich, Schwester des Königs.

234 MARQUIS DE SADE

stehe ich neben Mandrin in den Archiven; Vienne, Grenoble etc.
haben mich in ihre goldenen Urkunden aufgenommen. Lassen wir
es dabei bewenden.« Mit einem Wort, Herr de Sade läßt seine Frau
klar und deutlich wissen, daß er sich weigere, irgendwohin gebracht
zu werden, und daß er der Marquise de Sorans seine Dankbarkeit
bezeugen werde, wenn diese Dame ihm klar und einfach die Freiheit verschaffe und nicht eine andere Festung, denn Gefängnis sei
Gefängnis, und er ziehe Vincennes allem vor, was nicht die Rückkehr auf seine Güter sei.

12. April 1781 – Der Marquis teilt dem Polizeidirektor mit, wenn
man auf den Plan mit Montélimar nicht verzichten wolle, sei er bereit aufzubrechen, aber er werde fliehen, welche Vorsichtsmaßnahmen man auch immer treffen werde, und ins Ausland gehen: »Ich
weiß einen Prinzen, der bereit ist, mich aufzunehmen, seien Sie dessen versichert, mein Herr, und einen Monarchen, der seine Unter-
tanen nicht wegen ein paar Huren einsperren läßt und sich nicht
Zuhältern ausliefert.« Von diesem Asyl aus werde er Madame de
Montreuil grausam entlarven durch öffentliche Schriften und enthüllen, daß er deshalb so lange gefangen gehalten worden sei, weil
er »nicht hunderttausend Franken jährlich ausgeben konnte, um die
Helfershelfer der Gerechtigkeit zu kaufen«, wie es jene getan hätten, denen der Staat ihn opfere. Überdies bleibe ihm »ein wirksames
Mittel, um seinen Kindern jegliche *moralische* Existenz zu nehmen«
und ihnen »nur den Atem, den sie von ihrer Mutter erhalten haben«,
zu lassen. Herr Le Noir möge geruhen, über das alles nachzudenken
und sich für seine Freilassung zu verwenden: Herr de Sade schwöre
ihm, sein Leben lang »ein Verhalten an den Tag zu legen, wie es
selbst ein Engel nicht tugendhafter, ordentlicher und beispielhafter
könnte«, sich nur noch um das Wohlergehen seiner Frau und seiner
Kinder zu kümmern, die Lücken zu füllen, die sein Mißgeschick in
sein Vermögen gerissen habe, und endlich »die Vergangenheit zu
vernichten, so daß niemals mehr auch nur eine einzige Erinnerung
daran auftaucht«.

13. Mai 1781 – Fräulein Anne-Prospère de Launay, Schwägerin
des Marquis de Sade, stirbt um ein Uhr nachmittags an den Blattern,
von denen sie am 10. Mai befallen wurde (oder vielleicht auch an
Bauchfellentzündung).

Einige Tage vor dem 19. Mai – Fräulein de Rousset hat den Brief des Marquis de Sade erhalten und dankt ihm ironisch, daß es ihm endlich, nach zwei Jahren, eingefallen sei, ihr zu schreiben. Sie teilt ihm mit, daß sie im Begriff stehe, in die Provence zu reisen, und fragt, ob er ihr irgendwelche Aufträge betreffs seines Arbeitszimmers in La Coste zu geben habe.

13. Juni 1781 – Die Marquise gibt Fräulein de Rousset, die soeben wieder in La Coste eingetroffen ist, Anweisungen zur Überwachung von Gaufridy.

13. Juli 1781 – Herr de Sade erhält zum erstenmal Besuch von seiner Frau, aber nicht unter vier Augen, wie er es gewünscht hätte: In Gegenwart des Polizeischreibers und im Verhandlungssaal, wohin man den Gefangenen gebracht hat, gibt man den Gatten Gelegenheit, sich nach genau vier Jahren und fünf Monaten Trennung wiederzusehen.

VOM 13. JULI 1781 BIS ZUM 29. FEBRUAR 1784

Vom 13. Juli bis Anfang Oktober 1781 – Die Zeitspanne zwischen dem 13. Juli 1781, dem Tag, an dem Madame de Sade ihren Mann zum erstenmal besucht, und Anfang Oktober desselben Jahres, als Le Noir für eine gewisse Zeit die Begegnung der Gatten verbietet, ist fast völlig von der Eifersuchtskrise des Gefangenen von Vincennes erfüllt.

Am 27. Juli, vierzehn Tage nach ihrem Besuch beim Marquis, schreibt Madame de Sade folgendes an Fräulein de Rousset:

Seit ich ihn besucht habe, bringt er mich mit tausend Wahnideen, die er sich in den Kopf gesetzt hat, zur Verzweiflung; da er nicht mehr weiß, was er tun soll, ist er eifersüchtig. Ich sehe Sie lachen. »Und worauf«, werden Sie fragen. – Auf Lefèvre (er erweist mir viel Ehre, nicht wahr?), weil ich gesagt habe, daß Lefèvre ein paar Bücher für ihn gekauft hat. Er ist eifersüchtig auf Madame de Villette, weil ich ihm geschrieben habe, daß sie mir vorschlug, bei ihr zu wohnen. [...] Sagen Sie mir bitte, wo er das alles hernimmt.

Was weiß man von diesem Lefèvre, der so die Ehre hatte, die Eifersucht des Marquis de Sade zu erregen? Herr Lefèvre diente de Sade als Sekretär in den Jahren 1771 bis 1772; er war ein junger Provenzale aus einer unbedeutenden Familie, ein »kleiner Bauer«, der in die Hauptstadt kam mit der Hoffnung, sein Glück zu machen. Geboren in Mazan, hatte er zunächst als Kammerdiener bei Abbé de Sade gedient, der ihn lesen und schreiben lehrte. Später, zweifellos nach der Flucht des Marquis, im Juli 1772, trat er in die Kanzlei Albarets in Aix ein. Die »gemeine« Herkunft Lefèvres ist durch die Randbemerkungen belegt, mit denen de Sade das Porträt seines eingebildeten Rivalen verzierte, sowie durch die folgende Wendung in einem Brief des Marquis an seine Frau: »Und ausgerechnet mit einem solchen Schlingel mußtest Du mich betrügen, mit einem kleinen Bauern von meinem eigenen Land, mit einem kleinen Wicht, der unter dem Lumpenvolk von Aix verkommen ist?«

Während der Revolution war Lefèvre abwechselnd Jakobiner oder Gemäßigter, je nachdem, wie die Umstände es erforderten. Nachdem er eine gewisse politische Berühmtheit erworben hatte, wird er nach dem 13. Vendémiaire des Jahres IV zum Beigeordneten Frérons beim zweiten Besuch dieses Volksvertreters in der Provence ernannt. Im Jahre XII begegnet uns der ehemalige Sekretär des Marquis de Sade als Unterpräfekt von Verdun; er hat soeben eine *Schule der Redekunst* veröffentlicht.

Ein Sammler, der gern anonym bleiben möchte, besitzt einen unveröffentlichten Brief der Marquise an den Gefangenen von Vincennes, der mit Blut befleckt und vom Empfänger mit wütenden und obszönen Anmerkungen versehen ist. In diesen Randbemerkungen wird Madame de Sade als Hure bezeichnet, und das Haus der Montigni wird ihr als Kloster empfohlen. Außerdem leitet der Marquis aus dem Datum des Briefes (5. August) die Größe des Penis von Lefèvre ab: »Da haben wir die Zahl, mit der dieser feine Herr einzuordnen ist! Mit der 7 [1], anscheinend ist das sein Maß.« (Wir werden später ausführen, was unserer Ansicht nach diese Art von Beschäftigung bedeutet.) Und schließlich hat der Eifersüchtige der Unterschrift seiner Frau: *Montreuil de Sade* den Namen seines Rivalen hinzugefügt: das ergibt *Montreuil Le Fevre de Sade*.

Ungeachtet dieser Beschimpfungen unterläßt Herr de Sade nicht, seiner Frau den Empfang des vorhergehenden Briefes zu bestätigen, ja selbst ihr für die Abschrift des Schwures zu danken, den er ihr vorgeschrieben hatte und der ihn, wie er selbst bestätigt, »beruhigt«.

---

[1] Ein Gedankengang, der unverständlich bleibt.

FÜNFEINHALB JAHRE IN VINCENNES

Aber mit hochmütiger Strenge und in einer Sprache, die seines Ahnherrn, Richard de Sade, Kammerherr Urbans VIII. und später Bischof von Cavaillon, würdig gewesen wäre, wirft der Gefangene der Marquise ihre eitle Aufmachung und Frisur vor, die wenig der Lage einer Frau entsprächen, deren Gatte seit fünf Jahren im fürchterlichsten Kerker eingesperrt sei:

Was bedeutet die Entschuldigung: Du solltest die anderen sehen? Die anderen haben ihren Mann nicht im Gefängnis, und wenn sie das haben und so handeln, dann sind es Nichtswürdige, die nur Schimpf und Verachtung verdienen! Sagen Sie, würden Sie so aufgeputzt wie eine Komödiantin oder Marktschreierin zur Beichte gehen? Nein, nicht wahr? Nun, die innere Sammlung muß die gleiche sein, Kummer und Schmerz müssen in diesem Fall hervorrufen, was Frömmigkeit und Ehrfurcht vor Gott im anderen bewirken. Wie überspannt auch die Mode ist, Sie werden mir nicht einreden, daß es keine für Frauen von sechzig gibt. Tun Sie es ihnen nach, wie weit Sie auch noch von diesem Alter entfernt sind. Erinnern Sie sich daran, daß mein Unglück uns ihm näherbringt, wenn wir es auch noch nicht erreicht haben, und daß wir deswegen in Benehmen und Kleidung keine andere Mode befolgen dürfen. Wenn Sie anständig sind, so dürfen Sie nur mir gefallen wollen, und mir werden Sie gewiß nie gefallen als durch den Anschein und die Tatsache äußerster Zurückhaltung und vollkommenster Bescheidenheit. Ich verlange, [...] daß Sie in der Kleidung kommen, die Ihr Frauen Hauskleid nennt, mit einer großen, sehr großen Haube, ohne jede andere Frisur darunter als Ihr einfach gekämmtes Haar. Nicht den geringsten Anflug falscher Locken, ein Knoten und keine Zöpfe; kein Mieder, und die Brust völlig bedeckt, nicht so unanständig entblößt wie neulich, und die Farbe des Kleides soll so dunkel wie möglich sein. Ich schwöre Ihnen bei allem, was mir heilig ist, daß Sie mich in größten Zorn versetzen und es eine fürchterliche Szene geben wird, wenn Sie im Geringsten von dem abweichen, was ich Ihnen hier vorschreibe.

Aber der außergewöhnlichste Ausbruch der Eifersucht de Sades — außergewöhnlicher noch als die zynischen Glossen, mit denen er den Brief der Marquise vom 5. August versehen hat — ist die Ermordung seines eingebildeten Rivalen *in effigie*. Es handelt sich um ein Porträt, das Fräulein de Rousset von Lefèvre gemacht hat und das uns Herr Xavier de Sade am 22. Januar 1948 in seinem Schloß Condé-en-Brie gezeigt hat. Dieses Porträt ist vom Marquis dreizehnmal durchlöchert, mit seinem Blut befleckt und mit Randbemerkungen versehen, in denen Haß und Verachtung mit einer Gewalttätigkeit wetteifern, die nicht zu übertreffen ist. Hier das Fragment einer dieser Randbemerkungen:

Diejenige, die einzig zu dem Zweck einer niedrigen Rache oder vielleicht, was noch schlimmer ist, in dem groben und gemeinen Verlangen, ihr Temperament zu befriedigen, sich schamlos einem Diener hingibt, einem Bauern von der häßlichsten Art, dessen Vater von ihrem Gatten Almosen bekam, diejenige, sage ich, hat nicht einmal das Recht, Frau genannt zu werden, sie ist nichts als ein schamloses Luder, zum Gespött der Welt geschaffen, tausendmal verächtlicher als die, welche die Lebensnotwendigkeiten zu solchen Greueln berechtigen, mit einem Wort, nichts als eine Unglückliche, die nur noch ein Recht auf Schmach und Sumpf und Niedrigkeit hat, nichts als eine Kreatur, die sowohl ihre Kinder und ihren Mann wie sich selbst entehrt und die nur noch beanspruchen kann, wie eine Sau in dem Schmutz zu vegetieren, wo sie das gemeine Werkzeug ihres Verbrechens aufgelesen hat.

Indessen hört Madame de Sade nicht auf, den wütenden Anklagen ihres Mannes in ihren Briefen die edelste und rührendste Geduld entgegenzusetzen und den Gefangenen immer wieder mit größter Aufrichtigkeit ihrer Liebe und Treue zu versichern:

...Es genügt mir nicht, daß mein Gewissen mir nichts vorzuwerfen hat: ich will, daß Du glücklich und zufrieden bist. Es ist mir lieber, daß Du mir Deine Verdächtigungen und Besorgnisse gesagt hast, denn es ist mir ein Leichtes, mich zu rechtfertigen...

...Die Art und Weise, wie Du über mich denkst, zerschmettert mich, vernichtet mich, demütigt mich. Mich, die ich nur für Dich lebe und da bin! Ich werde verdächtigt und erniedrigt! Ich schweige, aber Du schlägst meinem Herzen eine Wunde. Und dennoch wird es sich nie verschließen. Ich habe mich nicht zu rechtfertigen; mein Lebenswandel ist offenkundig und vor aller Augen. Nein, es ist nicht

FÜNFEINHALB JAHRE IN VINCENNES 239

möglich, daß Du denkst, was Du schreibst, wenn Du mich kennst, wie Du mich kennen solltest.

...Mein Herz hat sich nicht verändert: es liebt Dich und wird Dich immer lieben. Die einzige Rache, die ich mir vorbehalte, ist, Dich bei Deiner Befreiung, nachdem Du alles geprüft und Dich erkundigt hast, zugeben zu lassen, daß alles, was Dir während Deiner Gefangenschaft durch den Kopf schwirrte, vollkommene Hirngespinste waren...

Einige Zeit darauf lehnt die Marquise, deren rührende Verteidigung die Wut des Gefangenen nur noch mehr aufreizt, nicht nur die Gastfreundschaft Madame de Villettes ab, sondern beschließt, um Herrn de Sade jeden Grund zur Eifersucht zu nehmen, ihre Wohnung an der Rue de la Marche aufzugeben und sich in ein Kloster zurückzuziehen. »Ich gebe Dir mein Ehrenwort«, schreibt sie ihm, »daß ich nicht bei Madame de Villette wohnen werde. Ich suche mir ein Kloster, damit Du nicht mehr die Möglichkeit hast, Dich so zu quälen wie bisher. Die Freundschaft, die Teilnahme, die sie für meine Lage zeigt, verbinden mich Madame de Villette, aber diese Freundschaft zählt nicht mehr; wenn sie Dir nicht gefällt, breche ich mit ihr.« Die Marquise schwankt zwischen drei Häusern; sie möchte eines finden, »in dem man nicht auf großem Fuße lebt und wo wenige Frauen sind«. Am 18. August schreibt sie Fräulein de Rousset, daß der Polizeidirektor Le Noir ihr die Briefe ihres Mannes nicht mehr aushändige, und teilt ihren Entschluß mit, entweder bei den »englischen Schwestern« in der Rue Chapon oder bei den Fräulein von Saint-Aure ein Zimmer zu nehmen. Schließlich wird sie sich für das letztere Haus entscheiden, das in der Rue Neuve-Sainte-Geneviève gelegen ist. Sie berichtet ihrer Freundin von ihrem Leben in Sainte-Aure und von der Gesellschaft, die sie dort gefunden hat: unter anderen ein Fräulein Martin, das Herrn de Sade gekannt hat, als er noch klein war, und ihm sogar eine Backpfeife gab, weil er sie ärgerte.

Es ist Anfang Oktober. Trotz des Flehens der Marquise verbietet ihr Herr Le Noir wegen der fürchterlichen Eifersucht des Gefangenen den Zutritt zum Gefängnis.

Nach allem, was wir über den Charakter von Madame de Sade wissen, sind wir geneigt zu glauben, daß die Eifersucht ihres Mannes sich nur auf sehr schwache Vermutungen stützen konnte. Immerhin muß man bedenken, daß die Orgien in La Coste zwischen 1774 und 1777, nämlich die mit den »kleinen Mädchen« aus Lyon und Vienne und mit dem jungen Sekretär – Orgien, an denen teilzunehmen sie der Marquis, wie es scheint, gezwungen hat, auch wenn er bei ihrer Schamhaftigkeit nicht erwarten konnte, daß sie viel Gefallen daran finden könnte –, geeignet waren, die Phantasie der Dame gefährlich zu erotisieren. (Die Unbefangenheit der Sprache, die man in den Briefen des Marquis an seine Frau beobachtet, scheint eine Art Komplizität zwischen den Ehegatten zu beweisen.

Die zweidimensionale Psychologie könnte die Frage der ungerechtfertigten Verdächtigungen des Marquis nur teilweise beantworten: de Sade war seit nahezu fünf Jahren in Vincennes eingesperrt; welcher Mann hätte in einer so langen und so schrecklichen Einsamkeit die Gespenster der Eifersucht bannen können? Diesem unvollständigen Gesichtspunkt fügen wir folgende Erklärung hinzu: Der Marquis hat die ersten Anzeichen seiner Eifersucht unbewußt gefördert, um die einzigen ihm erlaubten Vergnügungen durch die Vorstellung von dem angenommenen Ehebruch Madame de Sades zu nähren.

Wir haben oft gedacht, daß der Zorn in der Seele des Eifersüchtigen in den meisten Fällen das unbewußte Verlangen verbirgt, betrogen zu werden. Diese paradoxe Situation scheint sich sehr klar in einem Traum de Sades auszudrücken (in dem die orthodoxe Psychoanalyse außerdem noch Spuren eines Oedipuskomplexes entdekken wird): »Ich sehe Sie sehr viel älter, als ich Sie verlassen habe«, schrieb der Marquis nach dem Besuch vom 13. Juli 1781 an seine Frau, »Sie haben mir immer ein Geheimnis anzuvertrauen, das Sie mir nie erklären wollen, und sind immer untreu im weitesten Sinne des Wortes.« Und er fügt hinzu: »Diesen Traum habe ich vielleicht mehr als fünfhundertmal geträumt.«

Was ist nun aber die pathologische Grundlage dieser Form von Eifersucht? Wir glauben antworten zu können: die Homosexualität, sei sie nun völlig unbewußt wie bei gewissen Leuten oder tatsächlich vorhanden und frei von Gewissensbissen wie bei de Sade. (Homosexualität, oder besser gesagt Bisexualität: zu viele unwider-

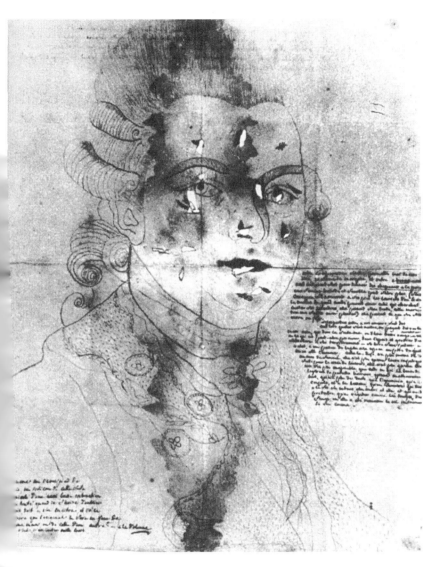

Ein Portrait von Lefèvre, dem vermutlichen Liebhaber der Frau des Marquis, gezeichnet von Mlle. de Rousset. Marquis de Sade hat es mit seinem Blut befleckt und mit einem Federmesser zerstochen.

Seite eines Briefes von Madame de Sade, vom Marquis mit Blut befleckt. Der Signatur seiner Frau hat de Sade den Namen seines vermutlichen Rivalen Lefèvre hinzugefügt: »le Fevre«.

FÜNFEINHALB JAHRE IN VINCENNES 241

legbare Dokumente, die sich aus Eingeständnissen des Marquis[1] und aus seinem merkwürdigen Verlangen nach zylindrischen Gegenständen[2] zusammensetzen, lassen keinen Zweifel mehr über die Natur seiner Willfährigkeit gegenüber dem Diener Latour anläßlich der Affäre von Marseille.)

Doch weiter. — Wir können nur auf Vergnügungen eifersüchtig sein, die wir kennen oder vorausempfinden; und je heftiger sich unsere Eifersucht kundtut, desto besser kennen oder empfinden wir den Genuß voraus, um den wir gebracht sind. Das ist — in dem Fall, von dem hier die Rede ist — nicht immer nur der Genuß, unter dessen Entbehrung wir leiden. Bisexuelle Männer oder Liebhaber oder psychische Hermaphroditen, zu denen man den Marquis de Sade zählen muß, sind kraft der Natur oder des Grades ihrer Homosexualität nicht nur neidisch auf das Vergnügen ihres Rivalen, sondern auch — bewußt oder unbewußt — auf das Vergnügen ihrer Frau, das sie kennen, sei es, weil sie es selbst erfahren, sei es, weil sie es auf dunkle Weise fast körperlich vorausempfunden haben. Mit anderen Worten, sie wissen, mehr oder weniger bewußt, schrecklich genau, was für den Körper ihrer Frau der fremde Penis bedeutet, den sie verabscheuen und bewundern, genauso wie sie die Ausschweifung derer bewundern und verabscheuen, deren Verrat sie foltert.

Der Penis des Rivalen: beinahe ausschließlicher Gegenstand der Wahnideen bei dieser Art von Eifersüchtigen. Wir haben gesehen, wie der Marquis in einer Art blindem Haß das »Maß« des jungen Lefèvre nahm, der »unter dem Lumpenvolk von Aix verkommen ist«. Das sagt er ohne Zweifel, um dem schon schrecklich erregenden Bild der »im weitesten Sinne des Wortes« untreuen Marquise die Faszi-

---

[1] Zum Beispiel bestätigt der Marquis am 23. November 1783 seiner Frau mit folgenden Worten den Empfang eines Porträts von einem »hübschen Jungen«, um das er sie gebeten hatte: »Sie haben mir den hübschen Jungen geschickt, *geliebte Taube. Der hübsche Junge!* Wie süß klingt dieses Wort an mein etwas italienisches Ohr! *Un bel giovannetto, signor,* würde man mir in Neapel sagen, und ich würde sagen: *Si, si, signor, mandatelo, lo voglio bene.* Sie haben mich beharrlich wie einen Kardinal, *meine kleine Mutter...* aber leider ist es nur ein Bild... Aber das Etui, bitte wenigstens das Etui, da ich mich doch mit Illusionen begnügen muß!«

[2] Etuis und Fläschchen.

nation des Pöbels hinzuzufügen (die, wie wir wissen, bei den Homosexuellen sehr häufig ist[1]).

Ohne daß wir nun selbst in den Mißbrauch verfallen wollen, den wir einigen Sade-Biographen vorgeworfen haben und der darin besteht, den Schriftsteller mit den Personen zu identifizieren, die seiner Phantasie entsprungen sind, scheint es uns interessant, die obigen Betrachtungen durch eine Episode aus *Justine* und *Nouvelle Justine* teilweise zu illustrieren. Darin kostet ein algolagnischer und homosexueller Ehemann die Wollust der Entehrung bis zum äußersten aus.

In seiner *Justine* von 1791 skizziert uns de Sade zum erstenmal die Sitten des Grafen de Gernande, dessen gewohntes Vergnügen neben dem täglichen Aderlaß seiner Frau ist, diese Dame zu zwingen, die barbarischen Anstürme der von ihm ausgewählten jungen Männer über sich ergehen zu lassen, wobei er Zeuge und Nachahmer ist.

In der *Nouvelle Justine*, wo die Episoden der ersten wiederaufgenommen und in phantastischer Weise weiterentwickelt werden und einen Paroxismus in Sprache und Handlung erreichen, wird Herrn de Gernandes Rausch der ehelichen Schändung mit prunkvollen und dämonischen Einzelheiten ausgeschmückt.

Und dennoch, um wieder einmal zu beweisen, daß man die Persönlichkeit des Marquis nicht streng nach den Handlungen und Aussprüchen seiner Helden beurteilen kann, da er in seinen Werken sehr oft das Für und Wider erwägt, fügen wir als Ergänzung zu diesem barbarischen Verhalten eines Ehemannes die reinste, auf keuscheste Weise erotische Lobrede an, die die Einrichtung der Ehe jemals hervorgerufen hat:

---

[1] Mit seiner gewohnten Beredsamkeit hat de Sade in *Juliette* das Loblied des Ehebruchs gesungen: »So seid ihr ehebrecherischen Frauen: in den Armen Eurer Gatten gebt ihr ihnen nur euren Leib hin, und die Wollustgefühle, die sie darin erwecken, gehören immer nur dem Liebhaber. Sie lassen sich täuschen, sie beanspruchen den Rausch für sich, in den ihre Bewegungen euch versetzen, während die Dummköpfe nicht einmal den Funken zu der Flamme abgeben. Bezauberndes Geschlecht, fahrt fort mit dieser Täuschung, sie ist ganz natürlich; die Beweglichkeit eurer Einbildungskraft beweist es euch; haltet euch auf diese Weise schadlos, wenn ihr es anders nicht könnt, für die lächerlichen Ketten der Scham und der Ehe.

Ach! Glaubt nicht, der Genuß könnte die Flamme verlöschen, wenn sie das Werk der Liebe ist: je mehr eine Gattin uns ihre Reize hingibt, desto mehr schürt sie unsere Glut; dieses Band, das man verspottet, wenn man seine Frau nicht liebt, wird süß, wenn man sie liebt; wie köstlich ist es, die Regungen seines Herzens mit den Forderungen des Himmels, der Gesetze, der Natur in Einklang zu bringen . . . Nein, nein, es gibt keine Frau auf der Welt, die es mit der aufnehmen kann, die uns angehört: da sie sich unbefangen der glühenden Verzückung ihrer Seele überläßt, überschüttet man sie freigiebig mit allen Namen, die sich denen noch hinzugesellen lassen, die sie schon hat; sie ist zugleich unsere Gattin und unsere Geliebte, unsere Schwester, unser Gott; sie ist alles, was das prikkelndste Glück unserer Tage ausmacht; alle Leidenschaften erhitzen, entzünden, vereinigen sich in ihr und für sie allein; man besteht nur noch in ihr, man begehrt nur noch sie. Ach! Mein Freund, es gibt keine schmeichelhafteren Fesseln, keine Freuden, die es mit denen der Ehe aufnehmen können, es gibt auf der Welt nicht eine einzige sinnlichere Freude; unglücklich der, der sie nicht gekannt hat, unglücklich der, der ihnen etwas anderes vorzieht; er wird alles gestreift haben im Leben, ohne je das Glück gefunden zu haben.

Um den 20. Oktober 1781 – Gothon bringt einen Knaben zur Welt, der auf Kosten der Herrschaft getauft wird; bald wird ihr Gesundheitszustand besorgniserregend, wahrscheinlich hat sie ein Kindbettfieber, das man zuerst für »Auszehrung« hält.

26. Oktober 1781 – Herr de Sade, der schon vor kurzem seiner Frau geschrieben hatte, um zu bestreiten, daß er im Gefängnis Drohungen ausgestoßen habe, beteuert zum zweiten Mal seine Unschuld, im Gegensatz zu dem Protokoll, welches das Gefängnispersonal Herrn Le Noir übermittelt hat.

27. Oktober 1781 – Der Marquis hat den Gefängniswärter bedroht oder geschlagen. Zur Strafe weigert man sich, ihm die Zelle auszukehren und ihn zu rasieren.

27. oder 28. Oktober 1781 – Gothon stirbt fern vom Hause ihrer Herrschaft in den Armen von Fräulein de Rousset, die sie gepflegt hat, ohne sich vor Ansteckung zu fürchten.

Als Herr de Sade von diesem Tod erfährt, bestellt er trotz seines Atheismus einen Gottesdienst für Gothon, aber er möchte, daß Gaufridy nicht erfährt, wofür der Louisdor verwendet wurde, den die Zeremonie kostet.

Gegen Ende Oktober 1781 – Aus einem harmlosen Satz in einem Brief der Marquise hat de Sade geschlossen, daß seine Frau schwanger ist und folglich die Ehe gebrochen hat. »Ich freue mich, Dir mitteilen zu können«, hatte sie ihm geschrieben, »daß ich derartig zunehme, daß ich vor Angst sterbe, ich könnte eine fette Matrone werden; wenn Du mich sähest, würdest Du Dich wundern.« Sofort wird er wieder von Eifersucht überwältigt. Ohne Zweifel hat er sich nicht beherrschen können, vor Wut zu schreien, und mehrere Gefangenenwärter haben ihn gehört. Der Polizeidirektor wird unterrichtet und teilt Madame de Sade sofort mit, welch beleidigenden Verdacht ihr Gatte gegen sie hegt. »Madame«, schreibt er, »wenn Sie dennoch darauf bestehen, ihn sehen zu wollen, so werde ich die Befehle des Ministers einholen und ihn über alles informieren. Ich will es nicht auf mich nehmen, diese Dinge zu verheimlichen.« »Was hätten Sie darauf geantwortet?« fragt die Marquise am 1. November Fräulein de Rousset. »Ich habe nicht gewagt, darauf zu bestehen, aus Furcht, Herrn de Sade zu schaden.« Und trotz dieser neuen Prüfung schreibt sie der »Heiligen«, sie sei betrübt über die Art, wie sie über den Marquis denke, denn was er auch tue, ihre Anhänglichkeit an ihn könne unmöglich abnehmen.

31. Oktober 1781 – Aus Schamgefühl und um die Gewissensbisse zu beschwichtigen, die ihr Mann zweifellos empfindet, schreibt ihm Madame de Sade, sie glaube kein Wort von dem, was Herr Le Noir ihr mitgeteilt habe. Sie berichtet ihm auch, daß sie in zwei Tagen den Polizeidirektor aufsuchen wolle, um für Abbé Amblet die Erlaubnis zu erwirken, seinen ehemaligen Schüler zu besuchen.

10. November 1781 – Madame de Sade teilt ihrem Mann mit, es sei nicht möglich gewesen, diese Erlaubnis für Abbé Amblet zu bekommen: kein Außenstehender dürfe Vincennes betreten. Sie bittet ihn, tapfer und geduldig zu sein, und erzählt ihm, daß La Jeunesse weiterhin seine Theaterstücke abschreibe. Was die Bücher betreffe, die man ihm schicke, so möge Herr de Sade doch davon absehen, sie zu zerreißen, wenn sie ihm nicht gefielen, denn man müsse sie bezahlen, und es sei schließlich sein Geld.

15. Dezember 1781 – Madame de Sade fleht den Polizeidirektor an, das Verbot aufzuheben, daß sie sich nach Vincennes begebe.

Herr Le Noir dürfe den Gefangenen nicht nach seinen Schreiben beurteilen. Er habe sich sehr gut benommen, als sie das letzte Mal die Freude gehabt habe, ihn zu sehen: »Die Macht seiner Verzweiflung leitet ihn fehl, aber ein wenig Zärtlichkeit und Geduld würden ihn beruhigen und ändern.«

17. April 1782 – In der Nacht des 28. oder 29. März haben Unbekannte in La Coste den »Schurkenstreich« begangen, achtundzwanzig Obstbäume des Marquis de Sade zu spalten. Der Marquis, dem Gaufridy dieses Unglück berichtet hat, antwortet mit einem besonders scherzhaften Brief (für den man leider in seinen Lustspielen vergeblich nach einem Äquivalent sucht).

Ende April 1782 – Der Marquis fordert Madame de Sade auf, all ihre Überzeugungskraft anzuwenden, damit Fräulein de Rousset einwillige, ins Schloß zu ziehen und dort für Ordnung zu sorgen.

14. Mai 1782 – Seit einigen Tagen wohnt Fräulein de Rousset im Schloß.

23. Mai 1782 – Brief des Marquis de Sade an seine Frau, der er mit »zweihundertzehnte Woche« seiner Gefangenschaft datiert. Darin bezeugt er eine äußerst philosophische Losgelöstheit von seinen irdischen Gütern und erklärt sich beruhigt über den Lebenswandel seiner Frau. Sie sei unfähig, ihn zu betrügen: »Sechs Besuche haben genügt, um meine Wahnideen zu zerstreuen. Ich habe Dich damit beleidigt; genug jetzt, ich werde nie mehr welche haben. Ich weiß besser zu schätzen, was ich liebe.«

30. Juni 1782 – Fräulein de Rousset beklagt sich bei Gaufridy über die Unverschämtheit Sambucs. Auf eine Bemerkung, die sie der Geliebten des Wächters gegenüber gemacht habe, weil dieser die Kaninchen nicht richtig füttere, habe der Lümmel sie angeschrien, sie sei »schlimmer als Gothon«, und er wundere sich, daß Leute, die hier nicht die Herren seien, »verdammte Drecksleute, die gar nichts sind«, es wagten, ihm Ermahnungen zu geben. Überdies schreibt sie Gaufridy von einem seltsamen Mißgeschick: der Domherr von Oppède, Vidal, »hat seiner Haushälterin so gut die Beichte abgenommen, daß sich daraus eine Wassersucht von neun Monaten ergeben hat«. Leute, die sich einen schlechten Scherz erlauben wollten, schickten ihm dauernd Gedichte und Lieder über dieses Thema.

12. Juli 1782 – Herr de Sade beendet das Heft, das seinen *Dialogue entre un prêtre et un moribond* enthält.

246   MARQUIS DE SADE

31. Juli 1782 – Heftiger Streit zwischen dem Marquis und seinem
Wärter: dieser ist bedroht und vielleicht sogar ins Gesicht geschlagen
worden. Auf diesen Zwischenfall hin werden Herrn de Sade nicht
nur die Spaziergänge entzogen, sondern der Flur vor seiner Zelle, wo
er sich bisher ein wenig bewegen konnte, bleibt ihm verschlossen.

6. *August 1782* – Man hat dem Gefangenen alle Bücher weggenommen, weil sie ihm »den Kopf erhitzten« und ihn dazu gebracht
hätten, »Dinge, die sich nicht gehören«, zu schreiben. Seine Frau
fleht ihn an, seine »Schriften zurückzuhalten«, die ihn »unendlich
ins Unrecht setzen«, und die »Verirrungen wiedergutzumachen«,
die sein Geist ihm »eingibt«, durch »eine anständige Denkungsart,
die im Grunde [seinem] Herzen entspricht.«

Ein paar Tage nach dem 19. August 1782 – Auszug aus einem
Brief de Sades an seine Frau:

...*Was mich* persönlich *betrifft, so kann ich Ihnen nichts versprechen. Das Tier ist zu alt. Glauben Sie mir und verzichten Sie
darauf, es zu erziehen. Julie vermochte nichts über Herrn de Wol-
mar*[1]*, und Julie wurde sehr geliebt. Es gibt Dinge, die zu sehr mit
dem Leben verhaftet sind, besonders wenn man sie mit der Mutter-
milch eingesaugt hat, als daß man jemals darauf verzichten könnte.
Das gleiche gilt für die Gewohnheiten: wenn sie so gewaltig mit dem
Körper eines Wesens verbunden sind, so werden ihnen zehntausend
Jahre Gefängnis und fünfhundert Pfund schwere Ketten nur noch
mehr Kraft verleihen. Ich werde Sie sehr in Erstaunen setzen, wenn
ich Ihnen sage, daß ich immer* alle *diese Dinge* und die Erinnerung
daran *zu Hilfe rufe, wenn mich der Schmerz über meine Lage betäubt. Die Sitten hängen nicht von uns ab, sie kommen von unserer Beschaffenheit. Von uns hängt ab, daß wir unser Gift nicht nach
außen streuen und daß unsere Umgebung nicht nur nicht darunter
leidet, sondern es nicht einmal gewahr werden kann. Ein makelloser
Lebenswandel mit seinen Kindern und seiner Frau, so daß es ihr unmöglich ist, die schlechten Sitten ihres Mannes zu vermuten, selbst
wenn sie ihr Schicksal mit dem anderer Frauen vergleicht: das hängt
von uns ab, und dafür müßte ein anständiger Mann sorgen, denn
es heißt nicht, daß er ein Lump ist, wenn seine Freuden merkwürdiger Art sind. Versteckt sie vor der Öffentlichkeit, vor allem vor*

---

[1] Hauptpersonen aus der *Nouvelle Heloïse* von Jean-Jacques Rousseau.

euren Kindern, und sorgt, daß eure Frau niemals auch nur den geringsten Verdacht schöpft; eure Pflichten ihr gegenüber sollt ihr ebenfalls in jeder Hinsicht *erfüllen. Das ist das Wesentliche, und das verspreche ich. Tugenden kann man nicht erwerben, und man ist ebensowenig in der Lage, in diesen Dingen einen bestimmten Geschmack anzunehmen, wie braunhaarig zu werden, wenn man rot auf die Welt gekommen ist. Das ist meine ewige Philosophie, die ich nie ablegen werde. — Und doch, im Jahre 1777 war ich noch jung genug; das Übermaß an Unglück, das ich erlitt, hätte die Sache vorbereiten können; meine Seele war noch nicht verhärtet, so wie Sie später Sorge getragen haben, daß sie für gute Gefühle unerreichbar werde. Ein ganz anderer Plan als der Ihre hätte Großes vollbringen können: Sie haben es nicht gewollt. Ich danke Ihnen dafür; es ist mir lieber, daß ich nur Ihre Zahlen aus meinem Kopf verscheuchen muß statt einer Unmenge von Dingen und meines Erachtens sehr köstlicher Einzelheiten, die mein Unglück so sehr lindern können, wenn ich meine Phantasie schweifen lasse. Sie waren sehr schlecht beraten, das kann man sagen; aber auf Ehre und Gewissen, es ist mir sehr viel lieber, daß es so gekommen ist.*

Aus diesem Glaubensbekenntnis könnte man nur sehr willkürlich auf den Rausch des Marquis schließen, der tatsächlich von 1782 ab an den *120 Journées de Sodome* arbeitete; aber die eben gelesene Passage bezeugt mit packender Glut, daß der Gefangene von Vincennes in seinen erotischen, grausamen Meditationen, voller »sehr köstlicher Einzelheiten«, und im Bewußtsein seiner Fähigkeiten die Rettung und die jenseits der Zeit liegende Heiterkeit gefunden hat, die seine bevorstehenden Meisterwerke ankündigt.

25. September 1782 — Die seltenen Besuche, die Madame de Sade seit dem Januar erlaubt waren, werden von neuem verboten aufgrund der schlechten Führung des Gefangenen. Die Marquise ist »niedergeschmettert«, als sie diese Nachricht aus dem Munde Herrn Le Noirs erfährt. Sie hatte den Polizeidirektor um Audienz gebeten, um sich darüber zu beklagen, daß sie ihren Mann so lange nicht gesehen habe, und um ihn zu bitten, ihr Zutritt zum Gefängnis zu gestatten.

Ende September 1782 — Fräulein de Rousset fürchtet sich jeden Abend, im Schloß zu schlafen, wo der Sturm alles zu zerstören

droht. In allen Ecken sind die Mauern gesprungen; von Viertelstunde zu Viertelstunde mehren sich die Einstürze; Dachziegel und
Gipsbrocken, »die mit Getöse herunterfallen«, steigern noch die
Furcht des Fräuleins. Außerdem sei der Kamin in ihrem Zimmer
eingestürzt, und der heftige Wind, der an den Fenstern rüttle und
sie abreiße, schleudere Milli Rousset »wie eine Feder im Bett hin
und her«.

8. Oktober 1782 – Madame de Sade beauftragt Gaufridy, die drin-
gendsten Reparaturen im Schloß vornehmen zu lassen, die Fräulein
de Rousset ihm angeben werde.

Um den 15. Dezember 1782 – Viereinhalb Monate nach seiner
Auseinandersetzung mit dem Wärter darf der Marquis sich wieder
in dem Flur tummeln, dessen Tür ihm verschlossen worden war.

Gegen Ende Januar 1783 – Madame de Sades jüngere Schwester,
Françoise-Pélagie, geboren am 12. Oktober 1760, verheiratet sich
mit dem Marquis de Wavrin. Die Marquise konnte nicht umhin, ihr
ein Geschenk zu machen, und hat jetzt »keinen Heller mehr«.

4. Februar 1783 – Seit kurzem hat der Marquis ein Augenleiden [1].
Er bittet die Marquise, ihm einen Augenarzt zu schicken, und zwar
den besten, der in Paris zu finden sei.

26. März 1783 – Herr de Sade schickt der Marquise das endgültige Manuskript seiner Tragödie *Jeanne Laisné*, gefolgt von einem
kleinen Einakter in freiem Versmaß *la Folle épreuve ou le Mari
crédule*. Er fleht sie an, ihm nicht länger ihre Besuche zu entziehen
und zu erwirken, daß er wieder die frische Luft im Garten genießen
könne, »denn in dieser Jahreszeit ist das notwendiger als das Leben
selbst«.

Ende März 1783 – Der Gefangene bittet Madame de Sade, dem
Augenarzt mitzuteilen, daß er untersucht werden möchte, da sein
Auge ihm erneut große Sorgen mache: »Die Entzündung ist sehr
heftig und setzt sich nach innen fort; auf der Seite dieses Auges ist
der halbe Kopf unvorstellbar rot und [er habe] gestern gewaltig an
Übelkeit und Migräne gelitten.« Im Gefängnis bestehe keine Mög-

---

[1] Es dürfte sich dabei um eine Hornhautentzündung des Auges handeln.
Diese Infektion der vorderen Augenkammer besteht im vorliegenden Fall
aus einem grau-weißen Fleck vor der Iris. Eine Komplikation dieser Entzündung führt in der Regel zu einer Trübung der Hornhaut, und genau
daran scheint der Marquis gelitten zu haben.

FÜNFEINHALB JAHRE IN VINCENNES   249

lichkeit, vom Arzt, Herrn Fonteillot, »eine befriedigende Erklärung
oder Behandlung« zu bekommen. Herr de Sade entschuldigt ihn, er
könne nichts dafür, das komme von dem Befehl, den Herr de Rougemont gegeben habe und der ungefähr folgendermaßen laute: »Keinerlei Verordnung, die den Leuten im Haus Mühe verursacht, sie
könnten darüber murren.« Wie sollte ein Arzt, und wenn er noch
so viel Talent hätte – und Herrn de Fonteillot fehle es gewiß nicht
daran –, seinen Beruf ausüben, wenn man ihm solche Hindernisse
in den Weg lege? Der Marquis fürchtet, ernstlich krank zu werden,
und er bittet seine Frau, zu erreichen, daß er in diesem Fall eine
Wächterin statt eines Wächters bekomme: »Ich würde allein schon
an Ungeduld sterben, wenn ich krank wäre und von einem Mann
gepflegt würde. Und dazu noch von was für einem Mann! Weißt
Du, wer das ist? Ich habe mich erkundigt: es sind Wachsoldaten, die
in Soldatenspitälern die Krankenpfleger bedienen. In solche Hände
würde ich geraten. Oh! Ich würde es nicht lange bleiben! Ein alter,
schmutziger, stinkender Soldat! Mit meiner Empfindlichkeit, meinen
Launen und Ängsten, wenn ich krank bin! Es brauchte nichts weiter, um mich am dritten Tag umzubringen.«

18. Juni 1783 – Madame de Sade teilt dem Gefangenen mit, daß
ihr seine Briefe, wegen der unanständigen Äußerungen, die sie enthielten, nicht mehr ausgeliefert würden, und solange er weiter Briefe
dieser Art schreibe, könne sie nichts zu seinen Gunsten erreichen.

Um den 25. Juni 1783 – Auszug aus einem Brief des Marquis de
Sade an seine Frau:

Mir die Confessions *von Jean-Jacques zu verweigern, ist wieder
eine großartige Sache, vor allem, nachdem man mir* Lucrèce *und die
Gespräche von Voltaire geschickt hat; das ist ein Beweis für das Un-
terscheidungsvermögen, die tiefschürfende Urteilskraft Ihrer Berater.
Ach, sie tun mir viel Ehre an, wenn sie glauben, das Buch eines Frei-
denkers könnte schlecht sein für mich; ich wollte, ich wäre noch in
diesem Stadium. Ihr seid nicht erhaben in der Wahl eurer Behand-
lungsmethoden, meine Herren Vorgesetzten! So erfahrt denn, daß
die eigene Beschaffenheit eine Sache gut oder schlecht macht, nicht die
Sache selbst. Russische Bauern heilt man mit Arsenik vom Fieber;
der Magen einer hübschen Dame hingegen würde ein solches Heilmittel nicht ertragen. Das beweist, daß alles relativ ist. Geht von*

dieser Voraussetzung aus, meine Herren, und seid vernünftig genug, mir das verlangte Buch zu schicken und zu verstehen, daß Rousseau vielleicht ein gefährlicher Autor ist für schwerfällige Mucker von eurer Art, daß seine Bücher für mich aber ausgezeichnet sind. Jean-Jacques ist für mich, was für euch eine Imitation de Jésus-Christ *ist. Rousseaus Moral und Religion sind für mich ernsthafte Dinge, und ich lese sie, wenn ich mich erbauen will. Wenn ihr nicht wollt, daß ich besser werde, als ich bin, gut! Gutsein ist für mich etwas Quälendes und Peinliches, und ich wünsche mir nichts Besseres, als in meinem Sumpf zu bleiben; es gefällt mir da. Ihr meint, meine Herren, eure Eselsbrücke müßte der ganzen Welt nützlich und wertvoll sein, aber ihr irrt euch, das werde ich euch beweisen. Es gibt tausend Gelegenheiten, da man ein Übel dulden muß, um ein Laster zu vernichten. Ich wette, ihr habt euch zum Beispiel eingebildet, Wunder zu wirken, indem ihr mich einer grausamen Enthaltsamkeit von der* Sünde des Fleisches *unterwerft. Nun, ihr habt euch geirrt: ihr habt meinen Kopf erhitzt, ihr habt mich Gespenster ersinnen lassen, die ich verwirklichen muß. Es begann vorüberzugehen, und jetzt wird es noch heftiger wieder beginnen müssen. Wenn man den Topf zu stark zum Kochen bringt, fließt er über, das wißt ihr wohl.*

Wenn ich Monsieur le 6 zu kurieren gehabt hätte, so hätte ich das ganz anders angefaßt, denn statt mit den Menschenfressern, hätte ich ihn mit Mädchen eingesperrt. Ich hätte ihn mit so vielen davon versorgt, daß es mit dem Teufel zugehen müßte, wenn in den sieben Jahren, die er da ist, das Öl seiner Lampe nicht verbraucht wäre! Wenn man ein allzu feuriges Pferd hat, so läßt man es auf aufgewühltem Boden galoppieren, man sperrt es nicht in den Stall. Dadurch hättet ihr ihn auf die richtige Bahn *gebracht, auf den sogenannten* Pfad der Ehre. *Keine philosophischen Ausflüchte, keine jener naturwidrigen Versuche mehr (als ob sich die Natur um das alles kümmerte), keine jener gefährlichen Verirrungen einer allzu lebhaften Phantasie, die immer dem Glück nachlaufen, ohne es je zu finden, und schließlich Hirngespinste anstelle der Wirklichkeit und* unanständige Umwege *anstelle der anständigen Genüsse setzen ... Inmitten eines Serails wäre Monsieur le 6 ein* Freund der Frauen *geworden; er hätte erkannt und gefühlt, daß es nichts Schöneres, nichts Größeres gibt als das Geschlecht und daß es außer dem Geschlecht kein Heil gibt. Einzig damit beschäftigt, den Damen zu dienen und ihre zarten Begierden zu*

FÜNFEINHALB JAHRE IN VINCENNES 251

befriedigen, hätte Monsieur le 6 die seinen geopfert. Die Gewohnheit, nur noch anständige Neigungen zu empfinden, hätte seinen Geist daran gewöhnt, solche zu besiegen, mit denen er Mißfallen erregt hätte. Das alles hätte ihn schließlich besänftigt; so hätte ich ihn im Schoße des Lasters zur Tugend zurückgeführt! Denn noch etwas: Für ein sehr lasterhaftes Herz kommt auch das geringste Laster aus der Tugend.

2. Juli 1783 – Auf dem Dach eines der Türme des Gefängnisses wird ein Blitzableiter angebracht. Noch am gleichen oder am folgenden Tag zieht er den Blitz an. In Paris spricht man davon wie von einer Katastrophe.

Es ist jetzt fast ein Jahr her, daß Herr de Sade die Spaziergänge entzogen worden sind: wegen der außergewöhnlichen Hitze der vergangenen Wochen leidet er schrecklich darunter.

In den ersten Julitagen 1783 – Fräulein de Rousset ist schwer krank. Und doch, wenn sie auch von den Schmerzen erschöpft ist, so hängt sie doch am Leben.

2. September 1783 – Erneut der schrecklichen Verzweiflung anheimgefallen, die sich so häufig seiner Seele bemächtigt, trotz und heute anscheinend gerade wegen der köstlichen und beängstigenden Wahnideen, mit denen er sie unaufhörlich nährt, wendet sich der Gefangene mit den flehendsten Worten an Madame de Montreuil. Mit größtem Schmerz glaubt er, oder gibt vor zu glauben, daß seine Frau, die er sonderbarerweise mit einem Dolch in der Hand und im Versuch, ihn zu töten, vor sich sieht, nach seiner Freilassung nicht mehr zu ihm zurückkehren werde. Und unter der bewußten oder unbewußten Maske der Heftigkeit dieser legitimen Liebe, aber anscheinend nur mit dem Ziel, auf der Stelle das Wesen zu besitzen, das in seinen Augen noch schöner geworden ist, weil es Gegenstand seines Leidens war, beschwört er seine unbarmherzige Schwiegermutter, reuevoll und gegen jede Hoffnung, zu bewirken, daß Madame de Sade ihn so schnell wir möglich und ohne Zeugen in dem Zimmer besuchen komme, wo ihn jeden Tag die wahnsinnigen Idole seiner erotischen Phantasie heimsuchen.

19. September 1783 – Der Marquis spricht seiner Frau von vier Zeichen »von großer Schönheit«, die er, »Christoph de Sade«[1], sich

---

[1] Indem er sich hier den Namen Christoph gab, wollte de Sade vielleicht sarkastisch sein Leiden mit dem Leiden Christi vergleichen.

ausgedacht habe. Das erste bestehe darin, »dem Cadet de la Basoche
(Albaret) die H... abzuschneiden« und dem Gefangenen in einer
Schachtel zu schicken. Das zweite soll dazu dienen, »die 2« zu bezeichnen, »das Doppel, das Duplikat«[1]: »Eine hübsche Kreatur in
der Haltung der farnesischen Kallipyga«[2] solle in die Zelle des
Marquis gebracht werden; er verachte »diese Partie« durchaus nicht.
Das dritte wäre, im Pulvermagazin Feuer anzulegen, um die Gewitter dieses Sommers nachzuahmen. Das vierte ist »das schönste«:
die Marquise solle sich zwei Totenköpfe verschaffen – Herr de Sade
»hätte sagen können *sechs*, aber obschon [er] bei den Dragonern gedient [habe, sei er] bescheiden« –; sie solle sie ihrem Mann als »ein
Paket aus der Provence« ankündigen: er werde es »schleunigst« öffnen, und es werde »*die* Sache« sein, und er werde sich »schön fürchten«.

Anfang November 1783 – Auszug aus einem Brief des Marquis
de Sade an seine Frau:

*Meine Denkungsart könne man nicht billigen, sagen Sie. Und was
macht das? Der ist schön verrückt, der anderen eine Denkungsart
vorschreibt! Meine Denkungsart ist die Frucht meiner Überlegungen;
sie gehört zu meinem Leben, zu meiner Beschaffenheit. Es steht nicht
in meiner Macht, sie zu ändern; und wenn es in meiner Macht
stünde, würde ich es nicht tun. Diese Denkungsart, die Sie tadeln,
ist der einzige Trost in meinem Leben; sie erleichtert alle meine Leiden im Gefängnis, sie schafft alle meine Freuden auf der Welt, und
mir liegt mehr an ihr als an meinem Leben. Nicht meine Denkungsart hat mein Unglück verursacht, sondern die der anderen.*

23./24. November 1783 – Dieses Jahr bietet uns die köstlichsten
Rosinen aus dem gesamten Briefwechsel des Marquis de Sade. Das
größte Kleinod ist der Brief vom 23./24. November, der neunzehnte
aus der Sammlung *L'Aigle, Mademoiselle*, über dem als Motto ein
Satz stehen könnte, den der Diener Carteron eines Tages in einem
ganz anderen Sinne und ohne zu wissen, welch großes Wort er da-

---

[1] Gemeint ist vermutlich die Kopie einer Abbildung der heterosexuellen
Sodomie.
[2] Anspielung auf die Venus Kallipyga, die »Venus mit dem schönen
Hintern«, in der Sammlung Farnese, die de Sade 1776 bei seinem Aufenthalt in Neapel bewundern konnte.

mit aussprach, zu seinem Herrn äußerte: »Es scheint, als ob ein Bienenschwarm sich auf Ihrem Papier niedergelassen hätte.« Die erotische Kühnheit zu Beginn, die köstliche Scherzhaftigkeit, die sie auszeichnet, die Geschmeidigkeit und Bestimmtheit der Sprache und die unendliche Anmut, mit der er uns bezaubert, erlauben den Vergleich eines solchen Briefes mit der Musik Mozarts, die uns so gut mit der Würde des Menschen zu durchdringen weiß. Auf der anderen Seite offenbart sich der Marquis in diesem Brief einmal mehr als Vorläufer der modernen Sexualwissenschaftler und scheint zugleich für die Berechtigung seines zukünftigen Werkes einzutreten: »Ich respektiere *Geschmäcker, Launen*: wie sonderbar sie auch sein mögen, ich finde sie alle achtenswert, sowohl, weil man nicht Herr über sie ist, als auch, weil noch die merkwürdigste und ausgefallenste, wenn man sie gut analysiert, ursprünglich auf eine *Sensibilität* zurückzuführen ist.« Diese These ist identisch mit der, die ein Jahrhundert später Havelock Ellis aufstellte, als er schrieb, daß die Phänomene des erotischen Symbolismus, die uns das Individuum in seiner ganzen Nacktheit zeigen, »eine stark entwickelte schöpferische Phantasie voraussetzen [und] den erhabenen Triumph des menschlichen Idealismus darstellen«. Es ist bewundernswert, daß de Sade im Jahre 1783 genau den Inhalt dieses Gedankens formulierte, der als philosophische Richtlinie der Arbeiten von Havelock Ellis angesehen werden kann. »Sie wissen, daß niemand analysiert wie ich«: so glaubt sich der Marquis zu Beginn seines Briefes ausdrücken zu dürfen, und man muß wohl zugeben, daß nicht nur seine Werke, sondern auch sein wundervoller Briefwechsel in erstaunlicher Weise diese freimütige Erklärung rechtfertigt, über die nur Dumme lachen können.

Ende November 1783 – In einem Brief an Madame de Sade skizziert der Marquis in drei Zeilen ein Porträt von sich, das man sich nicht treffender vorstellen könnte: »Herrisch, jähzornig, leidenschaftlich, in allem überspannt; was die Sitten betrifft von einer ausschweifenden Phantasie, die nicht ihresgleichen hat: mit einem Wort, so bin ich; und noch etwas; tötet mich oder nehmt mich, wie ich bin, denn ich werde mich nicht mehr ändern.«

29. Dezember 1783 – Kurz bevor er seinen Dienst im Infanterieregiment von Rohan-Soubise antritt, das erst vor kurzem aufgestellt wurde, schickt Louis-Marie, der älteste Sohn de Sades, seinem Vater einen Brief mit den besten Wünschen zum neuen Jahr und bezeugt gleichzeitig seine Ungeduld, die militärische Laufbahn anzutreten.

In den ersten Januartagen 1784 – Der Marquis ist wütend, daß sein Sohn sich anschickt, eine andere Uniform anzulegen, als er selbst seit 1757 getragen hatte, und schreibt Madame de Sade zweimal, daß er sich diesem Eintritt ins Regiment Rohan-Soubise kategorisch widersetze. Das gleiche habe er Herrn de Rougemont bestätigt und werde es »wenn nötig ganz Europa bestätigen«. Louis-Marie werde übrigens nirgendwo dienen, außer bei den Grenadieren: das habe sich Herr de Sade schon bei der Geburt des Kindes geschworen. Wenn man zwanzig- oder vierzigtausend Franken benötige, so sei er bereit, sie zu geben, und stelle jede Vollmacht aus, um zu diesem Zweck etwas zu verkaufen, zu verpfänden oder zu leihen.

Um den 10. Januar 1784 – Der Marquis beauftragt seine Frau, der Präsidentin mitzuteilen, sie habe sich nicht in eine Sache einzumischen, die zu entscheiden nur ein Vater das Recht habe. Herr de Sade bedürfe weder der »kleinen Ränke« der Präsidentin noch des »großen Kredites ihres Ältesten aus der Normandie«, um seinen Sohn beim Militär unterzubringen. Im übrigen habe er hundertmal wiederholt, daß keines seiner Kinder die Schule oder das Elternhaus verlasse, bevor es nicht ein Jahr unter seiner persönlichen Aufsicht verbracht habe. Da es möglich sei, daß »der Kopf« der Präsidentin, der immer »sehr weit« vorausdenke, »in ein paar Jahren eine hübsche Heirat vorgesehen« habe, glaube der Gefangene Madame de Sade bei seinem Ehrenwort warnen zu müssen, daß er seine Zustimmung zu einer Heirat auf keinen Fall gebe, bevor Louis-Marie fünfundzwanzig Jahre alt sei. Außerdem sei es seine Absicht, daß dieser sich nur in Lyon oder Avignon verheirate: »Ich habe Ihnen schon längst gesagt, Madame, daß ich vorhabe, nach alledem in meiner Provinz zu leben. Sicherlich werden mir meine Kinder dorthin folgen, und so werden sie sich nur dort niederlassen oder verheiraten.« Und er fügt seinem Brief folgendes *Postscriptum* hinzu: »Im übrigen muß ich Ihnen mitteilen, Madame, daß ich jetzt, da mein ältester Sohn eine Art Persönlichkeit in der Welt darstellt, die Absicht habe, dem in allen Familien üblichen Brauch zu folgen, daß das Oberhaupt den Titel eines Grafen annimmt und den des Marquis seinem ältesten Sohne überläßt.«

Aber Louis-Marie war nicht in der Lage, dem väterlichen Willen

FÜNFEINHALB JAHRE IN VINCENNES   255

zu gehorchen und unter der Standarte der Grenadiere zu dienen. Im *Etat militaire de France* von 1787 ist er noch unter dem Namen *Sade de Mazan* als Unterleutnant des Infanterieregimentes von Soubise in der Garnison Port-Louis aufgeführt.

13. Januar 1784 – Zweifellos dank dem neuen Minister, Herrn de Breteuil, der menschlicher war als sein Vorgänger, hat die Marquise die Erlaubnis erwirkt, sich häufig nach Vincennes zu begeben.

25. Januar 1784 – Fräulein de Rousset, schon seit langem an Lungentuberkulose erkrankt, stirbt in La Coste im Alter von vierzig Jahren und neunzehn Tagen.

In den letzten Februartagen 1784 – Der Gefangene hatte zu erraten geglaubt, man sei beim König für ihn um einen Gesandtschaftsposten eingekommen, um ihn aus seinem Vaterland zu entfernen. Aber Madame de Montreuil hat ihm mit *Zahlenzeichen* einen solchen Abscheu vor »Zauberbüchern«[1] eingeflößt, daß er auf der Stelle »bei allem, was [ihm] heilig ist«, schwört, selbst wenn Seine Majestät ihm die beste Gesandtschaft des Königreichs anbiete, würde er nicht zögern, sie abzulehnen. Sein Wunsch sei, in dem Teil der Welt zu leben, den er sich aussuche, um sich, umgeben von seiner Frau und seinen Kindern, ganz der Kunst und der Wissenschaft zu widmen. Aber heute erwarte Herr de Sade von der Marquise ihr Urteil über sein dramatisches Gedicht *Tancrède;* er hoffe, sie werde es ihm bei ihrem nächsten Besuch mitteilen. Aber bei dieser gefährlichen Kälte werde Madame de Sade ihre »häßliche kleine weiße Brust« bedecken müssen, sonst werde er wütend werden. Und er schließt seinen Brief mit einem Wortspiel; Frau de Sade möge nicht vergessen, ihm die Baumwollstrümpfe [bas] mitzubringen, um die er sie öfter gebeten habe, »car il est bien mal EN BAS, SADE«[2].

Indessen ist Seine Majestät weit entfernt davon, ihm eine Gesandtschaft anzuvertrauen, sondern bestimmt für den Marquis eine andere, noch düsterere Festung. In aller Heimlichkeit wird beschlossen, Vincennes nicht mehr als Staatsgefängnis zu verwenden; und als de Sade sich am 28. Februar abends zu Bett legt, zweifelt er nicht daran, daß er in dieser Nacht zum letztenmal das trostlose Glockenspiel hören wird.

[1] Das wären auch die chiffrierten Depeschen einer Gesandschaft.
[2] »Car il est bien mal en bas, Sade«, heißt zugleich: »Er ist mit Strümpfen sehr schlecht versehen« und »Es geht ihm sehr schlecht unten.«

XII. FÜNFEINHALB JAHRE IN DER BASTILLE (1784–1789)

IN DER »ZWEITEN FREIHEIT«

29. Februar 1784 – »Aus Vincennes hat Herr Surbois, Polizeiinspektor, um neun Uhr abends Herrn Marquis de Sade gebracht. Der Befehl des Königs, gegengezeichnet von Breteuil, trägt das Datum des 31. Januar. Er wird in der zweiten Freiheit untergebracht.«

In der zweiten Freiheit: das heißt im zweiten Stock der wahrscheinlich ironisch so bezeichneten »tour de la Liberté«, des »Freiheitsturms«, der zusammen mit der tour de la Bertaudière die *Bastide* de Saint-Antoine bildete, deren Grundstein am 22. April 1370 durch den Profos von Paris, Hugues Aubriot, gelegt worden war. Zur Zeit, da de Sade dort gefangen war, umfaßte der Freiheitsturm zwei halb unterirdische Zellen, sechs Stockwerke mit Zimmern und ein »Gewölbe« mit winzigen Zellen. Von diesem Gewölbe gelangte man auf die Plattform, von wo aus bei öffentlichen Festlichkeiten, Geburt eines Prinzen, Siegen etc., die Kanonenschüsse abgegeben wurden.

In jedem Stockwerk des Turmes lag nur ein Raum. Er war achteckig, hatte ca. fünfzehn bis sechzehn Fuß Durchmesser und fünfzehn bis zwanzig Fuß Höhe. Decke und Wände waren weiß gekälkt, der Boden war aus Ziegelstein. Drei Stufen führten zu einem dreifach vergitterten Fenster. Die Einrichtung bestand aus einem Bett mit grünen Vorhängen, ein oder zwei Tischen, mehreren Stühlen, Brennböcken, einer Schaufel und Zangen. Aber der Gefangene hatte das Recht, sich eigene Möbel kommen zu lassen: »So waren die Zimmer der Bastille oft sehr kostbar eingerichtet. [...] Der Marquis brachte an den nackten Wänden lange, glänzende Behänge an.«

Eine der besten Beschreibungen der Bastille hat H. Monin in seinem Vorwort zu den Memoiren von Linguet und Dussaulx gegeben:

ALINE ET VALCOUR,

OU

LE ROMAN

PHILOSOPHIQUE.

Ecrit à la Bastille un an avant la Révolution
de France.

ORNÉ DE QUATORZE GRAVURES.

Par le Citoyen S***.

A PARIS,
Chez GIROUARD, Libraire,
rue du Bout-du-Monde, no. 47.

1793.

Titelseite der Originalausgabe von »Aline et Valcour«,
»geschrieben in der Bastille, ein Jahr vor der
Französischen Revolution. Von dem Bürger S...«

»Leonore wird aus dem Sarg gehoben«.
Ein Stich aus der Originalausgabe von »Aline et Valcour«.

FÜNFEINHALB JAHRE IN DER BASTILLE 257

Die Zimmer hatten keine Verbindung untereinander: zwischen den Decken und Fußböden hatte man Hohlräume gelassen. Die Türme verfügten über 37 Räume, ohne die Nebenräume. Im Gebäude der Offiziere lagen fünf Vorzugszimmer.

Die Mauern waren unterschiedlich dick: der Unterbau 15 Fuß und mehr, die Verbindungsmauern zwischen den Türmen 9 Fuß, die Türme selbst 5 bis 7 Fuß. Die größte Höhe betrug 73 Fuß, sie ist im vorigen Jahrhundert in Stichen und Zeichnungen von der »Erstürmung der Bastille« oft ziemlich übertrieben dargestellt worden. [...]

Gewiß war die Bastille imposant, doch vor allem war sie sperrig und häßlich[1]. Die neuen weißen Gebäude in der Umgebung und das geschäftige Leben in den umliegenden Werkstätten betonten diesen Charakter durch den Gegensatz noch mehr.

Die Memoirenschreiber stimmen im allgemeinen darin überein, daß die Ernährung in der Bastille kaum zu wünschen übrig ließ. »Es wurden drei Mahlzeiten in den Zimmern serviert[2], und wenn auch eine gewisse Eintönigkeit in der Speisekarte wehmütige Erinnerungen weckt, so waren die Speisen doch zahlreich und reichlich, der Wein trinkbar. Man kann sogar behaupten [...], die Ernährung in der Bastille sei zu kräftig gewesen für die sitzende, eingeschlossene Lebensweise, zu der man dort gezwungen war.« Aber selbst auf der niedrigsten Stufe war die Ernährung der Gefangenen sehr annehmbar. Sie hing von ihrer sozialen Stellung ab, nach der jedem Gefangenen ein Pensionstarif zugeteilt wurde. Der Marquis de Sade gehörte zur Kategorie der Gefangenen, die auf Wunsch ihrer Familie durch einen Haftbefehl eingesperrt worden waren, und mußte von dieser unterhalten werden. Seine Pension betrug achthundert Livres im Trimester.

Wie stand es in der Bastille mit den Spaziergängen der Gefan-

---

[1] »Die Zerstörung der Bastille war eine beschlossene Sache, sie wäre auf dem Verwaltungsweg erfolgt, wenn die Revolution nicht ausgebrochen wäre [...] Das Musée Carnavalet besitzt einen Plan, den der Architekt Corbet 1784 ausgearbeitet hat. Corbet war Stadtarchitekt von Paris, und seine Arbeiten haben offiziellen Charakter. Es ist ein Plan für einen ›Louis XVI.-Platz‹, der anstelle der alten Festung erbaut werden sollte.« (Funck-Brentano).

[2] Um sieben Uhr, um elf Uhr und um achtzehn Uhr.

genen? Sie fanden abwechselnd auf der Plattform und im ersten Innenhof statt. So wurde dem Marquis am 24. November 1785, abgesehen von seinem einstündigen abendlichen Spaziergang im Hof, gestattet, morgens eine Stunde auf den Türmen Luft zu schöpfen. Aber es scheint, daß es sich dabei um eine außergewöhnliche Gunst handelte und daß leider der erstere Spaziergang häufiger war. In seinem Brief vom 8. März 1784 beklagt sich de Sade, dem »Bewegung wichtiger [war] als Nahrung«, schon über »diesen engen Hof, in dem man nur den Geruch der Wachmannschaft und der Küche einatmet«. »Es ist ein Viereck von sechzehn Klafter Länge«, schreibt Linguet, »die Mauern, die es umschließen, sind über zwanzig Fuß hoch und ganz ohne Fenster, so ist es in Wirklichkeit ein breiter Schacht, in dem es im Winter unerträglich kalt ist, weil der Nordwind sich darin verfängt, und im Sommer unerträglich heiß, weil die Luft darin stehenbleibt und die Sonne einen regelrechten Brutofen daraus macht.« Da die Spaziergänge nur einzeln erlaubt waren und von einem Beamten begleitet werden mußten, hing ihre Häufigkeit und Dauer von der Anzahl der Gefangenen und der zur Verfügung stehenden Beamten ab.

Alfred Bégis hat eine Statistik der Gefangenen in der Bastille zwischen 1782 und 1789 aufgestellt. Der jährliche Durchschnitt betrug sechzehn. Im Mai 1788 enthält des königliche Gefängnis siebenundzwanzig Gefangene: die höchste Zahl, die während dieser acht Jahre erreicht werden sollte; im Dezember 1788 sind es neun Gefangene, am 14. Juli sieben. Am 1. März 1784, das heißt, am Tag, nachdem der Marquis de Sade in die Bastille gebracht wurde, befanden sich dort nur dreizehn Gefangene.

3. März 1784 – Polizeidirektor Le Noir an Herrn de Launay, Gouverneur der Bastille: »Herr Marquis de Beauvau, Monsieur, sowie die Herren de Sade und de Solages, die kürzlich aus dem Gefängnis von Vincennes in die Bastille gebracht wurden, durften hin und wieder Spaziergänge machen. Ich sehe keinen Grund, ihnen das, unter Wahrung der üblichen Vorsichtsmaßnahmen, nicht weiterhin zu gestatten.«

8. März 1784 – Erster Brief des Gefangenen aus der zweiten Freiheit: Herr de Sade berichtet der Marquise, wie grotesk und brutal die Polizei seine Überführung inszeniert habe, und beklagt sich über die Härten seines neuen Gefängnisses; außerdem habe er aus Vincennes nichts mitnehmen dürfen: er sei »nackt« und bitte seine Frau, ihm Kleider und die wichtigsten Gebrauchsgegenstände zu schicken.

16. März 1784 – »Die Frau Marquise de Sade ist um vier Uhr gekommen und bis sieben Uhr bei Herrn Marquis de Sade geblieben, ihrem Mann, aufgrund einer Erlaubnis vom heutigen Tag für zwei Besuche monatlich; sie wird am 27. wiederkommen; sie hat ihm sechs Pfund Kerzen mitgebracht.«

29. April 1784 – Herrn de Sade werden seine Sachen und Bücher übergeben, die Kommandant de Rougemont am 22. April aus Vincennes geschickt hat.

4. Mai 1784 – Die Marquise teilt Gaufridy mit, sie verbiete, daß man an die Papiere des Marquis rühre, die sich in einem versiegelten Sack in La Coste befänden. Sie befiehlt dem Anwalt, das Arbeitszimmer ihres Gatten zu versiegeln, um allen Indiskretionen zuvorzukommen. »Herrn de Sade und seinen Kindern geht es ganz gut«, fügt sie hinzu, »aber er klagt immer noch über sein Auge.«

24. Mai und 7. Juni 1784 – Besuche von Madame de Sade.

16. Juli 1784 – Herr Le Noir gestattet dem Augenarzt Grandjean, Herrn de Sade zu besuchen, um ihn zu behandeln.

12. September 1784 – Madame de Sade schreibt Gaufridy, sie habe ziemlichen Ärger, denn die Schwestern in Sainte-Aure hätten ihr ihre Wohnung weggenommen, um Zellen daraus zu machen, und ihr eine andere im Estrich zugewiesen. Es sei ein regelrechtes »Loch«. Lächerlich, nachdem die Marquise drei Schlösser besitze, die zerfielen, weil sie unbewohnt seien. Und dennoch, Madame de Sade wolle gern zehntausend solcher Unannehmlichkeiten auf sich nehmen, wenn man nur ihrem Mann Gerechtigkeit widerfahren lasse.

Februar 1785 – Der Marquis teilt seiner Frau mit, er wünsche weder Briefe noch Besuche von Außenstehenden. Gewiß habe er Lust, den Anwalt Reinaud aus Aix zu sehen, der sich gerade auf der Durchreise in Paris befinde: aber solle man ihn zum Zeugen des unglücklichen Schicksals seines Landsmannes machen und riskieren, daß er in der Provence die »Niederträchtigkeiten« herumerzähle, denen der Marquis in der Bastille zum Opfer falle? Er bittet die Marquise also, Reinaud nicht zu ihm zu schicken. Hingegen ist der Marquis entrüstet, daß er einen bestimmten Besuch noch nicht bekommen hat: den Besuch Herrn Le Noirs: »Ist es nicht die erste Pflicht seines Amtes, einen Gefangenen zu besuchen, der täglich nach ihm verlangt? Aber der Hintern von Madame Jeanne hat das alles verursacht, nicht wahr? Und lieber feiert man mit einer verfaulten Hure[1], als daß man einem Unglücklichen, der leidet, einen Dienst erweist.«

17. März 1785 – Madame de Montreuil berichtet Gaufridy, sie habe ihre Ansicht über die Gefangenschaft ihres Schwiegersohnes nicht geändert. Er sei immer noch derselbe aufbrausende Charakter; es gebe nichts anderes, als Herrn de Sade dort zu lassen, wo er sei, denn wenn er frei wäre, würden ohne Zweifel sofort neue Skandale entstehen: »Eine Sache«, schreibt die Präsidentin, »in die ich glaube, mich von jetzt an nicht mehr einmischen zu sollen. Ich habe das so oft getan und aus Rücksicht auf seine Frau seine Freiheit erwirkt, die sie sich dann am meisten vorwerfen mußte; Sie wissen, was Sie wissen, Herr Gaufridy, und nach alledem gibt es nichts mehr zu sagen, sondern man muß das beste daraus machen.«

2. Mai 1785 – Madame de Sade an Gaufridy: »Mein ältester Sohn hat die Masern gehabt, aber es geht ihm wieder gut. [...] La Jeunesse hat eine lange, schwere Krankheit durchgemacht. Man mußte ihm den Gaumen operieren. Er ist schon seit mehr als einem Monat krank, nun, er hat es überstanden; aber er wird noch viel Geduld haben müssen, denn die Rekonvaleszenz wird langwierig sein.«

24. Mai 1785 – Madame de Sade teilt Gaufridy mit, »der arme La Jeunesse« sei nach sechswöchiger Krankheit gestorben: »Er war bei vollem Bewußtsein und im Einklang mit der Religion.« Die Marquise brauche Geld, denn diese Krankheit habe sie viel gekostet, und sie habe noch große Schulden. »Trotz seiner Fehler«, schreibt sie, »tut es mir sehr leid, denn er war sehr anhänglich. Ich konnte mich noch nicht entschließen, ihn zu ersetzen. Das wird nicht leicht sein.«

16. Juni 1785 – Madame de Sade an Gaufridy: »Ich bin krank; ich habe den armen La Jeunesse nicht mehr, der für mich schreibt; meine Tochter ist schrecklich faul und kann nicht schreiben. Seitdem sie bei mir ist, bin ich zufrieden mit ihr, aber es wird viel Zeit erfordern, sie zu formen; sie hat keine guten Anlagen.«

---

[1] Pamphlete, die gegen den Polizeidirektor im Umlauf waren, klagten ihn an, den Huren »gegen die unsauberen Überreste ihrer von der Ausschweifung gebrandmarkten Reize« seine Protektion zu verkaufen.

FÜNFEINHALB JAHRE IN DER BASTILLE   261

22. Juli 1785 – Madame de Sade berichtet Gaufridy, mit dem Marquis sei es immer dasselbe: »Er kann seine Feder nicht beherrschen, und das setzt ihn entsetzlich ins Unrecht; und überdies darf ich ihn deswegen nicht sehen und keine Nachrichten von ihm bekommen.«

Um den 1. August 1785 – Herr de Crosne wird anstelle Herrn Le Noirs Polizeidirektor.

15. August 1785 – Der Kardinal de Rohan wird in der Bastille eingesperrt. Die Anwesenheit dieses Kirchenfürsten bewirkt, daß die Gefangenen keine Besuche empfangen dürfen.

22. Oktober 1785 – Der Marquis beginnt mit der Reinschrift von *les 120 Journées de Sodome ou l'École du Libertinage*[1].

28. November 1785 – Er beendet das Manuskript von *120 Journées de Sodome*, so wie es uns überliefert ist.

7. Juli 1786 – Brief von Herrn de Launay an den Polizeidirektor de Crosne:

Ich hatte die Ehre, von Ihnen einen Brief betreffend die Bittschrift der Marquise de Sade zu erhalten.

Es ist richtig, daß sie in der ersten Zeit, da ihr Gatte hier war, von Herrn Le Noir die Erlaubnis hatte, ihn einmal in der Woche zu besuchen. Aber der Gefangene, der äußerst schwierig und heftig ist, hat ihr ununterbrochen Szenen gemacht, vor allem an einem Tag, an dem er sich nicht dem Brauch fügen wollte, daß laut gesprochen werden muß[2]. *Und er fuhr heftig gegen Herrn de Losme auf. In den Büros der Polizei häufen sich Briefe voller abscheulicher Behauptungen über seine Frau, seine Familie und über uns. Wenn er spazierenging, beschimpfte er die Schildwachen wegen nichts. Wegen dieser Bösartigkeit, die nach den Besuchen seiner Frau noch zuzunehmen schien, hat Herr Le Noir es für richtig befunden, ihm*

[1] Wir erwähnen in dieser Chronik nur die wenigen Werke, von denen de Sade selbst notiert hat, wann sie entstanden. Über die literarische Tätigkeit des Marquis in Vincennes und in der Bastille gibt das 13. Kapitel Auskunft.
[2] Die Besuche bei den Gefangenen der Bastille fanden gewöhnlich im Verhandlungssaal statt, ein Offizier war anwesend; aber wenn der Polizeidirektor es erlaubte – und das scheint beim Marquis de Sade in den folgenden Jahren der Fall gewesen zu sein –, konnten sie »einzeln und ohne Offizier« in den Zimmern stattfinden.

diese Besuche, wenigstens für eine gewisse Zeit, zu entziehen. Ich glaube, man erweist seiner Frau und seiner Familie einen Dienst, wenn man die Erlaubnis nur für einmal im Monat gibt. Wenn er sie nicht mißbraucht, kann man die Besuche später immer noch öfter gestatten. Seit er niemanden mehr sieht, ist er viel ruhiger. Die Güte und Anständigkeit Madame de Sades veranlassen sie, um Besuchserlaubnis zu bitten, aber sie hat fast immer nur Sturzbäche von Beleidigungen und Dummheiten über sich ergehen lassen müssen. In Wahrheit fürchtet sie um ihr Leben, wenn er eines Tages freigelassen werden sollte. Das haben ich und die Wachmannschaft beobachten können.

5. Oktober 1786 – »Auf Wunsch der Familie sind die Herren Gibert der Ältere und Girard, Notare, zu Herrn de Sade gekommen, um ihn eine Vollmacht unterzeichnen zu lassen; er hat sich aber geweigert.«

25. November 1786 – Herr de Sade, der seiner Frau einen Fragebogen über Spanien und Portugal geschickt hatte, wird ungeduldig, weil er die erwarteten Antworten noch nicht bekommen hat. (Er kann nur an seinem Roman *Aline et Valcour* gearbeitet haben, der zum Teil in diesen Ländern spielt.)

17. Februar 1787 – Besuch der Marquise von vier bis sechs Uhr nachmittags.

26. Februar, 11., 27. März, 10. und 23. April 1787 – Besuche von Madame de Sade.

Ende April 1787 – Der Großmeister de Sade, Komtur der Malteserritter, wird zum Großprior von Toulouse ernannt.

Zur gleichen Zeit schifft sich Ritter de Sade, nach einem Aufenthalt in der Grafschaft, wo er seine Tanten und Cousinen kennengelernt hat, und La Coste, wo ihn seine Vasallen freudig mit Feuerwerk und Raketen begrüßt haben, nach Malta ein.

7. Mai 1787 – Besuch Madame de Sades.

11. Mai 1787 – Ritter de Sade ist in Malta eingetroffen, um seine Kreuzfahrten zu beginnen.

21. Mai 1787 – Besuch Madame de Sades.

23. Mai 1787 – »Dem Herrn Marquis de Sade, der bisher nur alle zwei Tage eine Stunde Spaziergang hatte, ist vorläufig eine Stunde täglich gestattet worden. Er scheint sehr froh darüber.«

FÜNFEINHALB JAHRE IN DER BASTILLE   263

25. Mai 1787 – Madame de Sade berichtet Gaufridy, es gehe dem Marquis recht gut, nur nehme er sehr zu.

4. Juni 1787 – Besuch Madame de Sades.

18. Juni 1787 – Besuch Madame de Sades.

21. Juni 1787 – Eine Verordnung des Zivilrichters des Châtelet von Paris sorgt für Verwaltung der Güter des Marquis de Sade, »seit zehn Jahren abwesend«.

8. Juli 1787 – Der Marquis beendet die hundertachtunddreißig Seiten seiner philosophischen Erzählung *les Infortunes de la Vertu*, die er vor vierzehn Tagen begonnen hatte. An den Rand der letzten Seite schreibt er: »Die Augen schmerzten sehr, als ich das schrieb.« Am gleichen Tag Besuch Madame de Sades.

23. Juli und 6. August 1787 – Besuche Madame de Sades.

20. August 1787 – Besuch Madame de Sades, der zweieinhalb Stunden dauert.

24. August 1787 – Herr de Sade bekommt eine Miniatur von seiner Frau, die in Schildpatt gerahmt ist. Er schildert der Marquise, welche Freude ihm dieses »teure, himmlische Geschenk« gemacht habe. Es wecke Empfindungen, die »trotz alles Bösen bis zum letzten Augenblick seines Daseins immer neue Blumen auf den Dornen seines Lebens erblühen lassen werden« ... »Ich umarme Sie und würde Ihnen noch besser danken, wenn ich Sie in meine Arme drücken könnte: das Porträt, das Schildpatt, alles ist schön, alles gefällt, alles macht unglaubliche Freude.«

1. Oktober 1787 – Besuch Madame de Sades.

10. Oktober 1787 – Bericht des Major de Losme an den Polizeidirektor:

Sehr geehrter Herr,

Ich hatte die Ehre, Ihnen am 7. des Monats von der Heftigkeit zu berichten, mit welcher der Herr Marquis de Sade auf seiner Stunde Spaziergang bestand, obschon man ihm mitgeteilt hatte, daß es nicht möglich sei. Es kam gerade ein neuer Gefangener an: Leutnant du Roy und ich waren zugegen. Dieser hat Ihnen gestern von dem unschicklichen und drohenden Ton berichtet, den der Gefangene dem Herrn Gouverneur gegenüber anschlug, als dieser ihm in Gegenwart des Adjutanten ankündigte, daß der Herr Baron de Bréteuil auf seine Anmaßung hin, daß nichts seinen Spaziergang

264   MARQUIS DE SADE

stören dürfe, ihm diesen entzogen hatte. Ich habe meinen beiden Briefen nichts mehr hinzuzufügen, außer daß er fürchtet, seine Frau Gemahlin dürfte ihn am Montag nicht besuchen. Mir scheint hingegen, daß der Herr Gouverneur wegen des Personals gewillt ist, nichts zu ändern ohne Befehle des Ministers oder Beschlüsse von Ihrer Seite.

15. Oktober 1787 – Besuch von Madame de Sade.

23. Oktober 1787 [1] – Der Spaziergang wird dem Gefangenen wieder erlaubt.

1. März 1788 – Der Marquis beginnt die Erzählung *Eugénie de Franval,* die er in sechs Tagen beendet.

5. Juni 1788 – Bericht des Major de Losme an den Polizeidirektor:

Sehr geehrter Herr,

Ich habe die Ehre, Ihnen zu berichten, daß der Herr Gouverneur mir befohlen hat, Herrn de Sade den Spaziergang zu entziehen, und ich ihm das schriftlich mitgeteilt habe; zur Vorsicht habe ich einen Unteroffizier neben seiner Tür aufgestellt, da ich vermutete, er würde sich dem genannten Befehl nicht fügen. Das ist auch eingetroffen, denn er wollte hinuntergehen, und nur der Gewehrlauf, den ihm der Unteroffizier vorhielt, hat ihn abgehalten. Außerdem hat er eine ganze Reihe Beschimpfungen ausgestoßen.

15. Juni 1788 – Madame de Sade teilt Gaufridy mit, sie habe soeben ihre Großmutter mütterlicherseits, Madame Pélagie Partyet, Witwe des Herrn Jean Masson de Plissay, im Alter von zweiundneunzig Jahren und drei Monaten verloren.

IN DER »SECHSTEN FREIHEIT«

22. September 1788 – »Der Graf de Sade hat gebeten, das Zimmer wechseln und in den sechsten Stock des gleichen Turmes ziehen zu dürfen. Der Herr Gouverneur hat es ihm gestattet.«

1. Oktober 1788 – Der Marquis stellt einen *Catalogue raisonné*

---

[1] Vermutlich wurde dem Marquis de Sade im Laufe des Jahres 1787 gestattet, seine patriotische Tragödie *Jeanne Laisné* den Wachoffizieren der Festung vorzulesen, die sich im Verhandlungssaal versammelt hatten.

FÜNFEINHALB JAHRE IN DER BASTILLE   265

seiner Werke auf, die zu der Zeit fünf Oktavbände umfassen, ohne die geheimen Manuskripte.

Anfang Oktober 1788 – Man hat dem Marquis einen Invaliden zugewiesen, der ihm das Zimmer in Ordnung halten, Besorgungen machen und sich bei ihm aufhalten soll, wenn er krank ist. Der Gefangene hat seine Frau um acht Louis und dann um weitere zwanzig gebeten, um sein neues Zimmer einzurichten. Vor allem will er dort Wandbehänge haben und ein Bett, »mit dem er zurechtkommt«, gleich seinem früheren Feldbett.

20. Oktober 1788 – Besuch Madame de Sades.

22. Oktober 1788 – Brief der Marquise an Gaufridy. Sie habe soeben erfahren, daß der Dauphin krank sei, so sehr, daß er es »wohl nicht mehr lange macht«. Der Adel müsse sich auf eine sechsmonatige Trauerzeit vorbereiten. Madame de Sade werde schwarze Kleider benötigen, da die ihren ganz abgetragen seien und ihre Tochter gar keine besäße. Sie bittet den Anwalt, ihr eine Kiste mit allen schwarzen Kleidern zu schicken, die er im Schloß finden könne: das sei billiger, als neue zu kaufen. Die Gesundheit der Marquise sei ziemlich gut, aber sie habe Mühe beim Gehen, und Wagenfahren ermüde sie.

28. Oktober, 10. November, 19. und 22. Dezember 1788 – Besuche Madame de Sades.

24. November 1788 – Bericht des Major de Losme an den Polizeidirektor:

Herr de Sade hatte Besuch von seiner Frau Gemahlin. Der Gefangene erfreut sich seit Ihrem Brief des darin gewährten Spazierganges von einer Stunde täglich auf den Türmen, außerdem des Spaziergangs im Hof. Was die Erlaubnis betrifft, seine Frau Gemahlin alle acht Tage sehen zu dürfen, so scheint er davon nicht Gebrauch machen zu wollen. Nachdem ich ihm mitgeteilt habe, die Besuche seien erhöht worden, sie dauerten wie üblich eine Stunde, aber wir ließen ihm die Wahl zwischen einer Stunde pro Woche oder zwei Stunden alle vierzehn Tage, wählte er das letztere, bis seiner Frau Gemahlin von Ihnen mehr erlaubt werde.

5., 12., 19. Januar, 3., 9., 16., 23. Februar, 2., 9., 16., 22., 30. März, 6., 13., 20., 27. April, 4., 11., 18. Mai, 1., 8. und 15. Juni 1789 – Besuche Madame de Sades.

22. Juni 1789 – Die Marquise ist bettlägerig. Sie berichtet Gaufridy von den Gerüchten, die ihr über die Sitzung im Jeu de Paume zu Ohren gekommen sind. Das aufgebrachte Volk rufe, man müsse »die Pfaffen tanzen machen«; es seien sogar mehrere Prälaten beschimpft worden.

2. Juli 1789 – »Herr de Sade hat wiederholt aus seinem Fenster geschrien, die Gefangenen in der Bastille würden erwürgt, und man solle sie befreien kommen.« Das ist der kurze Vermerk, der am 2. Juli 1789 im *Répertoire de la Bastille* steht. Der Brief, den Herr de Launay am nächsten Tag an Herrn de Villedeuil, Staatsminister, schreibt, enthält eine ausführliche Schilderung dieser Begebenheit.

Ich habe die Ehre, Ihnen zu berichten, daß ich wegen der augenblicklichen Ereignisse gestern gezwungen war, den Spaziergang zu streichen, den Sie die Güte hatten, Herrn de Sade zu erlauben. Er hat sich gestern um Mittag an sein Fenster gestellt und geschrien, so laut er konnte, so daß die ganze Nachbarschaft und alle Vorübergehenden es hören konnten, die Gefangenen in der Bastille würden ermordet, erwürgt, man solle ihnen zu Hilfe kommen. Diese lauten Klagen und Schreie hat er mehrmals wiederholt. Es könnte der Augenblick kommen, wo es sehr gefährlich wäre, diesen Mann hier zu haben, und wo er großen Schaden anrichten könnte. Ich glaube Ihnen vorstellen zu müssen, Monseigneur, daß es notwendig wäre, diesen Gefangenen nach Charenton oder in ein ähnliches Haus zu bringen, wo er die Ordnung nicht stören kann, wie er es hier unablässig tut; es ist der Augenblick, uns von diesem Menschen zu entlasten, den nichts in Schranken halten kann und über den kein Wachoffizier etwas vermag. Es ist unmöglich, ihm den Spaziergang auf den Türmen wieder zu gestatten, die Kanonen sind geladen, das könnte äußerst gefährlich werden. Die ganze Wachmannschaft wäre Ihnen unendlich dankbar, wenn Sie verfügen wollten, daß Herr de Sade unverzüglich an einen anderen Ort gebracht wird.
Gezeichnet: de Launay

PS. Man hatte ihm mitgeteilt, daß er nicht mehr auf die Türme dürfe, daß er vormittags und abends im Hof spazierengehen müsse; er hat es getan und ist nicht zufrieden. Er droht, von neuem mit seinem Geschrei anzufangen.

FÜNFEINHALB JAHRE IN DER BASTILLE 267

Vermerken wir hier, daß de Sade am 6. Frimaire des Jahres II, kurz bevor er als »Gemäßigter« in die Gefängnisse der Freiheitsregierung gesperrt werden sollte, den Innenminister Paré um eine Abschrift dieses Briefes bitten und sich seiner beim Comité de Sûreté générale et la Société populaire rühmen wird als »eines der schönsten bürgerlichen Ehrentitel, die ein Republikaner vorweisen kann«.

Ein zweiter Bericht, den Manuel aus dem Mund des Schließers Lossinote hat, enthält weitere Einzelheiten, vor allem die merkwürdige Anekdote mit dem Eisenrohr, dessen sich der Gefangene als Sprachrohr bediente:

Zu einer festgesetzten Zeit durfte der Marquis de Sade seinen Spaziergang machen. Die Unruhen in Paris, die täglich zunahmen, zwangen den Gouverneur, die Vorsichtsmaßnahmen zu verdoppeln und seine Kanonen laden zu lassen. Demzufolge mußte er allen Gefangenen die Spaziergänge auf den Türmen verbieten. Herr de Sade war nicht zufrieden mit diesen Begründungen, erregte sich und schwor, einen schrecklichen Lärm zu schlagen, wenn Lossinote ihm nicht eine zustimmende Antwort auf seine Bittschrift brächte, die er ihm für den Gouverneur mitgab. Herr de Launay bestand auf seiner Weigerung. Da ergriff Herr de Sade ein langes Rohr aus Weißblech, an dessen Ende sich ein Trichter befand, den man ihm hatte machen lassen, damit er sein Wasser besser in den Abfluß entleeren könne. Mit Hilfe dieser Art Sprachrohr, das er durch das Fenster zur Rue Saint-Antoine streckte (es war der sogenannte Freiheitsturm), schreit er, versammelt eine Menge Volk, ergeht sich in Beschimpfungen gegen den Gouverneur, fordert die Bürger auf, ihm zu Hilfe zu kommen, ruft, man wolle ihn erwürgen. Der Gouverneur schickt wütend einen Kurier nach Versailles: es ergeht ein Befehl, und in der folgenden Nacht wird Herr de Sade nach Charenton verbracht.

Am 6. Messidor, Jahr II, wird der Bürger Sade, der zu der Zeit in Picpus gefangen ist, in seinem Bericht an die Mitglieder der Commission populaire über seine politische Tätigkeit seit 1789 diese revolutionäre Tat gebührend hervorheben: er wird vorgeben, er sei empört gewesen über die Verstärkung der Garnison und habe sich nicht gefürchtet, während seiner Spaziergänge die Soldaten an-

268   MARQUIS DE SADE

zureden: »Ich habe sie gefragt, ob sie die Niedertracht haben würden, auf das Volk zu schießen; unzufrieden mit ihrer Antwort, beschloß ich, auf ihren Verrat hinzuweisen. Ich warnte die Rue Saint-Antoine durch mein Fenster, mit Hilfe eines Weißblechrohres...«

4. *Juli 1789* – »Um ein Uhr morgens, nachdem Herrn de Villedeuil über die Szene des Herrn de Sade Bericht erstattet worden war, wurde dieser von Herrn Quidor, Polizeiinspektor, nach Charenton verbracht. Kommissar Chénon hat sein Zimmer versiegelt.« Die Umstände dieser Überführung sind uns dank der Schilderung de Sades bekannt, mit der wir dieses Kapitel schließen wollen. Sechs Männer, die Pistole in der Hand, zerren ihn aus seinem Bett und stoßen ihn, der kaum bekleidet ist, in einen Fiaker. Man erlaubt ihm nicht, etwas mitzunehmen: »Mehr als hundert Louis an Möbeln, Kleidern[1] und Wäsche, sechshundert Bücher, darunter einige sehr kostbare, und, was unersetzlich ist, *fünfzehn Bände meines Werkes in Manuskripten,* die für den Drucker bereit lagen, das alles [...] wurde vom Kommissar der Bastille versiegelt, und Madame de Sade aß zu abend, ging zur Toilette, beichtete und schlief ein.«

---

[1] »Die verschiedenen betreßten, bestickten, ja sogar eleganten Kleider, die man in der Bastille fand, gehörten dem Marquis de Sade. Wir konnten nicht erfahren, wozu er sie gebrauchte.« (Manuel)

XIII. NACHGELASSENE UND UNVERÖFFENTLICHTE
WERKE, DIE IN VINCENNES UND IN DER
BASTILLE ENTSTANDEN

Wenn Maurice Heine schrieb, de Sade gehöre »als Schriftsteller voll
und ganz zur revolutionären Epoche«, so ist darunter zu verstehen,
als *veröffentlichter* Schriftsteller. In der Tat ragen zehn Monate vor
der Erstürmung der Bastille mehrere Meisterwerke aus der Fülle
seiner Manuskripte heraus: *le Dialogue entre un prêtre et un moribond, les 120 Journées de Sodome, Aline et Valcour* und die erste
Justine, zu denen noch seine besten Novellen und Erzählungen hin-
zugezählt werden müssen. Um 1780, in seinem vierzigsten Lebens-
jahr, begann der Gefangene sein gigantisches schriftstellerisches Werk.
Mit Maurice Heine möchten wir sagen, daß er darin tatsächlich
»das Heil« fand, daß er sich daran gewöhnte, es als Lebensinhalt
anzusehen. Und unser bedeutender Vorgänger bemerkt dazu: »So
hat die Willkür des Königs wohl eine Familie gegen die Verschwen-
dung und Ausschweifung ihres Oberhauptes schützen können; aber
ganz unvorhergesehenerweise schmiedet sie gegen sich und gegen
die ganze Gesellschaft die Waffe eines philosophischen Werkes, das
zur gefährlichsten Kriegsmaschinerie werden wird, die der Materia-
lismus je für die vollkommene Befreiung des Menschen konstruiert
hat.«

Am 1. Oktober 1788, zu Beginn des hundertvierzigsten Monats
seiner Gefangenschaft in den Festungen der Monarchie, stellte der
Marquis de Sade in seiner Zelle in der Bastille mit berechtigtem Stolz
den *Catalogue raisonné* eines schon sehr beachtlichen Werkes auf.
Wenn man die schrecklichen Bedingungen bedenkt, unter denen es
geschaffen wurde, so zeugt es von einer ganz ungewöhnlichen see-
lischen Standhaftigkeit seines Verfassers. In diesem bisher unveröffentlichten *Catalogue,* in dem weder der *Dialogue* noch die *120 Journées* erwähnt sind, hat de Sade fünfzehn Oktavbände aufgezählt:

THEATERSTÜCKE (zwei Bände):
Eine Tragödie in fünf Akten und in Versen: *Jeanne Laisné.*
Zwei Dramen in fünf Akten und in Prosa: *L'Égarement de l'infortune; Henriette ou la Voix de la Nature.*
Drei Komödien in fünf Akten und in Versen: *le Métamiste ou l'Homme changeant; la Double Épreuve ou le Prévaricateur; Sophie et Desfrancs.*
Zwei Komödien in einem Akt und in Versen: *les Deux Jumelles; le Mari crédule ou la Folle Épreuve.*
Ein Zusammenstellung von Episoden, *la Ruse d'amour ou les Six Spectacles,* die ein Vorspiel und sechs Einakter umfaßte: *Euphemie de Melun ou le siège d'Alger,* Tragödie in Prosa, *le Suborneur,* Komödie in Versen; *la Fille malheureuse,* Drama in Prosa; *Azélis ou la Coquette punie,* Zauberposse in Versen; *la Tour enchantée,* komische Oper in Versen und in Prosa; eine Ballett-Pantomime als Epilog.
Eine »scène lyrique«: *Tancrède.*
ALINE ET VALCOUR OU LE ROMAN PHILCSOPHIQUE (vier Bände)
[JUSTINE OU] LES MALHEURS DE LA VERTU[1] (ein Band)
ERZÄHLUNGEN UND MÄRCHEN[2] (vier Bände):
La Double Epreuve; la Fine Mouche: les Dangers de la Bienfaisance; l'Heureux Échange; Rodrigue ou la Tour enchantée; l'Instituteur philosophe; Miss Henriette Stralson ou les Effets du désespoir; la Prude ou la Dévote dévoilée; Emilie de Tourville ou la Cruauté fraternelle; la Force du Sang; Augustine de Villeblanche ou le Stratagème de l'Amour; Soit fait ainsi quil est requis; les Apparences trompeuses; le Président mystifié; la Comtesse de Sancerre, anecdote de la cour de Bourgogne; les Reliques; la Marquise de Thélème; le Talion, nouvelle picarde; le Fatalisme; le Cocu de luimême; Juliette et Raunai ou la Conspiration d'Amboise; Il y a place pour deux; les Inconvénients de la Pitié; le Curé de Prato, nouvelle italienne; Ernestine, nouvelle suédoise; l'Epoux corrigé; Laurence et Antonio, nouvelle florentine; le Mari prêtre, nouvelle provençale; Eugénie de Franval ou les Malheurs de l'Inceste; la Châtelaine de Longeville.

---

[1] Dieser Roman ersetzte die Erzählung *Infortunes de la Vertu,* die von Maurice Heine 1930 zum erstenmal veröffentlicht wurde.
[2] Auch: *Contes et Fabliaux du* XVIIIe *siècle, par un troubadour provençal.*

LE PORTEFEUILLE D'UN HOMME DE LETTRES (vier Bände)

Nur zwei von den fünf im Catalogue verzeichneten Werken werden in diesem Kapitel untersucht: *le Portefeuille d'un homme de lettres* und die Theaterstücke. Die drei anderen, zu Lebzeiten des Autors veröffentlichten Werke: die erste *Justine, Aline et Valcour* und die Novellen, die in *les Crimes de l'Amour* zusammengefaßt sind, werden im XVI. Kapitel besprochen werden.

LE PORTEFEUILLE D'UN HOMME DE LETTRES; TAGEBUCH

»Zwei Schwestern, die eine kokett und fröhlich, die andere tugendhaft und gelehrt, fahren aufs Land und beauftragen einen Freund, den sie in Paris zurücklassen, sie in ihrer Sommerfrische zu unterhalten. Die Kokette verspricht dem Literaten ihre Gunst, wenn es ihm gelänge, sie zu amüsieren.« Das war der Vorwurf zu diesem Werk, von dem nur die beiden ersten Bände fertig waren; die anderen beiden waren erst in Entwürfen vorhanden, und der Verfasser kündigte an, er werde ihnen die endgültige Form erst dann geben, wenn er mit den beiden ersten Bänden »den Geschmack des Publikums abgetastet« habe.

Inhalt des ersten Bandes – »Unter den frivolen Briefen, welche die Grundlage bilden«: ein *Tenson d'Amour;* eine Abhandlung über die Todesstrafe, gefolgt von einem Vorschlag, wie man Verbrecher für den Staat nutzbringend beschäftigen könnte; ein Brief über die Gefahren des Luxus; einer über die Erziehung; zweiundsechzig Gedanken über Moral und Philosophie; eine Untersuchung der Komödien von Molière; ein Brief über Romane; eine philosophische Abhandlung über die Neue Welt.

Inhalt des zweiten Bandes – »Ebenfalls unter frivolen Briefen, die den Hintergrund bilden«: ein Brief über die Kunst, Komödien zu schreiben; der Plan zu einer Komödie in Versen; fünfzig dramatische Gebote; neunzig kurze Geschichtsdarstellungen aller Nationen mit Erläuterungen, die mit den Massakern von Mérindol und Cabrières schließen; hundertzwölf merkwürdige Erwiderungen oder bemerkenswerte Sätze; sechzehn Kurzgeschichten, nämlich: *le Serpent, la Saillie gasconne, l'Heureuse Feinte, la Liste du Suisse, le M. puni, l'Évêque embourbé, la Messe trop chère, l'Honnête Ivrogne, le Revenant, le Catéchisme de Provence, N'y allez jamais sans*

272 MARQUIS DE SADE

lumière, la Justice vénitienne, Attrapez-moi toujours de même, Aventure incompréhensible, la Fleur de Châtaignier, Adélaïde de Miramas ou le Fanatisme protestant; zwölf kleine Stücke in Versen.

Inhalt des dritten und vierten Bandes – »Ebensolche Briefe als Grundlage und dieselben drei Personen«: französische Anekdoten von der Gründung der Monarchie bis zur Regentschaft Karls IX. einschließlich; kritische und philosophische Beschreibungen von Florenz, Rom, Neapel und Umgebung; eine Reise nach Holland; zwölf Erzählungen in Versen; philosophische Gedanken.

Was ist uns von dieser merkwürdigen Komposition erhalten geblieben, deren zusammengestückelten Charakter die Geschichte von den beiden Schwestern und dem Literaten kaum vergessen ließ?

1. Die *Pensée sur Dieu,* die Maurice Heine veröffentlichte und die zu den philosophischen Gedanken gehörte.

2. Einige unveröffentlichte philosophische Gedanken und literarische Anmerkungen, die ebenso wie die obenerwähnte *Pensée* in dem Manuskript *Dialogue entre un prêtre et un moribond* enthalten sind.

3. *Sujet de Zélonide,* die Maurice Heine veröffentlichte. Es handelt sich um den Entwurf zu einer Komödie, der im zweiten Band verzeichnet ist.

4. Unveröffentlichte historische Fragmente, darunter der Entwurf zu *Massacre de Mérindol,* der im Manuskript Nr. 12456 der Archive der Bastille enthalten ist (Bibliothèque de l'Arsenal).

5. Elf *Historiettes,* die Maurice Heine 1926 von den sechzehn veröffentlichte, die im zweiten Band aufgezählt sind (fünf wurden bisher nicht wiedergefunden).

6. Einige unveröffentlichte Dichtungen im Manuskript *Oevres diverses,* die de Sade zweifellos in *le Portefeuille* aufgenommen hatte[1].

7. Das unveröffentlichte Material zu den *Descriptions critiques et*

---

[1] Wir hatten das Glück, im Jahre 1949 dieses kostbare Manuskript zu entdecken, das zwischen 1764 und 1769 entstand und das der Autor wie ein Buch in Kalbsleder hatte binden lassen. Die Bezeichnung *tome 1* (1. Band), die unter dem goldgeprägten Titel steht, läßt vermuten, daß diese Sammlung verschiedenster Schriften zumindest noch einen zweiten Band umfaßte.

VINCENNES UND BASTILLE: WERKE   273

philosophiques de Florence, Rome, etc. in etwa vierzig Heften
verschiedensten Formats. Diese Hefte, die zum Teil von der
Hand des Marquis, zum Teil von der eines Dritten geschrieben
sind, enthalten lediglich trockene Beschreibungen von Monumen-
ten und Bildern, die meistens aus italienischen Werken abgeschrieben oder dem Verfasser von den Doktoren Mesny aus Florenz und Giuseppe Oberti aus Rom geschickt worden sind.

8. *Voyage en Hollande,* unveröffentlicht, in Brüssel, Antwerpen,
Rotterdam und Den Haag verfaßt, in Form von Briefen, die an
eine Dame gerichtet sind (25. September bis 23. Oktober 1769).
Gehört zum Manuskript *Oeuvres diverses.*

9. Schließlich ist in dem *Portefeuille d'un homme de lettres* noch der
Entwurf zu *Avertissement* enthalten, der in der französischen
Ausgabe des vorliegenden Werkes erstmalig veröffentlicht wurde.
Dieser Entwurf beweist, daß auch dieses Werk nicht ohne philo-
sophische Kühnheit war, obgleich die Aufzählung der Titel ein
ziemlich konventionelles Material vermuten läßt[1].

Von den literarischen Werken de Sades, die während seiner Gefangenschaft in Vincennes und in der Bastille entstanden und verlorengegangen oder vernichtet worden sind, muß man noch sein
Tagebuch erwähnen, das die *Biographie universelle* von Michaud
zu den Manuskripten zählt, die in den Händen der Nachkommen
de Sades verblieben sind. Die Biographie gibt an, daß von den Heften, die von Februar 1777 bis April 1790 reichten, das erste (1777–
1781) fehle und daß ein Teil der Aufzeichnungen chiffriert sei. Später wird de Sade, zweifellos aufgrund dieses Tagebuchs, seine ebenfalls verlorengegangenen *Confessions* schreiben, die folgenden Gedanken über seine Gefangenschaften enthielten: »Die Pausen in
meinem Leben sind zu lang gewesen.«

---

[1] Da in diesem Kapitel von der literarischen Tätigkeit des Marquis in
Vincennes und in der Bastille die Rede ist, darf man die an Fräulein
de Rousset gerichteten *Étrennes philosophiques,* die P. Bourdin erstmals
veröffentlichte, nicht stillschweigend übergehen. Dieses bezaubernd far-
bige kleine Werk, das mit dem 26. Januar 1782 datiert ist und einen
Sonderdruck verdiente, ist besonders interessant, weil es zeigt, daß von
diesem Zeitpunkt an die philosophischen Ansichten de Sades fest in seinem Geist verhaftet waren.

MARQUIS DE SADE
THEATERSTÜCKE

Wenn die Briefe, die der Marquis de Sade während seiner langen Gefangenschaft schrieb, mit Bitten um Theaterstücke und Anspielungen auf seine eigenen Stücke angefüllt sind, so spiegelt der *Catalogue raisonné* von 1788 seine besondere Verbundenheit mit der dramatischen Literatur noch deutlicher wider: die fünfunddreißig Akte, die er bisher verfaßt hat, nehmen den Ehrenplatz unter seinen Werken ein, und in der Analyse zu *Portefeuille d'un homme de lettres* werden zwei belehrende Texte über das Theater erwähnt. Wir wissen schon, daß Herr de Sade in La Coste eine Privatbühne besaß, wo er 1772 ein von ihm verfaßtes Stück spielen ließ, und daß er acht Jahre früher auf Schloß Évry bei einem Onkel seiner Frau ebenfalls ein Privattheater geleitet hatte. 1791 beschreibt er sich »in [seinem] Arbeitszimmer verschanzt, zwischen Molière, Destouches, Marivaux, Boissy, Regnard, die [er] ansieht, durchdenkt, bewundert und niemals erreichen wird«. Wir werden sehen, wie er sich während der französischen Revolution bemüht, aufgeführt zu werden, und wie seine traurigen letzten Jahre durch die Theateraufführungen in Charenton ein wenig erleichtert werden: hier haben seine Stücke endlich Zuschauer ... In allen Lebensaltern bezeugt der Marquis de Sade, wie sehr er sein dramatisches Werk immer begünstigt hat, das er naiverweise für den wichtigsten Trumpf seines literarischen Schaffens hielt. Was schrieb er im April 1784 an seinen ehemaligen Lehrer, den Abbé Amblet? »Es ist mir ganz unmöglich, meiner Begabung zu widerstehen; sie treibt mich zu dieser Laufbahn, ohne daß ich es will, und was man auch unternehmen wird, man wird mich nicht davon abhalten können. In meiner Briefmappe habe ich mehr Stücke, als viele gepriesene Autoren unserer Tage überhaupt geschaffen haben, und dazu zweimal soviel Entwürfe wie fertige Stücke. Wenn man mich in Ruhe gelassen hätte, würde ich fünfzehn Stücke bereit haben, wenn ich aus dem Gefängnis käme. Man hat es vorgezogen, mich auszulachen: die Zukunft wird meinen Henkern beweisen, ob sie recht oder unrecht hatten.«

Nach dem augenblicklichen Stand unserer Dokumentation hat der Marquis de Sade siebzehn Theaterstücke geschrieben[1], und es er-

---

[1] *La Ruse d'Amour,* ursprünglich als fünf Einakter geschrieben, ist hier als ein Stück gezählt.

scheint unwahrscheinlich, daß er noch mehr verfaßt hätte: tatsächlich hat der konventionelle Charakter seiner dramatischen Werke verhindert, daß die Manuskripte den amtlichen und familiären Autodafés zum Opfer fielen.

Von diesen siebzehn Stücken ist nur ein einziges veröffentlicht worden: *Oxtiern ou les Malheurs du libertinage* (Jahr VIII). Die anderen teilen sich folgendermaßen auf:

A. Eine Komödie in einem Akt und in Prosa, *le Philosophe soi-disant,* die im Manuskript *Oeuvres diverses* (1763–1769) enthalten ist und die de Sade 1788 nicht in die Sammlung seiner Theaterstücke aufgenommen hat.

B. Acht Stücke, die zwischen 1780 und 1788 in Vincennes und in der Bastille geschrieben wurden und zur Sammlung von Herrn Xavier de Sade gehörten, darunter *Le Capricieux,* das im Briefwechsel auch unter dem Titel *l'Inconstant* erwähnt ist.

C. Zwei zur gleichen Zeit entstandene Stücke, deren Manuskripte nicht wiedergefunden wurden: *L'Égarement de l'infortune,* Drama in drei Akten und in Prosa, das vor 1781 in Vincennes entstand, und *Tancrède,* »scène lyrique«, von dem einige Verse überliefert sind.

D. Vier Stücke, die während der Revolution oder in Charenton geschrieben wurden und zur Sammlung Herrn Xavier de Sades gehören: *les Antiquaires,* Komödie in drei Akten und in Prosa; *Franchise et Trahison* und *Fanny ou les Effets du désespoir,* Drama in drei Akten und in Prosa; *les Fêtes de l'amitié,* »zu denen ein Prolog und ein Singspiel mit dem Titel *Hommage de la reconnaissance* gehört; das Ganze bildet zwei Akte, teils in Versen, teils in Prosa«.

E. Ein Drama in drei Akten und in Prosa, *Cléontine ou la Fille malheureuse,* das während der Revolution oder in Charenton entstand und nicht wiedergefunden wurde, ebensowenig wie die erste Version in einem Akt.

276 MARQUIS DE SADE

BRIEFWECHSEL: L'AIGLE, MADEMOISELLE...;
LE CARILLON DE VINCENNES; MONSIEUR LE 6

> Eine Stimme erhabenen Wahns und erhabener
> Vernunft: die geißelnde und drohende Stimme
> des Marquis de Sade.

Die unschätzbare Briefsammlung, die wir im Jahre 1948 das
Glück hatten, im Schloß Condé-en-Brie beim direkten Nachfahren
des Marquis zu entdecken und die einen neuen oder zumindest bisher kaum wahrnehmbaren Aspekt der literarischen Begabung des
Verfassers von *Justine* erschloß, umfaßt hundertneunundsiebzig Briefe, zu denen noch Bestellisten, Billette und Lesezeichen kommen, so
daß die Gesamtzahl der Dokumente sich ungefähr auf zweihundertfünfzig beläuft. Die Briefsammlung setzt sich folgendermaßen zusammen:

a) Zweiundvierzig Briefe, die zwischen Februar 1777 und Juni
   1778 in Vincennes geschrieben wurden;

b) Hundertzwanzig Briefe, die zwischen September 1778 und Februar 1784, nach wenigen Wochen der Freiheit, ebenfalls im
   Gefängnis von Vincennes geschrieben wurden.

c) Siebzehn Briefe, die zwischen Februar 1784 und September 1785
   in der Bastille geschrieben wurden.

Dreiviertel dieser Briefe sind an die Marquise de Sade gerichtet.
Andere Empfänger sind in der Reihenfolge der Anzahl von Dokumenten: die Präsidentin de Montreuil, Marie-Dorothée de Rousset,
der Polizeidirektor Le Noir, der Diener Carteron, genannt La Jeunesse, genannt Martin Quiros, der Notar Gaufridy, Abbé Amblet,
der Polizeischreiber Martin, der Kommandant de Rougemont, der
Augenarzt Grandjean, der junge Donatien-Claude-Armand, de
Sades ältester Sohn.

Von diesen hundertneunundsiebzig Briefen haben wir bis zum
Augenblick, da wir dies schreiben, einundachtzig veröffentlicht[1], und
zwar in drei Ausgaben mit folgenden Titeln: *l'Aigle, Mademoisel-*

---

[1] In den Kapiteln X, XI, und XII haben wir weitgehend aus dem autobiographischen Inhalt noch unveröffentlichter Briefe Nutzen gezogen, ja sogar viele wichtige Sätze daraus zitiert.

VINCENNES UND BASTILLE: WERKE   277

le . . ., le Carillon de Vincennes, Monsieur le 6, letztere in Zusammenarbeit mit Herrn Georges Daumas.

Der weitaus größte Teil dieser Briefe ist undatiert oder nur mit der Tages- oder Monatsangabe versehen. Ein minuziöses Zusammensetzsystem erlaubt jedoch in den meisten Fällen, das Datum ziemlich genau anzugeben.

Die Briefe bestehen meistens aus einem Mäppchen mit zwei beidseitig sehr eng beschriebenen Blättern. Die Schrift ist immer außerordentlich elegant. Der längste Brief umfaßt sechzehn Seiten, manche nur zwei Seiten, sie haben keinen Rand und enthalten je nach ihrem Format, das sich zwischen 9,5 x 12 und 18,5 x 25 cm bewegt, zweihundertfünfzig bis sechshundert Worte pro Seite. Der Marquis hat sie sichtlich gleich ins Reine geschrieben, mit dem ganzen Schwung seiner Verzweiflung, seiner Empörung oder seiner tragischen Heiterkeit. Sie enthalten sehr wenige durchgestrichene Stellen, manchmal sogar überhaupt keine. Vier oder fünf Briefe heben sich durch ihre große und ungeschickte Schrift auffällig von den anderen ab (zum Beispiel die Briefe XXXVI, XXXVII und XXVIIII aus *Monsieur le 6*): sie gehören einem Zeitpunkt an, da das Augenleiden, dessen erste Anzeichen der Marquis im Februar 1783 verspürte, besonders heftig war.

Diesem Briefwechsel ist noch eine unveröffentlichte Sammlung von dreißig Briefen hinzuzufügen, die Madame de Sade dem Gefangenen nach Vincennes geschickt hat. Einige davon sind in den Kapiteln X, XI und XII des vorliegenden Werkes zitiert oder analysiert worden.

Die Briefe de Sades, wahre Shakespeare-Monologe, weisen so wenig Ähnlichkeit mit den klassischen Briefwechseln auf, selbst wenn diese noch so aufsehenerregend waren, daß sie geeignet sind, den Leser aufs höchste zu erstaunen. Deshalb haben wir es für richtig gehalten, jeder unserer Sammlungen einen Titel zu geben, der gleich zu Anfang den außergewöhnlichen Charakter der Briefe des Marquis enthüllen sollte. *L'aigle, Mademoiselle . . .* (Der Adler, Mademoiselle): diese drei ersten Worte eines Briefes an Fräulein de Rousset haben sich uns durch ihre ungewöhnliche, an heraldischer Bedeutung reiche Schönheit aufgedrängt. Der Titel der zweiten Briefsammlung, *le Carillon de Vincennes,* (Das Glockenspiel von Vincennes) rechtfertigt sich durch folgenden Satz: »Da ein Gefangener immer alles auf sich bezieht und sich immer einbildet, alles, was geschehe, gehe ihn an, alles werde in einer bestimmten Absicht gesagt, habe ich mir in den Kopf gesetzt, dieses verdammte Glockenspiel spreche zu mir und sage – ganz deutlich: *Je te plains, je te plains // Il n'est plus pour toi de fins // Qu'en poudre, // Qu'en poudre?* Der Titel *Monsieur le 6* hingegen bezeichnet den Marquis de Sade, Gefangenen der Zelle 6 der Festung, selbst. »Wenn ich *Monsieur le 6* zu kurieren gehabt hätte, so hätte ich das ganz anders angefaßt, denn statt mit den Menschenfressern, hätte ich ihn mit Mädchen eingesperrt. Ich hätte ihn mit so vielen davon versorgt, daß es mit dem Teufel zugehen müßte, wenn in den sieben Jahren, die er da ist, das Öl seiner Lampe nicht verbraucht wäre!«

Die meisten Briefe, die vor unseren Ausgaben veröffentlicht worden sind, vor allem die – es ist der weitaus größte Teil –, die in der *Correspondance* von Paul Bourdin enthalten sind, stammen aus der Zeit zwischen dem 2. April 1790, als der Marquis Charenton verließ, und dem 5. April 1801, als er durch die Polizei des Ersten Konsuls in Sainte-Pélagie inhaftiert wurde.

Die zwölf Jahre Gefangenschaft in Vincennes und in der Bastille (1777–1790) waren durch die vier Briefe in der Sammlung Bourdin und durch den Brief an Herrn Martin Quiros vom 4. Oktober 1779, den Maurice Heine veröffentlicht hat, vertreten. Die Briefe, die im Schloß Condé-en-Brie entdeckt wurden, umfassen eben die neun ersten von den zwölf harten Jahren im Leben de Sades[1], in denen ihn seine Feinde – in der Vollkraft seiner Jahre und mit einer von berauschenden Erfahrungen genährten erotischen Phantasie – in den beiden düstersten Festungsgruften der Monarchie »lebendig begraben haben«.

Die Briefe, die Paul Bourdin veröffentlicht hat, sind von grundlegender Wichtigkeit, sowohl für die Kenntnis von de Sades Verhalten während der Revolution wie wegen des hohen literarischen Wertes einiger darunter. Aber diese Briefe sind fast alle an seinen Anwalt Gaufridy adressiert: das heißt, daß Geldforderungen und Probleme, die seinen Besitz betreffen, den ersten Platz einnehmen. Und trotz seiner Nachsicht dem Jugendspielen gegenüber ist es

---

[1] Einige unveröffentlichte Briefe, die zu anderen Sammlungen gehören, betreffen ebenfalls diese Zeitspanne.

ganz selten vorgekommen, daß de Sade ihm seine innersten Gedanken anvertraut hat: es dauerte nicht sehr lange, bis er die Rolle des Geheimagenten der Präsidentin de Montreuil entdeckte, die Gaufridy seit 1775 spielte und bis zur Revolution nicht aufgab.

Die Briefe hingegen, die wir veröffentlicht haben, sind fast alle an den einzigen Menschen gerichtet, dessen tiefe Verbundenheit, ja heroische Ergebenheit de Sade immer wieder erfahren durfte: an seine Frau. Der Leser darf sich durch die sarkastischen Bemerkungen und durch die Wutausbrüche beim geringsten Widerspruch – in dieser furchtbaren Eingeschlossenheit wohl entschuldbare Reaktionen – weder über das Verhalten Madame de Sades noch über die wahren Gefühle, die ihr Mann für sie hegte, täuschen lassen. Trotz seiner Vorwürfe und seines immer wachen Mißtrauens – vielleicht wollte er einen Eifer, der ihm im Verhältnis zu seiner ängstlichen Erwartung zu träge oder zu wenig wirksam erschien, durch Eigenliebe aufstacheln – war er sich bewußt, daß seine Frau nur auf seine Befreiung hin lebte, daß sie keinen Schritt scheute, um dieses teure Gut zu erlangen, und die Ministerien täglich mit den rührendsten Bittschriften überschwemmte. Und wenn er hoffen konnte, daß seine Briefe der Polizeizensur oder der Indiskretion der Präsidentin entgehen würden, zögerte er nicht, Madame de Sade sein ganzes Herz auszuschütten und ihr sogar manchmal seine geheimsten Wünsche anzuvertrauen, da er in keiner Weise zu befürchten brauchte, daß sie, die ihm so viele Beweise ihrer Liebe gegeben hatte, diese Dinge gegen ihn gebrauchen würde.

Ich habe die Festung Vincennes gesehen, dieses riesige, von vier Türmen flankierte Grabmal. Ich bin die Wendeltreppe hinaufgestiegen, die durch die Verdammnis führte. Die Zellen haben sich vor meiner Angst und meinem Mitleid aufgetan: eng, unverhältnismäßig hoch und in ewiger Dämmerung liegend, die durch eine doppelt vergitterte Luke dringt. In einem dieser eisigen Schächte, an diesem unheimlichen Schreckensort hat der Marquis seine Briefe geschrieben, Edelsteine der Eloquenz und des Traumes, mit denen nur noch die universalsten Früchte des elisabethanischen Geistes zu vergleichen sind.

Was uns beim ersten Lesen der Briefe des Marquis mit Bewunderung erfüllt – nachdem die Verzweiflungskrise der ersten Monate seiner Gefangenschaft überstanden ist –, ist das hohe Beispiel der Standhaftigkeit, das sie uns sowohl durch das restlose Festhalten an den Ideen, die ihm die Gefängnisstrafe eingetragen hatten, als auch durch den erhabenen Humor geben, der zweifellos die heroischste und zugleich wirksamste Form der Verteidigung des Menschen gegen die Angriffe der Außenwelt ist.

Der Marquis verleugnet niemals seinen Charakter, ebensowenig wie seine Moral und seine Metaphysik, gleichgültig, welche Gefahr diese Beharrlichkeit für seine Freilassung bedeuten mag. Wenn de Sade in *Prière du soir* vorgibt, sich an einen Schöpfer zu wenden, dessen »Notwendigkeit und folglich dessen Existenz« er immer »geleugnet« hat, so geschieht das, weil er seine Verfolger für einmal mit ihren eigenen Waffen schlagen möchte. Aber andererseits muß man in diesem »Gebet«, das auf so edle Weise das Bewußtsein einer erhabenen Rolle und einer beispiellosen Einsamkeit widerspiegelt, das Anrufen einer höheren Instanz erkennen, die Donatien-Alphonse-François »Gott« nennt und die ebensogut die Poesie sein könnte oder vielmehr, da damals diese Vorstellung noch nicht üblich war, der äußerste Ausdruck einer rächenden Wahrheit, die fähig ist, die abstrakten Gefängnisse des Menschen in die Luft zu sprengen und ihm seine ursprüngliche Macht zurückzugeben.

Weiter oben war die Rede von dem wesentlichen Anteil, den der *Humor* an der unveröffentlichten Korrespondenz des Marquis hat.

Wir haben immer gefunden, daß in der ästhetischen Hierarchie die Tränen schöner seien als das Lachen. Und Lautréamont hat das gerechtfertigt, er, der im vierten Gesang von *Maldoror* ausgerufen hat: »Oh! Abscheuliche Entwürdigung! Wie gleicht man doch einer Ziege, wenn man lacht!« Dennoch kann das Lachen zuweilen die Schönheit der Tränen erreichen: nämlich dann, wenn sich in Form eines transzendenten Humors der menschliche Heroismus manifestiert.

Der Humor hat nicht nur etwas vom Befreier ..., sondern darüber hinaus ... vom Erhabenen und Erhebenden ... Die Unverwundbarkeit des Ich bestätigt sich siegreich. Das Ich weigert sich, sich Leid zufügen zu lassen durch äußere Wirklichkeiten, es weigert sich, zuzulassen, daß die Traumata der Außenwelt es berühren

VINCENNES UND BASTILLE: WERKE 281

könnten. *Mehr noch, es läßt sehen, daß sie ihm sogar zu Gelegenheiten des Vergnügens werden können*[1].

Die geniale Auflehnung des Gefangenen de Sade entspricht genau dieser Freudschen Definition[2] und weist in seinen Briefen die modernsten Aspekte dieses *schwarzen Humors* auf, für den André Breton in seiner gleichnamigen Anthologie zahlreiche Beispiele anführt.

Lautréamont, Jarry, Nietzsche: das sind die Namen, die sich uns aufdrängen, wenn wir zum ersten Male die Briefe des Marquis überfliegen. Es macht ungeheuren Spaß, sich die Verblüffung der Empfänger vorzustellen, wenn sie diese Botschaften lasen, die so kühn ihre ganze Lebensauffassung auf den Kopf stellten.

Man weiß, daß eine der wichtigsten Entdeckungen Lautréamonts darin besteht, einem literarischen Text Satzteile aus medizinischen oder naturwissenschaftlichen Werken einzugliedern. In den Briefen de Sades finden wir diesen Verpflanzungsvorgang, der zu einem der Hauptbestandteile der surrealistischen Technik werden sollte, ebenfalls: »Mein beschränktes Gehirn«, schreibt der Marquis an seine Frau, »kann nicht begreifen, daß die einfache Handlung [ein Etui] zu bestellen, Ihre Nerven so erregen kann, daß sie der Seele ein Schmerzempfinden vermitteln. Sie sagen, man halte Sie für verrückt: das verstehe ich nicht; ich kann nicht zugeben, daß die Bitte nach einem *großen* Etui an eine *kleine* Frau ein Durcheinander in der Zirbeldrüse verursachen kann, die wir atheistischen Philosophen als den Sitz des Verstandes ansehen.«

Die ganze beängstigende Förmlichkeit des Kommodore, Vaters von Mervyn, scheint schon im *Brief* x von *l'Aigle, Mademoiselle* enthalten zu sein, der sich auf Madame de Sades Kleidung bezieht. Aber die drohenden Verweise des Marquis sind ergreifender, weil er sie aus dem tragischen Wissen der Eifersucht schöpft.

Was soll man zu der verwirrenden Erscheinung dieses weiblichen *Ubu-Roi* sagen, die 1784 auftaucht, der von ihrer »erhabenen Urteilskraft gepfropften Präsidentin Cordier«? Die Dialogform zu Anfang des Briefes sowie die Anwesenheit eines Tölpels, hier der Kommandant der Bastille, steigern noch die Ähnlichkeit, die zugleich den Marquis de Sade und Alfred Jarry ehrt.

[1] Zitiert nach André Breton, *Anthologie de l'humour noir*
[2] Ist es nötig, darauf hinzuweisen, daß das »Vergnügen«, von dem Freud hier spricht, mit Masochismus nichts zu tun hat?

Der *Brief* XVII aus *l'Aigle, Mademoiselle,* den wir »das Zeichen-gedicht« nennen möchten, nimmt einen Brief Friedrich Nietzsches vom 4. Januar 1889 vorweg, den André Breton »den höchsten lyrischen Ausbruch« des Philosophen genannt hat. Auf dem Gebiet der Sprache übertrifft de Sades Brief den Nietzsches zweifellos. Es scheint uns nicht übertrieben, wenn wir in diesem »Zeichengedicht« unter der Herrschaft des konkreten Wetterleuchtens und ohne daß selbst die »Erscheinung der Euphorie« fehlte, »das ganze Unternehmen Nietzsches« wiederfinden, wenigstens soweit es Breton in folgenden Worten definiert hat: »Der Pessimismus als Form des guten Willens dargestellt, der Tod als eine Form der Freiheit, die sexuelle Liebe als ideale Verwirklichung der Vereinigung von Widersprüchen.«

Überdies finden sich in der Korrespondenz des Marquis sehr viele Passagen, ja sogar ganze Briefe, die, wenn sie auch nicht wörtlich der zeitgenössischen Definition des »schwarzen Humors« entsprechen, so doch ihrem innersten Wesen nach, denn die Tatsache, daß de Sade den Mut gehabt hat, sie während seiner schrecklichen Gefangenschaft zu schreiben, würde ihnen den Anspruch auf einen solchen »Humor« wohl zugestehen, und immerhin stellen sie eine Komik höheren Grades dar; auch enthalten sie lyrische Stellen, die an Aristophanes und Shakespeare erinnern.

Die außerordentlichen Enthüllungen des Briefwechsels des Marquis de Sade, der in seiner Art in allen Literaturen einzig dasteht, sind vielleicht – auf einem anderen Gebiet – ebenso bedeutsam wie die Entdeckung der Schriftrolle von *120 Journées de Sodome* zu Anfang unseres Jahrhunderts. Gewiß, die großen Romane, die noch zu de Sades Lebzeiten veröffentlicht wurden, haben ihm in unserer Zeit auf dem Gebiet der Sprache einen Ruhm eingetragen, den nur wenige französische Schriftsteller wert sind, mit ihm zu teilen. Aber trotz der erotischen Kühnheit ihres Vokabulars, trotz der unvergleichlichen Umwälzung, die sie darstellen, scheinen *la Nouvelle Justine* und *Juliette* sich noch einigen Konventionen zu beugen, die im XVIII. Jahrhundert der Kunst des Romanciers anhaften und die selbst ein so unabhängiger Geist wie de Sade nicht ganz ablegen konnte. Aber niemals ist etwas von »Geschmack«, von Gestaltung oder von einem literarischen Hintergedanken in seinem Briefwechsel zu spüren, von dem er nicht ahnen konnte, daß er eines Tages veröffent-

licht würde. Niemals hat vor der Romantik jemand mit solch voll-
kommener Freiheit geschrieben, außer vielleicht der Herzog de Saint-
Simon. Und wie kalt und schüchtern erscheinen die *Confessions* von
Rousseau neben den Briefen de Sades, so aufrichtig und stilistisch
vollkommen sie auch sein mögen! In *l'Aigle, Mademoiselle*, im *Ca-
rillon de Vincennes* und in *Monsieur le 6* erlebt man den um ein
Jahrhundert verfrühten Triumph der Subjektivität mit, der seinen
Höhepunkt mit dem Grafen de Lautréamont, Arthur Rimbaud und
Alfred Jarry erreichen sollte.

Täglich fühlen sich mehr Menschen von de Sade angezogen, doch
nicht ohne ein gewisses Unbehagen, das sie mit aller Kraft vom Verständnis eines Werkes abhält, dessen Anspruch grenzenlos ist. Die
Unschlüssigen können die Verschmelzung der Widersprüche nicht
zu Ende führen, durch welche die Lektüre von *120 Journées* oder
von *Justine* und *Juliette* ihren Schrecken verliert. Die Veröffentlichung des Briefwechsels ist in der Lage, die noch ängstliche Bewunderung für das Werk des Marquis aus dem Unbewußten her-
auszuholen. Von jetzt an ist man befreit durch die eminent menschliche Gegenwart dieser achtzig Briefe, durch die ergreifende Vielfalt, die aus der unmittelbaren Tragödie geschöpft wird. Sie machen
aus de Sade ein Genie, »dessen man sich nicht zu schämen braucht«,
ein Genie wie Shakespeare, Pascal oder Nietzsche; ohne Gewissensbisse wird man das schwarze erotische Paradies lieben können, sei
es, daß man die Bücher im Licht der beschreibenden Psychopathologie sieht, sei es, daß man sie als geläutert betrachtet durch die doppelte Mitwirkung von Sprache und Dialektik der Widersprüche, um
deretwillen man schon seit langem den anderen großen Pessimisten,
Lautréamont, würdigt.

Aber zur besonderen Genugtuung der Eingeweihten werden die
drei Bände der Briefe aus Vincennes den Marquis erneut unter die
Großen des poetischen Realismus einordnen, trotz der Angriffe, die
jede Epoche gegen ihn unternimmt.

Eine der Hölle entrungene Symphonie. Die Erbitterung eines Helden der Liebe vermischt sich abwechselnd mit den Stimmen Ariels
und Falstaffs. Der Kerker bevölkert sich mit unaussprechlichen Ido-
len. Im düsteren Gemäuer leuchtet die Sprache der Zukunft.

MARQUIS DE SADE

DIALOGUE ENTRE UN PRÊTRE ET UN MORIBOND

Der *Dialogue entre un prêtre et un moribond,* der im Sommer 1782 in Vincennes entstand, wurde 1926 von Maurice Heine nach einem Heft, das noch Entwürfe zu anderen Werken enthielt, zum erstenmal veröffentlicht.

Ob de Sade seinen *Dialogue* nie ins Reine geschrieben hat, dessen harmonische und ironische Eloquenz uns oft an den göttlichen Plato erinnert? In der Form, die uns überliefert ist, ist er in »bestimmter, sauberer, wenig korrigierter« Schrift geschrieben, wie sein Herausgeber versichert.

In einem aufschlußreichen Vorwort stellt Maurice Heine den eigensinnigen Atheismus des Marquis den antireligiösen Anschauungen gegenüber, deren schüchternen Ausdruck uns die Zeitgenossen überliefert haben: freier Deïsmus oder Glaube an eine wohlwollende Natur. Über diese fundamentale Frage, die nicht nur den *Dialogue,* sondern die meisten späteren Werke de Sades betrifft, ist der gelehrten Darlegung unseres Vorgängers nichts mehr hinzuzufügen. Deshalb zitieren wir zuerst die wichtigsten Passagen daraus.

... Was ist ein Atheist? Ein Mann, der die für den Menschen verderblichen Trugbilder zerstört und ihn zur Natur, zur Erfahrung, zur Vernunft zurückführt. Ein Denker, der über die Materie, ihre Kraft, ihre Eigenheiten und ihre Handlungsweise nachgedacht und es nicht nötig hat, um die Phänomene des Universums und das Geschehen in der Natur zu erklären, ideale Kräfte, imaginäre Geister, Vernunftwesen zu erfinden, die, weit entfernt davon, diese Natur verständlicher zu machen, sie nur launisch, unerklärlich, mißverständlich und für das Glück des Menschen unnütz erscheinen lassen.

Diese Definition des Barons d'Holbach *(Système de la Nature,* 1770) ist eine der klarsten und aufschlußreichsten, die seine Zeit überliefert hat. Aber enthüllen diese scheinbaren Negationen etwas anderes als die sentimentale Vorstellung von einer Natur, die den Menschen nützt und sich um ihr Wohlergehen kümmert? Und was wir ein paar Seiten weiter vernehmen, ist das nicht, eintönig wie eine Litanei, ein Anrufen der *idealen Mächte,* der *imaginären Geister,* die so energisch verworfen werden, unter einem anderen Namen? O NATUR! *Herrscherin über alle Wesen! Und ihr, ihre anbetungswürdigen Töchter – Tugend, Vernunft, Wahrheit! –, seid auf ewig unsere einzigen Götter; euch gebühren Lobpreisung und Huldigung der Erde.*

Diese atheistische Mythologie könnte in gewisser Weise ganz gut an die *philosophie naturelle* anknüpfen, die in der Vorrede zur *Encyclopédie* dargelegt ist: sie störte die akademischen Philosophen gewiß noch mehr. In den Werken, die Diderot und d'Alembert unter ihrem eigenen Namen veröffentlicht haben, gehen sie weder mit dem Atheismus, dessen sie von ihren gefährlichen Gegnern verdächtigt wurden, noch mit den Atheisten sanft um, deren brutale Offenheit alles zu gefährden droht. [...] Die Philosophie läßt sie im Stich; schlimmer noch, sie verdammt sie, verlangt ihre Hinrichtung ... *Selbst der Toleranteste wird nicht in Abrede stellen, daß der Magistrat das Recht hat, diejenigen, die den Atheismus verkünden, zu unterdrücken, ja sogar sie zu vernichten, wenn er die Gesellschaft anders nicht von ihnen befreien kann ... Wenn er die bestrafen darf, die einem einzelnen unrecht tun, wieviel mehr Recht hat er dann, diejenigen zu bestrafen, die einer ganzen Gesellschaft gegenüber Unrecht begehen, indem sie bestreiten, daß es einen Gott gibt ... Man kann einen solchen Menschen als Feind aller anderen ansehen.* [...] Wenn die *Encyclopédie* (1751) nicht zögert, ein solches Verdikt auszusprechen, wie kann man dann die vorsichtigen Einschränkungen eines La Mettrie oder die öffentliche Abbitte eines Helvetius nach der Verdammung seines Buches *De l'Esprit* tadeln? Beide hatten ebensosehr die Urteile des *Naturrechtes*, gefällt von ihren Freunden, wie ein Blitzstrahl der Gerichte, den ihre Gegner gegen sie richten würden, zu fürchten. Nicht zu Unrecht verkündete Sylvain Maréchal dem beginnenden XIX. Jahrhundert (*Dictionnaire des athées*, Jahr VIII), *wie unterwürfig und von Gewohnheit bestimmt das XVIII. Jahrhundert all seiner Erleuchtungen oder Ansprüche, seiner liberalen Ideen oder Kühnheiten in seinen Ansichten noch war.*

Dieses harte Urteil bliebe unwiderlegt, wenn der Marquis de Sade nicht gewesen wäre oder wenn sein Werk, das ebenso wie seine Person verfolgt wurde, nicht zum Teil dem Zorn der Zerstörer entkommen wäre. [...] Wenn er auch die Natur noch wie eine Persönlichkeit anruft, so ist es nicht mehr die liebenswürdige, menschenfreundliche Göttin aus dem *Système de la Nature,* die vor Voltaire immer noch keine Gnade fand, es ist die Katastrophengöttin, die den Krater des Ätna aufrührt. *Je mehr ich ihre Geheimnisse zu ergründen suchte – sagt der Chemiker Almani –, desto mehr habe ich eingesehen, daß sie einzig damit beschäftigt ist, den Menschen zu schaden. Beobachtet sie in allem, was sie tut; ihr werdet sie nie anders finden als gefräßig, zerstörerisch und böse, inkonsequent, widersprüchlich und verheerend ... Könnte man nicht sagen, daß ihre mörderische Kunst nur Opfer schaffen will und daß sie nur mit der schöpferischen Fähigkeit begabt ist, um die Erde mit Blut, Tränen und Trauer zu bedecken? Daß sie ihre Kraft nur anwendet, um ihre Geißel zu schwingen? Einer eurer modernen Philosophen nannte sich den Geliebten der Natur; nun, mein Freund, ich erkläre mich zu ihrem Henker. Studiert sie, beobachtet sie, diese grausame Natur, ihr werdet sehen, daß sie nur schöpferisch ist, um zu zerstören, ihre Ziele nur durch Mord erreicht und sich wie der Minotaurus nur vom Unglück und von der Zerstörung der Menschen mästet. (La Nouvelle Justine)*

Man darf nicht vergessen, daß de Sade *absolut* ist, daß er seinen Gedanken geradlinig zu Ende denkt bis an die äußersten Grenzen seiner logischen Konsequenzen. [...] Er schreibt nicht nur bei jeder Gelegenheit, daß es Gott nicht gibt, sondern er denkt und handelt beständig danach, macht sein Testament und stirbt danach; und diese unerschütterliche, stolze Gewißheit ist bestimmt das, was man ihm am wenigsten verziehen hat. Aber aufgrund dessen gelangt er zum Gipfel, und seine Verwünschungen wiegen Gebete auf. *O du! der, wie man sagt, alles auf der Welt geschaffen hat; du, von dem ich nicht die leiseste Ahnung habe; du, den ich nur dem Wort nach kenne und nach dem, was die Menschen, die sich täglich irren, mir erzählt haben; sonderbares, phantastisches Wesen, das man Gott nennt, ich erkläre feierlich, ausdrücklich, öffentlich, daß ich nicht im leisesten an dich glaube und das aus dem guten Grund, weil ich nichts entdecken kann, das mich von einer absurden Existenz zu überzeugen vermöchte, für deren Bestehen es auf der ganzen Welt keinen Beweis gibt. (Histoire de Juliette)*

Man könnte viele Seiten mit Zitaten de Sades über dieses Thema füllen: seine Bücher sind voll von Betrachtungen dieser Art. Wir begnügen uns mit dem Hinweis, daß die letzte heftige Verkündigung

VINCENNES UND BASTILLE: WERKE 287

des Atheismus, die de Sade geschrieben hat – wenigstens in den
Texten, die der Vernichtung entgangen sind –, in seinen *Cahiers
personnels* (1803-1804) zu finden ist. Es handelt sich um den Text
Fantômes, der vermutlich als Einleitung zu seiner *Réfutation de
Fénelon* gedacht war. Wir werden im XVIII. Kapitel darauf zu-
rückkommen.

In dem sehr schönen Buch von Pierre Klossowski mit dem Titel
Sade, mon prochain begegnen wir zum erstenmal einer Untersuchung
des verborgenen Inhalts in de Sades Werk, in welcher paradoxer-
weise der christliche Geist eine tiefgehende psychoanalytische For-
schung befruchtet. Und zwei Jahre nach dieser Publikation konnte
man in *l'Aigle, Mademoiselle* eine merkwürdige *Prière du soir* lesen, die 1782 in Vincennes geschrieben war und geeignet schien, auf
den ersten Blick die Theorie Pierre Klossowskis über die Ambivalenz der antireligiösen Gefühle de Sades zu unterstützen[1]. Das Gebet schloß mit folgender Devise: *Fructus belli* (die Früchte des Krieges). Vermutlich meint de Sade mit diesem Ausdruck folgendes: Auf
welche Mittel der Verteidigung bin ich beschränkt? Um das Ausmaß
der Ungerechtigkeit meiner Feinde zu brandmarken und ihre Grausamkeit zu entmutigen, muß ich einen Begriff gebrauchen, den ich
verabscheue; um ihre Heuchelei aufzudecken, muß ich sie mit ihren
garstigen Waffen bekämpfen, diesen absurden Gott anrufen, in dessen Namen sie mich zu verfolgen wagen . . . (Beachten wir, daß sich
der Marquis in einem unveröffentlichten Brief an seine Frau ebenfalls der Gottesidee bedient, um die Präsidentin de Montreuil der
Heuchelei zu überführen und ihr Angst einzujagen.) Für die richtige Interpretation dieses »Gebetes« ist es weiter wichtig, zu beachten, daß nur drei Monate es vom *Dialogue entre un prêtre et un
moribond* trennen, den de Sade am 13. Juli 1782 beendete.

Aber da die Realität des Sadeschen Atheismus in Frage gestellt
wurde, sei uns erlaubt, das Problem unter einem anderen Aspekt zu
betrachten. Wir werden die Behauptung Pierre Klossowskis wider-
legen – von dem wir sagen müssen, daß sein 1947 erschienenes Buch

---

[1] Er zieht daraus auch die Folgerung: »Und sind alle die Übel, mit denen
Gott die Menschheit überschüttet, nicht das Lösegeld, gegen das Gott dem
Menschen das Recht erteilt, leiden zu machen und unendlich lasterhaft zu
sein? So könnte man in Gott einen *ursprünglich Schuldigen* sehen, der den
Menschen angegriffen hat, bevor der Mensch ihn angriff.«

für uns immer noch eine aufsehenerregende Ehrung des Autors von *120 Journées de Sodome* bleibt. Aber folgende ungerechtfertigte Überlegung erregt unseren Widerspruch. Da de Sade durch eine seiner Personen verkündet: »Wenn der Atheismus Märtyrer wünscht, soll er es sagen, mein Blut ist bereit«, behauptet Klossowski: »Das ist reine Rhetorik. Der Atheismus will keine Märtyrer. Noch weniger das Blut de Sades.« Wir wissen nicht, ob der Atheismus »keine Märtyrer will«, aber wir wissen ganz genau, daß Folter und Scheiterhaufen ihm im XVI. Jahrhundert unablässig Märtyrer geliefert haben. Und was den Marquis de Sade betrifft, so sehen wir leider keinerlei Rhetorik in seinem Schrei. Wenn dreißig Jahre Gefangenschaft in Klossowkis Augen nicht genügen, um dem Gottesverächter ein Anrecht darauf zu geben, Märtyrer genannt zu werden, so zweifeln wir dennoch, ob es noch nötig ist, Paul Claudel hier das Wort zu erteilen (man kennt seinen ebenso kindischen wie unbarmherzigen Ausspruch, der außerdem des Autors von *Der Seidene Schuh* nicht würdig ist): »Man hat gut getan, de Sade die Hälfte seines Lebens hinter Schloß und Riegel zu tun!« Es steht fest, daß de Sade den größten Teil seiner besten und die vierzehn letzten Jahre seines Lebens im Gefängnis verbracht hat, weil er die moralischen Gesetze einer Gesellschaft sprengen wollte, die damals noch von der Kirche regiert wurde.

Aber der Atheismus de Sades besteht nicht nur in der metaphysischen Ablehnung der religiösen Dogmen: seine Auflehnung richtet sich mit gleicher Heftigkeit gegen die *weltliche* Tyrannei der Kirche, gegen die gesellschaftlichen Verbote, die unter der Herrschaft der Könige von ihrer Allmacht herrühren. »O nein, nein!« ruft de Sade aus, »bei allem, was mir heilig ist, nie werde ich an die Lehren der Sektierer glauben: von einem Gott, der meint, er dürfe die Geschöpfe mit Füßen treten, um den Schöpfer zu ehren. Baut eure gottlosen Kapellen, betet eure Idole an, ihr abscheulichen Heiden! Aber solange ihr für das alles die heiligsten Gesetze der Natur verletzt, könnt ihr sicher sein, daß ihr mich lediglich dazu zwingt, euch zu hassen und zu verachten.« Wenn der Marquis in unseren Tagen noch einmal auf die Welt käme, so würde der Kampf gegen die Religion in seinen Augen gewiß nicht über ein philosophisches Wortgefecht hinausgehen. Wahrscheinlich würde er ihn nicht im geringsten interessieren. Er, der Robespierre als »niederträchtig« bezeichnet hat,

würde zweifellos über die totalitäre Polymorphie der letzten zwanzig Jahre in Zorn geraten. Wenn der Atheismus de Sades sich ständig mit solcher Heftigkeit ausdrückt, daß Klossowski ihm unterle-
gen zu können glaubte, er sei ambivalent, so ist das nicht schlicht
und einfach, weil der Marquis »im Schwindelgefühl der Macht und
des Verlangens« die Schande nicht ertragen könnte, »sich vor Gott
zu vernichten«, wie Maurice Blanchot behauptet, sondern vor allem deshalb, wie wir glauben, weil man bei dem Verfasser von *Juliette* unter dem Wort *Atheismus* ein gleich zorniges Verdammen
alles dessen verstehen muß, was in seinen Augen eine Fessel der angeborenen Freiheit des Menschen ist, sei es nun eine religiöse, politische oder intellektuelle Tyrannei. Dieser weitverzweigte Atheismus, dem es um eine Wesensbedingung des Menschen geht, scheint
uns genügend reich an pathetischen Beweggründen zu sein, daß man
sich nicht über den Mangel an Kaltblütigkeit wundern und angesichts des leidenschaftlichen Hasses, den die Sprache des Marquis
jedesmal annimmt, wenn er das Wort »Gott« niederschreibt, auf
Ambivalenz oder »glühenden Stolz« berufen muß. Wir folgern so:
de Sade gegen Gott, das ist de Sade gegen die absolute Monarchie,
de Sade gegen Robespierre und Napoleon, das ist de Sade gegen
alles, was von nah oder fern einer wie auch immer gearteten Unter-
drückung der Subjektivität des Menschen gleichkommt.

Les 120 Journées de Sodome ou l'Ecole du Libertinage

Am 22. Oktober 1785 beginnt der Marquis mit der Reinschrift
seiner ersten Entwürfe zu *120 Journées de Sodome:* er war sich der
Originalität dieser Arbeit ebenso bewußt wie der Gefahr der Beschlagnahme, die einem solchen Manuskript täglich drohte, und beschloß deshalb, noch bevor die Arbeit beendet war, eine sorgfältige
Abschrift anzufertigen, die leicht zu verstecken sein sollte. Während
der ersten zwanzig Abende, von sieben bis zehn Uhr, bedeckt der
Gefangene der Bastille mit einer mikroskopisch kleinen Schrift die
eine Seite einer schmalen Papierrolle von 12,10 Metern Länge, die
aus kleinen, elf Zentimeter breiten und zwölf Zentimeter langen
Blättern fortlaufend aneinandergeklebt ist. Am 28. November
beendet er das vorläufige Manuskript in der Form, in der es uns
hundertfünfundzwanzig Jahre später wieder begegnet. »Eine für

ihn, wenn auch nicht für die Nachwelt, überflüssige Vorsichtsmaß-
nahme«: nach der Erstürmung der Bastille bekommt er Entwurf
und Reinschrift nie mehr zu sehen. Vermutlich ist der Verlust dieses
Werkes nicht der geringste Grund für die »blutigen Tränen«, die er
im Mai 1790 vergießt.

Indessen wird die Rolle von Arnoux de Saint-Maximin in dem
Zimmer gefunden, in dem der Marquis gefangen war. Sie gerät in
den Besitz der Familie de Villeneuve-Trans, die sie während drei
Generationen hütet. Zu Beginn dieses Jahrhunderts wurde die unveröffentlichte Handschrift an einen deutschen Sammler verkauft
und 1904 von dem Berliner Psychiater Iwan Bloch unter dem Pseu-
donym Eugen Dühren veröffentlicht. Wenn dem Herausgeber auch
»die große wissenschaftliche Bedeutung [der 120 Journées de So-
dome] für Ärzte, Juristen und Anthropologen« keineswegs entgeht
– er weist in seinen Anmerkungen wiederholt auf die »überraschen-
den Analogien« der von de Sade und von Krafft-Ebing zitierten
Fälle hin –, so ist doch die von ihm veröffentlichte Version praktisch
unbrauchbar, weil sie Tausende von Fehlern enthält, die den Text
des Marquis entstellen. Nach dem Tode Iwan Blochs verbleibt das
Manuskript in Deutschland, bis sich Maurice Heine im Januar 1929
im Auftrag des Vicomte Charles de *** nach Berlin begibt, um es
zu erwerben. Von 1931 bis 1935 erscheinen die drei Bände der wun-
dervollen Ausgabe, das Meisterwerk unseres verstorbenen Freundes:
aufgrund ihrer absoluten Genauigkeit kann sie als Originalausgabe
angesehen werden. Leider fehlen die im Vorwort angekündigten
kritischen Anmerkungen, die der dritte Band enthalten sollte: eine
solche Arbeit, die Frucht der gewissenhaften Forschungen Maurice
Heines, von denen seine Kommentare der »petites feuilles« uns
einen Eindruck vermitteln, hätte unsere Kenntnisse über de Sade
ungeheuer bereichert.

Rufen wir uns Handlung und Personen dieser Greuelgeschichte
noch einmal in Erinnerung. – Gegen Ende der Regierungszeit Ludwigs des Großen schließen sich vier Psychopathen im Alter von fünf-
undvierzig bis sechzig Jahren, deren riesiges Vermögen das Ergebnis von Mord und Veruntreuung ist: der Herzog de Blangis, sein
Bruder, der Bischof, der Präsident de Curval und der Financier
Durcet, zu einer namenlosen Orgie in einem einsamen Schloß im
Schwarzwald ein. Bei sich haben sie zweiundvierzig Opfer für ihre

VINCENNES UND BASTILLE: WERKE   291

Wollust, die ihnen völlig ausgeliefert sind: die »Gattinnen«, sehr jung und wunderbar schön: Constance, Tochter von Durcet und Frau von Blangis (der zum vierten Mal verheiratet ist und seine anderen Frauen getötet hat); Adelaïde, Tochter von Curval und Frau von Durcet; Julie, Tochter von Blangis aus erster Ehe und Frau von Curcal; Aline, im Ehebruch gezeugte Tochter des Bischofs und der zweiten Frau von Blangis; ein »Serail« von acht Knaben und acht jungen Mädchen, die ihren Eltern geraubt wurden und deren »Reize alles übersteigen, was Worte auszudrücken vermögen«; acht sodomitische »fouteurs«, die wegen ihrer ungeheuren Dimensionen ausgesucht worden waren; vier sechzigjährige, verkrüppelte, von Geschwüren zerfressene Matronen, in denen alle Verbrechen versammelt sind; sechs Köchinnen und Dienstmädchen und schließlich vier im Dienst ergraute Kupplerinnen als »Historikerinnen«: die Duclos, die Champville, die Martaine und die abscheuliche Desgranges. Vom 1. November bis zum 28. Februar zählen sie, sich von Monat zu Monat ablösend, sechshundert Perversionen auf, jede hundertfünfzig, welche die Schloßherren auf dem Gipfel der Erregung oft gleich in die Tat umsetzen. Im Verlauf von zahlreichen Orgien, die sich noch zwanzig Tage über den 28. Februar hinaus erstrecken, kommen dreißig Opfer aus allen oben erwähnten Kategorien, außer den Historikerinnen, unter gräßlichen Qualen um. Nur zwölf Personen kehren mit dem Herzog und seinen drei Komplizen nach Paris zurück.

Die Anordnung von *120 Journées de Sodome* ist offensichtlich dem *Decamerone* und den Geschichten der Margarete von Navarra nachgebildet. Das Werk besteht aus einer umfangreichen Einführung und vier in Tagebuchform abgefaßten Teilen, die jeweils den Monaten November, Dezember, Januar und Februar und den sogenannten »einfachen«, »doppelten«, »verbrecherischen« und »mörderischen« Leidenschaften gewidmet sind, welche die Erzählung mit den »skandalösen Geschehnissen im Schloß« verflechten. Nur die Einführung und der erste Teil sind ausgearbeitet; die drei anderen Teile sind nur in Form eines genauen, mit Anmerkungen versehenen Entwurfes vorhanden. Die rasche Aufzählung psychopathologischer Tatsachen, die sorgfältig numeriert sind und deren methodische Reihenfolge in die Augen springt, trägt in diesen letzten Teilen wesentlich dazu bei, den *120 Journées* den Charakter einer medizinischen Abhandlung zu geben, den die vorausgegangenen Erklärungen des Verfassers keineswegs leugnen.

Wenn das Werk de Sades, wie wir später sehen werden, tatsächlich unter dem doppelten Gesichtspunkt der Wissenschaft und der Literatur betrachtet werden muß, so ist in einem dritten Bereich zu vermerken, daß die seltenen philosophischen Passagen in *120 Journées de Sodome* vorerst nur in gedrängter Form die besessenen moralischen und metaphysischen Theorien vertreten, die Donatien-Alphonse-François während seiner ganzen Schriftstellerlaufbahn unaufhörlich erweitern und verfeinern wird und deren erste Entwicklung wir in *les Malheurs de la Vertu,* geschrieben 1788, finden. Eine erste Anlage dieser Theorien taucht zum erstenmal in einer Rede des Herzogs von Blangis auf: er haßt die Tugend; seit seiner frühesten Jugend hat er »ihre Leere und Nichtigkeit« erkannt; nur das Laster kann seiner Ansicht nach den Menschen in »jene moralische und physische Vibration, Quelle der köstlichen Wollust« versetzen: »Ihr überlasse ich mich«, ruft der Herzog aus, »ich habe mich frühzeitig über die Trugbilder der Religion hinweggesetzt, überzeugt, daß das Vorhandensein eines Schöpfers eine empörende Absurdität ist [...]; ich habe durchaus nicht nötig, meine Neigungen zu bezwingen, um ihm zu gefallen: ich habe diese Neigungen von der Natur bekommen, und ich würde sie reizen, wenn ich ihnen widerstünde. Wenn sie mir schlechte Neigungen gegeben hat, so erschienen sie ihr eben nützlich; in ihrer Hand bin ich nichts als eine Maschine, die sie nach Belieben in Bewegung setzt, und keines meiner Verbrechen, das ihr nicht dienlich wäre. Je mehr sie mir dazu rät, desto mehr braucht sie sie...« Was den Mechanismus der sadistischen Wollust betrifft, wie sie weniger aus der bruchstückhaften und merkwürdig physiologischen Erklärung in einer Passage von *120 Journées* als aus den Überlegungen des Marquis in seinen späteren Werken abzuleiten ist, so scheint uns, daß er auf folgende Frage zurückzuführen ist: Wenn wir unseren Genuß vor allem aus der Erregung des Objektes schöpfen, das wir besitzen, was gäbe es dann für einen stärkeren Antrieb als den Schmerz, um diese Erregung und folglich unseren Genuß zu äußerster Intensität zu steigern?

Offensichtlich denkt der Marquis an seine *120 Journées de Sodome,* wenn er in *Aline et Valcour* schreibt: »Ich möchte, die Menschen hätten bei sich zu Hause statt dieser Phantasiemöbel, die keinen einzigen Gedanken hervorbringen, ich möchte, sage ich, sie hätten statt dessen eine Art Baum, bei dem auf jedem Zweig der Name eines Lasters steht, angefangen mit dem winzigsten Fehler und sich ständig steigernd bis zum Verbrechen, das aus dem Vergessen der ersten Pflichten entsteht. Wäre eine solche moralische Tabelle nicht äußerst nützlich? Und wäre sie nicht einen Téniers oder einen Rubens wert?« Aber der Beginn von *120 Journées* hatte die belehrenden Absichten des Autors schon klargemacht und gleichzeitig die beängstigende Neuheit seines Unterfangens ausgedrückt: »Jetzt, lieber Leser, mußt du dein Herz und deinen Geist auf die unkeuscheste Erzählung vorbereiten, die jemals geschrieben wurde, seit die Welt besteht, ein solches Buch gibt es weder bei den alten noch bei den modernen Meistern. Stell dir vor, daß alle ehrbaren oder von jenem Tier, von dem du ununterbrochen sprichst, ohne es zu kennen, und das du Natur nennst, vorgeschriebenen Genüsse absichtlich aus diesem Buch weggelassen wurden und daß, wenn du sie zufällig doch antreffen solltest, es nur in Verbindung mit einem Verbrechen oder einer Niedertracht sein kann. [...] Was die Vielfalt betrifft, so sei versichert, daß sie stimmt; studiere eine Leidenschaft gut, die dir ohne den geringsten Unterschied einer anderen zu gleichen scheint, und du wirst sehen, daß ein solcher Unterschied besteht; und wie gering er auch sei, daß gerade er allein das Raffinement hat und das Gefühl weckt, das die Art der Ausschweifung, von der hier die Rede ist, auszeichnet und charakterisiert.« »Mit *les 120 Journées de Sodome*«, schreibt Maurice Heine in seinem Vorwort, »verlor de Sade sein Meisterwerk, und er wußte es. Sein weiteres literarisches Leben wird von der Sorge beherrscht sein, die Folgen dieses Mißgeschicks abzuwenden. Mit schmerzlicher Beharrlichkeit wird er versuchen, noch einmal die Meisterschaft zu erlangen, die er auf dem Höhepunkt seiner Einsamkeit und Menschenverachtung kennengelernt hatte.« Und an anderer Stelle drückt sich derselbe Autor, den man immer wieder zitieren muß, weil man es vergeblich mit seiner großartigen Knappheit aufnehmen würde, folgendermaßen aus: »Es ist ein Dokument von unschätzbarem Wert und zugleich der erste positive Versuch (abgesehen von dem der Bekenner) einer Klassifizierung der sexuellen Anomalien. Der Mann, der ein Jahrhundert vor Krafft-Ebing und Freud daranging, sie methodisch zu beobachten und systematisch zu beschreiben, verdient wohl den Glanz, den die Wissenschaft seinem Namen verlieh, indem sie die schwerste dieser Psychopathien Sadismus nannte.«

Aber wenn *les 120 Journées de Sodome,* diese Naturgeschichte der Parästhesien[1], von de Sades genialem Vorläufertum zeugt, wenn manche seiner psychosexuellen Betrachtungen, unabhängig von ihrem literarischen Wert, als Meisterwerke ihrer Art angesehen werden müssen, so ist doch festzuhalten, daß ein hervorstechender Irrtum an vielen Stellen den belehrenden Wert dieses Werkes gefährdet. Wir meinen den ungeheuer übertriebenen Platz, den der Autor der koprolagnischen Perversion einräumt, die er bis zum Exzeß schildert. Tatsächlich handeln von den sechshundert anomalen Fällen, welche die »Historikerinnen« aufzählen, mehr als die Hälfte vom Einnehmen von Exkrementen, allein oder in Verbindung mit einer anderen Perversion, nicht zu reden von der eigentlichen Erzählung, in der es von dieser Praktik nur so wimmelt. Aber wenn die visuelle[2], die olfaktorische oder die taktile Koprolagnie (die zugleich an Fetischismus und Sadismus rührt) eine relativ häufige Anomalie ist, so muß man die Koprophagie zu den wenig verbreiteten sexuellen Perversionen zählen. Auf den neunhundert Seiten des Buches von Krafft-Ebing nur einmal erwähnt, fällt sie vor allem in den Bereich der Geisteskrankheiten, einen Bereich, der nichts mit dem zu tun hatte, was de Sade zu untersuchen sich vornahm.

Trotz dieser Einschränkung enthält *les 120 Journées de Sodome* die großartigsten Stellen, die de Sade je geschrieben hat. Der Witz, der Atem, der Schwung der Sätze stellen sich würdig neben den Stil seiner Briefe. Die Einführung, in der sich sein ganzes Können neuartig und spontan entfaltet, ist ohne Zweifel das Meisterwerk von Donatien-Alphonse-François de Sade.

Die »luziferische Größe, die zuweilen hohen Ausdruck in der Literatur fand« und die André Rousseaux beim Marquis de Sade nicht bemerkt, dem seiner Meinung nach die dichterische Genialität fehlte, diese luziferische Größe scheint uns im Gegenteil in seinem Werk eine ungewöhnlich faszinierende Gestalt anzunehmen. Wir

[1] Parästhesie: Erregung des sexuellen Instinktes durch unangemessene Gegenstände.
[2] Einer der Aspekte der berühmten Ausschweifung von Marseille trat in dieser Form auf.

haben sogar aus den meisten Werken eine regelrechte Sammlung von Prosagedichten herausziehen können: losgelöst von den belehrenden Textstellen leuchtet eine wundervolle Tragik darin auf, fast wie in einem zweiten *Maldoror*. Gerade daß die dichterischen Stellen de Sades, ein Diamant seines Deliriums und seiner Einsamkeit, unfreiwillig sind, bringt sie dem modernen Empfinden um so eindringlicher nahe. Und hat sich der ewige Gefangene, ohne es zu wissen, nicht selbst in der Haltung der poetischen Träumerei beschrieben, wie paradox auch deren Gegenstand gewesen sein mag? »Alle diese Dinge und die Erinnerung daran [sind es], die ich anrufe, wenn ich mich von meiner Lage ablenken möchte... [sie] vermögen so gut mein Unglück zu mildern, wenn ich meine Phantasie schweifen lasse.«

Wenn der Gefangene nicht gefällt, so wollte er nicht gefallen. Die einzige Waffe, über die er in seiner düsteren Behausung verfügte, um sich an einer Welt zu rächen, die ihn gefangenhielt: die Umkehr der moralischen Werte und der sinnlichen Normen – warum sollte seine Verzweiflung darauf verzichten, sie den Menschen tief ins Herz zu stoßen?... Aber das ästhetische Predigen des Bösen schließt seine Ausführung aus. Der tugendhafte Robespierre tötet: nicht de Sade, der das Böse so laut verkündet, ist der Henker von tausend jungen Frauen. »Hinter diesem blutigen Vorhang«, schreibt René Char, »brennt der Schrei einer Kraft, die nur sich allein zerstören wird, weil sie die Gewalt, ihre subjektive und sterile Schwester, verabscheut.«

Les Infortunes de la Vertu; Historiettes, Contes et Fabliaux

Trotz ihrer Entstehungszeit erwähnen wir diese beiden von Maurice Heine postum veröffentlichten Werke nur zur Erinnerung. Es erschien uns befriedigender: a) die aufgelöste Erzählung *les Infortunes de la Vertu* in Verbindung mit der *Justine* von 1791 zu besprechen (XVI. Kapitel), deren erster Entwurf sie ist; und b) die *Historiettes, Contes et Fabliaux* zusammen mit *Crimes de l'Amour* (ibidem) im Lichte des Manuskriptes 4010 der Bibliothèque Nationale und der Anmerkungen de Sades über die Umgestaltung seines erzählerischen Werkes zu betrachten.

LA VÉRITÉ

La vérité, pièce trouvée dans les papiers de La Mettrie: unter diesem Titel haben wir 1961 dieses kleine Werk in Versen und Prosa nach dem unveröffentlichten, handgeschriebenen Manuskript des Marquis de Sade zum erstenmal herausgegeben.

Schon beim flüchtigen Überlesen dieses philosophischen Gedichtes und der dazugehörigen Anmerkungen, beide sowohl im Ausdruck wie in der Doktrin typisch de Sade, stellt sich klar heraus, daß der Marquis der Verfasser ist, obgleich er glaubte, sich aus Vorsicht hinter dem Namen La Mettrie verstecken zu müssen. Aber schon das Manuskript allein, immer wieder durchgestrichen und korrigiert, würde genügen, es als Werk de Sades zu identifizieren. Das Entstehungsdatum läßt sich hingegen nicht genau festlegen. Eine aufsehenerregende Ehrung der Natur, deren Altäre de Sade damals noch nicht zerstört hatte, läßt uns zu der Annahme neigen, daß dieses Gedicht um 1787 in der Bastille entstanden sein könnte.

Man muß festhalten, daß de Sade bei der Wahl des Namens La Mettrie – den er in *Juliette* mit Vorliebe zitiert – ohne Zweifel weniger den eigentlichen Inhalt der Theorien dieses Vorgängers vor Augen gehabt hat als die diffamierenden Glossen, die ständig darüber verfaßt wurden, selbst von Philosophen, die sich für inspiriert hielten. Hatte d'Holbach, als er im *Système de la Nature* gegen die Atheisten Stellung nahm, »die den Unterschied zwischen Tugend und Laster leugnen«, nicht hinzugefügt, der Verfasser von *l'Homme-machine* habe »wie ein Tobsüchtiger über die Sitten geurteilt«? Aber wenn La Mettrie (dessen eleganter und lebhafter Stil ihn d'Holbach weit überlegen macht) für das Individuum das Recht forderte, ohne jede Fessel genießen zu dürfen, und wenn er vorgab, es von den Gewissensbissen, »dieser Bürde im Leben«, zu befreien, ohne daß er deshalb beabsichtigte, »die Unsterblichkeit des Bösen« sicherzustellen, wie Diderot ihm vorwarf, so behauptete er auf der anderen Seite auch, der Rausch der Wollust, »abgesehen davon, daß er einem unmittelbar gegeben wird«, mache »einen besser«, denn ein befriedigtes und glückliches Wesen sei zugleich ein sanftes und wohlwollendes Wesen. Der Marquis wird in seinem ganzen Werk eine entgegengesetzte Theorie vertreten, da er die erotische Verbindung nicht anders als im Lichte der ausgeklügeltsten und grausamsten

Perversionen beschreiben kann. Pierre Naville verdanken wir folgenden treffenden Vergleich der drei Philosophien: »Die Widersprüche der materialistischen Physik und der utilitaristischen Moral bleiben bei La Mettrie ungelöst. Bei d'Holbach und Diderot werden sie im Suchen nach einem neuen sozialen Gleichgewicht aufgehoben. Bei de Sade brechen sie zugunsten der individuellen Sensibilität auf, welche die einzig natürliche und die Feindin der Gesetze der Gesellschaft ist.«

Das Gedicht *la Vérité* – dessen Verse sehr viel bestimmter und harmonischer sind als die der Trägödie *Jeanne Laisné* – weist in lapidarer Form, oft nicht ohne Lyrismen, die wichtigsten Aspekte von de Sades Doktrin auf. In der Tat, wenn dieses Gedicht sich vor allem als anti-religiöse Satire erweist, so ist mehr als ein Drittel seines Inhalts eine Apologie der völligen Entfesselung der amoralischen Instinkte. Fügen wir hinzu, daß sechs von acht Anmerkungen (die beiden anderen beziehen sich auf die Religion) diese Apologie bekräftigen und daß ein vom Autor geplanter Kupferstich, der die Verbindung von Mord und heterosexueller Pädikation darstellte, ihr noch besonderen Glanz verleihen sollte. Aber das Verbrechen ist nicht nur das wirksamste Aphrodisiakum: entsprechend den heiligen Zwecken der Natur, die nur zerstört, um zu verwandeln und zu vermehren, erzeugt es einen metaphysischen Rausch. So widersetzt sich bei de Sade ein barbarischer Pantheismus der Gottesidee, bis er später so weit kommt, durch den Mund seiner Lieblingshelden aus der *Nouvelle Justine* und *Juliette* diese Natur anzuklagen, deren unverschämte Herrschaft seinen Stolz gekränkt und deren tausend Lebensquellen seine berauschenden nihilistischen Maximen beleidigt haben.

XIV. Unter dem Regime der Revolution
Erster Teil (1789–1792)

Neun Monate in Charenton-Saint-Maurice

4. Juli 1789 – Charenton, wohin der reizbare Gefangene aus der Bastille im Morgengrauen »nackt wie ein Wurm« und mit vorgehaltener Pistole gebracht wurde, ist ein Asyl für Geisteskranke, das von den Barmherzigen Brüdern geleitet wird. Die ärztliche Betreuung obliegt den Petits Pères. Hier ein Vermerk der Mönche über den ihnen anvertrauten Patienten:

MAISON DE LA CHARITÉ DE CHARENTON – *Herr Graf de Sade (Louis Aldonce, Donatien). Befehl vom 3. Juli 1789. Dauer unbegrenzt. Unterzeichnet: de Villedeuil. Seit 1777 auf Verlangen seiner Familie der Freiheit beraubt infolge eines Prozesses wegen Vergiftung und Sodomie, gegen welche Anklagen er sich rechtfertigen konnte, außerdem wegen maßloser Ausschweifungen, denen er frönte, und Geistesabwesenheit, der er unterworfen war und die seine Familie befürchten ließ, er könnte sie durch einen seiner Exzesse entehren.*

9. Juli 1789 – De Sade unterzeichnet die von Chenon verlangte Vollmacht, um die Siegel an seinem Zimmer in der Bastille aufzubrechen, was in Anwesenheit der Marquise de Sade, Stellvertreterin des Gefangenen, zu geschehen habe. Zugleich schreibt er dem Kommissar, es handle sich nicht um eine Inventaraufnahme, sondern um die Rückgabe seiner Papiere, Möbel und Effekten an die Marquise de Sade. Überdies teilt er ihm mit, »einer der Häscher bei der Gewalttat«, der er in der Nacht vom 3. zum 4. Juli zum Opfer gefallen sei, habe ihm zwei Louis aus seiner Tasche gestohlen; er bittet den Kommandanten, sie der Marquise zurückzugeben.

14. Juli 1789 – Die Bastille wird erstürmt. Gouverneur de Launay, Kommandant de Losme-Salbray, Adjutant de Miray werden auf die Place de la Grève geschleift und umgebracht. Der Küchenjunge Desnot schneidet dem Gouverneur mit einem Messer den Kopf ab und trägt ihn auf einer Pike durch die Straßen.

An diesem Tag erwacht Madame de Sade, die ihren Auftrag noch nicht erfüllt hat, aus ihrer »Lethargie«. Angesichts der Ereignisse stellt sie dem Kommissar Chenon eine Vollmacht aus, die ihn ermächtigt, sein möglichstes zu tun, um die Effekten ihres Mannes herauszubekommen, damit sie nicht der Plünderung und allen Blicken ausgesetzt seien; daraufhin fährt sie aufs Land und beschließt, nicht wiederzukommen, »bis die Ruhe wiederhergestellt ist«.

Indessen wird das Zimmer des Marquis aufgebrochen. Seine Bibliothek von sechshundert Bänden, »darunter einige sehr kostbare«, seine Kleider und seine Wäsche, seine Möbel und Bilder im Wert von zehntausend Livres, seine handgeschriebenen Werke, die das Material für fünfzehn Bände bilden und »für den Drucker bereit liegen«, das alles wird »zerrissen, verbrannt, gestohlen, geplündert«; überdies ist das unersetzliche Manuskript der *120 Journées de Sodome* für den Marquis de Sade auf immer verloren.

19. Juli 1789 – Die Marquise ist wieder in Sainte-Aure und teilt Kommissar Chenon mit, aus persönlichen Gründen wolle sie für die Papiere und Effekten des Marquis nicht als verantwortlich angesehen werden.

Letzte Julitage 1789 – Der Großprior, Onkel des Marquis, erleidet in seinem Palais in Toulouse einen Schlaganfall.

2. August 1789 – Als die Gräfin de Villeneuve in Avignon gegen acht Uhr abends die Neuigkeit erfährt und den bevorstehenden Tod des Bruders voraussieht, beschließt sie, der Ankunft des Vorstehers des Malteserordens, der Erbe des Würdenträgers ist, und der Versiegelung zuvorzukommen: noch in derselben Nacht begibt sie sich mit zwei Wagen ins Schloß Saint-Cloud in der Nähe von Carpentras, eignet sich die wertvollsten Möbel an und läßt sie unverzüglich ins Schloß von Mazan bringen.

20. September 1789 – Der Großprior stirbt in Toulouse. Ein paar Tage zuvor hat er dem Abbé Audin sein Diamantkreuz überreicht, damit er es dem jungen Ritter de Sade gebe.

8. Oktober 1789 – Madame de Sade erzählt Gaufridy von ihrer Flucht aus Paris am 5. Oktober.

...Ich bin mit meiner Tochter, einer Kammerfrau und ohne Diener aus Paris geflohen. In einem Mietwagen folgten wir dem allgemeinen Strom, um nicht von den Weibern aus dem Volk mitgeschleppt zu werden, die alle Frauen gewaltsam aus ihren Häusern herausholten, um den König aus Versailles zu entführen, und sie zwangen, zu Fuß durch Regen und Dreck zu gehen. Ich bin im sicheren Hafen gelandet; ich habe mich durch die Hintertür geflüchtet und bin hier angelangt. Der König ist in Paris; man hat ihn in die Stadt gebracht und dann in den Louvre. Die Köpfe seiner beiden Leibwachen wurden auf Piken vor ihm hergetragen. Paris taumelt in einem Freudenrausch, weil man glaubt, die Anwesenheit des Königs verschaffe dem Volk Brot.

26. November 1789 – Madame de Sade an Gaufridy:

... Wir sind täglich von einem Blutbad bedroht. Der kleine Teil Klerus und Adel stimmt vergeblich allem zu, man verübelt ihnen immer etwas. Seit den Vorkommnissen in Versailles ist bisher nichts mehr passiert, aber wenn man sich schlafen legt, weiß man nicht, ob man den nächsten Morgen noch sieht. Vor zwei Tagen wurden einem im Palais-Royal und in den Hallen die Schuhspangen und Ohrringe abgenommen, sie ließen einen die Taschen umkehren, unter dem Vorwand, das alles werde in die Münzkammer gebracht... Man wird später in der Geschichte niemals glauben, was jetzt alles geschieht...

12. Januar 1790 – Eusèbe Boyer, Prior der Barmherzigen Brüder, fleht den Präsidenten der Nationalversammlung an, ihn von einem gefährlichen Patienten zu befreien, der Unglück über das Haus Charenton zu bringen drohe, wenn man ihn nicht einsperre.

11. März 1790 – Madame de Sade an Gaufridy:

... Die Händler weigern sich, etwas zu verkaufen, weil die Leute etwas kaufen wollen, um Geldscheine zu wechseln. [...] In Meaux war ein fürchterliches Blutbad; der Bürgermeister wurde aufgehängt, wie man sagt, der Bischof ist geflohen. Das Elend ist furchtbar, wie es ja nicht anders sein kann. Das Losungswort, um Böses zu tun, ist: »Das ist ein Adliger, er will den König entführen«, und dann wird ohne Prozeß unverzüglich gehängt!

UNTER DEM REGIME DER REVOLUTION

13. März 1790 – Die Verfassunggebende Versammlung nimmt einen Vorschlag Herrn de Castellanes über die Haftbefehle (*lettres de cachet*) an. Innerhalb von sechs Wochen sollen alle Gefangenen, die nicht verurteilt, angeklagt oder verrückt sind, freigelassen werden.

18. März 1790 – Louis-Marie und Donatien-Claude-Armand de Sade, die ihr Vater seit fast fünfzehn Jahren nicht mehr gesehen hat, besuchen ihn in Charenton. Sie erzählen ihm von dem Dekret der Versammlung. (»Ich wünsche, daß er glücklich ist, aber ich fürchte sehr, daß er es nicht sein kann«, hatte Madame de Montreuil zu ihren Enkeln gesagt, als sie ihr von ihrer Absicht erzählten, dem Gefangenen von diesem Dekret zu berichten.) Die Mönche erlauben Herrn de Sade, ohne Bewachung mit seinen Söhnen spazierenzugehen und sie zum Abendessen einzuladen.

23. März 1790 – Madame de Montreuil berichtet Gaufridy von der bevorstehenden Freilassung Herrn de Sades. Immerhin könne der Wortlaut des Dekrets »Ausnahmen gestatten«: »Es ist die Frage, ob die Familien in gewissen Fällen solche Ausnahmen provozieren sollen.« Aber die Präsidentin sei der Ansicht, die Familien sollten lieber neutral bleiben und die Verwaltung entscheiden lassen, wie sie es für richtig finde: »Das ist das einzige Mittel, sich bei allem, was geschehen kann, keinen Vorwurf machen oder machen lassen zu müssen.«

2. April 1790 – An diesem Karfreitag (»guter Tag, gutes Werk!«) erlangt Herr de Sade dank des Dekrets der Versammlung über die Haftbefehle seine Freiheit wieder und verläßt Charenton. Ohne Geld, »in schwarzer Wollweste und *ohne Hose*« begibt er sich sofort in die Rue du Bouloir zu seinem Vermögensverwalter in Paris, Herrn de Milly, Anwalt am Châtelet, der ihm ein Bett, einen Platz an seinem Tisch und sechs Louis zur Verfügung stellt.

DAS ERSTE JAHR DER FREIHEIT

3. April 1790 – Im Kloster de Sainte-Aure weigert sich Madame de Sade strikt, ihren Mann zu empfangen; sie ist fest entschlossen, sich von ihm zu trennen. Schon seit langem hatte der Marquis »etwas Merkwürdiges im Verhalten Madame de Sades« bemerkt, wenn sie ihn in der Bastille besuchen kam, das ihm »Kummer und Angst« machte. Da er sie so sehr brauchte, tat er, als merke er nichts, aber er sah sehr wohl, daß seine Freiheit »die Zeit der Trennung sein würde«.

6. April 1790 – Herr de Sade richtet sich in einem Zimmer im Hôtel du Bouloir ein, in derselben Straße, in der er vier Tage bei seinem Anwalt gewohnt hat. Am gleichen Tag holt Louis-Marie, versehen mit einer Vollmacht seines Vaters, die Möbel und Habseligkeiten ab, die bei den Mönchen in Charenton zurückgeblieben waren.

12. April 1790 – Madame de Montreuil leiht ihrem Schwiegersohn ein paar Louis, unter der Bedingung, daß er sofort an Gaufridy schreibe, er solle ihm Geld schicken, damit er diesen Vorschuß zurückzahlen und aus eigenen Mitteln leben könne. Herr de Sade hatte in dieser Hinsicht nicht auf die Ratschläge der Präsidentin gewartet, sondern seinen Anwalt schon am 6. April um »mindestens« tausend Taler gebeten. Jetzt schreibt er ihm von neuem und beschwört ihn, ihm diese Summe zu schicken, »die ich dringend brauche, und zwar so rasch wie möglich«.

17. April 1790 – Herr de Sade richtet eine Bittschrift an den Profos von Paris, damit das Urteil des Châtelet aufgehoben werde, das die Zwangsverwaltung seiner Güter angeordnet hatte. Dieser Bitte wird unverzüglich entsprochen.

28. April 1790 – Madame de Sade legt dem Châtelet in Paris ein Gesuch vor, damit zwischen ihr und ihrem Mann Trennung von Tisch und Bett ausgesprochen werde.

1. Mai 1790 – Herr Tay, Gerichtsvollzieher, gibt dem Betroffenen in dessen Wohnung den Inhalt der Bittschrift bekannt.

2. Mai 1790 – Trotz seiner ehelichen Schwierigkeiten ist es de Sades dringendstes Anliegen, seine Theaterstücke aufführen zu lassen. Er besucht den Schauspieler Molé, der sich mit ihm verabredet hatte.

In den ersten Maitagen 1790 – Herr de Sade berichtet Gaufridy von dem Verrat, den die Marquise an ihm verübe. Aber bevor er mit dieser Schilderung beginne, liege ihm daran, jedes Mißverständnis zwischen ihm und seinem Anwalt zu zerstreuen und ihn von der Beständigkeit seiner Gefühle zu überzeugen. Wenn er ihm während seiner Gefangenschaft nicht geschrieben habe, so liege das daran, daß man ihn »der Möglichkeit beraubt« habe. Wie habe Gaufridy glauben können, sein Jugendfreund habe sich von ihm losgesagt? Das werde ihm der Marquis nicht verzeihen. Nur aufgrund dieser Freundschaft habe er ihn einst gebeten, seine Geschäfte in die Hand zu nehmen. Wie hätte er ihm sein Vertrauen entziehen können?

Es ist nicht Ihr Fehler, daß ich in La Coste gefaßt wurde[1]*, es ist mein Fehler; ich fühlte mich zu sicher und wußte nicht, mit was für einer abscheulichen Familie ich es zu tun hatte. Ich schmeichle mir, daß Sie sofort verstehen, daß ich von der Familie de Montreuil spreche; man kann sich nicht vorstellen, wie teuflisch und menschenfresserisch diese Leute gegen mich vorgegangen sind. Und wäre ich das nichtswürdigste Individuum auf dieser Welt gewesen: man hätte mich so barbarisch nicht behandeln dürfen, wie ich es über mich ergehen lassen mußte; mit einem Wort, ich habe die Augen, die Brust eingebüßt; aus Mangel an Bewegung bin ich so ungeheuer dick geworden, daß ich mich kaum noch rühren kann; alle meine Sinne sind erloschen; ich habe an nichts mehr Freude, mag nichts mehr; die Welt, nach der ich mich so wahnsinnig gesehnt habe, erscheint mir so langweilig... so trostlos!... Es gibt Augenblicke, da ich Lust habe, in der Versenkung zu verschwinden, und ich kann nicht dafür einstehen, daß ich nicht eines Tages verschwinde, ohne daß jemand erfährt, was aus mir geworden ist. Ich war noch nie ein solcher Menschenverächter wie jetzt, da ich unter die Menschen zurückgekehrt bin, und wenn ich ihnen merkwürdig vorkomme, da sie mich wiedersehen, so können sie sicher sein, daß sie dieselbe Wirkung auf mich haben. Ich habe viel getan während meiner Gefangenschaft; stellen Sie sich vor, lieber Freund, ich hatte fünfzehn Bände druckfertig; jetzt, wo ich herauskomme, besitze ich kaum mehr ein Viertel dieser Manuskripte. Aus unverzeihlicher Gleichgültigkeit hat Madame de Sade zugelassen, daß die einen verlorengingen, die anderen gestohlen wurden, das bedeutet dreizehn verlorene Jahre! Dreiviertel dieser Werke waren in meinem Zimmer in der Bastille zurückgeblieben; am 4. Juli wurde ich nach Charenton gebracht; am 14. wurde die Bastille genommen, geplündert, und meine Manuskripte, sechshundert Bücher, Möbel für zweitausend Livres, kostbare Porträts, alles wurde zerrissen, verbrannt, gestohlen, geplündert, so daß es nicht möglich ist, daß ich auch nur einen Strohhalm wiederfinde, und das alles nur wegen der Nachlässigkeit Madame*

[1] Am 1. September 1778.

de Sades. *Sie hatte zehn Tage Zeit, um meine Sachen abzuholen; sie konnte sich ausrechnen, daß die Bastille, die in diesen zehn Tagen mit Waffen, Pulver und Soldaten vollgestopft wurde, sich entweder auf einen* Angriff *oder auf* Verteidigung *vorbereitete. Warum nur beeilte sie sich nicht, meine Sachen zu holen? . . . meine Manuskripte? . . . meine Manuskripte, über deren Verlust ich blutige Tränen vergieße! . . . Betten, Tische, Kommoden lassen sich ersetzen, aber Gedanken nicht . . . Nein, mein Freund, niemals werde ich Ihnen meine Verzweiflung über diesen Verlust schildern können. Er ist nicht wieder gutzumachen. Seit dieser Zeit will mich die zartfühlende, empfindsame Madame de Sade nicht mehr sehen. Eine andere hätte gesagt: »Er ist unglücklich, ich muß seine Tränen trocknen.« Diese Logik des Gefühls war ihr fremd. Ich habe noch nicht genug verloren, sie will mich zugrunde richten, sie beantragt die Trennung. Durch dieses unbegreifliche Vorgehen wird sie alle Verleumdungen rechtfertigen, mit denen man mich überschüttet hat; sie wird Unglück und Schande über ihre Kinder und über mich bringen, und alles, um in einem Kloster zu leben oder köstlich zu vegetieren, wie sie sagt, wo sie zweifellos von einem* Beichtvater *getröstet wird, der in ihren Augen den Pfad des Verbrechens, des Schreckens und der Schande ebnen wird, auf den ihr Verhalten uns alle führen wird. Wenn diese Frau sich von meinem schlimmsten Todfeind beraten ließe, könnten die Ratschläge nicht schlechter und gefährlicher sein.*

Sie werden verstehen, lieber Freund, daß aufgrund der Summen, die seinerzeit von der Mitgift meiner Frau verbraucht wurden (hundertsechzigtausend Livres), für die ich mit meinem Vermögen gutstehe, diese Trennung meinen Ruin bedeutet, und das wollen diese Ungeheuer . . .

19. Mai 1790 – In einem Brief an den Advokaten Reinaud in Aix gibt der Marquis seine Meinung über die französische Revolution und den Charakter der Nation wieder.

. . . Wesentliche Angelegenheiten, die hier zu erledigen sind, und die Furcht, in der Provence von den demokratischen Mächten *gehängt zu werden, werden mich bis zum nächsten Frühling hier festhalten. Dann, das heißt in den ersten Märztagen, möchte ich mit meinen Kindern in die Provence kommen. Das sind meine Pläne,*

mein Herr, die ich ausführen werde, falls Gott und die Feinde des Adels mich am Leben lassen. Sie dürfen mich in dieser Hinsicht nicht für rasend halten. Ich versichere Ihnen, daß ich ganz unparteiisch bin, wütend, soviel zu verlieren, noch wütender, meinen Herrscher in Ketten zu wissen, verwirrt über Dinge, von denen ihr euch in der Provinz keine Vorstellung machen könnt. Es ist unmöglich, daß alles gut wird, solange die Sanktionen des Königs von dreißigtausend bewaffneten Gaffern und zwanzig Kanonen unterdrückt werden. Im übrigen weine ich dem alten Regime keine Träne nach, es hat mich bestimmt zu unglücklich gemacht. Das ist mein Glaubensbekenntnis, und ich lege es ohne Furcht ab.

Sie bitten mich um Neuigkeiten; die wichtigste ist heute, daß die Versammlung sich geweigert hat, dem König zu gestatten, sich in Krieg und Frieden einzumischen [1]. *Im übrigen liefern die Provinzen den Stoff, mit dem man sich hier am meisten beschäftigt: Valence, Montauban, Marseille sind Greuelbühnen, auf denen Kannibalen täglich Dramen auf englische Art aufführen, die einem die Haare zu Berge stehen lassen ... Ach, es ist lange her, daß ich mir gesagt habe, diese schöne und sanfte Nation warte nur auf eine Gelegenheit, sich zu begeistern, um zu zeigen, daß sie, immer zwischen Grausamkeit und Fanatismus stehend, ihren natürlichen Ton wiederfinden würde, sobald sich Gelegenheit dazu bieten werde! Aber genug davon: man muß vorsichtig sein mit seinen Briefen, und niemals hat der Despotismus so viele aufgebrochen wie die Freiheit ...*

Ende Mai 1790 – Nachdem de Sade in einem Brief an Gaufridy noch einmal die Vorwürfe gegen Madame de Sade aufgezählt hat, die für den Verlust seiner Werke verantwortlich sei, legt er ihm dar, welche neuen Gründe zur Klage sie ihm liefere. Sie weigere sich, ihrem Mann die Manuskripte auszuhändigen, die er ihr bei ihren Besuchen in Vincennes und in der Bastille heimlich zugesteckt habe. Ja, sie habe sie sogar Leuten anvertraut, die einen Teil davon verbrannt hätten. Außerdem habe ihm Madame de Sade eine Tren-

---

[1] »Dieser Brief, der das Datum des 19. Mai trägt, muß nach dem 22. Mai fortgesetzt worden sein, denn an diesem Tag wurde das Dekret über Kriegs- und Friedensrecht erlassen, das übrigens dem König die Initiative, zu den Waffen zu greifen, und das Recht der Gesetzgebung beließ.« (Anmerkung von Paul Bourdin)

nungsurkunde überreichen lassen, die sich auf alle Verleumdungen gründete, zu denen die Affären von Marseille und Arcueil Anlaß gegeben hätten. Der Marquis habe sich entschlossen, auf dieses »Monument der Schamlosigkeit« nicht zu antworten, sondern sich in Abwesenheit verurteilen zu lassen. Aber nach diesem düsteren Bild wolle er diesen Brief nach »so vielen Dornen« mit »einigen Rosen« verschönen. Er erzählt Gaufridy, er wohne seit kurzem bei einer zauberhaften, klugen und talentierten Dame (der Präsidentin de Fleurieu [1]), die ihn mit Liebenswürdigkeiten überhäufe. Aber die Gründe zur Zufriedenheit beschränkten sich nicht auf diese zarte Gesellschaft. Er könnte sich zur Haltung seiner Verwandten nur gratulieren: die Gräfin de Saumane, erste Ehrendame von Madame Elisabeth, und das Ehepaar de Clermont-Tonnerre [2] ließen es an keiner Zuvorkommenheit ihm gegenüber fehlen. Und schließlich habe er ein paar Bekannte und Freunde wiedergefunden, von denen er Höflichkeiten erfahre. Aber das alles im Schoße des »Friedens«, einer »stoischen Philosophie«; »keine unlauteren Freuden mehr«: nachdem er sich einst dafür entflammt habe, flößten sie ihm jetzt nur noch Ekel ein. Er bemerkt, daß das Temperament in diesen Dingen eine große Rolle spiele: aber seine »physischen Kräfte reichen kaum für alle Übel aus, von denen [er] befallen [ist]«.

9. *Juni 1790* – Das Châtelet von Paris spricht auf das Gesuch Ma-

[1] Die Präsidentin Fayard de Fleurieu wohnte in der Rue Honoré-Chevalier Nr. 7, im Kirchsprengel Saint-Sulpice. Die Wohnung, die sie dem Marquis de Sade vermietet hatte, lag ihrem Haus gegenüber.
[2] Es handelt sich um den Grafen Stanislas de Clermont-Tonnerre (1747–1792), zur Zeit, da die Revolution ausbrach, Oberst im Regiment Royal-Navarre. Er war einer der Haupturheber der »Vereinigung der drei Orden« und hatte die Abschaffung der Privilegien und die Erteilung des Bürgerrechts an Protestanten und Juden befürwortet. Er war ein gemäßigter Reformator und wie T.-G. de Lally-Tolendal und Malouet Anhänger der englischen Schule. Mit Malouet zusammen gründete er eine anti-jakobinische Vereinigung, die das *Journal des Impartiaux* herausgab und in der de Sade eine Zeitlang verkehrte. Am 10. August 1792 wurde der Graf de Clermont-Tonnerre durch einen Sensenhieb verwundet und suchte Zuflucht im Palais eines Freundes in der Rue de Vaugirard. Von einem Lakaien angeführt, der wegen Diebstahls entlassen war, verfolgte die Menge den Unglücklichen und warf ihn aus dem Fenster. Die Gräfin de Clermont-Tonnere, geb. de Sorans, war eine Cousine mütterlicherseits des Marquis de Sade.

dame de Sades hin, in Abwesenheit des Marquis, zwischen den Ehegatten Trennung von Tisch und Bett aus und verurteilt den Marquis, die 160 842 Livres der Mitgift seiner Frau zurückzuerstatten.

13. Juni 1790 – Die Marquise berichtet Gaufridy, sie habe sich
erst nach langen »reiflichen und wohlerwogenen Überlegungen« entschlossen, sich von ihrem Mann zu trennen. Wenn Herr de Sade
»auf den Grund seines Herzens hinabsteige«, könne er ihren Begründungen nur recht geben. Aber wenn er einen Skandal wolle, so
könne er ihn haben: »Ich werde nur so viel sagen, wie er mich zu
sagen zwingt, damit ich mich rechtfertigen kann; *aber ich werde es
sagen, wenn er mich dazu zwingt.*«

1. Juli 1790 – Herr de Sade läßt sich von der *Section der Place
Vendôme* (der späteren *Section des Piques*) eine Karte als »citoyen
actif« ausstellen.

3. August 1790 – Das Théâtre-Italien nimmt *le Suborneur*, Einakter in achtsilbigen Versen, zur Aufführung an.

17. August 1790 – Der Marquis liest den Schauspielern der Co-
médie-Française seinen Einakter *le Boudoir ou le Mari crédule* vor[1].
(Am 25. wird er ihre Absage bekommen, die nur auf einer Stimme
Mehrheit beruhte; indessen erklärt sich das Komitee bereit, das
Stück noch einmal zu lesen, wenn der Autor einige Veränderungen
und Korrekturen anbringe.)

18. August 1790 – In einem Brief an seinen Anwalt in Apt spricht
der Marquis ohne jede Beschönigung von seiner Tochter Madeleine-
Laure: »Ich versichere Ihnen, daß mein Fräulein Tochter genauso
häßlich ist, wie ich sie Ihnen geschildert hatte. Ich habe sie seither
drei- oder viermal wiedergesehen; ich habe sie sehr genau beobachtet
und ich versichere Ihnen, sie ist einfach eine brave dicke Bäuerin, sowohl der Gestalt wie dem Geist nach. Sie lebt bei ihrer Mutter, die
ihr, um die Wahrheit zu sagen, weder Schliff noch Geist vermittelt.
Übrigens ist es ganz gut so für das, was sie werden wird: denn was
soll man jetzt machen.«

25. August 1790 – Herr de Sade verbindet sich mit einer jungen,

---

[1] Es ist möglich, daß Molé, den der Marquis vor drei Monaten besucht
hatte, die Vorlesung ermöglichte. Außerdem war der Marquis noch mit
einem anderen Schauspieler vom Théâtre-Français befreundet, mit Jac-
ques-Marie Boutet, genannt Monvel, dem Verfasser von *Victimes cloî-
trées*.

noch nicht dreißigjährigen Schauspielerin, Marie-Constance Renelle. Ihr Mann, Balthazar Quesnet, von dem sie ein Kind hat, hatte sie verlassen. (Die vorliegende Arbeit wird von jetzt an bis zum letzten Kapitel immer wieder von der treuen Liebe und gegenseitigen Ergebenheit dieses Paares zeugen.)

3. September 1790 – Der Marquis, ein wenig abgekühlt gegen die Präsidentin de Fleurieu, die er wegen seiner neuen Beziehung wahrscheinlich etwas vernachlässigt, läßt sie eine Quittung über zweihundertfünfundzwanzig Livres unterschreiben, welche die Miete für neun Monate ausmachen (von Ostern bis zum 15. Januar des kommenden Jahres).

16. September 1790 – *Le Misanthrope par amour ou Sophie Desfrancs,* Komödie in fünf Akten, wird von der Comédie-Française »einstimmig« angenommen. Indessen wird das Stück nie gespielt werden.

23. September 1790 – Auf die Trennung, die zwischen den Ehegatten ausgesprochen wurde, folgt eine recht schwierige Liquidation. Aber in der Person des Advokaten Reinaud, der sich gerade in Paris aufhält, ist ein Vermittler gefunden. Und am 23. September schließen Herr und Frau de Sade vor zwei Notaren im Châtelet folgenden Vergleich: 1. Der Marquis erklärt, die in seiner Abwesenheit ausgesprochene Trennung schlicht und einfach anzuerkennen; 2. er erkennt gegenüber Madame de Sade eine Schuld von 160 842 Livres an, die sie als Mitgift in die Ehe gebracht hat; 3. Madame de Sade verpflichtet sich, die Rückzahlung dieser Summe nicht zu Lebzeiten des Marquis zu verlangen, unter der ausdrücklichen Bedingung, daß sie Zinsen davon erhält, die »angesichts der geringen Einkünfte aus den Besitzungen des Marquis« vertraglich auf 4 000 Livres im Jahr festgelegt sind; 4. um die Zahlung dieser 4 000 Livres sicherzustellen, die je zur Hälfte halbjährlich zahlbar sind, verpflichtet sich Herr de Sade, seiner Frau innerhalb von acht Tagen eine Zahlungsanweisung auf seine Bauern auszustellen; 5. jegliches gerichtliche Vorgehen betreffs der Liquidation des persönlichen Besitzes und der Mitgift der Marquise wird »gänzlich fallengelassen und unterdrückt«.

1. November 1790 – Herr de Sade hat alle Beziehungen zu der Präsidentin de Fleurieu abgebrochen, »so daß man sich nicht einmal mehr sieht«, und bereitet das Zusammenleben mit Marie-Constance Quesnet vor. Er richtet sich in einem kleinen Haus, Rue Neuve-des-

UNTER DEM REGIME DER REVOLUTION 309

Mathurins Nr. 20, an der Chaussée d'Antin ein[1]. Um Gaufridy eine
Vorstellung von seinem jetzigen Leben zu vermitteln, bittet er ihn
ein paar Tage später, sich »einen braven, dicken Landpfarrer in seinem Pfarrhaus« vorzustellen. Er habe eine Haushälterin, eine Köchin und einen Diener eingestellt: »Ist das zuviel?«

26. November 1790 – Der frisch Verlobte, der Gaufridy gebeten
hat, ihm Möbel aus La Coste zu schicken, um sein »kleines Nest«
auszustatten, erwartet sie mit Ungeduld.

18. Dezember 1790 – Herr de Sade hat sich davon überzeugen
können, daß die Montreuils ihm eine falsche Abrechnung über die
Einnahmen aus seinen Gütern vorgelegt haben und daß die Marquise
ihm nichts von der Erbschaft von de Sades Mutter gesagt hat, die ihr
während seiner Gefangenschaft ausbezahlt wurde. Er setzt einen
Brief an seine Frau auf, dessen Inhalt Gaufridy zu den Akten nehmen und für dessen richtige Beförderung er sorgen soll. Darin sind
die Absichten des Marquis klar aufgeführt: Da es ihm unmöglich sei,
mit weniger als zehntausend Livres jährlich zu leben, werde Madame
de Sade als Zinsen für ihre Mitgift nur das erhalten, was über diese
Summe hinaus noch einkomme; außerdem müsse sie in Rechnung
stellen, was ihm aus der Erbschaft seiner Mutter zukomme.

Zweite Januarhälfte 1791 – Es scheint, daß diese zweite Januarhälfte hauptsächlich durch den Einzug von Marie-Constance Quesnet bestimmt war, die von ihrem Freund *Sensible* genannt wurde.

Wir müssen fünf Monate überspringen, um de Sade von seinem
»kleinen Hausstand« reden zu hören. Er hat Reinaud ein Theater-
abenteuer anvertraut, in dem er den Liebhaber spielte – ein sehr
kurzes Abenteuer, das aber seine Wollust entzückt habe. Der Anwalt
erlaubt sich, darüber zu scherzen, ihn vor den Kulissen zu warnen;
und indem er Marie-Constance erwähnt, die ebenfalls Schauspielerin
ist und von der er wohl weiß, welche Anziehungskraft sie auf den
Marquis ausübt, wagt er, vielleicht auf diese neue Freundin gemünzt,
die Beauvoisin zu erwähnen oder zumindest die beunruhigende Erinnerung an sie heraufzubeschwören. »Ich mich vor den Kulissen in
acht nehmen?« antwortet de Sade, »ach! Ich kann Ihnen wohl sagen,

---

[1] Die Liegenschaft umfaßte zwei Häuser: das erste lag an der Rue Neuve-
des-Mathurins und war durch einen Garten vom zweiten getrennt, das
auf die Rue de la Ferme-des-Mathurins hinausging. In diesem zweiten
Haus wohnte Herr de Sade.

daß ich mich davor in acht nehme! Es genügt, diese Sippschaft kennenzulernen, um sich gehörig davor in acht zu nehmen. Oh! Nein, nein, wir sind weitab von den Kulissen, und es gibt nichts Tugendhafteres als meinen kleinen Hausstand! Vor allem kein Wort von Liebe; sie ist nichts weiter als eine gute, anständige Bürgerin, liebenswürdig, sanft, geistreich, die von ihrem Mann getrennt lebt, der in Amerika ist, und sich um mein kleines Haus kümmert. Sie verzehrt mit mir die bescheidene Pension, die ihr Mann ihr bezahlt; ich gebe ihr Wohnung und Essen. Das ist im Augenblick die einzige Annehmlichkeit, die sie hier vorfindet.«

Madame Quesnet macht viele orthographische Fehler, und ihre Schrift ist ungeschickt (aber in diesen beiden Dingen stand ihr Madame de Sade keineswegs nach). Wenn es ihr an Bildung fehlt, so macht sie diesen Mangel durch ihr köstliches Gemüt wett. Auch ist die Widmung in der ersten *Justine* ihr zugedacht. Und der Marquis wird sich angewöhnen, ihr »brühwarm« die Kapitel vorzulesen, die er gerade geschrieben hat; und die Bemerkungen seiner »lieben Freundin« erscheinen ihm so feinsinnig, daß er sie in seine *Notes littéraires* aufnimmt. Und über der Auslese seiner Gedanken, die in dem Roman *Delphine* enthalten sind, steht zwei oder dreimal das Bild seiner Gefährtin; zum Beispiel, wenn Madame de Staël sagt: »Die Frauen erfüllen die häuslichen Pflichten mit einer einzigartigen Anmut. Die bezauberndste, die geistvollste und schönste Frau verachtet die guten und einfachen Aufmerksamkeiten nicht, die man so gern in ihrem Haus antrifft.«

Trotz schwerer, zuweilen tragischer und hoffnungsloser Zeiten, bleibt die tapfere Ergebenheit Madame de Quesnets während einer beinahe fünfundzwanzig Jahre dauernden Verbindung stets gleich. »In der Tat, diese Frau ist ein Engel, der mir vom Himmel gesandt wurde«, wird der Marquis im Februar 1799 ausrufen. Aber die Fürsorge ist nicht einseitig: während der ganzen Zeit ihres Zusammenlebens überbieten sich diese liebenswürdigen Gefährten in Zuvorkommenheit füreinander. Herr de Sade hat nur noch Augen für Marie-Constance und überhäuft sie mit Wohltaten. Und sie wird, getreu ihrem Vornamen, diesem sonderbaren Mann immer treu bleiben, dessen wahres Herz – und dieses Verdienst kommt außer ihr nur noch der Marquise de Sade zu, allerdings in noch höherem Maße, weil diese auch noch die jugendlichen Leidenschaften des

UNTER DEM REGIME DER REVOLUTION 311

Marquis erdulden mußte – sie erkannt hat. Wir werden sehen, daß nur der Tod den Marquis de Sade von diesem bezaubernden Wesen zu trennen vermochte.

28. Februar 1791 – *Le Prévaricateur ou le Magistrat du temps passé*, Komödie in fünf Akten und in Alexandrinern, wird vom Prüfungsausschuß des Théâtre-Français abgelehnt.

6. März 1791 – Herr de Sade kündigt Reinaud für diesen Sommer vier Bände seines philosophischen Romans (*Aline et Valcour*) an, den er Ostern drucken lassen will; aber er könne seine Manuskripte aus der Bastille nicht wiederfinden und sei ganz verzweifelt darüber. Außerdem berichtet er, der noch nicht begriffen hat, wie unbeständig Theaterdirektoren sind, seine Stücke seien von fünf Bühnen angenommen worden: *Sophie et Desfrancs* vom Théâtre de la Nation; *l'homme immoral* vom Théâtre-Italien; *le Jaloux corrigé ou l'Ecole des Coquettes*[1] vom gleichen Theater; *le Criminel par vertu*[2] vom Théâtre du Palais-Royal, *Azélis* vom Théâtre de la Rue de Bondy[3].

15. März 1791 – Madame de Sade teilt Gaufridy mit, sie habe die Absicht, Herrn de Sade zu zwingen, die Verpflichtungen zu erfüllen, die er unterschrieben habe. Er könne die Akte vom 23. September auf keinen Fall widerrufen. Er habe keinen Grund, sich zu beklagen, sondern könne froh sein, daß er nur 4 000 Livres Zinsen bezahlen müsse für die mehr als 160 000 Franken, die er seiner Frau schulde. Wenn ihm seine Güter nicht genug einbrächten, daß ihm 10 000 Franken Rente blieben, so sei das nicht ihre Schuld, auch nicht, daß ihr Vermögen dazu verwendet worden sei, seine Schulden zu bezahlen. Sie habe Kinder zu versorgen und könne über den getroffenen Vergleich hinaus keine weiteren Opfer bringen.

12. Mai 1791 – Nachdem Herr de Sade im Lauf des Monats März einige Möbel bekommen hat, die übrigens in schlechtem Zustand eingetroffen sind, hat er Gaufridy gebeten, ihm außerdem noch drei Kisten mit seinen Papieren, seinen Büchern sowie Spezialitäten aus der Gegend zu schicken. Heute bekommt er diese neue Sendung in

---

[1] Anderer Titel: *le Boudoir ou le Mari crédule*
[2] Dieser Titel, den de Sade als Titel eines dreiaktigen Prosastückes bezeichnet, scheint die Variante zum Titel seines Dramas *Franchise et Trahison* zu sein.
[3] Von diesen fünf Stücken wird nur ein einziges gespielt werden: *l'Homme immoral* (auch *le Suborneur* genannt)

einem noch schrecklicheren Zustand als die vorhergehende. »Ein Topf mit Konfitüre ist über dem blauen Wandbehang ausgeflossen, die Pomeranzen sind ausgelaufen und haben die [...] Bücher befleckt; dem Marquis hat es das Herz gebrochen.« Mit den »Theaterkostümen« sind das jetzt drei Sendungen; eine vierte ist vorgesehen, aber Gaufridy wird ihre Vorbereitung so vernachlässigen, daß das Schloß geplündert ist, bevor sie abgeschickt wird.

22. Mai 1791 – Herr de Sade erfährt eine »schreckliche Neuigkeit«: seine Tante de Villeneuve ist von revolutionären Briganten des Comtat ins Gefängnis gezerrt worden. Es schmerzt ihn aufrichtig, er ist entrüstet über diesen »abscheulichen Greuel«, derer würdig, die ihn begangen, und bietet der alten Dame sofort alle möglichen Dienste an, so zum Beispiel sein Schloß als Zufluchtsort, wo sie sicherer wäre, da es nicht im Comtat, sondern in Frankreich liegt.

...Juni 1791 – In Paris werden keine Assignate angenommen, weil sie nur noch 21% ihres Wertes haben; und da die Händler keinen Kredit mehr geben, hat sich Herr de Sade ohne Mittag- und ohne Abendessen schlafen gelegt. Indessen wird *Justine ou les Malheurs de la Vertu* gedruckt: zum ersten Mal sieht der Marquis eines seiner Werke in Kalbsleder eingebunden.

12. Juni 1791 – De Sade an Reinaud:

Wenn [Madame Quesnet] sich an mich bindet, so werde ich ihr alle fünf Jahre eine kleine Rente aussetzen, um sie zu verpflichten, mein Leben zu verlängern. Das ist eine ungeschickte Art, sie für meine alten Tage zu interessieren, die sie aus Egoismus hüten wird, aber kein Wort von einer Tändelei. Konnte ich alleine leben, umgeben von zwei oder drei Dienern, die mich ausgeraubt, vielleicht sogar getötet hätten? War es nicht wesentlich, daß ich zwischen diese Schlingel und mich eine sichere Person stellte? Kann ich mich vor Schmarotzern schützen, die Rechnungen meines Metzgers kontrollieren, wenn ich mich in meinem Arbeitszimmer verschanze, umgeben von Molière, Destouches, Marivaux, Boissy, Regnard, die ich ansehe, durchdenke, bewundere und niemals erreichen werde? Brauche ich im übrigen nicht ein Wesen, dem ich alles brühwarm vorlesen kann? Nun, meine Gefährtin erfüllt alle diese Aufgaben; Gott möge sie mir erhalten trotz der unglaublichen Machenschaften, mit denen

Unter dem Regime der Revolution 313

man unermüdlich versucht, sie mir wegzunehmen. Ich habe nur eine
Furcht, daß das arme Wesen ungehalten wird über alle diese geheimen montreuilischen Ränke, sich abgestoßen fühlt, ihrer müde
wird und mich verläßt [...]

Im Augenblick ist ein Roman von mir im Druck, aber einer, der
zu unmoralisch ist, als daß man ihn einem so tugendhaften, frommen
und anständigen Menschen wie Ihnen schicken könnte. Ich brauchte
Geld, mein Drucker wollte ihn gut gepfeffert haben, und das habe
ich ihm geliefert, und zwar so, daß er den Teufel damit vergiften
könnte. Der Roman heißt Justine ou les Malheurs de la Vertu. Verbrennen Sie ihn und lesen Sie ihn nicht, wenn er Ihnen zufällig in
die Hände geraten sollte. Ich verleugne ihn, aber bald werden Sie
meinen philosophischen Roman erhalten, den ich Ihnen unverzüglich schicken werde.

21. Juni 1791 – Um sieben Uhr morgens betritt der Kammerdie-
ner Seiner Majestät, Lemoine, das Zimmer des Monarchen in den
Tuilerien und bemerkt, daß das Bett leer ist. Die Nachricht von der
Flucht des Königs und seiner Familie verbreitet sich sogleich in der
Hauptstadt. Die Behörden lassen drei Kanonenschüsse als Alarm-
signal abgeben. Die Nationalversammlung ordnet die Verhaftung
Ludwigs XVI. an; sie läßt auch seine *Erklärung an alle Franzosen*
verlesen, die er bei seiner Flucht hinterließ.

Von Varennes bis zur Zerstörung von La Coste

24. Juni 1791 – Kann man dem Bürger Sade glauben, was er
als Gefangener in Picpus am 6. Messidor Jahr II, in seinem Bericht an
die Mitglieder der Volksvertretung, behauptet? »Als der unwürdige
Capet aus Varennes zurückkam, schrieb ich ihm einen wütenden
Brief [...]; er wurde in ganz Paris herumgezeigt, auf den Märkten,
in den Tuilerien vorgelesen und *von mir in seinen Wagen geworfen,
als er über die Place de la Révolution fuhr.*«

Gewiß, dieser Brief existiert, und der Marquis hat ihn geschrieben
und bei Girouard, dem Verleger der *Justine*, drucken lassen. Aber
hat de Sade am 24. Juni 1791 wirklich eine handschriftliche Kopie
davon in die Berline des unglücklichen Ludwig XVI. geworfen?
Nicht daß uns eine solche Tat unseres Helden auf den ersten Blick

außerhalb der Möglichkeiten zu stehen schiene. Staatsbürgerlicher
Exhibitionismus oder Auswirkung der kollektiven Neurose? Beides
ist möglich. Wir sehen die »patriotische« Tat, der sich der Bürger
Sade rühmt, nicht als unvereinbar mit dem Glaubensbekenntnis vom
19. Mai 1790 oder mit den Ausdrücken an, deren er sich bediente, um
die »Jakobiner« der Grafschaft Venaissin zu bezeichnen, nachdem
sie die alte Gräfin de Villeneuve ins Gefängnis geschleppt haben.
Aber wir würden unsere Verwunderung über eine solche Tat ausdrücken, die dem Charakter des Marquis de Sade so wenig ähnlich
sah, dem, wie man zugeben muß, eine gewisse Feigheit eigen ist.
Seine Lebensgeschichte weist kein einziges anderes Beispiel einer
solchen Tat auf: Wir haben schon gesehen und werden es in den
folgenden Jahren noch klarer sehen, daß ihn vor dem Unglück anderer immer eine plötzliche Regung von Großmut überkommt. Diese
Veranlagung läßt sich nie verleugnen, nicht einmal, wenn es sich um
die Montreuils handelt, denen er vor fünfzehn Jahren eine beispiellose Rache schwor.

Der erste Einwand, mit dem wir einen Zweifel an der Wahrscheinlichkeit von de Sades Behauptung anmelden, gründet sich auf
einen ergreifenden Aspekt des 24. Juni, so wie ihn die Geschichts-
schreiber geschildert haben. Wir meinen damit die – in der ganzen
Revolution ohne Beispiel dastehende – Würde, welche die drei-
hunderttausend Pariser an den Tag legten, als sie regungslos und
schweigend die königliche Berline an sich vorüberfahren ließen. Man
hatte mit Kreide an sämtliche Mauern der Stadt geschrieben: WER
DEM KÖNIG BEIFALL KLATSCHT, WIRD GEPRÜGELT, WER IHN BE-
SCHIMPFT, WIRD GEHÄNGT. In dieser regungslosen Umgebung kann
man sich die undisziplinierte und erregte Handlung nur schwer vorstellen, die der Marquis drei Jahre später berichtet, um das Bild seiner politischen Einstellung auszuschmücken.

Aber warum hat sich de Sade dieser Tat gerühmt, sei sie nun eingebildet oder wirklich? Die Antwort auf diese Frage liefert uns den
zweiten Einwand. Man muß beachten, unter welchen Umständen
der Gefangene von Picpus seinen Bericht schrieb. Seit sechs Monaten
saß er in diesem Kerker des Terrors. Das Dekret vom 22. Prairial,
das vierzehn Tage zuvor angenommen worden war, sah für Delikte,
die vor das Tribunal gestellt wurden, nur noch die Todesstrafe vor.
Der Schlachthof Robespierres wurde täglich gefräßiger. Der Sicher-

UNTER DEM REGIME DER REVOLUTION   315

heitsausschuß kaufte Grundstücke auf, um Platz für Massengräber
zu schaffen. Der ehemalige Marquis war angeklagt, um Dienst in
der *Garde constitutionelle*[1] ersucht zu haben – ein Verbrechen, das
einige Leute aufs Schafott gebracht hatte und bei ihm durch ge-
hässige Aussagen seiner Kollegen von der *Section des Piques* noch
verschärft wurde. Hatte er da nicht ein dringendes Interesse, seine
revolutionären Verdienste anzupreisen, ja, sie in den grellsten Farben auszumalen vor einer Volkskommission, die es in der Hand
hatte, ihm eine Bescheinigung seines Patriotismus auszustellen und
ihn so aus den Krallen Fouquier-Tinvilles zu befreien? (An die
Anweisung, sich still zu verhalten, die den Parisern drei Jahre zuvor
gegeben worden war und die aus einer inzwischen längst überwun-
denen Geisteshaltung stammte, konnten sich die Mitglieder der Kommission sicherlich nicht mehr erinnern.)

So glauben wir zur Ehre Herrn de Sades annehmen zu können,
daß er am 24. Juni 1791 nicht die Not eines Menschen schmähte, indem er einen Brief in die Berline Ludwigs XVI. warf. Daß er diesen
Brief geschrieben und veröffentlicht hat, kann man ihm trotz des
kühnen Inhalts nicht zum Vorwurf machen. Vielleicht entsprach er
damals seinen wahren Gefühlen, auch wenn sie noch so sehr im
Widerspruch zu seinen früheren Erklärungen und, wie wir später
sehen werden, seiner »Gesinnung« am folgenden 28. Dezember standen.

Aber was war das für ein Brief, der in einem dünnen, vergäng-
lichen Heft veröffentlicht und später nie wieder neu gedruckt wurde?
Wenn auch verschiedentlich der lebendige Stil de Sades und seine
wunderbar bewegte Eloquenz zutage treten, so geht doch *l'Adresse
d'un citoyen de Paris au roi des Français* in keiner Weise über das
übliche Niveau der revolutionären Broschüren hinaus. Recht wenig
originell abgefaßt, steht sie weit unter der kraftvollen *Idée sur le
mode de la Sanction des Loix*, die der gleiche Verfasser im Oktober
veröffentlichte, auch unter seiner Petition vom Juni 1793 gegen die
Aufstellung einer revolutionären Armee in der Hauptstadt. Diese
Adresse au roi scheint eine Antwort auf die *Déclaration à tous les
Français* zu sein, in welcher der Monarch kurz vor seiner Flucht seine

---

[1] *Garde constitutionelle:* konstitutionelle Leibwache Ludwigs XVI., die
ihm von der Gesetzgebenden Versammlung bewilligt wurde.

316   MARQUIS DE SADE

Klagen über die persönliche Schmach, die man ihn erdulden ließ,
niedergelegt hatte und die vom Präsidenten Beauharnais in der Nationalversammlung verlesen worden war. Wir beschränken uns hier
darauf, die Passage abzudrucken, in der sich der Bürger Sade auf
diese Klagen bezieht.

*Sie beklagen sich über Ihre Lage, Sie seufzen in Ketten, sagen
Sie ... Nun! Welcher Herrscher, dessen Seele rein und rechtschaffen
ist, welcher Herrscher, der so klug ist, daß er das Glück seines Volkes
dem eitlen Ruhm des Despoten vorzieht, würde nicht gern einige
Monate seine physischen Freuden moralischen Freuden opfern, wie
sie Ihnen zum Beispiel die Ausübung der Pflichten des Repräsentan-
ten der Nation bereitete? Und ist man im übrigen so unglücklich im
schönsten Palast, in der schönsten Stadt der Welt, vor allem, wenn
es sich nur um eine vorübergehende Situation handelt, die ein siche-
res Mittel ist, zwanzig Millionen Menschen vollkommen glücklich
zu machen? Wenn Sie unglücklich sind in dieser Lage, die für viele
andere ein Glück bedeuten würde, dann geruhen Sie einen Augenblick an die Lage der früheren Opfer Ihres Despotismus zu denken,
an die Lage jener Unglücklichen, die eine einzige Unterschrift von
Ihrer Hand, Frucht einer Verführung oder einer Geistesverwir-
rung, aus dem Schoß ihrer weinenden Familie riß und für immer
in die Zellen jener entsetzlichen Bastillen stürzte, von denen es in
Ihrem Reich wimmelte.*

Was ist an dieser *Adresse au roi des Français* aufrichtig? De Sade,
zugleich Bürger der *Section der Place Vendôme* (der späteren *Section
des Piques*) und Vertrauter von Stanislas de Clermont-Tonnerre,
einem der Führer der Königstreuen, wird selbst die Antwort auf unsere Frage geben. Am 28. Dezember 1791, das heißt sechs Monate
nach der Niederschrift seiner *Adresse*, schreibt er darüber an Gaufridy, der ihn gefragt hatte, wie er wirklich dächte, damit er danach
handeln könne. Nachdem de Sade ihm versichert hat, es gebe nichts
»Heikleres« als diese Frage, und die Tatsache, daß er als Literat
*täglich verpflichtet [sei], einmal zugunsten dieser und einmal zu-
gunsten jener Partei zu arbeiten, verursache eine Beweglichkeit [sei-
ner] Ansichten, die auch [seine] innere Gesinnung beeinflusse,* fährt
er fort: »Will ich sie wirklich ergründen [diese Gesinnung]? Sie ist
auf seiten keiner Partei, sie setzt sich aus allen zusammen. Ich bin

gegen die Jakobiner, ich hasse sie auf den Tod; ich verehre den König, aber ich hasse den früheren Mißbrauch der Macht; ich liebe viele Artikel der Verfassung, andere empören mich; ich möchte, daß man dem Adel sein Ansehen zurückgibt, denn daß es ihm entzogen wurde, führt auch nicht weiter; ich möchte, daß der König das Oberhaupt der Nation sei; ich möchte keine Nationalversammlung, aber zwei Kabinette, wie in England, das mildert die Autorität des Königs, die durch die Mitwirkung einer notwendigerweise in zwei Stände aufgeteilten Nation ausgeglichen wird; der dritte[1] ist unnötig, von dem will ich nichts wissen. Das ist mein Glaubensbekenntnis. Was bin ich nun? Aristokrat oder Demokrat? Bitte sagen Sie es mir, Herr Advokat, denn ich selbst weiß es nicht.«

9. Juli 1791 – Herr de Sade teilt Gaufridy mit, er weigere sich, die Mauern von Mazan erneuern zu lassen, um die Wünsche einer Bevölkerung von »Räubern« und »Dummköpfen« zu befriedigen, die ihm im übrigen keinerlei Befehle zu erteilen hätte.

13. Juli 1791 – Louis-Marie de Sade, der eine Abteilung des 84. Infanterieregiments in Pornic kommandiert, reicht seinen Abschied ein.

21. Juli 1791 – Die Kommissare der Nationalgarde von Paris bestätigen, von Herrn de Sade achtzehn Livres erhalten zu haben, »um seinen persönlichen Dienst zu ersetzen« und seinen Stellvertreter bis zum 1. Juli zu bezahlen.

Um den 11. September 1791 – Louis-Marie de Sade verläßt Frankreich.

4. Oktober 1791 – Herr de Sade erfährt, daß seine Cousine de Raousset im kommenden April nach La Coste kommen wolle, um die schöne Jahreszeit zu genießen. Er fleht Gaufridy an, alles in Bewegung zu setzen, sie von diesem Plan abzuhalten, denn er spreche aus Erfahrung: wenn diese Dame zu ihm komme, sei »in weniger als drei Monaten das ganze Schloß vom Keller bis zum Estrich ausgeräumt«.

Im übrigen wisse er, daß von Aix nach Paris keine Sendung durchsucht werde, und er bittet den Anwalt, ihm eine »gewisse Kassette« zu schicken, an der ihm sehr liege: sie enthalte Manuskripte, die er »unbedingt wiederhaben« wolle. Herr de Sade schließt mit einem

---

[1] Gemeint ist der Klerus.

Bericht über seine Kinder. Der Chevalier sei der Provence nähergerückt: er sei in Lyon in Garnison. Der älteste habe seine Demission eingereicht und das Königreich vor drei Wochen verlassen, er habe noch keine Nachricht von ihm. »Dieser junge Mann scheint einen geheimen Kummer zu nähren. Er ist unruhig und ungestüm; er will ans Ende der Welt fahren; er haßt sein Vaterland; man weiß nicht, was er wirklich hat, aber er fühlt sich nicht wohl in seiner Haut. Der Chevalier ist viel ausgeglichener und führt sich besser auf.«

... Oktober 1791 – Wenige Tage nachdem er seinen Anwalt vor dem Plan Madame de Raoussets gewarnt hat, erfährt der Marquis, daß sie ganz plötzlich gestorben ist. »Ich beweine meine liebe Cousine«, schreibt er an Gaufridy, »und möchte sie gewiß ins Leben zurückrufen: sie war die Gefährtin unserer Kindheit, mein lieber Freund. Damals hieß sie *Pauline* und spielte mit uns in dem niedrigen Zimmer meiner Großmutter.« Aber nach dem gebührenden Ausdruck seines Schmerzes folgt sogleich »das Kapitel der Interessen«. Nachdem er einen Augenblick auf die Erbschaft seiner Cousine hoffte, erinnert sich der Marquis plötzlich, daß sie einen Mann und eine Mutter hinterläßt. Man müsse also erreichen, daß die Gräfin de Villeneuve zu seinen Gunsten ein gutes Testament mache, das um den dritten Teil aus der Erbschaft von Madame de Raousset erhöht sei. Deshalb müsse sich Gaufridy »mit Leib und Seele dafür einsetzen«, daß die obengenannten Gelder nicht aufgebraucht würden, ehe der Marquis komme und »die besagte Tante an der rechten Schulter kitzle«. »Man umgarnt sie, man wird sie umgarnen«: ob der Anwalt dem nicht »entgegenwirken, ihr nicht unablässig« von ihrem Neffen, von seiner »sehr aufrichtigen« Ergebenheit für sie erzählen und erzählen lassen könne? Indessen müsse man so schnell wie möglich dem Chevalier das Kreuz von sechstausend Livres verschaffen, das Madame de Raousset ihm versprochen habe: »Ich habe es ihm schon angekündigt, der arme Kleine hat es sich im Schweiße seines Angesichts verdient. Das ist eine galante Anekdote der lieben Raousset, von der Sie vielleicht noch nichts wußten und über die man jetzt lachen kann: *sie hat ihre Entjungferung gehabt.* Also, das Kreuz, ich bitte Sie ...«

22. Oktober 1791 – Erste Aufführung des Prosadramas *le Comte Oxtiern ou les Effets du Libertinage* im Théâtre Molière.

Ein paar Tage später schrieb de Sade an Gaufridy:

UNTER DEM REGIME DER REVOLUTION 319

Endlich bin ich an die Öffentlichkeit getreten, mein lieber Gaufridy. Letzten Samstag, am 22., wurde ein Stück von mir aufgeführt; und da ich über die Kabalen, die Sitten, die Frauen Böses sagte, mit gemischtem Erfolg. Samstag, den neunundzwanzigsten, ist die zweite Aufführung mit einigen Änderungen, beten Sie für mich; wir werden sehen. Adieu.

Die für den 29. Oktober vorgesehene Aufführung wurde auf den 4. November verschoben. Am Schluß rief das Publikum nach dem Autor, der sich auf der Bühne zeigte. Am 6. konnte man im *Moniteur* folgendes lesen:

Le Comte Oxtiern ou les Effets du Libertinage, Prosadrama in drei Akten, wurde mit Erfolg in diesem Theater aufgeführt.

Oxtiern, ein schwedischer Edelmann und ausgesprochener Wüstling, hat Ernestine, die Tochter des Grafen von Falkenheim, vergewaltigt und entführt; mit Hilfe einer falschen Beschuldigung hat er ihren Geliebten ins Gefängnis stecken lassen. Er bringt das unglückliche Opfer in ein Gasthaus, eine Meile vor Stockholm, dessen Wirt namens Fabrice ein ehrbarer Mann ist. Ernestines Vater verfolgt ihre Spur und findet sie. Verzweifelt sinnt das junge Mädchen auf ein Mittel, sich an dem Ungeheuer zu rächen, das sie entehrt hat: sie schreibt ihm, er solle um elf Uhr abends im Garten sein, um sich zu schlagen. Der Brief ist so abgefaßt, daß er annehmen muß, er stamme von Ernestines Bruder. Auch der Vater schickt Oxtiern seine Forderung.

Oxtiern, der von dem Plan Ernestines unterrichtet ist, faßt den grauenhaften Vorsatz, Vater und Tochter gegeneinander kämpfen zu lassen. Tatsächlich kommen beide zu der Verabredung, sie kämpfen heftig gegeneinander, als ein junger Mann herbeieilt und sie trennt: es ist Ernestines Liebhaber, den der rechtschaffene Fabrice aus dem Gefängnis befreit hat; das erste, wozu er seine Freiheit brauchte, war, sich mit Oxtiern zu schlagen und ihn zu töten. Er heiratet seine Geliebte, nachdem er sie gerächt hat.

Dieses Stück ist interessant und kraftvoll; aber die Rolle des Oxtiern ist von empörender Grausamkeit. Er ist noch verbrecherischer, noch abscheulicher als Lovelace und hat keine liebenswürdigeren Züge als dieser.

Ein Zwischenfall störte die zweite Aufführung dieses Stücks. Zu

Beginn des zweiten Aktes rief ein unzufriedener oder übelwollender, aber ganz bestimmt unbesonnener Zuschauer: »Vorhang herunter!« *Der Theaterdiener befolgte dummerweise diese einzelne Aufforderung und ließ den Vorhang bis zur Hälfte fallen. Nachdem viele Zuschauer forderten, man sollte den Vorhang wieder hochziehen, riefen sie endlich dem Störenfried zu:* »Hinaus mit Ihnen!« *Daraus ergab sich eine Art Spaltung im Publikum. Eine schwache Minderheit ließ schüchterne Pfiffe hören, für die der Autor durch den kräftigen Applaus der Mehrheit gebührend entschädigt wurde. Man hat ihn nach der Vorstellung herausgerufen: es ist Herr de Sade.*

Wir zitieren noch folgende Stelle aus einem undatierten Brief des Autors an Gaufridy:

Der schreckliche Aufruhr, den es [Oxtiern] *hervorgerufen hat, ist schuld, daß es nicht mehr unter dem gleichen Titel gespielt wird und daß ich die Aufführung verschoben habe. Es gab Mord und Totschlag. Die Wache und der Kommissar mußten bei jeder Aufführung ständig auf den Beinen sein. Ich habe vorgezogen, es vorläufig abzusetzen. Wir werden es im Winter wieder aufnehmen.*

Der Stoff zu *Oxtiern* ist *Ernestine, nouvelle suédoise* entnommen, die de Sade in der Bastille geschrieben hatte und die zur Sammlung *Crimes de l'amour* gehört. Die Entwicklung der Novelle sei »zugleich düsterer und sinnreicher« als die des Dramas, schreibt Maurice Heine, der dann fortfährt: »Ernestines Geliebter ist nicht nur im Gefängnis, sondern wird, obwohl unschuldig, zum Tode verurteilt. Auf einem Schafott, das vor den Fenstern Oxtierns errichtet wurde, wird er in dem Augenblick hingerichtet, da dieser Ernestine schändet. Danach findet das Duell zwischen Vater und Tochter statt, beide glauben, sie hätten es mit Oxtiern zu tun: Ernestine wird tödlich verwundet. Ihr Vater erlangt endlich Gerechtigkeit, und Oxtiern wird von der Strafe der Enthauptung nur begnadigt, um zur Zwangsarbeit in den Minen verurteilt zu werden.« Fügen wir hinzu, daß *Ernestine* wesentlich besser ist als *Oxtiern.* Trotzdem das Stück zu Lebzeiten des Autors veröffentlicht und gespielt wurde, übertrifft es die Mittelmäßigkeit seiner unveröffentlichten Theaterstücke keineswegs.

7. November 1791 – Le Prévaricateur wird vom Théâtre du Marais abgelehnt.

UNTER DEM REGIME DER REVOLUTION 321

24. November 1791 – Der Marquis liest den Schauspielern der
Comédie-Française seine Tragödie *Jeanne Laisné ou le Siège de
Beauvais* vor. Sie wird mit acht gegen fünf Stimmen abgelehnt.

Anfang Januar 1792 – Herr de Sade legt Gaufridy dar, daß es
ihm an allem gefehlt habe, als er aus Charenton gekommen sei, und
jetzt, einundzwanzig Monate danach, verfüge er über »acht kom-
plette Anzüge [...], ziemlich gute Wäsche, ein kleines, aber bezauberndes Haus, hübsch genug, daß es in Paris bewundert wird,
wo die Augen durch den vielen Luxus blasiert sind, drei oder vier
gute Häuser, wo [er] essen gehen kann, wann es [ihm] beliebt, [er
hat] Zutritt zu allen Theateraufführungen, so etwas wie literarisches
Ansehen, eine rechtschaffene Gefährtin voller Fürsorge und ziemlich
guten Wein im Keller.« Aber es sei unmöglich gewesen, ohne »große
Kosten, Bemühungen, Arbeit, Anstrengung und Mut« aus seiner
Situation als freigelassener Gefangener dahin zu kommen, wo er
jetzt sei: das alles bringe notwendig einige Schulden mit sich. Der
Marquis habe vorgehabt, sie mit den 10 000 Franken zu begleichen,
die Madame de Sade ihm aus der Erbschaft seiner Mutter schulde.
Aber man »klagt, schreit, tobt vergeblich«: die Dame hat sich mit
4 800 Franken aus der Sache gezogen und bleibt »ihrem lieben Gatten« mehr als 4 000 schuldig. Deshalb bitte er Gaufridy, *den Teufel
zu verkaufen*, um dem armen Marquis zu helfen. Der Anwalt könne
die Stirn runzeln und zwei oder dreimal ausrufen: »*Ah! ché peste
d'homme ès isso!*[1]« (»Ist das guter oder schlechter Dialekt?«), aber
er solle schnell bezahlen, dann könne es nicht besser gehen auf der
Welt.

24. Januar 1792 – Erste Probe zum *Suborneur* im Théâtre-
Italien.

Ende Januar 1792 – Alle geschäftlichen Angelegenheiten zwischen
dem Marquis und seiner Frau werden durch Gerichtsentscheide und
einen »gut untermauerten« Vergleich beendet.

...Februar 1792 – Der Marquis honoriert einen Wechsel, den
Louis-Marie de Sade in der Emigration auf ihn ausgestellt hat.

Anfang März 1792 – der jüngere Sohn de Sades, der in Lyon in
Garnison ist, hat Ende Januar einige Tage bei Madame de Villeneuve verbracht, bevor er sich nach Straßburg begab. Daraufhin

---

[1] Ach! Welch eine Pest von einem Mann!

bildete sich de Sade ein – nicht ohne zu toben und Gaufridy zu warnen –, Donatien-Claude-Armand sei auf Anraten der Montreuils nur in die Provence gefahren, um seinen Vater um die Erbschaft der alten Gräfin zu bringen und zu versuchen, »sich alles Bargeld anzueignen«. Aber in den ersten Märztagen, nachdem Gaufridy ihn über die Absichten des jungen Mannes beruhigt hat, leistet er Abbitte und regt sich sogar auf, daß »der arme Teufel« nicht mehr als dreihundert Franken bekommen habe: »Der Besuch war mehr wert, damit ist nicht einmal die Reise bezahlt.« Aber wenn Herr de Sade sich auch über die Absichten seines Jüngsten getäuscht hat, so ist an den Absichten Madame de Villeneuves nicht zu zweifeln. Er sieht, daß sie für ihn »schmerzlich« ausfallen werden, und wünscht, seine Tante möge ihn überleben, damit er nicht zwei Kummer auf einmal habe: »den, sie zu *verlieren,* und den, von ihr *enterbt* zu sein«. Aber um von der Gräfin wenigstens die Summe zu bekommen, die er benötigt, um sein Haus zu kaufen, hat der Marquis mehr als je die Absicht, im Frühling in die Grafschaft zu fahren. Aber wo solle er sein »Hauptquartier« aufschlagen? »Mazan: unbewohnbar; Saumane: ich fürchte mich davor; La Coste: ein gewisser Abscheu, vor dem Schloß wohlverstanden, denn für ein Haus im Dorf würde ich mich ganz gern entscheiden; aber würde diese dörfliche Behausung nicht den Eindruck von Furcht und Schüchternheit hervorrufen? Würde dieser Entschluß, aus dem Gefühl der Gleichheit, der Biederkeit, der Demokratie gefaßt, von den mir Ebenbürtigen nicht getadelt und von meinen Untergebenen *böswillig* begründet werden?« Herr de Sade werde seine Freundin mitbringen, die »ganz gewiß« für ihn nichts anderes sei: »Es gibt nicht die geringste Zweideutigkeit« – weder im Benehmen der Dame noch im Verhalten des Marquis ihr gegenüber. Seit Madame de Quesnet sich entschlossen habe, ihn in die Provence zu begleiten, lese sie alle Briefe Gaufridys: Herr de Sade bittet seinen Anwalt, nichts über sie zu schreiben, was sie treffen oder abkühlen könnte, denn »diese Frau ist außerordentlich anständig und feinfühlend«.

5. März 1792 – Im Théâtre-Italien läßt eine jakobinische Clique, die bei dieser Gelegenheit das Tragen der roten Wollmütze mit zurückgebogener Spitze einführt, die Komödie *le Suborneur* im Lärm untergehen, weil sie von einem ehemaligen Adligen stammt.

Am Montag, den 5. März wollte man in diesem Theater eine Verskomödie in einem Akt mit dem Titel le Suborneur *aufführen. Bei der ersten Szene wurde gemurmelt; wir wissen nicht warum, denn niemand hatte zugehört, und im Parkett wurde gesprochen, als ob der Vorhang noch gar nicht aufgegangen wäre. Bei der zweiten Szene steigerte sich der Lärm, bei der dritten war er auf dem Höhepunkt; bei der vierten zogen sich die Schauspieler zurück. Was war der Sinn des Werks? Wir wissen es nicht; wir konnten nicht einmal die Exposition hören. Das Publikum verlangte statt dessen* la suite des Petits Savoyards. *In der Pause sahen wir Patrioten, die eine rote Mütze aufsetzten, die vorn eine zurückgebogene Spitze in der Art des phrygischen* Corno *hatte. Einer von denen, die eine solche Mütze aufhatten, verkündete laut, diese rote Mütze sei von jetzt ab in der Öffentlichkeit das Zeichen, um welches sich die Patrioten versammelten, vor allem im Theater, wo die Aristokratie von den Freunden der Freiheit unermüdlich bekämpft werden würde*[1].

Ende März 1792 – Unerwarteter Besuch des Chevalier, den sein Vater seit zwei Jahren nicht mehr gesehen hatte: »Er hatte mir gerade aus sechzig Meilen Entfernung geschrieben, da tritt er plötzlich durch meine Tür und fällt mir um den Hals. Der Marquis de Toulongeon, dessen Adjutant er ist, hat ihn geschickt. Er brachte *als Kurier* einen wichtigen Brief und trat sogleich mit der Antwort den Rückweg an. Wir hatten kaum vier oder fünf Stunden zusammen.«

18. April 1792 – Der ehemalige Marquis schreibt einen großen Brief an die Herren Gemeindebeamten von La Coste, in dem er die Gefühle darlegt, die ihn aus vielen Gründen mit der Revolution und mit der *Constitution* verbänden.

19. April 1792 – Soeben hat man ihm versichert, der *Club de la Constitution* der gleichen Gemeinde habe den Beschluß gefaßt, seine Turmzinnen zu zerstören. Er richtet einen beredten Protest an den Präsidenten dieser Gesellschaft, den er mit *Louis Sade*[2] unterzeichnet, und bittet ihn, »der Provinz nicht das Beispiel einer Widersprüchlichkeit zu geben, die sie nicht verstehen könnte«:

---

[1] *Journal des théâtres*, Nr. XXI, von Samstag, 10. März 1792
[2] Wir werden sehen, in welch vertrackte Lage der Marquis im Jahr VI geraten wird, weil er sich mit einem Vornamen schmückte, der nicht in seinem Taufschein stand.

*...denn Sie werden mir zugeben, Herr Präsident, daß es gewiß
merkwürdig aussehen würde, wenn mein unglückliches Haus in La
Coste innerhalb von nur fünfzehn Jahren sowohl von den unwürdigen Schergen des ministeriellen Despotismus besudelt wie von den
Feinden dieser Schergen verwüstet würde. Daraus würde sich nur
ergeben, daß der Mann, der am meisten Grund hat, die frühere Regierung zu hassen und zu verabscheuen, nicht mehr wüßte, welche
Partei er ergreifen noch in welcher Gegend er wohnen soll, und er
würde gezwungen, eben dieser früheren Regierung nachzutrauern,
weil er keine Freunde und Verteidiger findet, nicht einmal unter
denen, die seine Gefühle teilen müßten. [...] Glauben Sie nicht, daß
man diejenigen der Ungerechtigkeit anklagen würde, die mich so
behandelt hätten? [...]*

*Wenn man auch nur einen Stein von dem Haus entfernt, das ich
innerhalb eurer Mauern besitze, so werde ich mich an unsere Gesetzgeber wenden, ich werde mich an Ihre Brüder, die Jakobiner
von Paris, wenden und verlangen, es solle auf diesen Stein graviert
werden: »Stein von dem Haus desjenigen, der die Mauern der Bastille stürzte und den die* amis de la Constitution *aus der unglücklichen Behausung der Opfer der königlichen Tyrannei befreiten. Ihr,
die ihr hier vorübergeht, werdet diese Schmach in die Geschichte der
menschlichen Inkonsequenz einfügen!«*

*Ach, lassen Sie meine alten, baufälligen Gemäuer in Frieden, Herr
Präsident! Sehen Sie mein Herz an, öffnen Sie meine Schriften, lesen Sie meine Briefe, die anläßlich der Abreise der Prinzessinnen und
der Flucht des Königs gedruckt und in ganz Paris herumgezeigt
wurden; da werden Sie sehen, ob man dem Verfasser solcher Schriften Schaden an seinem Besitz zufügen darf. [...] Bin ich emigriert,
Herr Präsident? Habe ich nicht allein schon den Gedanken an einen
solchen Schritt verabscheut? Bin ich nicht aktiver Bürger in meiner
Sektion? [...] Trage ich einen anderen Titel als den eines* Literaten?
*Schreiben Sie an meinen Distrikt, und Sie werden sehen, was man
über mich denkt... Aber meine Zinnen mißfallen Ihnen! Nun,
meine Herren, beruhigen Sie sich! Und jetzt wende ich mich an Ihre
ganze Gesellschaft: Ich bitte Sie nur um die Ehre, Ihnen diese Zinnen
eigenhändig zu opfern, sobald ich in die Gegend komme; die Verfassung in der einen, den Hammer in der anderen Hand, möchte ich,
daß wir ein »Bürgerfest« aus dieser Zerstörung machen. Inzwischen*

UNTER DEM REGIME DER REVOLUTION   325

wollen wir uns beruhigen und den Besitz respektieren. *Diesen Satz schreibe ich aus der Verfassung ab; Sie werden sie ebenso ehren wie ich, dessen bin ich sicher, und Sie werden sich daran erinnern, wie ich gestern an Ihre Herren Gemeindebeamten schrieb, daß Brutus und seine Angehörigen weder Maurer noch Brandstifter im Gefolge hatten, als sie Rom die kostbare Freiheit zurückgaben, welche die Tyrannen ihm geraubt hatten.*

20. April 1792 – Herr de Sade drängt Gaufridy, ihm die vierte Sendung zu schicken, die er schon am 5. Dezember reklamierte. Er bittet den Anwalt, die »tausend Kleinigkeiten« aus seinem naturgeschichtlichen Kabinett nicht zu vergessen, zum Beispiel die Gold- und Kupfermünzen, die Medaillen der römischen Kaiser, »den Priapusring«, die Briefe seines Vaters usw. und vor allem die Kassette mit seinen Manuskripten: »Vernachlässigen Sie diese Sendung nicht, ich flehe Sie an, ich zittere bei dem Gedanken, das alles in einem Hause zu wissen, das von jakobinischen Maurern und Brandstiftern bedroht ist.«

3. Mai 1792 – Die Gemeindebeamten von La Coste beantworten den »von patriotischem Feuer« erfüllten Brief, den »Herr Louis Sade« ihnen am 18. April geschickt hat und der, als er bei der letzten Sitzung des *Club de la Constitution* verlesen worden sei, »unaussprechlichen« Beifall gefunden habe. Er sei im Protokoll erwähnt. Ihr Jugendfreund brauche sich keine Sorgen zu machen: seine Besitzungen würden unter den Schutz der Gemeinde gestellt; dieses heilige Recht würde in La Coste nicht verletzt werden.

11. Mai 1792 – Die zwanzig Mitglieder der Gesellschaft der *Amis de la Constitution*, »durchdrungen von den verfassungstreuen Gefühlen und Grundsätzen«, die der Brief Herrn de Sades vom 19. April enthalte, zweifelten nicht an seiner Aufrichtigkeit und bestätigten ihm, daß seine Besitzungen stets respektiert würden. Sie schickten ihm den vorliegenden Brief von allen unterschrieben, um ihn noch mehr von »der brüderlichen und unverletzlichen Anhänglichkeit und Freundschaft aller Einwohner von La Coste« zu überzeugen.

... Mai 1792 – Donatien-Claude-Armand de Sade, Adjutant des Marquis de Toulongeon, ist desertiert.

... Juni 1792 – Herr de Sade erfährt, daß die Cölestinerkirche in

Avignon zerstört werden soll, und möchte seiner Ahnfrau Laura eine unantastbare Grabstätte in einem der Kirchsprengel seiner Güter verschaffen. Aber würde dieses in seinen Augen »rein philosophische« Vorhaben von den »Patrioten« nicht als aristokratisches Verhalten ausgelegt werden? Was Gaufridy dazu meine? Außerdem glaube der Marquis zu wissen, daß die Cölestinerpater »einige Papiere oder Gegenstände« besäßen, welche die Geliebte Petrarcas beträfen: zum Beispiel die Originalhandschrift des von Franz I. verfaßten Epitaphs in Versen. Man müsse versuchen, sie dazu zu bringen, daß sie sie herausgäben.

10. Juli 1792 – Ein junges Mädchen aus La Coste, Tochter der Soton, ist zu Pferd nach Paris gekommen, um der Nationalversammlung ein Memorandum gegen Gaufridy, den früheren Pfarrer und drei andere zu überreichen. Herr de Sade beeilt sich, dem Anwalt von diesem merkwürdigen und wenig vertrauenerweckenden Streich Mitteilung zu machen sowie von den Bemühungen, die Madame Quesnet und er angestellt hätten, um die Närrin zum Schweigen zu bringen.

Ein paar Tage später berichtet Herr de Sade, daß die Soton immer noch viel Lärm schlage und ihm eine tränenreiche Szene gemacht habe. Diese »Dirne da« scheine ihm sehr gefährlich. Sie treibe ihre Sache immer weiter voran und erkläre jetzt, *sie könne nicht umhin*, auch ihn zu kompromittieren. Die dörfliche Amazone habe von einem Anwalt ein Memorandum aufsetzen lassen, das sie ihm nicht zeigen dürfe: »Beweis, daß man mich ebenfalls ins gleiche Loch stecken möchte.« Während Herr de Sade diese Worte schreibe, komme die Soton mit einem Soldaten herein, dessen Anwesenheit sie nicht begründen wolle. Er läßt sie hinauswerfen und befiehlt, man solle sie nie wieder hereinlassen: »Sie soll uns nur beide angreifen, sie wird schon sehen, was ich antworte. – Leben Sie wohl; Geld, Geld, um des Himmels willen!«

10. August 1792 – Die Marquise an Gaufridy: »Dieser 10. hat mir alles geraubt, Verwandte, Freunde, Familie, Schutz, Hilfe; drei Stunden haben mir alles genommen, ich bin allein . . .«[1]

18. August 1792 – Um sich gegen jedes Ereignis zu schützen, das auf den bedrohlichen 10. August folgen könnte, läßt sich de Sade

[1] Am 10. August 1792 fand ein Aufstand des Pariser Volkes infolge der Entlassung der girondistischen Minister statt.

UNTER DEM REGIME DER REVOLUTION 327

von den Bürgern Macarel, Angestellter bei der Ausstellung von
Assignaten, und Girouard, Drucker und Buchhändler, die Abschriften von drei Briefen beglaubigen, die er an den Präsidenten de
Montreuil, an Madame de Sade und an seine beiden Söhne wegen
deren Emigration geschrieben hat.

Den Präsidenten de Montreuil (Rue de la Madeleine-Saint-Ho-
noré 9) erinnert er an das Dekret, das die Eltern der Emigranten
»dem Schwert des Gesetzes« ausliefere: so sei Herr de Sade, der sich
der Desertion seiner Söhne immer energisch widersetzt habe, erneut
das Opfer des »dummen Vorgehens« der Familie de Montreuil.
»Wollten Sie Ihren *hohen Adel* beweisen, indem Sie wünschten, daß
Ihre Kinder, Ihre Neffen sich in die Reihen der *Adligen* stellten?
Ich, mein Herr, beging nie diese lächerliche Torheit, ich verlangte
von den Meinen nur Patriotismus und Aufrichtigkeit. Mag Madame
de Montreuil, Ihre ehrgeizige Gattin, alles opfern, alles verraten,
um das verfaulte Skelett der abscheulichen Herrschaft der Talare
und die verpestete Klaue der Minister mit den Haftbefehlen wieder zum Leben zu erwecken, gut, aber ich, mein Herr, bin erzürnt
darüber, zu welchen Entscheidungen Sie meine Söhne überredet
haben. Und wenn Sie sie nicht innerhalb von vierzehn Tagen zu
ihrer Pflicht zurückrufen (ich selbst kann es nicht, da man mir ihren
Aufenthaltsort verheimlicht), wenn sie nicht innerhalb von vierzehn Tagen wieder in Paris und wie ihr Vater für die Verteidigung
der Heimat bewaffnet sind, dann erkläre ich Ihnen, daß nichts mich
davon abhalten wird, Sie unverzüglich vor der Nationalversammlung und ganz Frankreich als den Anstifter ihrer verbrecherischen
Emigration anzuzeigen.«

Muß man noch dazu sagen, daß diese Drohung eine reine Formsache war, die den Marquis schützen sollte? Nicht nur wird er sie
nie in die Tat umsetzen – er wäre einer solchen Feigheit gar nicht
fähig gewesen –, sondern er wird im August des folgenden Jahres
seine Schwiegerfamilie von einer Säuberungsliste streichen, obwohl
es ihn nur ein Wort gekostet hätte, um sie zu vernichten.

Der Marquise teilt de Sade den Inhalt seines Briefes an den Präsidenten de Montreuil mit (»Ich bin Patriot, Madame, ich bin es
immer gewesen«) und fügt hinzu, er werde seine Söhne unverzüglich enterben, wenn sie nicht innerhalb der festgesetzten Frist zurück seien.

328   MARQUIS DE SADE

Endlich wirft er Louis-Marie und Donatien-Claude-Armand die
Ehrlosigkeit und Niederträchtigkeit der Sache vor, für die sie sich
entflammt haben. Der König sei »ein Verräter, ein Verbrecher«, und
»nur Dummköpfe« können der Sache dieses »Schurken« dienen.
Aber überdies mache die Nationalversammlung die Eltern für das
Verhalten ihrer Kinder verantwortlich und strafe sie empfindlich,
wenn diese nicht unverzüglich zurückkehrten: »Ich frage euch, ob
es richtig ist, daß ihr noch länger in einer Situation verharrt, die
diejenigen bedroht, die euch das Leben geschenkt haben.« Und der
Marquis schließt: »Mit einem Wort, meine Kinder, ich befehle euch,
unverzüglich zurückzukehren, und drohe euch meinen Haß und meinen Fluch an, wenn ihr nur einen Tag zögert, mir zu gehorchen.«
    Erinnern wir uns, daß Herr de Sade im Februar einen Wechsel
einlöste, den Louis-Marie im Ausland auf ihn ausgestellt hatte. – Wie
dem auch sei: unter dem Deckmantel dieser Formulierungen rein-
ster »sans-culotte«-Prägung glaubte der Marquis der Fortsetzung
der glorreichen *nationalen* Ereignisse ungefährdet entgegensehen zu
können.
    30. August 1792 – Herr de Sade vom 4. Bataillon der 5. Legion
der Nationalgarde wird aufgefordert, sich am Samstag, dem 1. September, um elf Uhr morgens ins Hauptquartier zu begeben, um seine
vierundzwanzigstündige Wache in den Tuilerien abzuleisten.
    1. September 1792 – Herr de Sade beschwört Gaufridy, ihm das
Geld für das vierte Vierteljahr zu schicken. Er sei krank, überan-
strengt von den Wachen in seiner Sektion, und jetzt drohe ihm die
Soton, seine galanten Abenteuer aus den Jahren 1773–1777 zu veröffentlichen.
    3. September 1792 – Während der Massaker wird der Marquis
zum erstenmal Sekretär seiner Sektion. Am 6. schreibt er an Gaufridy:

    ...Zehntausend Gefangene sind am 3. September umgekommen.
    Nichts kommt an Greueln den vergangenen Massakern gleich, (aber
    sie waren gerechtfertigt)[1] *Die [ehemalige] Prinzessin de Lamballe*
    gehörte auch zu den Opfern; ihr Kopf wurde auf einer Pike dem

─────────────
[1] Die Worte: *aber sie waren gerechtfertig* sind zwischen die Zeilen geschrieben. Ein Einschiebsel, das von der Furcht diktiert war, der Brief
könnte geöffnet werden.

UNTER DEM REGIME DER REVOLUTION 329

*König und der Königin vorgeführt und ihr unglücklicher Leib acht
Stunden lang durch die Straßen geschleift, nachdem er, wie man sagt,
mit allen Schandtaten der wildesten Ausschweifung besudelt worden
war* [1]; *alle widerspenstigen Priester wurden in den Kirchen, wo man
sie eingesperrt hatte, umgebracht, unter ihnen der Erzbischof von
Arles, der tugendhafteste und rechtschaffenste Mann, den man sich
denken kann...*

Um diese Zeit wird das Haus, das Herr de Sade gemietet hatte
und das er kaufen wollte, von einer Kurtisane, der Bürgerin Palza,
für siebenundsiebzigtausend Livres erworben.

13. September 1792 – Der Marquis hat erfahren, daß Gaufridy
und sein Sohn Elzéar nach Lyon fliehen mußten [2], und bietet ihm
sofort die herzlichste Gastfreundschaft an. Er werde den Anwalt
ernähren, ohne etwas dafür von ihm zu verlangen; sein Sohn könne
für sechzig Franken im Monat in einer Pension essen; beide könnten
im Hause de Sades umsonst wohnen.

17.–21. September 1792 – Zweimal, Montag, den 17., und Mittwoch, den 19., strömen ein paar Dutzend Männer, Frauen und Kinder aus La Coste in das ehemalige Adelsschloß. Es wird geplündert
und ausgeraubt, ohne daß die Nationalgarde das geringste dagegen
tun kann [3]. Am Montag wird mit der Plünderung um zehn Uhr
morgens begonnen. Um die Möbel schneller herauszubekommen,
werden die schweren Stücke durchs Fenster geworfen; alles, was nicht
mitgenommen werden kann, wird in Stücke geschlagen; Spiegel zersplittern krachend, Zwischenwände werden niedergerissen, Türen

---

[1] Man weiß, daß einer der Henker der Prinzessin das Schamhaar abgeschnitten und sich zur großen Belustigung der »Patrioten« einen Schnurrbart daraus gemacht hat.

[2] Gaufridy und sein Sohn waren mit zehn anderen Verschwörern aus
Apt (darunter sein Kollege Fage) geflohen, als nach der Verhaftung von
Monier de la Quarrée in Grenoble Truppen ins Land kamen, um die
Verschwörung des Südostens zu brechen.

[3] In seinem Brief an den Marquis de Sade vom 21. Oktober wird der
Notabel Paulet berichten, daß fast alle benachbarten Schlösser das gleiche
Schicksal erlitten hätten. Ohne seine Mitbürger entschuldigen zu wollen,
müsse man zugeben, daß sie zu solchen Exzessen beeinflußt worden wären »von einigen üblen Subjekten aus Lauris, die [nach La Coste] kamen,
um zu solchen Greueln anzuregen, nachdem sie dieselben schon bei sich
begangen hatten«.

und Fensterläden aus den Angeln gehoben und an den umliegenden Felsen zerschmettert. Dieses frenetische Zerstörungswerk ist in weniger als einer Stunde beendet. Die Horde, die an diesem Tag aus achtzig Personen besteht, erscheint den paar Männern der Nationalgarde um so gefährlicher, als sie eine beträchtliche Menge Wein aus den Kellern des Marquis zu sich genommen hat. Am Mittwoch kommen noch einmal fünfzig Leute, um die Zerstörung zu vollenden: zum Glück gelingt es dem Bürger Ange Raspail aus Apt, dem die Behörden die Vollmacht erteilt hatten, einzugreifen, die Zerstörung der Fußböden und des Daches zu verhindern. Durch Ansprachen, Proklamationen, Drohungen und kluges Einsetzen ihrer Kräfte gelingt es den Behörden, die Ruine des Marquis de Sade einzuschließen; sie lassen alle Türen des Schlosses zumauern, und dank ihrer eifrigen Bemühungen können die von den Vandalen entwendeten Möbel und Effekten zum großen Teil wieder eingesammelt und ins Pfarrhaus transportiert werden. Aber wie man später sehen wird, werden sie nicht lange dort in Sicherheit bleiben.

21. September 1792 – Die Gesetzgebende Versammlung macht dem Nationalkonvent Platz, dessen Wahl sie am 10. August angeordnet hatte. Der neue Organismus beschließt unverzüglich die Abschaffung des Königtums in Frankreich.

28. September 1792 – Louis-Honoré Raspaud und Laurent jr., Gerichtsdiener in Apt, sprechen bei den Behörden von La Coste vor. Sie sind mit einem von Jacques Montbrion und Bergier, Kommissaren der Verwaltungsbehörde des Departementes Bouches-du-Rhône, unterzeichneten Befehl versehen und wollen die Möbel und Effekten des ehemaligen Marquis aus dem Pfarrhaus abholen und auf vier Wagen verladen. Den Protesten des Gemeinderates, der »mit großem Schmerz« sieht, wie »abscheulich« ein Bürger behandelt wird, dessen hervorragender Patriotismus über jeden Zweifel erhaben ist, setzen die beiden Gerichtsdiener eine tyrannische und drohende Haltung entgegen. Immerhin können sie nicht verhindern, daß drei Männer der Nationalgarde sowie der Gemeindeanwalt mit einem Verzeichnis der Gegenstände die Wagen bis in das Gebiet der Stadt Apt begleiten.

30. September 1792 – Gegen drei Uhr nachmittags werden die Bürger Daniel Bas, Gemeindebeamter, und Jean-Étienne Béridon, Notabel, in La Coste unterrichtet, daß im ehemaligen Schloß erneut

UNTER DEM REGIME DER REVOLUTION 331

Zerstörungen stattfänden. Sie begeben sich sofort dorthin und treffen einen gewissen Charles Béridon, der das große Tor herausgerissen hat und gerade dabei ist, es zu zerschmettern, um die Eisenteile mitzunehmen. Die beiden Bürger wollen ihn verhaften, aber der Übeltäter flieht so schnell ihn seine Füße tragen. Noch am gleichen Tag erläßt die Behörde unter Anordnung sofortiger Verhaftung erneut ein Verbot, das ehemalige Schloß zu betreten.

10. Oktober 1792 – Herr de Sade beschwört Gaufridy, ihm genaue Einzelheiten über die Plünderung von La Coste mitzuteilen. Die unvorstellbaren Umstände, von denen Gaufridys Sohn ihm berichtet habe, sowie das Fehlen gewisser Möbel, die nur mit einem Hebekran entfernt werden könnten, erschienen ihm »außerordentlich verdächtig« und kaum vorstellbar. Man habe ihm »den Dolch ins Herz« gestoßen; wenn diese Nachricht auf Wahrheit beruhe, habe er einen ungeheuren Verlust erlitten.

Einige Tage später erhält Herr de Sade aus Arles einen unverschämten Brief von Lions dem Älteren, in dem dieser um seine Entlassung ersucht, und aus Mazan die Nachricht, daß alles drunter und drüber gehe und Ripert für die Verwaltung seines Hofes nicht mehr einstehen könne[1]. Zusammen mit den Katastrophen in La Coste und Saumane ergibt das ein Bild, das den Marquis beinahe zum Selbstmord treibt. Er schreibt Gaufridy, er sei zwei- oder dreimal auf dem Punkt gewesen, sich eine Kugel durch den Kopf zu jagen. Die Flucht des Anwalts habe eine wahre »Feuersbrunst« auf seinen Gütern ausgelöst. Er beschwört ihn zum zweitenmal, »mit Tränen in den Augen«, wenn nicht nach Apt selbst, so doch wenigstens in die Gegend zurückzukehren und seinen »unglücklichen Freund« in einer so grausamen Lage nicht im Stich zu lassen. Habe Herr de Sade denn die Freiheit nur wiedererlangt, um Hungers zu sterben? Müsse er sich schließlich noch nach den Zellen der Bastille sehnen? – In diesem Augenblick erhält er einen schrecklichen Brief von Reinaud; er öffnet ihn »zitternd«: er enthält »die entsetzlichen Einzelheiten« der Vorgänge in La Coste: »Kein La Coste mehr für mich!... Welch

---

[1] Der Marquis wird gezwungen sein, einem gewissen Quinquin, einem wilden Jakobiner, eine Vollmacht für Mazan auszustellen. Dieser nimmt sie an, gibt ein Durcheinander von Späßen und Unverschämtheiten von sich, bringt alles in Schwung, verhandelt mit der Regierung und bezahlt keinen Sou.

ein Verlust! Er übersteigt jegliche Worte! Mit dem, was im Schloß war, hätte man sechs Schlösser einrichten können!... Ich bin völlig verzweifelt! Wenn Sie mit Ihren verdammten Sendungen nicht so lange gezögert hätten, hätte ich nach und nach alles retten können...« Zu allem Überfluß erfährt der Marquis von der Beschlagnahme der Gegenstände, welche die Gemeinde gerettet hatte: »Mit solchem Vorgehen erreichen die Lumpen bald, daß man ihr Regime haßt.« Man berichtet ihm, daß die Gemeinde sich ausgezeichnet verhalten habe: Herr de Sade werde ihr einen Dankesbrief schreiben. »Leben Sie wohl! Ich habe den Tod im Herzen.«

17. Oktober 1792 – »Louis Sade«, Soldat der 8. Kompanie der *Section des Piques* (vormals *Section de la Place Vendôme*) und Bevollmächtigter für die Organisation der Kavallerie der besagten Sektion, klagt beim Innenminister Roland gegen die Helfershelfer und Urheber der Plünderung seines Hauses und gegen die Kommissare des Departementes, die seine im Pfarrhaus von La Coste untergebrachten Möbel und Effekten mitgenommen haben.

XV. UNTER DEM REGIME DER REVOLUTION ZWEITER TEIL (1792–1801)

DER BÜRGER DER SECTION DES PIQUES

25. Oktober 1792 – Die Generalversammlung der *Section des Piques* ernennt die Bürger Sanet sen. und Sade zu Kommissaren mit der Aufgabe, gemeinsam mit den Kommissaren der anderen Sektionen die Möglichkeit zu prüfen, wie man die Verwaltung der Spitäler nutzbringender für die Allgemeinheit gestalten könnte.

28. Oktober 1792 – Der Bürger Sade verliest vor dem Verwaltungsrat der Hospitäler die fünf Untersuchungsberichte, deren Verfasser er ist. Die *Section des Piques* bestimmt, daß diese gedruckt und an die siebenundvierzig anderen Sektionen verteilt werden sollen.

30. Oktober 1792 – Brief de Sades an Gaufridy. In der letzten Sendung, die der Anwalt vor der Plünderung von La Coste noch schickte, habe der Marquis die Kassette gefunden, die er mit soviel Ungeduld erwartet habe. Aber leider sei sie leer gewesen! Indessen sei keine Spur einer gewaltsamen Öffnung zu entdecken. Was sei geschehen? Da steckten die Montreuils dahinter: diese Leute hätten schon immer die Briefe Fräulein de Launays an sich nehmen wollen.

Mit seinen Schwiegereltern sei folgendes. In Paris seien überall Haussuchungen gemacht worden. Die Montreuils seien nicht da gewesen, daraufhin habe man ihr Haus versiegelt. Jetzt verlangten sie, daß man die Siegel entferne. Aber sie wohnten in derselben Sektion wie er, und er sei gerade im Begriff, zum Kommissar für die Siegelentfernungen ernannt zu werden. – Ob Gaufridy nicht wisse, daß er jetzt bei der *Section des Piques* großes Ansehen genieße? Es vergehe kein Tag, ohne daß man ihn dort für irgend etwas brauche. Der Anwalt finde in diesem Brief eine kleine Schrift seines Klienten, die von seinen Kollegen sehr geschätzt werde. Herr de Sade werde nie verstehen, daß man Gaufridy Scherereien gemacht habe, da er

334 MARQUIS DE SADE

doch Vermögensverwalter eines Mannes sei, dessen Patriotismus »sich
auf zehn Jahre Bastille stützt« und nicht in Frage gestellt werden
könne. Ob noch ein Zweifel möglich sei? Der ehemalige Marquis
habe »keinerlei aristokratische Ansprüche mehr«, er sei »bis zum
Hals[1], mit Leib und Seele bei der Revolution«.

2. November 1792 – Nachdem die Generalversammlung der *Section des Piques* zwei Vorlesungen de Sades mit dem Titel *Idée sur
le mode de la sanction des loix* gehört hat, beschließt sie sofort, diesen Vortrag drucken und an die siebenundvierzig anderen Sektionen
schicken zu lassen mit der Aufforderung, »so schnell wie möglich
ihre Wünsche in einer so wichtigen Angelegenheit kundzutun«.

Dieser Vortrag ist bei weitem das stärkste und originellste der
politischen Werke, die der Verfasser von *Aline et Valcour* in der
Sektion geschrieben hat. Aus jedem Abschnitt leuchtet eine mächtige
Freiheitsliebe, und der Schluß bewegt durch die Aufrichtigkeit seiner
brüderlichen Begeisterung.

4. November 1792 – Der Bürger Sade wird von der bewaffneten
Section armée des Piques aufgefordert, sich am übernächsten Morgen
um neun Uhr beim Posten des Nationalkonvents einzufinden, um
seine vierundzwanzigstündige Wache zu absolvieren. Es wird ihm
mitgeteilt, daß er nach dem Gesetz diesen Dienst »persönlich und
gewissenhaft« zu leisten habe, »unter Androhung von vierundzwanzig Stunden Gefängnis«.

10. Dezember 1792 – Zwei wichtige Beweggründe erfordern die
Anwesenheit Herrn de Sades in der Provence: das Durcheinander in
seinen Geschäften, sowohl in La Coste wie in Mazan, Saumane und
Arles, und der Gesundheitszustand Madame de Villeneuves, deren
Erbschaft ihm vielleicht doch nicht ganz verlorengeht, da die alte
Dame schreibt, sie möchte ihren Neffen sehen. Aber ob diese Reise
für den ehemaligen Marquis ungefährlich ist? Ripert und Reinaud
versichern ihm, es bestehe Gefahr; die Provenzalen, die nach Paris
kommen, erklären, es bestehe keinerlei Grund zur Besorgnis. Wem
soll man glauben? Herr de Sade fragt Gaufridy, der seit ein paar
Tagen wieder zu Hause ist, wie er darüber dächte, aber »ganz auf-

---

[1] »Bis zum Hals«, aber nicht höher: die Guillotine, der er am 9. Thermidor nur durch einen unwahrscheinlichen Glücksfall entgeht, hätte es ihm
beinahe bewiesen. – Aber man sollte nicht über eine Erklärung scherzen,
die offensichtlich für die »sans-culottes« von Apt gedacht war.

UNTER DEM REGIME DER REVOLUTION 335

richtig und gewissenhaft«. Denn schließlich sei die Plünderung von
La Coste schrecklich genug und beweise, daß »sehr bestimmte, sehr
gründliche, sehr offenkundige« Feinde vorhanden seien. Er habe sie
angezeigt und werde sie an Ort und Stelle verfolgen. Wenn sie die
Oberhand gewännen, was für Anwürfen wäre er dann nicht ausgesetzt? Und wenn sie verurteilt würden, ermordeten sie ihn, »das ist
klar«. Wenn der Anwalt nicht auf sein Urteil allein vertrauen
wolle, solle er mit zwei Freunden, darunter Reinaud, »mit klarem,
ausgeruhtem Kopf« beraten. Um in finanzieller Hinsicht ruhig zu
sein, wünsche Herr de Sade, daß Gaufridy eine Verpflichtung unter-
schreibe und zurückschicke, die er für ihn aufgesetzt habe: »Wenn
[er] die in Händen habe, werde [er] in Frieden leben oder zumindest mit weniger Besorgnis warten.« Der Anwalt müsse ehrenwört-
lich versprechen: erstens das Unmögliche zu versuchen, um ihm zweitausend Franken zu schicken, damit er sein Silber im Pfandhaus auslösen könne; zweitens die Verwaltung nicht vor Frühling 1794 abzugeben[1] und ihm zwischen Mai 1793 und Mai 1794 in drei gleichen
Zahlungen 11 010 Livres zu schicken.

13. Dezember 1792 – Irrtümlich oder böswillig wird *Louis-
Alphonse-Donatien Sade* in die Emigrantenliste des Departementes
Bouches-du-Rhône eingetragen.

26. Dezember 1792 – Herr de Sade beklagt sich bei Gaufridy über
die Unverschämtheit des jungen Lions, der ihm nur achthundert-
achtzig Franken von den sechzehnhundert überwiesen habe, die er
vom Bauern von Cabanes erhalten habe. – Außerdem berichtet er
dem Anwalt, daß der König an diesem Morgen zum zweitenmal vor
die Gerichtsschranken der Nationalversammlung geführt worden sei.

Einige Tage später beschwört der Marquis, der gezwungen ist, sich
zu sieben Louis Zinsen pro Woche Geld zu leihen, Gaufridy, ihm
Geld zu schicken. Außerdem teilt er ihm mit, er habe mit Verwunderung erfahren, daß sein Name in Marseille auf einer Emigrantenliste gestanden habe: bis die verlangten Zeugnisse kämen, schicke
Herr de Sade Gaufridy eine Schrift der *Section des Piques*, in welcher
er als Sekretär aufgeführt sei, also als Diener der öffentlichen Sache

---

[1] Bevor Gaufridy, »den seine Stellung als Vermögensverwalter eines ehemaligen Adligen nicht schlafen läßt«, nach Lyon floh, »teilte er Herrn de
Sade mit, daß er heimlich den Rat bekommen habe, sich von ihm zu trennen.« (P. Bourdin)

336 MARQUIS DE SADE

und nicht der Emigration. Falls jemand in der Provence seinen
Wohnsitz in Paris bezweifle, möge Gaufridy dieses Zeugnis zeigen.

21. Januar 1793 – An diesem Montag wird »Louis Capet, neununddreißig Jahre alt, Beruf: ehemaliger König von Frankreich«, auf
der Place de la Revolution guillotiniert, 10 Uhr 22 vormittags.

26. Februar 1793 – Mit seinen Kollegen Carré und Désormeaux
unterzeichnet de Sade den von ihm verfaßten Bericht über die In-
spektion der fünf Spitäler, mit der sie am 17. Januar von dem Ausschuß für Krankenhauswesen betraut worden waren.

Wir haben dieses Dokument nicht in Händen gehabt, das am 25.
April 1858 versteigert wurde. Wir wissen nur, daß es achtundachtzig
Seiten stark war mit einer eigenhändigen Anmerkung de Sades, in
der er sagt, daß er »immer nur nach dem Augenschein und nach
Notizen, die [er selbst] oder [seine] Kollegen machten, gearbeitet
habe«. Wenn man Dr. Ramon glauben darf, so war es eine Folge
dieses Berichtes, daß die armen Kranken in den Krankenhäusern
jeder ein Bett bekamen und nicht mehr zu zweit oder zu dritt schlafen mußten, wie das vorher der Fall war[1].

1. März 1793 – Der Bürger Sade läßt die Schauspieler des Théâtre
de la Nation (vormals Théâtre-Français) wissen, daß er auf alle
Autorenrechte und finanziellen Vorteile verzichte, wenn sie sich unverzüglich entschlössen, seinen Einakter in freien Versen [*le Boudoir
ou le Mari crédule*] zu spielen, den sie vor achtzehn Monaten [in
Wirklichkeit vor zweieinhalb Jahren] abgelehnt hätten und dessen
nach ihren Vorschlägen korrigiertes Manuskript er ihnen schickte.

15. März 1793 – Der Marquis hat vom Théâtre de la Nation
keine Antwort auf sein Angebot vom 1. März erhalten und schickt
dem Sekretär, Herrn de La Porte, folgenden Brief:

---

[1] Unter anderem verfügt das Hôtel-Dieu im April 1790 über 1488 Betten:
für die Männer 398 große Betten, 10 Betten mit Verschlägen für zwei
Personen, 291 kleine Betten; für die Frauen 152 große Betten, 140 Betten
für zwei Personen, 419 kleine Betten und 77 Wiegen. Aber die Zahl der
Kranken betrug am 1. Januar desselben Jahres 2837, das ergibt in einigen
Fällen ein Bett für drei Kranke. ›Die Qualen der Hölle‹, schreibt Cuvier,
›können kaum schlimmer gewesen sein als die Qualen dieser Unglücklichen, die, zusammengepfercht, erstickt, glühend, weder atmen noch sich
rühren konnten und manchmal stundenlang einen oder zwei Tote neben
sich hatten.‹ Auch muß man sich nicht wundern, daß sich die Sterblichkeit
nach den Registern um 20 % erhöht hat.« (Marcel Fosseyeux)

Wenn die Comédie-Française das Angebot bezüglich eines kleinen Einakters nicht annimmt, den ich die Ehre hatte, Ihnen kürzlich zu schicken, so bitte ich Sie, mir das Stück zurückzuschicken; ich habe nicht gewußt, daß man genauso warten muß, wenn man etwas schenkt, wie wenn man etwas verkauft.

6. April 1793 – Der ehemalige Präsident de Montreuil kommt gegen Abend zur Versammlung der Sektion, deren Sekretär sein Schwiegersohn ist. Sie haben sich seit fast fünfzehn Jahren nicht mehr gesehen. Eine Stunde lang unterhalten sie sich miteinander. »Es ging mit der allergrößten Freundlichkeit zu; ich sah schon den Augenblick, da er mich zu sich einladen würde.« Indem de Sade Gaufridy das mitteilt, fleht er ihn im Namen des Himmels an, ihn nicht zu verlassen: es dauere nur noch ein Jahr. »Mein Geld! mein Geld! mein Geld! Sonst, bei meiner Ehre, komme ich bei Ihnen Quartier nehmen.«

8. April 1793 – Der Name Sade steht auf einer von ihm aufgesetzten Liste von zwanzig Bürgern der *Section des Piques,* die dem Staatsanwalt als Geschworene in der Angelegenheit der falschen Assignate zur Verfügung stehen sollen.

12. April 1793 – Als de Sade erfährt, das Théâtre de la Nation sei über seinen Brief vom 15. März verärgert und schicke sich an, ihm sein Manuskript zurückzusenden und ihm mitzuteilen, das Theater pflege nicht, ein Stück ohne Entgelt anzunehmen, und überdies mache es die viele Arbeit unmöglich, so schnell eine Lesung anzusetzen, wie der Autor es wünsche, wendet er sich an Herrn de La Porte und sagt ihm, er »wäre sehr unglücklich, wenn man sich überwerfen würde wegen einer Gefälligkeit, die man tun wollte«. »Ich kann diese Unklarheit nicht bestehen lassen«, schreibt er, »ich habe nicht verdient, die Hochachtung Ihrer Gesellschaft zu verlieren; ich liebe sie, diene ihr und verteidige sie; das kann Herr Molé bestätigen.« Er bittet La Porte, sein Verhalten bei den Schauspielern zu entschuldigen, und sein brennender Wunsch, gespielt zu werden, gipfelt in einem Flehen, das sich mit seiner Schriftstellerwürde nur schwer vereinen läßt.

Aber während er diesen Brief aufsetzt, bekommt der verzweifelte Autor eine beruhigende Botschaft von Herrn de La Porte: sein Stück wird den Schauspielern vorgelesen, deren berechtigte Ungehaltenheit Molé und Saint-Fal zweifellos besänftigt haben. Und in einem *Post-*

scriptum fragt der Marquis seinen Briefpartner, ob er oder Herr Saint-Fal das Stück vorlesen solle: »Im ersteren Falle«, schreibt er, »bitte ich, mir das Manuskript zu schicken, damit ich mich vorbereiten kann.«

13. April 1793 – Der Bürger Sade berichtet Gaufridy von seiner Ernennung zum Geschworenen in der Angelegenheit der falschen Assignate. – Wir lassen seiner naiven Freude freien Lauf, denn in seinem Richteramt wird er nur über ein Verbrechen am Gemeinrecht urteilen müssen:

... Ich muß Ihnen zwei Dinge berichten, die Sie überraschen werden. Der Präsident de Montreuil hat mich besucht. – Und erraten Sie das zweite! ... Ich wette, Sie raten es nicht! ... Ich bin Richter, *ja,* Richter! *... Geschworener der Anklage! Wer hätte das vor fünfzehn Jahren gedacht, Herr Advokat, wer hätte das gedacht? Sie sehen, ich werde reifer und beginne, tugendhaft zu werden ... Aber so gratulieren Sie mir doch, und vor allem, schicken Sie dem* Herrn Richter *Geld, sonst soll mich der Teufel holen oder ich verurteile Sie zum Tode! Verbreiten Sie diese Neuigkeit ein wenig in der Gegend, damit sie mich endlich als guten Patrioten erkennen, denn ich schwöre Ihnen die reine Wahrheit, ich bin es mit Leib und Seele.*

5. Mai 1793 – Gaufridy hat Herrn de Sade weder die erste Zahlung von 3 670 Franken noch die 2 000 Franken geschickt, die er verlangt hatte, um sein versetztes Silber auszulösen. Ohne einen Sou und außerstande, einen zu finden, der ihm etwas leiht, muß der ehemalige Marquis »ganz einfach Hungers sterben«. Die »abscheulichen Verzögerungen« des Anwalts stoßen ihm »den Dolch ins Herz«.

7. Mai 1793 – Der Innenminister teilt dem Bürger Sade, Rue de la Ferme-des-Mathurins Nr. 871[1], mit, daß er die Ehre habe, ihn morgen »mit seinem Kollegen« zu empfangen.

13. Mai 1793 – Die *Section des Piques* stellt »François Aldonze Sade, Literat und ehemaliger Kavallerieoberst, einundfünfzig Jahre alt, fünf Fuß und zwei Zoll groß, graues Haar, rundes, volles Ge-

---

[1] Dies war der Nebeneingang zum Haus von de Sade, durch einen Garten vom Haus Nr. 20 in der Rue de Mathurin getrennt; letzteres war von einem anderen Mieter bewohnt, aber de Sade benutzte meistens diese Adresse!

UNTER DEM REGIME DER REVOLUTION 339

sicht, kahle Stirn, blaue Augen, kurze Nase, mittelgroßer Mund, rundes Kinn«, eine Wohnsitzbescheinigung aus.

26. Mai 1793 – Auf die Petition von *Louis* Sade und eine Anweisung des Bezirks Apt hin, beide vom 23. April, verfügt die Zentralverwaltung des Departementes Bouches-du-Rhône, daß de Sade aus der Liste der Emigranten des Departementes gestrichen und wieder in den Besitz seiner beweglichen und unbeweglichen Güter gebracht werde, da er seinen ständigen Wohnsitz in der französischen Republik rechtmäßig und lückenlos nachgewiesen habe.

Einen Monat später wird das Departement Vaucluse vom Departement Bouches-du-Rhône abgetrennt, aber aus Nachlässigkeit oder bösem Willen wird die Streichung des Namens Sade nicht auf die Liste übertragen, die dem neuen Departement ausgehändigt wird. Im Jahre 1798 wird man die Folgen dieser Unkorrektheit sehen: zusammen mit den verschiedenen Vornamen, die der ehemalige Marquis angab, wenn er eine Wohnbescheinigung oder sonst ein amtliches Dokument verlangte (manchmal *Louis*, manchmal *Aldonze-François*, dann wieder *Aldonze-Donatien-Louis* usw.), wird sie unseren Helden in beispiellose Schwierigkeiten bringen.

15. Juni 1793 – Der Bürger Sade, Sekretär der Versammlung der Sektionen von Paris, die an diesem Tag im bischöflichen Palast abgehalten wird, zählt zu den vier Delegierten, die am nächsten Tag dem Nationalkonvent ein Gesuch überreichen müssen. Darin wird die Aufhebung des Gesetzes verlangt, wonach in Paris eine Armee von sechstausend Bewaffneten für vierzig Sous pro Tag aufgestellt werden soll.

16. Juni 1793 – An diesem Sonntag verliest der Bürger Sade an der Spitze der Delegation das von ihm verfaßte Gesuch.

17. Juni 1793 – Die Generalversammlung der *Section des Piques* kommt auf die Frage des Dekrets über die Pariser Armee zurück und wundert sich, daß der Generaladjutant Muller, Adjutant des Kriegsministers, den Befehl gegeben hat, für diese Armee sechstausend Gewehre und sechstausend Piken zu reservieren, während die Sektionen fast gar keine bekamen. Sie verlangt, daß die Waffen unter alle Pariser Sektionen aufgeteilt werden. Diese wurden aufgefordert, von ihrer Zustimmung Kenntnis zu geben. Sie bestimmt die Bürger Sade und Vincent, dem Kriegsminister einen Auszug aus der Beratung zu überreichen, der zweifellos von de Sade verfaßt ist.

340 MARQUIS DE SADE

11. Juli 1793 – Nach den Beratungen der Generalversammlung der Ausschüsse für Krankenhauswesen bestimmt der Bürger Sade, der an dem Tag Präsident der Versammlung ist, daß jede Sektion von Paris der mit der Abschaffung der Mißstände beauftragten Kommission die Namen der Kranken angeben muß, die in Spitälern untergebracht sind, damit man kontrollieren kann, wie sie gepflegt werden.

23. Juli 1793 – Der Marquis berichtet Gaufridy von seiner Ernennung zum Präsidenten (»nun bin ich schon wieder einen Grad höher gerückt«) und teilt ihm mit, daß er »Papa Montreuil, der gestern in der Versammlung war, in [seiner] Gewalt hatte«.

2. August 1793 – Die Sitzungen der Versammlung der *Piques* sind so stürmisch geworden, daß der Präsident Sade »zugrunde gerichtet, erschöpft« ist und Blut spuckt. Heute, nachdem er zweimal gezwungen war, sich zu rechtfertigen, tritt er den Vorsitz an den Vizepräsidenten ab; man wollte ihn zwingen, über »einen Greuel, eine Unmenschlichkeit« abstimmen zu lassen: »Ich wollte nicht. Gott sei Dank, jetzt bin ich frei!«

Am nächsten Tag teilt er Gaufridy diese Neuigkeit mit und berichtet ihm auch, daß er die Montreuils auf eine Aussonderungsliste gesetzt habe. »Wenn ich ein Wort gesagt hätte, wäre es ihnen schlecht ergangen. Ich habe geschwiegen; da sehen Sie, wie ich mich räche.«

Es steht außer Zweifel, daß de Sade seine Autorität als Präsident eingesetzt hat, um, wann immer er konnte, zugunsten derer zu sprechen, die in seinem Amtsbereich denunziert wurden. Und es steht fest, daß diese Haltung den Haß der Kollegen gegen ihn geweckt hat, über deren Rolle bei seiner Verhaftung am 8. Dezember kein Zweifel besteht. Man braucht nur in ihren Antworten auf dem Fragebogen des Sicherheitsausschusses nachzusehen, wie sie über ihn denken. Kann man die Anekdote glauben, welche J. Desbordes von einem Herrn Ramand berichtet, dem Kommandanten der Armee von la Somme, der im Gefängnis saß, weil er verschiedenen Emigranten zur Flucht verholfen hatte? Dieser Offizier soll vor dem Präsidenten *Brutus* Sade erschienen sein (kein anderes Dokument nennt diesen Spitznamen), der »sein Verhalten billigte«, seine Freilassung verfügte und ihn mit dreihundert Livres und einem Paß versah, damit er Paris verlassen konnte. Ein solcher Charakterzug würde de Sade ganz ähnlich sehen, aber wenn er dem Kommandan-

UNTER DEM REGIME DER REVOLUTION 341

ten geholfen hat, so sind die Begleitumstände dieser Anekdote doch unglaubwürdig: tatsächlich war *die Section des Piques* kein Gerichtshof, und niemals ist ein Angeklagter vor ihrer Versammlung erschienen.

...*September 1793* – Während Herr de Sade an Gaufridy schreibt und ihm scherzhafte Vorwürfe wegen hundertzwanzig Franken macht, die dieser ihm noch schuldet (»Immer Schwänze, mein lieber Anwalt, auf Ehre und Gewissen, Sie lieben Schwänze, wie eine schöne Frau!«), wird ihm ein Brief von Quinquin überbracht, der ihn zur Verzweiflung bringen würde, müßte er die Nachricht glauben, die er enthält: Gaufridy, aus Furcht vor den Jakobinern wegen der Affäre von Marseilles, ist auf der Flucht.

Wenn Herr de Sade diese Geschichte auch als lächerlich bezeichnet, so entspricht sie doch den Tatsachen. Der Anwalt war durch seinen Sohn gefährdet worden, einen Anhänger des Föderalismus, der im Juni in die Armee des Departements eingetreten war.

Dennoch scheint Gaufridy, so oft es die Umstände erlaubten, nach Hause gekommen zu sein: die Briefe, die de Sade und der Anwalt zwischen November 1793 und Januar 1794 austauschten, bezeugen, daß dieser sich mindestens zeitweilig in der Stadt Apt aufhielt.

28. August 1793 – Dem Marquis ist an der Rue Miromesnil, Quartier du Roule, für vierzigtausend Franken ein Haus zum Kauf angeboten worden. Daraufhin beauftragt er den Bürger Quinquin le Veuf, sein Schloß Mazan zu Geld zu machen, damit er diese Summe bezahlen kann. Er fordert seinen Verwalter auf, diese Sache unverzüglich in die Wege zu leiten und gleichzeitig Gaufridy, von dem er ohne Nachricht ist, daran zu erinnern, ihm die im September fällige Zahlung zu überweisen.

29. August 1793 – Der Gesundheitsausschuß beauftragt den Bürger Sade, sich zu überzeugen, ob die Krankenhäuser vom klinischen und verwaltungstechnischen Standpunkt aus gut funktionieren.

20. September 1793 – Der Marquis befindet sich in einer Mission in Apt und unterzeichnet in seiner Eigenschaft als Kommissar des Départements Vaucluse[1] eine Bittschrift an den Präsidenten der

---

[1] Wäre nicht das Durcheinander der Revolution, könnte man sich kaum vorstellen, daß der Kommissar von Vaucluse seit dem 26. Juni auf der Emigrantenliste dieses Departementes stand.

Gesellschaft der Freunde der Freiheit und Gleichheit, die ihren Sitz in Sault hat.

29. *September 1793* – Die Generalversammlung der *Section des Piques* »applaudiert den Prinzipien und der Tatkraft« des *Discours aux mânes de Marat et de Le Pelletier*, den der Bürger Sade verfaßt hat, und beschließt, daß er gedruckt und an den Nationalkonvent, an alle Departements, an die Armeen, an die Behörden von Paris, an die siebenundvierzig anderen Sektionen und an die Volksverbände geschickt werden soll. Der ehemalige Marquis hatte diesen Vortrag auf dem Sockel der Statue an der Place des Piques anläßlich der Feier gehalten, welche die Sektion zum Gedenken an die »großen Männer« abhielt, die unter dem Dolch der »Sklaven« gefallen waren.

Es ist die enttäuschendste aller politischen Schriften de Sades. Zwar entfaltet sich auch hier seine angeborene Eloquenz und sein ausgeprägter Sinn für Sprachrhythmus, aber in der Blütenlese revolutionärer Gemeinplätze sind die Worte *Tugend, Glück, Vaterlandsliebe, Freiheit* in unverantwortlicher Weise als Zugpferde für Lüge und Unwissenheit eingesetzt. Man könnte sogar meinen, es handle sich um eine Parodie und Marat, einer der abscheulichsten Blutsauger der Revolution, erscheine als ironischer Satyr.

Aber wenn de Sade während seiner Gefangenschaft unter der Schreckensherrschaft die Männer, die sein Leben in der Hand hatten, wiederholt mystifizierte, um sich zu retten, so kann man hier nicht leugnen, daß er seine Lobrede auf Marat und Le Pelletier in allem Ernst geschrieben und vorgetragen hat.

Immerhin haben wir gesehen, wie er als Präsident der Sektion genau den Ansichten der gemäßigten Richtung entsprach; und mit Dr. Marciat würden wir sagen, daß dieser Vortrag »eher die Gefühle eines Kollektivs als die innersten Gefühle eines einzelnen wiedergibt«. Und wir wollen noch einen mildernden Umstand anführen: die glückliche Verblendung eines dramatischen Autors, den man bisher an vielen Bühnen abgelehnt hat, der von den Rotmützen im Théâtre-Italien ausgepfiffen worden ist und der jetzt plötzlich den Applaus einer Menge einheimsen kann, die den Raum der Place Vendôme ausfüllen könnte.

Hier ist ein Auszug aus diesem Vortrag an die Manen Marats und Le Pelletiers, der eben den »Fanatismus« widerspiegelt, von dem

UNTER DEM REGIME DER REVOLUTION   343

Sade selbst geklagt hatte, er sei der »natürliche Ton« seiner »schönen und sanften *Nation*«, die ihm bald mit Angst und Schrecken beweisen sollte, wie hellsichtig dieses Urteil war.

Schüchternes und sanftes Geschlecht, wie ist es möglich, daß solche zarten Hände den Dolch ergriffen, den die Verführung geschliffen hat? ... Ach! Euer Eifer, Blumen auf das Grab dieses wahren Volksfreundes zu streuen, läßt uns vergessen, daß das Verbrechen unter euch seinen Arm finden konnte. Der barbarische Mörder Marats gehört, gleich jenen Zwitterwesen, deren Geschlecht man nicht bestimmen kann und die die Hölle zur Verzweiflung beider Geschlechter ausgespuckt hat, keinem an. Ein Trauerschleier muß auf ewig die Erinnerung an ihn verhüllen; man soll vor allem aufhören, uns sein Bildnis als Sinnbild bezaubernder Schönheit darzustellen. Ihr allzu leichtgläubigen Künstler zertrümmert, vernichtet, entstellt die Züge dieses Ungeheuers oder laßt es vor unseren empörten Augen nur inmitten der Furien der Unterwelt erscheinen.

Nur einem außergewöhnlichen Glückszufall, auf den wir zu gegebener Zeit zurückkommen werden, ist es zu verdanken, daß der Verleumder von Charlotte Corday nicht zwei Tage nach dem Dichter, der diese Heldin glorifizierte, ebenfalls aufs Schafott steigen mußte: Chénier wurde am 7. Thermidor hingerichtet, de Sade stand auf der Liste der Opfer, die am 9. hingerichtet werden sollten. Und wenn Marat nicht unter dem Messer der schönen Corday verblutet wäre, so hätte Herr de Sade bald zu seinem Schaden die Macht des Mannes »erhabener Taten« kennengelernt, der sich »für das Glück seiner Brüder opferte«, und seine kopflose Leiche wäre einige Monate vor der sterblichen Hülle André Chéniers in den Gruben der Revolution gelandet. Denn der sogenannte »Volksfreund« haßte niemanden mehr als unseren Helden, dessen Taten ihm wahrscheinlich durch die *Liste des ci-devant [nobles]* von Dulaure bekannt waren. Etwa einen Monat vor seinem Tod, am 2. Juni 1793, klagte Marat, der durch den ähnlichen Klang der Namen *Marquis de La Salle* und *Marquis de Sade* getäuscht wurde, in seiner Zeitung jenen an, den er mit diesem verwechselte. Später erkannte er seinen Irrtum, und wenn der Teufel nicht wachsam gewesen wäre, hätte er ihn unverzüglich korrigiert, indem er den Helden der Affären von Arcueil und Marseille dem züchtigen Messer der Guillotine ausgeliefert

344   MARQUIS DE SADE

hätte. Vermutlich wußte de Sade nichts von dieser Sache: er wäre
ein Narr gewesen, hätte er demjenigen Kränze gewunden, der ihn
der Guillotine übergeben wollte.

16. Oktober 1793 – Marie-Antoinette wird hingerichtet. Die Gefühle des Marquis in bezug auf die Königin drücken sich unserer
Ansicht nach in einer Bemerkung in einem seiner Hefte der *Notes
littéraires* aus: »Ausspruch Antoinettes in der Conciergerie: ›Die
wilden Tiere, die mich umgeben, erfinden täglich eine neue Demütigung, die mein schreckliches Schicksal noch verschlimmert; sie träu-
feln Tropfen um Tropfen das Gift des Unglücks in mein Herz, zählen meine Seufzer mit Genuß, und bevor sie sich an meinem Blut
mästen, trinken sie meine Tränen.‹«

Als der Marquis diese Worte abschrieb, bezog er sie offensichtlich
auf sein eigenes Schicksal. Aber wollte er nicht gleichzeitig eine Unglückliche ehren? Das würde keineswegs überraschen bei einem Mann,
der bei seiner Entlassung aus den Kerkern der Revolution ausrief:
»Meine *nationale* Gefangenschaft mit der Guillotine vor Augen hat
mir hundertmal mehr Böses zugefügt als alle Bastillen, die man sich
vorstellen kann!« Die tiefe Menschlichkeit, die dieser Satz unter
vielen anderen bezeugt, steht ganz besonders der tierischen Prosa des
Bürgers Retif entgegen, der mit Wohlgefallen ein gemeines Zwiegespräch berichtete, das vom Martyrium der Königin angeregt worden
war, oder das furchtbare Ende der Gräfin du Barry folgendermaßen
kommentierte: »Sie ging zum Richtblock wie das Schwein von
Lafontaine, sie quietschte...«

14. November 1793 (24. Brumaire Jahr II[1]*)* Der Bürger Sade,
Literat, schickt Gaufridy eine neue Erklärung über seine Einkünfte,
weil die, welche er ihm neulich geschickt hatte, »nicht gelte«, und
bittet den Anwalt, die Zahlen von den Behörden in La Coste, Mazan
und Arles bestätigen zu lassen. Aus dieser schönen Rechnung geht

---

[1] Am 5. Oktober 1793 macht ein Dekret des Nationalkonvents *tabula
rasa* mit dem Gregorianischen Kalender, indem es rückwirkend mit dem
22. September 1792 um Mitternacht (1 Vendémiaire Jahr I) den Beginn
der republikanischen Zeitrechnung ansetzte. Am 24. November wird der
Konvent Jahreseinteilung, Tages- und Monatsnamen festlegen. Indessen
tragen gewisse Dokumente, offizielle und private, die vor diesen Be-
schlüssen liegen (wie zum Beispiel de Sades Brief vom 14. November),
schon die Datierung des neuen Kalenders.

UNTER DEM REGIME DER REVOLUTION 345

hervor, daß er nach Abzug aller Unkosten nur über 100 Franken im Jahr verfügt. Unter den Unkosten ist die Rente von 4 000 Franken aufgeführt, die er Madame de Sade nie bezahlt hat, und eine Rente von 1 000 Franken für die Bürgerin Quesnet, seine »natürliche und Adoptivtochter«.

15. November 1793 (25. Brumaire Jahr II) – An der Spitze von sieben anderen Delegierten (Vincent, Artaud, Becq, Sanet, Bisoir, Gérard und Guillemard) tritt der Bürger Sade vor den Nationalkonvent, um die von ihm verfaßte *Pétition de la Section des Piques aux représentans du peuple françois* zu verlesen. Diesem Plan einer Vergötterung der Tugend mit Hymnen und Weihrauch auf den ihrer Bestimmung enthobenen Altären des Katholizismus gewährt der Konvent ehrenvolle Erwähnung; überdies beschließt er, die Petition ins Bulletin aufzunehmen und an das Komitee für Schulwesen zu schicken.

Ende November 1793 (Frimaire Jahr II) – Neun Kisten mit Gegenständen, die dem ehemaligen Marquis gehören und die der gute Paulet vor einigen Monaten aus La Coste an Gaufridy geschickt hatte, werden beschlagnahmt und versiegelt.

4. Dezember 1793 (14. Frimaire Jahr II) – Innenminister Paré an den Bürger Sade, Wohlfahrtskommissar für Militär und Krankenhäuser:

Du hast mich am 6. dieses Monats gebeten, Bürger, Dir die Abschrift eines Briefes von de Launay, Kommandant der Bastille, zu verschaffen, den er an Villedeuil, damals Staatsminister, über Dich geschrieben hat; ich habe in den Archiven der Verwaltung danach suchen lassen; man hat einen vom 3. Juli 1789 gefunden; es könnte der sein, den Du verlangst, und ich lasse Dir eine Abschrift zustellen.

DIE GEFÄNGNISSE DER FREIHEITSREGIERUNG
(MADELONNETTES, CARMES, SAINT-LAZARE, PICPUS)

8. Dezember 1793 (18. Frimaire Jahr II) – Aufgrund einer »Notiz in Form einer Liste des Bürgers Pache, ehemaliger Bürgermeister von Paris, mit dem Titel *Extrait de la correspondance Brissac*«[1], aus

---

[1] Louis-Hercule-Timoléon, Herzog de Brissac, Generalkommandant der Garde constitutionelle Ludwigs XVI.

welcher hervorgeht, daß der Bürger Sade im Jahre 1791 für sich und die Seinen um Dienst in der Garde constitutionelle des Königs ersucht hat[1], wird gegen de Sade Haftbefehl erlassen. Der Überbringer dieses Haftbefehls, der Bürger Jouenne Juspel, spricht um zehn Uhr morgens beim Revolutionskomitee der *Section des Piques* vor und verlangt, daß eines seiner Mitglieder ihn begleite, um diese Verhaftung zu vollziehen. Michel Laurent wird dazu bestimmt und begibt sich mit Jouenne in die Rue Neuve-des-Mathurins. Der Bürger Sade wird dort in Gesellschaft der Bürgerin Quesnet vorgefunden. Haussuchung, Anbringung der Siegel, zu deren Bewachung der Sansculotte François Thiot aufgestellt wird; Verhaftung des Verdächtigen, der in das Gefängnis Madelonnettes gebracht wird.

Gleich nach seiner Ankunft in Madelonnettes schickt de Sade einen angstvollen Aufruf an seine Kollegen von der *Section des Piques*. Aber der Überwachungsausschuß der *Section des Piques* denkt nicht daran, zu seinen Gunsten zu sprechen, sondern wird ihn, um den augenblicklichen Herren zu gefallen, nur noch mehr beschuldigen. (Man wird sehen, wie die Bürger derselben Sektion nach dem Thermidor mit gleichem Opportunismus eifrig seine Verdienste und seine Bürgertugend beteuern werden.)

Ein paar Worte zu dem Gefängnis, wo die »Schurken« Robespierres den ehemaligen Marquis während seines sechswöchigen Aufenthalts an einem »gewissen Ort« unterbrachten. Das Kloster des Madelonnettes wurde 1720 vom Orden der Filles de Saint-Michel gegründet und nahm zur Zeit der Monarchie vier Arten von Insassinnen auf: Büßerinnen, genannt Filles de Saint-Marthe (graues Kleid); Prostituierte, die ihre Bekehrung bewiesen hatten und denen erlaubt wurde, ihr Gelübde abzulegen; Prostituierte, die von den Behörden eingesperrt wurden (Laienkleid und schwarzer Schleier); Mädchen aus verrufenen Familien, die man zu bessern hoffte. Vielleicht haben die köstlichen Phantome aus einem wollüstigen Jahrhundert die Phantasie des Verfassers von *Justine* während seiner Gefangenschaft bezaubert. Und wahrscheinlich war er empfänglich für die Erinnerung an die Schauspieler, die in Madelonnettes eingesperrt worden waren, weil sie politische Gegner Talmas waren. Die Sansculotte-Behörden hatten das Kloster Anfang 1793 in ein

---

[1] Die Anschuldigung war sehr gefährlich.

UNTER DEM REGIME DER REVOLUTION 347

Gefängnis umgewandelt. Nach der Revolution diente das Haus, in dem de Sade gelitten hatte, weiterhin als Gefängnis; von 1848 bis 1866 war es für politische Gefangene bestimmt, im Jahre 1866 wurde es zerstört. An seiner Stelle stehen heute die Gebäude der Rue Sainte-Elisabeth und der Rue Turbigo.

12. Januar 1794 (23. Nivôse Jahr II) – Der Marquis wird gegen Abend aus Madelonnettes abgeholt und in seine Wohung gebracht, um beim Aufbrechen der Siegel und bei der Haussuchung anwesend zu sein. Gegen Mitternacht ist die Prozedur beendet. Vierzehn Briefe aus der Provinz werden beschlagnahmt und der Polizeiverwaltung ausgehändigt. Der Kommissar verzichtet darauf, die Siegel wieder anzubringen, weil der Bürger Sade protestiert und erklärt, er sei nicht in der Lage, weiterhin für den Wächter Thiot zu bezahlen.

13. Januar 1794 (24. Nivôse Jahr II) – Die Polizeiverwaltung der Stadt Paris befiehlt, den Gefangenen Sade in das Haus der Karmeliter an der Rue de Vaugirard zu bringen[1]. Er bleibt dort nur acht Tage, während derer man ihn zusammen mit sechs Personen einsperrt, die von einem bösartigen Fieber befallen sind. Zwei davon sterben in dieser Zeit.

22. Januar 1794 (3. Pluviôse Jahr II) – Auf einen vom 1. Pluviôse datierten Befehl hin wird de Sade in das Haus Saint-Lazare[2] gebracht, das erst seit einigen Tagen als Revolutionsgefängnis dient.

8. März 1794 (18. Ventôse Jahr II) – »Bericht über die politische Führung des Bürgers Sade an die Vertreter des Volkes, die den Sicherheitsausschuß bilden«, in Form eines Formulars, welches der Überwachungsausschuß der *Section des Piques* ausgefüllt hat:

---

[1] Ehemaliges Barfüßerkloster, das 1611 gegründet und während der Revolution in ein Gefängnis umgewandelt wurde. Das Gebäude steht noch heute an der Rue de Vaugirard Nr. 70. Am 2. September 1792 waren dort hundertfünfzig nicht vereidigte Priester eingesperrt worden; die Anhänger Dantons brachten sie mit Piken, Hacken und Stockschlägen um; unter ihnen befanden sich der Erzbischof von Arles und die Bischöfe von Saintes und Beauvais. – Später wurde Josephine Beauharnais dort eingesperrt.
[2] 1632 von Saint-Vincent de Paul geleitetes Lepraspital, dann Krankenhaus und Altersheim, wurde Saint-Lazare später Besserungsanstalt. Im Juli 1789 erstürmt und 1792 der ursprünglichen Bestimmung entzogen. Seit dem 18. Januar 1794 (29. Nivôse Jahr II) zur Aufnahme Verdächtiger bestimmt. 1818 bis 1935 Krankenhaus und Frauengefängnis (die berühmte Mata Hari war dort eingesperrt), wurde das Haus 1940 zerstört,

FORMULAR
VOM ÜBERWACHUNGSAUSSCHUSS DER SECTION DES PIQUES INNERHALB
VON ACHT TAGEN NACH ERHALT AUF IHRE VERANTWORTUNG AUSZUFÜLLEN.

[1. Spalte] *Name des Gefangenen, Wohnsitz vor der Verhaftung, Alter; Anzahl der Kinder, deren Alter, Aufenthaltsort; Witwer, Jungeselle oder verheiratet?*
Sade, wohnhaft Rue Neuve-des-Mathurins Nr. 36, verheiratet, Alter ca. 60 Jahre.

[2. Spalte] *Ort, wo er inhaftiert ist; seit wann; zu welcher Zeit; durch welchen Befehl; warum?*
In Madelonnettes, seit dem letzten Frimaire, auf Befehl der Polizeiverwaltung, da verdächtig.

[3. Spalte] *Beruf vor und nach der Revolution*
Ehemaliger Graf

[4. Spalte] *Einkommen vor und nach der Revolution*
Lebt von seinen Einkünften, die sich seiner Erklärung nach auf 8 000 Livres belaufen.

[5. Spalte] *Verbindungen und Beziehungen*
Mit Brissac, Hauptmann der Garde von Capet, den er um Dienst für sich und die Seinen ersuchte; unter den versiegelten Briefen im Rathaus befanden sich solche, die beweisen, daß dieser Mann mit den Feinden der Republik korrespondierte.

Er pocht darauf, unter dem früheren Regime in der Bastille gesessen zu haben, und will damit seinen Patriotismus herausstreichen. Indessen wäre er sicherlich weit strenger bestraft worden, wenn er nicht zur Adelskaste gehört hätte. Er ist in jeder Beziehung ein äußerst unmoralischer, äußerst verdächtiger und der Gesellschaft unwürdiger Mensch, wenn man den Bemerkungen glauben kann, die im dritten Band von *l'Espion anglois* und im ersten Band der Liste der ehemaligen Adeligen, S. 89 Nr. 28, stehen.

[6. Spalte] *Welchen Charakter und welche politischen Anschauungen hat er in den Monaten Mai, Juli und Oktober 1789, am 10. August, bei der Flucht und dem Tod des Tyrannen, am 31. Mai und bei den Krisen im Krieg bewiesen; hat er freiheitsmörderische Petitionen und Beschlüsse unterzeichnet?*
In der Sektion hat er nach dem 10. August unermüdlich den Patrioten gespielt, aber die Mitglieder der Sektion ließen sich nicht

UNTER DEM REGIME DER REVOLUTION 349

narren. Er hat sich entlarvt, *primo* durch eine Petition, die den revolutionären Grundsätzen und der von dem Konvent beschlossenen Schaffung einer revolutionären Armee widersprach.

Im Oktober 92 widersetzte er sich zuerst dem Beschluß der Versammlung, die Roland das Vertrauen der Sektion entzog und ihn des Vertrauens der französischen Nation für unwürdig befand, unter dem Vorwand, er habe keine handgreiflichen Beweise, und man müsse abwarten, ehe man einen so tugendhaften Mann verurteile. Er war ein prinzipieller Feind der republikanischen Gesellschaftsordnung und zog in privaten Gesprächen ständig Vergleiche mit der römischen und griechischen Geschichte, um zu beweisen, daß es unmöglich sei, in Frankreich eine demokratische und republikanische Regierung aufzustellen.

Das versammelte Komitee hat das obige Formular und die darin aufgeführten Tatsachen nochmals verlesen und daraufhin nach reiflicher Überlegung beschlossen, besagtes Formular von allen Mitgliedern unterschreiben zu lassen und unverzüglich dem Überwachungsausschuß zu schicken.

LAURENT. VAILLANT. MOUTONNET. CRESPIN. GARNIER.

BELLOEIL. LHULLIER. PHILIPPON. MOULIN. CHATARD.

GEORGES. LANGLOIS.

Folgende Erklärungen hat de Sade zu diesem Bericht abgegeben. Sie sind fast alle in lächerlicher Weise abgefaßt, für den Zweck der Sache, für die »Kannibalen«, die das französische Volk vertraten.

Wenn er 1791 an Brissac geschrieben habe, um ihn um Dienst zu ersuchen, so sei das geschehen, weil er damals »die unwürdige Zusammensetzung« der Garde constitutionnelle nicht gekannt habe. Sein Verhalten seit 1789 sei immer von seiner Verbundenheit mit der Revolution bestimmt worden: schon vor der Erstürmung der Bastille habe er das Volk aus dem Fenster seines Kerkers angerufen; am 10. August habe er mitgekämpft; beim Tod des Königs habe er sich darüber gefreut, daß sein Volk »vom feigsten, arglistigsten und unwürdigsten Tyrannen befreit sei«. Seine Sektion habe seinen Patriotismus anerkannt, indem sie ihm die wichtigsten Funktionen übertragen und die Abfassung fast aller Petitionen anvertraut habe, die sie an den Gemeinderat richtete; schließlich habe sie ihn am Tag der Einweihung der Statuen von Marat und Le Pelletier zum Redner gewählt. Er wisse nicht, wo seine Kinder seien: wenn sie emigriert seien, liefere er sie der öffentlichen Verdammung aus. Er erziehe den Sohn seiner Wirtin, der Bürgerin Quesnet, nach patriotischen Grundsätzen: der »Geist [ihres] Hauses« werde stets »edelste Bürgertugend« sein: »Der echte Patriot vermag zu leiden, ohne zu klagen, wenn es um das Wohl des Vaterlandes geht.« Er sei »nie adelig gewesen«; er könne es beweisen, wenn man wolle: seine Vorfahren seien Landwirte oder Händler. Er warte nur auf seine Befreiung, um sich scheiden zu lassen: dann werde er »die Tochter eines Schneiders, eine der hervorragendsten Patriotinnen von Paris« heiraten.

Wer dürfte es wagen, de Sade diese Unterwürfigkeit oder vielmehr Mystifikation vorzuwerfen, mit der er seinen Kopf zu retten hoffte? Im übrigen ist nur ein Satz dieses in reinstem Sansculotte-Stil verfaßten Berichtes der Feder des ehemaligen Marquis würdig: »Sade, denke an die Ketten, die dir die Despoten angelegt haben, und stirb lieber tausendmal, ehe du unter einer Regierung lebst, die diese Ketten erneuert.« Aber es bestand keine Gefahr, daß ein Amar, ein Vouland oder ein Moïse Bayle, abgestumpft wie sie von dem vielen Blut waren, die Zweideutigkeit begriffen hätten.

27. März 1794 (7. Germinal Jahr II) – Der Gefangene wird »wegen Krankheit« von Saint-Lazare ins Krankenhaus von Picpus, genannt Maison Coignart, gebracht, das in der Nähe der Barrière du Trône liegt und erst vor kurzem eröffnet wurde[1].

---

[1] Das Buch *le Jardin de Picpus* von G. Lenôtre enthält wertvolle Auskünfte über die Maison Coignart, das frühere Kloster der Stiftsdamen von Saint-Augustin, die es im Mai 1792 verlassen mußten:
»Im Oktober desselben Jahres mietete der Bürger Riedain das ehemalige Kloster. Nach achtzehn Monaten, das heißt im März 1794, fand er einen Untermieter in der Person des Bürgers Coignart, der seine Hoffnungen auf den guten Ruf setzte, den Picpus wegen seiner reinen, gesunden Luft genoß, und plante, ein »Privatkrankenhaus« einzurichten. Das war eine äußerst einträgliche Sache während der Schreckensherrschaft. Angeblich ist der berühmte Belhomme, der ein ähnliches Etablissement an der Rue de Charonne führte, der Erfinder dieses lukrativen Gewerbes. Durch eine mehr oder weniger gut bezahlte Vereinbarung mit bestimmten Beamten erreichte Belhomme, daß reiche Gefangene, unter dem Vorwand, sie seien krank, zu ihm gebracht – und vergessen – wurden. Die Unterbringung war ausgezeichnet, aber ungemein teuer: wenn man zu Belhomme ging, erkaufte man sich sein Leben. Coignart wollte Belhomme Konkurrenz machen. Sobald das Haus im Frühling bezugsbereit war,

UNTER DEM REGIME DER REVOLUTION 351

23. Mai 1794 (4. Prairial Jahr II) – In der allgemeinen Emigrantenliste des Vaucluse, die an diesem Tag aufgestellt wird, steht *Louis Sade*, der am 26. Mai 1793 aus der Emigrantenliste des Departementes Bouches-du-Rhône gestrichen worden war, auf Seite 29 mit den Vornamen *Louis-Aldonze-Donatien* und dem Vermerk: »adelig, letzter Wohnsitz: La Coste, Bezirk Apt.« Und in der Rubrik der Anmerkungen steht: »Vom Departement Bouches-du-Rhône als Emigrant erklärt.«

10. Juni 1794 (22. Prairial Jahr II) – Bericht Couthons an den Nationalkonvent über ein Dekret, das im Wohlfahrtsausschuß ausgearbeitet wurde:

Die Regierung des Despoten hatte eine juristische Wahrheit geschaffen, die der moralischen und natürlichen Wahrheit nicht entsprach [...]: der Augenschein hatte nicht das Recht, ohne Zeugen und ohne Schriftstücke zu überzeugen. [...] Die nachsichtigen Gegenrevolutionäre wollten die nationale Justiz und den Verlauf der Revolution diesen Gesetzen unterwerfen. [...] Alles lief darauf hinaus, das Recht aufzuweichen und zu verwirren. [...] Man wunderte sich nicht, daß schamlose Frauen verlangten, ihren Eltern, ihren Männern, ihren Freunden die Freiheit zu opfern. [...] Daher kam es, daß die nationale Justiz nie die Achtung gebietende Haltung zeigte oder die Energie entfaltete, die ihr zukam; daß man empfindlich darin war, dem einzelnen gegenüber gerecht zu sein, und sich nicht viel Mühe gab, gerecht gegen die Republik zu sein. [...] Hier wird das Leben der Verbrecher gegen das Leben des Volkes abgewogen; hier [...] ist jede nachsichtige oder überflüssige Formalität eine Gefahr für die Allgemeinheit. Man muß die Feinde des Vaterlandes bestrafen, sobald man sie erkannt hat. [...] Nachsicht gegen sie ist abscheulich, Milde ist verrucht.

Couthon verlas auch das Dekret, aus dem wir die wichtigsten Punkte zitieren:

Art. I, II, III – Das Tribunal der Revolution wird vervierfacht.

fehlte es nicht an Gästen, wie man sich denken kann: Gefangene, die noch über etwas Vermögen verfügten und lieber ausgebeutet als guillotiniert wurden.«

MARQUIS DE SADE

Art. VII – *Alle Verbrechen, die das Tribunal der Revolution abzu-urteilen hat*[1]*, werden mit dem Tode bestraft.*
Art. IX – *Jeder Bürger hat das Recht, Verschwörer und Gegenrevo-lutionäre zu fassen und vor Gericht zu stellen. Er wird angehalten, sie anzuzeigen, sobald er sie erkannt hat.*
Art. XVI – *Fälschlich beschuldigten Patrioten teilt das Recht patri-otische Geschworene als Verteidiger zu; Verschwörern wird kein Verteidiger gewährt.*
Art. XX – *Der Konvent lehnt alle früheren Gesetzesentwürfe ab, die sich nicht mit dem vorliegenden Dekret vereinen lassen. Gesetze, welche die gewöhnlichen Gerichtshöfe betreffen, werden nicht auf Verbrechen der Gegenrevolution angewendet und gelten nicht für die Tätigkeit des Revolutionstribunals.*

Trotzdem Ruamps und Lecointre (aus Versailles) die Vertagung forderten, wurde diese »Regelung für den Schlachthof« nach einer gereizten Intervention Robespierres angenommen.
24. Juni 1794 (6. Messidor Jahr II) – Der Marquis schickt den Mit-gliedern der Volksvertretung einen Bericht über sein politisches Ver-halten, der etwas ausführlicher gehalten ist als seine Antworten an den Sicherheitsausschuß vom 18. Ventôse. Er fügt dieser Abhandlung etwa zwanzig Beweisstücke an, darunter die Abschrift des Briefes von Villedeuil an de Launay und seine Rede an die Manen Marats und Le Pelletiers; der Gefangene ist im Besitz all dieser Schrift-stücke und erbietet sich, sie zur Verfügung zu stellen, falls man das verlangt. Überdies bemerkt er in einem *Postscriptum,* seine Verhaf-tung sei am 18. Frimaire auf Befehl der »ehemaligen Polizei er-folgt, die heute insgesamt gefangengenommen oder guillotiniert worden ist«.
24. Juli 1794 (6. Thermidor Jahr II) – Die Anklageakte de Sade, welche die *Section des Piques* zusammengestellt hat, wird vom Ak-tuar des Wohlfahrtsausschusses dem Revolutionstribunal überreicht. Der Deckel trägt folgenden Vermerk: ALDONZE SADE EX NOBLE ET

---

[1] Zu den Verdächtigen zählt Art. VI Personen, »die versuchen, die öffent-liche Meinung irrezuführen, die Sitten zu verderben, das Gewissen der Öffentlichkeit zu bestechen und die Kraft und Reinheit der revolutionären Prinzipien zu verfälschen«. Man kann sich denken, welche unbegrenzten Möglichkeiten dieser Absatz der Polizei eröffnete.

UNTER DEM REGIME DER REVOLUTION 353

COMTE // HOMME DE LETTRES ET OFFICIER DE CAVALERIE // PRÉVENU
DE CONSPIRATION CONTRE LA RÉPUBLIQUE.
26. Juli 1794 (8. Thermidor Jahr II) – Fouquier-Tinville, der
öffentliche Ankläger des außerordentlichen Revolutionstribunals,
verfaßt eine Anklageschrift gegen achtundzwanzig Angeklagte, darunter als Nr. 11 *Aldonze Sade:*

*Sade, ehemaliger Graf, Hauptmann der Garde von Capet im
Jahre 1792, hat mit den Feinden der Republik in Verbindung und
Einverständnis gestanden. Er hat die republikanische Regierung un-
ablässig bekämpft, indem er in seiner Sektion betonte, daß diese Re-
gierungsform nicht durchführbar sei. Er hat sich als Anhänger des
Föderalismus und Lobpreiser des Verräters Roland erwiesen. End-
lich scheint es, als ob die Beweise, die er für seine Vaterlandsliebe er-
bringen wollte, nur ein Mittel waren, mit dem er versuchte, den
Nachforschungen über seine Mittäterschaft an der Verschwörung des
Tyrannen zu entgehen, dessen gemeiner Scherge er war.*

27. Juli (9. Thermidor Jahr II) – Der Gerichtsdiener des Tribunals
begibt sich in die Gefängnisse und überbringt eine Verordnung,
welche die Namen der achtundzwanzig Angeklagten enthält, die er
vor Gericht fordern und mitnehmen soll. Aber die Gefangenen Ar-
pajon, Forceville, Montfort, *Aldonze Sade* und Serre waren trotz
seiner Nachforschungen unauffindbar. Nur dreiundzwanzig Personen werden der von Scellier präsidierten Sitzung der zweiten Sektion vorgeführt. Nach einer kurzen Verhandlung, die nur so lange
dauerte, *wie erforderlich war, um die Feinde des Vaterlands zu erkennen,* wird das Trüppchen der Gefangenen – außer dem Landwirt
Aviat-Turot, der freigesprochen, und Perrine-Jeanne Leroux Witwe
Maillé[1], die beim Betreten des Saales von Krämpfen gepackt und
in die Conciergerie zurückgeschickt wird – zum Tode verurteilt.
Und so entgeht der Marquis de Sade der Guillotine[2] dank der
vielen und überfüllten Gefängnisse, dank dem Durcheinander in
den Kanzleiakten, die täglich mehr anschwollen, so daß zum Bei-

[1] Der Marquis war mit ihrem Mann durch seine Mutter, eine geborene
Maillé de Carman, verwandt.
[2] Diese Erklärung ist die einzig wahrscheinliche, da der Gerichtsdiener
sich auch nach Picpus begeben hatte, wo er den Angeklagten Béchon
d'Arquian abführte.

354 MARQUIS DE SADE

spiel Überführungsbefehle nicht mehr laufend eingetragen werden
konnten (vermutlich hat der Gerichtsdiener in Madelonnettes, bei
den Karmelitern oder in Saint-Lazare nach de Sade gefragt[1]). Und
zugleich blieb ihm die grausamste moralische Prüfung in der Geschichte der Schreckensregierung erspart.

Sofort nach dem Todesurteil wurden die Verurteilten in die Karren gepfercht, die sie mit anderen Opfern zur Barrière du Trône
bringen sollten. Jemand war zu Fouquier-Tinville gekommen, um
ihn darauf aufmerksam zu machen, daß Unruhen in Paris waren:
stand nicht ein Umschwung bevor? Es wäre klug und menschlich, die
Hinrichtungen aufzuschieben. »Nichts darf den Lauf der Gerechtigkeit hemmen«, hatte der Ankläger geantwortet. »Und die Karren
fuhren los«, schreibt der Historiker Campardon; »sie durchquer-
ten Paris; das Volk sah in düsterem Schweigen zu, wie sie vorüber-
zogen. An der Rue du Faubourg Saint-Antoine, wo die Verurteilten
bisher von Söldnern des Tribunals immer mit Schimpf und Schande
überschüttet worden waren, wollten die Einwohner den Zug aufhalten, die Pferde ausspannen und den Unglücklichen Leben und
Freiheit zurückgeben. Jedermann weiß, daß gegen Robespierre Haftbefehl erlassen wurde: die Polizisten der Eskorte zögern, schon
wollen sie nachgeben, als plötzlich ein paar Soldaten in gestrecktem
Galopp heranpreschen. Es ist Hanriot mit seinem Stab; er reitet
durch die ganze Stadt, um die Anhänger Robespierres zusammen-
zutrommeln. Mit Säbelhieben verjagen seine Männer das Volk, das
die Wagen umringt, und zwingen die zögernden Henker, den Weg
zur Guillotine fortzusetzen. Die Karren setzen sich wieder in Bewegung, und die Opfer, die einen Augenblick lang Hoffnung geschöpft haben, werden an der Barrière de Vincennes[2] hingerichtet.«

Am 19. November 1794, einen Monat nach seiner Befreiung, beschreibt de Sade in einem Brief an Gaufridy seine vier Revolutions-

1 Wenn de Sade in seinem Testament erklären wird, der Mut Marie-
Constance Quesnets habe ihn vor »dem Schwert der Revolution« gerettet,
so wollte er damit die Rolle seiner Freundin herausstreichen und in den
Augen seiner Erben das Legat von vierundzwanzigtausend Franken rechtfertigen, das er ihr aussetzt. Aber Madame Quesnet hat nur die Befreiung
de Sades am 24. Vendémiaire bewirkt: der Brief des Marquis an Gaufridy
vom 19. November 1794 bezeugt es.
2 »Die Barrière de Vincennes«, das heißt die Barrière du Trône oder
»Plâce du Trône-renversé«, wie sie nach der Hinrichtung des Königs ge-

UNTER DEM REGIME DER REVOLUTION 355

gefängnisse und drückt sich folgendermaßen über die furchtbaren
Tage aus, die er in der Maison Coignart verlebt hat:

*Ein irdisches Paradies; schönes Haus, wundervoller Garten, aus-
gesuchte Gesellschaft, liebenswürdige Frauen, und plötzlich wird
unter unseren Fenstern der Richtplatz aufgestellt und unser Garten
zum Friedhof für die Guillotinierten gemacht* [1]. *Wir haben in fünfunddreißig Tagen achtzehnhundert beerdigt, lieber Freund, ein Drittel davon aus unserem unglücklichen Haus. Endlich wurde auch mein
Name als elfter auf die Liste gesetzt, da traf das Richtschwert den
neuen Sulla Frankreichs. Von dem Augenblick an hat sich alles besänftigt, und dank der eifrigen Bemühungen der liebenswürdigen
Gefährtin, die seit fünf Jahren mein Herz und mein Leben teilt,
wurde ich am vierundzwanzigsten Vendémiaire endlich freigelassen.*

28. Juli 1794 (10. Thermidor Jahr II) – Maximilien Robespierre,
Dumas, Couthon, Hanriot, Saint-Just, Payan und sechzehn weitere
Terroristen werden um halb acht Uhr abends unter donnerndem
Beifall auf der Place de la Révolution hingerichtet.

22. August 1794 (5. Fructidor Jahr II) – Zwei Mitglieder des
Sicherheitsausschusses, Dubarran und Vadier, sind von einer Petition des Gefangenen von Picpus ergriffen, der seine Unschuld beteuert
und seine Freiheit erfleht, und überreichen das Dokument der *Section
des Piques,* damit diese ihre Ansicht über den Bürger Sade äußert.

---

tauft wurde. Sie lag nur etwa fünfzig Meter vom Gefängnis von Picpus
entfernt. Die Guillotine war auf die Klagen der Anwohner der ehemaligen Place de la Concorde hin, die vom Geruch des Blutes belästigt wurden, an die Barrière du Trône verlegt worden. Bei dieser Gelegenheit
wurde eine Neuerung eingeführt: damit die Henkersknechte die Opfer
in das Beinhaus von Picpus bringen konnten, ließen die Behörden unter
dem Schafott eine mit Blei ausgeschlagene Kiste auf Rädern anbringen.
[1] Am 27. Prairial wurde im südwestlichen Teil des ehemaligen Kloster-
gartens eine ungeheure Grube ausgehoben, die als Grab für die Guillot-
nierten von der Barrière du Trône dienen sollte. Sofort richteten die
Nachbarn ein Protestschreiben an den Wohlfahrtsausschuß gegen die Gefahr, die Picpus drohte, nämlich die Pest von den sich zersetzenden Leichen *dieser Adligen, die zu Lebzeiten erklärte Feinde des Volkes gewesen
waren und es jetzt, nach ihrem Tode, mordeten.* Auf diesen Protest hin
befahl der Wohlfahrtsausschuß, auf der Grube ein »gezimmertes Brett«
anzubringen mit »einer Falltür, welche die Bedienung erleichtert. Dieses
Brett wird die Ausdünstungen abhalten.«

25. August 1794 (8. Fructidor Jahr II) – Die *Section des Piques*
schickt dem Sicherheitsausschuß die Petition Sades mit folgendem
Zeugnis zurück, das im neuen »thermidorischen« Geist abgefaßt ist
und in sonderbarem Gegensatz zum Bericht vom 18. Ventôse steht:

Wir Unterzeichnenden,
Bürger der Section des Piques, *bestätigen, den Bürger Sade zu ken-*
nen, der verschiedene Funktionen in der besagten Sektion sowie
in den Spitälern mit Eifer und Klugheit innegehabt hat; wir bezeu-
gen, daß wir an ihm nichts bemerkt haben, was den Grundsätzen
eines guten Patrioten widerspräche und Zweifel an seiner Bürger-
tugend aufkommen ließe.
Paris am 8. Fructidor des zweiten Jahres der vereinten und un-
teilbaren Republik Frankreich.

> SVERIN. TOUCHARD. CABANÈS, *Hauptmann.* NOEL THO-
> MAS. ANTERNE, *Hilfssekretär im Militärbüro.* LADOU-
> CETTE, *Chirurg.* CHENEVOZ.
> DRAPIER. BOURGEOIS. RACT. SANÉ. ROGÉ. SIMEZ. FRAN-
> ÇOIS. STALPORT.

30. September 1794 (9. Vendémiaire Jahr III) – Der Bürger Sade,
Literat, beruft sich auf das Dekret betreffend die Freilassung der
»patriotischen Künstler, die sich der öffentlichen Sache geweiht haben«, und fordert bei den Mitgliedern des Sicherheitsausschusses
seine Freiheit.

11. Oktober 1794 (20. Vendémiaire Jahr III) – Die Bürgerin Quesnet bittet den Volksvertreter Bourdon (aus dem Departement Oise),
sich für die Freilassung des Gefangenen von Picpus einzusetzen.

13. Oktober 1794 (22. Vendémiaire Jahr III) – Der Sicherheits-
und Überwachungsausschuß des Nationalkonvents beschließen, der
Bürger Sade, Gefangener in Picpus, sei unverzüglich in Freiheit zu
setzen.

15. Oktober 1794 (24. Vendémiaire Jahr III) – Nach dreihundert-
zwölf Tagen Gefangenschaft wird de Sade freigelassen und kehrt
in sein Haus an der Rue Neuve-des-Mathurins zurück, wo er kraft
eines Beschlusses vom 5. Brumaire, auf Verlangen des Ausschusses
für Schulwesen, dank seiner patriotischen Werke weiterhin wohnen
darf, obgleich er ein ehemaliger Adeliger ist.

UNTER DEM REGIME DER REVOLUTION 357

VON DER ENTLASSUNG AUS PICPUS BIS ZUR
VERHAFTUNG AM 15. VENTÔSE

*Zwischen dem 15. und 21. Oktober 1794 (den letzten Tagen des
Vendémiaire vom Jahr* III) – Nach seiner Entlassung aus Picpus
schickt der Marquis dem Bezirk Apt eine beglaubigte Abschrift vom
Beschluß des Sicherheitsausschusses vom 22. Vendémiaire, der seine
Freilassung und die Aufhebung der Beschlagnahme seiner Güter bestätigt. Er versucht die Verbindung mit Gaufridy wiederaufzunehmen, der wie sein Sohn Elzéar wegen der Feindseligkeit, die ihnen
seit der Affäre des Föderalismus entgegengebracht wird, immer noch
auf der Flucht ist. Herr de Sade fürchtet, daß sein Freund sich »in
einem Zustand der Not befinde, was [ihm] den allergrößten Kummer machen würde«.

12. November 1794 (22. Brumaire Jahr III) – Der befreite Gefangene schreibt an den Bürger Esprit Audibert, einen seiner Bauern in
La Coste, und wundert sich entrüstet, daß dieser ihm noch kein Geld
geschickt habe, obgleich die Beschlagnahme aufgehoben sei – um so
mehr, als er, der ihm »seit ungeheuer langer Zeit« nichts mehr geschickt habe, genau wisse, in welch furchtbarer finanzieller Situation
er sich befinde. Der Marquis warnt Audibert, ihn beim Sicherheitsausschuß zu verklagen, wenn er sich nicht unverzüglich zur Zahlung
bequeme. Herr de Sade, der »unablässig« zum Wohle der Öffentlichkeit arbeite, könne hinreichend mit der Anerkennung des Ausschusses rechnen, um jede nur mögliche Genugtuung zu erhalten. Der
Bürger Payan aus La Coste solle es sich also nicht einfallen lassen,
ihm wie gewöhnlich in irgendeiner Weise zu schaden, denn man
könnte den Pariser Behörden bald beweisen, »daß jeder, der diesen verruchten Namen trägt, nur dazu da ist, das Vaterland zu verraten[1]«. Hingegen dürfe Audibert keine Mühe scheuen, um Gaufridy wiederzufinden: »Ich kann ihm jetzt gute Dienste beim Sicherheitsausschuß leisten; er soll nur sagen, was ich tun soll, und ich
werde handeln.«

19. November 1794 (29. Brumaire Jahr III) – Herr de Sade erhält einen Brief von Gaufridy, der endlich »an den heimischen Herd

---

1 Anspielung auf Payan, eine Kreatur Robespierres, der am 10. Thermidor zusammen mit seinem Herrn hingerichtet wurde.

zurückgekehrt« ist. Er freut sich lebhaft darüber und beeilt sich, das
seinem Freund gegenüber auszudrücken. So »hat der Tod der Schurken alle Wolken zerstreut, und die Ruhe, die wir genießen werden,
wird alle unsere Wunden heilen«. Nachdem er dem Anwalt erzählt
hat, was für furchtbare Dinge er in den Kerkern Robespierres erdulden mußte, bietet der Marquis de Sade ihm seine Dienste an:
»Durch meine Gefangenschaft habe ich mir jetzt ein paar Freunde
im Konvent geschaffen, und ich werde mich immer geschmeichelt
fühlen, für Sie Nutzen daraus zu ziehen. Meine Freundin, die meine
Gefühle teilt und ebenfalls einige Abgeordnete kennt, brennt auch
darauf, Ihnen in irgendeiner Weise nützlich zu sein. Befehlen Sie
uns beiden.«

30. November 1794 (10. Frimaire Jahr III) – Der Marquis, der bei
seiner Entlassung aus dem Gefängnis zweitausend Taler Schulden
und keinen Sou Bargeld vorgefunden hat, macht dem Anwalt Vorwürfe, daß er in seine »grausame Lethargie« zurückgefallen sei. Von
zahlreichen Gläubigern bedrängt, ohne einen einzigen Wertgegen-
stand, den er verpfänden könnte, krank im Bett liegend, sei er in
höchster Verzweiflung. Wenn Gaufridy ihm nicht helfe, werde er
sich eine Kugel durch den Kopf jagen müssen. Der Anwalt solle
sich also beeilen, den Verkauf der Grand-Bastide von Saumane ab-
zuschließen, aber »ordentlich«, denn die Güter hätten »verrückte
Preise« in diesem Departement.

5. Dezember 1794 (15. Frimaire Jahr III) – In einem Brief an die
Mitglieder des Departements verlangt de Sade, ihm die halbfertige
Auflage seines Romans *Aline et Valcour* auszuhändigen, die bei dem
verstorbenen Drucker Girouard unter Verschluß liege[1].

12. Dezember 1794 (22. Frimaire Jahr III) – Der Marquis, dessen
Milde und Genauigkeit in der Affäre Gaufridy in merkwürdigem
Gegensatz zur schuldhaften »Lethargie« des Letzteren stehen, hat
für den Anwalt Gnade erwirken können. Er beeilt sich, ihm diese
freudige Nachricht mitzuteilen. Den Erfolg für dieses Gelingen
schreibt er voll und ganz der Bürgerin Quesnet zu, deren Vorgehen
das Wunder bewirkt habe.

21. Januar 1795 (2. Pluviôse Jahr III) – Herr de Sade berichtet

---

[1] Jacques Girouard, Verleger der ersten *Justine,* geboren in Chartres,
am 8. Januar 1794 im Alter von sechsunddreißig Jahren hingerichtet.

UNTER DEM REGIME DER REVOLUTION 359

Gaufridy, daß der Präsident de Montreuil gestorben sei (ungefähr
zwei Monate, nachdem er aus dem Gefängnis entlassen wurde, in
dem er während der Schreckensregierung mit seiner Frau saß). Er
habe die beiden liebenswürdigen Freunde aus der Provence, die ihm
am 19. Januar (30. Nivôse) einen Brief von Gaufridy überbrachten,
so gut empfangen, wie es ging. Sie hätten beim Volksvertreter Rovère zu tun gehabt, aber de Sade habe sie nicht empfehlen können,
weil er ihn nicht kenne. Der jüngere war ein Neffe Fräulein de
Roussets. Der Marquis habe sich sehr gefreut, einen Verwandten
dieser »liebenswürdigen alten Freundin« zu sehen. Der Winter sei
schrecklich: es sei noch kälter als in den Jahren 1709 und 1740; es
fehle an allem. Schon vor zwei Wochen hatte der Marquis geschrieben: »Die Kälte ist so heftig, daß (was ich noch nie gesehen habe)
meine Tinte *eingefroren* ist; ich bin gezwungen, sie im Wasserbad
zu halten; und dabei gibt es kein Holz; man bekommt lediglich
eine Fuhre für zwei Monate zum Preis von vierzig Franken. So
geht es mit allem. Mit fünfundzwanzig Franken am Tag verhun-
gert man.«

26. Februar 1795 (8. Ventôse Jahr III) – Der Marquis, der keinerlei Einnahmequellen mehr hat, fleht Jacques-Antoine Rabaut-Pom-
mier an, ihm eine Stelle zu verschaffen, sei es als Diplomat, sei es
als Konservator einer Bibliothek oder eines Museums.

Ende März 1795 (Germinal Jahr III) – Soeben hat Herr de Sade
erfahren, daß sein Verwandter, Herr de Murs, vor fünf Monaten
gestorben ist. Gaufridy, dem es nicht einfiel, das dem Marquis mitzuteilen, wird wegen seiner »verdammten Nachlässigkeit« geschol-
ten: »Ist es möglich, daß Sie in dieser Sache geschlafen haben, großer Gott! Beeilen Sie sich, ich beschwöre Sie; kommen Sie mit dem
Gesetz in der Hand, dann ist alles unser! Wenn Sie der Sache ihren
Lauf lassen, wird die Nation alles an sich nehmen, und ich bekomme
nichts.«

Zu gleicher Zeit wird der Verkauf der Grand-Bastide von Saumane endlich verwirklicht: Gaufridys Schwiegervater, Herr Archias
aus Aix, erwirbt sie für sechzigtausend Franken.

6. April (17. Germinal Jahr III) – Herr de Sade beschließt, für
zwei Monate aufs Land zu fahren, um dort »ein wesentliches Werk,
das man ihm in Auftrag gegeben hat«, zu beenden.

...Mai 1795 (Floréal-Prairial Jahr III) – Louis-Marie de Sade ist

wieder in Paris. Da er, genau wie sein Bruder, auf keiner Emigrantenliste gestanden hat, kommt man überein, daß er lediglich
in Frankreich herumgereist sei, um Botanik und Kupferstecherei zu
lernen. Donatien-Claude-Armand hingegen sei in Malta, wo er die
Pflichten seiner Charge erfülle. In dem Augenblick, wo ein neues
Dekret ihn und seinen ältesten Sohn in Gefahr bringen könnte[1],
bittet de Sade Gaufridy, jedem, der ihn in dieser Sache befrage,
folgendes zu sagen:

*Herr de Sade ist sehr glücklich, daß dieser Fall nicht auf seine
Kinder zutrifft. – Aber wie? Man hat doch gesagt, sie seien emigriert! – Das stimmt nicht; Sie können sie auf keiner einzigen Liste
finden. Der jüngere ist in Malta, und ein Ritter dieses Ordens emigriert nicht, wenn er auf seinem Posten steht; der ältere hingegen
ist bei seinem Vater. Er hat Reisen in Frankreich gemacht, sich
Kenntnisse in Botanik und Kupferstecherkunst angeeignet, damit
verdient er sich seinen Lebensunterhalt. Er ist Mitglied der* Section
des Tuileries *und wird das beweisen, wenn man will.*

10. Juni 1795 (22. Prairial Jahr III) – Das Théâtre de la Rue Fey-
deau lehnt *le Boudoir ou le Mari crédule* ab.

26. August 1795 (9. Fructidor Jahr III) – Herr de Sade verlangt,
Gaufridy solle ihm die Gelder schicken, die er ihm von verschiedenen Transaktionen noch schulde. Er werde mit diesem Geld »ungeheure Summen« verdienen: allein die 60 000 Livres von der Bastide würden ihm 3 600 Franken im Monat einbringen. Wie könnte
der Marquis sonst von den 17 000 oder 18 000 Franken leben, die
der Anwalt ihm 1795 geschickt hat? »Man kann im Augenblick
einzigartige Geldanlagen machen, wenn man sich drauf versteht«,
und Gaufridy ruiniere seinen Klienten, wenn er ihm die Summen

---

[1] Zweifellos das Dekret vom 12. Floréal, das »die unverzügliche Verurteilung aller auf dem Gebiet der Republik angetroffenen Emigranten«
fordert. Aber schon das gefährliche Dekret vom 25. Brumaire des Jahres
III genügte, um dem ehemaligen Marquis größte Angst einzujagen. Nicht
nur die nach Frankreich zurückgekehrten Emigranten, sondern auch ihre
»Helfershelfer« sollten zum Tode verurteilt und vierundzwanzig Stunden nach der Verurteilung ohne jeden Aufschub und ohne Möglichkeit,
Berufung einzulegen, hingerichtet werden. Und Herr de Sade konnte
sehr wohl als Helfershelfer Louis-Maries beschuldigt werden, um so mehr,
als er während dessen Emigration jenen Wechsel eingelöst hatte.

UNTER DEM REGIME DER REVOLUTION   361

nicht schicke, die er ihm schulde. – Außerdem schreibt Herr de Sade, der soeben die Drucklegung von *Aline et Valvour* habe beenden lassen, daß er seinem Anwalt zwei Exemplare schicke: eines für ihn, das andere für seinen besten Freund: »Dieses Werk, von dem, wie man sagt, viel erwartet wird, interessiert Sie vielleicht.«

14. März 1796 (24. Ventôse Jahr IV) – Louis-Aldonze de Sade, Literat, und Constance Renelle, geschiedene Ehefrau des Balthazar Quesnet, mieten ein Landhaus in Clichy-la-Garenne, an der Rue de la Réunion, gegenüber den Stallungen des Schlosses. Das Haus wird ihnen zum Preis von dreihundert Livres republikanischer Währung von Charles-Auguste-Bassompierre Sevrin, Literat, wohnhaft in Paris, Rue de Boulevard Poissonnière Nr. 550, für ein Jahr vermietet.

19. April 1796 (30. Germinal Jahr IV) – Ausspruch des Marquis de Sade über seinen ältesten Sohn, Louis-Marie: »Ein sehr liebenswürdiger Bursche, der mich oft besucht; ich liebe ihn sehr. Sehr tatkräftig, vergöttert die Kunst und beschäftigt sich nur mit Malerei und Musik. Ich bin sicher, daß dieser junge Mann keine andere Heimat haben will als die Welt, wenn der Frieden erst einmal geschlossen ist. Wenn ich ihn nicht zurückhielte, würde er jetzt schon nach Neu-England reisen.«

13. Oktober 1796 (22. Vendémiaire Jahr V) – Herr de Sade unterzeichnet den Verkaufsvertrag für seinen beweglichen und unbeweglichen Besitz in La Coste an Joseph-Stanislas Rovère, Mitglied des *Conseil des Anciens*[1], und an Madame Rovère zum Preis von 58 400 Livres und ein »Draufgeld« von 16 000 Livres, das an ihn persönlich auszubezahlen ist. Bald wird er dafür ein Gut in Granvillers, Eure-et-Loire, und eines in Malmaison, Seine-et-Oise, im Gesamtwert von 73 000 und mit einer Pacht von 4 000 Livres kaufen.

2. Januar 1797 (13. Nivôse Jahr V) – Herr de Sade an Charles Gaufridy, der seinen Vater seit Germinal in der Vermögensverwaltung des Marquis abgelöst hat:

Überlegene Verachtung, mein Herr, ist alles, was ich für die

---

[1] Eine der beiden Versammlungen, die im Jahre III (1795) durch die Verfassung eingesetzt wurden; sie zählte 250 Mitglieder, die über die vom *Conseil des Cinq-Cents* ausgearbeiteten Gesetze zu befinden hatten.

platten Unverschämtheiten übrig habe, die Sie an mich richten. Einem Kind wie Ihnen steht es nicht zu, über mein Unglück zu reden. Dieses Unglück, das mich in den Augen aller rechtschaffenen Menschen nur anziehend und achtbar macht, dürften Sie gar nicht kennen, denn als ich es durchmachte, bekamen Sie noch den Hosenboden voll. Haben Sie also bitte die Güte, über diese Dinge zu schweigen, denn es steht Ihnen in keiner Weise zu, darüber zu sprechen ...

Das alles paßt mir nicht, mein Herr. Ich bitte Sie, sich nicht mehr um meine Angelegenheiten zu kümmern und Ihren Herrn Vater zu bitten, das Ruder in Ruhe und Anstand bis zum 1. Mai noch einmal zu ergreifen. Dann wird sich alles ändern, und ich hoffe, daß wir beide zufrieden sein und weiterhin Freunde bleiben werden; aber Sie, mein Herr, gefallen mir gar nicht, und ich bitte Sie, mir nicht mehr zu schreiben. Beschränken Sie sich darauf, mir Geld zu schicken, ich habe seit einem Monat keinen Sou mehr.

5. März 1797 (15. Ventôse Jahr v) – Trotz der Garantie, den ihr nach dem Verkauf von La Coste der Kauf der neuen Güter bietet, läßt Madame de Sade weitere Sicherheiten beim Grundbuchamt eintragen. Sie bricht ein jahrelanges Schweigen, um Gaufridy das mitzuteilen, bittet ihn, die Interessen ihrer Söhne nicht aus den Augen zu lassen, und erzählt ihm, was aus ihr und ihren Angehörigen geworden ist. »Meiner Mutter geht es gut. Zur Zeit der Schreckensregierung wurde sie zusammen mit meinem armen Vater verhaftet, den wir sechs Monate nach seiner Freilassung verloren haben. Das ist unser heftigster Schmerz. Meine Tochter und ich waren in der Verbannung, und die Verbannten wären dazu bestimmt gewesen, die Gefängnisse zu füllen, wenn sie leer gewesen wären.«

20. April 1797 (1. Floréal Jahr v) – Herr de Sade zieht in das Haus der Bürgerin Quesnet in Saint-Ouen, Place de la Liberté 3.

Mitte Mai 1797 (Floréal Jahr v) – Herr de Sade trifft mit Madame Quesnet in der Provence ein.

Zwischen Mitte Mai und Mitte Juni 1797 (Floréal-Prairial Jahr v) – Er begibt sich in Geschäften nach Apt, zu Gaufridy, nach La Coste, nach Bonnieux, wo er im ehemaligen Franziskanerkloster von Simon-Stylite Rovère höflich empfangen wird, nach Mazan, wo die

UNTER DEM REGIME DER REVOLUTION   363

Behörden ihm einen Besuch abstatten, aber einen Exekutionssol-
daten bei ihm aufstellen, um ihn zur Bezahlung seiner Steuern zu
zwingen.

18. Juni 1797 (30. Prairial Jahr v) – *13. Juli 1797 (25. Messidor
Jahr* v) – Nachdem Herr de Sade voreilig den Steuereinnehmer
Perrin aus Carpentras des Diebstahls und Betruges beschuldigt hat,
wird er von diesem vor ein Polizeigericht zitiert und gezwungen,
öffentliche Abbitte zu leisten und die Kosten des Verfahrens zu
bezahlen.

23. Juli 1797 (5. Thermidor Jahr v) – Während Madame Quesnet
der Obhut der Familie Gaufridy in Apt anvertraut wurde, ist Herr
de Sade mit den Söhnen des Anwalts, Charles und François, auf
dem Jahrmarkt in Beaucaire, der am Vortag eröffnet wurde. Eine
Lotterie, von der er Wunder erwartete, hat keinerlei Erfolg gehabt: Charles, der vor einigen Tagen vorausgefahren war, hat kein
einziges Los verkaufen können. Da er überdies behauptet, er sei
für seine Reiseunkosten nicht genügend entschädigt worden, schickt
de Sade ihn zu seinem Vater zurück.

Ende Juli 1797 (Thermidor Jahr v) – Der Marquis fährt mit François nach Arles, um zu versuchen, das Gut Cabanes zu verkaufen.
Indessen ist er ungeduldig, Madame Quesnet, »diese teure Freundin, deren Leben ihm wichtiger ist als seines«, wiederzusehen. Er
schreibt Gaufridy, wie dankbar er sei für die Aufnahme, die Marie-
Constance in seinem Haus gefunden habe, aber er beklagt sich,
daß er keine Briefe bekomme, und fürchtet, »neue Freuden lassen
sie die alten vergessen«.

4. September 1797 (18. Fructidor Jahr v) – Staatsstreich der Mitglieder des Direktoriums Barras, Rewbell und La Reveillière. Die
Säle der *Anciens* und der *Cinq-Cents*[1] werden von der Truppe ge-
stürmt. Die beiden anderen Mitglieder des Direktoriums, Carnot
und Barthélemy, sowie die Mitglieder des Rates, die sich dem Club
de Clichy angeschlossen hatten, werden verhaftet und verbannt.
Darunter Boissy-d'Anglas, Bourdon de l'Oise, Pichegru, Siméon
(der ehemalige Verteidiger de Sades), Villaret-Joyeuse, Barbé-Mar-
bois, Portalis, Tronson-Doucoudray und Rovère, der das Schloß

---

[1] Rat der Fünfhundert, der zusammen mit dem *Conseil des Anciens* die
Legislative darstellte.

La Coste erworben hatte. Außerdem werden ehemalige Minister und Volksvertreter, fünfunddreißig Zeitungsredakteure und Hunderte von Geistlichen in die Verbannung geschickt. Schließlich werden die Gesetze zugunsten der Priester und Emigranten aufgehoben; die Folgen dieses Beschlusses werden das Leben des ehemaligen Marquis in tragischer Weise umstürzen.

22. Oktober 1797 (1. Brumaire Jahr VI) – Herr de Sade und Madame Quesnet sind aus der Provence nach Saint-Ouen zurückgekehrt.

11. November 1797 (21. Brumaire Jahr VI) – Herr de Sade erfährt, daß seine Eintragung in die Emigrantenliste des Vaucluse ihn trotz der Streichung aus der Liste von Bouches-du-Rhône den Maßnahmen »zum Wohle der Öffentlichkeit« unterwirft, die am 19. Fructidor, am Tag nach dem Staatsstreich, bekanntgegeben wurden. Die Gefahr ist außerordentlich groß. Einerseits kann sein Besitz von einem Tag auf den andern beschlagnahmt werden, andererseits besagen die Artikel XV und XVI des entsprechenden Gesetzes, daß alle Personen, die auf einer Emigrantenliste standen und nicht endgültig gestrichen wurden, gehalten sind, das Gebiet der Republik zu verlassen, andernfalls sie verhaftet und vor eine Militärkommission gestellt werden[1]. Um einer Beschlagnahme zu entgehen, die seinen Ruin bedeuten würde – wenn nicht sogar sein Leben auf dem Spiel steht –, gibt es nur ein Mittel: Herr de Sade muß die endgültige Streichung aus der Liste erreichen. Auch glaubt er, er müsse sich unverzüglich an den Polizeiminister, den Bürger Doudreau, wenden.

13. November 1797 (23. Brumaire Jahr VI) – Der Marquis hinterlegt beim Polizeiminister eine Akte mit fünfhundert Schriftstükken, die bestätigen, daß er seit dem 4. Juli 1789 ununterbrochen in Paris gewohnt hat: Auszüge aus Gefangenenregistern, Einberufungen und Protokolle der *Section des Piques,* Bestätigungen des Departementes Paris und der Gemeinde La Coste, daß er nicht emigriert sei, Wohnsitzbestätigungen usw.

7. Dezember 1797 (17. Frimaire Jahr VI) – Der Marquis versucht, bei Gaufridy Mitleid mit dem Schicksal Sensibles (Madame Quesnets) zu wecken. Er sei schuld, daß sie verhungere, weil er kein Geld

---

[1] Um einer Verhaftung zu entgehen, wird de Sade sich später ärztliche Gutachten beschaffen, daß seine Gebrechen ihm keine Reise erlauben, und darum bitten, unter Gemeindeaufsicht gestellt zu werden.

UNTER DEM REGIME DER REVOLUTION   365

geschickt habe. Dabei scheue sie keine Mühe, um die Streichung seines Freundes aus der Liste zu erwirken.

*... Werden Sie es noch lange zulassen, daß wir mit Veilchenöl
angemachten Salat essen müssen und Sensible zum Abendbrot nichts
hat als ein Glas Zuckerwasser, die arme Sensible, die gestern beim
scheußlichsten Wetter zur Polizei ging und sagte: »Ich gehe nicht
Ihretwegen, sondern wegen Herrn Gaufridy, der sich Sorgen macht
und sich quält*[1]*!...« Was? Werden Sie ein so gutes, sanftes Wesen,
das Sie so liebt, noch lange ohne Nahrung und ohne Kleider lassen?*

... 1797 – In diesem Jahr erscheint *la Nouvelle Justine ou les
Malheurs de la vertu, suivie de l'Histoire de Juliette, sa soeur.*

2. Januar 1798 (13. Nivôse Jahr VI) – Brief von Raffelis, Präsident der Verwaltungsbehörde von Mazan, an Herrn de Sade. – Die
Behörden hätten dem Notar Quinquin einen Tadel zugestellt, weil
er den Besitz des ehemaligen Marquis in dieser Stadt nicht beschlagnahmt hätte, und ihm befohlen, diese Sache sofort in Ordnung zu
bringen. Raffelis könne nichts dafür und bitte seinen Briefpartner,
ihm Gelegenheit zu geben, ihm dienlich zu sein. »Im Süden beginnt
man ein wenig Ruhe zu genießen; Morde stehen nicht mehr auf der
Tagesordnung; die aufgebotenen Soldaten haben sich entschlossen,
nach Chambéry aufzubrechen.« Ein Schelm, der erreicht hatte, daß
man Herrn de Sade fünfundzwanzig Louis abnahm, sei kurz nach
dessen Abreise getötet worden; man habe ihn unter einem Steinhaufen vergraben gefunden; sein Kopf sei nach der Isle-sur-Sorgue
geschleppt worden.

10. Januar 1798 (21. Nivôse Jahr VI) – Gaufridy, der insgeheim
auf der Seite Madame de Sades steht und sich ebenso wie sein Sohn
Charles oft entrüstet hat, daß der Marquis ihr die Zinsen für ihre
Mitgift nicht bezahle, hat alles in die Wege geleitet, um den Verkauf
eines Teils der Güter von Arles zu verhindern, den der Marquis bei
seinem Aufenthalt in der Provence eingeleitet hatte. Seine »Mit-

---

[1] Die Folgen des Gesetzes vom 19. Fructidor waren nicht ohne Gefahr
für die Stellvertreter derer, die dieses Gesetz betraf, insbesondere für
Gaufridy, dessen föderalistische Vergangenheit ihn verdächtig machte.
Der Anwalt hatte seiner Besorgnis Ausdruck gegeben und glaubte, seine
persönliche Sicherheit hinge davon ab, ob sein Klient etwas erreichen
könne.

bürgerin Cordier-Sade« dankt ihm lebhaft dafür: »Sie können sicher sein, daß ich Sie in keiner Weise kompromittieren werde und daß meine Dankbarkeit für Ihre Verbundenheit mit den Interessen meiner Kinder [1] immer an der Spitze meiner Gefühle der Hochachtung und Wertschätzung stehen wird.«

16. Januar 1798 (27. Nivôse Jahr VI) – Der ehemalige Marquis berichtet Gaufridy, was er alles bei den Behörden unternommen habe, und gibt der Befürchtung Ausdruck, daß Barras, von einem Freund aufgehetzt, sich an die früheren Skandale erinnern werde. Außerdem teilt de Sade, der von seinen Käufen ehemaliger Güter von Emigrierten in Malmaison und Granvilliers noch 6 000 Franken Schulden hat, dem Anwalt mit, daß er im Namen eines seiner Freunde einen früheren Protest erfunden habe, um die Geschäftsführer der Verkäufer, die Herren Resque und Paîra, vorläufig an einer Beschlagnahme zu hindern: er rät Gaufridy, in der Provence gegebenenfalls genauso zu verfahren. – Außerdem berichtet er ihm, seine Tochter habe mit einer seiner Nichten bei ihm in Saint-Ouen zu Abend gegessen, Madame de Quesnet sei dabei gewesen. Die Nichte habe »jede erdenkliche Liebenswürdigkeit an den Tag gelegt«, aber Madeleine-Laure sei »eine dumme Gans«.

3. Mai 1798 (14. Floréal Jahr VI) – Die Geschäftsführer Resque und Paîra haben die Einkünfte aus Beauce und die Möbel von Herrn de Sade beschlagnahmen lassen. Der Unglückliche fleht Gaufridy an, ihn nicht im Stich zu lassen:

. . . Ich schreibe Ihnen in größter Verzweiflung. Man hat sich nicht damit begnügt, meine Einkünfte aus Beauce zu beschlagnahmen, man hat soeben tatsächlich meine Möbel gepfändet, und ich gehe mich einige Tage irgendwo verstecken. Sie sehen, wie ich Ihre Fürsorge brauche.

Traurige Reise! . . . Traurige Kinder, grausame und verfluchte Gattin! Mein Zustand und meine Verzweiflung sind unendlich viel schlimmer als die der Unglücklichen, welche die Marter der Hölle erleiden. Ich umarme Sie.

Geld um Gottes willen, Geld!

Zu allem Unglück kommt noch hinzu, daß ich bald ein Auge verlieren werde; ich sehe nicht mehr, was ich Ihnen schreibe.

[1] Zu der Zeit ist Donatien-Claude-Armand nach Frankreich zurückgekehrt und befindet sich in Lyon, wo er den Winter verbringen wird.

UNTER DEM REGIME DER REVOLUTION 367

16. Juni 1798 (28. Prairial Jahr VI) – Gesuch des Bevollmächtigten, Herrn Darbaud, an den Polizeiminister: Bis dem Bürger Sade »volle Gerechtigkeit« widerfahre, erfordere seine persönliche Sicherheit, daß er unter die Aufsicht der Polizei des 1. Arrondissements von Paris gestellt werde, die Zeuge seiner Tat vom 2. Juli 1789 sei.

5. Juli 1798 (17. Messidor Jahr VI) – Die zuständigen Dienststellen des Polizeiministeriums teilen der bevollmächtigten Bürgerin Quesnet die Gründe mit, die der Streichung des Bürgers Sade aus der Emigrantenliste entgegenstehen: es sind die unterschiedlichen Vornamen, die in seinen verschiedenen Wohnsitzbescheinigungen stehen. Ohne ein authentisches Dokument, das seine »wahren Namen und Vornamen« bestätige und beweise, daß wirklich er es sei, den die Verwaltung des Departementes Bouches-du-Rhône durch Beschluß vom 26. Mai 1793 aus der Emigrantenliste streichen wollte, sei es dem Minister unmöglich, einen Bericht über die Forderung des Antragstellers an das Direktorium weiterzuleiten.

21. Juli 1798 (3. Thermidor Jahr VI) – In einem Schreiben an den *Journal de Paris* nimmt de Sade für sich die Ehre in Anspruch, als erster entdeckt zu haben – indem er die in Beauvais aufbewahrten Urkunden Ludwigs XI. studiert habe, bevor er seine Tragödie schrieb –, daß Jeanne, die Heldin dieser Stadt, nicht *Hachette* geheißen habe, wie die Historiker behaupten, sondern *Laisné*, Tochter des Mathieu.

3. August 1798 (16. Thermidor Jahr VI) – Nachdem die am 5. Juli vom Polizeibüro angeforderte Zeugenurkunde beschafft worden ist, äußert die Bürgerin Quesnet dem Minister gegenüber ihr Erstaunen, daß »Sade immer noch solche Verzögerungen erdulden« müsse[1].

[1] Am 15. April 1800 (25. Germinal Jahr VIII) wird der ehemalige Marquis in einer Bittschrift an den Justizminister noch einmal auf diese Frage zurückkommen, die trotz der vielen Dokumente, die er der Verwaltung vorgelegt hat, nach zwei Jahren immer noch nicht gelöst ist: »Nachdem er auf dieser Liste stand, hielt Sade es für notwendig, seine Geburtsurkunde abzuholen, was er bisher noch nicht getan hatte. Er sah, daß er nicht *Louis* sondern *Donatien, Alphonse, François* hieß. Eines steht also fest: *Louis* und *Donatien, Alphonse* sind ein und dieselbe Person. Als er das sah, beeilte sich Sade, der für *Louis* schon die besten Beweise geliefert hatte, daß er nicht emigriert sei, ebensolche Beweise für *Donatien, Alphonse* etc. zu beschaffen, um die ganze Sache ins reine zu bringen. So haben beide alle Formalitäten erfüllt. *Alphonse, François* steht nicht auf der Liste, aber *Louis*. Und doch ist es der Besitz von *Alphonse, François*, der beschlagnahmt wurde.«

368   MARQUIS DE SADE

3. September 1798 (17. Fructidor Jahr VI) – Die Bürgerin Quesnet bittet Barras um eine rasche Entscheidung wegen der Aufsicht,
die de Sade verlangt hatte. In der Tat könne man sich seine Lage
nicht schlimmer denken, denn einerseits zwinge ihn die Verzögerung
in der Aufhebung der Beschlagnahme, Hungers zu sterben, andererseits sei er fast invalide und außerstande, eine Reise zu unternehmen.
Er müsse die Strenge eines Gesetzes erleiden, dem zu gehorchen seine
Regierung ihm unmöglich mache.

   10. September 1798 (24. Fructidor Jahr VI) – Herr de Sade und
Madame Quesnet sehen sich gezwungen, Saint-Ouen zu verlassen,
weil sie keine Mittel mehr haben; sie geht zu Freunden, er sucht in
Beauce bei einem seiner Bauern Zuflucht.

   ... Oktober 1798 (Vendémiaire-Brumaire Jahr VII) – Da die Verkäufer von Malmaison und Granvilliers noch nicht völlig bezahlt
sind, legen sie Protest ein. Der Bauer weigert sich, Herrn de Sade
länger zu ernähren, der sich gezwungen sieht, von einem zum andern zu irren, um ein Bett und eine Mahlzeit zu finden. Zu allem
Überfluß macht ihm das schwere Augenleiden, dessen erste Anzeichen er in Vincennes und in der Bastille verspürt hatte, wieder
schmerzhaft zu schaffen.

   1. Dezember 1798 (11. Frimaire Jahr VII) – Der Polizeiminister
entspricht den vielen Bittschriften Madame Quesnets und beschließt,
daß François-Aldonze-Donatien Sade, auf der Emigrantenliste stehend und nicht endgültig gestrichen, von jetzt ab unter Gemeindeaufsicht gestellt werden soll. Aber da seine Mittel es ihm noch nicht
erlauben, sich mit seiner Freundin wieder in Saint-Ouen niederzu-
lassen, ist der ehemalige Marquis gezwungen, sich krank zu stellen
und die Gemeinde zu bitten, sie möge ihm erlauben, sich zu erholen,
»bevor er sich in den Genuß der Aufsicht begebe«.

   24. Januar 1799 (5. Pluviôse Jahr VII) – Herr de Sade hat sich
für den Winter in Versailles niedergelassen, der Stadt in der Umgebung von Paris, wo man am billigsten leben könne. »Hier hause
ich«, schreibt er an Gaufridy, »in einem Estrich mit dem Sohn meiner Freundin und einer Bedienten. Wir essen ein paar Rüben und
Bohnen und heizen (nicht alle Tage, aber wenn wir können) mit ein
paar Reisigbündeln, die wir uns meistens auf Kredit holen. Unser
Elend ist so groß, daß Madame Quesnet uns in ihrer Tasche Essen
von ihren Freunden mitbringt, wenn sie uns besuchen kommt.« –

UNTER DEM REGIME DER REVOLUTION 369

Nachdem er ihm seine schreckliche Lage in der Hoffnung geschildert hat, der Anwalt sei darüber so entsetzt, daß es ihm vielleicht einfalle, ihr ein Ende zu machen, indem er ihm etwas Geld schicke, beschreibt er ihm die schurkischen Ränke, die Louis-Marie de Sade, »dieser Schurke, der sich meinen Sohn nennt«, gegen ihn schmiedet. Von jetzt ab betrachte er ihn nicht mehr als seinen Sohn: »Wo es keine Lebensart mehr gibt, bedeutet das Blut nichts, und wenn mein Arm den Brand hätte, ließe ich ihn morgen abschneiden [1].«

4. Februar 1799 (16. Pluviôse Jahr VII) – Dank den Bemühungen des Bürgers Bourgues aus Avignon, der dem ehemaligen Marquis treu ergeben ist, hat die Präfektur von Vaucluse zu Protokoll genommen, daß der Bürger Sade unter Aufsicht steht, und hebt die Beschlagnahme seiner Güter im ganzen Departement auf, unter der Bedingung, daß der Betreffende davon absehe, seinen Grundbesitz zu verkaufen, die Verwaltungskosten bezahle, eine Kaution im Werte seines Mobiliars stelle und auf die Rückerstattung der eingebrachten Ernten bis zur endgültigen Streichung verzichte. Wenn dieser Beschluß im Prinzip auch günstig war, so war er doch nicht geeignet, dem Unglücklichen Geld zu verschaffen.

13. Februar 1799 (25. Pluviôse Jahr VII) – Herr de Sade an François Gaufridy:

... Unser Haushalt ist seit dem 10. September aufgelöst; Madame Quesnet schlägt sich bei Freunden durch, so gut sie kann, und ich verdiene als Angestellter beim Theater von Versailles vierzig Sous am Tag, solange es noch geht, und damit ernähre und erziehe ich das Kind. Das ist wenig im Vergleich zu den Sorgen, Nöten und Ausgaben der Mutter, die in dieser abscheulichen Jahreszeit tagtäglich herumläuft, um die Gläubiger zu besänftigen und die Streichung zu erwirken. In der Tat, diese Frau ist ein Engel, den der Himmel mir geschickt hat, damit ich nicht gänzlich von den Qualen aufgezehrt werde, die meine Feinde mir bereiten. Sie und Ihr Vater sind die einzigen, die mich aus diesem abscheulichen Zustand befreien können.

---

[1] Kurze Zeit darauf wird Louis-Marie die Stirn haben, gegen den Verkauf der Güter von Beauce Einspruch zu erheben, welche die Gläubiger seines Vaters hatten pfänden lassen, und mit Hilfe eines Anwaltes eine Unterredung zu verhindern, die Madame de Sade mit Madame Quesnet vereinbart hatte.

1. März 1799 (11. Ventôse Jahr VII) – Ungünstiges Urteil des Revisionsamts über den Bericht des Exekutivdirektoriums des Departementes Bouches-du-Rhône, das den Namen de Sade endgültig aus der Emigrantenliste streichen möchte.

28. März 1799 (8. Germinal Jahr VII) – Herr de Sade läßt auf den Namen Marie-Constance Renelle, Frau Quesnet, eine Hypothek von achtundzwanzigtausendzweihundert Franken auf seinen Grundbesitz eintragen.

5. August 1799 (18. Thermidor Jahr VII) – Die Bezirksverwaltung Clichy stellt de Sade eine Bescheinigung über seinen Wohnsitz und Zivismus aus, die von dem mit seiner Beaufsichtigung betrauten Kommissar Cazade gegengezeichnet ist.

29. August 1799 (12. Fructidor Jahr VII) – In der Zeitung *l'Ami des Lois* veröffentlicht der Verfasser von *Tribunal d'Apollon*[1] folgende Bekanntmachung:

Es wird versichert, daß de Sade tot ist. Allein schon der Name dieses verruchten Schriftstellers strömt einen Leichengeruch aus, der die Tugend tötet und Entsetzen hervorruft: er ist der Verfasser von Justine ou les Malheurs de la Vertu. *Das verdorbenste Herz, der niedrigste Charakter, die seltsamste und obszönste Phantasie können nichts erfinden, was die Vernunft, das Schamgefühl, die Menschlichkeit derartig beleidigt. Dieses Werk ist ebenso gefährlich wie die royalistische Zeitschrift* le Nécessaire, *denn wenn der Mut die Republiken gründet, so werden sie erhalten durch die guten Sitten; ihr Untergang ist immer auch der des Reichs.*

Auf diese schöne Totenrede hin und bevor seine persönliche Antwort an den Autor von *Tribunal d'Apollon* in *l'Ami des Lois* erscheint, läßt de Sade in verschiedenen Zeitungen folgenden kurzen Protest veröffentlichen:

Ich weiß nicht, Bürger, wieso es Paulthier gefallen hat, mich zu töten und zugleich zum Verfasser von Justine *zu erklären. Nur seine*

---

[1] Ein Herr Paulthier, »der größte Schurke von allen Journalisten«, wie sich de Sade ausdrückte. Er hatte seine Kenntnis folgendem Satz in dem Pamphlet *Paris littéraire* entnommen: »Der ehemalige Marquis de Sade ist vor kurzem gestorben; er war der Verfasser der verabscheuungswürdigen *Justine:* sein Tod ist ein Glück für die Gesellschaft.«

UNTER DEM REGIME DER REVOLUTION 371

Gewohnheit, zu morden und zu verleumden, kann ihn zu solch ab-
scheulichen Lügen verleitet haben. Ich bitte Sie, in Ihrer Zeitung
veröffentlichen zu wollen, daß ich lebe und daß ich in aller Form
abstreite, das verruchte Buch Justine *geschrieben zu haben. Salut.*

S A D E

24. September 1799 (2. Vendémiaire *Jahr* VIII) − Die Zeitung
l' Ami des Lois veröffentlicht die Antwort des »*ehemaligen Grafen
de Sade* an den Verfasser des *Tribunal d'Apollon*«:

Nein, ich bin nicht tot, und ich sollte dir den unzweideutigen Be-
weis meiner Existenz mit einem kräftigen Stock auf den Rücken
prägen. Das täte ich zweifellos, wäre nicht die Furcht vor Anstek-
kung, wenn ich mich deinem verpesteten Kadaver nähere. Wenn ich
es aber genau überlege, so ist Verachtung die einzige Waffe, mit der
ein rechtschaffener Mann die Plattheiten eines Schuftes wie du einer
bist zurückweisen sollte. Es stimmt nicht, daß ich der Verfasser von
Justine *bin! Bei einem anderen als einem solchen Dummkopf wie*
dir würde ich mir vielleicht die Mühe nehmen, es zu beweisen. Aber
was aus deinem stinkenden Maul kommt, ist so dumm, daß die
Widerlegung einen mehr entehren würde als die Anschuldigung.
Ein vernünftiges Wesen, das von Kötern deiner Art angekläfft
wird, spuckt auf sie und geht weiter.
So kläffe denn, kreische, heule, spucke dein Gift; wie die Kröte
bist du unfähig, weiter zu treffen als bis zu deiner Nasenspitze, und
das Gift, mit dem du die anderen besudeln möchtest, fällt auf dich
zurück und bleibt ganz allein an dir haften[1].

1. Oktober 1799 (9. Vendémiaire *Jahr* VIII) − In einem langen
Brief an Goupilleau de Montaigu erklärt de Sade, er wolle die
»Kraft« seiner »Feder« und seiner »Mittel« der Republik anbieten,
und bittet seinen Briefpartner um Erlaubnis, ihm seine Tragödie
Jeanne Laisné vorzulesen, »das Werk, das wie kein anderes geeignet
ist, in allen Herzen Vaterlandsliebe anzufachen«. Wenn das Stück
ihm gefalle, »wäre es wichtig, es bald aufzuführen: es ist der richtige
Augenblick... unbedingt der richtige Augenblick«. Und de Sade
bittet Goupilleau, seinen Einfluß als Abgeordneter geltend zu ma-

---

[1] Eine Erwiderung des Autors von *Tribunal d'Apollon* erschien in *l'Ami
des Lois* vom 27. Vendémiaire Jahr VIII.

chen, um »durch jemand Zuständigen befehlen zu lassen«, daß man *Jeanne Laisné* im Théâtre-Français lerne und »unverzüglich« aufführe.

27. Oktober 1799 (5. Brumaire Jahr VIII) – Herr de Sade an Gaufridy. Louis-Marie sei »ein abgefeimter Schurke und als solcher wohlbekannt. Ein Abgeordneter hat ihn neulich vor die Tür gesetzt, weil er sich solche Gemeinheiten gegen seinen Vater erlaubt.« Er wolle mit diesem »Schlingel« nichts mehr zu tun haben und er habe keine Lust, zu hungern, damit dessen Anteil größer werde. – Der Anwalt habe Herrn de Sade einen Wechsel geschickt, der erst in einem Monat fällig sei! Wovon solle er unterdessen leben, wenn er ihn nicht mit einem Drittel Verlust diskontiere?

10. Dezember 1799 (19. Frimaire Jahr VIII) – Die Behörde des Departements Bouches-du-Rhône hebt durch einen ähnlichen Beschluß, wie ihn die Verwaltung des Vaucluse am 4. Februar erlassen hat, die Beschlagnahme der Güter de Sades für das Gebiet des Departements auf.

13. Dezember 1799 (22. Frimaire Jahr VIII) – Das Drama *Oxtiern* (neuer Titel *Oxtiern ou les Malheurs du Libertinage*) wird im Theater der *Société dramatique* in Versailles wieder aufgenommen. Der Autor spielt die Rolle des Fabrice.

3. Januar 1800 (13. Nivôse Jahr VIII) – Nachdem Madame Quesnet eine Zeitlang den Lebensunterhalt von Herrn de Sade bestritten hat, indem sie ihre letzten Kleider verkaufte, sieht sie sich jetzt gezwungen, Arbeit zu suchen, um für ihre eigenen Bedürfnisse aufzukommen. Verzweifelt vor Hunger und Kälte hat sich der Marquis im Morgengrauen des hereinbrechenden XIX. Jahrhunderts ins Krankenhaus von Versailles begeben: sonst hätte er »in einer Straßenecke sterben müssen«. Der Unglückliche schreibt das an Gaufridy, dessen Sohn Charles ihm mitgeteilt hat: »Ich habe Geld für Sie, aber ich nehme es auf mich, die Überweisung zu verzögern.« Angesichts einer solchen Torheit erreicht die Wut des Marquis, der auf die öffentliche Wohlfahrt angewiesen ist, ihren Höhepunkt: »An welchem Punkt der Grausamkeit seid ihr denn alle angelangt?«

17. Januar 1800 (27. Nivôse Jahr VIII) – Der Marquis findet es unerhört, daß Charles Gaufridy nach der Aufhebung der Beschlagnahme im Departement Bouches-du-Rhône in Arles gewesen ist und kein Geld mitgebracht hat, »und das, weil es kalt war«. »Armer

UNTER DEM REGIME DER REVOLUTION 373

kleiner Abbé Charles! Man sieht wohl, daß er ein Soldat des Papstes ist! Bei schlechtem Wetter geht er nicht aus.« Aber sei Herr Sade nicht noch mehr zu bedauern, ohne Rock, »ohne Feuer im Krankenhaus, nichts anderes zu essen als die Armensuppe«? Während der grausamen Kälte habe Madame Quesnet weiterhin Gänge für Charles' Bruder gemacht: »Aber wir in Paris sind keine Hasenfüße wie die in der Provence.«

26. Januar 1800 (6. Pluviôse Jahr VIII) – Herr de Sade an den Anwalt Gaufridy:

... Alle, die meine Lage hier sehen, sind empört über Ihr Verhalten; niemand, der nicht darüber erbebt, und wenn ich Charles' Briefe zeige, so beklagt man mich, daß ich in den Händen eines solchen Narren bin.

Mit einem Wort, ich kann nicht länger warten. Schicken Sie mir mein Geld, damit ich nicht zu anderen Mitteln greifen muß, um es aus Ihren habgierigen und barbarischen Händen zu reißen.

6. Pluviôse. Seit drei Monaten im Spital von Versailles verhungernd und erfrierend[1].

Heute ist Sonntag. Als Sie zur Messe gingen, haben Sie da wenigstens Gott um Verzeihung dafür gebeten, daß Sie mich seit drei Jahren peinigen, sticheln und foltern?

20. Februar 1800 (1. Ventôse Jahr VIII) – Kommissar Cazade, unter dessen Aufsicht de Sade gestellt wurde, kommt nach Versailles, um Madame Quesnet und dem Marquis (anscheinend haben sie ihr gemeinsames Leben wieder aufgenommen) mitzuteilen, daß zwei Wächter für zwölf Franken täglich ihr Haus in Saint-Ouen besetzen, weil sie keine Steuern bezahlt haben. In dem Augenblick, da Herr de Sade diese grausame Nachricht erhält, kommt ein Gerichtsdiener und will ihn ins Gefängnis bringen, weil er zwei Wechsel an einen Gastwirt nicht eingelöst hat, der ihn ein Jahr lang ernährte. Glücklicherweise verhindert Kommissar Cazade die Verhaftung, weil der Marquis unter seiner Aufsicht stehe, und versichert, ihn selbst ins Gefängnis zu bringen, falls er bis zum 9. Ventôse die Wechsel nicht eingelöst habe.

[1] Er befindet sich erst seit Ende Dezember, Anfang Januar im Krankenhaus: zweifellos will er mit diesen *drei Monaten* die Zeit seiner äußersten Not angeben.

5. April 1800 (15. Germinal Jahr VIII) – Der Marquis ist wieder in Saint-Ouen. Kommissar Cazade korrespondiert mit Gaufridy, dessen Nachlässigkeit ihm strafbar erscheint. Auf die Fragen des Kommissars habe dieser mit »beispielloser Geschraubtheit, jesuitischem Sophismus und einer Bosheit geantwortet, die ihn in den Augen dieses rechtschaffenen Mannes gänzlich vernichtet hat«.

15. April 1800 (25. Germinal Jahr VIII) – »D.-A.-F. Sade, sechzigjährig, invalid und arm« bittet den Justizminister, seine endgültige Streichung aus der Emigrantenliste zu veranlassen.

... Mai 1800 (Floréal-Prairial Jahr VIII) – Herr de Sade hat Gaufridy zweimal beschuldigt, von den Bauern gekauft zu sein, und ihm mit einem Gerichtsverfahren gedroht, wenn er die Überweisung einer bestimmten Summe weiterhin verzögere. Daraufhin hat Gaufridy um seine Entlassung als Vermögensverwalter gebeten.

... Juni 1800 (Prairial-Messidor Jahr VIII) – Herr de Sade hatte den Anwalt schon am 20. Februar (1. Ventôse) gewarnt: »Ich erkläre Ihnen, daß diejenigen, die zu Ihnen kommen werden, Sie sehr wohl zum Erbrechen bringen können; sie werden eine genügend große Portion Brechmittel bei sich haben, um Ihnen die Geldtasche auszufegen.« Im Juni macht er seine Drohung wahr. Madame Quesnet reist mit einem bevollmächtigten Anwalt in die Provence. Dieser inspiziert die Güter, prüft die Bücher und richtet schließlich ein langes Memorandum an Gaufridy, in dem er ihm keinen Vorwurf über seine langjährige Verwaltung erspart: »Man könnte nach dreißig Jahren Verwaltung nichts Schlimmeres antreffen als das hier«, sagt er ihm.

22. Oktober 1800 (30. Vendémiaire Jahr IX) – Im *Journal des Arts, des Sciences et de Littérature* veröffentlicht Villeterque einen sehr feindseligen Artikel gegen *Crimes de l'amour*, das soeben erschienen ist, und gegen de Sade, den er für den Verfasser von *Justine* hält. – Auf diesen Angriff wird der Marquis bald mit einem Pamphlet antworten, das er in Form eines Briefes an seinen Kritiker abfaßt.

16. Januar 1801 (26. Nivôse Jahr IX) – Der Polizeiminister stellt ein Amnestiezeugnis aus, das erlaubt, die Beschlagnahme sämtlicher Güter des Bürgers Sade aufzuheben.

Die Streichung von der Emigrantenliste hingegen wird er nie erhalten, es sei *implicite,* beim Einzug des Königs von Frankreich. In

UNTER DEM REGIME DER REVOLUTION 375

der Tat werden wir sehen, wie die Familie des Herrn de Sade unter
der Herrschaft des sogenannten Kaisers im Juni 1808 darauf pocht,
daß Herr de Sade auf der Emigrantenliste gestanden habe, um ihn
so der bürgerlichen Ehrenrechte zu berauben und unfähig zu machen,
gegen die Heirat seines Sohnes Donatien-Claude-Armand Einspruch
zu erheben.

NACHWORT ZU DEN KAPITELN XIV UND XV

»Ohne Zweifel haben alle Jahrhunderte furchtbare Zeiten erlebt,
in denen der Mensch am Menschen unerhörte Grausamkeiten verübt
hat«, schreibt Joseph de Maistre. »Indessen soll man sich nicht durch
unvollkommene Ähnlichkeiten täuschen lassen: Die Grausamkeiten,
die während dieser unglücklichen Epoche [der Revolution] in Frankreich verübt worden sind, unterscheiden sich von allem, was wir in
dieser Richtung kennen, sowohl durch ihre Zahl wie durch ihre Erscheinung und ihren Einfluß auf den Nationalcharakter.« Wenn solche Untaten auch in unserer Zeit unendlich übertroffen wurden, zwar
nicht dem Wesen nach, aber zahlenmäßig, so entsprach diese Bemerkung, die Joseph de Maistre mit zahlreichen Beispielen unterstützte,
um 1815 der historischen Wahrheit.
    In ein paar Zeilen, die hohe gedankliche Anforderungen stellen,
hat Pierre Klossowski die Situation de Sades in bezug auf die blutigen Orgasmen des Terrors definiert und zugleich meisterhaft die
ethische Bedeutung seines Werkes gekennzeichnet: »Sade hatte die
Funktion, die dunklen Kräfte ans Licht zu stellen, die durch den
Mechanismus der kollektiven Verteidigung hinter sozialen Werten
verborgen wurden. So getarnt, konnten diese sozialen Werte ihren
teuflischen Reigen im Leeren tanzen. Der Marquis hat sich nicht gescheut, sich unter diese Kräfte zu mischen, aber er hat den Tanz nur
mitgemacht, weil er diesen Kräften die Maske abreißen wollte, welche die Revolution ihnen aufgesetzt hatte, um sie den *Kindern des
Vaterlandes* annehmbar zu machen und die Praxis zu ermöglichen.
Und als 1797 *la Nouvelle Justine* und *Juliette* erschienen, besaß da
eine Gesellschaft, die sich fünf Jahre lang durch feige Massaker entehrt hatte, dank den Romanen de Sades nicht ein Mittel, um besser
zu werden, indem sie von jetzt ab in der Person eines Cardoville

oder eines Minsky[1] ihre eigene Grausamkeit erkennen und hassen konnte?

Welcher aus der Menagerie der Tyrannen hat es gewagt, im Namen der Freiheit ›die Existenz des Höchsten und die Unsterblichkeit der Seele‹ zu befehlen! Wir wissen, es hing nur von einer unvollständigen Akte ab, daß der Kopf des Gefangenen von Picpus, des Verächters aller Götter, der orphische Kopf D.-A.-F. de Sades nicht wie der von Chênier, von Malesherbes und von Lavoisier ebenfalls unter der Guillotine fiel.«

---

[1] Gestalten aus der *Nouvelle Justine* und aus *Juliette*.

XVI. Zu Lebzeiten des Autors veröffentlichte Werke[1]

Justine ou les Malheurs de la Vertu (1791)

Von der Geschichte der Justine existieren drei Versionen, die sich aber so stark voneinander unterscheiden, daß man sie als verschiedene Werke betrachten muß: die nachgelassene Erzählung *les Infortunes de la Vertu*, von der zuerst die Rede sein soll, der Roman von 1791, der das Thema des vorliegenden Abschnitts ausmacht, die *Nouvelle Justine* von 1797, die wir zu gegebener Zeit untersuchen werden.

Les Infortunes de la Vertu – In der Zeit vom 23. Juni bis 8. Juli 1787 schreibt de Sade in seinem Zimmer in der »zweiten Freiheit« der Bastille, ungeachtet seines schmerzhaften Augenleidens, ohne Unterbrechung die hundertachtunddreißig Seiten seiner philosophischen Erzählung *les Infortunes de la Vertu*. Die erste Fassung sollte in die Sammlung *Contes et Fabliaux du* XVIIIᵉ *siècle* aufgenommen

---

[1] Wir haben das anonyme Pamphlet *Zoloé et ses deux acolythes,* das von allen Bibliographen de Sade zugeschrieben wird, aber nicht mit Sicherheit von ihm ist, nicht in diese Rubrik aufgenommen (Siehe Kapitel XVII). Ebenso haben wir *Pauline et Belval* »von Herrn R***, nach den Korrekturen des Verfassers von *Aline et Valcour*« weggelassen (3 Bände Jahr VI, 2 Bände 1812). Wenn man auch keinen Grund hat zu bezweifeln, daß dieser keineswegs mittelmäßige und sehr spannend zu lesende psychologische Roman tatsächlich von de Sade korrigiert worden ist, so möchten wir nicht wie andere Bibliographen so weit gehen, ihn ihm kurzerhand ganz zuzuschreiben. Allenfalls könnte das Vorwort von seiner Hand sein. Die Geschichte dieser »verbrecherischen Liebe«, die keine ist – es handelt sich um einen Ehebruch, der um so weniger schuldhaft ist, als die Frau, die ihn begeht, von ihrem Mann getrennt lebt, der sie sehr schlecht behandelt hatte –, entspricht gar nicht der Art de Sades, ebensowenig wie die »Ruhe« in Auffassung und Stil, die keiner seiner Romane aufweist. Außerdem ist *Pauline et Belval* nicht in dem Katalog der Werke aufgeführt, den der Autor 1803/04 zusammenstellte.

378 MARQUIS DE SADE

werden, an welcher der Marquis gerade arbeitete, aber schon im folgenden Jahr begann er *les Infortunes* umzuschreiben.»Wegen der fortschreitenden Entwicklung der Abenteuer der Heldin, die beständig Ergänzungen des ursprünglichen Textes erforderte, beschloß der Autor endlich, sein Werk als Roman zu betrachten« (Maurice Heine) und aus der Liste der Erzählungen zu streichen. »Das Manuskript von *les Infortunes de la Vertu* diente als erster Entwurf zu *les Malheurs de la Vertu*, obschon es nicht den ganzen Text dieses Romanes enthält, von dem einige Szenen in einem *cahier des suppléments* aufgezeichnet waren, auf das wiederholt hingewiesen wird, das uns aber nicht erhalten geblieben ist.« (Maurice Heine)

Durch unerbittliches und oft feinstes Auseinanderhalten der ursprünglichen Bearbeitung und der späteren Ergänzungen, welche die Erzählung schließlich zu einem Roman machten – nicht zu vergessen das mühsame Entziffern von dick durchgestrichenen Wörtern und Satzteilen –, gelang es Maurice Heine, die ursprüngliche Version dieser *Justine* von 1791 herauszuschälen, »von der man zumindest sagen kann, daß sie den integralen Mann anstelle des konventionellen Liebhabers in die Literatur einführte«.

Les Infortunes de la Vertu wurde 1930 erstmals veröffentlicht, und zwar von Maurice Heine, der eine großartige Einführung dazu schrieb.

Justine ou les Malheurs de la Vertu – Dieser Roman ist keineswegs auf Bestellung geschrieben, wie de Sade in seinem Brief an Reinaud vom 12. Juni 1791 versicherte[1], denn die Umwandlung der *Infortunes de la Vertu* in diesen Roman wurde, wie gesagt, schon 1788 begonnen und beendet. Außerdem ist *les Malheurs de la Vertu* in dem *Catalogue raisonné* genannt, den der Autor am 1. Oktober des gleichen Jahres aufgestellt hat. Wenn der Marquis im Jahre 1791 glaubt, er müsse sich mit Geldmangel entschuldigen, und sein Buch verleugnet, ehe es überhaupt erschienen ist, so geschieht das vermutlich, um vor einem wohlgesinnten Freund die beängstigende metaphysische Notwendigkeit zu verbergen, die hinter der Schaffung dieses Werkes stand. Im übrigen beweist die Widmung der *Justine*[2],

[1] Siehe Seite 312 f.
[2] Sie lautet: *An meine gute Freundin.* Es handelt sich um Madame Quesnet: »Ja, Constance, dir widme ich dieses Werk; zugleich Beispiel und Ehrung deines Geschlechtes, das die empfindsamste Seele mit dem

daß sich der Autor wohl bewußt war, welch außergewöhnlichen Wert dieser Roman hatte, den er dem Publikum vorlegen wollte. In seinem Aufsatz *Duclos, Sade et la Littérature féroce* bemerkt M.-A.-M. Schmidt:

Der Vorwurf zu diesem Roman (der nicht so sehr Roman ist, wie man glauben könnte) ist zweifellos neu; der Einfluß der Tugend auf das Laster, die Belohnung des Guten, die Bestrafung des Bösen, so geht es in den meisten Werken dieser Art zu; so hat man es bis zum Überdruß gehört.

Aber darzustellen, wie das Laster triumphiert und die Tugend Opfer ihrer Aufopferung wird, zu zeigen, wie eine Unglückliche von Mißgeschick zu Mißgeschick irrt; Spielzeug der Schurkerei; Zielscheibe sämtlicher Ausschweifungen; den barbarischsten und monströsesten Launen ausgeliefert; von den dreistesten, täuschendsten Sophismen betäubt; den geschicktesten Verführungen, den unwiderstehlichsten Unterwerfungen ausgeliefert; wie sie nichts hat, um so vielen Widrigkeiten, so vielen Geißeln zu widerstehen, soviel Verderbtheit abzuwehren, als eine empfindsame Seele, einen natürlichen Geist und viel Mut; in einem Wort, die kühnsten Bilder, die ungewöhnlichsten Situationen, die erschreckendsten Grundsätze, die kräftigsten Pinselstriche zu wagen, um aus alledem eine der erhabensten moralischen Lehren zu ziehen, die der Mensch jemals erhalten hat; das hieß, wie man zugeben muß, auf bisher wenig begangenen Wegen ans Ziel kommen.

Das Werk erschien noch zu Lebzeiten de Sades und kam 1791 aus der Druckerei Girouard, Rue du Bout-du-Monde in Paris. Die Originalausgabe der *Justine* in zwei Oktavbänden ist mit einem allegorischen Titelblatt von Chéry geschmückt, das die Tugend zwischen Wollust und Unglauben darstellt. Der Name des Autors steht nicht auf der ersten Seite, und wie in vielen verbotenen Büchern ist der Name des Verlegers durch den Vermerk: *In Holland, beim Verband der Buchhändler* ersetzt. – Sechs Auflagen in zehn Jahren legen ein beredtes Zeugnis für den Erfolg von *les Malheurs de la Vertu* ab.

Im Ergänzungsblatt zu *Affiches, annonces et avis divers, ou Jour-*

gerechtesten und hellsten Geist verbindet; nur dir steht es zu, die süßen Tränen zu kennen, welche die unglückliche Tugend hervorlockt.«

380   MARQUIS DE SADE

nal général de France vom 27. September 1792 haben wir einen
Artikel gefunden, der ausgezeichnet das Entsetzen wiedergibt, das
die ungewöhnliche Erscheinung des Marquis de Sade in der literarischen Welt hervorgerufen hat. Trotz der Exorzismen, den ein Werk
wie *Justine* auslösen mußte, zeugt dieser Artikel aber gleichzeitig
von der Achtung, die der anonyme Kritiker der »reichen und glänzenden« Phantasie des Autors entgegenbrachte:

*Alles, was die ausschweifendste Phantasie an Unanständigem,
Verfänglichem, ja Ekelhaftem erfinden kann, ist in diesem seltsamen
Roman angehäuft, dessen Titel feinfühlende und rechtschaffene Seelen interessieren und täuschen könnte.*
*Wenn es auch eine unzüchtige Phantasie ist, die ein solch unge-
heuerliches Werk hervorgebracht hat, so muß man doch zugeben,
daß sie in ihrer Art reich und glänzend ist. Die erstaunlichsten Zwischenfälle, die merkwürdigsten Begebenheiten sind in verschwenderischer Fülle geschildert; und wenn der Verfasser dieses Romans
seinen Geist verwenden wollte, um die einzigen, die wahren Grundsätze der sozialen Ordnung und der Natur zu verkünden, so würde
ihm das vollständig gelingen, daran zweifeln wir nicht. Aber seine*
Justine *ist von diesem lobenswerten Ziel, das jedem, der schreibt,
verordnet werden sollte, weit entfernt. Die Lektüre ist zugleich er-
müdend und abstoßend. Es fällt einem schwer, das Buch nicht immer
wieder angeekelt und empört zuzuschlagen. Ihr jungen Menschen,
so euch die Ausschweifung noch nicht die Herzensreinheit abgestumpft hat, meidet dieses für das Herz wie für die Sinne gleicher-
maßen gefährliche Buch. Ihr reifen Menschen, die ihr durch Erfahrung und Ruhe aller Leidenschaften jenseits der Gefahr steht, lest es,
um zu sehen, wie weit das Delirium der menschlichen Phantasie
gehen kann; aber dann werft es sogleich ins Feuer: diesen Rat werdet
ihr euch selbst geben, wenn ihr die Kraft habt, es bis zu Ende zu
lesen.*

Die *Justine* von 1791 ist das einzige Werk, über das eine Analyse
von Maurice Heine vorliegt. Aber auch abgesehen von ihrem besonderen Wert als Ausnahmefall, bietet die Arbeit Heines ein so tref-
fendes Resümee des Romans, daß wir es nicht für angebracht hielten,
ein anderes zu bringen:

ZU LEBZEITEN VERÖFFENTLICHTE WERKE   381

Um 1775 lebt Justine, die mit vierzehn Jahren aus dem Kloster verstoßen wurde, weil sie plötzlich Waise und arm geworden war, in Paris ein elendes Leben und kämpft um ihre Tugend. Von ihrem Herrn, dem Wucherer Du Harpin, fälschlich des Diebstahls bezichtigt, flieht sie mit sechzehn Jahren aus der Conciergerie, aber gleich darauf wird sie im Wald von Bondy das Opfer einer Vergewaltigung. Sie findet in einem benachbarten Schloß eine gute Stelle, von wo sie nach vier Jahren flieht, als der junge Graf de Bressac seine Hunde auf sie hetzt; sie hatte sich geweigert, seine Tante zu vergiften. Sie wird von Rodin, einem geschickten Chirurgen und Lehrmeister der Ausschweifung, aufgenommen und gepflegt. Er stäupt sie mit glühenden Eisen und verjagt sie, als sie versucht, ihn davon abzuhalten, sein eigenes Kind lebendig zu sezieren. Mutig macht sie sich mit zweiundzwanzig Jahren wieder auf den Weg, kommt nach Sens, dann nach Auxerre, von wo sie am 7. August 1783 erneut aufbricht. Eine Wallfahrt zur wunderbaren Heiligen Jungfrau von Sainte-Marie-des-Bois macht sie zum Opfer von vier unzüchtigen, mörderischen Mönchen dieses Klosters, die sie sechs Monate lang gefangen halten. Im Frühling 1784 entkommt sie und fällt schon am übernächsten Tag einem Grafen de Gernande in die Hände, der sie wie seine Frau, die daran stirbt, mehr als ein Jahr lang zur Ader läßt. In Lyon, wo sie den Mann wiedertrifft, der sie vergewaltigt hatte, begegnet ihr nichts Gutes, ebensowenig auf der Straße in die Dauphiné, wo sie in der Nähe von Vienne unglücklicherweise den Versprechungen eines gewissen Roland glaubt, dem sie geholfen hat, ohne zu ahnen, daß sie dem Chef einer Falschmünzerbande in seinen Schlupfwinkel in den Alpen folgen wird. Monatelang wird sie schlimmer mißhandelt als ein Lasttier und schließlich mit der Bande festgenommen und nach Grenoble verbracht. Nur die Beredsamkeit des erlauchten und großzügigen Servan rettet sie vor dem Schafott. Aber bald gerät sie in eine neue Affäre und schickt sich an, Grenoble zu verlassen. Mit knapper Not entrinnt sie einem halsabschneiderischen Bischof, der sie aus Rache wegen Brandstifterei, Diebstahl und Mord anklagt. Sie wird in Lyon eingesperrt und von einem pflichtvergessenen, lasterhaften Richter gefoltert und verurteilt. Sie wird nach Paris gebracht, damit das Hinrichtungsurteil bestätigt werde. Unterwegs begegnet sie ihrer Schwester Juliette, die zu Vermögen gekommen ist und deren angesehener Liebhaber sich für sie einsetzt.

Endlich gerettet und rehabilitiert, sollte Justine glücklich im Schloß
ihrer Gastgeber leben. Aber das letzte Wort hat der Himmel, der
die Tugend nicht in Frieden lassen kann. Die, welche sie leibhaftig
verkörpert, stirbt im Alter von siebenundzwanzig Jahren, in dem
schrecklichen Gewitter vom 13. Juli 1788 vom Blitz erschlagen.

Trotz der anekdotischen Kühnheit dieser Erzählung ist die sprachliche Verschiedenheit zwischen *les Liaisons dangereuses* und der
ersten *Justine* nicht so groß, daß man keine Parallelen zwischen dem
Meisterwerk von Laclos und dem unseres Autors ziehen könnte.
Die Überlegenheit dieser beiden Romane gegenüber den konventionellen Werken jener Zeit beruht, wie Maurice Heine treffend bemerkt, »in einer systematisch pessimistischen, philosophischen Kon-
zeption, die beide Schriftsteller auf einer fundierten Kenntnis der
Welt und der Menschen aufgebaut haben«. Indessen muß man bemerken, daß – unabhängig von einem ästhetischen Werturteil – diese
Auffassung in *les Liaisons dangereuses* unendlich viel weniger ausgeprägt ist als in *les Malheurs de la Vertu,* wo sie zur Doktrin wird:
es gibt nur Gewalt und Grausamkeit auf der Welt. Und indem der
Marquis die Sinnlichkeit und den positiven Geist der Philosophen
seiner Zeit aufnimmt, entfernt er sich doch von seinem ersten Werk
an durch eine ganz eigenwillige Forderung von ihrem Natur-Opti-
mismus. Man wird sehen, wie die erste Demonstration von 1791
sechs Jahre später in einem ungeheuren Heldengedicht des Bösen
verherrlicht wird, das, wie es scheint, aus dem Hirn des Dämons
selbst entsprungen ist.

Aber trotz der dreitausendsiebenhundert Seiten der *Nouvelle*
Justine und *Juliette,* deren beschreibende und theoretische Übertreibung den Leser ungeachtet der sublimen Phantasie, die sich darin
entfaltet, erschreckt, anstatt ihn zu überzeugen, bleibt der Roman
les Malheurs de la Vertu dank seiner sprachlichen Behutsamkeit und
der ganz klassischen Diktion seiner Personen im Werk des Marquis
de Sade sicherlich der arglistigste Einbruch der menschlichen Natur
in die göttliche Eigenart[1].

---

[1] Man kann die Lektüre von Maurice Heines Essay *le Marquis de Sade*
et le roman noir nicht genug empfehlen, der die bemerkenswerte Gleich-
zeitigkeit von de Sades erschreckenden Schöpfungen in Frankreich und
denen Anne Radcliffes in Deutschland aufdeckt und auf den Einfluß hin-

Zu Lebzeiten veröffentlichte Werke 383

Politische Schriften (1791–1793)

Die politischen Schriften de Sades gehören eher zu seiner Lebensgeschichte als zur Geschichte seines Werkes. Außerdem haben wir sie in der chronologischen Darstellung der Tatsachen in den beiden vorhergehenden Kapiteln schon aufgezählt. Zur Erinnerung führen wir hier noch einmal Titel und Daten auf.

Adresse d'un citoyen de Paris au roi des Français (Juni 1791)
Observations présentées à l'Assemblée administrative des hôpitaux (28. Oktober 1792)
Idée sur le mode de la sanction des Loix (2. November 1792)
Pétition des sections de Paris à la Convention nationale (Juni 1793)
Discours aux mânes de Marat et de Le Pelletier (29. September 1793)
Pétition de la Section des Piques aux représentants du peuple français (15. November 1793)[1]

Aline et Valcour ou le Roman philosophique (1795)

»Frucht jahrelanger Nachtarbeit«, entstand der Roman *Aline et Valcour* parallel zu anderen, weniger umfangreichen Werken zwischen dem 28. November 1785, dem Tag, an dem die Schriftrolle von *Sodome* beendet wurde, und dem 1. Oktober 1788[2], an dem der Autor dieses Werk in seinem *Catalogue raisonné* erwähnt, sei es, daß es erst als Entwurf vorhanden war, sei es, daß die »schönen

weist, den *Justine* (1791) vermutlich auf den *Mönch* von M. G. Lewis (1796) gehabt hat. Maurice Heine bemerkt, daß »man die wahren Triebfedern des ›schwarzen Romans‹ à la Sade nicht in der Anhäufung von Abenteuern und dramatischen Situationen suchen muß, die außerhalb der Personen liegen: viel eher setzen sich die Elemente des Verhängnisses, das die unglückliche Tugend hartnäckig verfolgt, aus den menschlichen Lastern und den sozialen Ungerechtigkeiten zusammen.«

1 Außerdem muß man eine Arbeit über die Änderung gewisser Straßennamen erwähnen, die vom Gemeinderat angefordert worden war und anscheinend nur im Manuskript vorlag.

2 Jedenfalls weiß man bestimmt, daß er schon im November 1786 daran arbeitete.

384 MARQUIS DE SADE

Hefte« des Gefangenen schon die Reinschrift aufgenommen hatten. Beides rechtfertigt die Jahreszahl 1788, die de Sade zur Erbauung seiner Leser angegeben hat, indem er dem Titel *Aline et Valcour* hinzufügte: »Geschrieben in der Bastille, ein Jahr vor der Französischen Revolution.«

Am 6. März 1791 teilt Herr de Sade Reinaud mit, daß er Ostern seinen *Roman philosophique* drucken lassen werde. Am 12. Juni meldet er ihm das bevorstehende gleichzeitige Erscheinen von *Justine,* die zu »gepfeffert« sei für einen so tugendhaften Mann, und des besagten *Roman philosophique,* den er dagegen nicht säumen werde, ihm zu schicken. Aber dreißig Monate nach diesem Versprechen ist die Drucklegung von *Aline et Valcour* noch nicht beendet. Als die Kommissare Laurent und Juspel am 8. Dezember 1793 (18. Frimaire Jahr II) zum Marquis kommen, um ihn zu verhaften, werden sie von dem Verdächtigen beauftragt, Girouard drei Seiten seines Romans zu überbringen, »die der Bürger Sade von seinem Drucker noch einmal zurückverlangt hatte, um sie zu korrigieren. Denn das Werk, das vor drei Jahren geschrieben worden war, entsprach nicht mehr der Tagesordnung.« Während der Gefangenschaft de Sades in den Kerkern der Schreckensherrschaft wurde der unglückliche Girouard am 8. Januar 1794 zur Guillotine geführt. Am 5. Dezember 1794 (15. Frimaire Jahr III), anderthalb Monate nach seiner Freilassung, fordert der Marquis bei der Verwaltung, man möge ihm alles aushändigen, was sich von seinem Roman *halb gedruckt* in Girouards versiegelter Wohnung finden lasse. Aber erst im August 1795 wird de Sade die Freude haben, die eleganten kleinen Bände von *Aline et Valcour* in seine Bibliothek neben *Justine* zu stellen, die schon seit vier Jahren auf sie wartete. Am 26. (9. Fructidor Jahr III) schickt der Autor zwei Exemplare dieses Werkes an Gaufridy, eines für ihn, eines für seinen besten Freund; am 27. setzt er in ganz geschäftlichem Stil ein Rundschreiben für die provenzalischen Buchhändler auf.

Die vier Bücher von *Aline et Valcour ou le Roman philosophique,* deren jedes zwei Teile umfaßt, erschienen in acht Bänden im Format 8 x 13 cm. Es existieren drei Auflagen, die aber aus demselben Satz stammen, der 1791 begonnen, 1794 durch den gesetzlichen Mord an Girouard unterbrochen, dann wiederaufgenommen und 1795 beendet wurde. Diese drei Auflagen, die vermutlich gleichzeitig in den

Ein Stich aus der Originalausgabe
des philosophischen Romans »Aline et Valcour«.

»Musterung von Mädchen für den Harem des Königs Butua«.
Ein Stich aus der Originalausgabe von »Aline et Valcour«.

ZU LEBZEITEN VERÖFFENTLICHTE WERKE 385

Handel gebracht wurden, unterscheiden sich lediglich durch die Titelblätter – eines stammt noch von 1793 [1], die anderen wurden neu angefertigt – und durch die Anzahl der Kupferstiche. Die Auflage A und B hat deren vierzehn, die Auflage C sechzehn.

Um die Geschichte von *Aline et Valcour* zu vervollständigen, müssen wir noch erwähnen, daß die damit zusammenhängende unzüchtige Episode, die Abenteuer von Sainville und Léonore, Stoff für zwei Nachahmungen abgegeben hat, *Valmor et Lydia* und *Alzonde et Koradin*, die der Autor in einer Anmerkung zu *les Crimes de l'amour* anprangert. Das Buch, das 1815 und 1825 weniger wegen seiner Unmoral als wegen der Kühnheit seiner sozialen Theorien verboten wurde, ist nur ein einziges Mal, zu Ende des vorigen Jahrhunderts, neu aufgelegt worden.

Die umfangreiche literarische und philosophische Komposition *Aline et Valcour* enthält eigentlich zwei Werke:
A) den eigentlichen Roman. (Die Verwendung der Briefform ist durchaus nicht zu kritisieren, im Gegenteil, die Subjektivität der Personen wird dadurch nur noch deutlicher.) Der Marquis erzählt uns die Missetaten eines grausamen und lasterhaften Vaters, des Präsidenten de Blamont, der Aline, seine Tochter, zwingen will, den Finanzmann Dolbourg, einen alten Lüstling wie er, zu heiraten, damit er sie selbst besitzen kann. Er hat schon die unglückliche Sophie, deren Vater er zu sein glaubt, diesem Komplizen ausgeliefert und selbst geschändet; aber die echte Schwester Alines ist Leonore, die für die verstorbene Elisabeth de Kerneuil gehalten wird: die Verwicklung rührt von einer doppelten Kindesvertauschung her, dem Werk einer treulosen Amme. Aline, ein sanftes, tugendhaftes Mädchen, liebt Valcour und wird von ihm wiedergeliebt. Die Präsidentin de Blamont, das Muster der feinfühlenden, unbescholtenen Frau, die nur das Präjudiz der ehelichen Bindung an ihren ungeheuerlichen Gatten fesselt, möchte, daß die beiden jungen Leute vereint würden, trotz der Lage Valcours, dessen einziges Vermögen seine vornehme

---

[1] *Aline et Valcour, ou le Roman philosophique. Geschrieben ein Jahr vor der Französischen Revolution. Ausgestattet mit vierzehn Stichen. Von dem Bürger S***.* (Die Titelseite und drei der Stiche sind in unserem Buch abgebildet.)

Herkunft und die Vortrefflichkeit seiner Gefühle ist[1]. Blamont versucht vergeblich, ihn fernzuhalten, indem er ihm eine bedeutende Summe anbietet. Valcour, der nicht auf die Hand Alines verzichten will, wird in der Rue de Buci das Opfer eines nächtlichen Überfalls, den der Präsident organisiert hat: er erhält zwei Säbelhiebe und verdankt seine Rettung nur der Ankunft der Wache. Indessen bemüht sich Madame de Blamont, die verbrecherischen Pläne ihres Gatten zu durchkreuzen. Dieser befreit sich von der lästigen Ehefrau, indem er sie von ihrer Kammerfrau Augustine vergiften läßt. Verzweifelt über diesen grausamen Verlust und um der unvermeidlichen Entehrung zu entgehen, die ihr von einem inzestuösen Vater und einem lasterhaften Ehemann droht, schreibt sie herzzerreißende Abschiedsbriefe an die Manen ihrer Mutter und an ihren geliebten Valcour und tötet sich mit einer Schere, die sie sich dreimal in die Brust stößt.

B) Künstlich mit dem Hauptthema verbunden: Sainvilles Reise um die Welt, auf der Suche nach seiner Frau Leonore (Claire de Blamont, die vermeintliche Elisabeth de Kerneuil), und die Abenteuer der jungen Frau, die in jedem Land den Begierden der Lüstlinge ausgesetzt ist. – In der folgenden Ansprache erinnert Leonore an einige Gefahren, von denen sie bedroht war: »Ich bin den Fallen eines vornehmen Venezianers entronnen; ein barbarischer Pirat wagte es nicht, meine Scham zu verletzen; ich habe den Nachstellungen eines französischen Konsuls widerstanden; als ich in Sennar aufgespießt werden sollte und mein Leben nur um den Preis meiner Ehre retten konnte, entdeckte ich das Geheimnis, wie ich mir beide erhalten konnte; ich sah einen kannibalischen Herrscher zu meinen Füßen liegen; ich kam unversehrt aus den Händen eines jungen Portugiesen, eines alten Richters aus Lissabon, der vier größten Lüstlinge dieser Stadt; [...] eine Zigeunerin, zwei Mönche und der Anführer einer Räuberbande haben vergeblich geseufzt. Großer Gott, und das alles, um einem Inquisitor zum Opfer zu fallen[2]!« – Auch eine sehr gekürzte Analyse dieser doppelten Episode würde die Grenzen sprengen, die wir uns setzen mußten. Immerhin kann man

---

[1] Einige Einzelheiten aus Valcours Kindheit, die er selbst erzählt, haben autobiographischen Charakter.

[2] Leonore ist ein starker Geist, in dem sich oft schon Juliette ankündigt; sie verfügt über eine männliche Seele in einem weiblichen Körper. Lasziv veranlagt, bewahrt sie ihre Keuschheit nur aus Stolz.

das ethische Paradies nicht schweigend übergehen, das Sainville besucht hat, wir meinen die sozialistische Insel Tamoé, »wo eine Regierung herrscht, die ganz Europa als Vorbild dienen könnte«. Als Gegensatz dazu schildert der Autor das menschenfresserische Königreich Butua, dessen grauenhafte Verderbtheit der Portugiese Sarmiento, Philosoph der Opportunität des Bösen, mit einer Lobrede ehrt. Beide Beschreibungen sind gleich bewundernswert, aber die erste hat im pessimistischen Werk de Sades nicht ihresgleichen. Sie enthält eine positive Doktrin des sozialen und individuellen Glücks, die auf einer ursprünglichen Kenntnis der menschlichen Natur beruht und den Theorien *Justines* doch nicht widerspricht. Die Darlegung der Motive des weisen Zamé begründet einen neuen *Esprit des lois*, der in seiner ausgiebigen, in keiner Weise utopischen und stets vom Wissen um die Wandelbarkeit durchdrungenen Begeisterung den Vergleich mit Montesquieus Werk wohl aushält.

Es könnte verlockend erscheinen, diese beiden Dichtungen (A und B), die organisch voneinander unabhängig sind und beide den Anspruch erheben können, ein Meisterwerk zu sein, getrennt zu veröffentlichen. Aber das würde eine Gesamtheit entstellen, in der die Plastizität von de Sades Genie dem bewundernden Leser nicht nur einen ideologischen und leidenschaftlichen Abriß der vielfältigen Natur des Autors gibt, sondern auch eine lebhafte Schilderung der Gefühle und Bräuche in Frankreich vor 1789 und, halb erfunden, halb sittengeschichtlich, zahlreiche überraschende Episoden, die der Autor sowohl in Venedig wie in den arabischen Staaten, in Lissabon wie in Toledo und im tiefsten schwarzen Afrika spielen läßt[1].

Wenn die Geschichte von *Aline et Valcour* uns nur ganz selten so schreckliche Szenen und so entschieden sadistische Glaubensbekenntnisse wie in *Malheurs de la Vertu* vermittelt, so wimmelt es in diesem Werk von Bösen jeglicher Art, und trotz der rührenden Gestalten von Aline de Blamont und ihrer Mutter wird das Problem des Bösen mit solcher Gefälligkeit gestellt, daß die Leser des Jahres III sich darüber aufregen konnten. Zeugt die Antwort des Marquis

---

[1] de Sade übertreibt keineswegs, wenn er in seiner vorgeblichen *Anmerkung des Herausgebers* erklärt, daß »noch nie [...] so einzigartige Gegensätze von einem einzigen Pinsel gezeichnet wurden« und daß »aus der Vereinigung so vieler verschiedener Charaktere, die unaufhörlich miteinander kämpfen, unerhörte Abenteuer entstehen müssen«.

auf die Vorwürfe, die man ihm beim Erscheinen seines Romans gemacht hat, von einer Heuchelei mit ehrlichen Waffen, damit seine beängstigenden Bilder akzeptiert würden, oder muß man darin einen Reflex jenes »dialektischen Dramas« erkennen, das nach Ansicht des Schöpfers von *Sade, mon prochain* Donatien-Alphonse-François' Gewissen bis zum letzten Tag quälte? »Meine Schilderung, sagt man, sei zu stark, ich statte das Laster mit allzu abscheulichen Zügen aus; will man wissen warum? Ich möchte nicht, daß man das Laster liebt. [...] Niemals werde ich [es] anders darstellen als in den Farben der Hölle, ich will, daß man es in seiner Nacktheit sieht, daß man es fürchtet, daß man es verabscheut, und ich weiß keinen anderen Weg, um das zu erreichen, als es mit der ganzen Abscheulichkeit zu zeigen, die ihm eigen ist. Unglück über die, die es mit Rosen umgeben! Ihre Ansichten sind durchaus nicht rein, und ich werde es ihnen niemals gleichtun.«

Sitten- und Charakterbild, in welchem die Wollust eines inzestuösen Vaters mit einzigartiger Kraft geschildert wird, Bericht heroisch-komischer Abenteuer in den verschiedensten Klassen und unter den verschiedensten Himmelsstrichen, nimmt der Roman *Aline et Valcour* einen Aspekt des modernen Empfindens vorweg. Die Soziologie eines Vorläufers vermischt sich mit imaginärer Folklore, und auf manchen Seiten schimmern unbekannte Reiche und »jene Entdeckungsreisen, über die es keine Beschreibungen gibt«, von denen Arthur Rimbaud in der *Alchimie du verbe* spricht ... Wenn der verfemte Name des Verfassers nicht die Hochschulkritik von diesem Werk ferngehalten hätte, würde *Aline et Valcour* – dessen Sprache immer dezent ist, trotz der Kühnheit der Leidenschaften – seit langem zu den universalen Dichtungen zählen, die wie *Decamerone* oder *Don Quijote* oder *Gulliver* der Phantasie der Menschen neue Räume eröffnet haben.

LA PHILOSOPHIE DANS LE BOUDOIR (1795)

1795, im gleichen Jahr wie *Aline et Valcour,* erschienen zwei kleine Bände von beunruhigendem Zauber: *la Philosophie dans le boudoir.* Unter dem Titel standen die Worte: *Nachgelassenes Werk des Verfassers von »Justine«.* Mit dieser List, deren er sich später noch einmal bedienen wird, erschließt de Sade dem anonymen Autor ge-

ZU LEBZEITEN VERÖFFENTLICHTE WERKE 389

schickt »die Zuflucht des Grabes«, und er verband zugleich das
Schicksal seines neuen Buches mit dem Ruhm eines Romans, dessen
Erfolg in den drei Jahren, die er verkauft wurde, noch nicht abge-
nommen hatte.

Der Untertitel der Ausgabe von 1805: ... *ou les Instituteurs
immoraux*, der vermutlich nicht vom Marquis de Sade stammt, der
damals in Charenton eingesperrt war, entspricht dem Inhalt des
Werkes genau. In der Tat erweist sich *la Philosophie dans le boudoir*, dessen Vorwurf offensichtlich von *Aloisia Sigea* entnommen
ist – jenem Wunderwerk, das Venus selbst dem Nicolas Chorier dik-
tierte –, als Darstellung der erotischen Erziehung eines jungen Mädchens.

Das Werk ist in sieben Dialoge eingeteilt. Die Sprache ist sehr
frei, und die Repliken bilden oft regelrechte Abhandlungen, in
denen sich Metaphysik, Moral und Geschichte mit Sexualwissen-
schaft vermengen. Der erste Dialog findet zwischen Madame de
Saint-Ange, einer jungen, außerordentlich triebhaften Frau[1], und
ihrem Bruder, Ritter de Mirvel, statt, der bis auf die Grausamkeit,
deren Anwendung beim Liebesgenuß er verwirft, Komplize ihrer
Verfehlungen ist. Sie lädt ihn zu den Ausschweifungen ein, die noch
am selben Tag mit Dolmancé, »dem verderbtesten, gefährlichsten
Mann«, und der bezaubernden Eugénie de Mistival, einer fünfzehn-
jährigen Jungfrau, in ihrem Boudoir stattfinden sollen: »Dolmancé
und ich werden alle Grundsätze der zügellosesten Lasterhaftigkeit
in dieses hübsche Köpfchen setzen, wir werden es mit all unseren
Feuern entzünden, wir nähren es mit unserer Philosophie, wir geben
ihm unsere Begierden ein, und da ich der Theorie ein wenig Praxis
hinzufügen möchte, habe ich dich, Bruder, ausersehen, die Myrthen
Cytheras, Dolmancé, die Rosen von Sodom zu pflücken. Für mich
sind das zwei Freuden zugleich: einmal, diese verbrecherische Wollust selbst zu genießen, zum andern, die liebenswürdige Unschuldige,
die ich in unser Netz ziehe, darin zu unterweisen, sie auf den Geschmack zu bringen.«

Der zweite, sehr kurze Dialog findet zwischen Madame de Saint-
Ange und Eugénie statt; beim dritten erscheint Dolmancé; an den

[1] In den zwölf Jahren ihrer Ehe hatte sie sich 12 000 Liebhabern hingegeben.

MARQUIS DE SADE

beiden folgenden sind außerdem noch Ritter de Mirvel und Augustin, der Gärtnerbursche, beteiligt. Die Anzahl der Personen und die Formbarkeit ihrer Instinkte erlauben die raffiniertesten erotischen Kombinationen. Inzwischen bemühen sich Madame de Saint-Ange und Dolmancé, in dem jungen Mädchen alle Moralbegriffe zu zerstören, welche ihr ihre fromme Mutter beigebracht hat. Atheismus und Blasphemie, Egoismus, Grausamkeit, Diebstahl und Mord, Inzest und Sodomie werden von Anfang bis Ende der *Philosophie dans le boudoir* gepriesen, ein Abriß von de Sades Doktrin, der durch die Anwendung der dramatischen Form eigenartig belebt wird. Den asozialen Theorien der beiden Hauptdarsteller wird nur ein einziges Mal widersprochen, dafür in erregender Form. Die Tirade des Ritters enthält folgenden Satz: »Lassen wir die religiösen Grundsätze fahren, ich bin damit einverstanden; aber verzichten wir nicht auf die Tugenden, welche die Empfindsamkeit uns eingibt.« Eugénie hat sich sogleich als eifrige und lobenswerte Schülerin erwiesen, die alle Öffnungen ihres Körpers bereitwillig für die kühnen Übungen zur Verfügung stellt, deren Köstlichkeit man ihr gepriesen hat. Indessen genügt der Rausch einer restlosen Prostitution der Neueingeweihten bald nicht mehr. Sie träumt davon, ihre eigene Mutter ein paar von den Abscheulichkeiten erdulden zu lassen, die sie soeben gelernt hat und von denen ihre Phantasie noch ganz erhitzt ist. Aber Madame de Mistival, die sich wegen der langen Abwesenheit Eugénies Sorgen macht, kommt zur Saint-Ange (siebter und letzter Dialog) [1], um noch rechtzeitig zu erkennen, welch erotisches Ungeheuer ihr Kind in einem einzigen Tag geworden ist. Das junge Mädchen, närrisch vor Freude, nimmt an allen möglichen sexuellen Gewalttätigkeiten teil, die an ihrer im Herbst ihrer Jahre noch schönen Mutter begangen werden. Überdies wird ein Diener namens Lapierre, der an der bestimmten Krankheit leidet, beauftragt, das Opfer durch Beischlaf und Sodomie anzustecken.

Der fünfte Dialog von *la Philosophie dans le boudoir* enthält ein langes Pamphlet mit dem Titel: *Français, encore un effort si vous voulez être républicains,* das Dolmancé laut vorliest. Den Geist dieses Pamphlets hat Maurice Heine in folgender allgemeiner Betrachtung

---

[1] Der sechste umfaßt nur wenige Seiten und dient lediglich als Übergang.

ZU LEBZEITEN VERÖFFENTLICHTE WERKE   391

über unseren Autor großartig zusammengefaßt: »Sade [hat] die
einzige echte, organische Kraft der menschlichen Gesellschaft [...]
in das Individuum gelegt, in die unzähligen Individuen, aus denen
sie sich zusammensetzt, und kritisiert unerbittlich jeden sozialen
Zwang, der versucht, die Aktivität des nicht einzudämmenden
menschlichen Elementes in irgendeiner Weise einzuschränken. Einzig
das Interesse des einzelnen läßt es in seinen Augen ratsam erscheinen,
zwar nicht einen sozialen Vertrag, aber einen sozialen Kompromiß
zu schließen, der jederzeit widerrufen und erneuert werden kann.
Für ihn ist jede Gesellschaft, die diese Grundwahrheit verkennt, be-
drückend und zum Untergang bestimmt[1].« So wesentlich *Français,
encore un effort* auch ist, in dem die Dialoge von soziologischen Betrachtungen begleitet werden, die ihnen noch mehr Nachdruck verleihen: dieses lange, willkürlich in ein sorgsam durchkonstruiertes
Ganzes eingefügte Pamphlet gefährdet etwas die Harmonie von *la
Philosophie dans le boudoir*. Es kann sein, daß de Sade zuerst
beabsichtigte, es als unabhängige Veröffentlichung herauszugeben,
und dann glaubte, es in sein Werk einfügen zu müssen, um die etwas
allzu parfümierten Sitten des ehemaligen Regimes zu verjüngen.

Von allen heimlichen Werken des Marquis de Sade ist *la Philosophie dans le boudoir* das am wenigsten grausame: abgesehen von
den letzten Seiten, auf denen man an der Folterung Madame de
Mistivals teilnimmt, verwandelt sich die erotische Emotion des Lesers
nur selten in Abscheu, wie das bei den furchtbaren Schilderungen in
der *Nouvelle Justine* und *Juliette* der Fall ist. Ganze Passagen aus
den Dialogen könnten trotz der recht verderbten Anregungen ohne
großen Skandal auf der Bühne dargestellt werden.

Oft ist uns eine Heldin de Sades wie eine bis zum äußersten ge-
steigerte Shakespearische Liebhaberin vorgekommen. Mehr als jedes

---

[1] Bemerkenswert an diesem Pamphlet ist der packende Protest des Verfassers gegen die Todesstrafe: »Das Gesetz ist von Natur aus kalt und
kann sich nicht auf Leidenschaften berufen, die bei einem Menschen die
grausame Tat des Mordes rechtfertigen können; der Mensch empfängt
von der Natur Eindrücke, die diese Tat entschuldbar machen können, das
Gesetz hingegen, das immer im Widerspruch mit der Natur steht und
nichts von ihr empfängt, darf sich nicht die gleichen Verfehlungen erlauben: da es nicht die gleichen Beweggründe hat, kann es unmöglich die
gleichen Rechte bekommen.«

andere Werk lädt *la Philosophie dans le boudoir* zu einem solchen Vergleich ein: in einem wuchernden Traum könnte man sich vorstellen, daß die obszönen Worte Madame de Saint-Anges oder Eugénie de Mistivals in der Erregtheit des Genusses aus Cressidas oder Rosalindes Mund kämen.

LA NOUVELLE JUSTINE OU LES MALHEURS DE LA VERTU, SUIVIE DE L'HISTOIRE DE JULIETTE, SA SOEUR (1797)

Eine angebliche *Anmerkung des Herausgebers* zu Anfang der *Nouvelle Justine* teilt uns mit, daß ein »treuloser Freund«, dem der inzwischen verstorbene Autor das Manuskript seines Werkes anvertraut hatte, »einen elenden, dem Original weit unterlegenen Auszug verfertigte[1], der von dem, der mit kräftigem Bleistift Justine und ihre Schwester geschildert hat, wie wir hier sehen werden, stets verworfen wurde«[2]. Diese geschäftstüchtige List darf uns nicht überraschen: ohne daß diese Tatsache die beiden Meisterwerke schmälerte, waren *La Nouvelle Justine* und *Juliette* zweifellos eine buchhändlerische Spekulation, die sich auf die allgemeine Lizenz gründete, die während der Zeit des Direktoriums herrschte.

Wenn man Rétif de la Bretonne und Sébastien Mercier glauben kann, so wurden die zehn mit hundertundeinem obszönen Kupferstich illustrierten Bände bei den Buchhändlern des Palais Royal öffentlich und eifrig verkauft. Etwa nach einem Jahr scheinen sie zum erstenmal von der Polizei beschlagnahmt worden zu sein; und von da an werden die Verkäufer unerbittlich verfolgt. Und weil de Sade der Verfasser von *Justine* und *Juliette* ist, werden sich am 2. April 1801 die Pforten eines staatlichen Gefängnisses hinter ihm schließen.

Ob frei oder im Gefängnis, der Marquis hat immer hartnäckig und wider jede Wahrscheinlichkeit behauptet, *les Malheurs de la Vertu* (und zwar sowohl die Version von 1791 wie die von 1797)

---

[1] Es handelt sich um die *Justine* von 1791.
[2] »In keinem [Buch]«, heißt es weiter, und das ist kein eitler Anspruch, »sind die Windungen des lasterhaften Herzens geschickter dargestellt noch die Ausschweifungen ihrer Phantasie kräftiger geschildert; in keinem steht, was hier zu lesen ist.«

entstammte nicht seiner Feder. Als *Journal de Paris* vom 15. April 1800 (26. Germinal Jahr VI) vorgab, jeder wisse, wer der Autor »eines obszönen Werkes mit dem Titel *Justine*« sei: »ein gewisser Herr de Sade, dem die Revolution am 14. Juli die Tore der Bastille [geöffnet hat]« – schickte dieser den Redakteuren einen heftigen Protest, der in der Nummer vom 29. Germinal abgedruckt wurde:

Bürger, da ich in einem Artikel Ihres Blattes vom 26. Germinal genannt und persönlich beleidigt werde, glaube ich, mich derselben Zeitung bedienen zu müssen – die mir immer als der Ort erschienen ist, wo jedermann sich gegen Verleumdungen verteidigen konnte, die er erdulden mußte –, um Sie zu bitten, dem Publikum mitzuteilen, daß es falsch, absolut falsch *ist, daß ich der Autor des Buches* Justine ou les Malheurs de la Vertu *sein soll. Und da die Verleumdung, vor allem seit einiger Zeit, ihr Gift bezüglich dieser schwarzen Anschuldigung heftiger als je über mich ausschüttet, warne ich, der ich bisher dieses dumme Geschrei mit Verachtung gestraft habe, daß ich von jetzt an alles sorgfältig sammeln werde, um mit allen Mitteln, welche die Justiz gegen die Verleumdung bietet, gegen den ersten besten vorzugehen, der sich erlaubt, mich den Verfasser dieses schlechten Buches zu nennen.*

SADE[1]

L'auteur des »Crimes de l'amour« à Villeterque, folliculaire enthält ebenfalls ein heftiges Ableugnen der Vaterschaft an *Justine.* Der Marquis fordert seinen Verleumder auf, zu *beweisen*, daß er der Verfasser dieses *abscheulichen* Buches sei. »Nur ein Verleumder«, fährt er fort, »verbreitet ohne jeden Beweis solche Zweifel an der Rechtschaffenheit eines Menschen. [...] Aber Villeterque beschuldigt, ohne zu beweisen; er lädt einen abscheulichen Verdacht auf mein Haupt, ohne ihn zu bestätigen; folglich ist Villeterque ein Verleumder.« Und in einer Anmerkung zu derselben Schrift weist der Autor wütend auf »die idiotische, diffamierende Rhapsodie eines gewissen Despaze« hin, der ebenfalls behauptet, »daß [er] der Verfasser dieses verruchten Buches [sei], das man im Interesse der guten Sitten nicht einmal nennen sollte«.

---

[1] Siehe auch die Polemik zwischen de Sade und dem Journalisten Paulthier in *L'Ami des Lois.*

Maurice Heine hat sehr gut festgestellt, worin sich die *Justine* von 1791 von der von 1797 unterscheidet:

In der ersten Version vertraut uns die Heldin selbst ihre Mißgeschicke an; aber auch in den anstößigsten Einzelheiten bleibt Justine immer der Inbegriff der Tugend. Durch keine Qual, keine Gemeinheit läßt sich das arme, liebe Mädchen unterkriegen. Bis zu Justines Tod, der ebenso tragisch ist wie ihr Leben, bleibt sie eine christliche Märtyrerin. In der Version von 1797 wird die Schilderung objektiv; Justine hat nicht mehr selbst das Wort. Das härteste obszöne Vokabular ersetzt ihre bescheidenen Klagen. Zugleich nehmen die Abenteuer der Heldin eine ans Fabelhafte grenzende Wendung, und die sich anschließende Geschichte der Juliette gibt dem Ganzen vollends die Gestalt eines genialen Feuilleton-Romans, in dem die Personen durch die entfesselten Furien des Geschlechts ersetzt werden, die über ein ganzes Volk von Opfern herfallen.

Den Übergang von einer zur anderen Version der *Malheurs de la Vertu* bilden zum Teil hundertelf kleine autographische Zettel, die kürzlich veröffentlicht wurden. Sechzehn davon waren 1933 schon erschienen, mit einer Einführung und einem Kommentar von Maurice Heine. Alle in diesen *petites feuilles* entworfenen Szenen »bilden Ergänzungen oder Entwicklungen zum Roman von 1791, die de Sade beim Durchlesen seines ersten Buches aufs Papier geworfen haben mag«.

Wir verzichten auf eine Inhaltsangabe von *La Nouvelle Justine*. Der Leser wird sich ein ausreichendes Bild von dieser Version machen können, wenn er zu der weiter oben zitierten Zusammenfassung der *Justine* von 1791 folgende Passage aus der Einführung Maurice Heines zu den *petites feuilles* hinzufügt:

Man sieht schon, wie zum Untergang des jungen Mädchens der geizige Harpin durch die lasterhafte Delmonse ersetzt wird. Zwischen den Abenteuern bei Rodin und denen im Kloster taucht schon »von hohen Bäumen umgeben« das gotische Schloß Bandole auf [...] Das Kloster zeigt uns nicht mehr vier, sondern sechs Mönche an der Spitze eines Harems von achtzehn Knaben und dreißig Mädchen: man errät hier eine Reminiszenz der 120 Journées de Sodome, dieses Lieblingsmanuskripts. [...] Zweifellos bemühte sich [der Marquis], aus dem Gedächtnis einige Situationen zu rekonstruieren, und

ZU LEBZEITEN VERÖFFENTLICHTE WERKE   395

die Rede des Don Severino zum Beispiel ist sichtlich von der des
Herzogs von Blangis inspiriert. Beim Verlassen des Klosters gelangt
Justine nicht gleich zu Gernande, sondern erst nach einem Aufent-
halt in der blutigen Herberge des Ehepaars Esterval, wo sie Bressac
wiederbegegnet; und die ganze Gesellschaft trifft sich mit Verneuil
im Schloß Gernandes, um erneut ausführlichere Orgien zu feiern.
Später wird Justine nicht nur von der Bettlerin bestohlen, die auf
der Straße auf sie wartet: sie folgt dieser Frau namens Séraphine,
gerät mit ihr in den unterirdischen Schlupfwinkel der Bettler und
wird gewaltsam in die wüsten Sitten dieser Cour des miracles[1] *ein-*
geweiht. Und auch in der Folge werden die Abenteuer Justines ge-
ändert und verschlimmert: schließlich entkommt die Heldin mit
Hilfe eines Gefangenenwärters aus den Kerkern von Lyon, und als
Vagabundin, aber nicht als Gefangene begegnet sie auf dem Spa-
ziergang ihrer Schwester Juliette, die sie ins Schloß mitnimmt, um
mit allen Gästen die Geschichte der Prospérités du Vice *zu hören.*
  Diese grundlegende Umarbeitung hat eine dreifache Wirkung.
Auf der einen Seite entwickelt de Sade nachdrücklich das philoso-
phische Gerüst und das psychologische Interesse des Werkes. Auf
der anderen dehnt er wohl bis zum Exzeß die Spannung des Aben-
teuerromans, indem er die Ereignisse auf Kosten der Wahrschein-
lichkeit vervielfacht. Und drittens fügt er, in der Tradition der so-
genannten »Schubkastenromane«, der Haupterzählung die beiden
persönlichen Bekenntnisse des Mönches Jérôme und der Bettlerin
Séraphine ein.

Und hier nun in großen Zügen die *Histoire de Juliette ou les*
Prospérités du Vice, Fortsetzung und Gegenstück zur herzzerreißen-
den Odyssee der Tugend. Sie steht der *Nouvelle Justine* an Abscheulichkeit durchaus nicht nach, ja sie übertrifft sie vielleicht sogar noch,
und über dem Doppelroman könnten als Motto die Worte Shake-
speares aus *Titus Andronicus* stehen (V, 1, 63–66):

For I must talk of murders, rapes and massacres,
Acts of black night, abominable deeds,
Complots of mischief, treason; villainies
Ruthful to hear, yet piteously perform'd

---

[1] »Hof der Wunder«: Freistätte der Pariser Gauner und Bettler, wo die
»Lahmen« gehend und die »Blinden« sehend waren.

Die Erzählung ist der Heldin in den Mund gelegt. Sie schildert zunächst ihr Leben im Kloster von Panthémont. Die Äbtissin, Madame Delbène, gibt sich raffinierten und grausamen Orgien hin, die das junge Mädchen entzücken. Nach dem Bankrott und dem Tod ihrer Eltern wird Juliette in das Bordell der Duvergier aufgenommen, wo sich sowohl berufsmäßige Dirnen wie hochstehende, nymphomanische Damen prostituieren. Bei der Duvergier lernt Juliette den abscheulichen Noirceuil kennen. Er stellt sie seinem Freund, dem »sehr falschen, sehr verräterischen, sehr lasterhaften, sehr grausamen, unendlich stolzen« Minister Saint-Fond vor, »der die Kunst beherrscht, Frankreich in höchstem Maße zu bestehlen«. Er ist bezaubert von Juliettes Begabung für das Verbrechen und ernennt sie zur Organisatorin seiner scheußlichen Freuden. Saint-Fond braucht dreißig Opfer im Monat, die er während seiner lasterhaften Diners umbringt. So werden junge Mädchen an den Spieß gesteckt und wie Geflügel gebraten. Eines Tages, nachdem er seinen Vater durch Juliette hat vergiften lassen, organisiert Saint-Fond eine Orgie am Bett des Sterbenden. Unter anderen Ungeheuerlichkeiten erwürgt er den Greis und vergewaltigt seine eigene Tochter, bevor er sie Noirceuil ausliefert. Begeistert wird er in Erinnerung an diese Ausschweifung ausrufen: »Ich habe Vatermord begangen und Inzest, ich habe gemordet, ich habe prostituiert, ich habe Sodomie getrieben!« Bald gesellt sich eine junge Engländerin, Lady Clairwil, zu Juliette, außerdem Delcour, der Henker von Nantes. Der Minister und seine drei Helfershelfer begehen die unglaublichsten Barbareien. Ein naher Verwandter Saint-Fonds wird mit seiner Frau und seiner Tochter in eine Falle gelockt. Man zwingt sie, alle nur vorstellbaren inzestuösen Kombinationen durchzuführen. Dann werden Vater, Mutter und Kind nacheinander vergewaltigt, gefoltert und ermordet. Delcour wird angewiesen, das Fräulein so langsam wie möglich umzubringen, damit Saint-Fond, der sie sodomiert, Zeit hat, dieses doppelte Vergnügen zu genießen. Ein paar Tage später erschießen Juliette und die Clairwil zwei Männer, während sie leidenschaftlich in ihren Armen liegen. Die Engländerin führt Juliette in die Gesellschaft der Freunde des Verbrechens ein, deren Harems erlauben, der grausamsten Wollust freien Lauf zu lassen. Der Minister Saint-Fond verrät unserer Heldin seinen Plan, Frankreich zu verwüsten: er will zwei Drittel der Bevölkerung aushungern, indem er alle Lebensmittel aufkauft. Trotz ihrer angeborenen Bosheit erbebt Juliette. Das vernichtet sie in den Augen ihres Beschützers. Um seiner Rache zu entgehen (»O unheilvolle Tugend«, ruft sie aus, »nun hast du mich doch einmal zum Narren gehalten!«), läßt sie sich in Angers nieder. Dort heiratet sie den reichen Grafen de Lorsange und schenkt einem Mädchen das Leben, um sich das Vermögen ihres Mannes zu sichern. Da er nicht schnell genug stirbt, vergiftet sie ihn und flieht nach Italien, immer in der Angst, Saint-Fond könnte sie wiederfinden. In der »Heimat Neros und Messalinas« gibt sich Juliette den reichsten Prälaten und Aristokraten hin. Sie verbindet sich mit einem Hochstapler, Sbrigani; gemeinsam tragen sie zur Vermehrung der Diebstähle und Greueltaten in den wichtigsten Städten der Halbinsel bei. Sie besuchen das Schloß des Russen Minski, eines menschenfressenden Riesen, der eine ausgeklügelte Maschine erfunden hat, die sechzehn Personen auf einmal erdolchen oder enthaupten kann. In Rom wird Juliette von Papst Pius VI. empfangen. Um ihre Gunst zu gewinnen, läßt sich der Pontifex maximus zwingen, in der Peterskirche schwarze Messen zu zelebrieren. Juliette reist nach Neapel und begegnet dem Räuberhauptmann Brisa-Testa; er ist Lady Clairwils Bruder und lebt mit ihr im Inzest. Dieser Schurke erzählt ihr von seinen Heldentaten in England und Schweden, am Hof Katharinas II., in Sibirien und bei den Türken. In Neapel knüpft Juliette Beziehungen mit dem König Ferdinand und seiner Frau Karoline an. Die Ruinen von Pompeji und Herkulaneum sind der bevorzugte Schauplatz ihrer Ausschweifungen. Der Herrscher hat in seinem Palast ein einzigartiges Theater einrichten lassen. Sieben verschiedene Todesstrafen sind auf der Bühne vorbereitet: Feuer, Peitsche, Strang, Rad, Pfahl, Enthauptung und Zerstückelung. Der Zuschauerraum ist mit den Bildern von fünfzig wunderschönen Mädchen und Knaben geschmückt. Der Zuschauer kann sich durch einen Klingelzug eines dieser Opfer aussuchen, das er selbst foltern oder einem der vier Henker, »nackt und schön wie Mars«, ausliefern kann. Vespoli hingegen, der Beichtvater des Königs und Arrangeur seiner Orgien, zieht es vor, sich in ein Tigerfell zu kleiden und Geisteskranke beiderlei Geschlechts zu sodomieren, vor allem, wenn ihr Wahnsinn darin besteht, sich einzubilden, sie seien Jesus Christus oder die Heilige Jungfrau. Bei einem Spaziergang stürzen Juliette und Lady Clairwil ihre Freundin, die verführerische Tribade Olympia Borghese, die sie in Rom kennengelernt haben, in den Krater des Vesuvs. Karoline von Neapel hat sich des Königsschatzes bemächtigt und möchte mit Juliette Italien verlassen. Aber Juliette verrät ihre Komplizin und flieht allein mit dem ungeheuren Vermögen. Ihre Erzählung ergeht sich weiter in Greueln aller Art, die aufzuzählen zu weit führen würde, und schließt in einer furchtbaren Apotheose mit dem Tod ihrer Tochter Marianne, die sie nach unsagbaren Folterungen ins Feuer wirft. »Ich gestehe, daß ich das Verbrechen leidenschaftlich liebe«, ruft Juliette am Ende ihrer Erzählung aus, »es allein reizt meine Sinne, und ich werde mich bis zu meinem letzten Atemzug zu seinen Grundsätzen bekennen. Da ich frei von religiöser Furcht, durch Umsicht und Reichtum in der Lage bin, mich über die Gesetze hinwegzusetzen, welche göttliche oder menschliche Macht könnte meine Begierden bezwingen? Die Vergangenheit ermutigt mich, die Gegenwart entzündet mich, ich fürchte die Zukunft nicht; so hoffe ich, daß mein weiteres Leben alle Verfehlungen meiner Jugend noch übertreffen wird. Die Natur hat die Menschen nur geschaffen, damit sie an allem auf der Welt ihr Vergnügen haben; das ist ihr teuerstes Gesetz, es wird immer das Gesetz meines Herzens sein. Was kümmern mich die Opfer, es muß welche geben; alles auf der Welt würde sich ohne die grundlegenden Gesetze des Gleichgewichts zerstören; nur durch Missetaten erhält sich die Natur und erobert sich die Rechte zurück, die die Tugend ihr genommen hat. Wir gehorchen ihr also, indem wir uns dem Bösen hingeben; unser Widerstand ist das einzige Verbrechen, das sie uns nicht verzeihen darf. Oh! meine Freunde, seien wir von diesen Grundsätzen überzeugt; in ihrer Ausübung sind alle Quellen des menschlichen Glückes zu finden.«

Indessen hat Justine nicht ohne Grauen und Tränen der furchtbaren Erzählung ihrer Schwester zugehört. Juliette vereinbart mit ihren Gästen, dieses abstoßende Muster an Tugend sobald als möglich zu opfern. Aber die Natur wird selbst über ihr Leben entscheiden. Ein schreckliches Gewitter zieht auf. Die unglückliche Justine wird verjagt. Kaum hat sie die Straße erreicht, die zum Schloß führt, wird sie von einem fürchterlichen Blitz erschlagen. Die Schurken bekunden ihre Freude an diesem Schauspiel: »Kommen Sie, kommen Sie, Madame! Sehen Sie sich das Werk des Himmels an, sehen Sie, wie er die Tugend belohnt: ist es denn der Mühe wert,

ZU LEBZEITEN VERÖFFENTLICHTE WERKE 399

sie zu hegen, wenn die, die ihr am besten dienen, vom Schicksal so
grausam geopfert werden?«

Lange moralische und metaphysische Abhandlungen von bewun-
dernswerter Lebendigkeit, die der Marquis seinen Helden in den
Mund legt – und in denen seine apologetischen Theorien des Bösen
aus früheren Werken wiederaufgenommen und bereichert, ja zuweilen bis zum Wahnsinn gesteigert werden –, beginnen, unterbre-
chen oder beenden fast jede der teuflischen Orgien in der Geschichte
von Justine und Juliette. – Das abweichende Prinzip von de Sades
System, aber auch die furchtbare Lehre, die bei näherer Betrachtung
daraus zu ziehen ist, wurde von Maurice Blanchot sehr gut dargestellt: »Sade war so kühn, seine seltsamen Gelüste unerschrocken
zuzugeben und anzunehmen. Indem er sie zum Ausgangspunkt und
Prinzip aller Vernunft machte, gab er der Philosophie die solideste
Grundlage, die er finden konnte, und versetzte sich in die Lage, das
menschliche Schicksal in seiner Gesamtheit gründlich zu interpretieren. [...] Aber es zeigt sich, daß dieser Gedanke nicht von der Hand
zu weisen ist [...] In all seinen Widersprüchen, darin er sich bewegt,
zeigt er uns, daß von einem normalen Menschen, der den Sadisten
in eine Sackgasse zwingt, und einem Sadisten, der diese Sackgasse
zu einem Ausweg macht, der letztere besser über Wahrheit und Logik Bescheid weiß und die tiefergreifende Intelligenz besitzt, so daß
er dem normalen Menschen helfen kann, sich selbst zu verstehen, indem er ihm hilft, die Bedingungen für jegliches Verstehen zu modi-
fizieren.« Die anagogische Theorie Pierre Klossowskis ist ebenfalls
zu beachten: »Das ganze Werk de Sades scheint ein einziger verzweifelter Anruf an das unerreichbare Bild der Jungfräulichkeit zu
sein, ein Schrei, der in ein Hohelied der Blasphemie gehüllt und
gewissermaßen verschachtelt ist. *Ich bin von der Reinheit ausgeschlossen, weil ich die besitzen will, die rein ist. Ich kann nicht umhin, nach Reinheit zu begehren, aber gleichzeitig bin ich unrein, weil
ich die Reinheit, die man nicht genießen kann, genießen möchte.*«

Aber die philosophische Lobeshymne des Marquis de Sade würde
an Bedeutung verlieren, wenn man sie nicht auch unter dem drei-
fachen Aspekt der beschreibenden Psychopathologie, des schwarzen
Humors und der Poesie betrachten würde.

Wenn in *la Nouvelle Justine* und *Juliette* die romanhafte Erfindung auch viel weiter getrieben ist als in *les 120 Journées de So-*

400 MARQUIS DE SADE

dome, so bekundet sich die Beständigkeit und Einheit der wissenschaftlichen Absicht de Sades darin nicht weniger deutlich. Der Verfasser nimmt in vielen Passagen Fälle von Perversion wieder auf, von denen er schon in seinem ersten großen erotischen Roman berichtet hat. Ein Beispiel auf dem Gebiet des Fäkalismus: der Fall des Herzogs de Florville in *les 120 Journées* gleicht aufs Haar einer Episode in *Juliette,* nämlich der Episode Cordellis, ja man trifft sogar in beiden Versionen dieselben Ausdrücke an. Und niemals scheint uns de Sade enthusiastischer von der hohen wissenschaftlichen Aufgabe durchdrungen zu sein, die er in der Bastille begonnen hatte und trotz des Verlustes seiner Schriftrolle nicht aufgab: »Man kann sich nicht vorstellen, wie notwendig diese Schilderungen für die Entwicklung der Seele sind. Nur die dumme Zurückhaltung derer, die über dieses Thema schreiben, ist schuld, daß wir von dieser Wissenschaft [der menschlichen Seele] noch so wenig Kenntnis haben. Von absurden Ängsten gefesselt, sprechen sie uns nur von den Kindereien, die allen Dummköpfen bekannt sind, und wagen nicht, kühn Hand an das menschliche Herz zu legen und uns dessen ungeheure Verirrungen vor Augen zu führen[1].«

André Breton hat den beträchtlichen Anteil des »schwarzen Humors« in *la Nouvelle Justine* trefflich definiert: »Die Exzesse der

---

[1] Wenn der Marquis de Sade auf dem Gebiet der beschreibenden Psychopathologie Krafft-Ebing und Havelock Ellis um hundert Jahre zuvorgekommen ist, so muß man ebenfalls beachten, daß er einige Grundbegriffe des Freudschen Systems zutage gebracht hat. Man weiß, daß der Begriff der Präexistenz der Erotik beim Kind ein Grundpfeiler der Psychoanalyse ist. Freud hat bewiesen, daß die ersten sexuellen Eindrücke des Kindes die Natur der *Libido* endgültig bestimmen und daß die Verdrängung dieser *Libido* unter der Herrschaft der sozialen und ethischen Verbote das seelische Gleichgewicht des Heranwachsenden mehr oder weniger schwerwiegend stört. Und was sagte der Marquis de Sade Ende des XVIII. Jahrhunderts? »Im Schoß der Mutter werden die Organe geschaffen, die für diese oder jene Laune empfänglich machen; die ersten Dinge, die man bekommt, die ersten Reden, die man hört, bilden eine weitere Triebfeder; der Geschmack wird geformt, und nichts auf der Welt kann ihn mehr zerstören.« *(Justine)* Das Kind, bemerkt Freud weiter, weist einen natürlichen Hang zu Inzest und Sadismus auf. Wie sagte noch der Marquis? »Die Natur gibt einem kleinen Kind ein, seine Schwester zu sodomieren: es tut das, weil es keinen besseren Weg ahnt. Eine furchtbare Bosheit wird im Schoße der Unschuld und der Natur ersonnen; das Kind hat sich an

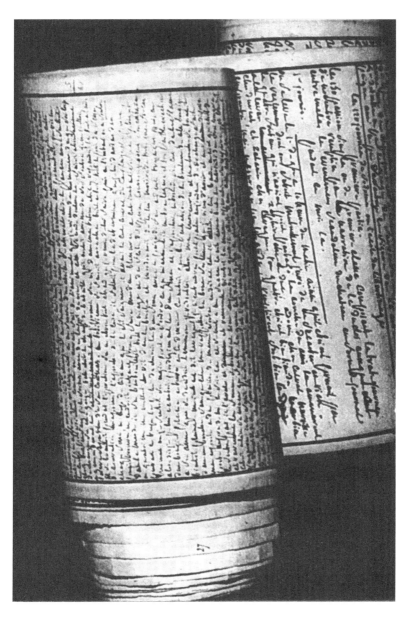

Die erhaltene Manuskriptrolle der berühmten »120 Journées de Sodome«.

J'ai reçu ce matin une grande lettre de vous qui
assurément est plus bien écrite. Donc par si long que vous [illegible]
Croyez-vous que je n'aie autre chose à faire que de lire
vos rabâchages? il faut que vous ayez bien du temps à perdre
pour écrire des lettres de cette taille-là, et moi de même
pour y répondre. — Convenez-en. Mais cependant comme
l'objet de celle-ci est d'une grande conséquence, je vous
prie de la lire à tête rassise et d'un beau sang-froid.
Je viens de trouver trois signaux de la plus grande beauté
il m'est impossible de vous les cacher, ils sont si sublimes
que je suis persuadé que vous allez en les lisant applaudir
malgré vous à l'étendue de mon génie, et à la richesse
de mes connaissances. On pourrait dire de votre clique,
ce que Piron disait de l'académie, vous êtes là quarante
qui avez de l'esprit comme quatre. Votre séquelle — c'est la
même chose — vous êtes là 6 qui avez de l'esprit comme
deux. Eh bien avec tout votre génie, et quoiqu'il y ait
six [?] douze ans que vous travaillez à ce grand œuvre
je viens vous servir double contre singlette. Si vous voulez
que mes trois signaux valent mieux que ce que vous avez fait —
attendez je me trompe — il y en a mes 4: quatre — eh bien
c'est bon et vous savez que le 4 est d'une grande force.

1er signal inventé par moi Christophe de Sade
La première coupure ou déchirure que vous aurez à me
signaler — il faudra couper les C..... de Cadet de la
Bazoche (Albaret) et me les envoyer dans une boîte
j'ouvrirai la boîte — je me récrierai — je dirai — oh mon Dieu
qu'est-ce que c'est que cela? j'appelle [illegible] qui sera là
derrière — répondra — Ce n'est rien monsieur [illegible]
bien que c'est un 19 ——— et nous je dis — sans vanité — en
avez-vous qui vaille celui-là? ———

Voici double contre simple. Il est joli celui-là — vous voudriez bien
l'avoir trouvé.

Aus dem Brief der »vier Zeichen« vom 19. September 1783.

Zu Lebzeiten veröffentlichte Werke

Phantasie, zu denen ihn sein Genie verleitet und die langen Jahre der Gefangenschaft geneigt machen, das wahnsinnig stolze Vorurteil, das ihn seine Helden sowohl im Vergnügen wie im Verbrechen vor Übersättigung schützen läßt, seine Besorgtheit, die für ihre Verfehlungen günstigen Umstände unendlich zu variieren, und sei es auch nur, indem er sie immer mehr verwickelt, sind geeignet, einige Passagen von handgreiflicher Übertreibung aus seiner Erzählung hervortreten zu lassen, die den Leser entspannen und ihn denken lassen, daß der Autor kein Narr sei.«

Der Marquis las gern Rabelais, und gewiß glaubte er, ihn in seinen Briefen an den Diener Carteron manchmal nachzuahmen. Aber die »alte französische Fröhlichkeit« ließ sich nicht gut mit der *Juliette* vereinen, und man müßte Aristophanes nennen, wollte man eine Beziehung zwischen de Sade und den frühen Adepten einer der Götter würdigen Possenreißerei herstellen.

»Hör zu, alter Affe!« ruft Juliette Pius VI. im Verlauf eines Dialogs zu, der in keiner Literatur seinesgleichen hat; und sie fährt fort: »Das zweite, was ich von dir verlange, ist eine philosophische Abhandlung über den Mord. Ich habe mich oft an dieser Tat berauscht, und ich will wissen, was ich davon zu halten habe. Was du mir sagen wirst, wird für immer festlegen, wie ich darüber denke; nicht, daß ich an deine Unfehlbarkeit glaubte, aber ich vertraue den Studien, die du vermutlich gemacht hast. Und da du weißt, daß ich eine Philosophin bin, wirst du es sicherlich nicht wagen, mich zu täuschen.«

seiner Schwester erfreut, es will sie schlagen und ihr wehtun.« (*La Nouvelle Justine*)
Aber auch die Hormonologie und die physiopathologische Anatomie haben in de Sade einen Vorläufer gefunden. Er hat in seiner *Justine* von 1791 ausgerufen: »Wenn die Anatomie erst vervollkommnet ist, wird man mit ihrer Hilfe leicht die Beziehung zwischen der Beschaffenheit des Menschen und seinen Gelüsten aufweisen können. Pedanten, Henker, Gefängniswärter, Gesetzgeber, Lumpengesindel mit der Tonsur, was werdet ihr tun, wenn wir soweit sind? Was wird aus euren Gesetzen, eurer Moral, eurer Religion, eurer Macht, eurem Paradies, euren Göttern, eurer Hölle, wenn bewiesen sein wird, daß diese oder jene Strömung einer Flüssigkeit, eine bestimmte Faser, ein bestimmter Säuregrad des Blutes oder der Säfte genügen, um einen Menschen zum Gegenstand eurer Qualen oder eurer Rache zu machen?«

402 MARQUIS DE SADE

OXTIERN OU LES MALHEURS DU LIBERTINAGE (JAHR VIII)
Die Untersuchung dieses Dramas und der Bericht über dessen
Erstaufführung und Wiederholungen sind im XIV. und XV. Kapitel
zu finden.

LES CRIMES DE L'AMOUR, PRÉCÉDÉS D'UNE IDÉE SUR LES RO-
MANS (JAHR VIII); L'AUTEUR DES CRIMES DE L'AMOUR A VILLE-
TERQUE, FOLLICULAIRE (JAHR IX)

DAS ERZÄHLERISCHE WERK

Der ursprüngliche Plan (1788) – »Eine Anmerkung auf dem Dek-
kel des zwanzigsten und letzten Heftes seines handschriftlichen Manuskriptes«, so schreibt Maurice Heine, »lehrt uns, daß de Sades er-
zählerisches Werk fünfzig Novellen umfaßte. Sechzehn der kürze-
sten oder jedenfalls anekdotischsten sollten unter dem Titel *Historiettes* in eine zwei- oder dreibändige Sammlung von Essays mit dem
Titel *le Portefeuille d'un homme de lettres* aufgenommen werden.
Dreißig weitere, so angeordnet, daß immer abwechselnd eine lustige
und eine traurige folgte, sollten die vier Bände von *Contes et
Fabliaux du* XVIII*e siècle par un troubadour provençal* ausmachen.
Von den vier, die übrigblieben, war eine noch als Ergänzung vorgesehen *(les Filous),* eine andere wurde in einen Roman umgewandelt
(les Infortunes de la Vertu) und die beiden letzten ausgeschieden
(Séide, conte moral et philosophique[1] und *l'Epoux complaisant).*
»Das alles war in den Jahren 1787 und 1788 in der Bastille geschrieben worden. Der überarbeitete und korrigierte Entwurf füllte
zwanzig gelbliche Hefte, von denen jedes achtundvierzig Seiten
stark war. Achtzehn davon bilden das wichtige Manuskript 4010
der neuen französischen Erwerbungen der Bibliothèque Nationale[2].

---

[1] Davon ist uns nur ein ausführlicher Entwurf erhalten geblieben, den
wir im Anhang zu *Cahiers personnels* veröffentlicht haben.
[2] 454 Blatt von 215 x 170 mm, in neuem Einband. – »Sade läßt seinen
Manuskripten außerordentliche Sorgfalt angedeihen. Er schreibt viel und
methodisch, zuerst einen klar umrissenen, logisch entwickelten Plan, der
je nach Bedarf umgearbeitet wird, indem *korrigierte Sätze* dem vor-
läufigen Manuskript hinzugefügt werden; dann einen *Entwurf,* das
eigentliche Manuskript aus einem Guß, mit einer feinen Schrift eng beschrieben, zügig und mit vielen Abkürzungen, damit sie seinen immer

ZU LEBZEITEN VERÖFFENTLICHTE WERKE 403

Das zweite und siebte Heft fehlen, dabei tauchte das letztere im XIX. Jahrhundert bei verschiedenen Versteigerungen auf. [...]«

»Zur Zeit müssen noch sechs Kurzgeschichten (*la Liste du Suisse, la Messe trop chère, l'Honnête Ivrogne, N'y allez jamais sans lumière, la Justice vénitienne, Adélaïde de Miramas ou le Fanatisme protestant*) und fünf Erzählungen (*la Fine Mouche, l'Heureux Échange, la Force du sang, les Reliques, le Curé de Prato*), die in den beiden fehlenden Heften enthalten sein müssen, sowie das Ende von *la Marquise de Thélème* wiedergefunden werden.«

Die Reinschrift des *Catalogue raisonné* von 1788 erwähnt den Titel dieser Sammlung nicht. Man findet dort den ursprünglichen Plan de Sades wieder, der aus folgender Anmerkung auf seinem Manuskript hervorgeht: »Dieses Werk umfaßt vier Bände mit einem Kupferstich zu jeder Erzählung; die Geschichten sind so angeordnet, daß unmittelbar auf ein ernstes oder tragisches Abenteuer jeweils ein fröhliches oder sogar zotenhaftes folgt, das sich aber immer streng an die Regeln der Schamhaftigkeit und des Anstandes hält.«

Les Crimes de l'amour, précédées d'une Idée sur les romans (Jahr VIII) – Zwölf Jahre später mußte de Sade auf seinen ersten Plan verzichten. Nur elf Novellen wurden zu Lebzeiten des Autors veröffentlicht[1], der im Jahre VIII anstelle der *Contes et Fabliaux* eine neue Sammlung mit dem Titel *les Crimes de l'amour* zusammenstellte, aus der er entschlossen alle lustigen Geschichten entfernte – vielleicht, um sich den düsteren Vorstellungen einer Zeit anzupassen, »in der jeder einzelne in vier oder fünf Jahren mehr Unglück erfahren hat, als der größte Romanschriftsteller in einem ganzen Jahrhundert schildern könnte«.

vorauseilenden Gedanken folgen kann; wenig Streichungen, aber hin und wieder Korrekturen, die beim späteren Lesen gemacht wurden, oft Hinweise auf ein geheimnisvolles Heft mit Ergänzungen oder Randbemerkungen: zum Beispiel das ›gelbe Heft‹, das wegen seiner Architektur nur noch mit gewissen Manuskripten Marcel Prousts verglichen werden kann. Endlich nimmt das ›schöne Heft‹ die endgültige Version auf, in edler Kalligraphie geschrieben und mit einem Rand von roter Tinte versehen.« (Maurice Heine)

[1] Dazu kommt noch eine zwölfte: *le Crime du sentiment ou les Délires de l'amour, nouvelle espagnole,* 1795 im dritten Band von *Aline et Valcour* veröffentlicht. Der Titel ist in den Aufstellungen von 1788 nicht erwähnt.

Wenn man von *la Double Épreuve* absieht, dem »höchsten literarischen Zeugnis der galanten (und oft langweiligen) Feste«, das durchaus nicht in diese Sammlung paßte, so lassen sich die übrigen zehn Novellen, in denen es von fürchterlichen Ereignissen wimmelt, qualitativ in drei Gruppen einteilen. Die recht mittelmäßigen Erzählungen auf historischem Hintergrund, *Juliette et Raunai, Rodrigue, Laurence et Antonio* und *la Comtesse de Sancerre,* entsprechen auf dem Gebiet der Erzählung den melodramatischen Tragödien von De Belloy; in den zeitgenössischen Dichtungen *Miss Henriette Stralson, Faxelange, Ernestine* und *Dorgeville* zeigt sich trotz der Grenzen, die ihm durch die Sittsamkeit des Ausdrucks gesetzt sind, an manchen Stellen die nachdrückliche Originalität de Sades; zwei Novellen schließlich verdienen, zu seinen Meisterwerken gezählt zu werden: *Florville et Courval ou le Fatalisme* (lies: *la Fatalité*[1]) und *Eugénie de Franval.* Pierre Klossowski verdanken wir eine kluge Interpretation von *Florville et Courval:* »Unter dem Anschein außergewöhnlicher Großmut verkörpert Courval die Sadesche Befriedigung, das anscheinend enthüllte Geheimnis Florvilles zu besitzen; aber in Wirklichkeit verkörpert sich der Sadesche Argwohn in der Heldin selbst: Florville ist sich selbst ein Rätsel...« Bei *Eugénie de Franval* hingegen – die »der Triumph des Inzests« genannt werden könnte – schmeichelt sich der Marquis keineswegs selbst, wenn er erklärt: »Es gibt in der ganzen europäischen Literatur weder eine Erzählung noch einen Roman, in welchem die Gefahren der Ausschweifung eindringlicher dargestellt wären.« Auch das zusammenfassende Urteil Klossowskis über die besten Novellen aus *Crimes de l'amour* verdient Beachtung: »Warum erscheinen uns diese Erzählungen, die vorgeben, moralisch zu sein, so zweideutig? Weil die rationale Moral, die [ihnen] als Kriterium dient, ein Gewissen und eine Freiheit des Menschen voraussetzen, die jeden Augenblick von den dunklen Kräften, die im Spiele sind, überflügelt werden.« Merkwürdig ist Marie-Constance Quesnets Ansicht, die uns de Sade überliefert: »Meine Freundin sagte in bezug auf *les Crimes de*

---

[1] »Wieso muß die unglückliche Florville, das tugendhafteste, liebenswürdigste und empfindsamste Wesen, das man sich vorstellen kann, durch eine unvorhergesehene Verkettung von Verhängnissen (enchaînement de fatalité) zum abscheulichsten Ungeheuer werden, das die Natur erschaffen konnte?« (*Les Crimes de l'amour,* Jahr VIII, II. Band, S. 258)

ZU LEBZEITEN VERÖFFENTLICHTE WERKE   405

l'amour, daß das Theater im Grunde manchmal ebenso schreckliche
Züge aufweise, aber daß es weniger gefährlich sei, solche Greuel aufgeführt zu sehen, als sie in einem Roman zu lesen, und in diesem
Zusammenhang hielt sie mein Buch für gefährlich. – Übrigens fand
sie meinen Stil einfach, gefällig und durchaus nicht manieriert.«

Les Crimes de l'amour wird durch eine interessante Abhandlung
mit dem Titel *Idée sur les romans* eingeleitet. Nachdem de Sade die
berühmtesten Romane von den Griechen bis zu Lewis untersucht,
Don Quijote, Manon Lescaut, la Nouvelle Héloïse über alle Maßen
gerühmt und begeistert den genialen Neuerern Richardson und Fiel-
ding gehuldigt hat, legt er seine Philosophie über die Werke der
Phantasie mit einer Größe und einer Sicherheit dar, von der folgende Passage in großartiger Weise Zeugnis ablegt:

*. . . Man muß zugeben, daß in den folgenden Novellen der kühne
Gedankenflug, den wir uns erlaubt haben, nicht immer mit den
strengen Regeln der Kunst übereinstimmt; aber wir hoffen, daß
die äußerste Wahrhaftigkeit der Charaktere dafür entschädigen
wird; eine seltsamere Natur, als die, welche uns die Moralisten
schildern, sprengt immer wieder die Dämme, welche deren Politik
ihnen setzen möchte; einförmig in ihren Plänen, unberechenbar in
ihrer Wirkung, gleicht ihr immer bewegter Schoß dem Krater eines
Vulkans, der abwechselnd kostbare Steine ausspuckt, die dem Luxus
des Menschen nützlich sind, und Feuerbälle, die ihn vernichten; sie
ist groß, wenn sie die Erde mit Antonius und Titus bevölkert;
furchtbar, wenn sie einen Andronicus oder einen Nero ausspeit; aber
immer erhaben, immer majestätisch, immer würdig, daß wir sie studieren und ehrerbietig bewundern, weil wir ihre Absichten nicht
kennen, weil wir Sklaven ihrer Launen und ihrer Bedürfnisse sind
und unsere Gefühle für sie niemals nach dem, was wir von ihr erdulden, sondern nach ihrer Größe, ihrer Kraft richten müssen, was
auch immer das Ergebnis sein mag*[1].

L'Auteur des »Crimes de l'amour« à Villeterque, folliculaire (Jahr
IX) – Der Stock eines großen Herrn, der mit kräftigen Schlägen auf
den Rücken eines unverschämten Lakaien niederfällt: das ist das

---

[1] *L'Idée sur les romans* »hat das doppelte Verdienst, den Autor unter
seine Zeitgenossen einzuordnen und die präromantischen Ursprünge seines Werkes aufzuzeigen«, schreibt Maurice Heine.

kleine Werk *l'Auteur des »Crimes de l'amour« à Villeterque, folliculaire.* Es ist die äußerst heftige Antwort de Sades auf einen sehr
feindseligen Artikel über *les Crimes de l'amour,* in dem er beschuldigt wird, *Justine* geschrieben zu haben[1].
Aber über *les Crimes de l'amour* wurden auch lobende Artikel
geschrieben. Am 6. Brumaire (28. Oktober) ließ ein anonymer Artikel im *Journal de Paris* dem Buch mehr Gerechtigkeit widerfahren:
»Die blühende Phantasie des Schriftstellers..., die große Vielfalt

[1] Unter den Verleumdern de Sades muß man auf den berühmten Rétif
de la Bretonne aufmerksam machen. Am 24. November 1783 schrieb de
Sade aus der Festung Vincennes an seine Frau: »Kaufen Sie vor allem
nichts von Rétif, um Gottes willen! Das ist ein Autor des Pont-Neuf und
der Bibliothèque bleue, und es ist unfaßlich, daß Sie auf den Gedanken
gekommen sind, mir von ihm etwas zu schicken.« Als de Sade wieder in
die Gesellschaft zurückkehrte, wußte »Monsieur Nicolas« sicherlich, welche Verachtung dieser neue Kollege für seine Werke übrig hatte. Nur so
läßt sich der wütende Haß erklären, mit dem Rétif dieses »Ungeheuer
eines Schriftstellers« unablässig verfolgte. Der Marquis de Sade ist der
Mann, der in *les Nuits de Paris* mit Schande überhäuft wird, in denen
Rétif nicht nur schreckliche Legenden kolportiert, die durch die Affären von
Arcueil und Marseille entstanden waren, sondern sich nicht scheut, Skandale zu erfinden, die ebenso unwahrscheinlich sind wie die wahnsinnigen
Versionen jener beiden; er ist der Romanschriftsteller, den er in *le Pied
de Fanchette,* in *Monsieur Nicolas* und selbstverständlich in der *Anti-
Justine,* in der er vorgibt, den grausamen Schilderungen das Marquis die
inzestuöse Wollust eines Vaters und seiner Tochter entgegenzusetzen, zum
Gegenstand des allgemeinen Abscheus macht.
»Niemand hat sich über die Werke des verruchten de Sade mehr empört als ich«, schreibt Rétif de la Bretonne in seinem Vorwort zur *Anti-
Justine;* »... dieser Schurke stellt die Liebesfreuden der Männer nur in Begleitung von Folter, ja sogar Tod der Frauen dar. Mein Ziel ist, ein Buch
zu schreiben, das schmackhafter ist als die seinen und das die Frauen ihren
Männern zum Lesen geben können, damit sie besser von ihnen bedient
werden; ein Buch, in dem die Sinne zum Herzen sprechen; in dem die
Ausschweifung für das Geschlecht der Grazien nichts Grausames hat [...];
in dem die Liebe zur Natur zurückgeführt, von Skrupeln und Vorurteilen befreit wird und nur lachende und wollüstige Bilder zeigt. Man
wird die Frauen anbeten, zärtlich liebkosen und...: aber man wird diesen Theoretiker der Vivisektion noch mehr hassen, den, der mit einem
langen weißen Bart am 14. Juli 1789 aus der Bastille befreit wurde. Möge
das Zauberwerk, das ich schreibe, die seinen vernichten.«
Der Marquis seinerseits hat Rétif an zwei Stellen seiner *Idée sur les
romans* nicht geschont: »R... überschwemmt das Publikum; er braucht

ZU LEBZEITEN VERÖFFENTLICHTE WERKE   407

der Bilder.« Wenn *Eugénie de Franval* darin als »recht düster« bezeichnet ist, so bemerkt der Kritiker zur Verteidigung des Autors:
»[Er] hat zweifellos gedacht, diese Farbe stehe uns noch eine Zeitlang an, denn in dieser Beziehung übertrifft die Wirklichkeit immer
noch die Dichtung.«

Historiettes, Contes et Fabliaux (postume Ausgabe) – Nach dem
umfangreichen Manuskript 4010 der Bibliothèque Nationale hat
Maurice Heine 1926 unter dem Titel *Historiettes, Contes et Fa-*
bliaux zum erstenmal fünfundzwanzig bisher unveröffentlichte Erzählungen in ihrer ursprünglichen Schreibweise veröffentlicht, auf
die er im Anhang eine sechsundzwanzigste folgen ließ: *les Dangers*
de la bienfaisance, auch genannt *Dorci ou la Bizarrerie du sort,* die
1881 schon einmal erschienen war, aber dank der »ziemlich übel-
wollenden Bemühungen Anatole Frances« keinerlei Beachtung bei
der Kritik fand.

Aus der Gesamtheit dieser Erzählungen, von denen die meisten
zur lustigen Art gehören – wie sollte man es nicht bewundern, daß
dieser köstliche, von provenzalischem Geist beseelte Humor in der
düsteren Kulisse der Bastille blühen konnte? –, ragen zumindest drei
Meisterwerke heraus. Zuerst *le Président mystifié,* wo man den ko-
mischen Mißgeschicken eines jener Magistratsherren begegnet, die
den Verfasser im September 1772 so parteiisch verurteilt haben und
an denen er sich mit unterhaltsamer Grausamkeit rächt. Zweitens
Augustine de Villeblanche, auch *la Tribade convertie:* der eigen-
artige Reiz der Dialoge, welche die Hälfte der Erzählung ausmachen, läßt uns ahnen, wie die Theaterstücke de Sades hätten sein
können, wenn er in diesem Bereich sich nicht gescheut hätte, seiner
gewohnten Kühnheit nachzugeben. *Émilie de Tourville ou la Cruauté*
fraternelle hingegen, die an die tragischsten Geschichten von *Crimes*
de l'amour erinnert, »ist eine Erzählung voller rätselhafter Andeutungen«, schreibt Maurice Heine, »in der man zwischen den Zeilen
lesen muß. Sie erschiene weit weniger bedeutungsreich, besäße man

eine Druckpresse am Bett [...]'; ein niedriger, kriecherischer Stil, ekel-
hafte Abenteuer, die aus der schlechtesten Gesellschaft stammen...«
»Wenn man alles sagen kann, hat man nie das Recht, etwas Schlechtes zu
sagen; wenn du schreibst wie R..., *was jedermann weiß,* mußt du wie er
vier Bände im Monat liefern, dann ist es nicht der Mühe wert, die Feder
zu ergreifen; niemand zwingt dich zu dem Beruf, den du ausübst.«

nicht den Schlüssel zu den verwendeten Zeichen, die auf den zusammenfassenden Listen [des Manuskriptes 4010] gewisse Titel begleiten. Für *Émilie de Tourville* enthüllt er, daß es in dieser Erzählung um die *Sodomie* geht. Nur dieser Zug erhellt die Handlung, rechtfertigt die innige Solidarität, die die Brüder gegenüber ihrer Schwester verbindet, ihre Grausamkeit gegen sie und macht die Folter, der sie sie aussetzen, zur blutigen Würze ihrer sinnlichen Freuden.«

Der Plan zur Umarbeitung von 1803–1804 – Dieser Umarbeitungsplan ist in den *Notes littéraires* enthalten, die der Verfasser zwischen Juni 1803 und März 1804 in Charenton geschrieben hat und die von uns 1953 unter dem Titel *Cahiers personnels* veröffentlicht wurden.

Nachdem de Sade 1788 vorhatte, seine Novellen und Erzählungen so einzuteilen, daß auf ein »ernstes oder tragisches« Abenteuer jeweils eine »lustige oder gar possenhafte« Geschichte folgte, verwarf er im Jahr VIII diesen Plan und nahm in *Crimes de l'amour* nur Dichtungen mit »heroischem« oder »tragischem« Charakter auf. Aber 1803/04 kommt der Marquis auf seine ursprüngliche Absicht zurück und beschließt einerseits, *les Crimes de l'amour* mit zehn heiteren Erzählungen »zu durchsetzen«, andererseits, eine weitere Sammlung, *le Boccace français,* zusammenzustellen, in der sich die gleiche Sorge um die Abwechslung zeigt, obschon hier die Folge von heiter und traurig nicht so streng eingehalten ist.

Diese endgültige Einteilung wird durch mehrere Vorwürfe zu Erzählungen eingeleitet, die »zu schreiben« oder »umzuschreiben« sind[1]. Es ist interessant, daß *Madame de Thélème* und *les Inconvénients de la pitié* sich auf die neuen Hilfsmittel stützen, welche die düsteren Veränderungen der revolutionären Epoche dem Mord und der Wollust verschafft hatten. Der Held von *Madame de Thélème* ist der Prokonsul von Arras, Joseph Le Bon, und de Sade merkt an, die ganze Furchtbarkeit seiner Erzählung sei auf »die sehr reale Furchtbarkeit der Person zurückzuführen«, und das einzige Thema einer solchen Dichtung müßte sein, »Abscheu vor den Verbrechen dieser Zeit zu erregen«.

---

[1] *Madame de Thélème; La Cruauté fraternelle; Les Inconvénients de la pitié; Aveuglement vaut mieux que lumière; L'Ane sacristain.*

ZU LEBZEITEN VERÖFFENTLICHTE WERKE   409

Der Plan von 1803/04 könnte eines Tages als Grundlage für eine kritische Ausgabe der Erzählungen und Novellen des Marquis de Sade dienen, die den letzten Absichten des Autors entsprechen und mit den Varianten ergänzt würde, die das Manuskript 4010 der Bibliothèque Nationale offenbart.

LA MARQUISE DE GANGE (1813)

»*La Marquise de Gange*, ein anonymer Roman, der aber ohne Zweifel von de Sade stammt, ist ein Beispiel dafür, wie er aus einer historischen Gegebenheit den psychologischen und beschreibenden Gehalt zu ziehen verstand.« So drückt sich Maurice Heine über ein Werk aus, von dem nur noch ganz wenige Exemplare existieren und das bis zum März 1957[1] in ebensolches Dunkel getaucht war, als wäre es nie gedruckt worden, obschon es aus mancherlei Gründen ein besseres Schicksal verdient hätte. Sicherlich hatte Heine die Absicht, eine kritische Ausgabe der *Marquise de Gange* zu machen: unter den vorbereitenden Arbeiten, die er der Bibliothèque Nationale vermacht hat, befinden sich in der Tat historische Notizen und Abschriften von Beweisstücken über den grausamen Mord an einem der schönsten Geschöpfe, die das Jahrhundert Ludwigs XIV. erblickt hat. Die literarischen Betrachtungen Maurice Heines über dieses Werk beschränken sich auf ein paar treffende Zeilen, die den Anfang seines Vorworts bilden sollten: »Das Thema der unglücklichen Tugend und der verfolgten Unschuld beschäftigt den Marquis de Sade während seiner ganzen Schriftstellerlaufbahn. Damit beginnt er in seinem ersten Roman, *les Infortunes de la Vertu*, den er 1787 in der Bastille schreibt, und damit endet er in seinem letzten veröffentlichten Roman, *la Marquise de Gange*. Das Alpha trifft sich mit dem Omega: Justine und Euphrasie[2] [die Marquise] erkennen sich als Schwestern; aber wie viele rührende Opfer tauchen im Verlauf des Zyklus auf! Muß man an Aline de Blamont erinnern, die durch die inzestuösen Nachstellungen ihres Vaters zum Selbstmord getrie-

---

[1] Zu der Zeit haben wir bei Pierre Amiot eine Neuausgabe gemacht.
[2] Der richtige Vorname der Marquise de Gange war *Diane* und nicht *Euphrasie*: der letztere erschien dem Autor wahrscheinlich romanhafter.

ben wurde? Henriette Stralson[1], die sich über der Leiche ihres ermordeten Geliebten erdolcht? Amelie de Sancerre[2], die von einer Rivalin, die niemand anders ist als ihre Mutter, verräterisch geopfert wird?...«

Alle Bibliographen haben de Sade den Roman *la Marquise de Gange* zugeschrieben, der ohne Nennung des Verfassers 1813 beim Buchhändler Béchet in Paris erschien. Kürzlich hat ein dokumentarischer Beweis ihre Annahme bestätigt: die Inventaraufnahme nach dem Tod des Marquis verrät, daß unter seinen Büchern im Hospiz von Charenton vier Exemplare dieses Werkes gefunden worden sind.

Die Beweise, die aus der literarischen Untersuchung hervorgehen, bieten sich in einer solchen Fülle an, daß nur eine kritische Ausgabe eine erschöpfende Übersicht geben könnte. Wir werden uns im folgenden auf zwei allgemeine Bemerkungen und ein paar Vergleiche von Einzelheiten bezüglich der Biographie des Verfassers beschränken.

Die ganz persönliche Diktion de Sades sowie seine Art und Weise zu folgern sind in den moralischen Abhandlungen, die er Personen aus *Marquise de Gange* in den Mund legt, klar zu erkennen, selbst wenn das Loblied auf die eheliche Treue oder die Religion bei ihm unerwartete Themen sind. Man bemerkt auch eine unbestreitbare Verwandtschaft zwischen den Episoden aus seinen Romanen und Novellen und den imaginären Abenteuern, mit denen er die Geschichte seiner Heldin ausgeschmückt hat. Außerdem erinnern die Beschreibung von Avignon, der Wiege der Familie de Sade, die Cadenet gewidmeten Zeilen und die Erwähnung des Umweges von diesem Dorf zur Papststadt über die Durancebrücke und Aix in ergreifender Weise daran, daß der Verfasser viele Jahre in dieser bezaubernden Gegend gelebt hat, die unauslöschlich in seiner Erinnerung haftet. Und er erwähnt die Blüte seines illustren Hauses, die Geliebte Petrarcas, in dem Madrigal, das »ein Nachkomme Lauras, ein Dichter, der in der guten Gesellschaft Mode ist«, aus dem Stegreif verfaßt. Außerdem muß man auf eine Passage über die Träume hinweisen, wo der Marquis, zum Teil mit den gleichen Worten, die philosophische Betrachtung wiederaufnimmt, die er vor fünf-

---

[1] und [2] Gestalten aus *les Crimes de l'amour.*

Zu Lebzeiten veröffentlichte Werke 411

undzwanzig Jahren seiner Frau in einem Brief mitgeteilt hatte, der bis 1948 unveröffentlicht blieb. Der Vergleich dieser beiden Passagen würde allein schon genügen, um den Verfasser der *Marquise de Gange* zu identifizieren, falls das noch nötig wäre

Der Titel ist in dem Katalog der Werke nicht erwähnt, den der Marquis 1804 selbst aufgestellt hat. Und die belastende Überarbeitung von *Journées de Florbelle,* deren Reinschrift am 25. April 1807 beendet wurde und mehr als hundert Hefte füllt, ließ ihm sicherlich keine Muße, die *Marquise de Gange* vor diesem Zeitpunkt anzufangen. Und wenn man in Betracht zieht, daß *Adélaïde de Brunswick,* die am 1. September 1812 begonnen wurde, nach unserem Roman geschrieben ist, so kann man mit größter Wahrscheinlichkeit annehmen, daß *la Marquise de Gange* zwischen dem Frühling 1807 und dem Herbst 1812 entstand.

Obgleich der letzte von de Sade veröffentlichte Roman das Werk eines Siebzigjährigen ist, weist er durchaus nicht jene Schwächen in Stil und Anlage auf, welche die Lektüre des unveröffentlichten Manuskriptes von *Adélaïde de Brunswick* oft so enttäuschend machen. *La Marquise de Gange* steht an Interesse lediglich den besten Novellen von *Crimes de l'amour* nach, die im besten Mannesalter geschrieben wurden und mit denen dieser Roman verglichen werden kann. Er gehört derselben »schwarzen« Gattung und erotischen Inspiration an, wenn er auch in eine schickliche Form gekleidet ist, in der die Begriffe von Gut und Böse stets widersprüchlich mit gleicher Eloquenz von den anwesenden Personen verteidigt werden. In ihrer Integrität begegnet man allen Mitteln der Kunst, die den Marquis in die erste Reihe der französischen Erzähler stellt.

Aber es scheint, daß der Marquis, der die Grausamkeit, die sein Thema ausmacht, selbst hatte erdulden müssen, diesmal mehr der Empfindsamkeit und den Tränen nachgegeben hat als seiner üblichen Freude an den Heldentaten der Bösen. Mehr noch: wenn er an einer einzigen Stelle die historische Wahrheit entstellt, so geschieht es, um den Abbé de Gange umkommen zu lassen (»Stirb, ungeheuerlicher Schurke!« ruft de Sade durch den Mund eines imaginären Rächers aus), während das glückliche Geschick dieses Mörders die These von *Juliette* in bemerkenswerter Weise rechtfertigte: das Laster wird immer belohnt, die Quelle des Glücks liegt in der Ausübung des Verbrechens.

412   MARQUIS DE SADE

Wenn die Ermordung der »schönen Provenzalin«[1] durch ihre
beiden Brüder[2] schon grausam genug ist, so spürt man aus den
bruchstückhaften Zeugnissen, die uns überliefert sind, daß die Seelen
der Verbrecher es in ihrem Innersten noch viel mehr waren. Darin
besteht das psychologische und romanhafte Interesse einer solchen
Affäre. Und dadurch, daß der Marquis sich darüber klar war und
den mageren Bericht aus den *Causes célèbres* mit allen Reichtümern
seiner Phantasie auszustatten wußte, hat er eine pathetische Erzählung geschaffen, die, wenn sie auch nicht unter seine Hauptwerke
eingereiht werden kann, doch in ihrer Art ein kleines Meisterwerk
darstellt, in dem sein luziferisches Genie ganz neue Farben aus dem
Mitleid schöpft.

[1] Das ist der Beiname, der Madame de Gange gegeben wurde, als sie
nach ihrer ersten Heirat mit dem Marquis Dominique de Castellane am
Hof Ludwigs XIV. erschien. Man weiß, daß sie, nachdem sie Witwe geworden war, bei Christine von Schweden tribadische Gelüste weckte. »Ach!
Wenn ich ein Mann wäre«, schrieb ihr die Königin 1656, »würde ich mich
von Liebe unterworfen und schmachtend zu Ihren Füßen werfen; da
würde ich meine Tage und meine Nächte verbringen, um Ihre göttlichen
Reize zu bewundern und Ihnen ein zärtliches, leidenschaftliches und
treues Herz anzubieten. [...] Solange nicht eine angenehme Seelenwande-
rung [sic] mein Geschlecht verändert haben wird, will ich Sie sehen, Sie
anbeten und es Ihnen in jedem Augenblick sagen...«
[2] 16. Mai 1667.

XVII. SAINTE-PÉLAGIE, BICÊTRE UND CHARENTON
(1801-1814)

VERHAFTUNG; SAINTE-PÉLAGIE UND BICÊTRE

6. März 1801 (15. Ventôse Jahr IX) – Polizisten dringen in das
Büro des Verlegers Nicolas Massé ein, wo sich de Sade geschäftlich
aufhält. Sie machen eine Haussuchung und entdecken dabei handge-
schriebene Manuskripte des Marquis (darunter *Juliette, Boccace
français, Délassements du libertin ou la Neuvaine de Cythère*[1] und
eine politische Schrift *Mes Caprices ou un peu de tout*) sowie ge-
druckte Bände mit Korrekturen und Ergänzungen von seiner Hand:
ein Exemplar der *Nouvelle Justine* und den letzten Band von *Juliette*. Zu gleicher Zeit werden zwei andere Haussuchungen durchgeführt: eine bei einem Freund de Sades, wo man nichts Verdächtiges
findet, die andere in Saint-Ouen im Haus von Marie-Constance
Quesnet. Dort besitzt der Marquis ein geheimes Kabinett, das mit
unschicklichen Gipsfiguren und einem Wandteppich geschmückt ist.
Dieser Wandteppich, »der äußerst obszöne Sujets darstellt, die zum
größten Teil dem infamen Roman *Justine* entnommen sind«, wird
auf die Polizeipräfektur gebracht. – Es scheint, daß de Sade durch
seinen eigenen Verleger der Polizei ausgeliefert worden ist[2].

7. März 1801 (16. Ventôse Jahr IX) – Massé und de Sade, die auf
der Polizeipräfektur eingesperrt sind, werden verhört. Nachdem
man dem Verleger die Freiheit versprochen hat, verrät er, wo die
Exemplare der *Juliette*[3] versteckt sind. Der Marquis bekennt sich zu

---

[1] Im Juni 1832 gelingt es D. C. A. de Sade, dem Sohn des Marquis, ein
Manuskript dieses Werkes von der Bibliothèque Royale zurückzukaufen,
das er dann zerstört.
[2] Dieser wurde vierundzwanzig Stunden lang gefangengehalten, damit
der Schein gewahrt blieb.
[3] Es waren tausend Stück, die beschlagnahmt und vernichtet wurden.
Aber die Polizei ließ es nicht dabei bewenden. Zwischen dem 15. Ventôse

414   MARQUIS DE SADE

dem Manuskript dieses Romans, aber er behauptet, er habe es
lediglich abgeschrieben.

2. April 1801 (12. Germinal Jahr IX) – Nach mehreren Besprechungen mit dem Polizeiminister ist der Präfekt Dubois der Meinung, daß eine gerichtliche Verfolgung »einen Skandal hervorrufen
würde, der auch durch eine exemplarische Strafe nicht wieder gut-
gemacht würde«. Im Einverständnis mit dem Minister beschließt er,
den Marquis de Sade in Sainte-Pélagie »unterzubringen«, um ihn
als Verfasser »des verruchten Romans *Justine*« und des »noch ab-
scheulicheren Werks mit dem Titel *Juliette* auf dem Verwaltungsweg
zu bestrafen«.

3. April 1801 (13. Germinal Jahr IX) – Der Marquis erhält im
Sprechzimmer von Sainte-Pélagie[1] den Besuch von Marie-Constance
Quesnet. Sie hat die Erlaubnis erhalten, ihn alle zehn Tage dreimal
zu sehen.

Allen Biographen de Sades ist ein schwerer Irrtum unterlaufen
bezüglich einer vermeintlichen Autorschaft und des Motivs der Verhaftung vom 15. Ventôse im Jahr IX. Sie haben einfach zwei Behauptungen voneinander übernommen, die sie nie geprüft haben und
die durchaus nicht der Wahrheit entsprechen, wie wir nach genauer
Nachprüfung der Quellen festgestellt haben: nämlich, daß *Zoloé et
ses deux acolythes* – ein anonymes Pamphlet gegen Joséphine, die
Damen Tallien und Visconti, Bonaparte, Tallien und Barras –, das
im Juli 1800 veröffentlicht wurde, ein Werk des Marquis de Sade
sei und daß dessen Internierung als Verfasser von *Justine* und
Juliette nur ein Vorwand für die persönliche Rache des Ersten Konsuls sei, der sich durch die Publikation dieses Pamphlets zutiefst in
seiner Ehre als Ehemann getroffen fühlte.

und dem 17. Fructidor Jahr IX erwähnen die Archive elf Protokolle über
Nachforschungen oder Beschlagnahmungen bei Buchhändlern, die im Verdacht standen, Exemplare der *Nouvelle Justine* oder *Juliette* zu besitzen.
[1] Sainte-Pélagie wurde 1602 von Madame de Miramion als Magdalenen-
stift gegründet und während der Revolution in ein politisches Gefängnis
umgewandelt. André Chénier, Roucher, die Sombreuils, die schöne Madame de Sainte-Amaranthe, Sartines Tochter, und Madame Roland waren
dort eingesperrt. Die Gebäude standen ungefähr dort, wo heute die Häuser
Nr. 13 und 15 der Rue Lacépède stehen, an der ehemaligen Rue de la
Clef und Place du Puits-de-l'Hermite.

SAINTE-PÉLAGIE, BICÊTRE, CHARENTON 415

Den Ursprung dieser unzutreffenden Behauptungen findet man ein halbes Jahrhundert nach der Veröffentlichung von *Zoloé* in der *Biographie Michaud* und ein paar Jahre darauf in den *Fantaisies bibliographiques* von G. Brunet. Von da ab haben die meisten Biographen de Sades die Angaben Michauds um die Wette ausgeschmückt, die Brunet blind übernommen hatte, ohne nachzuprüfen, auf welche Beweise sie sich stützen konnten.

Aber in den umfangreichen und sehr vollständigen Archiven, die wir zur Bestätigung dieser These durchsucht haben, *existiert kein einziges den Marquis betreffendes Schriftstück, das Zoloé erwähnt.* – Aus dem Bericht des Polizeipräfekten Dubois, auf den sich unsere Vorgänger berufen haben, geht folgendes hervor:

a) Die Verhaftung vom 15. Ventôse wurde durchgeführt, ohne daß den Konsuln darüber Bericht erstattet wurde: wenn der Affäre nicht die Neuauflage von *Juliette* zugrunde gelegen hätte, sondern die grausame Satire gegen die Beauharnais, wäre dann Bonaparte nicht als erster unterrichtet worden?

b) Wenn Dubois gelogen hätte, um die öffentliche Meinung zu täuschen, wieso wäre dann diese Lüge in einer vertraulichen Mitteilung an den Minister aufrechterhalten worden? – Aber selbst die Sorge, daß der Skandal um *Zoloé* neu aufleben würde, wäre ganz ungerechtfertigt gewesen, da die Internierung auf dem Verwaltungswege ausschloß, daß der Gefangene vor einem Gericht erschien.

Unter welchem Aspekt man auch die Sache betrachtet, es ist ganz unmöglich, in *Zoloé* de Sades Eigenart wiederzuerkennen: die Struktur der Sätze und der Wortschatz, die Redewendungen und die Anlage der Erzählung weisen nicht die mindeste Übereinstimmung mit dem Stil dieses Schriftstellers auf; die außerordentliche Nachlässigkeit und Schlaffheit der Diktion verraten ständig den berufsmäßigen Verfasser von Schmähschriften.

Wenn der Marquis auch nicht auf einen persönlichen Befehl des Ersten Konsuls hin den Schrecken einer neuerlichen Inhaftierung erdulden mußte, die erst mit seinem Tode enden sollte, so war diese willkürliche Verhaftung dennoch das Werk einer Regierung, in der schon die aufkeimende Tyrannei Bonapartes spürbar wurde. Außerdem kann man in den Aufstellungen des Geheimen Rats vom 9. und 10. Juli 1811, vom 19. April und 3. Mai 1812 den von *Napoleon* unterzeichneten Beschluß lesen, de Sade weiterhin gefangenzuhalten.

416   MARQUIS DE SADE

20. Mai 1802 (30. Floréal Jahr x) – Der Gefangene von Sainte-Pélagie schreibt an den Justizminister, er wolle verurteilt oder freigelassen werden, und schwört, er sei nicht der Verfasser von *Justine*.

Zwischen dem 20. Februar und 14. März 1803 (Ventôse Jahr xi) – Der Marquis will »seine brutale Leidenschaft an einigen jungen Burschen auslassen, die im Théâtre-Français Unfug getrieben hatten und dafür ein paar Tage nach Sainte-Pélagie geschickt worden waren« und deren Zimmer auf den gleichen Flur gingen wie seines.

14. März 1803 (23. Ventôse Jahr xi) – Auf diesen Skandal hin wird der Marquis ins Gefängnis von Bicêtre gebracht, das unter dem früheren Regime *la Bastille de la canaille* genannt worden war.

Um den 15. April 1803 (25. Germinal Jahr xi) – Die Familie de Sade erreicht beim Polizeipräfekten, daß der Gefangene aus Bicêtre in die Irrenanstalt Charenton überführt wird. – Herr de Coulmier, der Leiter dieses Hauses, wird in einem langen Gespräch mit dem Chef der Abteilung 5 der Präfektur, J.-B. Boucheseiche, unterrichtet, welche besonderen Maßnahmen er zu treffen habe, damit jeder Fluchtversuch seines zukünftigen Gefangenen verhindert würde.

22. April 1803 (2. Floréal Jahr xi) – Bevor der Marquis sein schreckliches Gefängnis verläßt, um in die unvergleichlich mildere Obhut einer Irrenanstalt zu kommen, schreibt er an Herrn de Coulmier. Er verspricht ihm, sich so zu verhalten, daß er seine Hochachtung gewinne und alle schlechten Eindrücke Lügen strafe, die man in ihm habe wecken wollen.

                 DER GREIS VON CHARENTON-SAINT-MAURICE

27. April 1803 (7. Floréal Jahr xi) – In Begleitung eines Polizeileutnants wird der Marquis de Sade von Bicêtre in die Irrenanstalt von Charenton-Saint-Maurice gebracht. Seine Familie hat sich bereit erklärt, die Unterhaltskosten für ihn zu bestreiten, die sich auf dreitausend Franken im Jahr belaufen.

Das Spital von Charenton, in das der Marquis am 4. Juli 1789 schon einmal gebracht worden war, wurde 1795 seiner ursprünglichen Bestimmung entzogen. Zwei Jahre später, am 15. Juni 1797, verfügt das Direktorium, daß »im ehemaligen Haus der Barmherzigen Brüder alle Vorbereitungen getroffen werden zur Anschaffung der für die Behandlung von Geisteskranken notwendigen Ein-

SAINTE-PÉLAGIE, BICÊTRE, CHARENTON   417

richtungen und zur Aufnahme von Geisteskranken beiderlei Geschlechts; außerdem ist die Anstalt direkt der Aufsicht des Innenministers zu unterstellen«. Die Leitung wurde Herrn de Coulmier, dem ehemaligen Oberhaupt der Prämonstratenser, anvertraut, einem »durch seinen Geist und seine hohen Beziehungen einflußreichen Mann«, welcher der Verfassunggebenden Versammlung angehört hatte. Außerdem gehörten zur Leitung: der Chefarzt Gastaldy (den de Sade kannte), ehemaliger Arzt im Irrenhaus von Avignon, der sogenannten Maison de la Providence, Herr Bleynie, der während fünfzig Jahren Oberarzt war, der Chirurg Deguise und der Verwaltungsdirektor Dumontier. Zuerst war die Anstalt Charenton als Filiale von Bicêtre und der Salpêtrière gedacht, aber schon bald nahm sie bürgerliche Patienten auf; außerdem wurden von Geisteskrankheit befallene diensttuende Soldaten und Matrosen sowie Invaliden dorthin geschickt. »Herr de Coulmier herrschte despotisch über das Ganze, aber dieser Despotismus war weder streng noch grausam«, schreibt Dr. Ramon und fügt hinzu: »[Er] war bei allen seinen Angestellten und Patienten sehr beliebt.« Später wird man sehen, wie edel er gegen den Marquis handelte, den er bei den Behörden stets verteidigte[1]. Und sein offensichtliches Verständnis für gewisse Aspekte von de Sades Genialität zeugt für die Kühnheit seines Geistes und ehrt ihn in den Augen der Nachwelt ganz besonders.

13. April 1804 (23. Germinal Jahr XII) – Marie-Constance Quesnet schreibt an den Justizminister und bittet ihn um die Freilassung des Bürgers Sade[2].

1. Mai 1804 (11. Floréal Jahr XII) – Der Polizeipräfekt hat für diesen oder den folgenden Tag eine Durchsuchung der Papiere des

---

[1] Außer während der ersten Monate, in denen die Ungebärdigkeit des Gefangenen ihm ständig Anlaß zu Klagen gab.
[2] Madame Quesnet sollte (1806?) freiwillig zu de Sade ins Spital von Charenton ziehen. Die *Cahiers personnels* spiegeln wiederholt ihre gegenseitige zärtliche Liebe wider, vor allem in folgendem kleinen Text: »Ich warf meiner Freundin eines Tages vor, sie vergesse meine Vorlieben, weil sie mir etwas anbot, das ich nicht mochte: *Es ist nicht recht,* sagte sie, *daß Sie mir vorwerfen, ich vergesse Ihre Vorlieben, denn ganz sicher ist, daß ich niemals Ihre Vorliebe für mich vergessen werde.* 9. Brumaire (31. Oktober) 1801 in Pélagie.«

418   MARQUIS DE SADE

Marquis de Sade angeordnet, dem er sagen läßt, wenn er sich weiterhin auflehne, werde er nach Bicêtre zurückgebracht.
    20. Juni 1804 (1. Messidor Jahr XII) – Der Marquis richtet an die
Mitglieder der Senatskommission für persönliche Freiheit, die am
18. Mai gegründet worden war, einen energischen Protest gegen seine
willkürliche Gefangennahme. »Seit vierzig Monaten seufze [er]
in den grausamsten und ungerechtesten Ketten«, ohne daß man ihm
gestattet habe, vor einem Gericht zu erscheinen. Der Gefangene er-
hoffe sich von der neuen Ordnung der Dinge, die sein Schicksal in
die Hand der Senatoren lege, das Ende seines Unglücks.
    12. August 1804 (24. Thermidor Jahr XII) – »An Monseigneur
Fouché, Polizeiminister, Sade, Literat«:

    Monseigneur,
    Ich bin unverschuldet *seit fast* vier Jahren *meiner Freiheit beraubt,*
und nur mit Hilfe einer gewissen Philosophie konnte ich bisher die
zahlreichen Beleidigungen ertragen, die man mich unter ebenso leicht-
fertigen wie lächerlichen Vorwänden erdulden läßt.
    Noch nie sind die Gesetze und Verordnungen über die persönliche
Freiheit so offen verletzt worden wie in meinem Fall, denn ich
werde ohne Urteil oder Gerichtsverfahren *hinter Schloß und Riegel*
gehalten, angeblich wegen eines obszönen Werkes, das man mir
ungehörigerweise zuschreibt, und aufgrund einiger Märchen, die man
meinem Privatleben andichtet, alles ohne jede Grundlage.
    Deshalb, Monseigneur, wende ich mich an Ihre Autorität und vor
allem an Ihre Gerechtigkeit, um meine Freilassung zu erwirken.
Denn in meinem Fall setzt man sich über jegliches Recht und jegliche
Vernunft hinweg, welche beide ausdrücklich meine Freilassung gebieten.
    Ich wage zu hoffen, Monseigneur, daß Sie geruhen werden, die
berechtigte Klage eines Sechzigjährigen *zu beachten, der Ihnen in*
allem, was ihm am teuersten ist, verpflichtet sein wird.
    Ich habe die Ehre, mit dem allertiefsten Respekt Eurer Exzellenz
demütiger und gehorsamer Diener zu sein,

                                                        SADE

    28. August 1804 (10. Fructidor Jahr XII) – Herr de Sade bittet
den Minister Fouché, ihm die Erlaubnis zu geben, geschäftlich nach
Paris zu fahren, so oft das nötig sei. Er bedeutet Seiner Exzellenz,

SAINTE-PÉLAGIE, BICÊTRE, CHARENTON 419

daß die Hausordnung in Charenton diese Erlaubnis um so mehr ermögliche, als dieses Hospiz nicht als Gefängnis angesehen werde.

8. September 1804 (21. Fructidor Jahr XII) – Beratung des Polizeipräfekten Dubois mit dem Polizeiminister. Herr de Sade wird als unverbesserlicher Mensch bezeichnet, der sich beständig in einem Zustand lasterhaften Wahnsinns befinde und einen unbeugsamen Charakter habe. Nach dieser Beratung wird beschlossen, ihn am besten in Charenton zu belassen. Seine Familie wünsche um ihrer Ehre willen, daß er dort bleibe, und bezahle seine Unterhaltskosten.

14. April 1805 (24. Germinal Jahr XIII) – An diesem Ostertag geht de Sade zum Heiligen Abendmahl und sammelt Almosen in der Kirche von Charenton-Saint-Maurice.

17. Mai 1805 (27. Floréal Jahr XIII) – Polizeipräfekt Dubois an Herrn de Coulmier:

Ich habe erfahren, daß Sie dem Herrn Desade, der auf Befehl der Regierung in Ihrem Haus gefangengehalten wird, erlaubt haben, an Ostern das Abendmahl zu nehmen und in der Pfarrkirche von Charenton Almosen zu sammeln.

Dieser Mann ist von Bicêtre, wo er lebenslänglich bleiben sollte, nur nach Charenton gebracht worden, damit seine Familie ihre geschäftlichen Angelegenheiten leichter ordnen kann. Er ist als Gefangener bei Ihnen, und Sie können und dürfen ihm in keinem Fall und unter keinen Umständen gestatten, auszugehen, ohne eine besondere und ausdrückliche Erlaubnis von mir. Wie konnten Sie außer acht lassen, daß die Anwesenheit dieses Mannes in der Öffentlichkeit nur Abscheu erwecken und Unruhe heraufbeschwören würde?

Ihre außerordentliche Willfährigkeit gegenüber dem Herrn Desade muß mich um so mehr überraschen, als Sie sich mehr als einmal heftig über seine Führung und vor allem über seine Insubordination beklagt haben.

Ich weise Sie nochmals auf die Befehle hin, die Ihnen in bezug auf seine Person erteilt wurden, und fordere Sie auf, dieselben von jetzt an genau durchzuführen. Ich habe die Ehre, Sie zu grüßen

DUBOIS

24. August 1805 (6. Fructidor Jahr XIII) – Nach langen Verhandlungen hat die Familie de Sades ihm einen Vorschlag unterbreitet, seine gesamten Güter, mit Ausnahme von Gut und Schloß Saumane,

420   MARQUIS DE SADE

gegen eine Leibrente von fünftausend Franken zu erwerben. In einem Memorandum zählt der Marquis alle Bedingungen auf, die seine Verwandten unterschreiben müßten und die vor allem darauf hinzielten, die Interessen von Marie-Constance Quesnet zu garantieren.

22. Dezember 1805 (*1. Nivôse Jahr* XIV) – Tod des Chefarztes von Charenton, Dr. Gastaldy.

13. Januar 1806[1] – Antoine-Athanase Royer-Collard wird zum Nachfolger Dr. Gastaldys ernannt.

30. Januar 1806 – Marquis de Sade schreibt sein Testament.

5. März 1806 – Er beginnt mit der Reinschrift von *l'Histoire d'Émilie.*

10. Juli 1806 – Er beendet den ersten Band.

6. August 1806 – Die Hypothekenanstalt von Apt stellt (unter Registernummer 340) eine Bescheinigung über neun Hypothekeneintragungen auf die unbeweglichen Güter des Herrn Sade im Gesamtbetrag von 715 367,62 Franken aus. – Unter diesen Eintragungen stehen auch die Madame de Sades über 199 037,65 Franken (8. Ventôse Jahr IV) und über 347 456 Franken (3. Germinal Jahr XII) und die Marie-Constance Quesnets über 28 200 Franken (8. Germinal Jahr VII).

14. Oktober 1806 – Louis-Marie de Sade macht im Generalstab des Generals Beaumont die Schlacht bei Jena mit.

...1806 – Aus dem Jahr 1806 stammt ein langer undatierter Brief de Sades an Gaufridy. Wir zitieren den ergreifenden Schluß. Im *Postscriptum* hat der Marquis seine Adresse so angegeben, daß Gaufridy nicht merken konnte, daß er in der Anstalt interniert war.

Wie geht es der guten, ehrbaren Madame Gaufridy? Und Sie, lieber Herr Advokat, Gefährte meines Lebens, Gefährte meiner Kindheit, wie steht es mit Ihnen?

[...] Kommen wir zum übrigen.

Ein paar Einzelheiten über la Coste, über die, die ich geliebt habe, über die Paulets usw.

Stimmt es, daß Madame Rovère das Schloß für sich in Anspruch

---

[1] Am 1. Januar 1806 wurde aufgrund eines Senatsbeschlusses vom 22. Fructidor Jahr XIII (9. September 1805) der gregorianische Kalender wieder eingeführt.

*nimmt? In was für einem Zustand ist das Schloß? Und mein armer
Park, erkennt man dort noch etwas von mir?*

Wie geht es meinen Verwandten in Apt?

Vielleicht möchten Sie nun auch etwas von mir hören? Nun! Ich
bin nicht glücklich, *aber es geht mir gut. Da ist alles, was ich der
Freundschaft antworten kann, die, wie ich hoffe, mich immer noch
danach fragt.*

Auf immer der Ihre.

SADE

*Bitte halten Sie unsere verspätete Antwort nicht für Faulheit.
Schuld daran ist, daß Ihr Brief wegen der vielen Wohnungswechsel
in den letzten fünf Jahren und des Landaufenthaltes in den letzten
drei so lange gebraucht hat, bis er uns erreichte.*

Unsere Adresse ist: bei Herrn de Coulmier, président du canton
*und Mitglied der Ehrenlegion, Charenton-Saint-Maurice, Departe-
ment Seine.*

Mit »unserer Antwort« und »unserer Adresse« meint der Marquis
seine und die Madame Quesnets. Aus diesem Brief, der Marie-Constance wiederholt erwähnt, scheint hervorzugehen, daß de Sades
treue Gefährtin schon 1806 die Vergünstigung erhielt, im Hospiz
zu wohnen, bei dem Mann, den sie liebte.

25. April 1807 – Nach einer Arbeit von »dreizehn Monaten und
zwanzig Tagen« beendet de Sade die Reinschrift von *l'Histoire
d'Émilie,* die zweiundsiebzig Hefte füllt und die vier letzten Bände
eines großen zehnbändigen Werkes ausmacht, dessen Gesamttitel an
diesem Tag »endgültig festgelegt« wird: *les Journées de Florbelle
ou la Nature dévoilée, suivies des Mémoires de l'abbé de Modose et
des Aventures d'Émilie de Volnange servant de preuves aux asser-
tions.*

5. Juni 1807 – Der Polizeiminister läßt im Zimmer des Gefangenen von Charenton »mehrere Manuskripte beschlagnahmen, deren
Lektüre empörend ist« und die aus »einer Folge von Obszönitäten,
Blasphemien und Abscheulichkeiten« bestehen, »die man gar nicht
näher bezeichnen kann«. Sicherlich handelt es sich um die *Journées
de Florbelle,* die de Sade nie wieder zu Gesicht bekommt und die
kurz nach dem Tod des Verfassers verbrannt wurden.

14. Juni 1807 – Louis-Marie de Sade, Hauptmann im 2. polnischen Infanterieregiment, Kolonne Malezewski, und Adjutant des Generals Marcognet, wird in den Straßen von Friedland verwundet. Sein Verhalten wird ehrenvoll erwähnt.

17. Juni 1808 – Der Marquis, Vater eines Sohnes, der sich in der Armee auszeichnet, schildert in einem Brief an Napoleon seinen elenden körperlichen Zustand und fordert seine Freilassung.

20. Juni 1808 – Herr de Sade erklärt, er widersetze sich der Heirat von Donatien-Claude-Armand mit seiner Cousine, Louise-Gabrielle-Laure de Sade d'Eyguières[1], solange der Bräutigam nicht zuvor durch eine offizielle Urkunde Verpflichtungen bezüglich der Freilassung und des Vermögens seines Vaters eingegangen sei. Donatien-Claude-Armand kann eine solche Forderung nicht unterschreiben, und der Marquis fürchtet, daß seine Gefangenschaft nach der Heirat verschärft würde, indem man ihn weiter von Paris entferne. Deshalb schickt er seinem Sohn ein von ihm unterzeichnetes Schreiben, in dem er im voraus gegen die Schritte protestiert, die man anscheinend gegen ihn unternehmen und die er seinem ältesten Sohn und den übrigen Verwandten enthüllen werde: er werde sie »mit lauter Stimme und in nachdrücklichster Weise bitten, einen unglücklichen alten Mann vor dem verzehrenden Kummer zu bewahren, mit dem man sein Grab umgeben möchte [und der ihn veranlassen würde], die Urheber dieser abscheulichen Gemeinheiten dem Fluch und dem Haß der Öffentlichkeit auszuliefern«.

21. Juni 1808 – Seine Exzellenz, der Justizminister, den Madame de Sade und ihr jüngerer Sohn um Rat gefragt haben, erklärt, die Eintragung in die Emigrantenlisten beraube sowohl den Ehemann wie den Vater aller bürgerlichen Ehrenrechte: die Frau sei also frei und bedürfe seiner Einwilligung nicht; die Kinder könnten, wenn sie heiraten wollten, vorgehen, als existiere ihr Vater nicht.

24. Juni 1808 – Der Einspruch Herrn de Sades wird Fräulein Laure de Sade d'Eyguières und dem Bürgermeister der Gemeinde Condé (Aisne), wo sie wohnhaft ist, mitgeteilt.

9. Juli 1808 – Der Vater des Fräuleins, Jean-Baptiste-Joseph de

---

[1] Man muß mehr als zweihundert Jahre zurückgehen, um die Verwandtschaft des Fräuleins mit Donatien-Claude-Armand festzustellen. Gegen Ende des xv. Jahrhunderts trennte sich aus dem Stamm der Familie de Sade mit Balthazar, dem jüngeren Sohne von Girard, der Zweig der Sade d'Eyguières. (Siehe Kapitel 1)

SAINTE-PÉLAGIE, BICÊTRE, CHARENTON 423

Sade d'Eyguières[1] (der genau wie sein zukünftiger Schwiegersohn emigriert war), teilt dem Polizeipräfekten mit, Donatien-Claude-Armand werde sich an die Gerichte wenden, wenn sein Briefpartner nicht die Aufhebung eines »so verrückt formulierten« Einspruchs erwirke: dann würde zur Ehre beider Familien der Name des Marquis de Sade nicht mehr vor einem Gericht laut werden.

2. August 1808 – Der Chefarzt von Charenton, Antoine-Athanase Royer-Collard, schildert dem Polizeiminister alle Unannehmlichkeiten, welche die Anwesenheit eines »durch seine kühne Unmoral allzu berühmt gewordenen« Mannes mit sich bringe. Er betrachtet es als Skandal, daß der »verruchte Autor der *Justine*« in Charenton ein Theater leitet und mit einer Frau lebt, die als seine Tochter ausgegeben wird. Er verlangt, daß Herr de Sade in ein Gefängnis oder in eine Festung gebracht werde, damit die Kranken nicht beständig »den Eindruck seiner tiefen Verderbtheit« aufnähmen.

5. August 1808 – Der Kanzleichef des Polizeiministeriums hat den Brief von Dr. Royer-Collard geöffnet, faßt den Inhalt für den Herzog d'Otrante zusammen und bemerkt dazu, daß dieser Arzt Herrn de Sade keinen der Tatbestände, um deretwillen er von Sainte-Pélagie nach Bicêtre gebracht worden war, vorwerfen könne. Im übrigen sei es möglich, daß der Arzt durch sein Gesuch Herrn de Coulmier schaden wolle, »der zur Belustigung der Patienten die lebhafte Phantasie und den Geist Herrn de Sades ankurbelte«. Und deshalb schlägt der Kanzleichef seinem Minister vor, den Polizeipräfekten aufzufordern, eine geheime Untersuchung einzuleiten und seine Meinung über die angezeigten Mißbräuche wiederzugeben.

2. September 1808 – Bericht des Polizeipräfekten an den Minister. – Es stimme, daß Herr de Sade Vortragsmeister der Schauspieler und Schauspielerinnen sei, die in dem vom Leiter der Anstalt gegründeten Theater spielten. Herr de Coulmir bestätige das und »sagt sogar, er sei de Sade sehr verpflichtet, denn er betrachte Theaterspielen als Heilmittel für Geisteskrankheit und sei froh, einen Mann im Haus zu haben, der die Kranken auf der Bühne anleiten könne, die

---

[1] Am 25. März 1770 hatte er Marie-Françoise-Amélie de Bimard geheiratet. Am 2. Mai 1778 folgte er dem Marquis de Sade in seinem Amt als Statthalter der Provinzen Bresse und Bugey. Zu Beginn der Revolution wurden seine Güter beschlagnahmt, später, als er nach Rom geflüchtet war, geplündert und in Brand gesteckt.

er durch dieses Mittel heilen wolle«. Indessen sei Präfekt Dubois, der schon immer behauptet habe, Herr de Sade befinde sich in einem ständigen Zustand lasterhaften Wahnsinns, der Ansicht, daß die Anwesenheit eines Mannes, »der die öffentliche Moral durch seine lasterhaften und gottlosen Schriften gefährdet und sich mit so vielen Verbrechen befleckt hat«, in Charenton eine Art Skandal sei und daß es angezeigt wäre, den Gefangenen in die Festung Ham oder in ein anderes Staatsgefängnis zu überführen.

Aufgrund dieses Berichtes beschließt der Minister noch am selben Tag die Überführung des Gefangenen in die Festung Ham.

12. September 1808 – Herr de Coulmier, dessen Einwände zugunsten Herrn de Sades den Minister nicht überzeugen konnten, versucht ihn mit verzweifelten Begründungen zu bewegen, die Überführung seines Gefangenen und Freundes auf unbestimmte Zeit zu verschieben.

... September 1808 – Aufgrund der Bitten der Familie de Sade und eines Attestes vom Chirurgen der Anstalt Charenton, Herrn Deguise, das besagt, angesichts des hohen Blutdruckes von Herrn de Sade müsse man für sein Leben befürchten, wenn man seine Gewohnheiten ändere, wird die Überführung des Gefangenen aufgeschoben.

15. September 1808 – Donatien-Claude-Armand de Sade-Mazan, geboren am 27. Juni 1769 in Paris, heiratet Louise-Gabrielle-Laure de Sade-d'Eyguières, geboren am 6. Juni 1772 in Montbrun (Drôme) [1].

11. November 1808 – Die Familie de Sades hat gebeten, seine Übersiedlung nach Ham bis zum Ende des Winters aufzuschieben. Der Polizeiminister kommt diesem Gesuch nach, indem er die Überführung für die erste Aprilhälfte 1809 festsetzt.

Ende März 1809 – Kurz bevor dieser gefürchtete Wechsel stattfinden soll, wendet sich Madame Delphine de Talaru, eine Nichte des Gefangenen, an den Polizeiminister und bittet ihn, so schnell wie möglich die nötigen Befehle zu geben, damit Herr de Sade endgültig in Charenton bleiben könne.

21. April 1809 – Die für den 17. April befohlene Überführung

---

[1] Aus dieser Ehe wurden fünf Kinder geboren, darunter Marie-Antoine-Auguste, dessen eine Tochter, die spätere Gräfin Adhéaume de Chevigné, Prousts Vorbild für die Gestalt der Herzogin von Guermantes war.

SAINTE-PÉLAGIE, BICÊTRE, CHARENTON 425

wird durch eine Entscheidung des Polizeiministers erneut aufgeschoben.

9. Juni 1809 – Louis-Marie de Sade, Verfasser einer *Histoire de
la Nation française*[1], Leutnant im 2. Bataillon des Regiments Isembourg[2], wird unterwegs zu seiner Einheit auf der Straße von Otrante
in der Nähe von Mercugliano von aufrührerischen Neapolitanern
überfallen und getötet.

Ein paar Tage vor dem 28. Mai 1810 – Herr de Sade kündigt Madame Cochelet, Hofdame der Königin von Holland, seine Vorstellung von Montag, den 28. Mai an und bittet sie, ihm mitzuteilen,
wieviel Eintrittskarten er ihr schicken solle.

Über die Theatervorstellungen, die de Sade in Charenton organi-
sierte, müssen wir folgende Passage des Dr. L.-J. Ramon zitieren:

*Die Sitten in der Anstalt waren recht locker und, wie es scheint,
mehr oder weniger ungezwungen; es gab, wie wir schon sagten,
dauernd Feste, Bälle, Konzerte, zu denen sehr viele Außenstehende
eingeladen wurden, einige Literaten und viele berühmte Theater-
leute, vor allem Schauspieler und Schauspielerinnen der Boulevard-
theater. Der Held des Balles war der berühmte Trénitz, der die
Epoche choreographisch illustrierte. Man zog ihm schöne Kleider an,
die er oft erst nach langem Widerstand und Kampf wieder auszuziehen gewillt war. Organisator dieser Feste und Aufführungen war
de Sade. So überrascht es nicht, daß man sich bei der Verwaltung
unter anderem über die Beziehungen zwischen dem Direktor und de
Sade beschwerte.*

Alfred Bégis hingegen behauptet – und er versichert, es von Dr.
Ramon selbst zu haben –, daß der Marquis an manchen Tagen in
seinem Zimmer Diners gab, zu denen er die berühmtesten Schauspieler und Schauspielerinnen von Paris einlud, darunter auch die
großartige Mademoiselle de Sainte-Aubin.

7. Juli 1810 – Seit langem blind und fettleibig, stirbt die Marquise de Sade gegen zehn Uhr morgens im Schloß Échauffour, das

1 Lediglich der erste Band war vor vier Jahren erschienen.
2 Es gibt keine Erklärung dafür, wieso er, der 1807 Hauptmann im 2.
polnischen Regiment gewesen war, 1809 nur noch Leutnant im Regiment
von Isembourg ist.

426 MARQUIS DE SADE

sie von ihren Eltern geerbt hatte und wo sie mit ihrer Tochter Madeleine-Laure ständig wohnte.

28. August 1810 – Herr de Sade verkauft seinen Grundbesitz in Mazan an Calixte-Antoine-Alexandre Ripert[1] für 56 462,50 Franken, welche die Kinder des Marquis als Erben ihrer Mutter ausbezahlt bekommen. Desgleichen sollten seine Güter Malmaison, Granvilliers und in der Camargue veräußert werden.

18. Oktober 1810 – Der Innenminister, Herr de Montalivet, übermittelt Herrn de Coulmier den Beschluß, den er soeben bezüglich des Marquis de Sade gefaßt hat, und fordert ihn zur Durchführung auf.

Der Innenminister, Graf des Kaiserreichs
In Anbetracht dessen, daß Herr de Sade, der sich in Charenton befindet, an der gefährlichsten aller Geisteskrankheiten leidet; daß seine Beziehungen zu den anderen Hausbewohnern unberechenbare Gefahren bergen; daß seine Worte ebenso unsinnig sind wie seine Schriften und sein Betragen; daß diese Gefahren unter Menschen, deren Einbildungskraft schon geschwächt oder verwirrt ist, besonders bedrohlich ist,
wird folgender Beschluß gefaßt:
1. Herr de Sade wird in einem völlig separaten Raum untergebracht, und es wird ihm unter keinerlei Vorwand gestattet, mit der Außenwelt oder mit den Bewohnern der Anstalt zu verkehren. Man wird ihm jeglichen Gebrauch von Bleistift, Tinte, Feder und Papier verbieten.
2. Der Direktor der Anstalt wird uns spätestens am 25. des Monats über die von ihm getroffenen Vorsichtsmaßnahmen zur Ausführung dieses Beschlusses genauen Bericht erstatten. Er ist persönlich für die Ausführung verantwortlich.
MONTALIVET

24. Oktober 1810 – Herr de Coulmier bestätigt dem Innenminister den Erhalt seiner Anweisungen, aber er könne nur darum bitten, Herrn de Sade anderswohin zu bringen, da es ihn demütige, zum Gefangenenwärter zu werden und seine Zeit zu verwenden, um einen Menschen zu verfolgen. Er macht Herrn de Montalivet

---

[1] Sohn von de Sades Vermögensverwalter in Mazan.

SAINTE-PÉLAGIE, BICÊTRE, CHARENTON 427

darauf aufmerksam, daß sein Pensionär sich seit langem bemühe, durch ein tadelloses Betragen seine Verfehlungen vergessen zu machen, und doppelt unglücklich sei, weil seine Kinder ihn ohne alle Mittel ließen und von seiner Gefangenschaft profitiert hätten, um ihm alles wegzunehmen.

... *November 1810* – Herr de Sade läßt eine seiner Nichten (Madame de Talaru?) beim Innenminister, der den strengen Beschluß vom 18. Oktober gegen ihn erlassen hat, für ihn bitten. Die Dame erklärt Herrn de Montalivet, es stimme durchaus nicht, daß Herr de Sade das bißchen Freiheit, über das er verfüge, mißbraucht habe, um wieder zu schreiben und seine Werke bei Leipsick drucken zu lassen. Man könne ihm nichts vorwerfen.

12. Dezember 1810 – Die Nichte des Gefangenen schreibt Herrn de Coulmier, daß sie Herrn de Montalivet gesehen und mit ihm besprochen habe, daß ihr Onkel in den Zeiten, da die Kranken nicht spazierengingen, spazieren könne, soviel er wolle. Der Minister habe es sehr gut gefunden, daß Herr de Sade Madame Quesnet besuche, aber nur unter der Bedingung, daß dann kein anderer Patient bei ihr sei. Und sie bittet ihren Briefpartner, Herrn de Montalivet zu schreiben und ihm das zu versichern.

... *Dezember 1810* – Marquis de Sade an Herrn de Coulmier:

Ich bitte Herrn de Coulmier:

1. Über den Schlüssel zu meinen Zimmern verfügen zu dürfen, außer in der Zeit von 10 Uhr abends bis 7 Uhr morgens, wo die äußere Tür zum Korridor geschlossen bleibt.

2. Spazierengehen zu können, ohne daß mir jemand folgt und zu den Stunden, die mir passen, solange der Garten geöffnet ist.

3. Mit den folgenden Personen frei und ausschließlich sprechen zu können, das heißt, daß ich mich verpflichte, mit niemandem sonst zu sprechen: Madame Blotfière, meiner Nachbarin, Herrn de Savine, meinem Verwandten, und Herrn de Léon.

4. Daß man mir alle Papiere und Federn zurückgibt, die mir kürzlich weggenommen wurden.

SADE

6. Februar 1811 – Bericht des Polizeibeamten La Chave gegen die Buchhändler Clémendot und Barba, die sowohl in Paris wie in der Provinz für den Verkauf der *Nouvelle Justine* sorgen, und gegen

Clémendot, der hundert Kupferplatten für dieses Werk und für *Juliette* besitzt und Privatdrucke macht, die er in der Öffentlichkeit verbreitet.

31. März 1811 – Herr de Sade wird in Charenton vom Grafen Jolivet verhört, der ihn »ein wenig schikaniert«.

9. und 10. Juli 1811 – Der Geheime Rat Napoleons beschließt, den Häftling von Charenton weiterhin in Gefangenschaft zu halten.

14. November 1811 – Der Marquis wird erneut in Charenton verhört, diesmal vom Grafen Corvietto, der »sehr freundlich und sehr anständig« war.

16. November 1811 – Geburt der Laure-Emilie de Sade, älteste Tochter von Donatien-Claude-Armand.

21. November 1811 – Herr de Sade teilt Herrn Pépin, seinem Verwalter in Saumane, mit, daß dank den mit Donatien-Claude-Armand getroffenen Vereinbarungen Gut und Schloß Saumane in seinem Besitz bleiben.

Aus dieser Mitteilung scheint hervorzugehen, daß »die letzten Vorschläge« des Marquis vom 24. August 1805 endlich eine Einigung mit Donatien-Claude-Armand herbeigeführt hatten, ohne daß dieser jedoch seine Verpflichtungen eingehalten hätte. Sein außerordentlicher Geiz und seine Habgier veranlaßten ihn auch in der Folge, sie niemals einzuhalten.

9. Juni 1812 – Der Polizeipräfekt läßt Herrn de Coulmier wissen, daß der Kaiser in den Sitzungen des Geheimen Rates vom 19. April und 3. Mai beschlossen hat, Herrn de Sade weiterhin in Gefangenschaft zu halten. Herr de Coulmier möge ihn davon unterrichten.

1. September 1812 – Herr de Sade beginnt den Entwurf zu seinem Roman *Adélaïde de Brunswick, princesse de Saxe*.

4. Oktober 1812 – Er beendet den Entwurf, den er innerhalb von acht Tagen korrigieren wird.

6. Oktober 1812 – Monsignore Kardinal Maury, Erzbischof von Paris, besucht die Anstalt von Charenton. Die Patienten singen ihm bei dieser Gelegenheit Couplets vor, die de Sade geschrieben hat. Hier eines dieser Couplets:

Semblable au fils de l'Éternel,
Par une bonté peu commune,
Sous l'apparence d'un mortel

Venant consoler l'infortune,
Votre âme pleine de grandeur,
Toujours ferme, toujours égale,
Sous la pourpre pontificale
Ne dédaigne point le malheur.

13. Oktober 1812 – Er beginnt mit der Reinschrift von *Adélaïde.*
21. November 1812 – Er beendet sie und wird sie innerhalb von dreizehn Tagen überarbeiten.
3. März 1813 – Der Marquis de Sade an Herrn de Coulmier:

Ich bitte Sie inständig, Mad. Quesnet das Zimmer über mir zu geben. Sie haben meinem Sohn versprochen, es ihr zu geben, und meine Gesundheit und meine Ruhe hängen davon ab. Wenn Sie wüßten, wie ich leide, wenn dieses Zimmer von Leuten bewohnt wird, die (mit Recht) glauben, bei sich ihr eigener Herr zu sein und keinerlei Rücksicht auf mich nehmen zu müssen, ... ja, wenn Sie wüßten, wie sehr ich darunter leide, dann würden Sie das aus der Freundschaft, die Sie mir immer bezeugt haben, nicht tun.

Ich bitte Sie, endlich meiner Bitte Beachtung zu schenken, und bin mit dem Gefühl aufrichtigster Dankbarkeit
Ihr untertäniger und gehorsamer Diener

SADE

Vergessen Sie nicht, die 1500 L. abholen zu lassen, die Notar Boursier, Rue Grenier St. Lazare, für Sie hat.
31. März 1813 – Drittes »sehr strenges, aber ganz kurzes« Verhör de Sades »durch den Grafen Appelius oder ein ähnlicher Name«.
6. Mai 1813 – Ein Beschluß des Ministèrs verbietet die Theateraufführungen in der Anstalt Charenton. Der Marquis wird wieder der unauffällige Bewohner des Hauses, der er 1803 und 1804 war.
19. Mai 1813 – Der Marquis beginnt mit der Reinschrift seiner *Histoire secrète d'Isabelle de Bavière.*
24. September 1813 – Er beendet sie, macht aber sechsundzwanzig Tage später nochmals einige Korrekturen.
Ende 1813 – Herr de Sade schickt der Comédie-Française seine Tragödie *Jeanne Laisné,* die, wie er sagt, von ihrem Haus im November 1791 unter Vorbehalt der nötigen Abänderungen angenommen worden sei.

430 MARQUIS DE SADE

... *1813* – Die zwei Bände des anonymen Romans la *Marquise de Gange* erscheinen beim Buchhändler Béchet, 63, Quai des Augustins.

22. Januar 1814 – Herr de Sade übergibt die Manuskripte von *Adélaïde de Brunswick* und *Isabelle de Bavière* einem Herrn Paquet, der sich verpflichtet, einen Verleger zu suchen.

20. Februar 1814 – Ironische Rezension des Théâtre-Français über die Tragödie *Jeanne Laisné*, die nicht einmal zur Lektüre angenommen wird.

11. April 1814 – Abdankung Bonapartes.

3. Mai 1814 – Seine Majestät, König Ludwig XVIII., hält feierlichen Einzug in Paris.

31. Mai 1814 – Herr de Coulmier wird in seinem Amt als Direktor der Irrenanstalt Charenton von dem früheren Anwalt Roulhac du Maupas abgelöst, den Dr. Royer-Collard dem Innenminister empfohlen hatte.

7. September 1814 – Herr Roulhac du Maupas macht den Innenminister, Abbé de Montesquiou, darauf aufmerksam, daß der Marquis de Sade aus Charenton entfernt werden müsse, weil man ihn nicht genügend überwachen könne. Man solle ihn dem Direktor der königlichen Polizei übergeben, damit dieser ein Mittel finde, um die öffentliche Sicherheit und die guten Sitten mit den Rücksichten, die man dem Alter und der Gebrechlichkeit des Gefangenen schulde, in Übereinstimmung zu bringen. Der Direktor teilt außerdem mit, daß Herrn de Sades Sohn, ungeachtet der anläßlich der Überführung von Bicêtre nach Charenton getroffenen Vereinbarungen, sich weigere, einen Rückstand von 8 934 Franken für die Pension zu bezahlen, oder es wenigstens wage, eine starke Herabsetzung dieser Summe zu verlangen. Dabei habe er sich den Besitz seines Vaters angeeignet, der die Rückzahlung der Mitgift seiner Mutter garantierte: er behaupte, den Gläubigern des Marquis nichts schuldig zu sein, da alle Schulden aus der Zeit nach seiner Hypothek stammten.

21. Oktober 1814 – Der Innenminister fordert den Grafen Beugnot, Direktor der königlichen Polizei, auf, eine Entscheidung bezüglich des Marquis de Sade zu treffen, der nicht in Charenton bleiben könne, ohne daß man schwerwiegende Unannehmlichkeiten zu erwarten hätte.

29. Oktober 1814 – Der Marquis korrigiert zum letztenmal das Manuskript von *Isabelle de Bavière*.

SAINTE-PÉLAGIE, BICÊTRE, CHARENTON 431

5. November 1814 – Herr de Sade an Herrn Roulhac du Maupas:

Der Herr Direktor erlaubt nicht, daß Herr Donge, Vorsteher des Lotteriebüros, Madame Quesnet und mir die Zeitung vorliest, um unsere Augen zu schonen; nichts einfacher als das. Ich will keineswegs eine Vorschrift durchbrechen. Aber dieser brave Mann hat begonnen, einige meiner dramatischen Werke abzuschreiben, die von verschiedenen Theatern angenommen und alle von der Polizei bewilligt worden sind. Ich bitte inständig darum, daß ihm erlaubt wird, diese Arbeit fortzusetzen, denn wir würden beide durch eine Unterbrechung viel verlieren. Ich muß zugleich anmerken, daß diese Arbeit Herrn Donge nur einmal in der Woche eine Stunde Arbeit kostet und das lediglich für zwei Monate.

Ich drücke dem Herrn Direktor meine Hochachtung aus und wiederhole meine inständige Bitte, mir keine Schwierigkeiten zu machen und mir diese Kleinigkeit nicht zu verweigern. Ich werde an meinen Sohn schreiben, wie der Herr Direktor es wünscht.

Das Inventar, das nach seinem Tode aufgenommen wurde, erlaubt uns, etwas über die nächste Umgebung zu erfahren, in welcher der Marquis seine letzten Lebensjahre verbrachte, über die Möbel, die ihn umgaben, während er mit seiner großen, edlen Schrift *l'Histoire secrète d'Isabelle de Bavière* in dicke Hefte ins reine schrieb.

Die Wohnung des Marquis liegt im zweiten Stock, im rechten Flügel der Anstalt. Das Hauptzimmer und die kleine Bibliothek blicken auf den Garten, nach der Marneseite. Man betritt das Zimmer durch einen Vorraum, neben dem ein Abstellraum liegt. Das Mobiliar ist in schlechtem Zustand und atmet Traurigkeit. Im Zimmer ein Bett mit niedrigen Pfeilern und »weißrot geflammten« Vorhängen, ein mit gelbem Samt überzogener Sessel, zwei dunkle Stühle aus grobem Strohgeflecht, ein Schreibtisch aus dunklem Holz, eine Kommode mit Marmoraufsatz; in einer grauen Nische ein Spiegel, über dem ein Bild hängt; links vom Kamin ein Schrank: er enthält die Kleider des alten Mannes: vier Röcke, fünf Westen und fünf Hosen, alle verschieden in Farbe und Stoff; an der Wand ein ungerahmtes Porträt seines Großvaters, des Marquis Gaspard-François, und Miniaturen von seiner Mutter, seinem Sohn Louis-Marie, von Fräulein Anne-Prospère de Launay, seiner Schwägerin, die er geliebt hat... In der Bibliothek ein Tisch und ein Sessel und auf drei Fä-

432   MARQUIS DE SADE

chern sowie in einem weißen Holzgestell etwa zweihundertfünfzig
Bücher, unter denen auf den ersten Blick die siebzig Bände der Vol-
taireausgabe von Kehl auffallen; außerdem: *L'esprit de Sénèque,*
Sueton, Tacitus, *Don Quijote, la Princesse de Clèves,* die Fabeln
von La Fontaine, *Eléments de la Physique de Newton,* Condillac,
*l'Émile, le Pornographe, Delphine, le Génie du christianisme, l'His-
toire des Indiens* und einige eigene Werke de Sades: *Aline et Valcour, les Crimes de l'amour* und vier Exemplare seines letzten veröffentlichten Romans *la Marquise de Gange.*

So sah die Wohnung des Verstorbenen aus, die Donatien-Claude-
Armand am 2. Januar 1815 ohne große Rührung in Begleitung der
Notare Finot und Boursier, des Gerichtsdieners Decalonne und der
Zeugen Heyl und Hordret betrat, um ein Inventar dieser armseligen
Gegenstände aufzustellen. Auf Verlangen des Polizeipräsidenten
wurden dabei alle Manuskripte, »welche die Sitten und die Reli-
gion betrafen«, entfernt.

XVIII. Postum erschienene und unveröffentlichte Werke, die zwischen 1801 und 1814 entstanden

Notes littéraires (Cahiers personnels)

Die beiden Handschriften, aus denen wir die 1953 erschienenen *Cahiers personnels* zusammenstellten, sind zu einer dünnen Broschüre im Format von 16 x 20 cm mit ungleichmäßigem Beschnitt zusammengeheftet, die den Titel *Notes littéraires* trägt.

Aufgrund von einigen Anmerkungen im *Journal des Débats,* das in diesen beiden Manuskripten enthalten ist und die Zeit vom 25. Messidor Jahr XI bis zum 4. Ventôse Jahr XII umfaßt, kommt man zu dem Schluß, daß die *Notes littéraires* in der zweiten Hälfte von 1803 und in den beiden ersten Monaten von 1804 entstanden sein müssen. Außerdem scheinen sie, nach dem Charakter ihrer Texte zu schließen, zu den »fünf Heften mit Anmerkungen, Gedanken, Auszügen, Liedern und verschiedenen Vers- und Prosaarbeiten« gehört zu haben, welche die *Biographie Michaud* unter den unveröffentlichten Werken aufzählt, die im Besitz der Familie verblieben.

Die von uns veröffentlichten Gedanken, Anmerkungen und Pläne stellen lediglich etwas mehr als ein Drittel der beiden wiedergefundenen Hefte dar. Zuerst hatten wir die Absicht, alle Texte zu veröffentlichen, aber dann fürchteten wir, daß die besten Stellen von den vielen Zitaten erdrückt oder durch gewisse recht mittelmäßige Stellen verfälscht werden könnten. Aber bei der Auswahl, die wir aus diesen unterschiedlichen Texten treffen mußten, haben wir darauf geachtet, auch nicht den geringsten Hinweis, der einen winzigen Einblick in die Persönlichkeit des Verfassers gestattete, aus Sorge um seinen literarischen Ruf wegzulassen. Vor allem schien uns diese Auswahl zu beleuchten, womit sich Donatien-Alphonse-François de Sade im Alter von dreiundsechzig Jahren, zu Beginn eines Jahrhunderts, in dem ihm nur noch vierzehn Lebensjahre geschenkt sein sollten, hauptsächlich beschäftigte.

434 MARQUIS DE SADE

Die Aufstellung derjenigen seiner Werke, zu denen er sich bekannte – Manuskripte und bereits erschienene Arbeiten – im Hinblick auf eine Gesamtausgabe sowie Anmerkungen und Überlegungen für die Umarbeitung seines erzählerischen Werkes, nehmen einen beträchtlichen Raum im zweiten Heft ein. Die unter Nummer 32 aufgeführten Arbeiten bilden ein Gegenstück zum *Catalogue raisonné* von 1788. Wir finden vier neue Titel: *les Confessions* des Verfassers (sein Porträt sollte das Titelblatt schmücken), eine *Réfutation de Fénélon* und zwei Romane: *Conrad ou le Jaloux en délire*, eine Begebenheit aus der Geschichte der Albigenser, und *Marcel ou le Cordelier*. Diese Manuskripte, die wahrscheinlich nach dem Tode des Marquis vernichtet wurden[1], hätten zusammen mit älteren unveröffentlichten Werken, einer Neuauflage von *Aline et Valcour*, der erweiterten Ausgabe von *Crimes de l'amour* und *le Boccace français* dreißig Bände ausgemacht.

Unter den literarischen Entwürfen, die in den Heften aufgeführt sind, verdient der *Plan d'un roman en lettres* besondere Beachtung. Zunächst ein paar Bemerkungen:

In seiner Einleitung zu *Crimes de l'amour* unter dem Titel *Idée sur les romans*, wo er seine Theorie der belletristischen Werke auseinanderlegt und die berühmtesten unter ihnen, von der Antike bis Ende des XVIII. Jahrhunderts, Revue passieren läßt, erwähnt der Marquis de Sade *les Liaisons dangereuses* mit keinem Wort, obschon das Buch seiner eigenen Arbeit sehr nahestand und er nicht verkennen konnte, daß es sich um ein Meisterwerk handelte. Wie ist diese zweifellos absichtliche Unterlassung zu deuten? Es gibt zwei Vermutungen, die sich gegenseitig nicht ausschließen. Die erste: de Sade hat die *Liaisons dangereuses* aus literarischer Eifersucht übergangen, obschon er keinen Grund hatte, auf Laclos neidisch zu sein, dessen Genie er sein eigenes entgegenzusetzen hatte. Die zweite Vermutung stützt sich auf einen Umstand, den bisher noch kein Chronist beachtet hat: Von Ende März bis Oktober 1794 waren de Sade und Choderlos de Laclos gleichzeitig Gefangene im Sanatorium von

---

[1] Vielleicht waren das die »zehn Bände verschiedener Werke«, die das nach dem Tode aufgenommene Inventar erwähnt und die zusammen mit »vierundzwanzig als Tagebücher bezeichneten Heften« aus de Sades Koffer weggenommen und Herrn Rivière, dem Berichterstatter über die Bittschriften, übergeben wurden, da sie »die Sitten und die Religion betrafen«.

1801 BIS 1814: WERKE   435

Picpus. Es ist kaum anzunehmen, daß sie nicht früher oder später
Verbindung aufgenommen haben, und es ist leicht möglich (vor
allem, wenn man den erregbaren Charakter de Sades bedenkt), daß
zwischen den beiden Männern ein Streit ausbrach, den der Marquis
noch nicht vergessen hatte, als er *Crimes de l'amour* veröffentlichte,
und daß er seinen Unmut in das Vorwort übernahm, indem er vor-
sätzlich Laclos' Meisterwerk überging.

Aber wenn der *Plan d'un roman en lettres*, der in den wichtigsten
Gesichtspunkten an das Thema der *Liaisons dangereuses* erinnert,
auch nicht ausreicht, um die Hypothese der Eifersucht zu beweisen,
so scheint er doch zumindest für die gemischten Gefühle Zeugnis
abzulegen, die de Sade gegenüber einem Bucherfolg hegte, den keines
seiner offiziellen Werke jemals erreicht hat.

Die Gestalt der Théodorine, einer »verdorbenen Frau«, die bei der
jungen Clémence, deren Entehrung und Untergang sie betreibt, »Tugend heuchelt«, scheint tatsächlich eine Reinkarnation der Marquise
de Merteuil zu sein und ihr Komplize Delville, »ein unmoralischer,
durchtriebener, ruchloser Mensch«, ein Gegenstück zum Vicomte de
Valmont. Auch die unglückliche Clémence, »jung und unschuldig«,
die von Delville verführt wird, nachdem Théodorine ihr ihren
Liebhaber weggenommen hat, erinnert an Fräulein de Volanges.
Allerdings weckt bei de Sade nur diese Heldin das Mitleid des Lesers, während er bei der Lektüre der *Liaisons dangereuses* dieses Gefühl zwischen Clémence und einem zweiten Opfer, der schönen
Präsidentin de Tourvel, teilt. Der Marquis hält sich streng an die
Einheit der Handlung, darin unterscheidet er sich von seinem
Vorgänger. Übrigens unterscheidet er sich zu seinem Nachteil –
theoretisch, möchten wir sagen, denn aus dem Plan können wir
uns kein Urteil über die Ausführung bilden – durch die banalen
verbrecherischen Züge, mit denen er Théodorine ausstattet, während
die Marquise de Merteuil psychologisch großartig gestaltet ist. Aber
es ist nicht ausgeschlossen, daß de Sade die scheinbar unvollkommene
Motivierung der Taten Théodorines, »einer Verwandten von Clémence, deren Tod sie bereichern und ihr erlauben würde, Delville zu
heiraten«, im Sinne folgender Erklärung aus dem Munde Juliettes
ausgearbeitet hätte: »Es gibt nicht ein einziges Verbrechen, welche
Leidenschaft es auch eingegeben haben mag, das nicht in meinen
Adern das erhabene Feuer der Lust entzündet hätte: Lüge, Gottes-

lästerung, Verleumdung, Betrügerei, seelische Härte, ja selbst Nasch-
haftigkeit haben diese Wirkung bei mir erzeugt[1].«

Die Objektivität verbietet uns, zu behaupten, daß diese Nachah-
mung des Vorwurfs von Laclos – so genau sie in großen Zügen erscheint – tatsächlich die Vermutung bestätigt, daß de Sade auf diesen
Autor eifersüchtig war. Indessen glauben wir daraus entnehmen zu
können, daß der Marquis eine Zeitlang die Absicht hatte, die *Liaisons dangereuses* »noch einmal zu schreiben«. Vielleicht war er der
Meinung, daß der Ruhm Laclos' in einen Bereich vordrang, den er
ausschließlich als den seinen betrachtete, und wollte sich deshalb mit
dem Rivalen unter den einzigen Bedingungen messen, die seiner Ansicht nach seinem Publikum eine Vergleichsmöglichkeit bieten konnten. In allem, auch in der Wahl der Briefform, beweist der Marquis,
daß er mit den gleichen Waffen gegen Laclos kämpfen wollte. – Der
Verfasser von *Juliette* und *Aline et Valcour* hat aufgrund der hervorragenden Originalität seines Geistes genügend Anspruch auf Bewunderung, und so fürchten wir, ihn durch den folgenden lapidaren
Satz herabzusetzen, der gewiß nicht allen Nuancen von de Sades
Gedanken gerecht werden kann, der uns aber doch geeignet scheint,
die Meinung wiederzugeben, die wir uns aufgrund der vielen doku-
mentarischen Einzelheiten gebildet haben: »Auch ich wäre fähig gewesen, die *Liaisons dangereuses* zu schreiben.«

Die sinnliche Inspiration, die aus dem Buch *l'Influence des passions*
von Madame de Staël spricht, die neuen Elemente, Vorboten der
Romantik, die ihr Werk *la Littérature* enthält, die ausgeprägte Vorliebe dieser Frau für die Philosophie des XVIII. Jahrhunderts, ihr
großzügiges Eingreifen bei den ersten Greueln der französischen Revolution, ihr unerschrockener Widerstand gegen die Tyrannei Bonapartes, mit einem Wort, ihr Ziel, »den Einfluß der Freiheit zu bestimmen und zu erweitern«, das sich sowohl im Schreiben wie im
Verhalten der Verfasserin von *Delphine* offenbarte, hatte die Auf-

---

[1] Der Marquis hat auch das umgekehrte Phänomen geschildert: »Ich habe
oft gesehen, wie der beschränkte Geist einer Frau durch die Leidenschaft
entzündet werden mußte, um solche Dinge [Verbrechen] auszuführen. Es
ist unvorstellbar, was man im Augenblick des Rausches von ihnen verlangen kann; ihre Seele ist dann der Bosheit näher, für die sie von Natur
aus geschaffen ist, und sie willigen leichter in die Greuel ein, die man
ihnen vorschlägt.« *(Aline et Valcour)*

merksamkeit des Marquis de Sade auf diesen kürzlich erschienenen
Roman gelenkt, dessen ungewöhnliche Sensibilität in Gedanken und
Ausdruck seiner Ansicht nach durch kein ideologisches Vorurteil her-
abgemindert wurde.

So wundert man sich nicht, daß ein großer Teil des Heftes A der
Abschrift von zweiundvierzig Auszügen aus dem Roman *Delphine*
gewidmet ist. Wir haben sie aus den *Cahiers personnels* fast ganz
weggelassen, weil sie das Gleichgewicht gestört hätten und keine
eigenen Gedanken de Sades wiedergeben, aber wir können sie dennoch nicht schweigend übergehen: die Auswahl, die mit offensichtlicher Sympathie aus dem Werk Madame de Staëls gemacht wurde,
läßt ergreifende Schlüsse auf die seelische Verfassung des Marquis
während der ersten Monate einer Gefangenschaft zu, die erst mit
seinem Leben enden sollte. In diesen Auszügen aus *Delphine* fallen
einem fast ausschließlich zwei Themen auf: Mißgeschick und arm-
seliges Alter. Beide vereinen sich in diesem düsteren Gedanken aus
demselben Werk: »Es ist schrecklich, wenn sich der Ring der Jahre
schließt, ohne daß man je glücklich gewesen ist.« Aber einige weniger
melancholische Zitate, die sich auf eine geliebte Frau beziehen, zeugen von dem einzigen Trost, den das Schicksal dem Marquis damals
gewährte: der Zärtlichkeit von Madame Quesnet, deren Gestalt bezaubernd in den autobiographischen Notizen Nr. 14 und 25 auftaucht.

Es ist ein Vergnügen ganz besonderer Art, sich vorzustellen, wie
de Sade zum erstenmal in den fünf Bänden des *Génie de christianisme* blätterte. Welche Wutausbrüche müssen allein die Untertitel
bei ihm hervorgerufen haben, die schon aus dem berühmten *Traité*
von Fénélon bekannt waren! »Die Existenz Gottes, bewiesen durch
die Wunder der Natur«... »Die Unsterblichkeit der Seele, bewiesen durch Moral und Gefühl«! Indessen wurde Ende April 1802,
wenige Tage, nachdem *Génie du christianisme* in den Verkauf kam,
mit einem feierlichen *Te Deum* in Notre-Dame die Bekanntmachung
des Konkordats gefeiert. Vermutlich erwachte beim Marquis, dessen
feindselige Einstellung gegen die Religion durch das Wiederauf-
leben des Glaubens gereizt wurde, damals die Absicht, alle Argumente seines Atheismus vom *Dialogue entre un prêtre et un moribond* bis zur *Histoire de Juliette* in einem methodischen Werk zu-

438 MARQUIS DE SADE

sammenzufassen. Von *Réfutation de Fénélon*[1], im *Catalogue général*
von 1803/04 erwähnt, würden wir nur den Titel kennen, wenn die
Cahiers nicht das Stück *Fantômes* enthielten, das – nach dem folgenden Satz zu urteilen – die Einleitung zu diesem Werk sein könnte:
»Verfluchte Mißgeburt!« ruft de Sade aus und wendet sich damit an
Gott, »ich sollte dich dir selbst überlassen, dich der Verachtung aussetzen, die du hervorrufst, und aufhören, dich in den Träumereien
Fénélons von neuem zu bekämpfen. Aber ich habe versprochen, diese
Aufgabe zu erfüllen; ich werde Wort halten« usw. – Interessant ist,
daß dieses bemerkenswert energische Stück Prosa zuweilen Ähnlichkeit mit gewissen Passagen einer Episode aus *Chants de Maldoror*
aufweist, in welcher der Comte de Lautréamont mit dem Schöpfer
spricht.

Auf die *Note relative à ma détention*, die ein neues Licht auf die
Geschichte der moralischen Torturen wirft, die der Marquis in Vincennes und in der Bastille erdulden mußte, folgen außerordentlich
interessante Gedanken über die erste *Justine*. Man weiß, daß de Sade
immer bestritten hat, dieser Roman stamme von ihm. 1803 war es
mehr als je angezeigt, bei diesem Leugnen zu bleiben, denn als Verfasser dieses Werkes war er seit mehr als dreißig Monaten in Haft.
Aber die merkwürdige Verteidigung im Heft A enthält so lebhafte,
so von aufrichtiger Leidenschaft erfüllte Argumente, daß man, je
genauer man sie untersucht, immer mehr zu der Annahme neigt, der
Marquis habe sich zu Beginn des XIX. Jahrhunderts, als sich die Re-
vanche der Priester ankündigte, selbst getadelt, weil er ohne zu wollen der Sache der Gottesverteidiger gedient hatte, indem er dem
Publikum den Roman *Justine* vorlegte, in dem alle atheistischen
Philosophen korrupt waren.

*Wenn man [Justine] aufmerksam liest, wird man sehen, daß
durch eine unverzeihliche Ungeschicklichkeit, durch ein Vorgehen,
das geeignet war, den Verfasser mit den Weisen und den Narren,
den Guten und Bösen zu entzweien (wie es dann auch geschehen ist),
alle Philosophen verbrecherische Züge aufweisen*[2]. *Indessen bin ich*

[1] Das heißt vom *Traité de l'existence de Dieu*.
[2] Zwei Jahre später, 1805, wird der Astronom Lalande in seinem *Second
Supplément au Dictionnaire des Athées* das Motiv für die Ablehnung
nennen, unter der der Marquis immer wieder zu leiden hatte: »Ich möchte

selbst Philosoph; alle, die mich kennen, bezweifeln nicht, daß ich das stolz bekenne ... Und kann man, ohne mich als Verrückten zu bezeichnen, auch nur einen Augenblick annehmen, daß ich die Gesinnung, die mir am meisten zur Ehre gereicht, mit Greueln und Verwünschungen besudle? Was würden Sie von einem Mann halten, der seinen liebsten Rock, auf den er am meisten stolz ist, durch den Dreck zöge? Ist das nicht eine augenfällige Ungereimtheit? Bemerkt man in meinen anderen Werken solche Dinge? [...] Es stimmt also nicht, daß Justine *von mir ist. Ja, ich sage noch mehr: sie kann unmöglich von mir sein. [...] Und ich werde noch deutlicher: es ist eigenartig, daß der ganze fromme Haufe, alle die Geoffroy, Genlis, Legouvé, Chateaubriand, La Harpe, Luce de Lancival, Villeterque, daß alle diese braven Helfershelfer der Geistlichkeit gegen* Justine *toben, während dieses Buch doch gerade zu ihren Gunsten spricht. Wenn sie dafür bezahlt hätten, ein so gutes Werk zu bekommen, das die Philosophie anschwärzt, so hätten sie es nicht besser haben können. Und ich schwöre bei allem, was mir heilig ist, daß ich es mir nie verzeihen könnte, Leuten gedient zu haben, die ich so sehr verachte.*

Aber wenn de Sade, der gegen die Gottesidee aufgebrachter war als je, in dem Maße bedauerte, *Justine* geschrieben zu haben, als dieses Werk indirekt dem »frommen Haufen«, den Verächtern der Philosophie in die Hände spielte, so verzichtete er um so weniger auf seine grausamen erotischen Meditationen, auf »alle die Dinge«, die er »zu Hilfe rief, wenn er sich von seiner Lage ablenken wollte«, auf die »sehr köstlichen Einzelheiten, die sein Unglück so gut zu lindern wußten, wenn er seine Phantasie schweifen ließ«. Gewisse Stellen aus seinen Heften lassen keinen Zweifel über seine ständige Neugier in bezug auf wollüstige Einzelheiten aus der alten und neuen Geschichte, die sowohl geeignet waren, seinen beunruhigenden Träumereien Stoff zu geben wie die psychosexuelle Sammlung zu bereichern, die ihm bei seiner Arbeit unentbehrlich war. So notiert er sich sorgfältig den Titel des Werkes, »in dem die geheimen Anekdoten Prokops über Theodora zu finden sind«, und nachdem er in der

Herrn de Sade zitieren, er hat sehr viel Geist, Urteilskraft und Bildung, aber seine abscheulichen Romane *Justine* und *Juliette* schließen ihn aus einer Gemeinschaft aus, der es nur um die Tugend geht.«

Geschichte von de Thou gelesen hat, daß die Hofdamen nach der Bartholomäusnacht aus dem Louvre gekommen seien, »um die nackten Leichen der ermordeten Hugenotten zu betrachten, die vor den Palastmauern ermordet und ausgeplündert worden waren«, bemerkt er, daß am Abend des 10. August 1792 »auch die Pariser Frauen die nackten Leichen der ermordeten Schweizer betrachten kamen, die in den Tuilerien lagen«. Und an anderer Stelle will er die kühnen Schilderungen in *Justine* und *Juliette* rechtfertigen, indem er anmerkt, daß sowohl die Kirchenväter wie auch Juvenal, Sueton und Dion Cassius sich nicht gescheut hätten, »das Laster in den kräftigsten Farben zu schildern«. In einem Text empört sich der Marquis gegen die Moralisten, die im Schriftsteller »die Kraft leugnen wollen, die er von der Natur empfangen hat«, indem sie fordern, daß sowohl seine Werke wie seine Sitten ihn der Achtung der tugendhaften Leute würdig machen: »Ich suche im Schriftsteller den genialen Menschen, gleichgültig, wie seine Sitten und sein Charakter sind«, ruft der ehemalige Held von Arcueil und Marseille aus, »denn ich will nicht mit ihm, sondern mit seinen Werken leben, und mich interessiert nur die Wahrheit in dem, was er mir zu geben hat.«

Indessen geben diese Notizen, wie bedeutsam sie auch sein mögen, nur ein unvollkommenes Bild der literarischen Tätigkeit des Marquis um 1804. In der Tat handeln die Texte, die in diesen beiden Notizheften zu finden sind, ausschließlich von seinen offiziellen Plänen. Sie verraten nicht, daß der Marquis de Sade damals daran dachte, das erotische Manuskript *Conversations du château de Charmelle,* das am 15. Ventôse Jahr IX beim Verleger Massé von der Polizei beschlagnahmt und nicht mehr wiedergefunden wurde, zu rekonstruieren und zu erweitern. Die neue Version dieses Werkes, die nach 1814 vernichtet wurde, ist das Thema des folgenden Abschnittes.

Ein zerstörtes Sodom: Les Journées de Florbelle ou la Nature dévoilée

Alles, was wir über *Journées de Florbelle* wissen, haben wir aus der Fotokopie eines dünnen Heftes mit handschriftlichen Notizen des Marquis de Sade. Das Original, das zuletzt Jean Desbordes anvertraut worden war, ist im Lauf des letzten Krieges verschwunden.

1801 BIS 1814: WERKE 441

Vorher hatte es sein Besitzer, der Vicomte Charles de Noailles, Maurice Heine gegeben, der es fotokopieren ließ und eine Beschreibung mit Entzifferung gewisser Worte oder Satzteile anfertigte, deren Lektüre Schwierigkeiten bereitete. Die Fotokopien und der kritische Apparat gehören der Manuskriptabteilung der Bibliothèque Nationale. Wenn die *Dernieres analises et derniere[s] observations sur ce grand ouvrage* – das ist der Titel des betreffenden Dokuments – uns etwas über den Inhalt von *Journées de Florbelle* mitteilen, so erfahren wir durch eine Anmerkung von Herrn de Monmerqué, den ersten Besitzer des Manuskriptes, das beklagenswerte Schicksal des Romans, den er als »infam« bezeichnet. Die Reinschrift, die etwa hundertacht Hefte[1] umfaßte, und vermutlich auch die noch umfangreicheren Entwürfe wurden nach dem Tode de Sades durch den Polizeipräfekten Delavau den Flammen übergeben. Er tat das auf Wunsch von Donatien-Claude-Armand, Sohn des Verfassers, der bei diesem Autodafé anwesend war[2].

Von dem Heft mit Analysen und Bemerkungen hingegen, dem einzigen, das von der ungeheuren Arbeit de Sades übriggeblieben ist, berichtet uns Herr de Monmerqué, daß es ihm vom Privatsekretär des Präfekten, einem gewissen Herrn Du Plessis, der es mit einigen anderen zur Vernichtung bestimmten Papieren des Marquis beiseitegenommen hatte, »als Kuriosität« angeboten worden sei.

Was können wir aus diesem Manuskript erfahren, das hundertfünfundzwanzig Jahre später dem Werk, von dem es handelt, ins Nichts gefolgt wäre, wenn Maurice Heines Faksimile nicht für das Überleben dieser kostbaren Notizen de Sades gesorgt hätte?

Der Haupttitel dieses umfangreichen Werkes, der »am 29. April 1807 bei Beendigung des Werkes endgültig festgelegt wurde« und seinem Charakter sehr gut entspricht, lautet: *les Journées de Florbelle ou la Nature dévoilée, suivies des Mémoires de l'abbé de Modose et des Aventure d'Émilie de Volnange servant de preuves aux asser-*

1 Wenn wir annehmen, daß die drei Teile von *les Journées de Florbelle* in der Reinschrift etwa hundertacht Hefte umfassen mußten, so stützen wir uns auf die Anzahl der Hefte von *Aventures d'Émilie* (zweiundsiebzig), die ungefähr zwei Fünftel des Gesamtwerkes ausmachten.
2 Es scheint, daß *les Journées de Florbelle* schon im Juni 1807, zwei Monate nach Beendigung des Werkes, in de Sades Zimmer beschlagnahmt worden ist.

442   MARQUIS DE SADE

tions. Es sind zweihundert Kupferstiche vorgesehen. Das kraftvolle
Epigraph stammt von Seneca: »Die wahre Freiheit besteht darin,
weder Menschen noch Götter zu fürchten.« (Diese Worte könnten
als Motto für die Lebensgeschichte de Sades dienen: haben wir nicht
immer wieder gesehen, wie der unbeirrbare Gefangene trotz der zu-
nehmenden Schläge des Despotismus niemals und in keinem Bereich
seine stolze, hellsichtige Auflehnung verleugnete?)

Der ursprüngliche Titel hieß: *Valrose ou les Écarts* [Variante: *Les
Égarements*] *du libertinage,* später wurde er umgewandelt in *Mémoires d'Émilie de Valrose ou les Égarements du libertinage* und
mit folgendem Epigraph versehen: »Nur wenn man das Laster in
seiner ganzen Nacktheit zeigt, kann man zur Tugend zurückführen.«
Und dann hat der Autor noch angemerkt, daß seine Heldin nicht
mehr *Valrose,* sondern *Volnange* heißen sollte. Bevor de Sade sich
übrigens endgültig für seinen Titel entschied, hat er sein Buch in
ironischem Gegensinn *Les Entretiens du château de Florbelle, ouvrage moral et philosophique, suivi de la sainte Histoire du bien-
heureux abbé de Modose et des Mémoires pieux d'Émilie de Volnange, ornés de gravures édifiantes* genannt.

Das Heft des Marquis enthält keine Analyse der *Mémoires de
l'abbé de Modose.* Die vierzehn Anmerkungen beziehen sich zu sehr
auf Einzelheiten, als daß sie uns etwas über das Werk als Ganzes
aussagen könnten. Von *Aventures d'Émilie de Volnange* kennen wir
den Inhalt mehrerer Episoden aus etwa fünfzig Notizen und Anmerkungen. Daraus geht hervor, daß die Heldin eine Reinkarnation
der Juliette ist und daß der Verfasser in seinem Roman mehrere
historische Gestalten aus dem Ancien Régime verwandt hat: Ludwig XV., den Kardinal de Fleury, den Grafen de Charolais und den
Marschall de Soubise.

Wann hat der Marquis *les Journées de Florbelle* geschrieben? Sein
Heft enthält nur über den dritten Teil dieses Werkes, *les Aventures
d'Émilie,* chronologische Angaben: die Reinschrift wurde am 5. März
1806 begonnen und am 25. April 1807 beendet, das heißt in »dreizehn Monaten und zwanzig Tagen«; weiter vermerkt der Autor,
daß die Reinschrift des ersten Bandes von *Aventures d'Émilie* am
10. Juli 1806 beendet wurde [1].

---

[1] Eine erste Version von *Journées de Florbelle* mit dem Titel *les Con-*

1801 BIS 1814: WERKE   443

Aufgrund verschiedener Analysen, Anmerkungen und Notizen in
den Heften des Marquis – die sehr fragmentarisch und oft recht
verworren sind – ist es möglich, den Vorwurf zu *Journées de Florbelle* zu rekonstruieren. Das Bild, das wir uns dadurch machen können, genügt, um die Vernichtung eines Werkes zu bedauern, das in
seiner kraftvollen, vielfältigen Anlage – über die sprachliche Quali-
tät kann man sich kein Urteil bilder. – sicherlich eine Zusammenfassung des Denkens de Sades darstellte.

ADÉLAÏDE DE BRUNSWICK, PRINCESSE DE SAXE

Aus dem Untertitel von *Adélaïde de Brunswick:* »Begebenheit aus
dem XI. Jahrhundert« scheint hervorzugehen, daß de Sade den Vorwurf zu seiner Erzählung einer mittelalterlichen Chronik entnommen hat. Dieser Liebes- und Abenteuerroman um die Prinzessin von
Sachsen zählt zum »heroischen« Genre, dem auch einige Novellen
aus der Sammlung *Crimes de l'amour* angehören.
   Kurz nach ihrer Heirat mit Friedrich, Prinz von Sachsen, wird
Adelheid, die Tochter des Herzogs von Braunschweig, von dem Verräter Mersburg fälschlich beschuldigt, sie sei die Geliebte des jungen
Kaunitz. In Wirklichkeit ist es Ludwig, der Markgraf von Thüringen, der die schöne Frau liebt und von ihr wiedergeliebt wird. Auf
Befehl des Prinzen wird Adelheid in die Festung Torgau gesperrt,
aber es gelingt ihr, zu fliehen. Der größte Teil des Romans handelt
von Adelheids Abenteuern auf der Flucht und von denen Friedrichs,
der sie durch mehrere Länder verfolgt, nicht um sich an ihr zu rächen, sondern damit sie ihm verzeihe. Denn er betet sie an, obgleich
sie ihm Grund zur Eifersucht gegeben hat. Schließlich wird der
Prinz, der seine Frau wiedergefunden hat, in einem merkwürdigen
Zweikampf mit dem Markgrafen von Thüringen getötet. Dieser
folgt ihm auf den Thron von Sachsen; Adelheid zieht sich in ein
Kloster zurück und stirbt bald an der Schwindsucht.

versations du château de Charmelle wurde am 15. Ventôse Jahr IX von
der Polizei beschlagnahmt. Besaß de Sade die Entwürfe noch, mit deren
Hilfe er die in der endgültigen Fassung enthaltenen Dialoge ausarbeitete?
In einem seiner Hefte erwähnt der Marquis eine zweite Beschlagnahmung,
diesmal eines anderen Teiles von *Journées de Florbelle:* der sieben ersten
Hefte von *l'Histoire d'Adèle* (später *Émilie* genannt).

Als Ganzes beurteilt, geht dieses Werk nicht über ein Mittelmaß hinaus. Trotz einer recht brillanten Exposition, die einen Augenblick auf eine neue *Princesse de Clèves* hoffen läßt, wird der Mangel an Realität der Personen nur hin und wieder durch die dichterische Imagination ausgeglichen. Wenn man von einigen Stellen absieht, in denen die Eifersucht mit vorromantischer Sensibilität geschildert ist, so wird die Eintönigkeit dieser ziemlich undankbaren Lektüre nur sehr selten von einem kräftigen Zug aufgewogen. – Zwei Merkmale des Romans *Adélaïde* verdienen Beachtung: eine erbauliche Lobrede auf das mönchische Leben, die für den Verfasser der *Juliette* eigenartig ist; außerdem Episoden, die ganz genau denen in *Malheurs de la Vertu* entsprechen, aber in einer Form, die wir »enthauptet« nennen möchten: so sieht man die Prinzessin in den Händen eines Räuberhauptmanns, der nicht daran denkt, das Schamgefühl seiner Gefangenen zu schonen; aber im letzten Augenblick wird die Vergewaltigung durch ein merkwürdiges Wiedererkennen verhindert.

Und ein nicht weniger eigenartiges Abenteuer der Prinzessin von Sachsen ist, daß ihr Roman in der Originalsprache unveröffentlicht geblieben ist, während er ins Englische übersetzt wurde und 1954 in Washington erschien.

ISABELLE DE BAVIÈRE, REINE DE FRANCE

Diese Geschichte scheint eine der ersten literarischen Ambitionen des Marquis gewesen zu sein. Hat er sich nicht 1764 und 1765 aus den Armen seiner Mätressen gerissen, um die mittelalterlichen Archive der Bibliothek der Kartäuser in Dijon zu erforschen?

Am 26. Juni 1764 hält er im Parlament von Burgund seine Antrittsrede als Statthalter von Bresse und Bugey; im Mai 1765 reist er mit der Beauvoisin von Paris nach Avignon, wobei er natürlich durch Dijon kommt. Er hofft, daß die ehemalige Hauptstadt von Johann Ohnefurcht vielleicht ein unveröffentlichtes Manuskript birgt, das der lückenhaften Kenntnis von der politischen Rolle Isabellas von Bayern noch etwas hinzufügen könnte. Aber die Neugier des Marquis für diese »sowohl wegen ihrer persönlichen Reize wie wegen der Entschlossenheit ihres Geistes und ihrer hohen Titel« interessanten Frau ist nicht der einzige Beweis für eine Neigung, die

1801 BIS 1814: WERKE   445

sich später in Vincennes und in der Bastille kundtat. Im September
1783 schreibt der Gefangene der Marquise von drei literarischen Pro-
jekten, mit denen er seine traurige Muße auszufüllen gedenkt: das
zweite dieser Projekte ist eine *Éloge de François I.* (die nie geschrieben wurde) und das dritte die Ausarbeitung von »zehn oder
zwölf Heften« mit Anekdoten aus der französischen Geschichte.
Außerdem enthielt Band II von *Portefeuille d'un homme de lettres*
»neunzig Begebenheiten aus der Geschichte verschiedener Länder,
aber keineswegs zusammengestoppelt, sondern alle in der persönlichen Art des Verfassers geschrieben und mit Reflektionen durchsetzt«, und in Band III und IV, von denen im Oktober 1788 der erste
Entwurf vorlag, hatte de Sade vor, die obenerwähnten französischen Anekdoten, die aber nicht über die Regierungszeit Karls IX.
hinausgingen, »unter die zugrunde liegenden Briefe zu mischen«.
Aber schon aus der Erwähnung dieser Arbeit geht hervor, daß es
sich noch um Versuche ohne große Tragweite handelte. Erst am Ende
seines Lebens, etwa mit zweiundsiebzig Jahren, ließ der Marquis de
Sade seiner ein halbes Jahrhundert alten Neigung für die historische
Darstellung und vor allem für die Frau des wahnsinnigen Königs
in einem größeren Werk freien Lauf.

Die *Biographie universelle* von Michaud zählt 1825 die Handschrift von *Isabelle de Bavière* unter den unveröffentlichten Manuskripten auf, die sich noch in den Archiven der Familie de Sade befanden.

Das Thema von Isabelle de Bavière wird, genau wie das von
Adélaïde de Brunswick, in der *Biographie universelle* als »schwarz
und schrecklich« bezeichnet; »aber«, wird hinzugefügt, »es findet sich
nichts Tadelnswertes in bezug auf die guten Sitten und die Religion.«
Und eben weil sich der Pensionär von Herrn Roulhac du Maupas
bewußt war, daß er die Keuschheit der Sprache und die göttlichen
Mysterien an keiner Stelle verletzt hatte, hoffte er, für diese beiden
Werke einen Verleger zu finden. Das geht aus einer Empfangsbe-
scheinigung hervor, die im *Inventaire après décès* erwähnt ist.

Der Marquis de Sade berichtet uns, daß er in *Isabelle de Bavière*
»von der Romanform nur klug und sparsam Gebrauch« machen
wollte. Wenn er dem Beispiel der antiken Historiker folgte und seinen Personen in gewissen Fällen Gespräche in den Mund·legte, so
geschah das nur, um den Tatsachen mehr Nachdruck zu verleihen.

Andererseits hat er es für richtig befunden, die Geschichte Frankreichs mit der Geschichte seiner Heldin zu verflechten: die Gestalt Isabellas schien ihm zu sehr mit den nationalen Lastern verbunden, als daß er sie hätte schweigend übergehen können. Bemerkenswert ist, daß de Sade sich zehn Jahre vor Augustin Thierry in seinem Vorwort über das ereifert, was er die »Apathie« der herumstümpernden Historiker des XVII. und XVIII. Jahrhunderts nennt, als da sind Mézerai, Anquetil, Abbé Velly und sein Nachfolger Villaret, über ihre Ignoranz der Quellen und ihren Mangel an kritischem Sinn. So begründet diese Anschuldigung sein mag, aus der Feder unseres Autors fehlt es ihr an Autorität: wir werden in der Tat bald sehen, wie merkwürdig er vorging, um die Apathie der historischen Darstellung zu besiegen. Aber fahren wir in unserem Thema fort. Der Marquis verzeiht denen, die vor ihm die Regierungszeit Karls VI. studiert haben, nicht, daß sie keinen einzigen »Fall« enthüllt haben. »Diese Nachlässigkeit«, schreibt er, »rückt diese außergewöhnliche Regentschaft derart in die Nähe der Fabel, daß sich das erhabene Interesse, das sie wecken sollte, ganz verflüchtigt. Tausend Schmähungen sind gegen Isabella ausgestoßen worden, ohne daß sich jemand die Mühe gemacht hätte, uns zu erklären, weswegen diese erstaunliche Frau sie verdiente. Die geringe Kenntnis, die man von ihr hatte, führte sogar dazu, daß man sie als eine Nebenfigur ansah, und das in einer Geschichte, in der sie allein die Hauptrolle spielte. [...] Man hatte geglaubt, alles sei schon gesagt, während die Wahrheit, das heißt die wesentliche Bedeutung der Geschichte, noch nicht einmal gestreift worden ist.«

Wie behauptet de Sade, diese Wahrheit, die er als »furchtbar« bezeichnet, zutage gebracht zu haben? Dank unveröffentlichter oder in Vergessen geratener Quellen, die ihm »der Zufall und ein paar literarische Reisen« zu entdecken erlaubten. In der Königlichen Bibliothek von London hat er 1770 in den Prozeßakten Richards II., des Schwiegersohns von Isabella, Material gefunden und ein Manuskript über den Prozeß der Jeanne d'Arc eingesehen, das, wie er behauptet, nicht das »völlig unglaubwürdige« Dokument war, das die Historiker zitierten. Aber im Kartäuserkloster von Dijon gelang es dem Marquis 1764 und 1765 – wenigstens behauptet er das –, unvergleichliche Urkunden zu entdecken, die fünfzig Jahre später zum Grundpfeiler seines Werkes wurden: das Verhör des Ritters Louis

1801 BIS 1814: WERKE 447

de Bourdon, des Vertrauensmannes der Königin[1], der »von Karl VI.
zum Tode verurteilt, unter der Folter des Verhörs enthüllte, welchen
Anteil Isabella an den Verbrechen dieser Regierung hatte«. Aber
diese Prozeßakten existieren nicht mehr: der Autor berichtet uns,
die Bibliothek der »guten Mönche« sei während des Zerfalls des
Königreichs durch »die stumpfsinnige Barbarei der Vandalen des
XVIII. Jahrhunderts«, mit anderen Worten, »die unheilvollen Ost-
goten der französischen Revolution«, zerstört worden.

Schon 1814, als Herr de Sade für *Isabelle de Bavière* einen Verleger suchte, erschien die Geschichte mit den Manuskripten von Dijon
verdächtig. Hatte man den Marquis nicht aufgefordert, seine Beweisstücke bei einem Notar zu deponieren? Nach hundertvierzig Jahren
bleibt die Frage offen: welchen Beweis kann er erbringen, daß die
Kartäuser 1764 in ihrer Bibliothek die Urkunden besaßen, auf die
er sich beruft? Zwar beziehen sich die Fußnoten zu zahlreichen Stellen der *Isabelle* auf vierzehn »Aktenbündel« des Verhörs von Bourdon, aber nicht ein einziges Mal wird ein wörtliches Zitat aus dem
angeblichen Original zum Vergleich angeboten. Der Marquis weigert sich, die Auszüge vorzulegen, die er angeblich gemacht hat: das
scheint ihm unnötig: »Da sie von unserer Hand sind, würden die
Leute, die an allem zweifeln, weil sie dazu geschaffen sind, an nichts
zu glauben, nicht behaupten, was wir sagten sei ebenso unwahr wie
das, worauf wir uns stützten?« Der satirische Zug verdeckt nicht,
daß der Einwand oberflächlich ist und ein gewisses Unbehagen verrät. Wenn diese Auszüge aus dem Original tatsächlich existiert hätten, hätte der Autor nur gewonnen, indem er sie zur Prüfung vorlegte: die zeitgenössische philologische Kritik, zum Beispiel in der
Person eines Raynouard, wäre sehr wohl in der Lage gewesen, festzustellen, ob sie authentisch waren. Außerdem war Herr de Sade
sonst gar nicht gegen die Verwendung von Beweisstücken: im Anhang zu seiner Tragödie *Jeanne Laisné* sind offene Urkunden wiedergegeben, die Ludwig XI. der jungen Kriegerin aus Beauvais ausgestellt hatte. Er hat sich sogar hochmütig gerühmt, mit Hilfe dieser
Briefe den wahren Namen von Jeanne Hachette »unsterblich ge-

---

[1] Die Existenz dieser Person, die de Sade *Bois-Bourdon* nennt, wird
durch die Historiker bestätigt. Er war Seneschall von Berry und einer der
Herren der Partei von Orléans.

macht zu haben«. Hat er sich nicht eine viel bedeutendere Genugtuung entgehen lassen, indem er es unterließ, sein Buch nicht nur mit
Auszügen, sondern mit einer Abschrift der ganzen Prozeßakten von
Louis de Bourdon zu bereichern? – Man hat Grund anzunehmen,
daß dieser Kuppler bei den Damen am Hof von Vincennes neben
anderen kriminellen Beschäftigungen das Bett des Königs geschändet
hat. Das Kapitel CLXVII der *Chroniques* von Monstrelet veröffentlicht zwar keinen der Anklagepunkte, aber es bestätigt die Kausal-
verbindung zwischen den Geständnissen des zum Tode Verurteilten
und der strengen Verbannung der Königin. Danach läßt sich das
ungewöhnliche Interesse dieses Verhörs ermessen, dessen Manuskript
Karl VI. um der Ehre seines Hauses willen vermutlich vernichtet
hat. Aber wenn der Marquis de Sade wirklich ein so wichtiges Dokument gefunden hätte, würde er dann nicht beschlossen haben, es
so authentisch wie möglich wiederzugeben, ganz abgesehen davon,
daß er sicher nicht ein halbes Jahrhundert gewartet hätte, um es zu
verwerten?

Die Chronisten lassen keinen Zweifel an der lasziven Veranlagung
der Königin und an ihren ehebrecherischen Beziehungen zum Herzog
von Orléans. Und wie sollte man sich nicht an die Besorgnisse Karls
VII. in bezug auf die Legitimität seiner Geburt erinnern? Aber weder
der Lebenswandel Isabellas noch die politischen Missetaten, deren sie
die Geschichte bezichtigt, genügten, um die Phantasie des Marquis de
Sade zu entzünden. Zu diesen wenig aufregenden Tatsachen mußten
unbedingt »gemeinster Verrat, Heiligtumsschändung, Verderbtheit,
Kindesmord und Mord« kommen. »Kein Tropfen Blut floß unter
dieser fürchterlichen Herrschaft«, schreibt der Verfasser in seinem
Vorwort, »der nicht von Isabella vergossen worden wäre [...]; kein
Verbrechen wurde begangen, dessen Ursache oder dessen Ziel sie nicht
war.« Trotz dieser kategorischen Versicherung entspricht seine Theorie von der Universalschuld der Königin keiner einzigen überprüf-
baren Quelle. Die Anschuldigungen des sonderbaren Historikers
gründen sich einzig auf den imaginären Inhalt der Verhörsakte von
Louis de Bourdon und für die Jahre nach 1417 auf diese offensichtlich von ihm selbst verfaßten Briefe oder jene unerwarteten Bemerkungen, deren Ursprung man vergeblich zu bestimmen suchte.

Es wird Zeit, daß wir einige der Greuel und Schandtaten widergeben, die de Sade ohne jeden Beweis der Königin Isabella während

1801 BIS 1814: WERKE 449

der fünfzig Jahre, die zwischen ihrer Heirat und ihrem Tod liegen, zur Last legt. – Isabella gibt sich Craon hin, damit er den Konnetabel de Clisson ermorde. Sie erfindet das Gespenst im Wald von Mans, organisiert den Ball der als Wilde verkleideten Edelleute und provoziert die Entscheidung: der König, gekleidet wie sie, entkommt – nach de Sades Version – nur mit knapper Not den Flammen. Sie fördert die Verschwörung Bolingbrokes gegen ihren Schwiegersohn Richard II. Sie gibt sich Johann Ohnefurcht hin und ist Helfershelferin dieses Prinzen beim Überfall auf Louis d'Orléans, den sie mit ihren Verführungskünsten so lange zurückhält, bis die Stunde da ist, die für seine Vernichtung bestimmt ist. Auf den Mord an Louis d'Orléans läßt sie den Mord an seiner Frau folgen, später empfängt sie den Sohn ihrer Opfer in ihrem Bett. Während der Revolution schürt sie mit ihren Reden die Grausamkeit der Schinder und berauscht sich am Schauspiel ihrer Heldentaten. Sie verkleidet sich als Straßenmädchen und treibt es in den Spelunken mit Dieben und Mördern. Sie vergiftet drei ihrer Kinder: den Dauphin Louis, den Dauphin Jean und Michelle, Herzogin von Burgund; und am Tag vor dem Treffen in Montereau stachelt sie Johann Ohnefurcht auf, den Dauphin Charles zu schlagen. Schließlich läßt Isabella Jeanne d'Arc dem Inquisitionsgericht ausliefern und veranlaßt den Herzog von Bedford, die geheimen Körperteile der Jungfrau zu untersuchen [1]. – Lauter Eigenschaften bei Isabella, so wie de Sade sie schildert, die sich in der faszinierend-schrecklichen Gestalt der Juliette finden.

Aber obgleich de Sade an manchen Stellen aufgrund von nicht existierenden Urkunden Triebfedern und Ursachen seiner algolagnischen Phantasie als Tatsachen hinstellt, gibt er uns doch mit Hilfe von positivem Material, das er meisterhaft ausgewertet hat, ein um-

---

[1] Der Marquis bemerkt auf Seite 312, daß »Gottes Wille die durchtriebene, mit Verbrechen besudelte Isabella ruhig und in hohem Alter sterben ließ, während er das tugendhafteste, mutigste und erstaunlichste Wesen seines Jahrhunderts [Jeanne d'Arc] in der Blüte seiner Jugend auf einem Schafott umkommen ließ«. Diese Passage ist aus zwei Gründen interessant: nicht nur ist sie eine Huldigung de Sades an die Jungfrau von Orléans, sondern der Verfasser von *Justine* und *Juliette* belegt damit seine Theorie von der unglücklichen Tugend und dem Laster, das belohnt wird, mit einem historischen Beispiel.

450   MARQUIS DE SADE

fassendes und packendes Bild von der Regierungszeit Karls VI. Die
Eindringlichkeit und Vielfarbigkeit der Erzählung, die Kühnheit der
Erfindungen und ihr gewandtes Anpassen an unleugbare Tatsachen,
die tiefgründigen Betrachtungen im Bereich der individuellen und
kollektiven Psychologie, die dunklen beunruhigenden Farben, mit
denen er geschickt die Gestalt der Königin umrissen hat, reihen den
Verfasser von *Isabelle de Bavière* unter die besten Vertreter dieses
zweideutigen Genres ein, das abseits vom Roman liegt und doch
einige seiner Aspekte aufnimmt, aus der Verwandtschaft der Klio
ist und doch noch nicht eigentlich Geschichte. Nach der verwässerten
Erzählung *Adélaïde de Brunswick* überrascht dieses Werk, das mit
dreiundsiebzig Jahren geschrieben wurde, durch seine Kraft und seinen Glanz, obschon die etwas schwerfällige Feierlichkeit an einigen
wenigen Stellen in ergreifender Weise an den Gang des alten »hochmütigen und vergrämten« Edelmannes erinnert, dem Doktor Ramon
1814 in den Gängen der Anstalt von Charenton begegnet ist.

    Zu den schönsten Stellen in *Isabelle de Bavière* gehört das Por-
trät der Prinzessin, über dem ein letzter verspäteter sadescher Glanz
liegt:

*Neben den Reizen und dem Zauber, der zu ihrem Alter gehörte,
herrschte in den Zügen Isabellas ein Stolz, der für ihre sechzehn
Jahre ungewöhnlich war. In ihren sehr großen, sehr schwarzen Augen lag mehr Stolz als sanfte, einnehmende Sensibilität, die sonst
den naiven Blicken eines jungen Mädchens eigen ist. Ihre Gestalt
war edel und geschmeidig, ihre Gebärden ausgeprägt, ihr Gang
kühn, ihre Stimme ein wenig hart, ihre Rede kurzangebunden. Viel
Hochmut im Charakter, keine Spur jener zarten Menschlichkeit, dem
Erbteil edler Seelen, welche die Könige näherbringt und mit der
peinlichen Distanz aussöhnt, in die das Schicksal sie hineingeboren
hat. Schon war sie voll Unbekümmertheit gegenüber der Moral und
der Religion; eine unüberwindliche Abneigung gegen alles, was
ihren Neigungen nicht entsprach; ein unbeugsames Gemüt; aufbrausende Leidenschaften; eine gefährliche Rachsucht, die bei anderen
immer irgendein Unrecht entdeckte; ebenso leichtfertig dabei, zu
verdächtigen wie zu bestrafen, Böses zuzufügen wie Bösem kaltblütig
ins Auge zu blicken; gewisse Züge bewiesen, daß, sollte Liebe ihr
Herz entflammen, sie sich nur ihren Trieben hingeben und nur einen*

nützlichen Zweck darin sehen würde. Zugleich geizig und verschwen-
derisch, begehrte sie alles, riß alles an sich, wußte nichts zu schätzen,
liebte im Grunde nur sich, opferte alle Interessen, auch die des Staa-
tes, ihren eigenen; der Rang, in den das Schicksal sie erhoben, schmei-
chelte ihr, aber nicht, weil sie Gutes tun, sondern weil sie ungestraft
das Böse genießen wollte; alles in allem; sie besaß alle Laster und
wog sie durch keine einzige Tugend auf.«

Ein Wort noch zum Abschluß dieser Untersuchung, in der das Lob
notwendigerweise der Aufdeckung eines schweren literarischen Betruges Platz machen mußte. – In der ganzen Erzählung hat de Sade
immer wieder moralisierende Überlegungen formuliert, die beim
Verfasser der *Philosophie dans le boudoir* zunächst überraschen[1].
Aber abgesehen davon, daß er zweifellos dadurch seine Chancen bei
den Verlegern zu vergrößern hoffte und daß auch seine kühnsten
Werke hin und wieder Derartiges enthalten, warum wollte man
nicht ähnliche Überlegungen hinsichtlich *Justine* und *Juliette* in Betracht ziehen, im Lichte der Einigung aller Widersprüche, das die
Chants de Maldoror und die *Préface à un livre futur* ganz umspült.

---

1 Im *Bulletin des Lettres* von Lyon schrieb ein mit M. G. unterzeichnen-
der Kritiker am 15. Juni 1953 folgendes über das soeben erstmals veröffentlichte Werk de Sades: »Nicht eine unmoralische Stelle, ein absolut
gesellschaftsfähiger Ton. [...] [Der Verfasser] spricht mit ungeheuchelter
Ergriffenheit, offensichtlicher Sympathie, fast mit Inbrunst von Jeanne
d'Arc: man bedenke, wie unglaublich das für einen an Voltaire geschulten
Mann des XVIII. Jahrhunderts ist. [...] Entweder irren wir uns oder wir
müssen erkennen, daß der Marquis de Sade mehr Ehre, mehr Würde und
mehr Vaterlandsliebe hatte, als man gemeinhin annimmt.« Bemerkenswert ist auch, was Michel Carrouges in einem sehr treffenden Artikel
über den Marquis *(Monde nouveau-Paru,* Okt. 1953, Nr. 72, S. 78) von
Isabelle de Bavière sagt: »de Sade enthüllt das unwürdige, unerträgliche
Gesicht des Daseins in seiner ganzen Grausamkeit; es ist erschütternd,
wie er uns in seinem letzten Werk voller Hochachtung auf einige vor-
überziehende Zeichen von Reinheit in diesem Tal der Verbrechen hinweist.«

XIX. DER TOD (2. DEZEMBER 1814)

Als de Sade am Samstag, dem 11. November 1814, im Korridor von Charenton dem neunzehnjährigen Medizinstudenten L.-J. Ramon begegnete, der soeben zum ersten Volontär in der Anstalt ernannt worden war und an diesem Morgen seinen Dienst antreten wollte, hat er wohl nicht geahnt, daß dieser junge, unbekannte Mann vom Schicksal dazu bestimmt war, seine letzten Atemzüge zu überwachen und seine einsamen Augen zu schließen. – Dreiundfünfzig Jahre später wird Dr. L.-J. Ramon seine Erinnerungen an den berühmten Insassen von Saint-Maurice mit folgenden eindringlichen Zeilen beginnen: »Ich begegnete ihm häufig, wenn er allein, mit schweren, schleppenden Schritten, sehr nachlässig gekleidet, durch die Gänge neben seiner Wohnung ging; ich habe nie gesehen, daß er mit jemandem sprach. Wenn ich an ihm vorüberging, grüßte ich, und er beantwortete meinen Gruß mit jener kalten Höflichkeit, die jeden Gedanken, ein Gespräch anzuknüpfen, fernhält. [...] Nichts hätte mich vermuten lassen, daß er der Verfasser von *Justine* und von *Juliette* sei; er machte auf mich nur den Eindruck eines hochmütigen und vergrämten alten Edelmannes.«

An diesem 11. November schreibt der Marquis an Pépin, seinen Bauern in Saumane, vermutlich den letzten der unzähligen Briefe, die er in seinem langen Leben geschrieben hat. Er berichtet ihm von seiner Sorge, zu erfahren, ob der Holzschlag in der Garrigue richtig durchgeführt worden sei, so wie es die Vollmacht bestimme, die er vor mehr als sechs Wochen Herrn Roze, Notar in Isle-sur-Sorgue, übermittelt habe. Herr de Sade wünsche, daß ein Teil der Einkünfte aus dem Verkauf dieses Holzes für die dringend notwendigen Reparaturen an seinem Schloß Saumane – dem einzigen Besitz, der ihm verblieben ist – verwendet und daß der Rest der Summe ihm unver-

DER TOD

züglich geschickt werde, denn er brauche sie »unaussprechlich« dringend.

Am Freitag, dem 1. Dezember, kann de Sade, dessen Gesundheitszustand sich seit einiger Zeit ständig verschlechterte, nicht mehr gehen. Er wird in zwei andere, zweifellos weniger ärmliche Zimmer gebracht und der Obhut eines Bedienten anvertraut. (In den Dokumenten, die nach dem 5. November datiert sind, ist nie mehr von Marie-Constance Quesnet die Rede, die man unter diesen Umständen an der Seite ihres Freundes erwartet hätte. Vermutlich war sie zu jener Zeit vorübergehend von Charenton abwesend. Man kann sich kaum vorstellen, daß Herr Roulhac du Maupas die sinnlose Härte gehabt hätte, das einzige Wesen, das noch an der Not des Marquis teilnahm, aus der Anstalt zu verweisen.)

Samstag, den 2. Dezember nachmittags, hat Donatien-Claude-Armand den Kranken besucht und Herrn Ramon gebeten, die Nacht bei seinem Vater zu verbringen. Gegen Abend schickt sich der Volontär an, diese Nachtwache anzutreten, und begegnet im Flur dem Beichtvater des Hauses, Abbé Geoffroy. Der Priester kommt gerade aus de Sades Zimmer und scheint »wenn auch nicht erbaut, so doch befriedigt von seinem Besuch«. Der junge Mann betritt das Zimmer des Marquis und setzt sich an das Bett. Er gibt ihm mehrmals etwas Kräutertee und Medizin, welche de Sade gegen die »Lungenverstopfung« verschrieben wurde, die sich in Asthma äußert. Der Atem de Sades geht »laut und mühsam« und stockt immer mehr. Gegen zweiundzwanzig Uhr, kurz nachdem er ihm noch einmal zu trinken gegeben hat, hört Herr Ramon »keinen Laut mehr«. »Überrascht von der Stille« nähert er sich dem Bett und stellt fest, daß der alte Mann tot ist.

Am nächsten Morgen teilt Herr Roulhac du Maupas seiner Exzellenz, dem Polizeipräsidenten das Ableben des Marquis de Sade mit und bemerkt, daß es nicht notwendig erscheine, Siegel anzubringen[1], da er bei »Herrn de Sade Sohn genügend Ehrbarkeit voraussetze, um anzunehmen, daß dieser von sich aus die gefährlichen Papiere vernichten wird, die sich bei seinem Vater finden könnten«.

Indessen finden sich gegen Mittag die Herren Demoustier und Dubuisson, aller Wahrscheinlichkeit nach Angestellte der Anstalt, beim

---

[1] Sie wurden trotzdem angebracht.

454 MARQUIS DE SADE

Bürgermeister ein, um die übliche Erklärung abzugeben. Während es Mittag läutet, wird die Sterbeurkunde aufgesetzt:

Im Jahre achtzehnhundertvierzehn, am dritten Dezember, zur Mittagsstunde, sind vor uns, dem Bürgermeister und Standesbeamten der Gemeinde Charenton-Saint-Maurice, erschienen die Herren Jean Pierre Demoustier, fünfundfünfzig Jahre alt, und Marie Victoire François Dubuisson, siebenundfünfzig Jahre alt, beide wohnhaft in der Gemeinde Charenton-St.-Maurice, welche uns erklärt haben, daß den gestrigen Tag, zweiten des Monats Dezember, in dieser Gemeinde um die zehnte Stunde des Abends Herr Donatien Alphonse François, Graf Desade, Literat, vierundsiebzig Jahre alt, wohnhaft im nämlichen Charenton-St.-Maurice, verschieden ist, und haben die Genannten mit uns die vorliegende Sterbeurkunde unterzeichnet. Gelesen und unterzeichnet, Demoustier, Dubuisson und Finot, Bürgermeister.

Am 30. Januar 1806 hatte de Sade sein Testament gemacht. Der ungekürzte Text wurde im Rahmen der vorliegenden Arbeit zum erstenmal veröffentlicht. Bisher war nur der fünfte Abschnitt bekannt, dessen wilde Größe Bewunderung erregte. Aber zu diesem stoischen Pessimismus gesellten sich die rührendsten Beweise der Dankbarkeit und der Liebe: die unveröffentlichten Abschnitte dieses Testamentes – das mit einer Lobrede auf Madame Quesnet beginnt, deren »beherzte Entschlossenheit« Herrn de Sade vor dem »Schwert der Revolution« gerettet habe – zeigen uns den Marquis um nichts anderes besorgt, als Marie-Constance ein »für ihren Lebensunterhalt ausreichendes Einkommen« zu sichern und alle Bücher und Manuskripte, die er bei seinem Tode hinterlassen wird, ihren treuen Händen zu übergeben.

TESTAMENT
VON DONATIEN-ALPHONSE-FRANÇOIS SADE
homme de lettres

Ich übertrage die Ausführung der hierunter genannten Klauseln der Liebe meiner Kinder und wünsche ihnen, daß die ihren sich gegen sie so verhalten wie sie gegen mich.

Erstens: Als Beweis für Fräulein Marie-Constance Reinelle, Gattin des totgeglaubten Herrn Balthasar Quesnet, für diese Dame also

DER TOD

und so gut meine geringen Mittel es mir erlauben, als Beweis meiner höchsten Dankbarkeit für die Fürsorge und aufrichtige Freundschaft, die sie mir seit dem fünfundzwanzigsten August siebzehnhundertneunzig bis auf den Tag meines Ablebens bewies, der Empfindungen, die sie mir mit Zartgefühl und großer Uneigennützigkeit entgegenbrachte, mehr noch: mit beherzter Entschlossenheit, da sie mich während der Schreckensherrschaft dem Schwert der Revolution entriß, das tödlich gewiß über meinem Kopf schwebte, wie jeder weiß, so gebe ich und hinterlasse aus den vorstehend aufgeführten Gründen besagter Dame Marie-Constance Reinelle die Summe von vierundzwanzigtausend Livres tournois[1] in barem Geld und zu dem Kurs in Frankreich zur Zeit meines Ablebens, und zwar soll die Summe von dem freiesten und unbestrittensten Teil meiner Hinterlassenschaft erhoben werden, indem ich meine Kinder beauftrage, sie innerhalb eines Monats bei Herrn Finot, Notar in Charenton-Saint-Maurice, zu hinterlegen, den ich hiermit zu meinem Testamentsvollstrecker bestimme, daß er von genannter Summe in der für Madame Quesnet sichersten und vorteilhaftesten Weise Gebrauch macht, geeignet, ihr ein für ihren Lebensunterhalt ausreichendes Einkommen zu verschaffen, welches Einkommen ihr in Anteilen pünktlich alle drei Monate auszuzahlen ist, unantastbar bleibt für wen auch immer, und im übrigen wünsche ich, daß dieser Besitz und der Verkaufserlös aus nämlichem Besitz auf Charles Quesnet, den Sohn der besagten Dame Quesnet, zu überschreiben ist, der zu denselben Bedingungen in den Besitz des Ganzen kommt, aber erst im Augenblick des Ablebens seiner verehrungswürdigen Mutter.

Für den unvorhergesehenen Fall, daß meine Kinder versuchen sollten, diesen meinen Willen zu umgehen oder sich ihm zu entziehen, bitte ich sie, sich zu erinnern, daß sie einen ungefähr gleichen Betrag der besagten Dame Quesnet versprochen hatten in Anerkennung der Fürsorge für ihren Vater und daß dieser mein Entschluß nur ihrem früheren Vorhaben entspricht und ihm zuvorkommt, wobei ein Zweifel an ihrer Befolgung meines letzten Willens meine Gedanken nicht einen Augenblick beschäftigen kann, zumal, wenn ich ihre Kindesliebe bedenke, die sie ihr Leben lang ausgezeichnet hat und die all meine väterlichen Gefühle wert ist.

---

[1] in Tours geprägte Münze.

Zweitens: Ich gebe und hinterlasse außerdem besagter Dame Quesnet alle Möbel, Gerätschaften, Wäsche, Kleider oder Papiere die man im Augenblick meines Ablebens bei mir vorfindet, ausgenommen einige wenige Papiere meines Vaters und entsprechend auf der Verpackung mit einem Schildchen gekennzeichnet, welche Papiere meinen Kindern auszuhändigen sind.

Drittens: Weiterhin ist es mein Wunsch und letzter Wille, daß das vorliegende Testament Madame Marie-Constance Reinelle, Frau Quesnet, in keiner Weise in ihren Rechten, Ansprüchen oder Forderungen einschränkt, die sie in meiner Nachfolge weiterführen könnte, in welcher Hinsicht es sei.

Viertens: Ich gebe und hinterlasse Herrn Finot, meinem Testamentsvollstrecker, einen Ring im Werte von zwölfhundert Livres für die Mühe, die ihm die Besorgung der Ausführung des vorliegenden Testaments bereitet.

Fünftens: Ich verbiete, daß mein Leichnam geöffnet werde, unter welchem Vorwand es auch immer sei; ich ersuche mit allem Nachdruck, ihn achtundvierzig Stunden lang in dem Zimmer zu belassen, in dem ich sterbe, und zwar in einem offenen Holzsarg, der erst nach den oben vorgeschriebenen achtundvierzig Stunden zugenagelt werden darf. In der Zwischenzeit soll ein Eilbote zu Herrn Le Normand, Holzhändler, Boulevard de l'Égalité Nummer hundertundeins, Versailles, geschickt werden, um ihn zu bitten, persönlich mit einem Wagen hierherzukommen, um meinen Leichnam abzuholen, den er mit besagtem Wagen in den Wald meines Gutes Malmaison[1], Gemeinde Emancé bei Epernon, bringen soll. In dem besagten Wald soll mein Leib ohne jede Zeremonie im ersten Unterholz rechts, wenn man vom ehemaligen Schloß her durch die Allee kommt, beigesetzt werden. Das Grab soll vom Bauern in Malmaison unter der Aufsicht von Herrn Le Normand ausgehoben werden, der meine sterblichen Überreste erst verlassen wird, wenn sie in besagtem Grab liegen; wenn er will, kann er sich dabei von denjenigen meiner Verwandten und Freunde begleiten lassen, die gewillt sind, mir ohne jeden Aufwand dieses letzte Zeichen ihrer Anhänglichkeit zu geben. Nachdem die Grube zugedeckt ist, sollen Eicheln gesät werden, damit das Stück

---

[1] Als das Testament geöffnet wurde, gehörte de Sade das Gut Malmaison schon seit einigen Jahren nicht mehr.

DER TOD 457

Erde über besagter Grube wieder bewachsen und das Unterholz wie-
der ebenso dicht wird wie zuvor, so daß die Spuren meines Grabes
von der Erdoberfläche verschwinden, wie ich mir schmeichle, daß die
Erinnerung an mich aus dem Geist der Menschen ausgelöscht werden
wird, mit Ausnahme der wenigen, die mich bis zum letzten Augen-
blick geliebt haben und an die ich eine sehr zärtliche Erinnerung mit
ins Grab nehme.

Ausgefertigt zu Charenton-Saint-Maurice in bester körperlicher
und geistiger Verfassung heute den dreißigsten Januar achtzehn-
hundertundsechs.

D. A. F. SADE

Ob Herr de Sade Sohn die Stirn hatte, das Legat von vierundzwanzigtausend Livres anzufechten, das die liebenswürdige Madame
Quesnet so sehr verdiente? Dieser bigotte Geizhals, der nach dem
Tod Madame de Sades bewiesen hatte, wie geschickt er vorgehen
konnte, indem er die Gefangenschaft seines Vaters ausnutzte, um ihm
in schändlicher Weise alles wegzunehmen, hätte sich gewiß nicht
gescheut, den Besitz einer wehrlosen Frau an sich zu reißen. Aber
die Klausel im Testament war formell, und da Donatien-Claude-
Armand und seine Schwester Madeleine-Laure schließlich auf die
Erbschaft ihres Vaters verzichteten, darf man wohl annehmen, daß
Madame Quesnet in den Besitz des Legates kam, das durch den Verkauf von Saumane reichlich gedeckt wurde[1]. Allerdings können wir
darüber nur Vermutungen anstellen; und wir wissen auch nicht, ob
Marie-Constance die Bibliothek des Marquis bekam. Die Manuskripte de Sades teilte die Polizei mit der Familie; die eine, um sie
zu verbrennen, die andere, um sie in einem Koffer zu vergraben, wo
sie erst fünf Generationen später wieder entdeckt wurden. Es wird
den Marquis Xavier de Sade stets ehren, daß er auf unser Gesuch
hin die Erlaubnis gab, folgende Meisterwerke zu veröffentlichen: den
Briefwechsel seines Verwandten aus Vincennes und *l'Histoire se-*
crète d'Isabelle de Bavière.

Man hat gesehen, wie sich Donatien-Claude-Armand im September 1814 trotz ausdrücklicher Vereinbarungen weigerte, einen aus-
stehenden Betrag für den Unterhalt seines Vaters zu zahlen, den die
Direktion der Anstalt von ihm forderte. Drei Jahre nach dem Tod

---

[1] Saumane war der größte Aktivposten im Nachlaß.

458 MARQUIS DE SADE

des Marquis, am 24. Dezember 1817, wird sich Herr Roulhac du Maupas erneut beim Polizeipräfekten beklagen über »diesen schamlosen Sohn, der sich weigert, die Schuld für die Ernährung seines Vaters zu bezahlen, die ihm heilig sein sollte«. Vierzehn Jahre lang wird die Königliche Anstalt Charenton von Donatien-Claude-Armand vergeblich die Summe von 5 734 Livres fordern, in der 2 877 Livres Vorschuß inbegriffen waren, die man seinem Vater von 1803 bis 1808 gewährt hatte[1]. Und auch in anderer Weise bezeugte dieser ruchlose Sohn seine Niedrigkeit: nachdem er die Polizei gebeten hatte, das unschätzbare Manuskript *Journées de Florbelle* zu verbrennen, nahm er sogar persönlich an diesem Akt des Vandalismus teil.

Eine einzige Regung kindlichen Mitleids kann man zugunsten dieses habgierigen, düsteren Menschen erwähnen: Um dem Wunsch seines Vaters zu entsprechen, bittet Donatien-Claude-Armand Herrn Roulhac du Maupas inständig, die Leiche nicht sezieren zu lassen, was dieser auch gewährt.

Aber ungeachtet seiner anderen testamentarisch festgelegten Wünsche wird der Marquis auf dem Friedhof der Anstalt Charenton christlich begraben. Sein Grab lag »ganz außen rechts im östlichen Teil, fast an der *Wolfsgrube*«, die das Gebiet vom Bois de Vincennes trennte. Auf dem steinernen Kreuz, das sein Grab[2] schmückte, wurde kein Name angebracht. Das Ganze kostete 65 Livres: davon 10 für den Sarg, 6 für das Seelenamt, 9 für die Kerzen, 6 für den Geistlichen, 8 für die Sargträger, 6 für die Gruft, 20 für das Kreuz. Man weiß nicht, wann das Begräbnis stattfand, noch, wer dem Marquis zu seinem letzten Gefängnis das Geleit gab.

[1] Sie wird ihn am 14. Mai 1831 beim Tribunal de la Seine auf Bezahlung dieser Summe verklagen. Ein Urteil vom 24. Juli 1832 weist die Klage der Anstalt Charenton ab; sie legt Berufung ein, verliert den Prozeß erneut und muß die Kosten tragen.

[2] »Ein paar Jahre später«, schreibt Dr. Ramon, »ich wüßte nicht genau zu sagen wann, wurden Veränderungen auf dem Friedhof vorgenommen, und die Gebeine de Sades gehörten zu denen, die exhumiert wurden. Ich versäumte nicht, bei diesem Vorgang anwesend zu sein, und ließ mir den Schädel des Marquis aushändigen, über dessen Echtheit kein Zweifel bestand. Übrigens war ich in Begleitung von Leuten, die de Sade und sein Grab ebenso gut kannten wie ich.

Ich traf Vorbereitungen, um diesen Schädel gut zu präparieren, als

DER TOD 459

So tauchte der Mann in ewige Nacht, der achtundzwanzig Jahre lang Gefangener war und dennoch »der freieste Mensch, der je gelebt hat«. Seine Tat wird nie verlöschen: ohne die weniger beunruhigenden Werke herabzusetzen, die schon genügen würden, um seinen Ruhm zu begründen – der *Dialogue*, *Aline et Valcour*, die Briefe –, hat sein athletisches Hirn in *Sodome*, in der *Nouvelle Justine* und in *Juliette* die Raserei des Wortes und den Stolz des tragischen Wissens bis an die äußersten Grenzen des Möglichen getrieben.

mich ein Freund, der berühmte Phrenologe Spurzheim, ein Schüler Galls, besuchte. Ich gab seinen Bitten nach und ließ ihn den Schädel mitnehmen. Er versprach, ihn mir mit ein paar Abgüssen, die er anfertigen wollte, wiederzubringen. Dann hielt mein Freund Vorlesungen in England und Deutschland; kurz darauf starb er, und ich habe den Schädel de Sades nie mehr wiedergesehen [a].
Indessen hatte ich ihn in den wenigen Tagen, die er in meinem Besitz war, vom phrenologischen Standpunkt aus untersucht. Was ergab sich aus dieser Untersuchung? Gut entwickelte Schädelwölbung (Theosophie, Wohlwollen); keine auffallenden Ausbuchtungen in der Schläfengegend (Sitz der Grausamkeit); keine auffallenden Ausbuchtungen hinter oder über den Ohren (Sitz der Streitsucht – beim Schädel Guesclins besonders stark entwickelt); Kleinhirn von bescheidenen Abmessungen, kein außergewöhnlich großer Abstand von einem Warzenfortsatz zum anderen (Sitz der übermäßigen sinnlichen Liebe).
Mit einem Wort, wenn ich schon in dem würdig, fast möchte ich sagen, patriarchalisch in Charenton herumgehenden de Sade niemals den Verfasser von *Justine* und *Juliette* erkannt hätte, so würde ich ihn auch nach der Untersuchung seines Schädels erst recht von der Anschuldigung freisprechen, solche Werke hervorgebracht zu haben. Sein Schädel glich in jeder Hinsicht dem eines Kirchenvaters.«

[a] »Auf die Angaben von Dr. Ramon hin haben wir uns an M. Dumontet, ehemaligen Kustos und Gehilfen Spurzheims gewandt, um über den Schädel des M. de Sade präzise Auskünfte zu erhalten. M. Dumontet sagte uns, daß er glaubt, Spurzheim habe den Schädel in Amerika gelassen. Wie Dr. Ramon sagt, ist vermutlich von dem Schädel ein Abguß angefertigt worden; dieser Abguß dürfte im Handel sein.« (Anmerkung von Alfred Bégis)

Verzeichnis der Bildtafeln[1]

Das imaginäre Porträt des Marquis de Sade von Man Ray   48

Direktive des Innenministers vom 18. Oktober 1810, den Marquis de Sade betreffend, der zu dieser Zeit in Charenton interniert war   49

Die Ruine vom Schloß La Coste (Vaucluse), Besitztum der Familie de Sade   64

Die Zwingburg von Vincennes. Darunter: Ein ironisches Zeugnis, das der inhaftierte Marquis dem Festungskommandanten de Rougemont ausstellte   65

Ein Porträt von Lefèvre, dem vermutlichen Liebhaber der Frau des Marquis, gezeichnet von Mlle. de Rousset . .   240

Seite eines Briefes von Madame de Sade, vom Marquis mit Blut befleckt   241

Titelseite der Originalausgabe von »Aline et Valcour«, »geschrieben in der Bastille, ein Jahr vor der Französischen Revolution. Von dem Bürger S ...«.   256

»Leonore wird aus dem Sarg gehoben«   257

Ein Stich aus der Originalausgabe des philosophischen Romans »Aline et Valcour«   384

»Musterung von Mädchen für den Harem des Königs Butua«   385

Die erhaltene Manuskriptrolle der berühmten »120 Journées de Sodome«   400

Aus dem Brief der »vier Zeichen« vom 19. September 1783   401

---

[1] Die Bildtafeln stehen den angegebenen Seiten jeweils gegenüber. Die freundliche Genehmigung für Reproduktion erteilte Gilbert Lely nach Vorlagen aus seinem Privatarchiv.

INHALTSVERZEICHNIS

DIE AHNEN   7
Von Hugues dem Jüngeren, Lauras Sohn, zu Gaspard-
François, dem Großvater des Marquis (11)

VON DER GEBURT BIS ZUR HEIRAT. ERSTER TEIL (1740–1754)   16
Vater und Mutter (16) – Onkel und Tanten (18) – Geburt
im Hôtel Condé (20) – Kindheit (22)

VON DER GEBURT BIS ZUR HEIRAT. ZWEITER TEIL
(1754–1763)   27
Militärzeit (27) – Fräulein de Lauris (32) – Heirat (41) –
Die äußere Erscheinung des Marquis de Sade (48)

VON DER ERSTEN INHAFTIERUNG BIS ZUR AFFÄRE VON
ARCUEIL (1763–1768)   51
Chronik (53)

DIE AFFÄRE VON ARCUEIL (1768)   65
De Sades Algolagnie (65) – Einführung (70) – Die Flagellation der Rose Keller (73) – Gerichtsmedizinischer Kommentar (75) – Anmerkungen (76) – Darstellung der gerichtlichen Folgen (80) – Das Verfahren im Amtsbezirk
Arcueil (83) – Der Prozeß vor der Chambre de la Tournelle (86) – Verfahren des Gerichtshofs / Versammlung des
Hauptsenats (91) – Erneute Inhaftierung in Pierre-Encise
auf Befehl des Königs (92)

VON DER ENTLASSUNG AUS PIERRE-ENCISE BIS ZUR AFFÄRE
VON MARSEILLE (1768–1772)   95
Chronik (95) – Beschreibung des Schlosses La Coste (99) –
Fräulein Anne-Prospère de Launay (101)

DIE AFFÄRE VON MARSEILLE (1772)   114
Der 27. Juni (114) – Darstellung der gerichtlichen Folgen
(121) – Gerichtsmedizinischer Kommentar (123) – Juristischer Kommentar von Maurice Heine (126)

GEFANGENSCHAFT IN DER FESTUNG MIOLANS (1772–1773)   128
Die Verhaftung (129) – Gefangenschaft (132) – Die Flucht
(154) – Nach der Flucht (157)

AUSSCHWEIFUNGEN IN LA COSTE (1773–1777)   160
Der Ungreifbare (160) – Die Affäre der kleinen Mädchen /
Die Reise nach Italien (166) – Die Affäre Trillet (178) –
Abreise nach Paris und Verhaftung (184)

SECHZEHN MONATE IN VINCENNES; FLUCHT AUS VALENCE
(1777–1778)   187
Sechzehn Monate in Vincennes (187) – Kassation des Urteils von 1772 (195) – Die Flucht aus Valence (198) –
Neununddreißig Tage in Freiheit; Verhaftung (200)

FÜNFEINHALB JAHRE IN VINCENNES (1778–1784)   208
Vom 7. September 1778 bis zum 13. Juli 1781 (208) –
Vom 13. Juli 1781 bis zum 29. Februar 1784 (235)

FÜNFEINHALB JAHRE IN DER BASTILLE (1784–1789) . . .   256
In der »zweiten Freiheit« (256) – In der »sechsten Freiheit (264)

NACHGELASSENE UND UNVERÖFFENTLICHTE WERKE, DIE IN
VINCENNES UND IN DER BASTILLE ENTSTANDEN   269
Le Portefeuille d'un homme de lettres; Tagebuch (271) –
Theaterstücke (274) – Briefwechsel: l'Aigle, Made-
moiselle…; le Carillon de Vincennes; Monsieur le 6
(276) – Dialogue entre un prêtre et un moribond (284) –
Les 120 Journées de Sodome ou l'Ecole du Libertinage
(289) – Les Infortunes de la Vertu; Historiettes, Contes et
Fabliaux (295) – La Vérité (296)

UNTER DEM REGIME DER REVOLUTION. ERSTER TEIL
(1789–1792)   298
Neun Monate in Charenton-Saint-Maurice (298) – Das

erste Jahr der Freiheit (301) – Von Varennes bis zur Zerstörung von La Coste (313)

UNTER DEM REGIME DER REVOLUTION. ZWEITER TEIL
(1792–1801) 333
Der Bürger der Section des Piques (333) – Die Gefängnisse
der Freiheitsregierung (Madelonnettes, Carmes, Saint-
Lazare, Picpus) (345) – Von der Entlassung aus Picpus bis
zur Verhaftung am 15. Ventôse (357) – Nachwort zu den
Kapiteln XIV und XV (375)

ZU LEBZEITEN DES AUTORS VERÖFFENTLICHTE WERKE . . 377
Justine ou les Malheurs de la Vertu (377) – Politische
Schriften (383) – Aline et Valcour ou le Roman philoso-
phique (383) – La Philosophie dans le boudoir (388) – La
Nouvelle Justine ou les Malheurs de la Vertu, suivie de
l'Histoire de Juliette, sa sœur (392) – Das erzählerische
Werk (402) – La Marquise de Gange (409)

SAINTE-PÉLAGIE, BICÊTRE UND CHARENTON (1801–1814) . 413
Verhaftung; Sainte-Pélagie und Bicêtre (413) – Der Greis
von Charenton-Saint-Maurice (416)

POSTUM ERSCHIENENE UND UNVERÖFFENTLICHTE WERKE, DIE
ZWISCHEN 1801 UND 1814 ENTSTANDEN 433
Notes littéraires (Cahiers personnels) (433) – Ein zerstör-
tes Sodom: Les Journées de Florbelle ou la Nature dévoilée
(440) – Adélaïde de Brunswick, Princesse de Saxe (443) –
Isabelle de Bavière, reine de France (444)

DER TOD (2. DEZEMBER 1814) 452
Testament von Donatien-Alphonse-François Sade, homme
de lettres (454)

VERZEICHNIS DER BILDTAFELN 461